3D 프린팅
실무 무작정 따라하기

홍찬우 저

길벗

3D 프린팅 실무 무작정 따라하기
The cakewalk Series − 3D Printing for Practical Business

초판 1쇄 발행 · 2016년 1월 5일

지은이 · 홍찬우
발행인 · 이종원
발행처 · (주) 도서출판 길벗
출판사 등록일 · 1990년 12월 24일
주소 · 서울시 마포구 월드컵로 10길 56(서교동)
대표전화 · 02)332-0931 | **팩스** · 02)323-0586
홈페이지 · www.gilbut.co.kr | **이메일** · gilbut@gilbut.co.kr

기획 및 책임 편집 · 정미정(jmj@gilbut.co.kr) | **디자인** · 황애라
제작 · 이준호, 손일순 | **영업마케팅** · 박성용, 전선하, 장봉석
웹마케팅 · 고은애, 조승모 | **영업관리** · 김명자 | **독자지원** · 송혜란

기획 및 편집 진행 · 블루기획 | **전산편집** · 블루기획
CTP 출력 및 인쇄 · 벽호 | **제본** · 신정제본

- 잘못된 책은 구입한 서점에서 바꿔 드립니다.
- 이 책에 실린 모든 내용, 디자인, 이미지, 편집 구성의 저작권은 (주)도서출판 길벗과 지은이에게 있습니다. 허락 없이 복제하거나 다른 매체에 옮겨 실을 수 없습니다.

ISBN 979-11-86978-14-6 03000
(길벗 도서번호 006790)

값 28,000원

독자의 1초까지 아껴주는 정성 길벗출판사

(주)도서출판 길벗 | IT실용, IT/일반 수험서, 경제경영, 취미실용, 인문교양(더퀘스트) www.gilbut.co.kr
길벗이지톡 | 어학단행본, 어학수험서 www.gilbut.co.kr
길벗스쿨 | 국어학습, 수학학습, 어린이교양, 주니어 어학학습, 교과서 www.gilbutschool.co.kr

페이스북 · www.facebook.com/gilbutzigy | 트위터 · www.twitter.com/gilbutzigy

SPECIAL THANKS TO

무작정 따라하기 500만 독자 여러분께 감사드립니다!

세상이 아무리 바쁘게 돌아가더라도
책까지 아무렇게나 빨리 만들 수는 없습니다.
인스턴트 식품 같은 책보다는
오래 익힌 술이나 장맛이 밴 책을 만들고 싶습니다.

길벗은 독자 여러분이
가장 쉽게, 가장 빨리 배울 수 있는 책을
한 권 한 권 정성을 다해 만들겠습니다.

독자의 1초까지 아껴주는
정성을 만나보십시오.

미리 책을 읽고 따라해 본 2만 베타테스터 여러분과
무따기 체험단, 길벗스쿨 엄마 2% 기획단,
시나공 평가단, 토익 배틀, 대학생 기자단까지!

믿을 수 있는 책을 함께 만들어주신 독자 여러분께 감사드립니다.

홈페이지의 '독자광장'에 오시면 책을 함께 만들 수 있습니다.

(주)도서출판 길벗 www.gilbut.co.kr
길벗 이지톡 www.eztok.co.kr
길벗 스쿨 www.gilbutschool.co.kr

머리말

캐나다에서 기계공학과 재학 시절, 유체역학과 열역학이 융합된 프로젝트의 일환으로 프로펠러를 디자인하고 제작하여 중간 실험을 진행해야 했던 적이 있었습니다. 하지만 당시 가지고 있었던 구식 CNC 장비로는 가공이 불가능하여 중간 실험을 진행할 수 없는 상황이었습니다. 머신샵 매니저와 대책을 논의하던 중 학교 내에 RP(Rapid Prototype)라는 장비가 있으며, 이 설비를 이용하면 단 몇 시간 만에 프로펠러를 제작할 수 있다는 사실을 알게 되었습니다. 이 장비가 어떤 원리로 제작되는 것인지도 모른 채 몇 시간 만에 원하는 모형을 테스트할 수 있다는 말만 듣고 바로 출력을 시작하였고 그날 저녁 무사히 중간 실험을 완료할 수 있었습니다.

처음 3D 프린팅을 접한 것이 바로 이때였습니다. 이를 계기로 RP 장비가 무엇이고, 이 장비가 실생활에서 유용하게 사용될 것이라는 사실을 인지하게 되었습니다. 그 후 커스텀 휠체어 제작을 비롯하여 항공기 랜딩 기어 및 동체 구조를 변경 설계하는 일을 통해 수없이 많은 프로토타입의 제작 과정을 알게 되었고, 수많은 RP 장비를 다루어 볼 수 있었습니다.

2012년, 미국 오바마 대통령은 앞으로 3D 프린터가 새로운 제조 기반을 마련해줄 것이며, 제3의 산업혁명을 이끌어낼 원동력이 될 것이라고 말했습니다. 뉴스에서는 3D 프린터를 활용하여 인공 장기, 음식 등 실생활에 필요한 다양한 제품을 생산할 수 있게 되었다고 이야기합니다. 물론 아직까지 3D 프린터는 재화가 한정되어 있고 사용할 수 있는 소재에도 제약이 있습니다. 하지만 현재 10여 종이 넘는 3D 프린터 방식이 존재하고 수십~수백의 알고리즘 및 소재가 개발 중이므로, 가까운 미래에 저렴한 비용으로 대부분의 제품을 제작할 수 있게 될 것입니다.

이 책은 3D 프린팅 실무를 목적으로 관련 프로그램을 다루어본 경험은 있지만 정확한 정보나 전문적인 지식을 접하지 못해 어려움을 겪고 있는 사람들을 위해 집필하였습니다. 3D 프린터의 원리 및 종류별 장단점을 자세하게 설명하였고, 다양한 3D 프린팅 예제를 통해 직접 최적의 모델링 과정을 따라할 수 있도록 구성하였습니다. 이 책을 통해 3D 프린터를 이해하고 나아가 창업에도 활용할 수 있길 바랍니다.

항상 why(왜)라는 단어를 머릿속에 떠올리고 세심하게 관찰하면 할수록 3D 프린팅은 쉬워집니다. 정확한 기초를 바탕으로 이제 시작되는 3D 프린팅 세계에 첫 발을 디딘다면 좀 더 나은 3D 프린팅이 가능할 것이라 생각합니다. 이 책을 읽는 독자들이 미래 산업의 중심이 될 3D 프린팅의 제조 및 디자인 분야에서 리더가 되기를 희망합니다.

Special thanks to

이 책이 나올 수 있기까지 물심양면으로 도움을 준 최고의 광경화성 3D 프린터 개발업체 (주)일루미네이드 직원 여러분과 외부 인사님들께 이 자리를 빌려 감사의 말을 전합니다. 특히, 우리 창업 멤버이자 소중한 디자이너 성진경, 공학박사 김석범 이사님, 최적의 방안을 찾기 위해 가장 많은 회의를 했던 디자이너 윤혜윤, 잘생긴 몸짱 디자이너 한기영, 다부진 체구에 너무나 감각적인 디자인을 뽑아주는 (주)노브 박현진 대표님 모두 감사합니다. 마지막으로 이 책이 세상에 나와 많은 분들에게 읽힐 수 있도록 오랜 시간 고생하고 애써주신 (주)블루커뮤니케이션 홍성근 이사님께도 다시 한 번 감사 인사드립니다.

저자 홍찬우

 이 책은 3D 프린터의 원리 및 종류별 장단점을 자세히 설명하였고, 다양한 3D 프린팅 예제를 통해 직접 최적의 모델링 과정을 따라할 수 있도록 구성하였습니다.

겹쳐진 개체 모델링하기

사용 프로그램 : Meshmixer

- 무료 프로그램을 활용하여 여러 개의 개체로 이루어진 모델을 하나의 솔리드 파일로 변환하는 과정을 통해 3D 프린터로 출력이 가능한 상태로 만드는 방법을 알아봅니다.

복잡한 모델링 단순화하여 출력하기 : 남대문 모델링

사용 프로그램 : 라이노 5, 오픈소스 호스트 소프트웨어

- 복잡하고 정밀하게 모델링된 개체를 3D 프린팅이 가능하도록 단순화시키는 방법과 여러 개로 나누어져 있는 개체를 단일 개체로 이어주는 방법을 알아봅니다.

안정성과 각도에 따른 모델링하기 : 사장교 모델링 :

사용 프로그램 : 3D Blender, Preform

- 상단의 규모가 하단보다 커 불안정한 개체를 3D 프린팅을 위한 모델링 과정 중 안정감 있게 수정하여 서포트 없이 성공적으로 출력할 수 있는 방법을 알아봅니다.

서포트를 설치하여 모델링하기 : 구두 모델링 :

사용 프로그램 : 라이노 5, 오픈소스 호스트 소프트웨어

- 적층 공법을 사용하는 3D 프린터에서 성공적으로 출력하기 위해 반드시 필요한 서포트의 개념을 이해하고 구두 모델링 과정을 통해 바닥면과 지지대가 필요한 부분에 서포트를 설치하는 방법을 알아봅니다.

구조를 이용하여 모델링하기 : 디자인 포크 모델링 :

사용 프로그램 : 라이노, 그래스호퍼

- 3D 프린팅의 기술 발전과 더불어 주목받고 있는 메쉬(격자) 구조를 적용한 모델링 방식을 활용하여 구조적인 안정성은 물론 디자인적인 면에서도 매력적인 구조체를 만드는 방법을 알아봅니다.

큰 사이즈의 작업물 분할 출력하기 : 전동 드라이버 모델링 :

사용 프로그램 : NX 9, Magics, B9creator

- 최대 출력 사이즈가 정해져 있는 3D 프린터를 이용하여 최대 출력 사이즈를 넘는 개체를 출력할 때 손상을 최소화하기 위한 분할 방법과 출력한 후 다시 하나로 조립하는 과정을 알아봅니다.

Egg shaped linked star

사용 프로그램 : NX 9, Magics

- 3DP 방식의 3D 프린터를 사용하여 다양한 개체를 모델링한 후 컬러로 출력하기 위해 확인해야 할 요소와 컬러 출력을 위해 모델을 분할하여 다양한 색을 입히는 방법을 알아봅니다.

조명갓(Lamp shade)

사용 프로그램 : NX 9, Magics

- 조명갓 모델링 파일에 컬러를 입히는 방법과 분말 방식의 3DP 프린터를 사용하여 컬러 출력을 하기 위한 벽 두께, 간격, 각도 등을 수정하는 방법을 알아봅니다.

Rabbit
사용 프로그램 : Meshmixer, magics

- 토끼 모델링 파일을 활용하여 색을 입히는 방법과 안정적인 출력을 위해 일정한 벽 두께를 만들고, 내부를 비우는 과정을 비롯하여 출력 시 파우더가 빠져나갈 수 있는 구멍을 만들어주는 방법을 알아봅니다.

Leaning Tower of Pisa
사용 프로그램 : NX 6

- 외관이 중요한 건축물이므로 서포트 없이 모델링을 할 수 있는 3DP 방식을 사용하여 동일한 구조를 복사하고, 실제와 같이 한쪽이 기울어지도록 설정하는 방법을 알아봅니다.

고양이 캐릭터 모델링하기
사용 프로그램 : 3ds Max, Meshmixer, Z-Brush

- 캐릭터 디자인을 3D 프린팅하고자 할 때 염두에 두어야 할 항목을 알아보고, 서포트 없이 출력할 수 있도록 외곽 라인이나 주요 라인을 따라 형태를 다듬고 폴리곤을 선택하여 Extrude하는 방법을 알아봅니다.

3D 스캔 파일 수정하기

사용 프로그램 : Z-Brush

- 3D 스캐너로 촬영한 불완전한 스캔 파일을 3D 프린터로 출력하기에 적합한 상태로 만들기 위해 Z-Brush 프로그램을 활용하여 수정하는 과정을 알아봅니다.

예제
파일

이 책에 수록된 3D 프린팅 모델링 파일과 완성 파일은 도서출판 길벗 홈페이지 (www.gilbut.co.kr)에서 무료로 다운로드 받을 수 있습니다.

도서출판 길벗 홈페이지 회원(무료 가입)이 되면 예제 파일 및 관련 자료를 다양하게 이용할 수 있습니다.

- **1단계** 로그인 후 [   ] 에 찾고자 하는 책 이름을 입력하세요.
- **2단계** 검색한 도서로 이동하여 〈부록/학습자료〉를 클릭하세요.
- **3단계** 예제 파일 및 다양한 자료를 다운 받으세요.

PART 1   3D 프린팅 소개

CHAPTER 1   **3D 프린팅의 역사와 활용 사례**
- SECTION 1   3D 프린터와 제3의 산업혁명 ··· 19
- SECTION 2   3D 프린팅 활용 사례 ··· 21

CHAPTER 2   **3D 모델링 프로그램**
- SECTION 1   3D 모델링 프로그램 ··· 31

PART 2   3D 프린터의 종류

CHAPTER 1   **소재에 따른 3D 프린터의 분류**
- SECTION 1   3D 프린터의 종류와 특징 ··· 43
- SECTION 2   고체 플라스틱 필라멘트를 사용하는 3D 프린터 ··· 45
- SECTION 3   액체 상태 플라스틱을 사용하는 3D 프린터 ··· 57
- SECTION 4   분말 재료를 사용하는 3D 프린터 ··· 69

CHAPTER 2	**사용 용도에 따른 3D 프린터의 분류**	
SECTION 1	복잡한 형상의 제작물 출력 : DLP	⋯ 77
SECTION 2	서포터 형성 없이 3D 스캔 후 바로 출력 가능한 콘텐츠 : 분말 방식	⋯ 79
SECTION 3	워킹 목업이나 대형 출력 : FDM	⋯ 82
SECTION 4	FDM, SLA, DLP, 3DP 비교 분석	⋯ 84
SECTION 5	3D 프린터 시장에서 주목할 점	⋯ 86

PART 3 실전 3D 프린팅&모델링

CHAPTER 1	**3D 프린팅을 위한 3D 모델링**	
SECTION 1	기본 입체 도형(Cube, Cone, Sphere, Cylinder, Torus) 모델링	⋯ 91
SECTION 2	솔리드(Solid) 모델링과 서피스(Surface) 모델링	⋯ 92
SECTION 3	겹쳐진 개체 모델링하기	⋯ 94
SECTION 4	무료 서비스를 이용한 모델링 수정	⋯ 101
SECTION 5	Autodesk 123D 살펴보기	⋯ 112

CHAPTER 2 **복잡한 모델링 단순화하여 출력하기** : 남대문 모델링 :

  SECTION 1   라이노를 이용한 모델링 디자인   ⋯ 123

CHAPTER 3 **안정성과 각도에 따른 모델링하기** : 사장교 모델링 :

  SECTION 1   곡선형, 아치형 구조를 이용하여
              구조적 안정성 높이기   ⋯ 143
  SECTION 2   구조체의 각도를 재설정하여
              출력 품질 향상시키기   ⋯ 161

CHAPTER 4 **서포트를 설치하여 모델링하기** : 구두 모델링 :

  SECTION 1   3D 구두 모델링하기   ⋯ 182
  SECTION 2   서포트 설치하기   ⋯ 202

CHAPTER 5 **Mesh 구조를 이용하여 모델링하기** : 디자인 포크 모델링 :

  SECTION 1   라이노와 그래스호퍼 활용하기   ⋯ 221

CHAPTER 6 **큰 사이즈의 작업물 분할 출력하기** : 전동 드라이버 모델링 :

  SECTION 1   연결 핀을 활용한 큰 사이즈 작업물 분할 출력   ⋯ 256

PART 4 3D 프린팅 & 3D 스캐닝

CHAPTER 1 다채색 Multi-Color 3D 프린팅하기

- SECTION 1   3DP 프린팅의 원리   ⋯ 311
- SECTION 2   3DP 방식의 3D 프린터 종류   ⋯ 316
- SECTION 3   3DP 프린터 출력물 모델링 시 주의사항   ⋯ 320
- SECTION 4   3DP 방식의 3D 프린터로 출력하기   ⋯ 327

CHAPTER 2 캐릭터 모델링과 출력

- SECTION 1   폴리곤 방식 모델링(Polygonal Modeling)   ⋯ 353
- SECTION 2   캐릭터 모델링 제작 Tool 알아보기   ⋯ 354
- SECTION 3   Z-Brush를 사용한 스캔 파일 수정하기   ⋯ 357
- SECTION 4   3D 프린터로 캐릭터 디자인 출력하기   ⋯ 368
- SECTION 5   실전, 고양이 캐릭터 모델링하기   ⋯ 373

CHAPTER 3 3D 스캐닝과 활용

- SECTION 1   스캐너의 원리와 한계   ⋯ 391
- SECTION 2   다양한 3D 스캐너의 방식   ⋯ 395
- SECTION 3   3D 스캐닝 활용 가이드   ⋯ 399
- SECTION 4   3D 스캐닝 데이터의 처리   ⋯ 412

PART 1

3D 프린팅 소개

3D 프린팅은 현재의 가공방법보다 훨씬 더 쉽게 형상을 제작할 수 있는 방법입니다. 지금까지는 제작이 쉽지 않았던 디자인도 실물 출력이 가능해진 것입니다. 3D 프린팅은 사용되는 소재와 장비, 공정에 따라 다양한 종류가 존재합니다. 종류가 다양한 만큼 각각의 장단점도 다르고 사용되는 용도 또한 다릅니다.

이 책에서는 기초적인 3D 프린팅부터 산업현장에서 실제 활용할 수 있는 3D 프린팅까지 다양한 예시와 함께 소개하고 있습니다. 지금부터 3D 프린팅의 세계로 들어가 보도록 하겠습니다.

CHAPTER 1

3D 프린팅의 역사와 활용 사례

1980년경부터 산업계에서는 쾌속조형기라고 불리는 RP(Rapid Prototyping) 머신이 사용되고 있었습니다. 3D 프린터는 이 RP 장비를 지칭하는 대중적인 단어입니다. 이처럼 3D 프린팅은 1980년대부터 사용되어 온 기술이라고 할 수 있습니다. 3D 프린팅은 가장 먼저 플라스틱이 소재로 사용되었고, 현재는 금속까지 사용이 가능하게 되었습니다. 최근에는 바이오 분야에서 3D 프린팅이 활발히 사용되고 있으며, 이 외에도 인공 장기, 인공 뼈를 비롯하여 인공 피부까지 3D 프린팅을 이용한 신체 맞춤형 생산에 대한 연구도 이루어지고 있습니다.

현재까지 우리가 접할 수 있는 3D 프린팅은 극히 제한적이지만 기술의 발달과 더불어 가격적으로 좀 더 저렴해진다면 가까운 미래에 우리가 원하는 대부분의 제품을 3D 프린팅이라는 큰 틀에서 간단히 제작할 수 있게 될 것입니다.

SECTION 1

3D 프린터와 제3의 산업혁명

3D 프린팅은 사회 전반에 걸쳐 모든 것을 바꾸어 놓을 하나의 패러다임paradigm 입니다. 패러다임을 국어사전에서는 "어떤 한 시대 사람들의 견해나 사고를 근본적으로 규정하고 있는 테두리로서의 인식의 체계. 또는 사물에 대한 이론적인 틀이나 체계"라고 정의하고 있습니다. 3D 프린팅은 기성품, 공산품에 비용을 지불하고 이용하는 현재 우리의 '사고의 틀' 또는 '관점'을 바꾸어 놓을 것입니다. 예를 들어 21세기의 개인화, 자동화, 정보화 등의 패러다임은 누구도 부인할 수 없을 것입니다. 소품종 대량생산에서 다품종 소량생산체제로 바뀌었고, 컴퓨터의 등장으로 불과 몇 년 사이 우리의 행동양식과 삶 자체에 큰 변화가 있었습니다.

현재 우리는 각자의 개성이 중시되는 사회에 살고 있습니다. 제조업에서도 변화가 진행 중입니다. 대량생산보다는 맞춤형 제작 시장이 급속도로 커지면서 소량생산체제로 변화하고 있습니다. 기존 제조업에서는 제품을 만들 때 원하는 모양을 만들기 위해 금형이라는 틀을 만들어야 합니다. 금형 제작에는 작은 시금형이 적게는 몇 백만 원부터 많게는 수 천만 원까지 비용이 소요됩니다. 예를 들어, 약 1만 개 이상의 플라스틱 핸드폰 케이스를 제작한다고 가정했을 때, 금형 제작을 위해 최소 몇 천만 원 이상의 비용이 소요되지만 유사 상품이 나오면 제품의 경쟁력 확보를 위해 제품 개선 과정을 거칠 수밖에 없습니다. 그렇게 되면 많은 비용을 들여 다시 금형을 수정해야 합니다. 뿐만 아니라 설계 중에 작은 실수라도 했다면 회사로서는 또 한 번 큰 비용이 들 수밖에 없습니다.

이와 같이 불필요한 시간과 자금이 소요되는 것을 막기 위한 대체제로, 2012년에 완제품 생산과정 중에서 3D 프린트 기술을 한 번이라도 사용해 본 기업이 30%인 것으로 나타났으며, 2016년에는 50% 이상, 2020년까지 80% 이상 상승할 것으로 예상하고 있습니다. 출처 : 리서치 기관 Supplychain.

3D 프린터를 활용하면 원하는 모형의 금형을 만들기 전에 제품을 체크해 볼 수 있으며, 오류가 확인되면 바로 수정한 후 반복 출력하는 과정을 통해 최상의 설계를 할 수 있습니다. 고객의 입장에서도 모니터 화면이 아닌 손으로 느낄 수 있는 제품을 접할 수 있어 만족도 높은 맞춤 제품이 탄생할 가능성이 매우 높습니다. 이미 3D 프린팅은 개인 맞춤형 프로토타입 제작을 쉽고 빠르게, 그리고 효율적으로 만들어주고 있습니다.

유명한 미래학자인 '앨빈토플러'는 그의 저서 「제3의 물결」에서 프로슈머에 대해 언급하며 프로슈머가 가져올 맞춤형 생산에 대해 주의 깊게 다루고 있습니다. 프로슈머란 'Producer'와 'Consumer'의 합성어로 소비자이면서 직접 생산에 기여할 수 있는 사람을 말합니다. 개인 생산이 이루어지기 위한 가장 합리적이고 유용한 제조방법이 바로 '3D 프린팅'입니다. 또한 그의 또다른 저서 「부의 미래」에서 3D 프린터는 '상상하는 아니 상상하지 못했던 그 무엇이든 만들 수 있다'고 언급했습니다.

이미 자본력이 풍부한 대기업들은 항공 분야나 레이싱 자동차 생산과정에 3D 프린터를 이용하고 있습니다. 특히 포뮬러원 경기 같은 대규모 자본이 투자되고 재빠른 대응이 필요한 분야에서는 오래 전부터 사용되어 왔으며, 항공 분야에서는 20여 년 전부터 사용되고 있습니다. 현재는 기술과 재화의 부족으로 일반인이 3D 프린터를 직접 접하기는 쉽지 않습니다. 하지만 3D 프린터 활용 기술이 발달하고, 오픈소스화가 진행되면서 가까운 미래에 자신이 원하는 것을 3D 프린터를 이용하여 손쉽게 제조하고 제품화할 수 있게 될 것입니다. 따라서 대기업 중심의 획일화된 생산체제보다는 소기업 혹은 개인의 맞춤형 생산체제로 변화할 미래에는 3D 프린터가 커다란 역할을 할 것입니다.

SECTION 2 3D 프린팅 활용 사례

3D 프린터는 디자인의 혁신을 가져왔습니다. 전통적인 공법으로는 만들기 어려웠던 디자인을 적층형 공법이라는 새로운 공정을 통해 디자이너의 디자인 자유도를 높여주었습니다. 실제로 3D 모델링 툴에서 가능했던 자유로운 디자인이 생산현장에서는 공법의 기술적 제약과 한정된 재화로 인하여 실현이 불가능했습니다. 하지만 3D 프린터가 도입되면서 이전보다 훨씬 자유로운 디자인이 가능하게 되었습니다. 3D 모델링 소프트웨어와 3D 프린터만 있으면 디자이너는 자신이 원하는 디자인을 단 몇 시간 만에 출력해 보고 수정할 수 있으며 바로 상품화까지 가능하게 된 것입니다.

1 맞춤형 조명 디자인

3D 프린팅이 가장 먼저, 가장 많이 시도되는 디자인 분야는 '조명'입니다. 조명을 빛의 예술이라고도 하는데 같은 광원의 소스를 가지고 얼마나 심미적으로 향상시키느냐는 조명 갓의 디자인에 달려있습니다. 자유곡선과 기하학적 모양을 가지고 비정형의 디자인을 한다면 기존의 가공방법으로는 표현하기가 쉽지 않습니다. 실제 우리 주변에도 수많은 조명이 존재하지만 가공 방법의 한계로 대부분 구형, 사각형 등으로 모양이 비슷합니다. 하지만 3D 프린팅에서는 이런 한계를 극복할 수 있습니다.

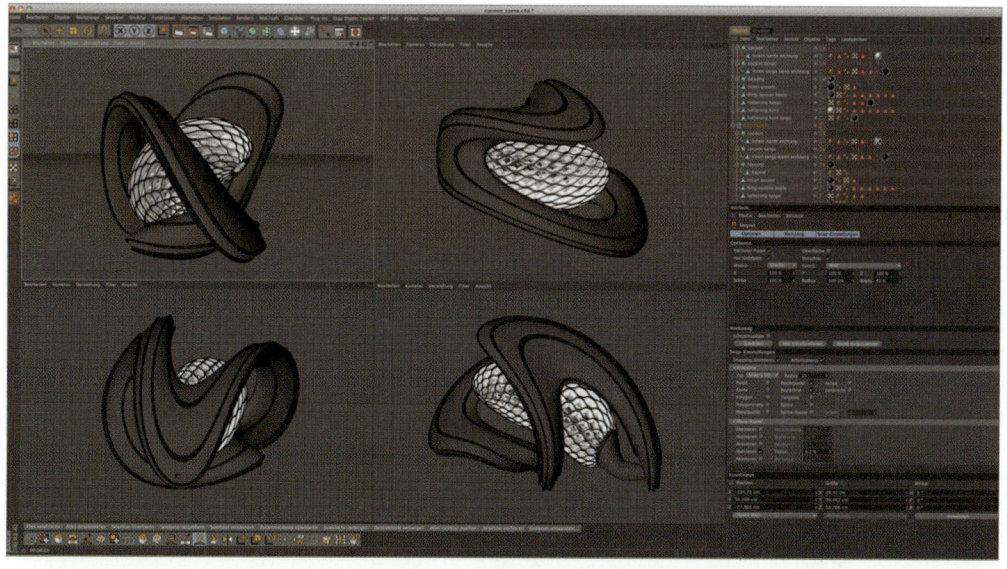

▲ Cinema4D를 이용한 3D 조명 모델링

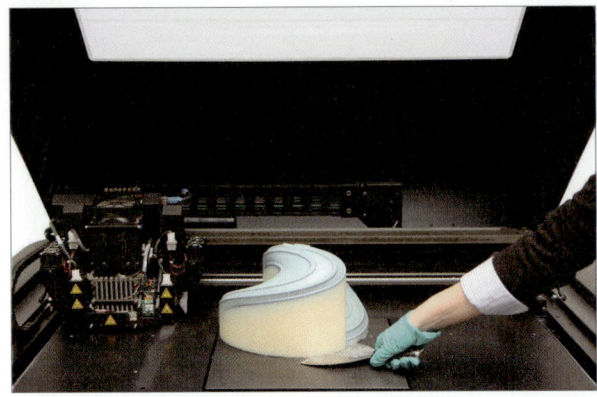
▲ Stratasys사의 Objet를 이용한 3D 프린터 출력

▲ 최종 조명 출력물

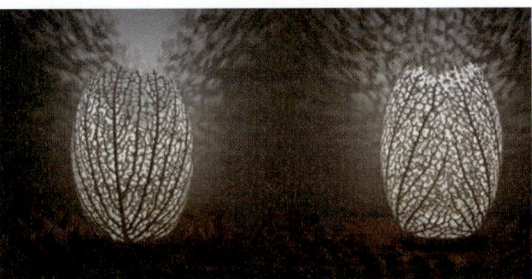

▲ 커스텀 3D 프린팅 조명들

2 패션 디자인

패션 디자인 분야에서도 자신이 디자인한 것을 미리 확인해 보는 것은 불가능했습니다. 하지만 3D 프린팅으로 직조라는 한계를 넘어 새로운 의상 디자인을 적용할 수 있습니다. 또한 전통적인 공법으로는 불가능했던 디자인을 현실화함으로써 패션계의 새로운 블루칩으로 3D 프린팅이 자리 잡고 있습니다.

▲ 3D 프린팅을 활용한 패션

3 의료(의수 분야)

3D 프린터의 가능성을 보여준 가장 좋은 예 중의 하나가 바로 '의료 분야'입니다. 특히 의수 제작에 있어서 가장 큰 역할을 하고 있습니다. 기존의 전자 의수는 사이즈가 한정되어 있고, 고가의 비용을 지불해야 했습니다.

하지만 개인 맞춤형 생산에 적합한 3D 프린터는 이러한 이들에게 꿈과 희망을 주고 있습니다. 3D 프린터가 일반화되기 시작하면서 전 세계 여러 단체에서는 3D 프린터를 이용한 값싸고 맞춤 제작이 가능한 전자 의수 개발과 보급에 힘쓰고 있으며, 수십여 개의 단체가 이미 활동 중입니다.

의수 개발은 아직 초기 단계지만 기술의 발전과 오픈소스라는 기술 공유에 힘입어 더욱 발전할 것이며, 저렴한 비용으로 사용자들의 부담을 덜어 줄 것으로 기대하고 있습니다. 국내의 경우 "만드로"사를 시작으로 다양한 곳에서 의수 제작에 힘쓰고 있습니다.

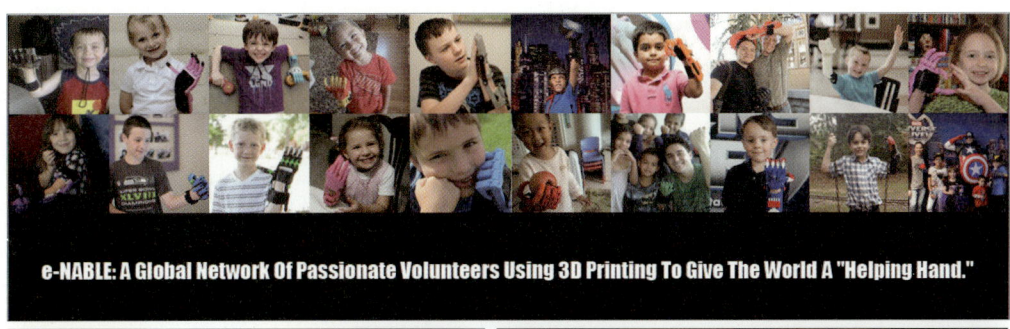
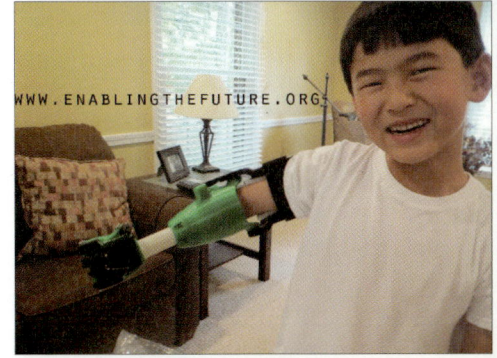

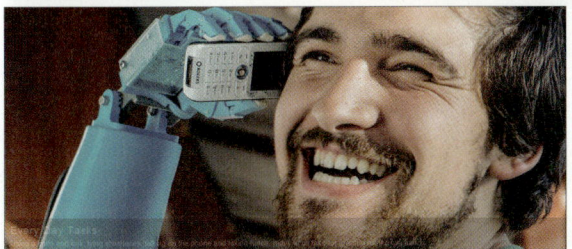

▲ 의수 제작에 활용되는 3D 프린팅

4 커스텀 바이크 숍과 스포츠

오스트레일리아의 Bastion사 http://www.bastion-cycles.com 는 맞춤형 자전거를 제작하고 있습니다. 맞춤형 자전거는 정확한 피팅이 전제되어야 정확하게 힘을 전달할 수 있으며, 오랜 시간의 라이딩에도 피로감을 덜 느낍니다. 7,000 달러라는 고가의 금액이지만 자신만의 자전거를 원하는 이들에게는 충분히 메리트가 있습니다.

▲ 7000 달러 정도이지만 평생 보증과 부서진 파츠 워런티 제공

사람마다 신체 조건이 다르고, 불과 몇 초 만에 승패가 결정되는 스포츠에서는 3D 프린팅을 이용한 맞춤 제작이 활성화되어 있습니다. 나이키 등 스포츠웨어 브랜드들은 선수의 맞춤형 신발 제작 등에 3D 스캔과 3D 프린터를 이용하고 있습니다.

또한 구강 3D 스캐너를 이용하여 몇 분 만에 모델링을 하고 3D 프린팅으로 완성되는 개인 맞춤형 마우스피스도 이미 상용화가 진행되고 있습니다.

▲ 나이키의 맞춤형 제작 운동화

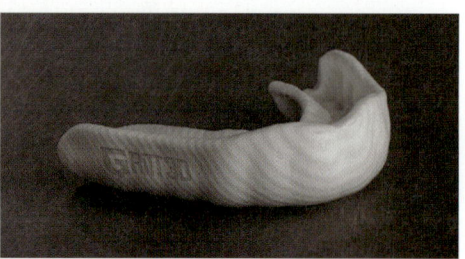

▲ 개인 맞춤형 마우스피스

5 커스텀 이어폰

이어폰은 학생들의 등하교나 직장인들의 출퇴근 시 가장 흔히 사용하는 전자제품 중 하나입니다. 사람의 귀 모양은 보안 시스템에 활용될 정도로 저마다 다른 모양과 크기를 가지고 있습니다. 하지만 시중에 판매되는 이어폰은 대부분 대·중·소로 규격화되어 있습니다. 이런 문제점을 해결하고자 3D 스캐닝과 3D 프린팅을 이용하여 좀 더 편한 맞춤형 이어폰을 제작하는 회사가 있습니다. 바로 영국의 Sungs사 www.snugsearphones.co.uk 입니다.

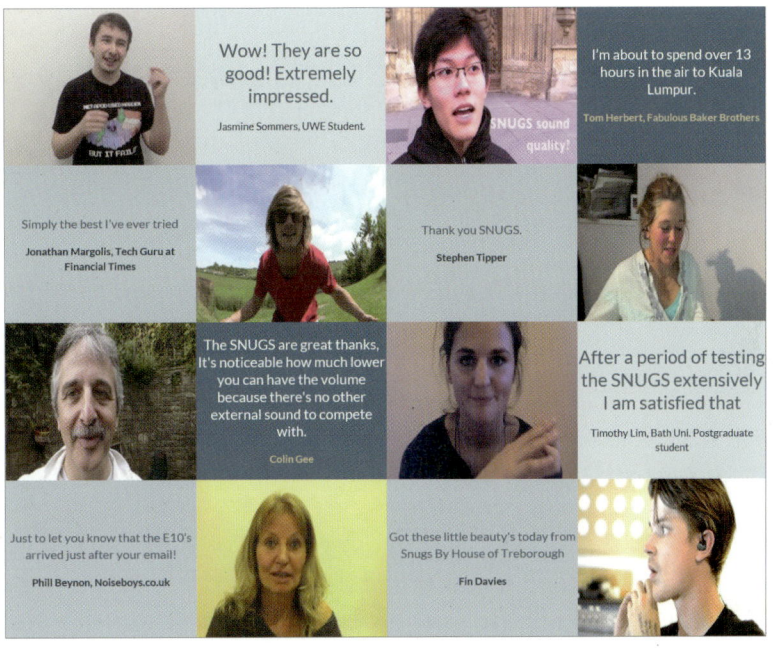

국내 보청기 제조업체인 딜라이트사 역시 항상 착용하고 있어야 하는 청각 장애인의 착용 시 불편함을 줄여주기 위해 3D 프린팅을 이용해 귀에 꼭 맞는 개인 맞춤형 보청기를 선보였습니다.

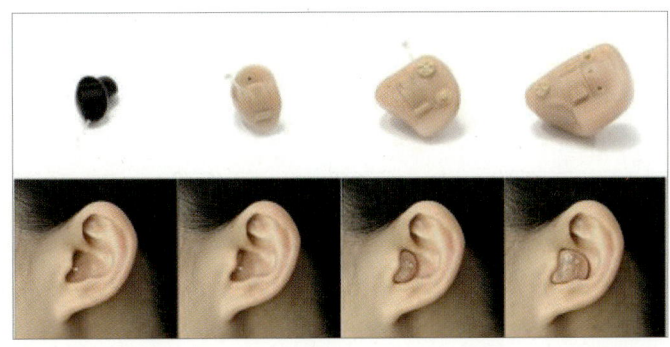

6 클라우드 3D 프린터 플랫폼

3D 프린터의 사용을 좀 더 쉽게 만들어주는 것이 개방형 OS 및 클라우드 서비스입니다. 3DPrinterOS사는 전 세계에 있는 3D 프린터의 위치를 공유하여 아이디어가 있고 3D 프린팅을 원하는 사람들에게 도움을 주고 있습니다. 3D 프린터마다 조작방법이나 세팅방법 등이 상이하고 복잡하여 초보자에게는 어렵게 느껴질 수도 있지만 클라우드 기반의 통합 OS로 복잡했던 과정을 한 번에 해결할 수 있습니다. 이미 세계적으로 8,000대가 넘는 프린터가 서비스를 진행 중이며 디자이너는 3D 프린팅을 위한 파일만 업로드하면 됩니다.

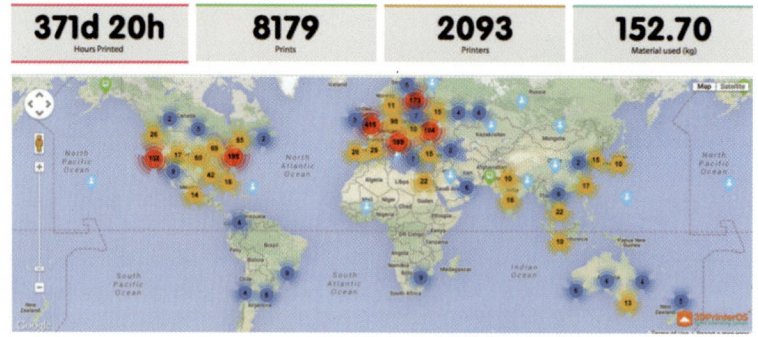

7 고강도 소재를 이용한 툴 제작

3D 프린팅 보급의 핵심은 장비 개발보다 소재 개발입니다. 현재는 특정 애플리케이션에 3D 프린터를 이용하고 싶어도 장비와 소재가 뒷받침되지 않아 이용이 쉽지 않습니다. 우리가 흔히 플라스틱이라고 말하는 제품은 대부분 엔지니어링 플라스틱으로 만들어져 있는데 아직 3D 프린터의 소재는 이보다 강도가 훨씬 떨어집니다.

ColorFabb XT-CF20, Sharebot Nylon-Carbon filament, Carbonfil 등 몇몇 업체는 카본파이버를 넣어 강도를 높인 소재를 기반으로 보급형 3D 프린터의 활용도를 높이고 있습니다. 만약 욕실 수도꼭지에서 물이 샌다면 결합 부위의 느슨함이 원인일 가능성이 가장 높습니다. 간단한 도구만 있다면 집에서 직접 수리가 가능하지만 한 번 사용하기 위해 공구를 구입하기란 쉽지 않습니다. 이럴 경우 강도가 높은 소재를 사용하여 간단한 3D 모델 디자인으로 공구를 출력하면, 사용 가능할 정도의 강도를 가지게 되므로 쉽게 활용할 수 있습니다.

8 금속 느낌의 표면 처리

그동안 금속을 3D 프린팅할 수 있는 고가의 3D 프린팅 장비는 있었지만 일반인이 접근하기에는 무리가 있었습니다. 그런데 이탈리아의 로봇팩토리사에서 Galvanization이라는 전기도금 공법을 이용해 플라스틱의 3D 프린팅된 제품을 도금해 주는 장치를 개발했습니다. 이 제품은 완성품의 3D 프린팅 결과물을 위해 어느 정도 후처리 과정을 거쳐야 하지만 기존의 페인팅 공법을 넘어 도금까지 직접 가능하게 되었습니다.

9 개인 맞춤형 안경

안경은 대부분 대형 제조사에 의해 표준화된 사이즈로 제작됩니다. 하지만 사람마다 얼굴형과 눈, 코, 입의 위치는 모두 다릅니다. Protos사와 Mono사 등은 3D 스캔을 기반으로 제작 전에 개인의 얼굴형, 눈, 코, 입 등을 체크하여 최적의 착용감을 제공할 수 있도록 3D 프린팅을 도입하였습니다.

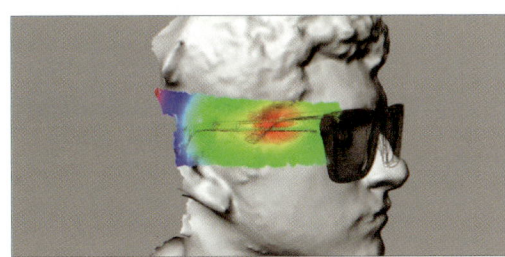

LUXeXceL사는 렌즈까지 3D 프린팅으로 구현함으로써 수작업에 가까워 특수 모형 제작에 어려움이 많았던 광학 렌즈의 제조 공법에 혁신을 일으킬 것으로 예상되며, 렌즈 및 조명 등의 시장에 혁신을 일으킬 것으로 기대됩니다.

10 응용 예술 분야

3D 프린터는 여러 분야로 응용이 가능합니다. 케이크의 데코레이션부터 기존 사진과 3D 프린터를 이용한 응용 예술까지 다양한 방면으로 활용될 수 있습니다.

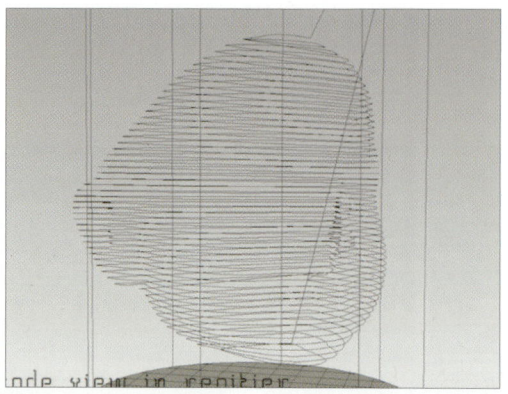

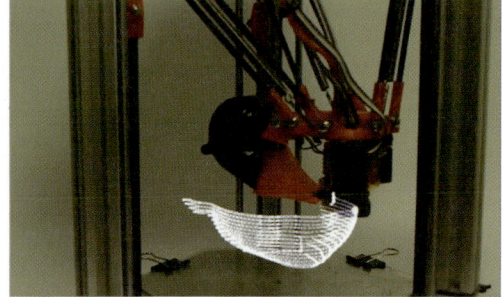
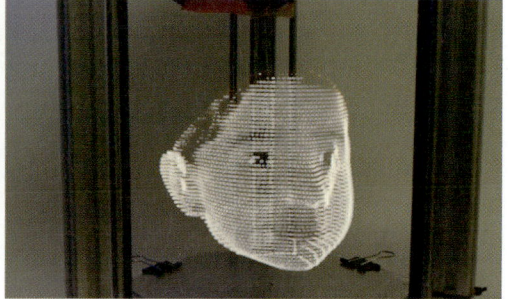

위 그림은 3D 스캐닝 데이터를 바탕으로 3D 프린팅의 적층가공에 필요한 '슬라이싱' 과정을 거쳐 빛으로 사물을 만들어내는 과정입니다. 실제로 손에 잡히는 물체를 만드는 것은 아니지만 3D 프린팅을 활용해 극적으로 표현한 훌륭한 예라고 할 수 있습니다.

11 3D 프린팅 자동차

미국의 LocalMotors사는 2016년 세계 최초로 엔진 및 구동부품을 제외한 전체를 3D 프린팅으로 만든 전기자동차를 출시한다고 발표했습니다. 새시와 프레임 그리고 내외장재는 카본파이버로 강화된 플라스틱으로 제작됩니다. 현재 자동차 한 대 분량의 파츠를 프린팅하는 데 걸리는 시간은 44시간이지만 24시간 안으로 생산하기 위해 노력하고 있습니다.

12 3D 프린팅의 미래

세계적인 프린터 회사이자 IT 기업인 휴렛팩커드사도 3D 프린터를 출시할 예정이라고 밝혔습니다. 아직까지 3D 프린팅 분야에 대기업이 진출하지 않았지만 본격적으로 대기업에서 제품을 출시하고 경쟁이 가속화되면 장비와 소재의 가격이 낮아져 일반인도 쉽게 접할 수 있을 것입니다.

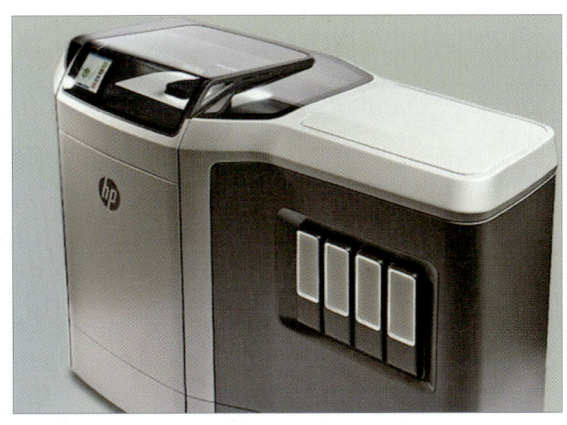

미래에 일반 프린터처럼 각 가정에 3D 프린터가 보급된다면 자신이 원하는 애플리케이션을 설치해 자신만의 스마트폰을 만들어 나가듯이 3D 프린팅 콘텐츠도 공유 플랫폼을 통해 공유되고 거래될 것이며, 필요한 3D 모델링 파일을 출력해 직접 사용할 수 있게 될 것입니다.

주변에 있는 제품은 대부분 플라스틱이나 금속 또는 유리로 만들어진 가공품입니다. 3D 프린터의 등장으로 이런 제품들을 개인이 특화하여 직접 생산할 수 있게 될 것입니다.

하지만 당장 3D 프린터가 모든 것을 해결할 수는 없습니다. 장비면에서는 복잡함과 비용의 문제 또는 출력 품질의 문제가 존재하고, 소재면에서는 수십 여 가지의 선택 사항 안에서만 소재 선택이 가능하여 특정 금속, 플라스틱 등으로 제한되는 한계점을 가지고 있습니다. 따라서 현재로서는 자신의 필요를 정확히 파악하여 용도에 맞는 선택을 할 수밖에 없습니다. 멀지 않은 미래에 가정에서 보유한 프린터가 3D 프린터가 될 날을 기대해 봅니다.

CHAPTER 2

3D 모델링 프로그램

3D 프린터만으로 할 수 있는 것은 아무것도 없습니다. 일반 프린터를 사용하기 위해 문서를 작성할 프로그램이 필요한 것처럼 3D 프린터도 CAD Computer Aid Design 라 불리는 3D 모델링 프로그램을 필요로 합니다. 3D 프린터가 활성화되기 이전부터 3D 모델링 프로그램은 3D 개체를 표현하기 위해 다방면에서 활용되고 있었습니다.

3D 프린팅을 위해서는 솔리드 모델링이 가능한 프로그램이 적합합니다. 솔리드 모델링은 말 그대로 속이 가득 찬 덩어리를 자유롭게 표현할 수 있는 툴입니다. 3D 프로그램 중에서도 영상 처리를 위해 보여지는 외부 면 데이터만으로 작업하는 툴도 많이 존재하지만 3D 프린팅은 외부와 내부가 동시에 출력되므로 반드시 솔리드 모델링 툴이 필요합니다.

이번 장에서는 활발하게 사용되고 있는 3D 모델링 프로그램의 종류와 특징을 알아보겠습니다.

SECTION 1 — 3D 모델링 프로그램

1 3ds Max

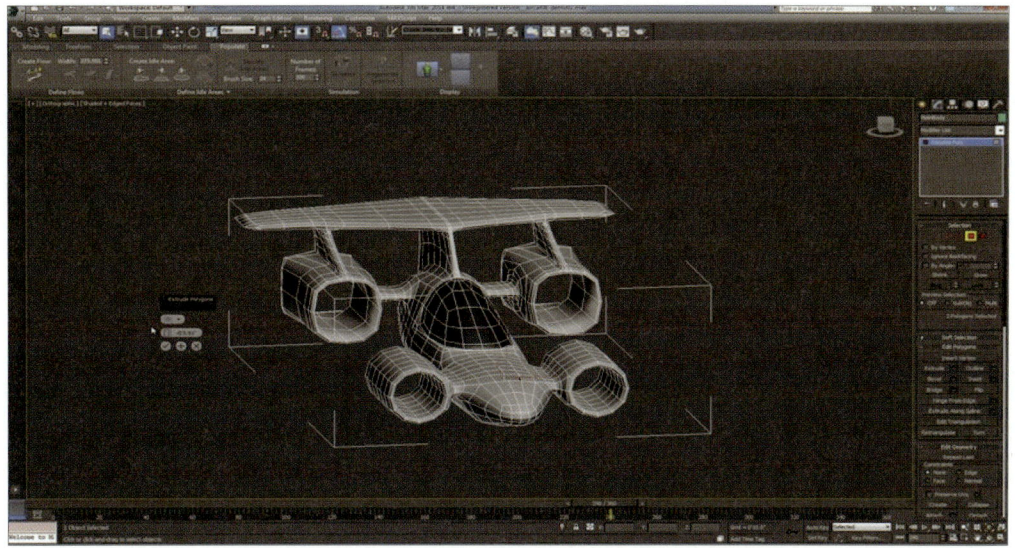

3ds Max는 Autodesk 미디어 및 엔터테인먼트에서 개발한 3차원 컴퓨터 그래픽스를 위한 디자인 소프트웨어입니다. 3ds Max는 모델링, 애니메이션, 렌더링 등 많은 기능을 지원하고 있습니다. 또한 3D 애니메이션, 모델링, 게임, 이미지, VFX_{시각적인 특수효과} 등에 활용할 수 있도록 기능을 지원하여 비디오 게임 개발, 광고 스튜디오, 영화 효과 등 주로 엔터테인먼트 분야에서 활용되고 있습니다.

3ds Max는 3D 모델링을 처음 접하는 사람들에게는 어려울 수 있으나 고성능의 다양한 모델링 도구를 사용할 수 있고 고급 매핑[1] 기능이 있다는 장점이 있어 3D 아티스트 분야에서는 많이 사용되고 있는 프로그램입니다. 기본 매핑 도구 외에도 애플리케이션을 통해 사용자가 모델링을 더욱 정확하게 할 수 있도록 다양한 방식의 기능을 제공하며, 사용자가 하나씩 코딩하거나 프로그래밍을 할 필요 없이 모델을 매우 정교하게 컨트롤할 수 있도록 도와줍니다.

---

[1] 매핑 : 3D 개체가 사실적으로 보이도록 색, 무늬, 질감을 입히는 과정

3D 물체를 만들 때에는 보통 메쉬Mesh 방식, 폴리곤Polygon 방식, 넙스NURBS 방식을 사용하는데, 이 세 가지 방식은 기본 단위가 다릅니다. 메쉬 방식은 기본 단위가 네모, 폴리곤은 세모, 넙스는 포인트와 포인트 사이를 계산하여 선을 만들고 그 다음 면을 만드는 방식을 사용합니다. 따라서 네모를 기본 단위로 하는 메쉬가 면의 각이 심하고, 넙스 방식은 면의 각진 부분은 없지만 많은 계산을 요하여 고사양의 컴퓨터를 필요로 합니다.

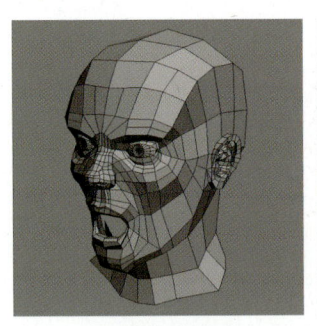

▲ 메쉬(Mesh) 모델링

▲ 폴리곤(Polygon) 모델링(로우폴리곤 → 하이폴리곤)

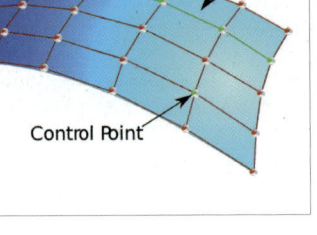

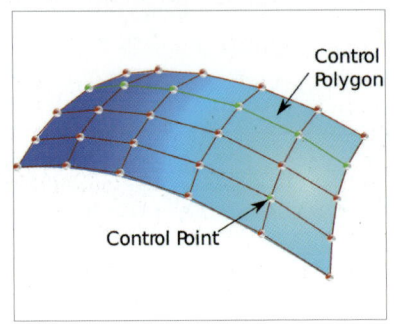

▲ 넙스(NURBS) 모델링

3ds Max는 모델링을 할 때 메쉬 방식과 폴리곤 방식을 주로 사용합니다. 3ds Max는 모델링, 광원 설정, 재질 설정, 애니메이션 키 설정 등을 통해 동영상 제작 및 3D 게임에 사용되는 리소스들을 제작할 수 있는 3D 종합 아이콘으로, 3D 모델링을 할 때 품질 좋은 렌더링을 통해 섬세한 표현이 가능합니다. 하지만 넙스 기반의 3D 모델링 툴인 라이노, 솔리드웍스 등에 비해 정확한 치수에 대한 개념이 부족해 3D 프린팅을 위한 제품 디자인 모델링에서는 사용 빈도가 떨어집니다.

2 123D Design

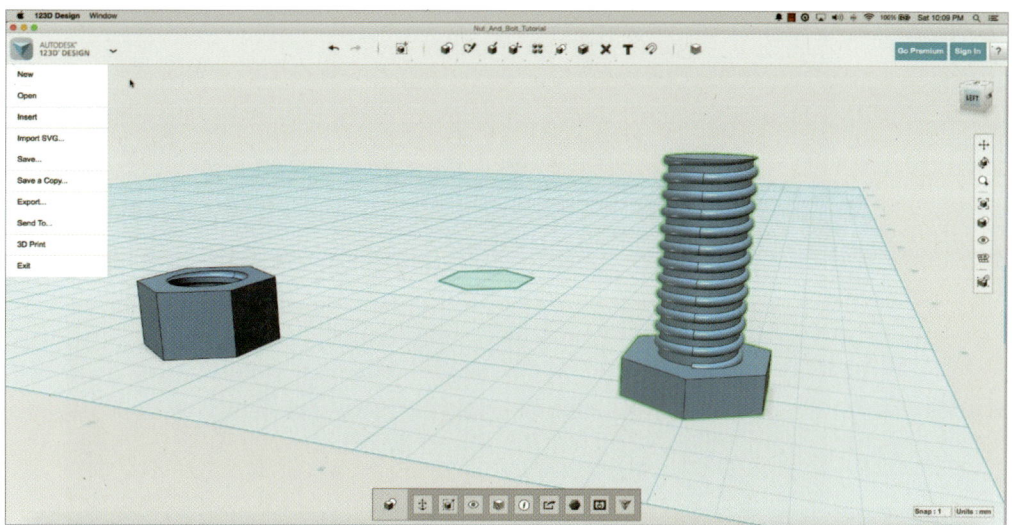

　123D Design은 3ds Max와 마찬가지로 Autodesk사에서 배포한 3D 프린팅에 특화된 프로그램입니다. 이 프로그램은 넙스 모델링 방식으로 3D 프린팅에 적합한 솔리드 모델링을 지원합니다. 보통 3D 모델링, 3D CAD라 하면 전문가들이 사용하는 어려운 소프트웨어로 느껴질 수 있지만 123D Design은 무료로 사용할 수 있으며, 누구나 쉽게 조작할 수 있는 사용자 환경을 가지고 있습니다. 또한 123D 갤러리에는 커스터마이즈와 프린팅할 수 있는 1만여 개 이상의 무료 3D 모델이 올라와 있어 초보자도 원하는 모델을 찾아 수정해 볼 수 있으며, 간단한 모델은 직접 설계해 볼 수도 있습니다. 이 외에도 다양한 스마트 디바이스를 지원해 아이패드 등에서 간단한 모델링 후 바로 3D 프린터로 출력도 가능합니다.

　123D Design은 인터페이스가 간단해 초보자들이 쉽게 배울 수 있고 사용하기 편리하다는 장점이 있지만 다양한 고급 기능까지는 내장되어 있지 않아 세밀한 표현은 어렵다는 단점도 가지고 있습니다.

3 Z-Brush

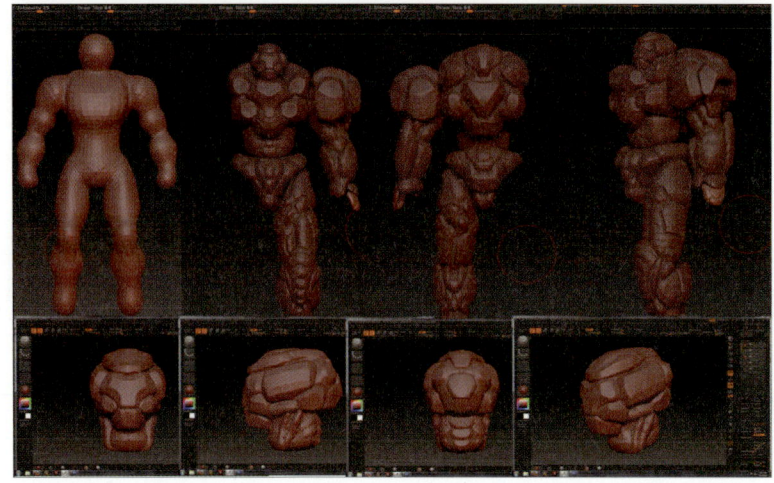

Pixologic사의 Z-Brush는 전통적인 페인팅과 Sculpting 방식을 이용하여 정교한 3D 모델과 텍스처를 직관적으로 제작할 수 있는 소프트웨어입니다. 다른 경쟁 제품이 대체할 수 없는 독특하고 다양한 기능인 디지털 캐릭터의 사실성을 비약적으로 향상시켜 헐리웃 영화에까지 영향력을 넓히고 있습니다. 또한 Z-Brush는 복잡한 입체구조와 자연스러운 표현도 짧은 시간 내에 완성시킬 수 있기 때문에 현재 게임 3D 그래픽 및 디자인 전 분야에서 가장 주목받고 있습니다.

Z-Brush는 조소 조각기법을 화면에서 구현하여 모델링을 해주는 아이콘으로, 조각을 하듯이 깎고 붙이고 늘리는 과정을 통해 모델링을 할 수 있습니다. 특히 피규어나 인체 모형 등의 3D 모델링에 유리하며, 3D 프린팅 모델링의 기본 파일 형식인 STL 파일 편집에 적합합니다. STL 파일은 면 데이터만 가지고 있는 초기의 3D 모델링 파일로, Z-Brush에서는 폴리곤 방식의 프로그램을 사용하므로 수치 데이터가 중요하지 않아 수정이 편리합니다. 특히 3D 스캔 후 후작업이나 디테일 작업에서 많이 사용되고 있으며, 3D 프린팅에 특화된 플러그인도 제공합니다. 또한 최신 버전에서는 애니메이션을 위한 리깅Rigging[2] 및 스킨 작업도 함께 할 수 있습니다.

---

[2] 리깅(Rigging) : 3D 애니메이션에서 캐릭터의 뼈대를 만들어 심거나 뼈대를 나누어 캐릭터가 움직일 수 있는 상태로 만드는 작업

4 구글 스케치업(Google SketchUp)

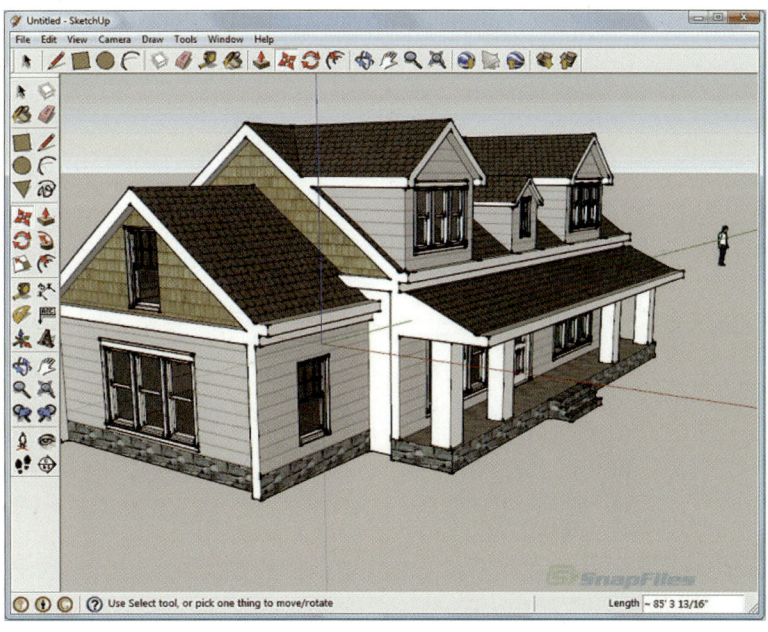

스케치업은 건축 설계 도면, 인테리어 디자인, 엔지니어링, 영화, 게임 디자인, 3D 프린터 등 다양한 분야에서 활용되고 있는 3D 모델링 도구입니다. 다른 도구에 비해 조작법이 쉬워 누구나 3D 모델링을 할 수 있으며, 홈페이지에서 사용법 강의를 제공하고 있어 초보자들도 활용하기에 좋은 프로그램입니다. 다른 모델링 프로그램에 비해 정밀도가 떨어지긴 하지만 3차원 공간에서 종이에 그림을 그리듯 자유로운 스케치를 할 수 있고, 다양한 스타일로 변경이 가능한 장점이 있습니다. 또한 사용자가 선과 모양을 그린 후 마우스를 이용하여 원하는 3D 형태로 바꿀 수도 있습니다.

스케치업은 무료버전부터 프로버전까지 다양한 버전별 옵션을 제공하여 사용자의 필요에 따라 선택할 수 있으며, 자신에게 맞는 프로그램을 적절한 가격으로 제공한다는 것도 큰 장점입니다.

5 라이노 3D(Rhino 3D)

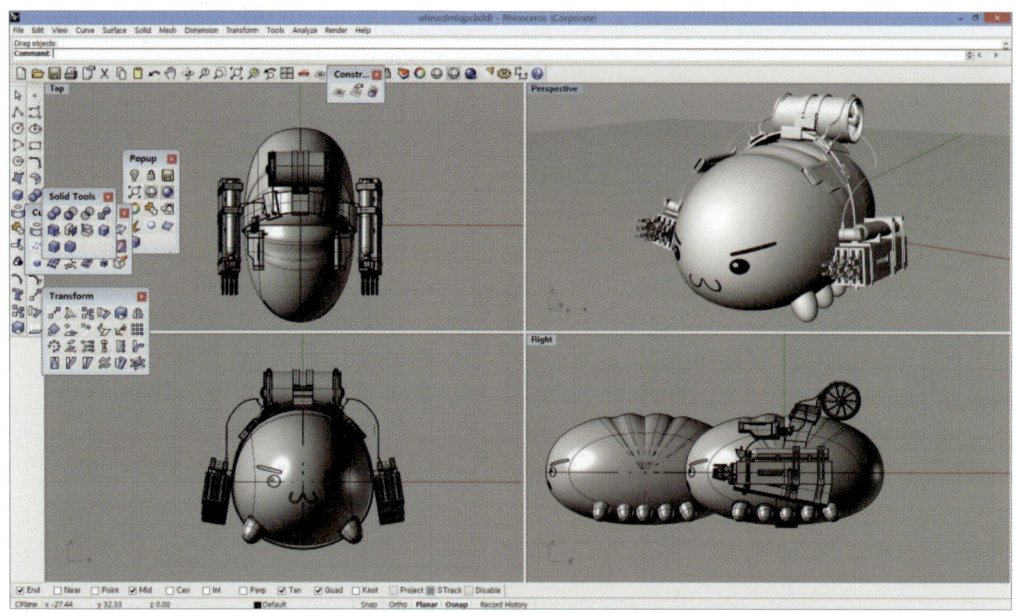

라이노 3D는 미국의 Robert McNeel&Associates에서 개발한 넙스 방식의 3D 모델링 프로그램입니다. 정확한 수치를 기반으로 3D 모델링을 할 수 있어 산업 디자인 분야 중 제품 디자인, 주얼리 디자인 등에 주로 활용되고 있습니다. 라이노 3D는 사용자가 쉽게 이해할 수 있는 매뉴얼로 구성되어 있으며, 모델링 제작이 비교적 저렴한 비용으로 가능합니다. 또한 디자인, 드래프팅, CAM, 분석, 렌더링, 애니메이션, 일러스트레이션 등 다양한 소프트웨어와 호환성을 가지고 있으며, 플러그인을 통해서 라이노 3D 프로그램에 없는 특화된 기능도 사용할 수 있습니다. 대부분의 3D 소프트웨어는 높은 하드웨어 사양을 요구하는데 라이노 3D는 낮은 하드웨어 사양에서도 문제 없이 구동된다는 장점이 있으며 IGES, STEP, STL 파일의 편집과 복구 작업도 가능합니다.

하지만 라이노 3D는 자동차, 보석 세공, 가전제품 등 제품 디자인용으로 만들어졌기 때문에 렌더링 작업 시 금속, 플라스틱, 유리 등을 매우 사실적으로 구현할 수는 있지만 애니메이션 기능은 굉장히 제한적입니다.

6 오토캐드(AutoCAD)

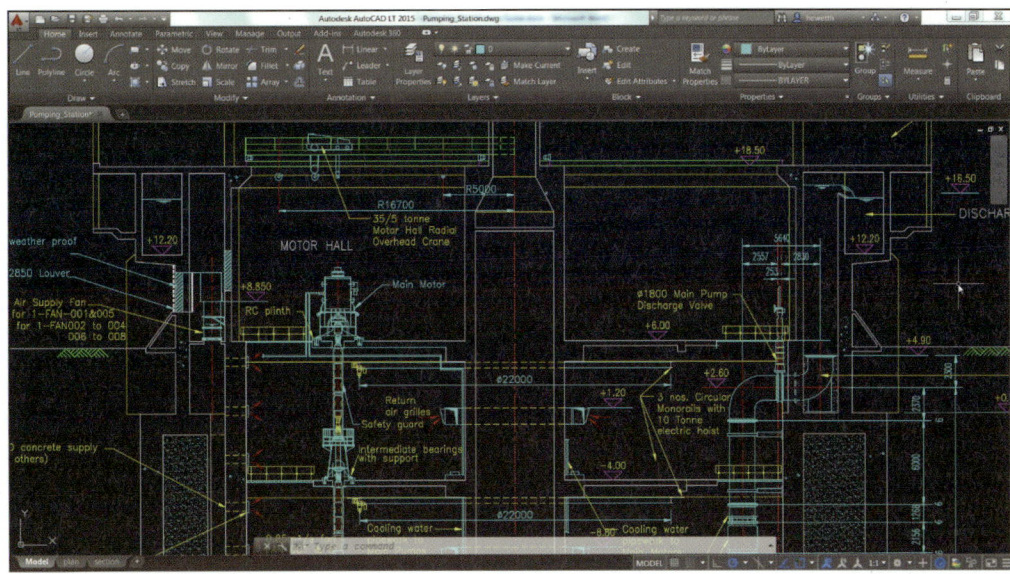

오토캐드AutoCAD는 2D 및 3D 디자인 설계를 위한 프로그램이며, 3ds Max와 마찬가지로 Autodesk사가 개발하여 판매하고 있습니다. 오토캐드는 1982년 말 처음 출시되어 IBM PC에서 동작하는 최초의 CAD Computer Aided Design 프로그램으로, PC가 대중화되기 시작하면서부터 설계 업무 전반에서 전 세계적으로 폭넓게 사용되기 시작하였습니다. 오토캐드는 사용자의 편의성을 위한 자동화를 위해 많은 API를 지원하고 있으며, 현재 국내에서 가장 보편적으로 사용되는 범용 캐드 프로그램입니다. 하지만 2D 디자인에 특화되어 있으므로 3D 모델링에서는 Autodesk사의 다른 제품군인 인벤터 Inventor를 사용하는 것이 편리합니다.

인벤터의 경우 전용 아이콘으로서 기계나 제품 설계를 3D로 디자인할 때 많은 라이브러리 기능으로 인해 훨씬 더 효율적으로 작업할 수 있도록 도와줍니다.

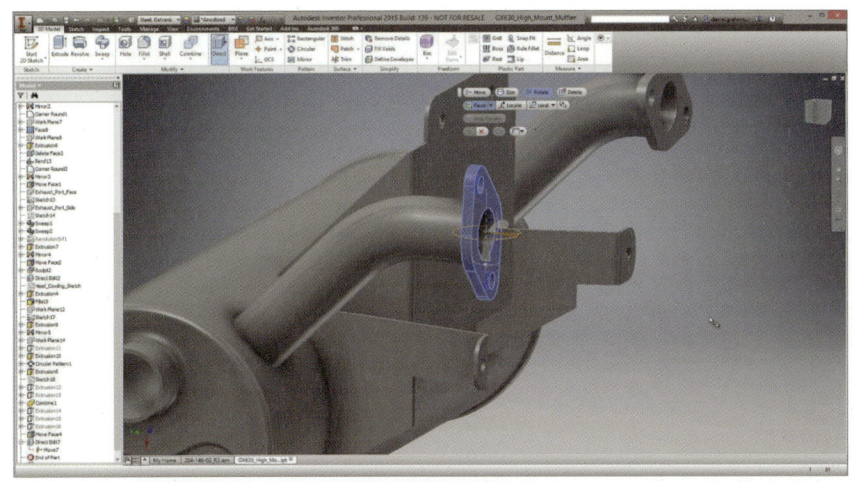

▲ Autodesk사의 인벤터

7 솔리드웍스(Solidworks)

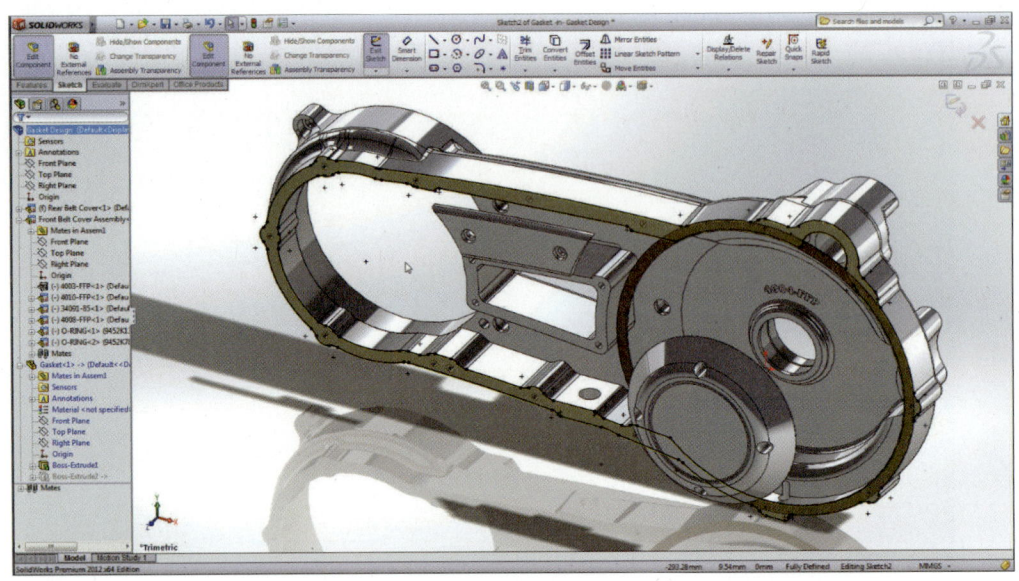

솔리드웍스는 존 허슈틱Jon Hirschtick이라는 개발자가 쉽게 사용할 수 있는 3차원 설계 소프트웨어 제작을 목표로 팀을 꾸려 개발한 프로그램으로, 다쏘 시스템즈 솔리드웍스Dassault Systems Solidworks사에서 개발 및 판매하고 있는 3D CAD/PLM 소프트웨어입니다. 프로그램의 호환성이 높고 고성능 프로그램에 비해 가격이 저렴한 편에 속해 기계 분야의 중소기업에서 선호하고 있으며, 소프트웨어의 지속적인 업데이트를 통해 성능 개선 및 업무 효율 향상에 도움을 주고 있습니다.

솔리드웍스는 오토캐드보다 기능이 다양하지 않아 2D 드로잉에서는 불편할 수도 있으나 3D 솔리드 모델링 전용 프로그램으로 3D 프린팅에 아주 적합한 프로그램입니다. 또한 간단한 시뮬레이션 등의 다양한 옵션을 제공하며 CAD 초보자도 어렵지 않게 사용할 수 있는 쉬운 인터페이스로 구성되어 있습니다.

8 지멘스 NX

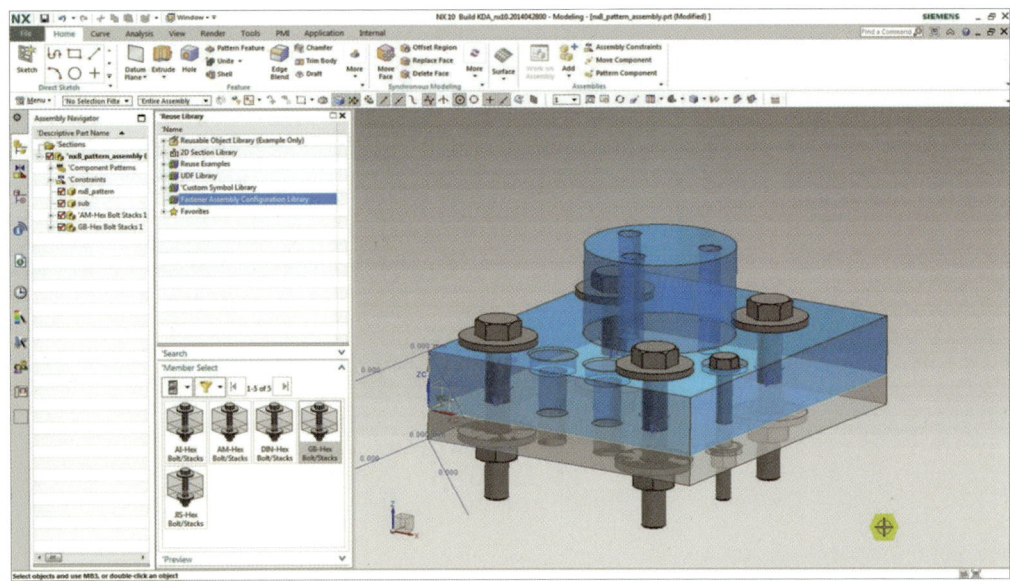

지멘스 NX는 Simens사의 3D 캐드 프로그램으로, 하이엔드 설계 프로그램입니다. 유니그래픽Unigraphics;UG이라고 불리기도 하나 주로 엔엑스Next Generation;NX로 불립니다. NX는 북미 GM에서 사용하는 캐드 프로그램으로, 북미권의 기구 설계는 80% 이상 NX를 사용합니다. 국내에서 오토캐드가 범용적이라면 NX는 세계적으로 통용되는 CAD 소프트웨어라고 할 수 있습니다. 다양한 설계 기법 및 시뮬레이션을 지원해 실제 기계 및 기구 설계에서 많이 응용되는 소프트웨어입니다. 또한 완벽한 솔리드 모델링이 가능하여 3D 프린팅을 위한 모델링에도 활용도가 높습니다.

실전 TIP

● **오픈소스 프로그램이란?**

오픈소스 프로그램이란 소스 코드가 공개Open된 프로그램입니다. 대부분의 오픈소스 프로그램은 무료로 사용할 수 있기 때문에 프리Free웨어와 헷갈리는 경우가 많은데 이 둘은 엄연히 다른 개념입니다. 프리웨어는 무료로 사용 가능한 프로그램이고 오픈소스는 소스 코드가 공개된 프로그램으로 무료로 사용할 수 있다는 점에서는 비슷하지만 소스 코드를 보고 이해할 수 있고 수정할 수 있는 개발자 입장에서는 크게 다릅니다.

예를 들어, 프리웨어 프로그램을 사용하는 사람들은 오류를 발견했다 하더라도 소스 코드를 모르니 수정이 불가능하고, 새로운 아이디어가 떠올라도 바로 프로그램에 적용시킬 수 없습니다. 하지만 오픈소스 프로그램의 경우 태생 자체가 소스를 공개하고 다수의 전문집단 혹은 개인이 힘을 합쳐 프로그램을 완성하는 개발 컨셉을 가지고 있으므로 상업적 용도만 아니라면 얼마든지 소스를 수정하여 사용할 수 있습니다.

최근 3D 모델링 프로그램에도 오픈소스를 이용한 프로그램FreeCAD, OpenSCAD, QCAD 등을 종종 볼 수 있습니다. 하지만 아직은 기존 프로그램에 비하여 비약적인 개선이 이루어져 있는 프로그램은 찾기 힘들며 전문적이고 안정적인 디자인을 위해서는 부족한 면이 있습니다.

PART 2

3D 프린터의 종류

일반 프린터가 도트 프린터, 잉크젯 프린터, 레이저 프린터 등으로 나누어져 있는 것처럼 3D 프린터에도 여러 종류가 있으며 공정별로 각각의 특징을 가지고 있습니다. 사용자는 다양한 프린터 중에서 실제 3D 모델 출력 시 모델링에 따라, 원하는 정도에 따라 그에 맞는 3D 프린터를 선택해야 합니다. PART 2에서는 실제로 활용 가능한 3D 프린터의 종류를 알아보고 각각의 특징과 기본 원리를 살펴보겠습니다.

CHAPTER 1

소재에 따른 3D 프린터의 분류

사용하는 소재에 따라 3D 프린팅의 공정을 구별할 수 있습니다. 3D 프린터는 우리가 쉽게 접할 수 있는 플라스틱 필라멘트를 사용하는 프린터부터 금속가루를 사용하는 금속 프린터까지 다양합니다. 이러한 소재는 3D 프린터의 활성화와 함께 더욱 활발하게 개발되고 있습니다. 머지않은 미래에 우리가 접하는 대부분의 물질은 3D 프린팅이 가능하게 될 것입니다.

SECTION 1
3D 프린터의 종류와 특징

3D 프린터들은 적층형 공법이라는 측면에서 공통점이 있습니다. 현재 출시되거나 개발되고 있는 3D 프린터는 어떤 소재를 가지고 어떻게 적층하느냐에 따라 대략 10여 종 이상의 방식이 존재합니다. 우리가 흔히 알고 있는 소재인 플라스틱, 금속, 세라믹 등은 똑같은 형상을 만들지라도 각각의 소재에 따라 가공하는 방식이 다르며, 사용 용도나 요구되는 정밀도 등에 따라서도 가공하는 방법이 다릅니다. 3D 프린터에서도 마찬가지입니다. 어떤 소재인지, 어떤 용도로 사용할 것인지에 따라 똑같은 적층형 공법일지라도 적층 방법과 거치게 되는 과정에 차이가 있습니다.

▲ 적층형 공법

PART 2에서는 여러 적층 공법 중 일반 사용자가 쉽게 접근할 수 있고, 상용화되어 있는 적층 공법을 다루어보고 이해하는 것을 목표로 합니다. 일반인에게 지루한 부분일 수 있습니다. 하지만 3D 프린팅은 엔지니어링을 잘하고 3D 모델링을 잘했다고 해서 만족할만한 출력물이 나오는 것이 아닙니다. 자신이 출력하고자 하는 모델의 정확한 특성을 이해한 후 그에 맞는 3D 프린터를 선택하고, 3D 모델링 데이터의 구조적 안정성, 소재 특성 등을 고려해야 합니다.

1 3D 프린터 공정 비교

재료	공정	조형 방식
고체 기반형	FDM	• ABS, PLA 등 필라멘트 형태의 열가소성 재료를 열을 가해 녹인 후 노즐을 거쳐 압출되는 재료를 적층 • Makerbot사와 Ultimaker사가 대표적
	LOM	• 종이, 금속박 또는 플라스틱 등의 시트나 필름 형태의 재료를 접착하면서 칼을 사용해 절단 후 적층 • 미국 Helisys의 LOM 시스템, 일본 KIRA의 PLT 시스템
액체 기반형	DLP	• DLP(Digital Light Process)를 이용하여 액체 광경화성 수지를 굳혀가며 적층
	SLA	• DLP 방식과 흡사하며, 레이저를 광원 소스로 액체 광경화성 수지를 굳혀가며 적층 • Formlabs사의 Form1이 대표적
	Polyjet/MJM	• 잉크젯 프린터와 유사하게 노즐을 통해 액체 광경화성 수지를 분사시키고, 그 위에 자외선을 비추어 경화시키며 적층 • Objet사의 Polyjet Series
분말 기반형	3DP	• PBP 또는 PP라고도 불림 • 분말을 바인더라 불리는 접착제를 이용하여 단면 조형 후 적층, 바인더로 분말을 접착하여 형상 제작
	SLS/DMLS	• 분말 형태의 재료를 레이저를 이용하여 소결 또는 융해하여 형상 제작 • 3D Systems사와 EOS사의 시스템이 대표적
	EBM	• Electron Beam을 사용하여 분말 형태의 재료를 소결 또는 융해하여 형상 제작 • Arcam AB사의 Arcam 시리즈가 대표적

SECTION 2

고체 플라스틱 필라멘트를 사용하는 3D 프린터
압출조형 방식 3D 프린터

열가소성 플라스틱을 이용하는 방식의 3D 프린터는 일반적으로 대중에게 가장 많이 알려져 있고 전시회나 인터넷에서 구입이나 제작이 용이한 기본적인 3D 프린터입니다. 가장 많이 사용되는 3D 프린터는 FDM Fused Deposition Modeling 방식으로 불리며, 최초로 상용화를 시작한 Stratasys사의 상표이기도 합니다. 소프트웨어부터 하드웨어까지 모든 과정을 오픈소스로 공유하며, FDM이라는 명칭의 상표권 문제 때문에 FFF Fused Filament Fabrication 방식으로 불리기도 하지만 통상적으로는 FDM 방식이라 불립니다. FDM 방식의 3D 프린터는 열가소성 플라스틱을 뜨거운 노즐을 통해 조금씩 녹여 쌓아가는 방식으로, 1980년대 후반 S. Scott Crump에 의해 시작되어 1990년도에 Stratasys사에 의해 상용화되었습니다. 2005년 University of Bath의 Dr. Adrian Bowyer 강사에 의해 RepRap 프로젝트가 진행되면서 3D 프린터의 구조와 동작 프로그램 등이 오픈소스화 되었습니다. FDM 방식은 하나의 3D 프린터가 다른 3D 프린터를 복제 생산하여 기하급수적으로 아기 3D 프린터가 만들어질 수 있다는 것을 보여주었습니다.

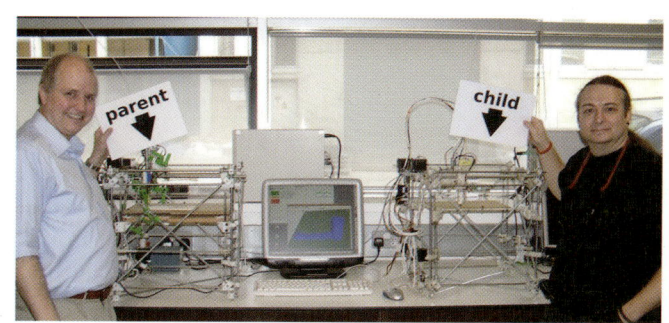

▲ 아드리안 보이어 교수(왼쪽)의 주도하에 시작된 RepRap 프로젝트

위 사진의 child 3D 프린터는 parent 3D 프린터를 이용하여 부품의 50%를 직접 출력 제작한 것입니다. 이 방식을 사용하여 직접 출력 가능한 부품을 복제하여 3D 프린터를 제작할 수 있다는 것을 보여주었습니다. 또한 3D 프린터를 컨트롤하기 위한 소프트웨어와 장비의 설계를 오픈소스화하면서 FDM 방식의 3D 프린터를 일반인들이 접하기 쉽도록 보급화하는 데 큰 역할을 하였습니다. 하지만 모두 오픈소스인 것은 아닙니다. 각 회사의 제품 대부분은 RepRap 프로젝트에 기반을 두고 있지만 소재와 특정 설정 등은 제품에 따라 상이하며, 사용자가 제품으로만 볼 수 있는 제품들은 오픈소스의 형태를 취하고 있지 않습니다.

실전 TIP

- **오픈소스 소프트웨어**

    소스 코드가 공개되어 있는 소프트웨어를 말하며, 일반적으로 자유롭게 사용 · 복제 · 배포 · 수정할 수 있습니다. 오픈소스 소프트웨어의 대표적인 예로는 Linux 커널 및 관련 GNU SW, 아파치 웹서버, FireFox 웹브라우저, MySQL 데이터베이스시스템, Python/PHP/ Perl 언어, Eclipse 툴 등이 있으며, 이 외에도 많은 오픈소스 소프트웨어가 전 세계에 걸쳐 수많은 개발자들에 의해 개발되고 있습니다.

- **오픈소스 소프트웨어 라이선스**

    오픈소스 소프트웨어 개발자와 이용자 간에 사용 방법 및 조건의 범위를 명시한 계약을 말합니다. 오픈소스 소프트웨어를 이용하기 위해서는 오픈소스 소프트웨어 개발자가 만들어 놓은 사용 방법 및 조건의 범위에 맞게 소프트웨어를 사용해야 합니다. 이를 어길 경우 라이선스 위반은 물론 저작권 침해로 인해 처벌을 받게 됩니다. 따라서 오픈소스 소프트웨어를 다운로드 받아 개발에 적용할 때는 반드시 라이선스의 요구 사항을 확인해야 합니다.

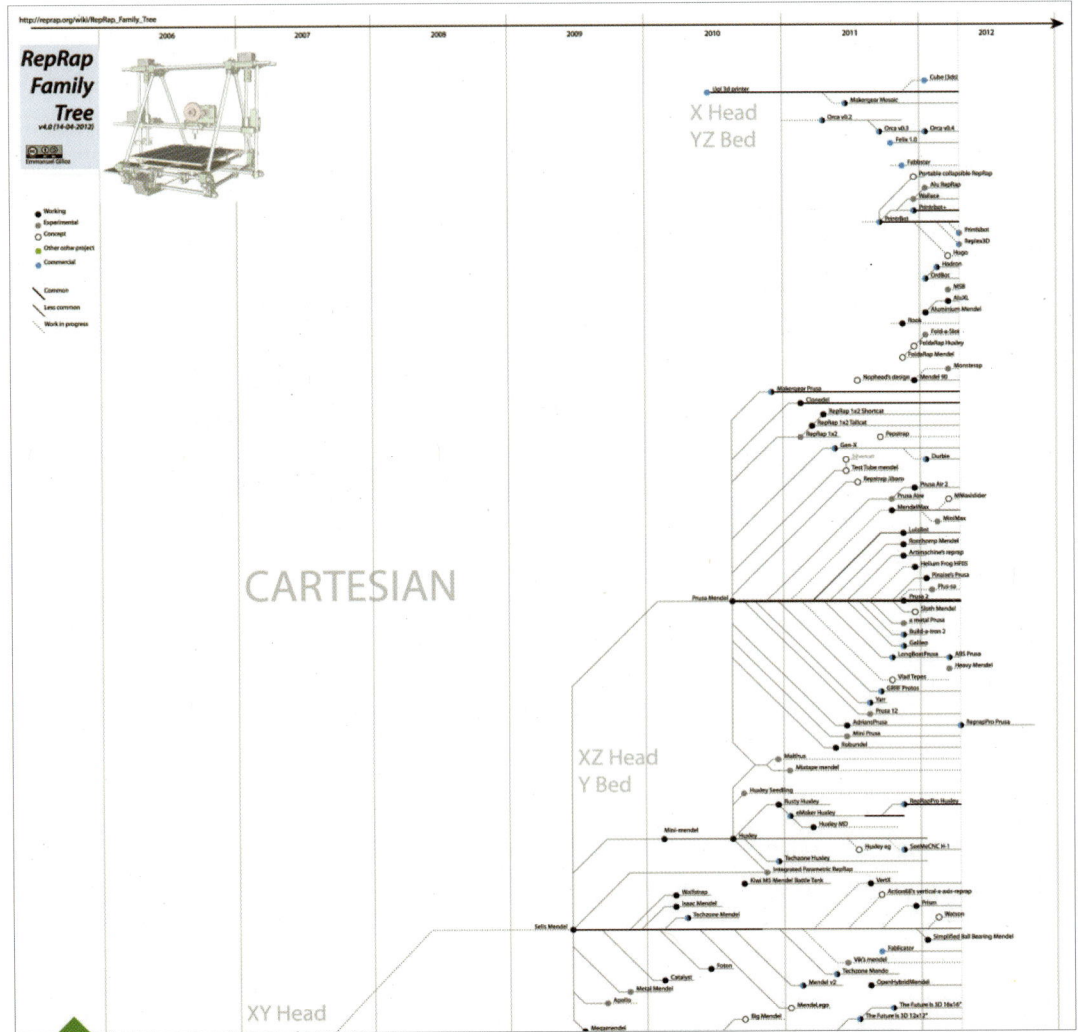

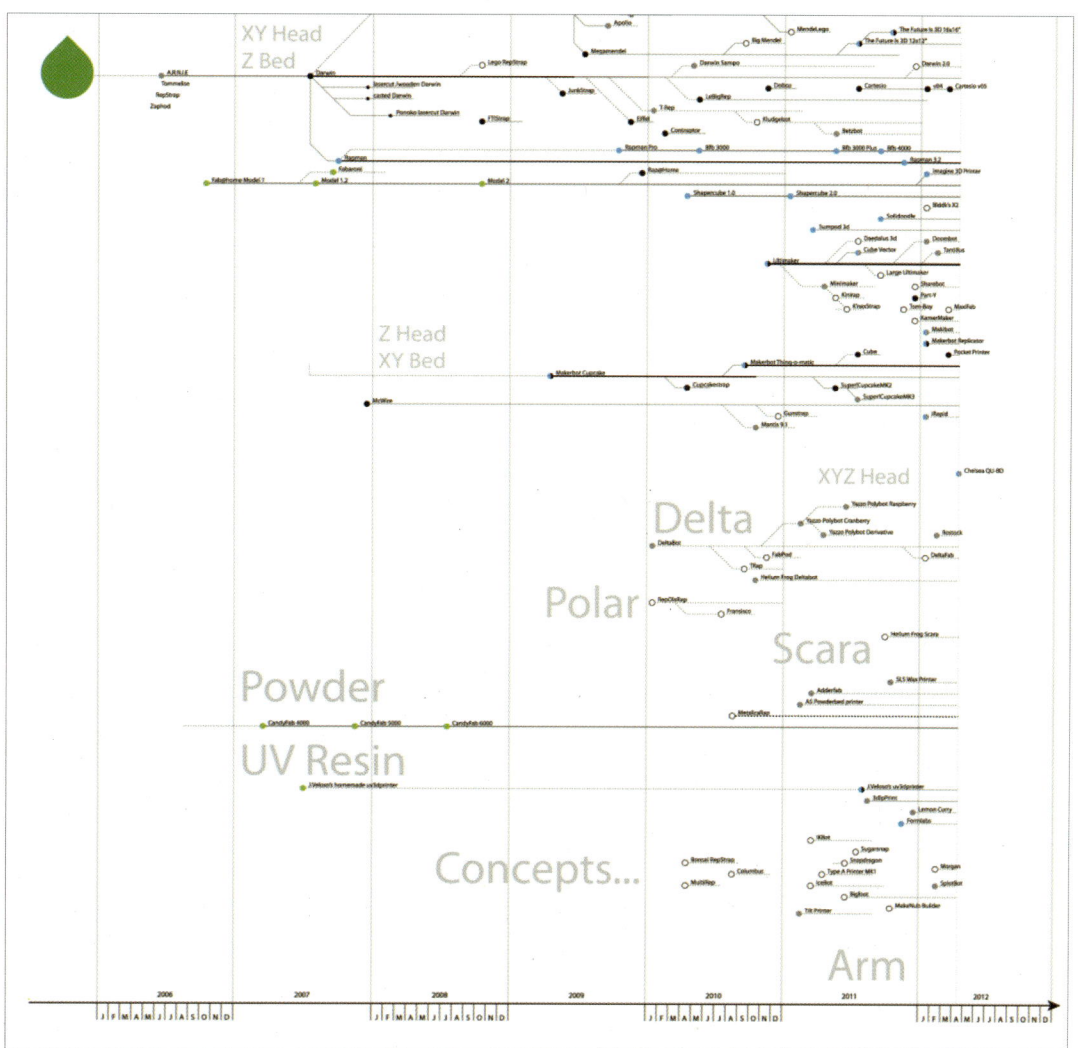

▲ RepRap 프로젝트부터 나온 다양한 방법의 FDM 3D 프린터들

1 원리

일반적으로 FDM 방식의 3D 프린터는 대부분 플라스틱 필라멘트_{가늘고 긴 플라스틱이 릴에 감겨서 판매됨}를 소재로 사용하고 있습니다. 플라스틱은 크게 열경화성 플라스틱과 열가소성 플라스틱으로 나누어집니다. 열경화성 플라스틱은 가열을 하더라도 분자의 운동에 영향이 없고, 오히려 온도가 올라가 타버리게 됩니다. 반면에 열가소성 플라스틱은 가열하면 분자의 운동이 활발해져 부드러워지고 점성이 있는 액체가 됩니다.

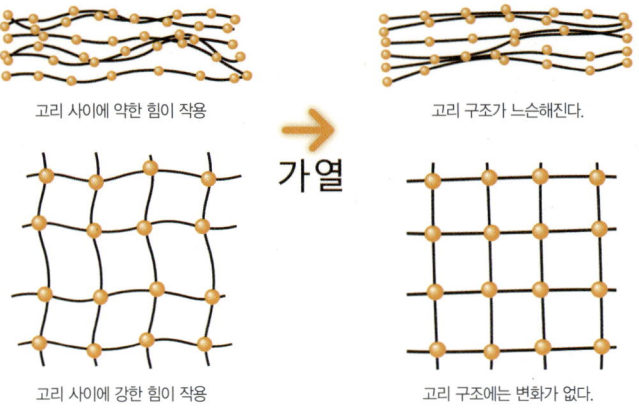

▲ 가열했을 때 나타나는 열가소성 플라스틱(위)과 열경화성 플라스틱(아래)의 구조 변화

FDM 방식에서 3D 프린팅은 열가소성 플라스틱이 가열을 통해 부드러워질 때 노즐이라는 작은 구멍을 통해 플라스틱을 적정 압력으로 밀어줍니다. 얇은 선처럼 노즐에서 나오는 플라스틱을 원하는 위치로 이동시켜 한 층단면을 만들어주고 한 층이 완료된 후 다음 층을 쌓아나가는 원리입니다. 흔히 공작용으로 쓰이는 글루건을 생각하면 됩니다. 글루건의 후면에 접착 소재가 되는 플라스틱을 넣으면 가열된 앞쪽에 작은 노즐 3D 프린터에서 사용되는 노즐에 비해 10배 이상 크다 을 통해 부드러워진 접착 소재가 나오게 됩니다. 이 글루건을 가지고 종이에 그림을 그리듯 연필처럼 이동한다면 한 층의 형상을 만들 수 있습니다. 한 층을 만든 후 굳어진 플라스틱 위로 한 층을 더 만들고, 이 과정을 반복한다면 3차원 형상을 만들 수 있게 됩니다.

FDM 방식은 글루건보다 훨씬 작은 노즐을 사용하고 손대신 컴퓨터와 컨트롤러로 위치를 제어하며 ABS, PLA 등의 플라스틱 소재를 이용한다는 점에서만 차이가 있을 뿐 그 원리는 유사합니다. 최근에는 FDM 방식과 글루건을 혼합시킨 펜 형태의 3D 프린터도 시판되고 있습니다. 3Doodler라는 회사에서 출시한 3Doodler라는 제품으로, 손의 움직임에 따라 간단히 3차원 모델링을 할 수 있습니다. 하지만 종이와 연필만 있다고 누구나 그림을 잘 그릴 수 없듯이 자신이 원하는 형상을 구현하기 위해선 많은 연습이 필요합니다.

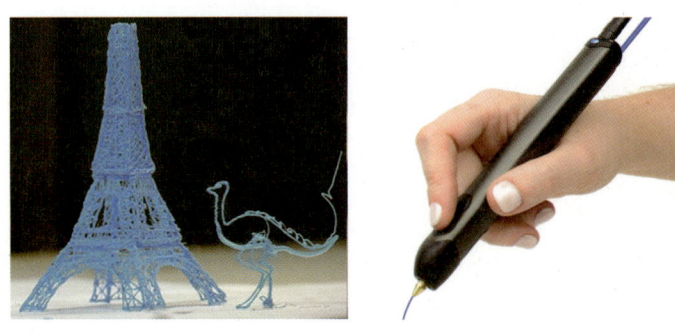

▲ 글루건으로 3D 프린팅이 되는 원리와 유사한 3Doodler사의 펜 형태 3D 프린터

글루건을 이용하여 3차원 개체를 손의 움직임으로 만든다고 가정해 봅시다. 방아쇠를 너무 힘껏 누르면 글루가 많이 나와 모양이 틀어질 것입니다. 또한 글루건이 충분히 가열되지 않은 상태에서 방아쇠를 누르면 생각보다 적은 양의 글루가 나올 것이고, 반대로 너무 뜨거울 때 방아쇠를 누른다면 너무 많은 양이 나올 것입니다. 뿐만 아니라 한 층이 충분히 굳기 전에 다음 층을 만들면 하단부에서 다음 층을 지탱해줄 수 없기 때문에 형상이 뭉개질 것입니다.

이 기본 원리는 FDM 방식의 프린터에도 적용됩니다. 컴퓨터에서 프로그래밍한 그대로 3D 모델링 파일을 넣고 출력 버튼만 누르면 모든 출력이 될 것이라고 생각하면 안 됩니다. 기본 원리를 알고 들여다보면 세부 설정을 볼 수 있을 것이고, 출력물을 주의 깊게 살펴보면 어떤 설정값을 수정하면 좀 더 근사한 출력물을 얻을 수 있는지 판단할 수 있을 것입니다.

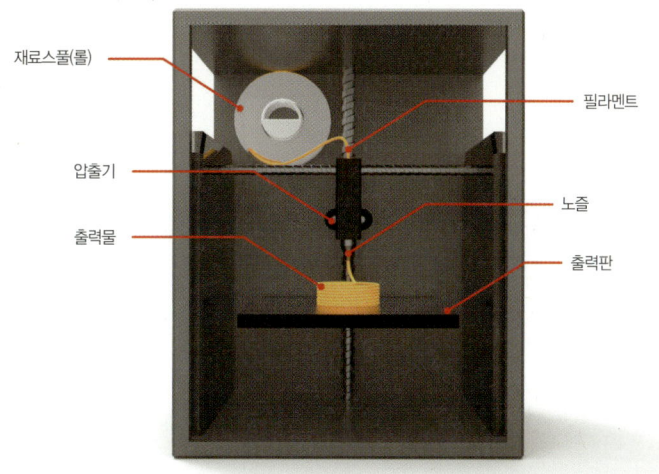

▲ 간략하게 표현한 FDM 방식의 3D 프린터

열가소성 플라스틱은 초콜릿과 같이 고온에서 유동성을 갖게 되는 플라스틱으로, 열을 가해 녹인 후 가공하고 식히면 굳는 플라스틱입니다. 이러한 특성을 활용하여 프로그래밍된 온도 제어에 의해 재료를 가열하여 부드럽게 만든 다음 3D 모델링 데이터를 기반으로 노즐의 위치를 이동하면서 압출하여 층층이 쌓아 올리는 방법이 FDM Fused Deposition Modeling 혹은 FFF Fused Filament Fabrication 방식의 3D 프린터입니다.

▲ FDM 방식의 압출 메커니즘인 익스트루더(Extruder)의 모식도

FDM 방식은 압출 메커니즘인 익스트루더 Extruder를 통해 플라스틱 필라멘트를 이동 및 제어하고, 온도가 컨트롤된 플라스틱을 이용하여 조금씩 쌓아가며 출력물을 형성합니다. ABS의 경우 약 210° 정도, PLA는 약 190° 정도로 가열하여 온도를 높이면 유동성 있는 플라스틱이 됩니다. 3D 모델링 데이터를 슬라이싱이라는 공정을 통해 한 층 한 층 단면을 만들고, 위치를 결정하는 기계적 제어를 통해 압출되는 위치를 결정하여 프린팅을 합니다. 하나의 단면 프린팅이 완료되면 수직 방향으로 이동하여 다음 단면을 프린팅하는 방식으로 높이를 만들게 되고, 이렇게 한 층 한 층을 쌓아가면 최종적으로 3D 개체가 완성됩니다.

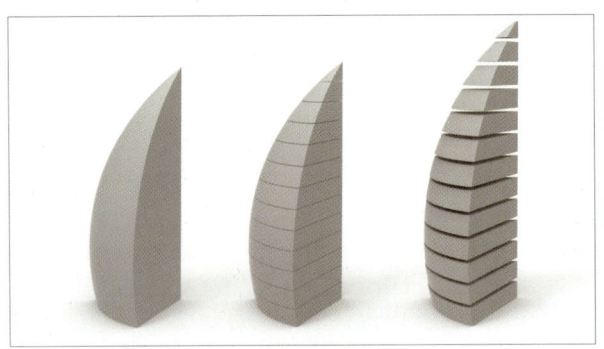

▲ 슬라이싱(Slicing) : 3D 프린팅 시 원형 모델(좌)을 출력하기 위해 적층 두께에 따라 나누는 과정

3D 프린터에서 사용할 수 있는 필라멘트는 ABS와 PLA라는 플라스틱 소재가 일반적이며 색상도 다양합니다. 최근에는 출력물의 용도에 따라 각각 다른 특성을 보여주는 재료들도 생산되고 있습니다. 예를 들어, 신발의 밑창과 같이 유연성과 탄성이 요구되는 부위에 적합한 유연한 성질을 지닌 필라멘트가 개발되었으며, 전류가 흐를 수 있는 탄소 또는 브론즈 성분이 들어간 전도성 필라멘트나 나무 느낌의 소재 또는 서포트 소재라고 하는 물에 넣으면 녹아서 없어지는 수용성 소재도 개발되어 판매되고 있습니다.

이러한 혼합 재료의 경우 기본적인 주재료는 열가소성 플라스틱이기 때문에 일반적인 FDM 3D 프린터와 비슷하지만 각 재료별 특성에 맞게 설정값이 변경되어야 하므로 사용 전에 프린터 기종별 사용 가능 여부를 먼저 체크해야 합니다.

▲ 카본 섬유가 혼합된 Filabot사의 필라멘트

▲ 폴리에스테르/야광/목재/브론즈 등이 혼합된 ColorFabb사의 필라멘트

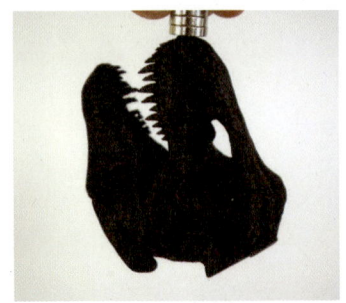

▲ 철성분이 혼합되어 자성을 띠는 필라멘트로 제작한 모형

일반적인 열가소성 플라스틱 필라멘트인 ABS는 kg당 2~3만 원이면 구입이 가능하고, 특수 필라멘트는 혼합된 재료에 따라서 수십 배 가량의 가격이 책정되기도 합니다. 또한 ABS 소재는 엔지니어링 플라스틱으로, 일반 플라스틱보다 충격과 열에 강합니다. 이 중에서 PLA 소재는 옥수수 전분에서 추출된 원료로 만들어 친환경적입니다. 실제 프린팅을 해 보면 PLA 소재는 단단한 느낌이 있으나 ABS 소재보다는 약합니다. 하지만 PLA 소재는 ABS 소재보다 온도 변화에 덜 민감하여 상대적으로 변형률이 작아 사용의 용이성 때문에 가장 많이 쓰이고 있습니다.

건물을 지을 때, 지반 공사를 하고 1층 기둥을 만들고 1층 기둥 위에 2층 바닥이 만들어지고, 다시 2층 기둥이 만들어지고 3층 바닥이 만들어지는 것처럼 3D 프린팅도 순차적 구조가 만들어져야 합니다. 1층을 만들고 지탱하여 줄 구조물 없이 공중에 2층 바닥면을 만드는 것은 불가능합니다. 3D 프린팅 시에도 이러한 기둥 역할을 할 수 있는 서포트Support라고 불리는 임시 구조체가 필요합니다.

출처: http://www.3Ders.org/index.html
▲ 서포트를 사용하여 출력한 직후(왼쪽)와 서포트를 제거한 후(오른쪽)

대부분의 FDM 방식 유저들은 프로그램에서 지원하는 자동 서포트 기능을 통해 서포트를 생성할 수 있습니다. 기술이 발전할수록 좋아지고 정교해지고 있지만, 현재의 '자동 서포트' 기능은 완벽하지 않습니다. 서포팅의 원리를 알고 출력과 모델 수정을 반복하여 필요한 부분에는 수동으로 서포트를 추가해야 좀 더 품질 좋은 출력물을 얻을 수 있습니다.

이런 자동 서포트의 불편함을 조금이나마 해결해 줄 수 있는 것이 수용성 플라스틱 서포트입니다. 수용성 플라스틱은 물에 닿으면 녹는 플라스틱이므로, 모형의 빈 공간을 수용성 플라스틱으로 메꾼 후 출력하여 물속에 넣으면 수용성 플라스틱이 물에 의해 용해되면서 원했던 부분의 모델만 남게 됩니다. 하지만 듀얼 노즐을 지원하는 프린터, 수용성 소재를 지원하는 프린터가 적고, 수용성 소재 가격도 비싸 널리 사용되고 있지는 않습니다.

출처 : https://kierahintze.wordpress.com/

▲ 수용성 서포터를 사용하여 출력한 모습과 물에 담가 서포터를 제거한 모습

위 사진 속의 3D 개체는 듀얼 노즐을 이용하여 회색 부분인 모델링 재료와 흰색 부분인 서포트 재료를 동시에 출력하였습니다. 출력 후 수용액 속에 서포트 재료는 녹아 없어지고 원하는 부분만 남아 원하는 3D 개체가 완성됩니다.

2 장점

> 1. 친숙한 소재 ABS, 친환경적 소재 PLA 를 사용할 수 있습니다.
> 2. 장비 및 소재의 가격이 출력물의 부피에 비해 저렴합니다.
> 3. 구동 원리가 간단한 편이며 많은 정보가 오픈소스화 되어 자료가 많고, 가장 보편적인 방식으로 접근성이 좋습니다.

열가소성 플라스틱을 사용하는 3D 프린터는 현재 가장 많이 사용되는 방식이며, 장비 및 소재의 가격이 다른 3D 프린터 방식에 비해 저렴한 편입니다.

일상생활에서 광범위하게 많이 쓰이는 플라스틱은 ABS라는 소재입니다. 어린 시절 하나쯤은 가지고 있던 프라모델이 바로 ABS로 만들어진 것이며, 컴퓨터 앞에 있는 키보드 및 마우스 등도 모두 ABS 소재 플라스틱입니다. ABS는 저렴하고 튼튼한 소재의 특성상 3D 프린터의 기본 원리를 공부하는 교육용으로 적절하며, 이 소재를 사용해 손쉽게 원하는 모양의 조형물을 만들 수 있습니다. 뿐만 아니라 부피가 큰 개체의 경우 많은 비용을 필요로 하는데, 재료의 가격이 저렴한 FDM 방식의 3D 프린터를 사용하면 부피가 상대적으로 큰 개체_{핸드볼 공 크기 이상}도 저렴하게 출력할 수 있습니다.

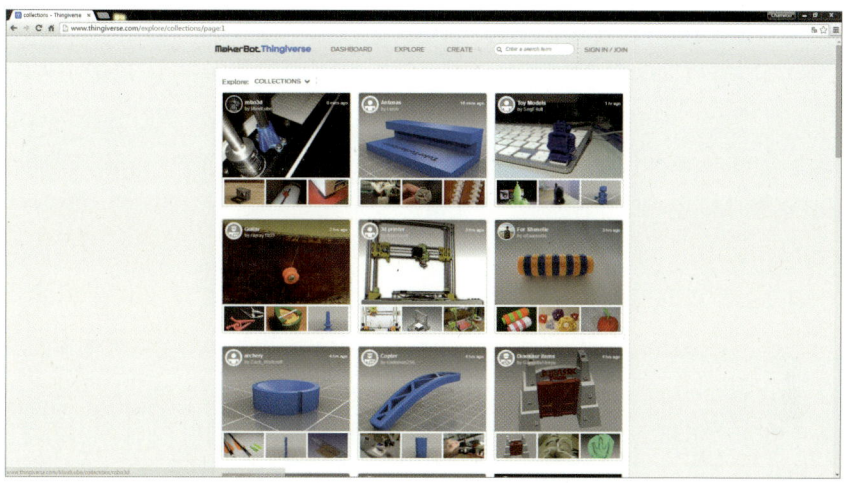

▲ Makerbot사에서 만든 사이트 Thingiverse(www.thingiverse.com)

이러한 이유로 Thingiverse와 같은 모델링 공유 사이트에도 FDM 방식으로 출력 가능한 3D 모델링이 가장 많습니다. Thingiverse는 Makerbot사에서 만든 사이트로 자신이 디자인한 모델링 파일과 출력물 등을 자유롭게 올려 공유하는 곳입니다. 2008년부터 시작되어 현재 40만 종 이상의 모델링 데이터를 가지고 있습니다. 사용자는 자신이 원하는 데이터를 찾아서 출력할 수도 있고, 약간의 수정을 통해 자신만의 것을 만들 수도 있습니다. 물론 자신이 출력하고자 하는 3D 프린터 기종에 맞는 3D 모델의 수정 및 편집 과정을 반드시 거쳐야 합니다.

3 단점

1. 출력물의 품질이 다른 3D 프린터 방식에 비해 떨어집니다_{품질을 향상시키려면 출력 속도가 매우 느려짐}.
2. 미세분진과 가열된 플라스틱 냄새가 발생합니다.
3. 정교한 작업이 어렵습니다.

FDM 방식의 프린팅은 가열된 특정 사이즈의 노즐에서 압출하여 원하는 모형대로 굳히면서 3차원 형상을 조형하는 원리입니다. 따라서 가열된 플라스틱이 나오는 노즐의 크기나 조형 속도에 따라 출력물의 품질이 좌우됩니다. 고품질을 위해 아주 작은 노즐을 사용한다면 전체 조형 속도가 떨어질 수밖에 없습니다.

또한 고품질을 출력하기 위해서는 노즐 사이즈와 압출되는 플라스틱의 압력이 적정하여야 하며, 굳는 속도도 조절이 잘 되어야 합니다. 하지만 필라멘트 형태의 재료를 녹여 작은 노즐을 통해 압출하는 방식이기 때문에 한 Layer 단면를 출력하는 데 긴 시간이 소요되며, 필라멘트와 노즐의 사이즈 한계로 매끄러운 표면을 표현하는 데 한계가 있습니다. 예를 들어, 필라멘트가 녹아서 나오는 노즐의 사이즈가 구경 0.4mm라고 하면 기계적으로 0.4mm 이하의 세밀함은 표현할 수 없습니다. 때문에 노즐을 작게 하여 세밀함을 표현하려 노력하고 있지만 일정량의 필라멘트를 밀어주는 힘을 이겨내고 막힘을 해결할 수 있는 노즐의 구현은 쉽지 않습니다. 우리가 자주 사용하는 볼펜도 팁의 사이즈가 작아질수록 잘 막히고 고장이 날 확률이 높은 것과 같은 원리라고 생각하면 됩니다. 이러한 노즐의 사이즈로 인해 해상도는 떨어질 수밖에 없습니다. 따라서 공을 들여 1mm 이하의 미세한 부분까지 디자인에 신경을 써야 하고 그것이 중요한 요소라면 FDM 방식의 3D 프린터는 사용하지 않는 것이 좋습니다.

또한 열가소성 플라스틱은 열을 가하면 특정 온도에서 녹고, 특정 온도가 되면 다시 굳는 특성을 가지고 있습니다. 하지만 우리가 사용하는 일상적인 환경은 연구실처럼 항온, 항습의 상태를 유지할 수 없습니다. 때문에 외부로 노출되어 있는 노즐이 대부분인 FDM 방식의 특성상 균일하고 완벽한 출력물을 기대하기는 힘듭니다. 또한 이미 굳어 버린 아래층과 현재 플라스틱이 나오고 있는 부분과의 수축률 등의 차이로 인해 적층이 진행될 시 각 층의 경계가 발생할 수 있으며, 적층 방향에 수직으로 쪼개짐이 발생할 수 있습니다.

이 외에도 압출 장비에는 '익스트루더'라 불리는 플라스틱 필라멘트를 압출해 주는 장치가 장착되어 있습니다. 익스트루더에는 플라스틱을 밀어주기 위한 Hobbed pully라고 불리는 홈이 나 있는 톱니모양의 필라멘트 압출장치가 있습니다. Hobbed pully가 플라스틱 필라멘트를 밀어줄 때 플라스틱 필라멘트가 살짝 갈리면서 발생하는 미세분진과 필라멘트 가열 시 플라스틱이 녹으면서 냄새가 발생하기 때문에 환기가 가능한 환경이 필요합니다.

▲ 필라멘트를 압출해 주는 익스트루더와 표면의 굴곡을 보여주는 출력물

4 대표 제품

FDM 방식의 대표적인 3D 프린터는 미국의 Makerbot사와 유럽의 Ultimaker사가 있습니다. 두 사의 제품 모두 같은 방식을 사용하지만 압출기 Extruder 의 위치에 따라 차이가 있습니다. Makerbot은 익스트루더가 노즐 위에 직접 달려있는 방식으로 필라멘트의 압출력 조절에 유리하며, Ultimaker는 Bowden 방식으로 노즐과 익스트루더가 분리되어 있어 헤드 부분의 무게를 줄여 속도가 조금 더 빠릅니다.

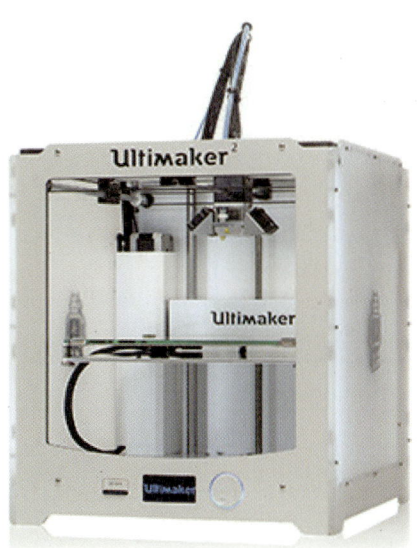 

▲ 대표적인 FDM 방식의 3D 프린터 회사인 Ultimaker사(좌측)와 Makerbot사(우측)의 제품

회사	Ultimaker	Makerbot
제품	Ultimaker2 GO	Makerbot Replicator Mini
장비 크기	258×250×287.5 mm	295×310×381 mm
최대 출력 크기	120×120×115 mm	100×100×125 mm
단면 해상도	0.04 mm ~ 0.2 mm	0.2 mm
압출 속도	30 mm/s ~ 300 mm/s	10 mm/s ~ 200 mm/s
노즐 / 필라멘트 사이즈	0.4 mm / 2.85 mm	0.4 mm / 1.75 mm

5 사용 용도 및 주요 사용처

3D 프린터 중 장비와 재료의 가격이 비교적 저렴한 편이기 때문에 일반 가정용이나 3D 프린터를 처음 접하는 사람들, 디자인 관련 학과 등의 교육용, 섬세한 표현보다 덩어리 표현 위주의 출력물이 많은 소규모 사무실, 완제품을 생산하기에 앞서 실제 완제품의 모습을 확인하기 위한 시제품 제작 등에 사용됩니다.

또한 FDM 방식은 가장 큰 출력 사이즈를 보여줄 수 있으므로 후처리 공정을 거치더라도 일정 크기 이상의 부피를 출력하고자 할 때 가장 적합한 방식입니다.

▲ 다양한 색상의 열가소성 플라스틱 필라멘트

▲ FDM 3D 프린터로 출력한 출력물

SECTION 3

액체 상태 플라스틱을 사용하는 3D 프린터
광경화성 3D 프린터

열가소성 플라스틱을 사용한 가장 일반적인 방식이 FDM 방식의 3D 프린터라면, 가장 먼저 개발되고 산업 현장에서 가장 많이 사용되는 방식은 액체 광경화성 플라스틱 소재를 이용한 3D 프린터입니다. 액체 광경화성 플라스틱 소재를 이용한 3D 프린터는 다양한 색상과 특성을 갖는 소재들이 개발되어 있고, 출력 속도, 정밀도 등이 우수합니다. 현재 저가형 광경화성 3D 프린터들이 출시되고 있으며, 가격적인 부분만 조정된다면 속도, 품질, 소재의 다양성 때문에 가장 많이 사용될 3D 프린터가 될 것입니다.

액체 광경화성 플라스틱 3D 프린터의 시초는 1981년도 일본 나고야시 공업연구소의 히데오 코다마의 보고서에서 확인할 수 있습니다. 보고서는 빛을 이용하여 액체 상태의 광경화성 플라스틱을 고체층으로 형성하여 제품을 만든다는 내용이지만 실제로 상용화가 되지는 못했습니다. 최초로 상용화를 이룬 사람은 미국 콜로라도 출신의 척 헐Chuck Hull 입니다. 척 헐은 근무하던 가구회사에서 자외선을 이용하여 플라스틱 판을 만드는 공정을 통해 3D 프린터에 대한 힌트를 얻어 1983년 연구를 시작하였고, 1986년에 Stereolithography 입체 인쇄술 라는 이름으로 특허를 출원하였습니다.

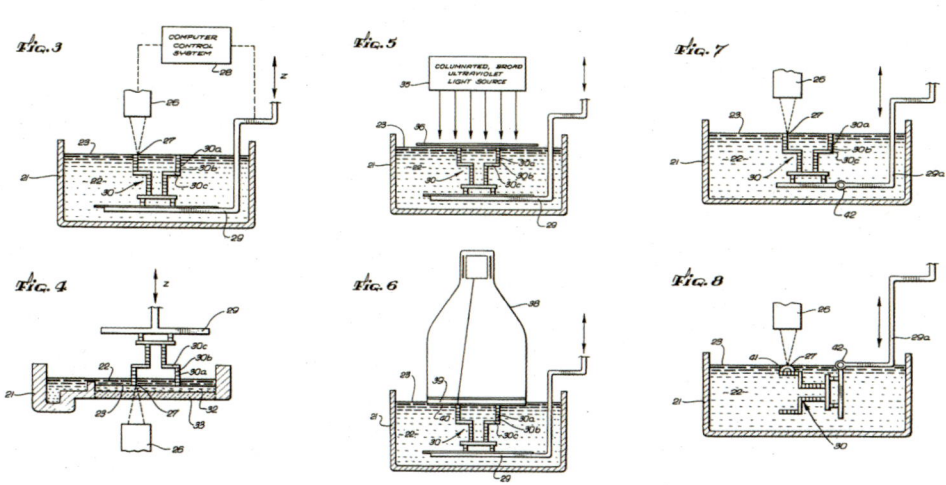

▲ Chuck Hull에 의해 등록된 세계 최초 3D 프린터 관련 특허

같은 해인 1986년, 척 헐은 캐나다로부터 투자를 받아 현재 3D 프린터 시장에서 가장 유명한 회사 중 하나인 3D Systems를 설립하였으며, 2년 후 SLA-1이라는 이름의 광경화성 3D 프린터를 세계 최초로 판매하였습니다.

1 원리

FDM 방식의 3D 프린터와 같이 적층형 공법을 사용합니다. 하지만 고체의 열가소성 플라스틱을 녹이고 굳히는 과정을 거치는 FDM 방식과는 달리 광경화성 3D 프린터는 액체 상태의 원료를 사용하여 액체를 고체 상태로 만들어 전체 조형물을 만드는 방식을 사용합니다.

광경화성 3D 프린터는 액체 상태의 플라스틱을 어떤 광원(메탈램프, 수은램프, 레이저 등)을 이용하여 고체로 굳히는지 또는 어떤 방식으로 단면을 만드는지에 따라 SLA, DLP, Polyjet 방식으로 나누어집니다. 이들 방식에 공통 소재가 되는 광경화성 플라스틱은 액체 상태의 플라스틱에 일정량 이상의 빛 에너지를 가하면 중합 반응을 통해 고체화되는 성질을 가지고 있습니다.

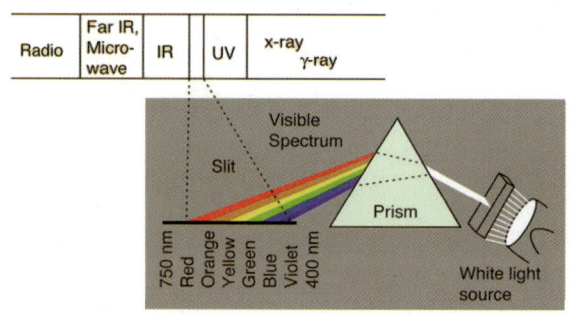

▲ 파장에 따른 빛의 스펙트럼(spectrum)

위 그림과 같이 빛은 파장에 따라 적외선, 가시광선, 자외선으로 나뉩니다. 이들 중 자외선(400nm 이하)쪽으로 갈수록 에너지가 높아져 광경화성 반응(액체 플라스틱이 고체가 되는)에 필요한 에너지를 단시간에 충족할 수 있으므로 전체 출력 속도의 증가를 위해 자외선 계열의 빛을 주로 사용하게 됩니다. 이 때문에 광경화성 프린터에서도 광원 중 'BLUE' 색상인 475nm(wave length) 이하의 에너지가 높은 파장을 이용하여 단시간에 액체 레진을 고체로 굳히게 됩니다.

이러한 광경화성 플라스틱의 특성을 이용하여 원하는 형태의 고체 출력물을 얻는 것을 광경화성 3D 프린터라고 합니다. SLA, DLP, Polyjet으로 구별되는 광경화성 3D 프린터 소재의 특성을 이용한다는 공통점이 있지만 소재를 조형하는 방법에 차이가 있습니다.

① SLA(StereolithographyApparatus) 타입의 3D 프린터

이 방식은 최초의 3D 프린팅 기술로, Optical Fabrication, Photo-Solidification, Solid Freeform Fabrication, Solid Imaging, 레진 Printing 등으로 불립니다. SLA 방식 3D 프린터는 에너지 소스로 UV-Laser 혹은 UVa-Laser를 사용합니다. 대부분 장비의 소형화를 위해 레이저는 고정시키고 앞뒤좌우로 기울임이 가능한 한 조의 반사거울(Galvano Scanner)을 이용하여 평면에 이미지를 만듭니다.

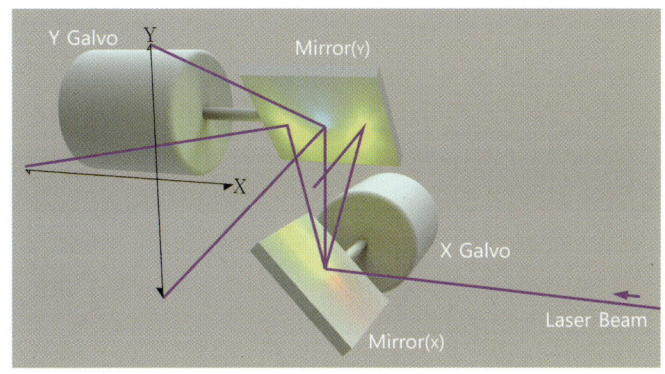

▲ Galvano Scan 시스템

이러한 구조의 레이저 컨트롤은 놀이동산의 레이저 쇼에서도 찾아볼 수 있습니다. 높은 해상도를 위해선 mechanical 작동부와 소프트웨어 등이 아주 정밀해야 하고 레이저의 광학적 특성을 소프트웨어적으로 튜닝을 해야 합니다. 작은 움직임의 차이로 인해 해상도가 결정되므로 장비 취급 시 주의가 필요합니다. 이처럼 한 쌍의 반사거울로 레이저 빛을 반사하며, 컨트롤된 레이저가 지나간 자리는 빛 에너지에 의해 액체가 고체가 되며, 지나가지 않은 자리는 변화가 없어 원하는 단면을 만들게 됩니다.

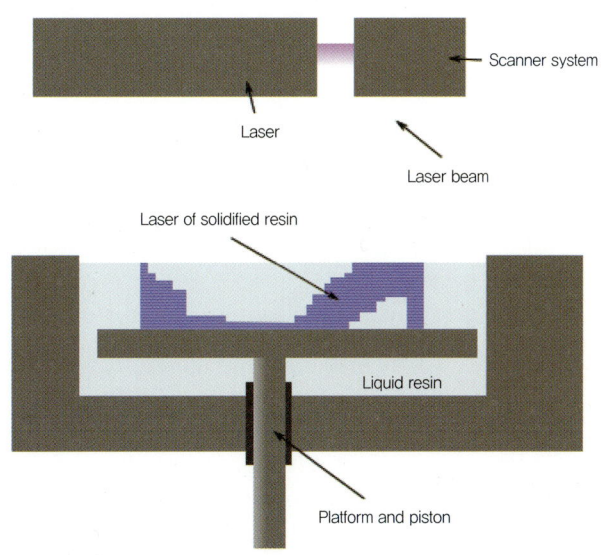

▲ SLA 타입의 중 Top-Down 방식의 광경화성 3D 프린터 모식도

한 단면Layer이 만들어지면 위의 그림처럼 플랫폼 피스톤이 설정된 높이 적층 두께 만큼 밑으로 움직이며 다음 층이 만들어질 공간 약 0.1mm 정도 을 만듭니다. 이 공간에 다시 레진이라 불리는 광경화성 수지가 차오르면 처음과 마찬가지로 레이저 광선을 반사경을 통하여 반사시켜 원하는 부분만 굳도록 합니다. 이 과정을 출력이 완료될 때까지 반복합니다.

레이저의 컨트롤 방법에 따라 이러한 Galvano Scanner라 불리는 반사경을 사용하지 않고 Linear motion직선 운동 기구 한 쌍을 X, Y 방향으로 배치하여 레이저 포인트의 좌표를 결정할 수도 있습니다. 하지만 이런 직교 좌표를 이용한 SLA 장비는 속도가 느리고 설정할 수 있는 범위에 한계가 있으며, 기계적 오차 때문에 대부분 초기 보급형 SLA 3D 프린터에만 적용되었습니다. 대부분의 SLA 방식은 Galvano Scanning을 통해 반사의 원리로 레이저를 원하는 곳에 조사합니다. 레이저 광원은 UV자외선 파장대의 에너지를 이용하며, 레이저 소스의 포인트 크기와 광학 설계/구조 및 반사거울 구동 회로의 정밀도에 따라 해상도가 달라질 수 있습니다.

② DLP Digital Light Process 타입의 3D 프린터

DLP 타입의 3D 프린터의 기본 원리는 SLA 타입의 3D 프린터와 동일합니다. 하지만 단면Layer을 쌓아 적층을 통해 단면에 필요한 모양을 만들 때 SLA 타입이 반사거울 타입의 Galvano Scan과 직선운동의 메커니즘으로 레이저 광원을 컨트롤하였다면 DLP 타입은 DMD Digital Mirror Device라는 칩셋과 광원을 이용하여 원하는 이미지를 만듭니다. 만들어진 이미지는 선택적으로 액체 상태의 광경화성 레진을 굳히게 됩니다. 이 과정을 반복하면 최종적으로 3차원 개체가 만들어지게 됩니다.

다시 말해서 레이저를 반사시켜 빛 에너지를 컨트롤하는 것이 SLA 타입의 3D 프린터이고, 메탈램프나 UV-LED 등의 광원을 DLP 기술을 이용하여 컨트롤하는 것이 DLP 타입의 3D 프린터입니다.

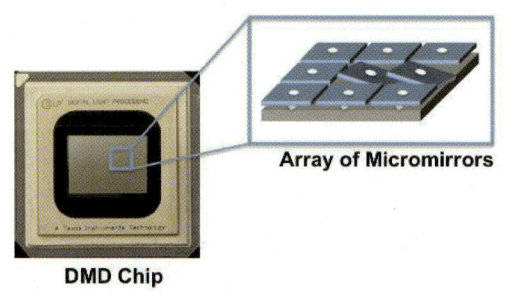

▲ Texas Instruments사의 DMD Chip과 미세 반사경

이 방식에 사용되는 DMD 칩은 DLP 기술의 핵심이 되는 부분으로, Texas Instrumets사에서 개발한 제품입니다. DMD 칩의 실제 크기는 엄지손가락 한마디 정도이며, 실제 반사 역할을 하는 반사판 배열은 손톱 정도의 크기입니다. 이 손톱 크기의 다이 위에는 HD급의 경우 약 2백만 개의 아주 작은 반사판이 독립적으로 컨트롤될 수 있습니다. 이렇게 미세한 반사판이 행렬을 맞추어 배치되어 있고 각각의 미세 반사판들은 전기적 신호에 의해 컨트롤이 가능합니다.

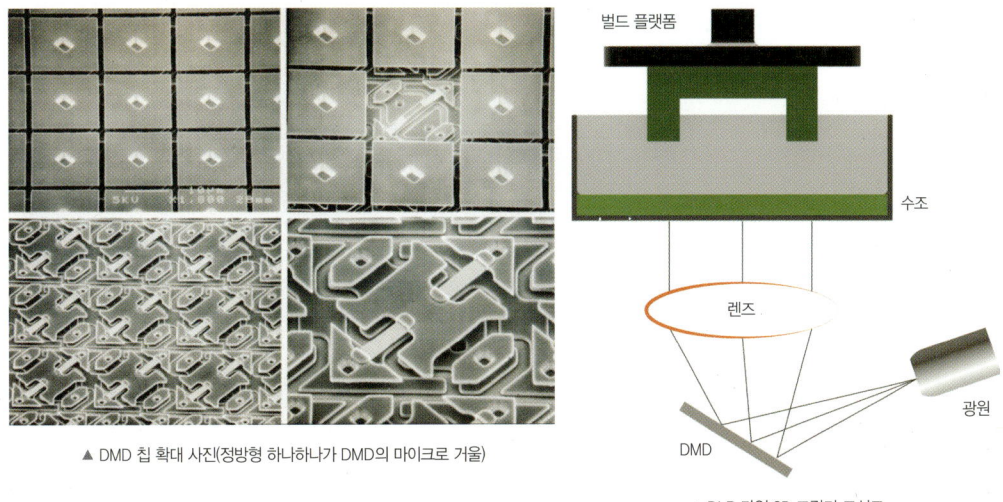

▲ DMD 칩 확대 사진(정방형 하나하나가 DMD의 마이크로 거울)

▲ DLP 타입 3D 프린터 모식도

이러한 미세한 반사판DMD을 이용하여 원하는 한 단면Layer에 대한 이미지를 적절한 광원의 조합으로, 액체 수지를 마스킹된 이미지대로 한 슬라이드씩 굳혀가며 적층 높이를 만들어 3D 개체를 조형하는 방식이 바로 DLP 방식입니다. DLP 방식의 이미지 마스킹은 우리 주변에서도 어렵지 않게 찾을 수 있습니다. 학교 강의실이나 영화관, 그리고 빔 프로젝터를 생각하면 됩니다.
DLP 방식의 3D 프린터는 광원의 소스Light Source에 따라 LED 램프 타입과 차량의 전조등 광원으로도 쓰이는 메탈(Metal-Halide) 램프 타입으로 나누어집니다. LED 램프 타입은 소형화에는 유리하나 광량이 작아 작은 출력 사이즈에 많이 쓰이며, 대형으로 갈수록 경화 시 많은 에너지를 필요로 하고 다양한 소재에 대응하기 위해 넓은 빛의 파장 대역을 필요로 하기 때문에 메탈 램프나 수은램프 광원이 많이 쓰입니다.

또한 광원의 방향에 따라 SLA 방식과 DLP 방식의 3D 프린터 모두 광경화성 레진보다 광원이 위쪽에 위치하고 플랫폼이 아래로 이동하며 3D 조형하는 Top-Down 방식과 광원이 아래쪽에 위치하고 플랫폼이 위로 올라가며 3D 조형하는 Bottom-Up으로 나누어집니다.

Top-Down 방식의 광경화성 3D 프린터는 액체 레진이 가득 담겨 있는 수조 위쪽에서 빛을 이용하여 원하는 이미지를 만들면 이미지 부분만 고체가 되고 나머지 부분은 그대로 액체 상태를 유지합니다.

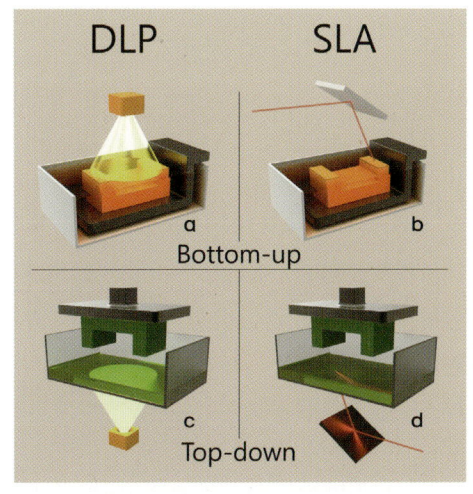

▲ 구조에 따른 구분 Top-Down 방식과 Bottom-Up 방식
(a, c(DLP 타입), b, d(SLA 타입))

한 Layer가 만들어지면 빌드 플랫폼이 수직으로 일정 높이만큼 하강하게 되고 하강한 높이만큼 위쪽으로 액체 레진이 차오르게 되어 다음 Layer를 준비하고 있으면 다시 한 번 광원을 지나 이미지 처리를 거쳐 빛이 조사되어 다음 층을 굳혀가는 방식입니다.

Bottom-Up 방식의 광경화성 3D 프린터는 수조에 아주 적은 양의 레진이 담겨 있고 광원이 아래에서 수조를 통과하여 액체 레진에 도달하는 방식입니다. 한 층이 굳혀지고 나면 빌드 플랫폼은 원하는 높이 약 0.1mm 이하로 상승하며, 수조의 윗부분과 만들어진 Layer 사이에 작은 틈을 형성하고 이 틈 안으로 액체 레진이 침투하며 다음 층을 준비하게 됩니다.

초기 광경화성 3D 프린터는 대부분 Top-Down 방식이었으나 액체 레진이 수조 안에 가득 담겨 있어야 해 재료의 낭비가 많고 한 층을 쌓을 때 Bottom-Up 방식에 비해 컨트롤이 쉽지 않았습니다. 이러한 이유 때문에 최근 광경화성 3D 프린터는 Layer 간의 해상도 조절이 간편하고 적은 양의 레진만으로도 제품을 출력할 수 있는 Bottom-Up 방식을 사용하고 있습니다.

▲ SLA 방식을 활용한 Formlabs사의 Form1과 빠른 3D Printer로 이슈가 된 Carbon 3D사의 DLP 방식 3D Printer

▲ SLA 방식과 DLP 방식으로 출력된 섬세한 표현이 필요한 디자인의 출력물

③ Polyjet 방식의 3D 프린터

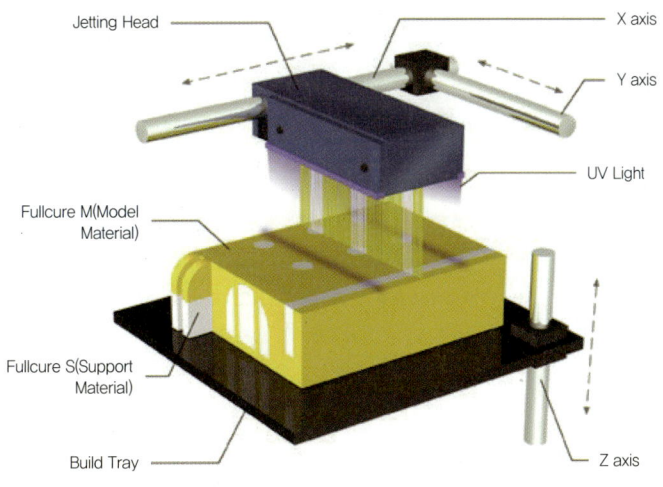

▲ Polyjet 방식의 잉크젯 방식의 노즐과 빌드 플랫폼

Polyjet 방식은 2001년 이스라엘의 Objet사〈현재 미국 Stratasys사에 합병〉에서 개발한 기술로, 액체 상태의 광경화성 플라스틱 등의 재료를 프린터 헤드의 미세 노즐로 분사하고, 자외선을 이용하여 굳혀가며 3차원의 개체를 조형하는 방식입니다. 잉크젯 프린터와 비슷한 방식인데, 일반 잉크 대신 광경화성 레진을 넣어 전기신호로 제어되는 미세 노즐을 통하여 원하는 위치에 작은 레진 방울이 분사되는 구조입니다. 이렇게 미세 분사된 액체 상태의 레진은 분사되면 바로 특정 에너지를 가지는 빛을 방출하여 고체 상태로 만듭니다. 한 층이 고체화가 되고 나면 빌드 플랫폼은 적층 두께만큼 아래로 하강하여 높이를 만들어 줌으로써 다음 층이 뿌려질 공간을 만듭니다. 다수의 미세 노즐을 통해 조형을 하므로 다양한 소재의 재료를 동시에 쓸 수 있다는 가장 큰 장점을 가지고 있습니다. 또한 상급 기종에서는 컬러뿐만 아니라 소재의 믹싱도 가능하여 가장 발달된 3D 프린팅 공법 중 하나로 볼 수 있습니다.〈예를 들어, 딱딱한 소재와 소프트한 소재를 레진 보관 용기에 두면 믹싱하여 중간 단계의 소재를 얻을 수 있습니다.〉 하지만 아직은 독점에 가까운 시장 구조와 특허 문제 등으로 인해 장비와 소재 모두 고가이며, 수입 시장에 의존하다 보니 일반인이 접근하기란 쉽지 않습니다.

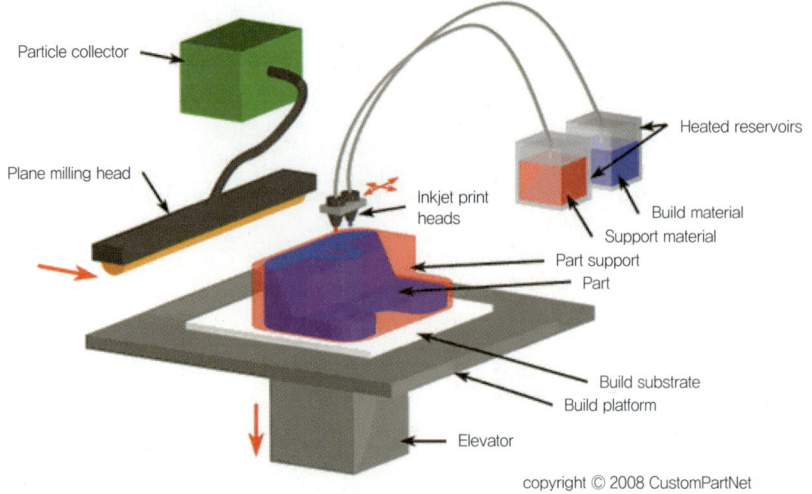

▲ MJM 방식의 3D 프린터

3Dsystem사에서는 Polyjet과 비슷한 방식을 MJM Multi Jetting Modeling 이라고 표현합니다. 3D 개체 출력 시 수용성 서포트 재료와 딱딱한 재료를 동시에 프린팅하고 출력이 완료된 후 수용성 서포트를 녹여 없애는 방식으로, 임시 구조체인 서포트를 따로 설치하지 않아도 복잡한 구조의 3D 프린팅이 가능합니다. 서포트는 3D 프린터의 적층 공법에서 3D 모델에 따라 꼭 필요한 경우가 많으며, 현재까지의 기술로는 완벽한 자동 서포팅 기능이 없기 때문에 MJM 방식은 상당히 매력적인 기능 중 하나입니다. 하지만 이 역시 장비, 소재가 모두 고가이기 때문에 대중적으로 접하기는 어렵습니다.

▲ Stratasys사의 Polyjet 방식의 3D 프린터 출력 모습

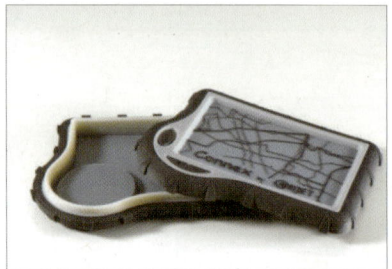

▲ Polyjet 방식을 이용한 출력물

실전 TIP

- **프린팅 해상도**

그림은 수직 해상도와 수평 해상도 그리고 전체 해상도를 나타냅니다. 수직 해상도(적층 두께)만의 변화로는 전체 해상도 향상이라는 효과를 얻을 수는 없습니다. 반드시 수평 해상도와 함께 증가하여야만 선명한 출력물을 얻을 수 있습니다. 위의 그림에서 수평 해상도를 2배 늘릴 경우 전체 해상도에 약 2배의 변화가 있지만 수평 해상도까지 2배 늘어난 경우 4배가 아닌 8배의 해상도 차이가 발생합니다.

3D 프린터의 출력물의 품질은 장비와 소재의 물리적 해상도에 비례하여 증가합니다. 특히 3D 출력물의 특성상 해상도는 두 가지의 요소로 나눌 수 있는데 하나는 슬라이싱 해상도(수직 해상도, 적층 두께)이고, 둘째는 X, Y 해상도(수평 해상도)입니다.

먼저 슬라이싱 해상도 또는 적층 두께라고 불리는 수직 해상도입니다. 대부분의 장비나 업체에서는 이 수직 해상도만 강조하고 있습니다. 수직 방향의 경우 어떤 방식의 3D 프린터나 전기적 신호로 위치를 조절하여 줄 수 있는 개별 모터가 탑재되어 있는데, 저렴한 제품이라도 수천분의 1의 분해 기능을 가지고 있으며 직선 움직임으로 바꾸면 1mm보다 훨씬 작은 수직 움직임을 쉽게 만들 수 있기 때문입니다.

수직 해상도라고 불리는 요소는 X, Y, Z의 좌표를 가지는 3D 물체에서 Z 방향의 해상도로 적층되는 높이를 나타내는데 적층이 얇게 되면 될수록 적층되는 층간의 단차가 작아져 출력물이 매끈해 보이게 됩니다. 위의 그림과 같이 수직 방향으로 3등분된 개체를 두 배로 쪼개어 6등분을 하면 수직 방향의 해상도는 증가되고 옆에서 보았을 때의 적층면은 조금 더 부드럽게 느껴집니다. 하지만 충분한 수평 해상도(X, Y 방향)에 대한 해상도가 뒷받침되지 않는다면 세밀한 부분을 요구할 경우 단면 자체가 원하는 모양으로 생성되기 힘듭니다. 적층형 공법의 특성상 단면들이 모여서 Layer By Layer로 전체적인 3D 개체가 완성되는 것이므로 수직 해상도인 단면을 모아주는 해상도만 올린다고 해서 전체가 정밀해지지 않습니다.

수평 해상도는 여러 방식에 따라 그리고 구조에 따라 많은 차이를 보입니다. 예로 FDM 방식과 SLA 타입의 스펙상 해상도인 수직 해상도는 거의 비슷합니다. 하지만 출력물을 최종 비교하게 되면 작게는 5배에서 10배가량 차이를 보입니다. 스펙상은 비슷할지라도 어떻게 수평 해상도를 조절하느냐 또는 방식별 특성에 따라 실제 구현할 수 있는 해상도가 각각 다름에 유념하도록 합니다.

2 장점

> 1. 약 0.1mm 이하의 수직·수평 해상도를 가져 높은 품질의 출력물을 얻을 수 있습니다.
> 2. DLP 타입은 면 단위 적층이 모든 타입의 3D 프린터 중 출력 속도가 가장 빠릅니다.
> 3. 현재 500여 종이 넘는 소재의 다양성과 개발 가능성을 가지고 있습니다.
> 4. Polyjet과 MJM 타입의 3D 프린터에서는 수십 개의 노즐에서 미세한 액체 레진이 분사되기 때문에 노즐별 멀티 소재 대응이 가능(컬러 출력 가능)합니다.

Polyjet 방식은 액체 상태의 재료를 사용하기 때문에 한 층의 두께를 정하는 데 제한이 적습니다. FDM 방식은 노즐에서 압출된 플라스틱을 눌러 한 층의 두께를 정하기 때문에 노즐은 굵은데 적층 두께를 얇게 설정했다면 원형으로 압출되는 플라스틱이 적층되면서 타원형으로 빌드 플레이트에 수평 방향으로 찌그러지게 되어 수평 해상도는 물론 전체 해상도까지 떨어뜨리게 됩니다. 하지만 Polyjet 방식과 같은 액체 플라스틱의 경우 설정된 적층 높이까지 빈 공간이 형성되고 그곳에 액체수지가 삽입된 후 다음 층이 빛으로 인해 경화되는 방식이기 때문에 한 층 한 층의 정밀도가 훨씬 정교합니다.

광경화성 3D 프린터는 대부분 0.1mm(머리카락 한 올의 지름) 이하의 수직 해상도를 가지며 실제 출력물도 수평 해상도를 해치지 않는 범위 내에서 이론적 해상도를 구현해 냅니다. 수평 해상도 또한 반복적, 기계적 움직임이 많고 작동 부위의 무게가 무거운 FDM 타입의 방식에 비해 고정된 부분이 많으며, 최소의 무게로 움직여 관성을 피할 수 있는 광경화성 프린터의 특성상 훨씬 높은 해상도를 가집니다.

예로 시장에 출시된 DLP 타입은 약 0.1mm의 수평 해상도를, SLA 타입은 약 0.2~0.3mm의 수평 해상도를 가집니다. SLA 타입은 레이저 소스의 포인트 크기와 광학 설계 및 구조가 해상도를 결정하는 요인 중 하나이고, DLP 타입은 DMD 칩에 있는 작은 반사판들의 집적도가 해상도를 결정하는 요인이 됩니다. 마지막으로 Polyjet 타입은 재료가 분사되는 노즐의 사이즈가 XY축의 해상도를 결정하는 요인입니다.

연구소나 기업에서 쓰이는 고가의 FDM 타입은 구현 방식의 특성상 위와 같은 광경화성 3D 프린터가 가진 수평 해상도를 구현하기가 쉽지 않아, 완성 제품에는 상대적으로 많은 후가공 공정이 필요합니다. 하지만 광경화성 3D 프린터는 대부분 후가공 공정을 필요로 하지 않을 정도로 해상도가 뛰어납니다.

뿐만 아니라 DLP 타입의 3D 프린터는 처음부터 원하는 단면대로 DMD 칩의 작은 반사판들을 이용하여 면 단위로 액체 플라스틱을 경화시켜 단면을 형성하기 때문에 각 단면 형성 시 노즐이나 광원의 기계적 이동 메커니즘이 없어 더욱 세밀하고 빠른 조형이 가능합니다.

또한 이러한 광경화성 3D 프린터는 광경화성 재료의 특성상 조성을 조금만 바꿔도 특성이 다른 다양한 재료를 만들어 낼 수 있습니다. 현재 출시되고 있는 종류도 약 500여 가지이며, 앞으로도 무궁무진한 개발 가능성을 가지고 있습니다. 예를 들어, 현재 ABS와 비슷한 특성을 가진 소재를 시작으로, 탄성을 보이는 소재, 전기가 통하는 소재, 투명 소재, 야광 소재 등 다양한 소재가 출시되었습니다.

미국 Stratasys사와 3Dsystem사에서는 Polyjet과 MJM이라는 잉크젯 프린터와 유사한 방식의 다수의 미세 노즐을 통한 분사 방식의 광경화성 3D 프린터를 출시하였으며, 다수의 노즐에서 특성이 다른 여러 재료를 동시에 프린팅할 수도 있습니다. 비싼 가격 덕분에 일반에서 접하기는 쉽지 않지만 기술이 발전함에 따라 점점 더 저렴해질 것으로 예측됩니다.

3 단점

1. 재료의 가격이 비쌉니다.
2. 엔지니어링 플라스틱인 ABS 등에 비해 낮은 녹는점, 끓는점 등 소재에 한계가 있습니다.
3. 사용 및 취급 시 세심한 주의가 필요합니다.

광경화성 플라스틱은 산업 현장에서는 오래 전부터 널리 쓰이고 있지만 일반에게는 다소 낯선 재료이며, 일반적인 열가소성 플라스틱 대비 kg당 5~10배 이상 비쌉니다. 따라서 작은 크기의 세밀한 표현이 필요한 출력물을 원하는 경우에만 광경화성 플라스틱을 사용하는 3D 프린터를 선택하는 것이 좋습니다.

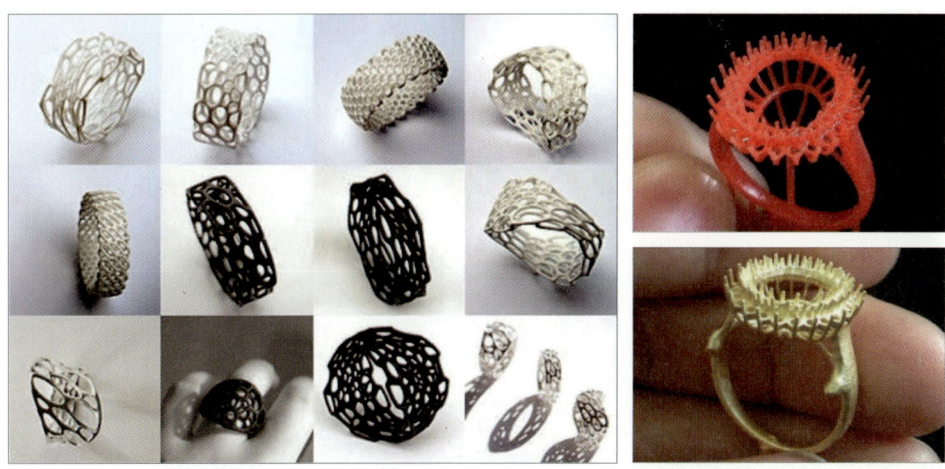

▲ 정밀 액세서리 제작을 위한 주물 제작용 출력물과 출력물을 사용해 제작된 주물 제품

또한 광경화성 소재의 특성상 엔지니어링 플라스틱은 아니기 때문에 ABS 등의 소재에 비해서는 강도나 재료의 물성치가 떨어지므로 사용 용도를 고려해야 합니다.

광경화성 3D 프린터의 경우 미세 전자부품과 소재의 유기적인 상호작용 경화가 이루어져 충격이나 진동에 약해 취급 시 주의가 필요하며 액체 소재의 플라스틱 특성상 보관 및 취급에 주의가 요구됩니다.

4 사용 용도 및 주요 사용처

일반적인 프린터만큼 장비의 가격이 저렴하지는 않지만 구매를 고려해 볼 수 있는 가격대의 제품들이 많이 출시되어 있으며, 책상에 올려놓고 사용해도 될 정도로 소형화가 이루어지고 있습니다. 또한 피규어와 같은 하비스트나 액세서리 및 치기공 등 정밀한 파츠를 필요로 하는 산업 현장까지 대응할 수 있어 일반인, 프로슈머에서부터 산업 전반에 걸쳐 가장 폭넓게 활용되고 있습니다.

출력이 가능한 사이즈가 작아 섬세한 표현과 매끄러운 표면이 요구되는 반지, 팔찌, 목걸이 등의 액세서리 산업과 캐릭터나 인물의 피규어와 같은 산업 등에 활용되고 있습니다. 또한 디자인 관련 학과의 교육용이나 다양한 소재를 개발, 연구하는 대학교나 연구소 등에서 활용 중이며, 개발되어 있고, 연구되고 있는 다양한 특성을 지닌 재료를 사용해 바이오 산업 등에도 활발하게 이용되고 있습니다.

SECTION 4 분말 재료를 사용하는 3D 프린터

분말을 재료로 사용하는 3D 프린터는 분말을 어떻게 결합시켜 3D 개체를 조형하느냐에 따라 크게 두 종류로 나누어 볼 수 있습니다. 바인더_{접착제}를 사용하여 모형을 형성하는 3DP_{3D Printing} 방식과 레이저를 이용하여 분말을 소결하는 SLS 방식이 있습니다.

3DP 방식은 PBP_{Powder Bed and inkjet head 3D Printing}라는 명칭으로 미국 MIT에서 처음 개발되고 1995년에 Z-Corporations사에서 3DPTM이라는 명칭으로 특허 출원된 기술입니다. 이후 Z-Corps사는 3D Systems사에 인수 합병되었고, 3D Systems사가 CJP_{Color Jet 3D Printing}라는 보다 직관적인 기술 명칭으로 변경되었습니다. 이처럼 3DP, PBP, CJP 등의 다양한 기술 명칭이 있으나, 일반적으로 3DP라는 명칭으로 통용됩니다.

1994년에 특허 출원된 SLS_{Selective Laser Sintering} 방식은 SLA 방식에 사용되는 레이저보다 훨씬 높은 에너지를 갖는 CO_2급 레이저를 사용해서_{500W급 CO_2 레이저의 경우 영화 〈스타워즈〉에 나오는 광선검처럼 5mm 두께의 철판을 자르는 것도 가능합니다} 원하는 위치의 분말을 선택적 소결하는 방식입니다. 이 기술은 미국의 텍사스 대학에서 개발되어 특허출원을 하였습니다. 이 기술의 상용화에 성공한 회사는 DTM이며, 이후 3D Systems에 인수되면서 3D Systems가 SLS 기술을 보유하게 되었습니다. 이후 독일 업체인 EOS사에서도 SLS 기술을 상용화하는 데 성공하여, 두 회사 간의 특허 분쟁이 발생하기도 했으나 2004년 상호 특허를 사용할 수 있도록 계약하는 것으로 마무리되었습니다._{SLS 방식에 금속 분말을 사용하는 경우에 3D Systems사에서는 DMP(Direct Metal Printing)라는 용어로 제품을 소개하며, EOS사에서는 DMLS(Direct Metal Laser Sintering)라는 용어를 사용합니다.}

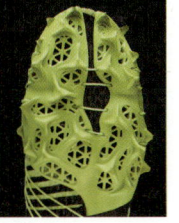

▲ SLS 방식을 사용하여 밑창을 제작한 NIKE사의 미식축구화

실전 TIP

● **선택적 소결**

소결이란 분말체를 녹는점 이하의 온도로 가열하였을 때, 분말체 입자 간에 결합이 일어나 응고하는 현상을 말합니다. 보통 분말을 일정한 틀에 넣고 프레스를 이용하여 단단하게 만든 다음 녹는점에 가까운 온도로 가열했을 때 분말이 서로 접한 면에서 용융이나 확산 등에 의해 접합이 이루어지거나 일부가 증착하여 서로 연결되어 한 덩어리가 됩니다. 녹는점이 높아서 녹이기 어려운 텅스텐 같은 금속류나 한 번에 큰 사이즈의 제품을 만들거나 깨지기 쉬워 가공이 어려운 세라믹 재료를 성형할 때 사용하는 공정 중의 하나입니다. 이러한 소결 공정에서 높은 에너지를 가지는 레이저를 이용해서 원하는 위치에 있는 분말들만을 소결하는 것을 선택적 소결이라 합니다.

출처 : 화학용어사전, 화학용어사전편찬회, 윤창주, 2011.1.15

실제로 일반 사용자가 사용할 수 있는 방식은 바인더라는 접착제를 사용하여 분말을 접합시키는 3DP 방식입니다. SLS를 비롯한 대부분의 분말 방식은 장비 자체가 매우 고가이기 때문에 개인이 아닌 기업에서 주로 사용합니다.

1 원리

다양한 분말 재료를 접합제, 레이저, 전자빔 등의 다양한 에너지 소스들을 사용하여 접합, 소결, 용융 등의 형태로 적층하는 방식의 3D 프린터입니다.

3DP 방식은 다음 그림처럼 롤러Roller를 이용하여 분말 공급처Powder Feed Bath에서 빌드 플랫폼Build Platform으로 분말을 이동시켜 도화지처럼 펼쳐줍니다. 이후 프로그래밍 된 명령어에 따라 바인더의 분사량과 위치가 제어되는 잉크젯 방식의 노즐을 통해 얇은 분말 도화지 위에 바인더를 침투시킵니다. 빌드 플랫폼을 적층 두께만큼 하강시켜 다음 적층을 준비하고, 필요한 높이만큼 상승시킨 분말 공급처의 분말이 원래의 위치로 이동하며 빌드 플랫폼이 하강할 때 생긴 빈 공간을 메워줍니다. 다시 노즐을 제어하고 바인더를 뿌려주는 공정을 반복하여 3D 개체를 조형합니다. 조형물의 출력이 완료된 후에는 조형물을 꺼내어 분말을 털어내고 특수 표면 바인더로 표면의 강도를 높인 후 컬러감이 살아나게 하는 작업을 진행합니다.

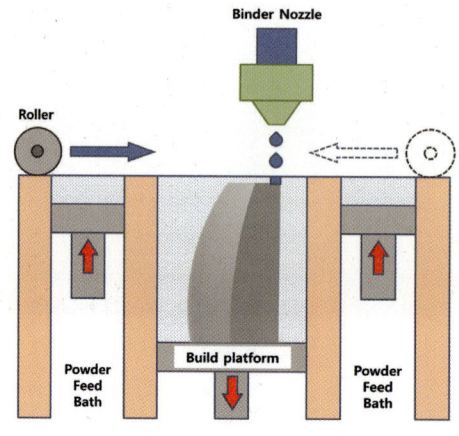

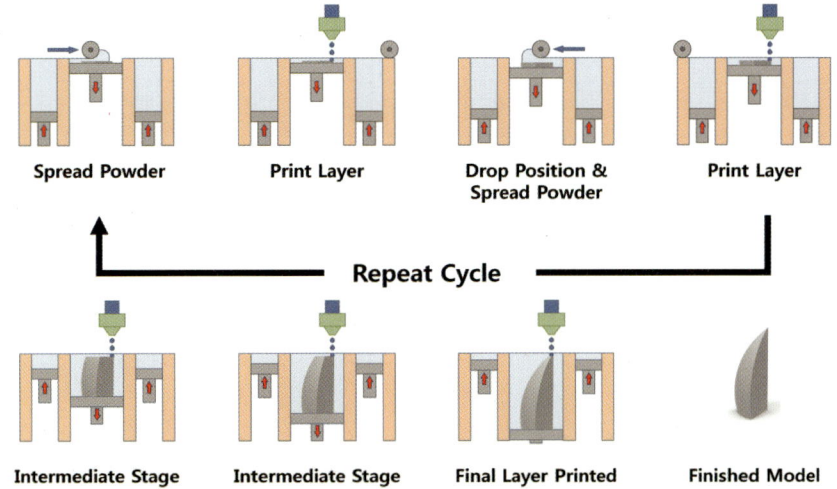

▲ 3DP 방식 3D 프린터의 모식도와 모델이 출력되는 과정을 나타낸 모식도

SLS 방식의 원리는 레이저를 이용한 분말의 선택적 소결입니다. 앞서 설명한 SLA 방식과 레이저를 XY축 방향으로 기울임이 가능한 반사거울을 이용한 Galvano scanning을 사용하여 레이저의 위치 조절을 한다는 점에서 유사성이 있습니다. 다만 SLS 방식은 레이저의 에너지가 철판도 자를 수 있을 정도로 매우 높고, 그 에너지를 이용하여 분말을 살짝 녹여서 분말과 분말을 결합시켜 조형물을 출력하는 형태입니다.

SLS 방식은 다음 그림처럼 롤러를 사용하여 공급하는 것이 일반적이며, 일정한 두께의 분말을 넓게 펴면 그 위에 출력하고자 하는 형상을 따라 선택적으로 레이저를 이용하여 분말을 소결하고, 한 Layer의 소결이 완료되면 수직 방향으로 적층 두께만큼 빌드 플랫폼을 내리고, 롤러가 이동하면서 적층 두께에 맞게 분말을 공급하며 펼쳐주는 동작을 합니다. 이와 같은 동작을 반복하면서 한 층 한 층씩 조형물을 소결하며 출력하는 것입니다. 출력 모델이 나온 후에는 모델에 붙어있는 분말을 붓이나 솔 등을 이용하여 깨끗이 털어내고, 소재의 특성을 살리기 위한 온도로 열처리 장치에 넣어 일정 시간 동안 열처리를 합니다. 열처리 이후에는 사용 용도에 따라 거칠게 표현된 표면을 매끄럽게 하는 후가공 및 연마 작업을 거치면 출력 모델의 완성품이 만들어집니다.

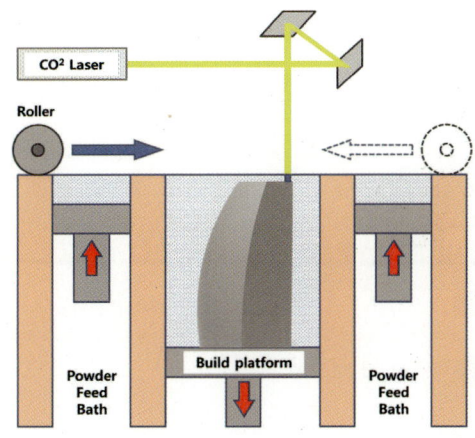

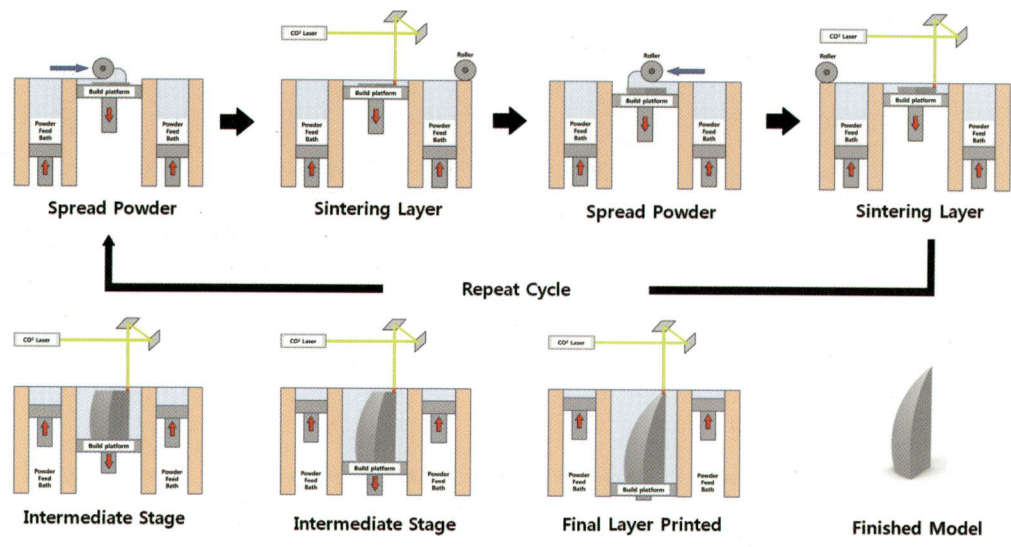

▲ 레이저를 활용한 SLS 방식의 모식도와 모델의 출력 과정을 나타낸 모식도

2 장점

> 1. 대부분의 경우 임시 구조체Support가 필요 없습니다.
> 2. 다양한 소재를 다룰 수 있습니다.
> 3. 컬러 표현이 가능합니다3DP.

분말 재료를 활용한 방식의 3D 프린팅은 많은 금속을 비롯해 세라믹, 플라스틱 등 분말로 된 대부분의 소재를 이용하여 출력할 수 있습니다. 또한 다음 그림에서 보는 것처럼 바인더나 소결에 의해서 출력 모델 부분을 제외한 나머지 공간의 분말이 빌드 플랫폼 안쪽에 들어차 분말 자체가 임시 구조체의 역할을 대신해 주기 때문에 타 방식처럼 복잡한 형상의 모델을 지탱해주기 위한 서포터를 모델에 설정해 주는 작업이 필요하지 않으며, 소결된 부분 이외의 재료들은 재사용이 가능하여 소재의 낭비가 거의 없습니다. 다만, 출력을 위해 선택된 분말의 주변은 바인더나 레이저에 의해 영향을 받기 때문에 재사용이 가능하지만 재사용을 할수록 퀄리티는 낮아질 수 있습니다.

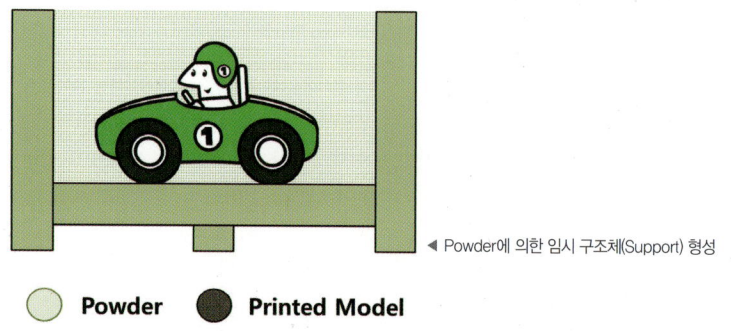

◀ Powder에 의한 임시 구조체(Support) 형성

3DP 방식은 출력과 동시에 출력 모델에 컬러링이 가능하며, 바인더를 사용하기 때문에 이론상으로 미세 분말 가공이 가능하다면 모든 재료를 사용하는 것이 가능합니다. 하지만 재료에 따른 바인더의 올바른 선택이 중요하고, 플라스틱 소재의 경우 3DP 방식을 사용하는 것보다 SLA 방식이나 DLP 방식을 사용하는 것이 모델의 표현력과 출력 속도 및 강도 등에 있어서 훨씬 효율적입니다. 또한 금속 소재의 경우 대부분 고강도의 특성을 요구하는 출력물이기 때문에 바인더로 접합하는 3DP 방식은 적절하지 않으며, 3DP 방식을 사용한다면 반드시 열처리 공정을 통해 바인더를 태우며 출력물을 강화하는 복잡한 공정을 거쳐야 합니다.

이 외에도 3DP 방식은 다양한 소재들을 다룰 수 있고 서포트가 필요하지 않아 서포트를 형성하는 모델링 작업과 출력 후 서포트 제거 등의 작업이 필요하지 않기 때문에 보급형 제품들과 재료들이 개발 및 생산되면 편리한 3D 프린터가 될 가능성이 높은 방식입니다.

▲ 3DP 방식으로 출력한 후 후가공을 거쳐 탄생한 다양한 조형물

3 단점

> 1. 2차 처리과정을 거쳐야 합니다.
> 2. 분진이 발생하여 피부와 호흡기에 영향을 미칠 수 있습니다.
> 3. 장비와 재료의 가격이 비쌉니다.

분말을 사용하는 3D 프린터는 분말의 입자가 균일해야 하고, 출력 후 반드시 2차 처리 과정을 거쳐야 하는 번거로움이 있습니다. 바인더를 사용한 경우에는 표면에 남아 있는 분말을 털어낸 후 표면 접착을 시행해야 하고, 필요한 경우 소결을 해야 할 수도 있습니다. 레이저를 사용한 경우에도 마찬가지로 분말을 털어내고, 소결로를 통한 2차 소결로 조형물을 견고하게 하는 작업이 필요합니다. 또한 출력 후 표면은 분말과 분말이 결합되고 남은 미세한 틈 때문에 거칠어 보일 수도 있습니다. 광이 나는 표면을 표현하기 위해서는 재료에 맞는 연마 방법을 통한 후처리 공정이 필요합니다.

출처 : https://www.youtube.com/watch?v=u6c6XdFGxi4

▲ SLS 방식으로 출력 후 표면에 붙어있는 분말을 털어내는 과정

분말을 재료로 사용하는 3D 프린터는 출력이 완료된 후 출력물을 꺼내는 동안, 출력물 주변에 사용되지 않은 분말들이 날리면서 분진이 발생할 수밖에 없습니다. 따라서 분진을 흡입하거나 피부에 노출되지 않도록 출력 시에는 분진 마스크와 방진복 등을 착용하는 것이 좋습니다.

또한 바인더를 활용할 때, 사용하고자 하는 분말 재료에 따라서 바인더의 올바른 선택이 필요합니다. 바인더를 제대로 선택했다 하더라도 분말끼리의 직접적인 결합이 아닌 접착제에 의한 결합이기 때문에 높은 강도를 보이기 어렵다는 단점이 있습니다. 실제 출력을 해 보면 출력물의 작은 부분은 최소 1mm는 되어야 출력이 가능합니다.

레이저를 활용한 방식은 소재에 따라 레이저의 출력 등 정밀한 설정을 요구하여 프린터 판매업체에서 공급하는 소재를 사용해야 하는 제한이 있습니다. 더불어 레이저의 출력이 높은 만큼 장비 자체의 크기도 크고 전력 소모량도 많기 때문에 일반 가정이나 소규모 사업장에서 사용하기에는 유지비용이 많이 들고, 기기의 독점으로 인해 장비의 가격이 상당히 비싸서 보급형보다는 산업용에 적합한 3D 프린팅입니다.

4 사용 용도 및 주요 사용처

바인더를 활용하는 3DP 방식은 출력물의 강도가 현저히 떨어지기 때문에 피규어나 석고상 등을 제작하는 분야에 주로 사용되고 있으며, 의료 분야에서도 컬러 출력이 가능한 3D 모델이라는 점을 이용해 수술 전 모형을 통한 시뮬레이션 및 실습 용도로 많이 쓰이고 있습니다.

분말 재료를 사용하는 레이저 방식의 3D 프린터는 금속 및 세라믹, 모래 등의 다양한 재질을 높은 에너지를 가진 에너지원을 사용하여 결합시키는 방식이므로 일반적인 제품 생산에 사용되는 주조(모형틀에 쇳물을 부어 제작하는 것)나 소결법 등으로 제작이 불가능한 복잡한 형상과 함께 높은 강도와 내마모성, 내열성 등이 필요한 자동차 부품, 세라믹 부품 등의 산업에 적합합니다.

CHAPTER 2

사용 용도에 따른 3D 프린터의 분류

1장에서 소재에 따른 3D 프린터의 원리와 장단점을 알아보았습니다. 이번엔 1장에서 설명한 3D 프린터의 장·단점을 분석해 사용 용도에 따라 분류해 보도록 하겠습니다. 어떠한 개체라도 출력할 수 있는 3D 프린터가 있다면 좋겠지만 아직 현실은 그렇지 못하므로 정확한 용도를 정하고 이에 적합한 3D 프린터를 선택해야 합니다.

SECTION 1
복잡한 형상의 제작물 출력 : DLP

복잡한 형상의 출력물은 출력 이후 매끄러운 표면을 갖고 있어야 하는 경우가 많습니다. 표면이 거칠게 표현될 경우, 후공정을 통해 매끄러운 표면을 표현해야 하는데, 나사선이나 에펠탑, 새장, 액세서리 등과 같이 크기가 작으면서 얇은 선을 가지고 있거나 굴곡이 많은 모델은 후가공을 하기가 쉽지 않습니다. 따라서 처음부터 정밀하고 매끄럽게 표현되는 것이 좋습니다.

▲ DLP 방식 3D 프린터로 출력 가능한 섬세한 디자인 출력물

DLP 방식은 수 마이크로미터 단위의 Layer 두께 표현이 가능합니다. Layer의 두께는 매끄러운 표면을 표현하는 데 중요한 역할을 합니다. 그 이유는 다음 그림을 보면 쉽게 이해할 수 있습니다. 경사나 곡면을 표현하는 데 있어서 Layer의 두께가 얇을수록 Layer와 다음 Layer의 경계에 생기는 계단의 높이가 낮아져 빈 공간이 줄어들게 됩니다. 따라서 Layer의 두께가 얇아질수록 표면 사이의 빈 공간이 줄어들게 되어 자세히 살펴보면 계단처럼 단차가 형성되지만 멀리 보았을 때 상대적으로 매끄러운 표면을 갖게 됩니다.

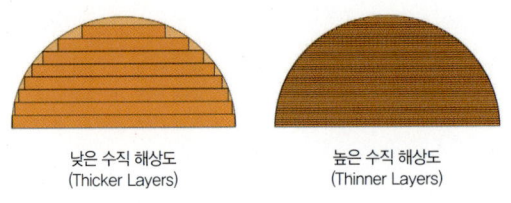

▲ Layer의 두께가 표면의 해상도에 미치는 영향을 보여주는 모식도

앞서 설명했던 것처럼 출력물의 전체 해상도는 수직 해상도와 수평 해상도를 포함하여 결정됩니다. DLP 방식은 DMD 칩에 있는 미세 반사판의 사이즈와 개수가 수평 해상도를 결정하는 큰 요인입니다. 하나의 미세 반사판이 하나의 픽셀을 이루는데 그 픽셀의 크기와 빌드 플랫폼 사이의 거리에 따라 수평 해상도가 결정됩니다. 따라서 장비를 선택할 때 DLP 방식 장비에 사용되는 DMD 칩의 해상도와 최대 출력 사이즈를 유심히 살펴보면 실제 출력 해상도를 가늠할 수 있습니다.

XGA급 XGA 해상도 : 1024×768 pixels 의 경우 약 80만 개의 반사판을 가지며, HD급 Full HD 해상도 : 1920×1080 pixels 의 DMD 칩은 약 2백만 개의 독립적 미세 반사판을 가지고 있습니다. XGA급의 출력 해상도는 최대 출력 가능 사이즈에 따라 다르지만 약 0.1mm로, 이는 보통 FDM 타입 대비 약 5배 정도 높은 수치입니다. X축이 5배, Y축이 5배 정도 높은 해상도를 가지며 평면상에서는 25배의 해상도 차이를 가집니다. 실제 출력 시 소재와 공정의 특성 때문에 30배 이상의 선명함을 보입니다.

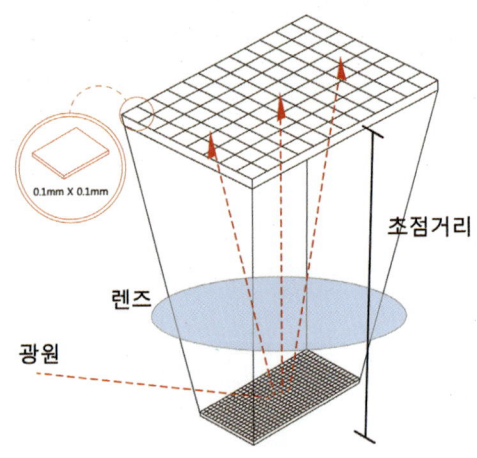

다만, 이론적으로 나타나는 픽셀 크기의 해상도를 모델에 바로 적용시키기 위해서는 Pixel By Pixel 의 모델링 작업이 필요하며, 출력하고자 하는 출력물의 사이즈도 제한적입니다. 그럼에도 불구하고 실제로 DLP 방식 프린터들이 보여주는 XYZ축 방향으로의 해상도는 다른 방식에 비해 가격 대비 가장 뛰어난 편입니다. 또한 DLP 방식의 3D 프린터는 Layer를 형성할 때 모델 단면의 이미지를 한 번에 형성시키는 면단위 적층법을 사용하기 때문에 넓은 면적 또는 복잡한 모델을 출력하고자 할수록 출력 속도가 다른 프린터들에 비해 빨라집니다. DLP 방식의 속도는 오직 출력물의 높이에 의해서만 제한 받습니다. 따라서 정교하고 복잡하며 섬세한 표현을 요하거나 매끄러운 표면을 갖는 디자인의 출력물을 얻고자 할 때는 DLP 방식의 3D 프린터가 적절합니다.

SECTION 2

서포터 형성 없이 3D 스캔 후 바로 출력 가능한 콘텐츠 : 분말 방식

분말 방식은 앞에서 설명한 것처럼 3DP 방식과 SLS 방식 등이 있습니다. 3DP 방식은 분말을 바인더(접합제)를 사용하여 조형하는 방식이고, SLS 방식은 높은 에너지를 가지는 레이저를 사용하여 분말을 소결하여 조형하는 방식입니다. 접합, 소결 또는 용융된 모델 주변에 반응을 하지 않은 분말들이 임시 구조체인 서포트 역할을 해주기 때문에 열가소성 플라스틱을 사용한 방식이나 광경화성 플라스틱을 사용하는 방식과 같이 별도의 서포터 없이 출력하는 것이 가능합니다.

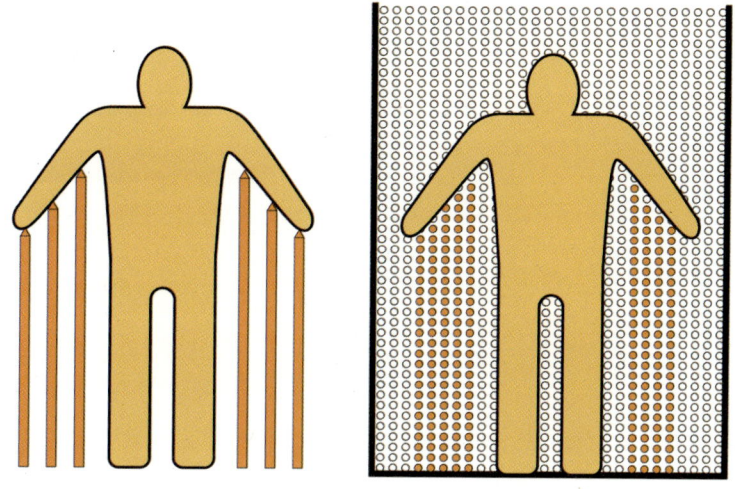

▲ 경화되지 않은 부분에서 임시 구조체와 같은 역할을 하는 파우더

FDM 방식이나 MJM 방식과 같이 특정 모델에서 수용성 재료를 지원하여 서포트가 필요하지 않은 경우도 있습니다. 이 경우 출력하고자 하는 물체를 3D 스캔하고 3D 모델링 작업 후 구조의 안정성에 많이 구애되지 않고 서포터를 형성시키는 별도의 작업을 할 필요 없이 바로 출력이 가능합니다. 하지만 수용성 서포트는 매우 고가이며, 물에 넣어두는 것만으로는 제거가 되지 않는 경우가 많고 장비 또한 한정적이라는 단점이 있습니다.

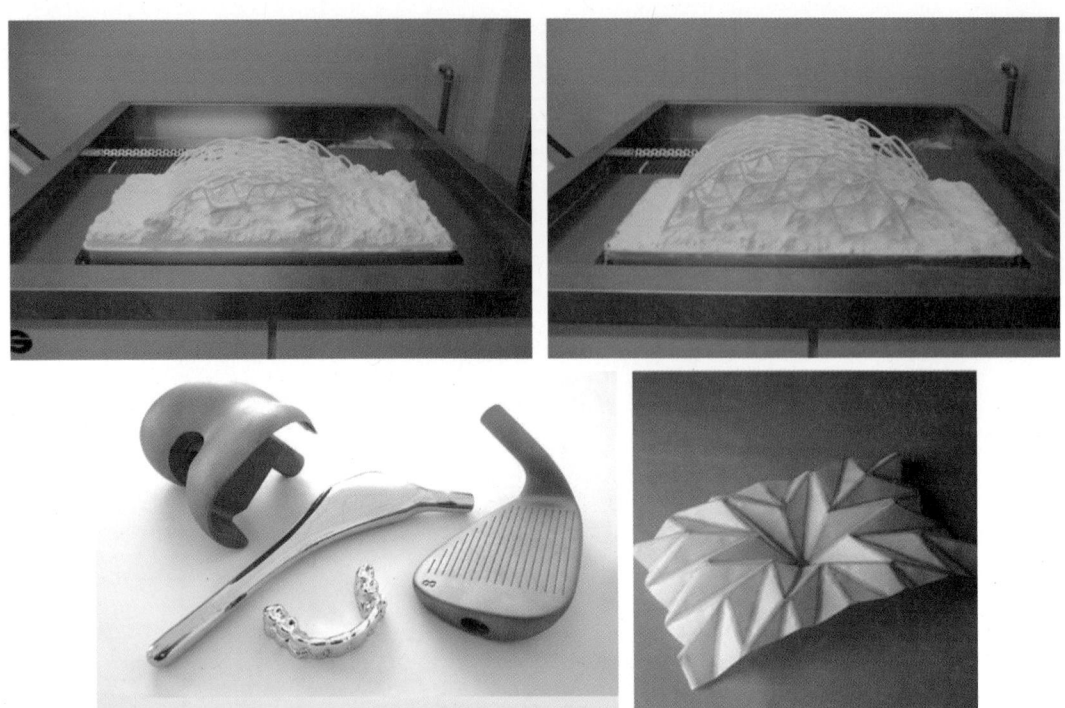

▲ 분말을 사용한 3DP 방식의 3D 프린터에서 출력물을 꺼내는 과정(위)과 SLS 방식으로 출력된 출력물(아래)

레이저를 사용하는 SLS 타입의 3D 프린터는 금속, 세라믹, 플라스틱 등 여러 재료를 이용하여 출력할 수 있습니다. 따라서 복잡한 형태의 금속 출력물이 필요한 항공, 자동차와 같은 하이 테크놀로지 분야에서 활용되고 있습니다. 바인더를 사용하는 3DP 방식은 출력물의 강도가 떨어져서 출력이 완료되면 분말 제거 후 표면 처리 등의 후처리 공정이 필요하고 바인더로 인해서 고유의 재료와 비교해서 재료의 물리적인 특성이 떨어진다는 단점이 있어서 피규어나 석고상처럼 강도가 강하지 않아도 되는 모형 제작에 활용됩니다.

특히 3DP 방식은 일반적인 잉크젯 프린터의 원리를 이용한 기술로, 프린터 헤드의 노즐에서 액체 상태의 컬러 잉크와 바인더를 분말 원료에 분사하여 조형하는 방식입니다. 종이 인쇄에 사용되던 컬러 잉크를 입히는 방식을 사용하기 때문에 조형하고자 하는 컬러를 원하는 위치에 맞추어 출력할 수 있어 모형에 다양한 색상을 입혀서 출력하는 것이 가능합니다. 하지만 발색 자체가 종이에 인쇄하는 것처럼 선명한 느낌은 아니고, 파스텔 톤처럼 뿌옇게 표현됩니다. 또한 바인더 부분과 원재료에 적용시키는 잉크는 서로 다르게 써야 하므로 원재료의 특성에 맞추어 색상을 입히는 과정이 필요합니다.
3DP 방식은 색상을 원하는 위치에 입힌다는 측면에서 3D 프린터 시장에서 큰 이슈가 되었지만 최근 해상도가 좋고, 소재의 특성이 좋은 광경화성 방식에서도 컬러 출력이 가능해지면서 활용도가 떨어지게 되었습니다. 하지만 표면 거칠기와 강도를 중요시 하지 않는 프로토 작업이나 피규어 출력 등에서는 여전히 많이 사용되고 있습니다.

따라서 구조상 임시 구조체가 필요하고 컬러 표현을 요구하는 3D 모델링 데이터 등에는 3DP 방식이 적절합니다.

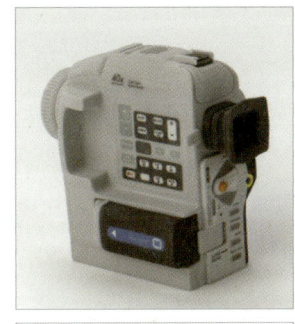

출처 : XYZist

▲ 3DP 방식을 사용하여 출력한 출력물(출력과 동시에 색상 표현 가능)

SECTION 3
워킹 목업이나 대형 출력 : FDM

3D 프린터 방식 중 가장 일반적인 FDM 방식은 노즐을 통해 플라스틱 필라멘트를 녹여 판에 그림을 그리듯이 한 층 한 층 쌓아나가는 방식입니다. 매우 간단한 구조로 이루어져 있기 때문에 다른 방식의 3D 프린터에 비해 가격이 저렴하고, 대형화가 용이합니다. 따라서 분할하여 출력할 수 없는 디자인이나 마네킹과 같은 1:1 비율의 실물크기 모형을 만드는 것도 가능합니다. 특히 ABS라는 엔지니어링 플라스틱 소재의 경우 재료의 강성이 타 플라스틱보다 뛰어나 3D 모델의 구조체만 잘 설계한다면 작동 부위나 움직이는 부위에 이용이 가능합니다.

반면 광경화성 플라스틱은 현재 단계에서 ABS 플라스틱에 비해 녹는점 낮고 마찰열이 발생하여, 반복 운동으로 마모가 발생되는 워킹 목업 작업 등에는 어울리지 않습니다. 3DP 방식은 강도 측면에서 적합하지 않으며, SLS 방식은 소재의 특성상 물리적 강도는 좋지만 장비 및 소재가 비쌉니다.

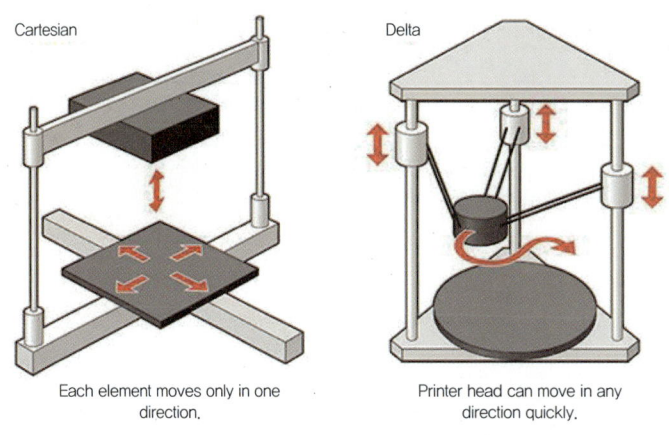

▲ 노즐과 밑판이 XYZ의 직교좌표 방향으로 이동하는 카르테시안 방식의 FDM과 3개의 기둥에서 Z축 방향의 움직임으로 노즐의 움직임을 컨트롤하는 Delta 방식의 FDM

FDM 방식은 미국의 NASA에서 하고자 했었던 우주선 안에서 필요한 것들을 만들거나 다른 행성에 집을 짓는 것 등에 사용되거나 고려되었던 방법입니다. 지금도 콘크리트와 같은 재료를 사용하여 성 모형, 집, 놀이터 등의 건축물을 짓는 데 활용하려는 시도들이 계속되고 있습니다.

FDM 방식은 구조와 메커니즘이 가장 단순하고 간단하며 재료값이 저렴하기 때문에 출력물이 커질 때 장비를 대형화하기에 용이하고, 가격적인 면에서도 합리적입니다. 더불어 재료비가 저렴하기 때문에 일반인도 접근 가능한 대형 프린터라 할 수 있습니다. 그러나 대형화했을 때 크기가 커지는 만큼 출력 속도를 빠르게 하기 위해 재료가 압출되는 노즐의 구멍 크기를 늘리는데, 이 과정에서 재료가 갖는 수축도와 변형률도 더 커져 안정된 출력을 하기가 어렵습니다.

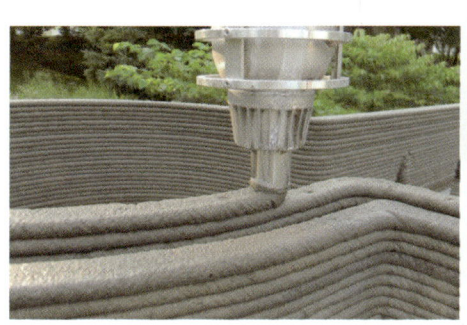

▲ FDM 방식과 유사 원리를 사용하여 제작한 콘크리트 성

또한 FDM 방식은 재료와 노즐의 굵기에 따라서 해상도가 결정되기 때문에 매끄러운 표면을 표현하는 데 한계가 있습니다. 다음 사진은 FDM 방식과 DLP 방식으로 같은 디자인을 출력한 후 비교한 것입니다. FDM 방식은 필라멘트와 노즐의 굵기와 재료의 한계로 인해 같은 적층 두께로 출력하더라도 표면이 굴곡지고 울퉁불퉁합니다. 따라서 FDM 방식은 매끄러운 표면을 표현하기 위해서 샌드페이퍼나 그라인더를 이용한 후가공이 반드시 필요합니다.

▲ FDM 방식 출력물　　　　　▲ DLP(광경화성) 방식의 출력물

SECTION 4
FDM, SLA, DLP, 3DP 비교 분석

지금까지 알아본 3D 프린터의 종류인 'FDM, SLA, DLP, 3DP'의 특징을 현재 상용화가 되었고 일반적으로 접근 가능한 수준의 3D 프린터의 공정만 표로 정량화하여 각 항목별로 정리해 보았습니다.

방식	정밀도	표면마감	제작 속도	재료 강도	재료 컬러	재료 유연성	가격
FDM	5	5	6	2	부분적	부분적	하
SLA	2	2	4	3~4	부분적	부분적	중
DLP	1	1	3	4~5	부분적	가능	중
3DP	5	5	1	5~6	가능	불가능	고

1=Excellent, 2=Very Good, 3=Good, 4=Average, 5=Fair, 6=Poor

FDM 방식의 장점은 장비와 재료의 가격이 저렴하고, 재료의 구매가 쉽다는 것입니다. 또한 장비의 구조가 단순하기 때문에 건물을 짓는 데 적용할 수 있을 정도로 대형화하기가 용이합니다. 하지만 필라멘트의 두께와 노즐의 사이즈가 출력물의 해상도를 결정하기 때문에 복잡하고 정교한 표현을 하는 데 있어서는 한계를 가지고 있습니다. 필라멘트 간 수축률의 차이에서 오는 변형과 필라멘트 사이의 간격이 틀어질 때 생기는 결함에 의해 출력 도중 출력물이 망가지거나 의도했던 디자인이 온전하게 나오기 힘든 경우도 있습니다.

출처 : www.zheng3.com

▲ 노즐의 온도 조절과 적층 두께 조절에 실패할 경우에 볼 수 있는 출력물(왼쪽)과 적정한 설정에 의해 출력된 출력물(오른쪽)

SLA 방식은 광경화성 플라스틱을 재료로 사용합니다. 레이저 광선을 구동장치에 의해 이동시키며 경화시키기 때문에 넓거나 복잡한 단면적을 갖는 모델일수록 출력 속도가 느려진다는 단점이 있습니다. 하지만 액체 상태의 재료를 사용하기 때문에 기계적인 정밀도가 뒷받침된다면 수 마이크로미터의 표현도 가능하다는 장점을 가지고 있습니다. 또한 발광 다이오드 레이저라는 작은 에너지 소스를 사용하기 때문에 장비의 크기를 소형화하기에 유리합니다.

DLP 방식은 빠른 출력과 정밀한 출력이 모두 가능합니다. SLA 방식과 마찬가지로 액체 상태의 재료를 사용하기 때문에 수 마이크로미터의 표현도 가능하며, 모델의 단면 이미지를 한 번에 경화시키므로 출력 속도가 빠릅니다. 최근 Carbon 3D사에서는 광경화성 플라스틱이 산소와 접촉하면 경화가 억제되는 것을 이용해서 한 층 한 층을 쌓는 방식이 아닌 연속적인 경화가 일어나도록 유도하여 출력 속도가 100배 빠른 3D Printer를 공개함으로써 전 세계 3D 프린터 시장의 핫이슈가 되었습니다. 접근 가능한 3D 프린터 방식 중 가성비가 가장 뛰어나며 정밀도, 표면 마감, 출력 속도에서 우위에 있습니다. 산업체나 기업에서 가장 먼저 접할 수 있는 3D 프린터 방식입니다.

3DP 방식의 경우 컬러 출력이 가능하며, 서포트라는 임시 구조체 없이 출력이 가능하여 직관적 표현이 용이합니다. 하지만 소재의 강조나 표면 마감의 문제로 인해 상당히 제한된 활용도를 가지고 있습니다. 하지만 파급이나 제품의 개념모델을 출력할 때에는 상당히 만족도가 높습니다.

3D 프린터는 사용하고자 하는 소재와 용도에 따라 그리고 3D 모델링에 따라 선택되어야 하며, 선택 기준에 대해서는 다음 장에서 좀 더 자세히 살펴보도록 하겠습니다.

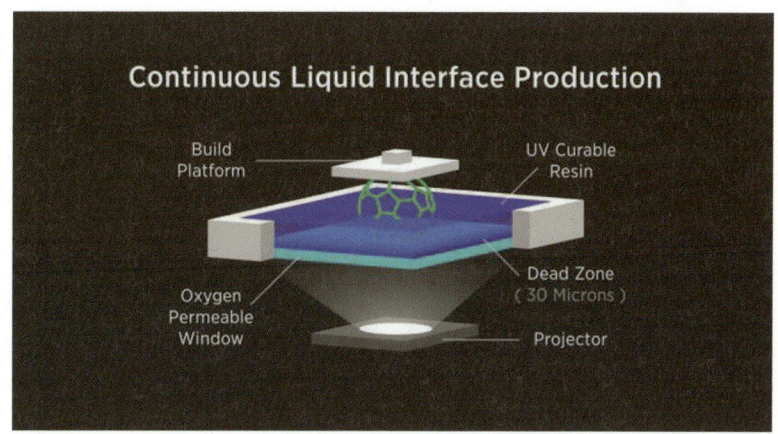

▲ Carbon3D사에서 발표한 CLIP 기술의 모식도

SECTION 5

3D 프린터 시장에서 주목할 점

특허는 세계적으로 20년의 시간이 지나면 존속 기간이 만료되어 일반에 공개됩니다. 특허 출원자에게 혜택을 줌과 동시에 해당 기술의 발전을 도모하기 위함입니다. 현재 SLA 방식은 2006년, FDM 방식은 2009년, SLS 방식 EOS의 DMLS 방식은 2014년에 각각 특허 기간이 만료되었습니다. 누구나 참여가 가능하고 무료로 사용할 수 있는 오픈소스인 것입니다. 상업적 활용을 포함한 모든 권리가 제약 없이 공개되어 있습니다. 또한 영국의 아드리안 보이어 교수에 의해서 2005년부터 시작된 RepRap 프로젝트가 현재도 진행되고 있습니다.

특허 기간의 만료와 오픈소스로 인해 누구나 3D 프린터를 만들고 판매할 수 있는 상황이 되었습니다. 미국의 Makerbot사, 네덜란드의 Ultimaker사뿐만 아니라 국내에서 판매되고 있는 대부분의 개인용 3D 프린터 생산 기업이 이에 해당됩니다. 특히, FDM 방식은 레이저나 롤러, DMD 모듈이 들어간 광학엔진 등이 필요 없고, 재료의 가격도 저렴하고 쉽게 구할 수 있기 때문에 지속적으로 생산·판매하는 기업들이 늘어나고 있습니다.

반면, SLA 방식이나 SLS 방식은 특허가 만료되었음에도 아직 신규 프린터가 나오지 않고 있습니다. 그 이유는 오픈소스 이외의 부분들에 대한 연구가 필요함과 동시에 만료된 원천 특허 이외의 다양한 주변 특허들이 걸림돌로 작용하고 있기 때문으로 보입니다.

하지만 급증하고 있는 3D 프린터에 대한 관심과 수요 증가로 인해 공개되지 않은 소스들에 대한 연구와 특허의 만료 등이 겹치게 되면 DLP 방식, SLA 방식, SLS 방식들도 저가형 장비가 출시되고 보편화될 것입니다. 이 중에서도 해상도가 뛰어나며, 다양한 재료에 대한 접근이 가능하고, 빠르고 쉬운 출력이 가능한 광경화성 프린터가 가져올 변화에 주목하고 있습니다.

현재 3D 프린터는 의료시장 분야에서 활발하게 연구가 이루어지고 사용되고 있습니다. 그중에서 치과 분야에서는 이미 3D 프린터를 도입하여 운용하고 있습니다. 임플란트 시술을 할 때 CT 데이터와 3D 스캔 데이터를 토대로 모델을 제작하고 정확한 시뮬레이션을 거쳐 시술가이드를 제작하는 과정을 거치기 때문에 시술의 정확도와 완성도를 높여 줍니다. 이러한 3D 프린터의 활용으로 정확한 시술이 이루어져 환자의 회복 시간 단축과 잦은 치과 방문 등의 불편함을 최소화합니다.

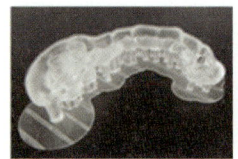 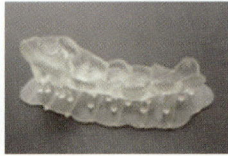   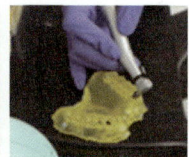

▲ 임플란트 시술 전 수술 가이드 제작

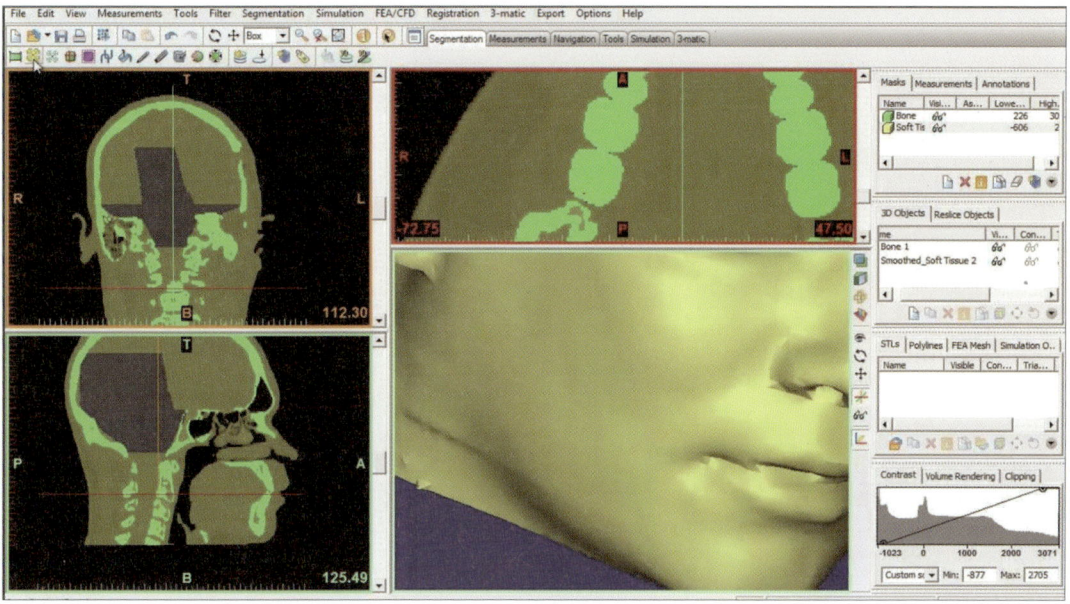

▲ Materialize Mimics

PART 3

실전 3D 프린팅&모델링

PART 1에서는 3D 프린팅이 무엇이며 어떻게 활용되고 있는지에 대해, PART 2에서는 3D 프린터의 공정별 장·단점을 알아보고 사용자에게 적합한 3D 프린터를 선택하는 과정을 알아보았습니다. 이번 PART 3에서는 실제 3D 프린팅을 해 보도록 하겠습니다. 다양한 예제를 통해 간단하게 3D 모델링을 따라해 보며 사용자가 원하는 방식의 3D 프린팅을 하기 위해서는 어떤 요소를 고려해야 하고 어떤 부분에 주의해야 하는지 알아봅니다.

CHAPTER 1

3D 프린팅을 위한 3D 모델링

3D 프린팅 시 가장 중요한 것은 소스가 되는 3D 모델링 파일입니다.

3D 모델링 프로그램은 폴리곤 모델링 프로그램과 넙스 모델링 프로그램으로 구분됩니다.

폴리곤 방식의 모델링(3ds Max, 3D STUDIO, FORM-Z, Z-Brush 등)은 폴리곤의 양에 따라 출력물의 품질이 결정됩니다. 예를 들어, Low 폴리곤으로 작업한 개체와 High 폴리곤으로 작업한 개체는 세부 디테일에서 확연한 차이가 발생합니다. Low 폴리곤으로 만든 개체를 확대 출력했을 때 다각형 모양의 폴리곤이 나타나게 됩니다.

NURBS 기반 모델링 프로그램(Rhino, Solidworks, Alias, UG 등)은 벡터 방식의 일러스트레이터와 같이 크기와 관계없이 수식으로 곡면이 결정되기 때문에 3D 프린팅 용도에 적합합니다. 또한 3D 모델링 시 넙스 기반의 솔리드 모델링 툴이라 할지라도 곡면을 이어서 솔리드를 생성할 경우 닫힌 개체(곡면 사이에 두께가 있고 안쪽 면이 비어 있지 않은 솔리드 형태)로 모델링되는 것이 중요합니다.

이번 장에서는 앞서 설명한 3D 프린터의 원리를 바탕으로 넙스 모델링 기반의 솔리드 모델링의 필요성과 폴리곤 모델을 솔리드 모델로 변환하는 과정을 알아보겠습니다.

SECTION 1

기본 입체 도형(Cube, Cone, Sphere, Cylinder, Torus) 모델링

기초 도형 Primitive 이란 큐브, 실린더, 구, 콘, 피라미드, 도넛 등 가장 기본이 되는 간단한 도형을 의미합니다. 또한 평면 위에 있는 도형은 평면 도형, 공간에 있는 도형은 공간 도형이라 하며, 공간 도형이 위치와 모양·길이·폭·두께를 가지는 것을 입체 도형이라고 정의합니다. 모델링은 기초 도형을 입체 도형으로 만들어 사용할 수도 있고, 입체 도형을 여러 응용 형태로 변형해 사용할 수도 있습니다.

❶ 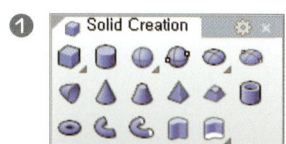 라이노 Rhino 프로그램에서 기본적으로 많이 사용하는 입체 도형은 [Solid Creation] 메뉴에서 선택하여 생성할 수 있습니다.

❷ 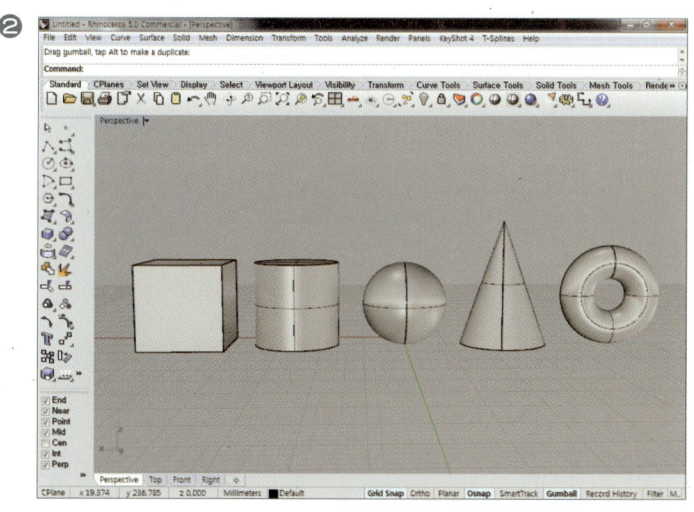 길이와 폭, 두께, 즉 부피가 있는 도형을 입체 도형이라 합니다. 기본 입체 도형에는 'Box(), Cylinder(), Sphere(), Corn(), Torus()' 등이 있으며, 도형을 생성할 때 도형을 구성하는 넓이나 원의 반지름, 높이는 숫자로 지정할 수 있습니다.

> **TIP**
>
> ### *.STL 파일
>
> STL(STereoLithography) 파일 형식은 현재 대부분의 3D 프린터에서 사용하는 모델링 파일의 형식입니다. STL 포맷은 3D 프린터 입력 파일로 주로 사용되며, 3차원 CAD 프로그램에서 이용되고 있는 표준 인터페이스 데이터 포맷입니다. 넙스 기반의 수식으로 계산된 CAD 프로그램의 원본 데이터는 아주 작은 삼각형 형태의 폴리곤으로 구성되어 있습니다. 이러한 삼각형 형태는 각각의 꼭짓점 데이터와 방향 벡터로 저장되고 스케일 정보나 유닛 정보는 저장되지 않습니다. 때문에 원본 모델링 파일에서 3D 프린터가 인식할 수 있는 STL 파일 형식으로 변환 전 사이즈를 조정해야 합니다.

SECTION 2
솔리드(Solid) 모델링과 서피스(Surface) 모델링

모델의 내부에 물이 채워져 있다고 가정했을 때 360°로 회전하여도 물이 바닥으로 흐르지 않는 모델이 솔리드Solid 모델입니다. 즉, Solid 모델은 모든 면이 빈틈없이 이어져 도형을 구성하고 있는 닫힌 개체를 의미합니다.

반면, 서피스Surface 모델은 말 그대로 서피스표면로만 이루어져 있는 개체를 말합니다. 3D 그래픽으로는 표현이 가능하나 면을 이루는 서피스의 두께가 없기 때문에 실제로는 존재할 수 없는 모형입니다. 이렇게 두께가 없는 면으로만 이루어진 개체를 열린 개체라고 합니다. 서피스 모델과 같이 면이 이어지다 한 면이라도 비어있는 열린 개체는 면의 두께 값이 없기 때문에 조형이 불가능하며 3D 프린팅이 불가능합니다.

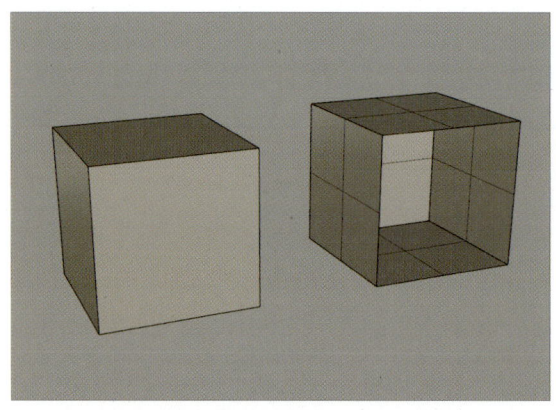

▲ Solid 모델링(왼쪽)과 Surface 모델링(오른쪽)

이번 장에서는 Creation Workshop이라는 호스트 소프트웨어 프로그램을 사용하여 Solid 모델과 Surface 모델의 슬라이싱된 3D 모델을 확인해 보도록 하겠습니다. Creation Workshop은 오픈소스 호스트 소프트웨어로, 구글 검색을 통해 어렵지 않게 다운로드 받을 수 있습니다. 오픈소스의 특성상 상업 용도로만 사용하지 않는다면 무료로 사용이 가능합니다.

앞서 작업한 기본 도형 중 육면체 디자인을 라이노의 메뉴바에서 File 〉 Save As 또는 Export Selected에서 파일 형식을 *.stl로 변환 저장합니다.
각각의 개체를 STL 파일Box1.STL, Box2.STL로 변환하여 슬라이싱 소프트웨어로 불러옵니다. Solid 모델은 라이노에서 구현한 그대로 불러올 수 있지만 Surface 모델은 윤곽선만 보이고 면이 보이지 않습니다.

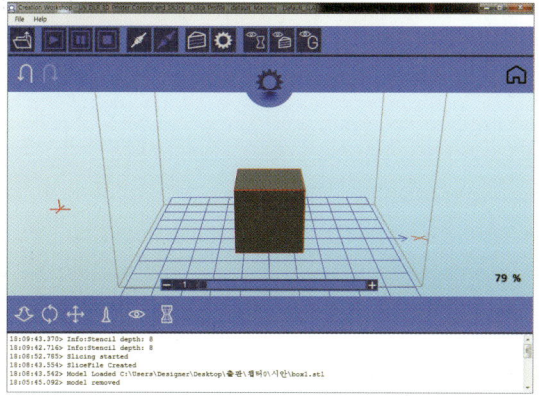
▲ 불러온 Solid 모델(Box1.STL)

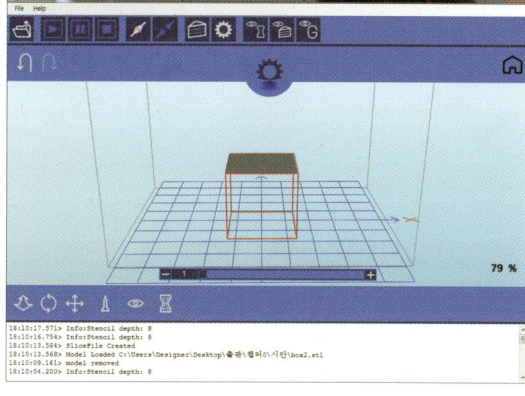
▲ 불러온 Surface 모델(Box2.STL)

적층 공법인 3D 프린터는 어떠한 방식이든 실제 프린팅 전에 슬라이싱 과정이 필요합니다. 슬라이싱 버튼(🗂)을 클릭하여 3D 프린팅에서 실제 프린팅될 Layer를 만듭니다. 설정된 한 층의 높이대로 Z 방향으로 Layer들이 형성되는데, 이를 '슬라이스한다'고 이야기합니다. 슬라이스 뷰 버튼(🗂)을 클릭하여 Layer들을 확인합니다.

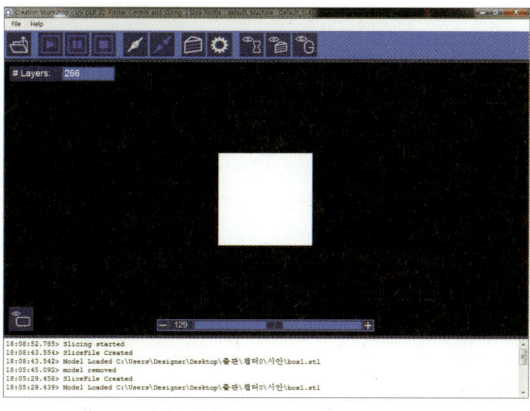
▲ Solid 모델(Box1.STL)의 슬라이스 뷰

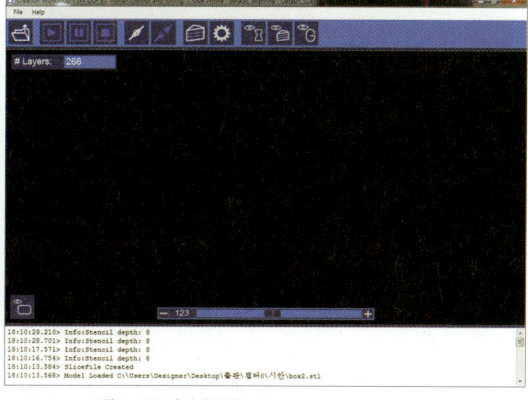
▲ Surface 모델(Box2.STL)의 슬라이스 뷰

슬라이스된 Layer를 살펴보면 Solid 모델은 만들어지는 모양이 흰색으로 표시되지만 Surface 모델은 두께를 가지지 않고 속이 채워지지 않은 모델이기 때문에 모니터 화면에 출력될 부분이 전혀 표시되지 않습니다. 이러한 이유로 Surface 모델은 솔리드화하지 않으면 3D 프린팅이 불가능합니다.
최신 몇몇 프로그램에는 자동으로 모델링을 고쳐주는 기능을 제공하고 있습니다. 하지만 자동 기능은 완벽할 수 없으므로 모델링 시 처음부터 3D 프린팅에 맞는 모델링을 판단할 수 있어야 합니다. 또 자신이 완벽하다고 생각하는 모델링일지라도 출력 전 슬라이싱 프로그램을 통해 모델이 솔리드 되었는지 여부를 꼼꼼히 확인하고 출력해야 합니다.

SECTION 3

겹쳐진 개체 모델링하기

01 | 겹쳐진 두 개체

❶ 두 모델 모두 내부가 보이지 않기 때문에 하나의 단일 개체로 인식할 수 있습니다.

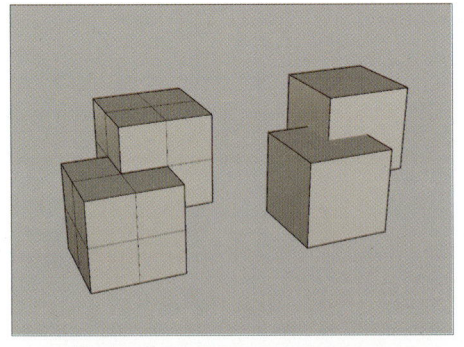

◀ 왼쪽 : Solid 모델 / 오른쪽 : Surface 모델

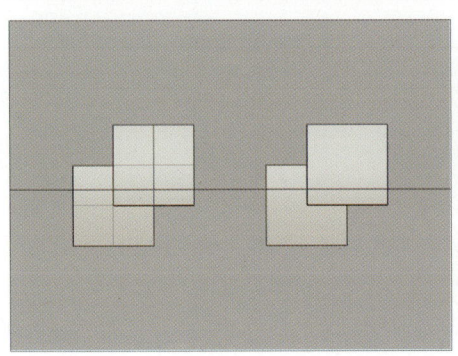

▲ Top View

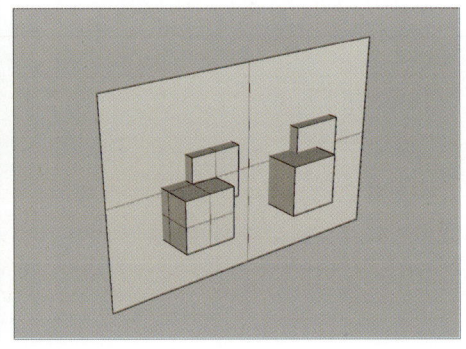

▲ Perspective View

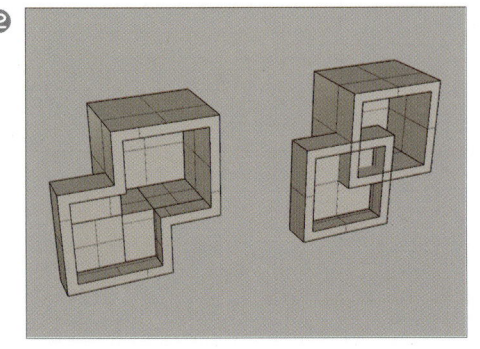

▲ 단면(왼쪽 : Solid 모델 / 오른쪽 : Surface 모델)

❷ 위 도형을 'Split( )' 버튼을 이용하여 그림과 같이 잘라 두 모델의 단면을 확인해 보겠습니다. 왼쪽 모델은 내부에 겹치는 부분이 없는 단일 개체인데 반해 오른쪽 모델은 2개의 개체가 겹쳐져 있는 것을 알 수 있습니다.

왼쪽 모델은 합쳐진 두 모델의 내부에 교집합이 없는 단일 개체로 3D 프린팅에 적합합니다. 하지만 두 모델이 겹쳐져 교집합이 있는 오른쪽 개체는 내부에 다른 구조체가 있어 외부에서 보았을 때와 다른 출력물이 만들어질 수 있습니다.

02 | 겹쳐진 셋 이상의 개체

❶ 3개의 상자가 겹쳐진 모델링 파일을 STL 파일로 변환하고 슬라이싱 프로그램에서 불러옵니다.

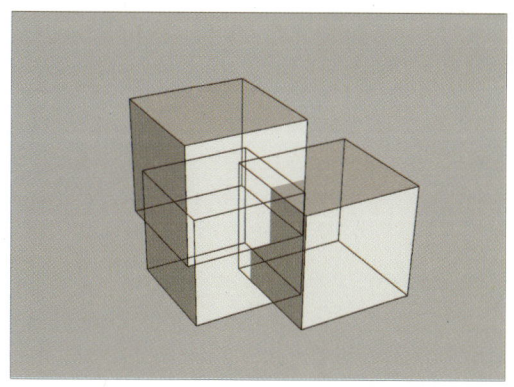
▲ Perspective View – 겹쳐진 3개의 모델

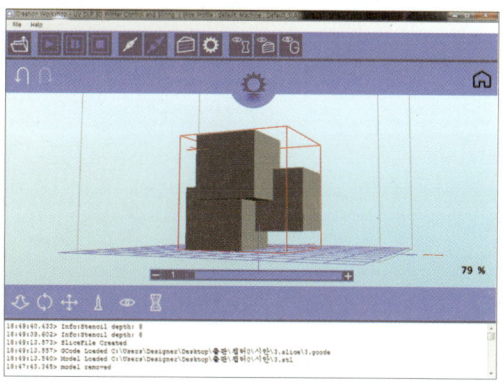
▲ 겹쳐진 3개의 상자 모델

❷ 슬라이싱(🗐)을 하고 슬라이스 뷰(👁)를 확인합니다.

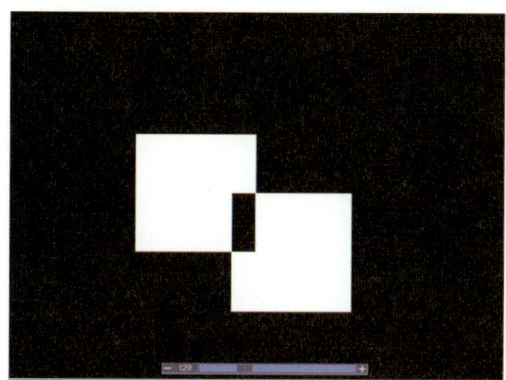
▲ Layer129 : 두 모델만 겹친 시점

▲ Layer232 : 세 모델 모두 겹친 시점

❸ 첫 번째 Layer부터 한 층 한 층 확인할 때 두 개체가 겹친 시점에서는 교집합 부분이 표시되지 않지만 세 개체가 겹쳐지는 부분은 출력이 가능하다는 의미의 흰색이 표시됩니다. 하지만 교차되는 꼭짓점 부분의 두께가 0이기 때문에 모델링 파일처럼 완전히 겹친 개체는 출력할 수 없습니다.

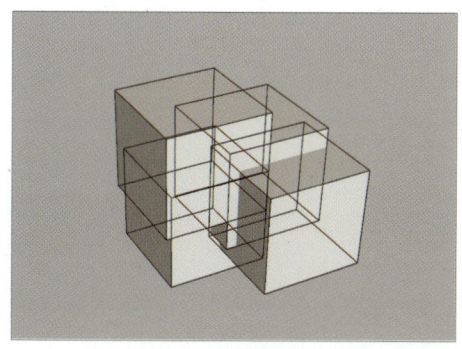
◀ Perspective View – 겹쳐진 4개의 모델

❹ 4개의 상자가 겹쳐진 모델링 파일을 STL 파일로 변환하고 슬라이싱 프로그램에서 불러옵니다.

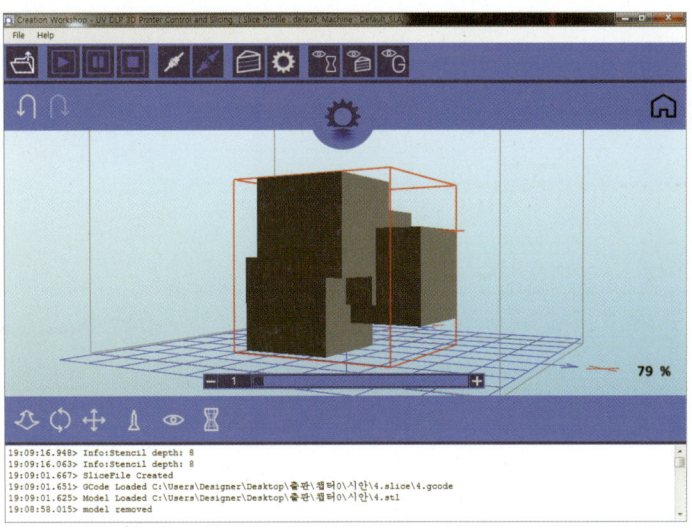

▲ 겹쳐진 4개의 상자 모델

❺ 슬라이싱(　)을 하고 슬라이스 뷰(　)를 확인합니다. 세 개의 개체가 겹쳐지는 부분은 출력이 가능한 흰색으로 표시되지만 네 개의 개체가 동시에 겹쳐지는 부분에서는 출력이 불가능합니다.

▲ 겹쳐진 4개의 모델

여기에서는 특정 호스트 소프트웨어에서의 예를 들었지만 3D 프린팅 출력을 위한 모델링이라면 이 부분을 처음부터 고려해 디자인에 반영해야 합니다. 모든 CAD 프로그램에서는 겹치는 공간들을 출력가능하게 하는 기능들이 'Boolean' 명령어로 탑재되어 있습니다.

03 | 병합 모델링

기본 도형을 응용해 'Boolean' 명령을 사용하면 라이노Rhino에서 3D 프린터로 출력 가능한 병합 모델링을 만들 수 있습니다.

❶ 기본 도형을 겹쳐 사람 모형을 만들었습니다.

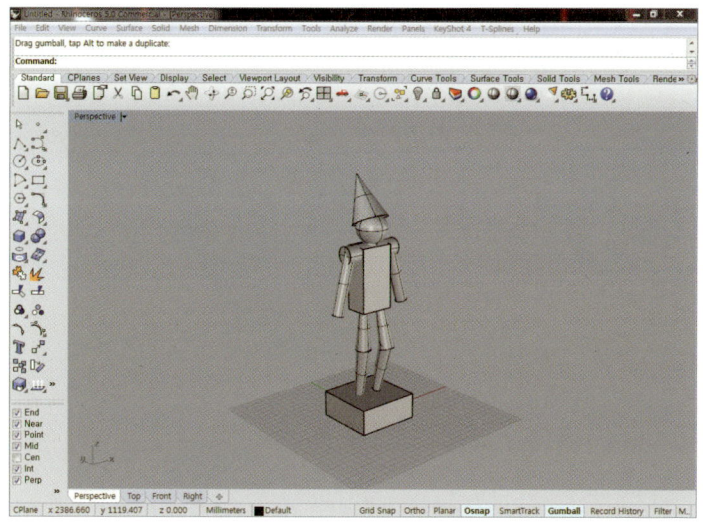

❷ 상단의 'View' 모드를 'X-ray' 모드로 바꾸면 내부의 도형들이 어떻게 겹쳐져 있는지 확인할 수 있습니다. 솔리드인 여러 도형들이 겹쳐진 부분이 있는 것을 볼 수 있습니다.

 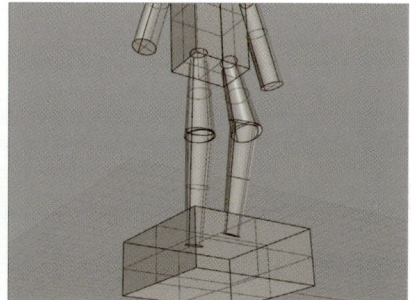

❸ 모델을 호스트 소프트웨어에서 불러옵니다.

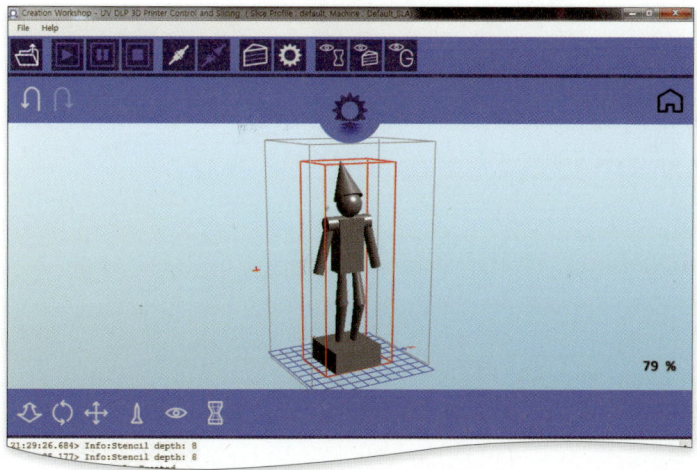

❹ 슬라이스(　)를 실행합니다.

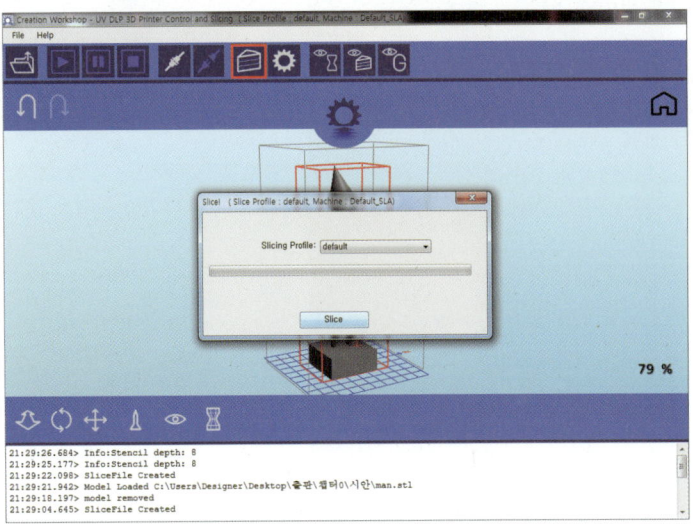

❺ 슬라이스 뷰(　)를 확인합니다. 첫 번째 Layer부터 마지막 Layer까지 꼼꼼히 확인해 보면 중간에 모델을 구성하는 개체들이 겹쳐져 있는 부분이 뚫려 있는 것을 볼 수 있습니다. 흰색은 출력이 이루어지는 면을 나타내지만 서로 교차되는 부분의 꼭짓점은 두께 0의 꼭짓점들이기 때문에 옆의 교차 지점이 붙어있지 않아 출력이 불가능합니다.

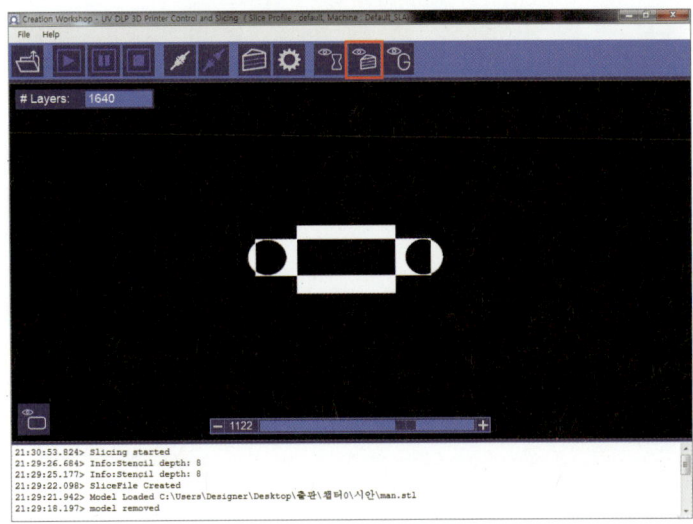

❻ 다시 라이노 프로그램에서 병합하려는 모델 전체를 선택한 후 명령어 입력창에 'Blean union'을 입력하면 그림과 같이 안쪽에 교차되던 부분이 모두 사라지고 하나의 닫힌 개체가 됩니다.

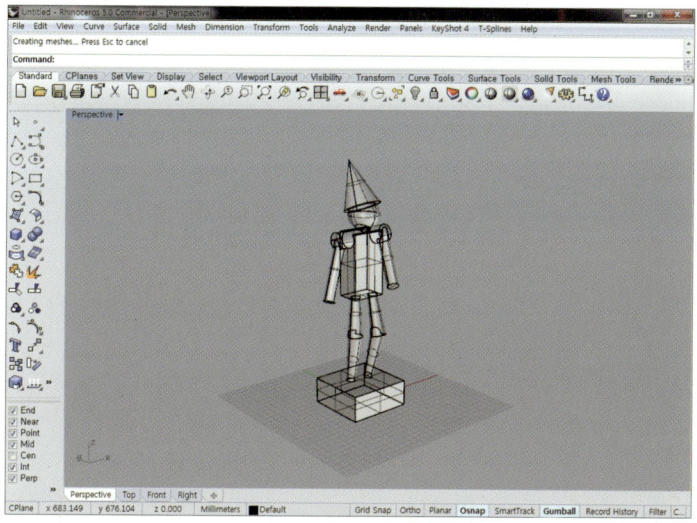

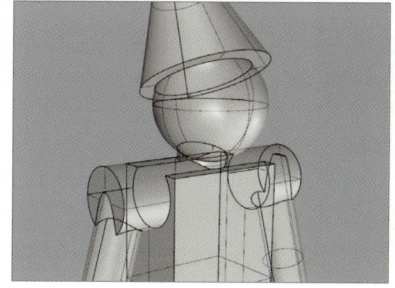 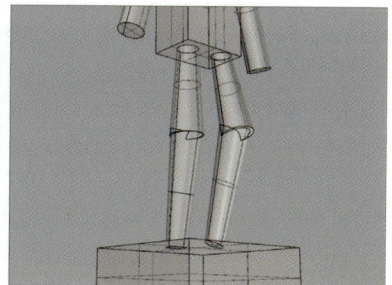

❼ 병합된 모델을 선택하고 File 〉 Export Selected를 선택하여 Man1.STL 파일로 Export합니다.

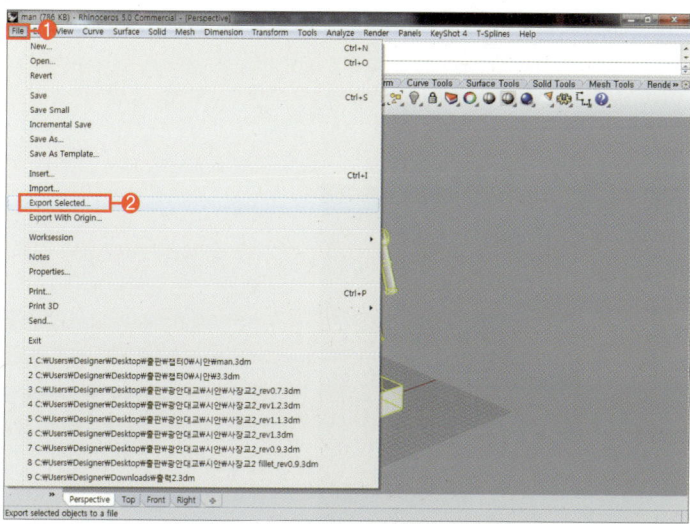

❽ Export한 모델(Man1.STL)을 슬라이싱 프로그램에서 불러옵니다.

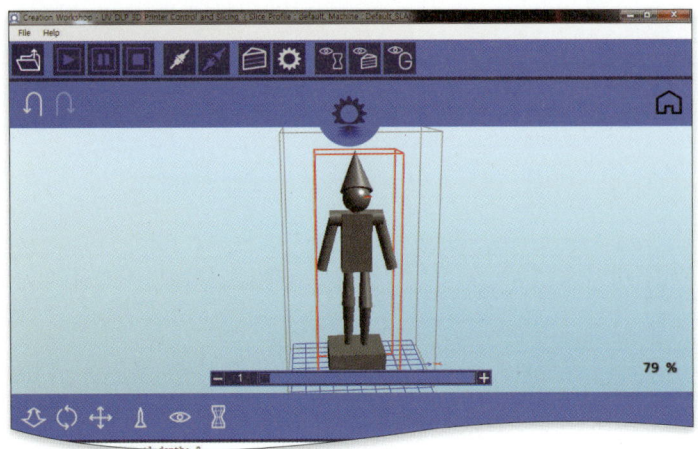

❾ 불러온 모델을 슬라이스(🍰)합니다.

❿ 슬라이스 뷰(👁)로 모델의 어깨 부분을 확인하면 교차되었던 부분들이 모두 병합되어 있는 것을 확인할 수 있습니다.

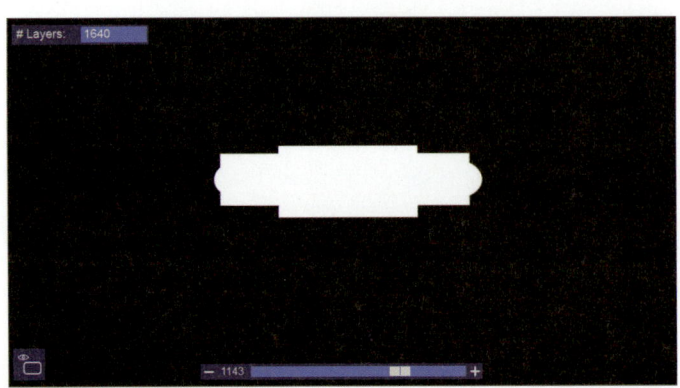

TIP

구형 슬라이싱 프로그램의 경우 교차되어 있는 모델을 슬라이싱하면 내부 교차된 부분이 표현되지 않았지만 최근 출시된 슬라이싱 프로그램은 대부분 소프트웨어 자체에서 겹쳐진 부분을 한 개체로 인식하여 교차 부분까지 모두 표현하고 있습니다.

SECTION

4 무료 서비스를 이용한 모델링 수정

모델링을 전문적으로 해 보지 않아 겹쳐진 모델을 모델링 프로그램에서 병합할 수 없다면 무료 오픈 소스를 이용하여 3D 프린팅에 적합하도록 자동 에러 수정 및 병합을 할 수 있습니다.

01 | Cloud Service를 이용한 모델링 수정

❶ 내부가 겹쳐진 모델 Man.STL 을 슬라이싱 프로그램에서 불러옵니다.

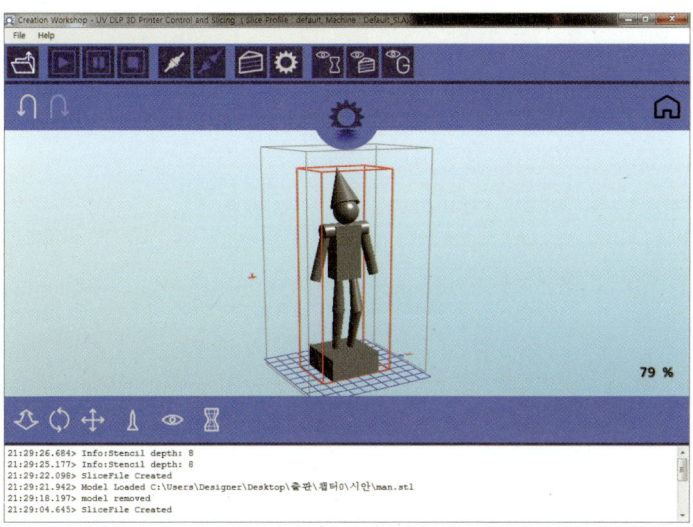

❷ 불러온 모델을 슬라이스() 합니다.

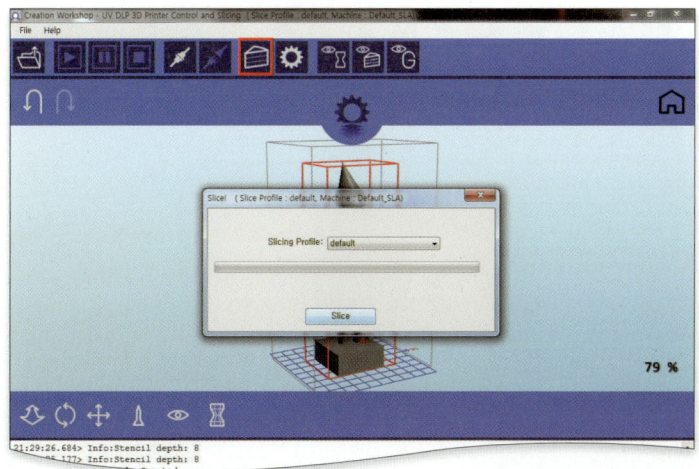

CHAPTER 1 3D 프린팅을 위한 3D 모델링 | 101

❸ 슬라이스 뷰( )를 확인해 보면 교차된 영역이 표현되지 않는 것을 알 수 있습니다.

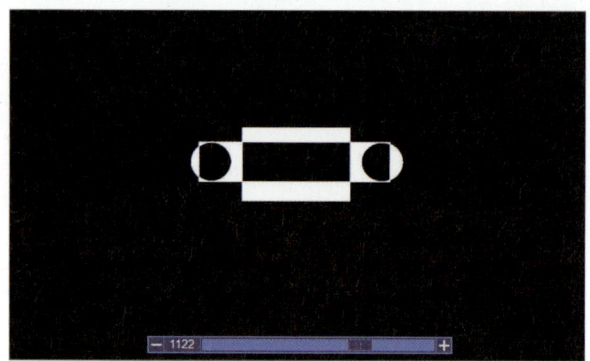

❹ www.netfabb.com 홈페이지 상단 메뉴에서 Service > Cloud Service를 선택하면 자동으로 겹쳐진 3D 모델의 서비스를 제공하는 창이 나타납니다.

❺ 오른쪽 [Sign In] 버튼을 클릭하여 마이크로소프트 계정을 만든 후 로그인합니다.

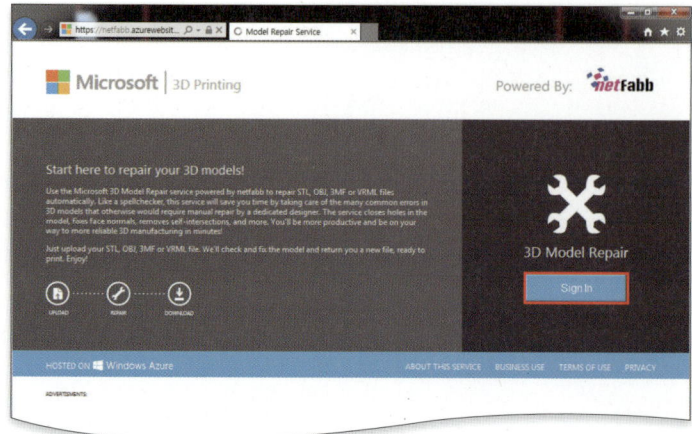

❻ [UPLOAD] 버튼을 클릭하여 수정할 파일 man.STL 을 올립니다. 파일이 등록되면 자동으로 수정됩니다.

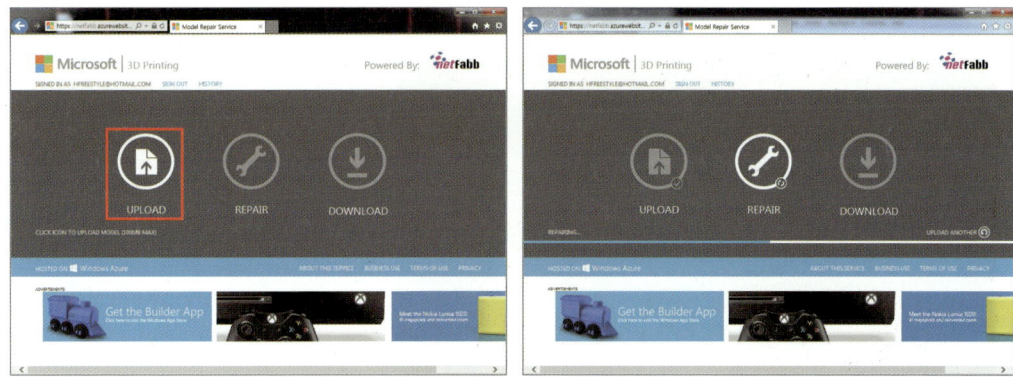

❼ 수정이 완료되면 [DOWNLOAD] 버튼을 클릭하여 파일을 다운로드 받습니다.

❽ 다운로드한 모델 Man.STL 을 슬라이싱 프로그램에서 불러옵니다.

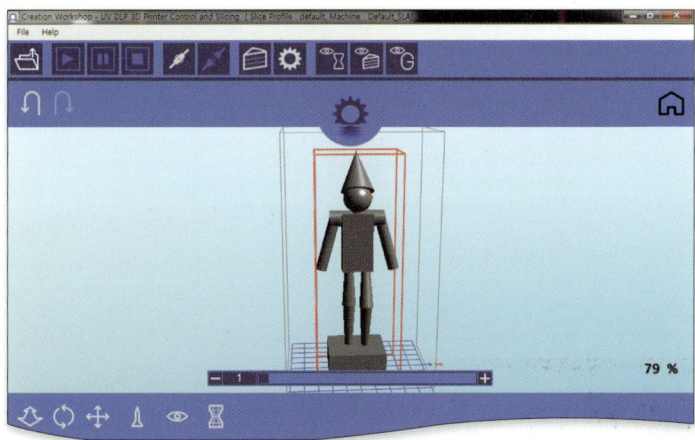

❾ 불러온 모델을 슬라이스( ) 합니다.

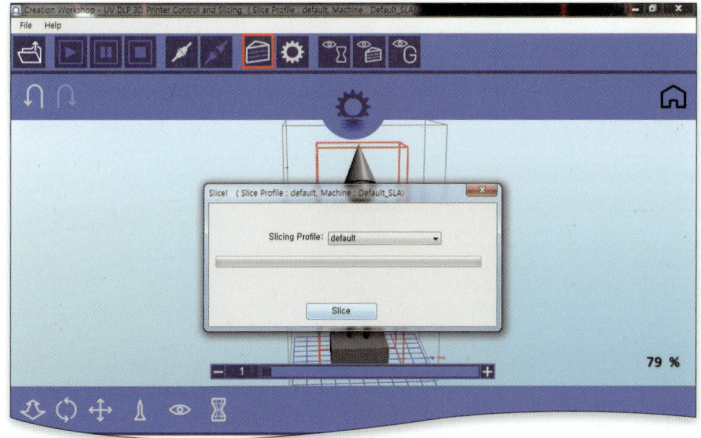

❿ 슬라이스 뷰( )로 모델의 어깨 부분을 확인하면 교차되었던 부분들이 모두 병합된 것을 확인할 수 있습니다.

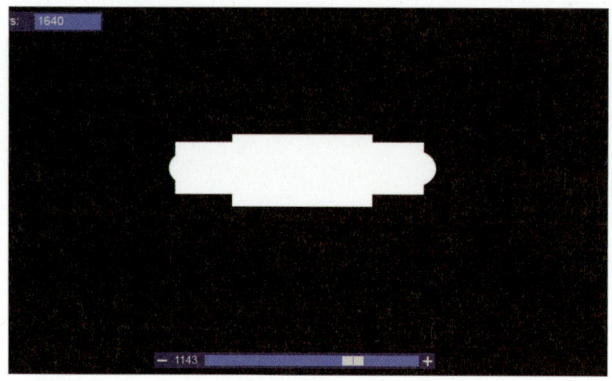

02 | 자동 인식 기능이 있는 출력 소프트웨어

RC9 이전 버전의 호스트 소프트웨어 Creation Workshop 는 겹쳐진 개체에 자동으로 내부를 채우는 기능이 없기 때문에 교차되는 여러 개체를 함께 슬라이싱하면 내부 교차된 부분이 표현되지 않았습니다. 하지만 최근 사용되는 호스트 소프트웨어는 겹쳐진 개체가 있으면 소프트웨어 자체에서 겹쳐진 부분을 하나의 개체로 인식하여 교차 부분까지 표현합니다. 교집합 부분을 자동으로 인식하는 기능의 유무가 구 버전과 신 버전의 중요한 차이이므로 최신 버전을 설치하는 것이 좋습니다.

이전 버전의 호스트 소프트웨어

❶ 이전 버전의 호스트 소프트웨어에서 합쳐지지 않은 모델을 불러옵니다.

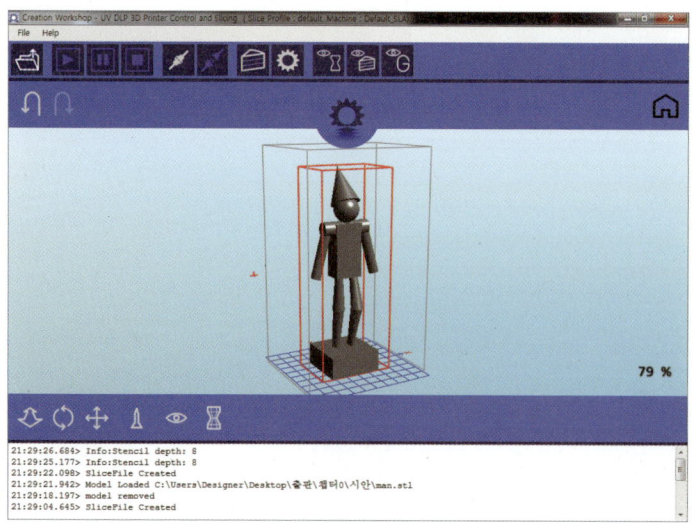

❷ 불러온 모델을 슬라이스() 합니다.

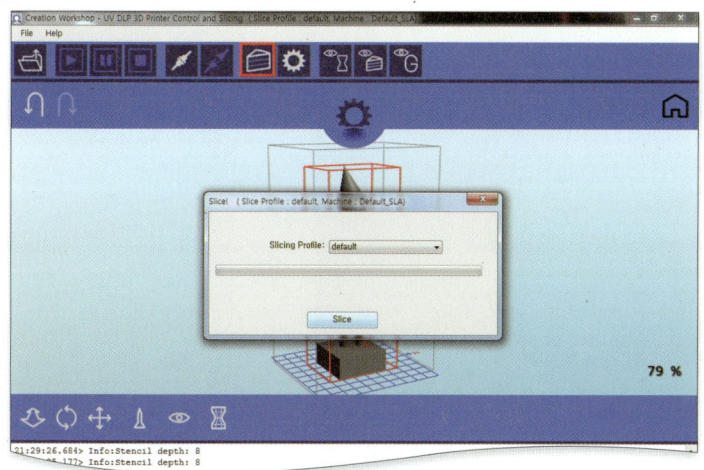

❸ 슬라이스 뷰()를 확인하니 교차된 영역이 표현되지 않습니다.

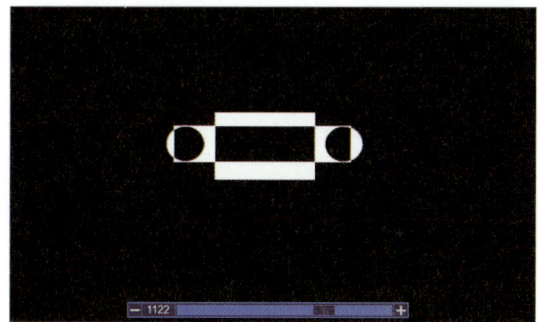

새로운 버전의 호스트 소프트웨어

❶ 새로운 버전의 슬라이싱 프로그램에서 모델을 불러옵니다.

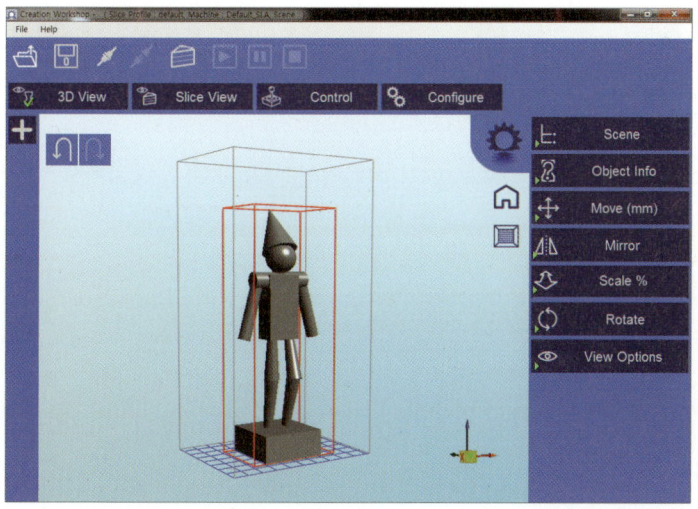

❷ 불러온 모델을 슬라이스(🗂)합니다.

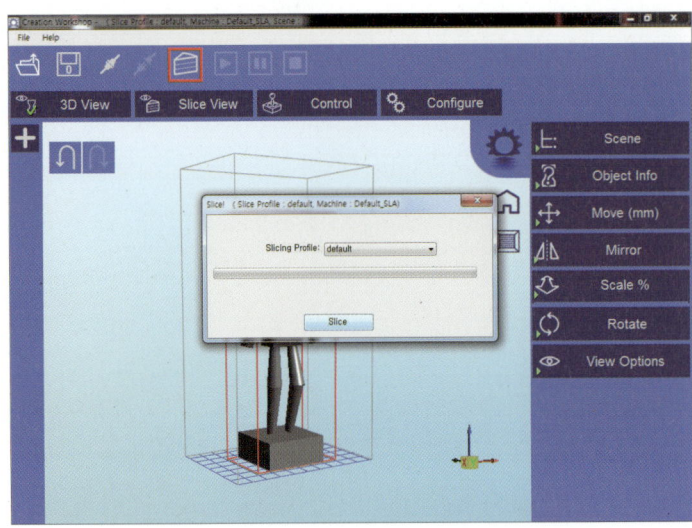

❸ 교차된 부분이 단일 개체로 인식되어 모두 표현됩니다.

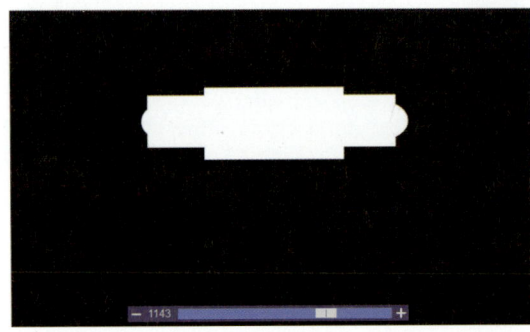

03 | Meshmixer로 변환하기

Meshmixer는 Autodesk사에서 만든 무료 프로그램으로, 쉽게 3D 모델을 수정하거나 제작할 수 있습니다. 다운받은 모델이나 모델링 프로그램에서 만든 파일이 단일 개체가 아닐 경우 Meshmixer에서 솔리드 파일로 간단하게 변환할 수 있습니다.

Meshmixer는 'http://www.Meshmixer.com/download.html'에서 사용자의 운영체제에 맞는 프로그램을 다운로드받아 설치할 수 있습니다.

❶ Meshmixer를 실행하고 화면 중앙의 [Import] 버튼을 클릭하여 병합할 파일 man.STL 을 불러옵니다.

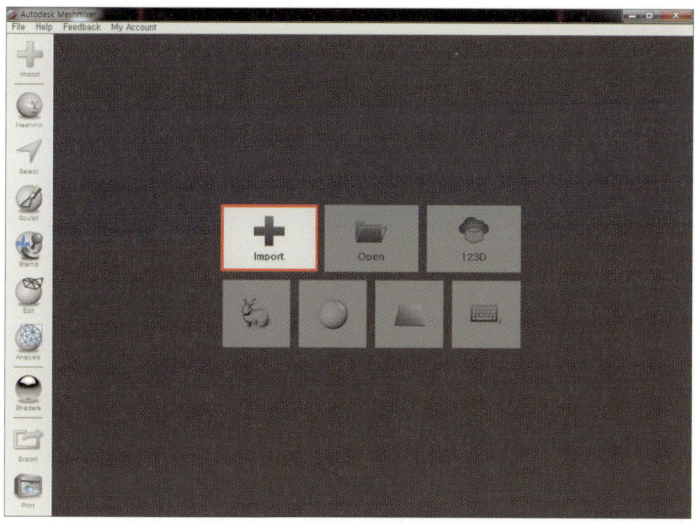

❷ 화면에 모델이 표시됩니다. 라이노에서 설정한 X, Y, Z 방향대로 저장했다 하더라도 Meshmixer로 불러오면 장비별 셋팅에 따라 프린팅되는 최적 배치를 찾기 때문에 X, Y, Z 좌표가 달라질 수 있습니다.

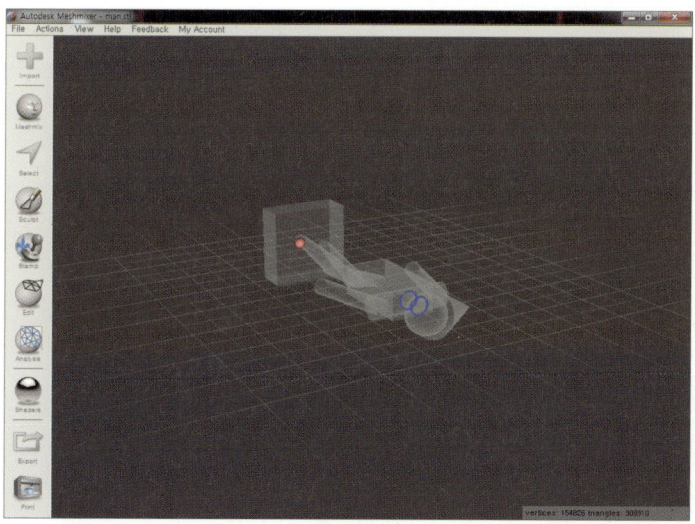

❸ 왼쪽 툴바에서 Edit 〉 Make Solid를 선택하면 떨어져 있던 각 개체들이 한 개체로 병합됩니다. 병합된 모델은 다시 세부 설정값을 수정할 수 있습니다. 조정할 수 있는 세부 설정값에는 병합되는 부분의 디테일이나 디테일을 구성하는 픽셀의 개수, Offset의 거리와 방향 설정, 곡면의 부드러운 정도, 열린 개체의 닫힌 개체화, 그룹으로 묶기 등이 있습니다.

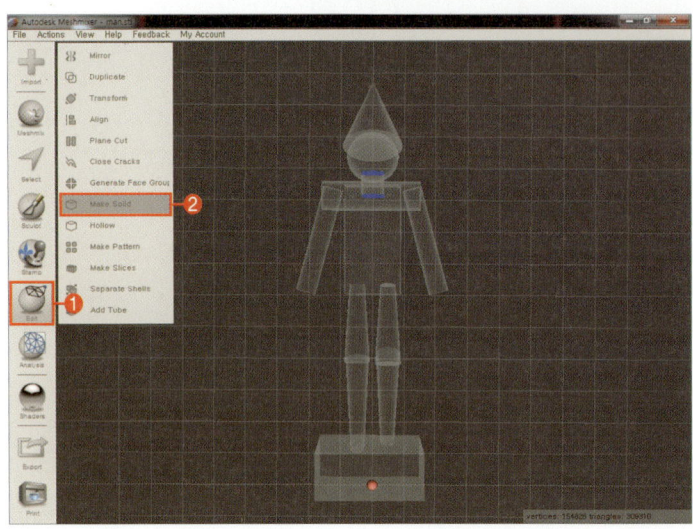

❹ [Make Solid] 메뉴 안에는 세 가지 타입의 옵션과 그에 따른 세부 설정창이 있습니다. 옵션값을 설정하고 [Update] 버튼을 클릭하면 바꾼 옵션값이 적용됩니다. [Accept] 버튼을 클릭하면 Object Browser에 변환된 모델이 저장됩니다.

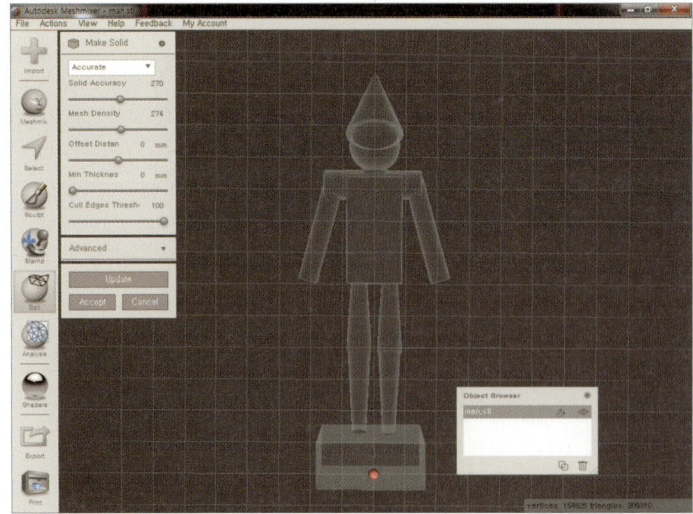

TIP

Solid 옵션

[Make Solid] 메뉴의 옵션에는 'Accurate, Blocky, Fast'가 있으며 옵션마다 제어할 수 있는 항목의 수가 다릅니다.

'Blocky'는 모델이 네모난 픽셀로 형성되어 있는 것처럼 변환합니다. 유일하게 조절할 수 있는 것이 'Solid Accuracy' 항목인데 수치가 높아질수록 외부 모습이 변환 전 모델과 흡사하게 표현됩니다.

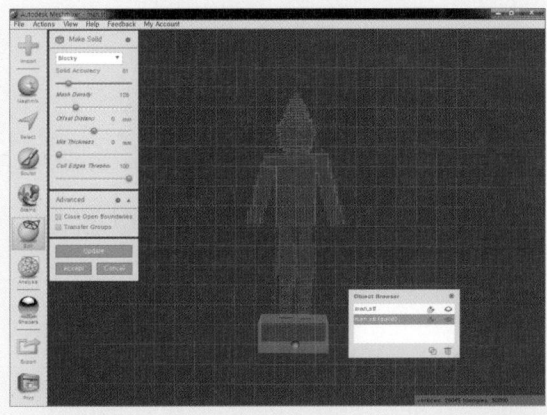

◀ 'Blocky' 옵션값으로 Make Solid를 실행한 모델

'Fast'는 'Solid Accuracy, Mesh Density, Cull Edges Thresher'를 조절할 수 있으며 'Solid Accuracy'를 높일수록 합쳐진 부위가 보다 세밀하게 표현됩니다. 'Mesh Density'가 높을수록 합쳐지는 부분의 매쉬 밀도가 높아지면서 표면이 부드러워지며 'Cull Edges Thresher'의 수치가 높을수록 모서리의 각도는 완만해집니다.

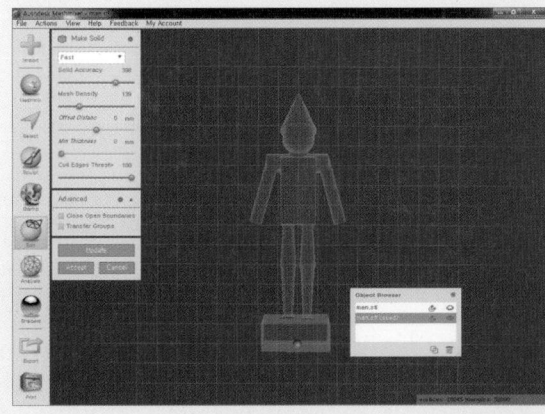

◀ 'Fast' 옵션값으로 Make Solid를 실행한 모델

'Accurate'는 Fast와 비슷하지만 옵션값 2가지(Offset Distance, Min Thickness)를 더 조절할 수 있습니다. 'Offset Distance'
는 모델을 내부나 외부로 더 키우거나 줄일 수 있는 기능으로 '-'는 내부로, '+'는 외부로 크기가 조절됩니다. 'Min Thickness'
로는 모델에서 표현되는 가장 작은 두께를 지정할 수 있습니다(3D 프린터에는 보통 최소 출력 두께가 있기 때문에 최소 출력 두
께에 맞게 설정해두면 모델이 온전히 나올 확률이 높아집니다).

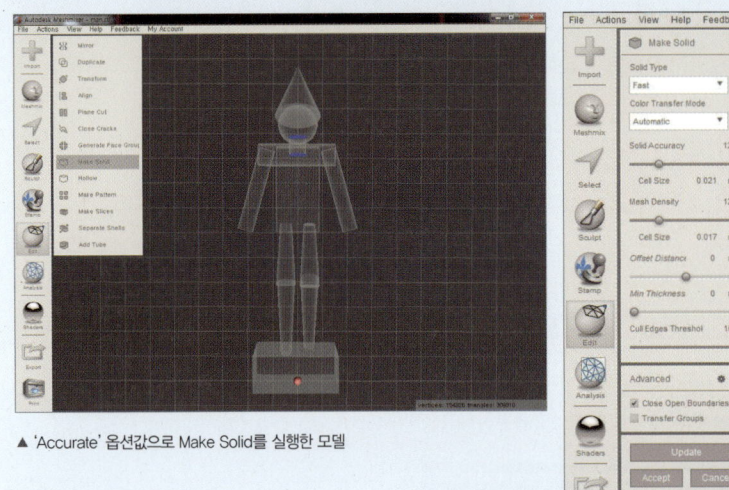

▲ 'Accurate' 옵션값으로 Make Solid를 실행한 모델

왼쪽 툴바 하단의 Advanced > Close Open Boundaries를 선택한 후 [Update] 버튼을 클릭하면 열린 개체로 있던 모델이 닫
힌 개체로 변환됩니다. 처음 불러온 화면을 보면 목 부분에 위치한 원통형의 가장자리가 파란색으로 표현된 것을 볼 수 있습니
다. 파란색의 가장자리는 Surface로만 이루어진 열린 개체라는 뜻입니다. 참고로 'Transfer Groups'는 개체들을 하나의 그룹으
로 묶어주는 기능을 가진 메뉴입니다.

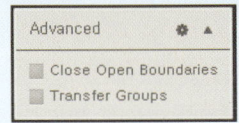

❺ 솔리드된 모델은 이름 뒤 괄호 안에 Solid라는 표시가 나타납니다. 눈 모양을 선택하여 활성화 여
부를 설정할 수 있습니다. 저장된 모델은 Object Browser에서 삭제(🗑)하거나 복제(⧉)할
수 있습니다.

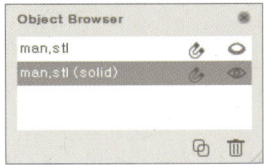

❻ 변환된 모델을 STL 파일로 변환하기 위해 File > Export를 선택합니다.

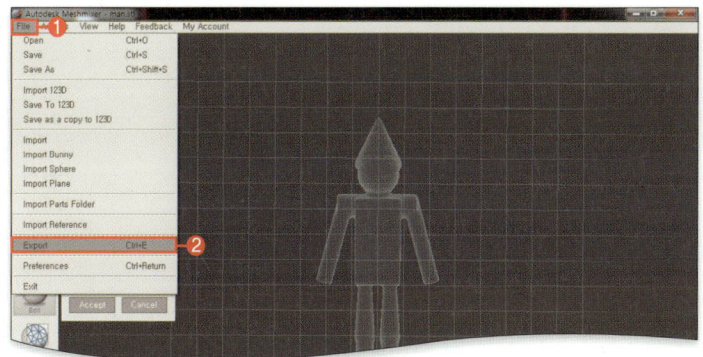

❼ 다시 슬라이싱 프로그램으로 불러와 슬라이스(📦)한 후 슬라이스 뷰(📦)를 확인합니다.

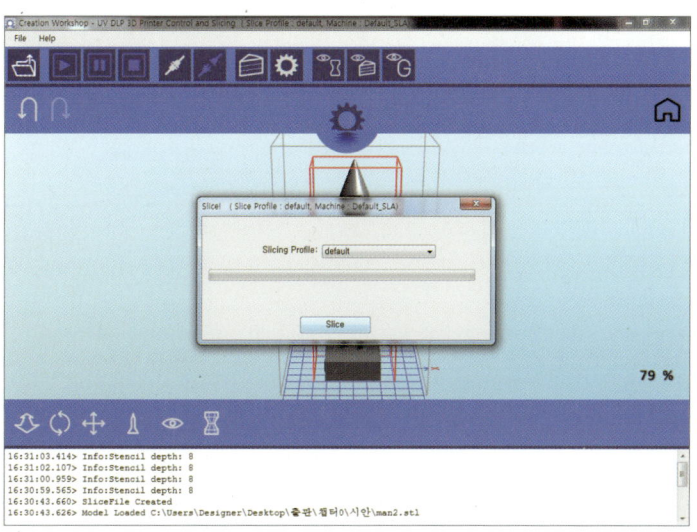

❽ 첫 번째 Layer부터 Layer by Layer로 경화되는 부분이 잘 나타나고 있는지 확인합니다. 단일 개체로 변환하기 전 교차된 부분이 검은색으로 비었던 것이 없어지고 내부가 흰색으로 모두 차 있는 것을 볼 수 있습니다. 마지막 Layer까지 꼼꼼하게 확인하여 빈 부분이 없다면 출력이 가능한 파일로 변환된 것입니다.

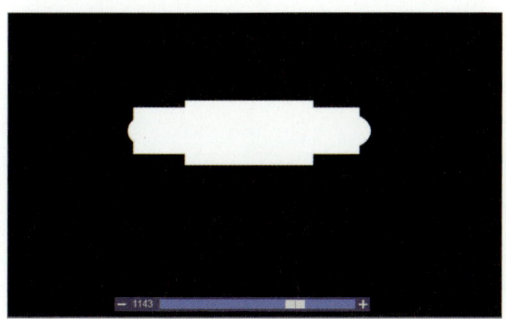

SECTION 5

Autodesk 123D 살펴보기

무료 프로그램인 Autodesk 123D는 단순화된 설계 프로그램으로, 누구나 비교적 쉽게 따라할 수 있다는 장점이 있습니다. 여기서는 Autodesk 123D를 이용하여 입체 도형을 만드는 방법에 대해 알아보겠습니다. 전문적인 설계나 제품 디자인에는 무리가 있지만 간단한 도형의 조합을 통한 모델링은 충분히 쉽게 할 수 있는 프로그램입니다.

01 | 평면 도형 생성하기

Autodesk 123D에서는 'Sketch( )'와 'Primitives( )' 메뉴의 4가지 기본 도형을 이용하여 평면 도면을 그릴 수 있습니다. Sketch 메뉴를 이용하면 자유곡선 형태와 정형화된 도형을 그릴 수 있는데 정형화된 기본 도형을 생성하려면 시작 포인트와 끝 포인트를 임의로 클릭하면 됩니다.

정형화된 기본 도형은 도형의 크기와 수치의 변화를 가시적으로 볼 수 있는 ' ' 도구와 치수를 직접 입력하여 도형을 한 번에 생성하는 ' ' 도구를 사용하여 만듭니다. 와 는 오각형이지만 Side와 Edge Number를 지정하여 그 수에 따라 도형을 생성할 수 있습니다.

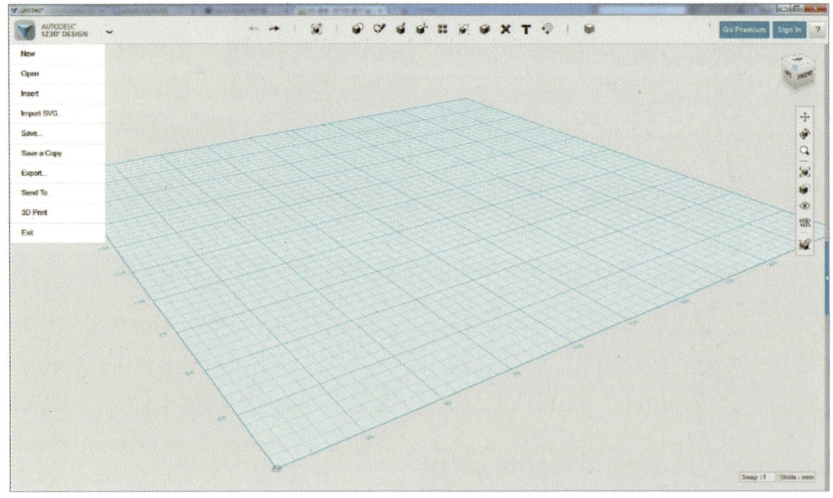

❶ 'Sketch( )' 아이콘을 이용하여 평면 도형을 만듭니다.

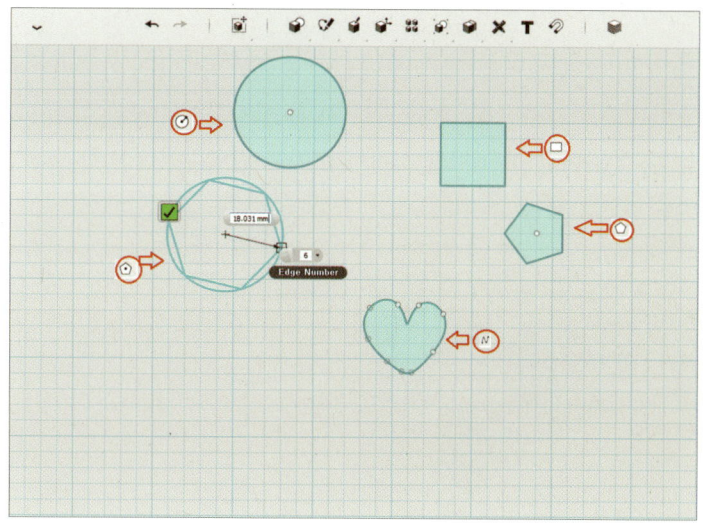

❷ 각 도형의 모서리 또는 면을 마우스 오른쪽 버튼으로 선택하여 드래그하면 형태가 변합니다. 작성한 평면 도면은 입체 도형솔리드 모델이 아니기 때문에 3D 프린터로 출력할 수 없지만 단면을 Extrude시키면 입체 도형솔리드 모델이 되어 출력이 가능합니다.

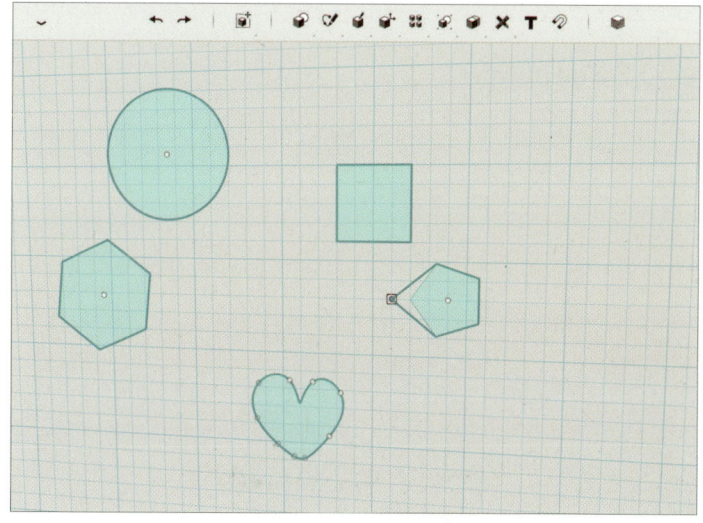

02 | Extrude(Construct( ) 〉 Extrude( ))와 Press Pull(Modify( ) 〉 Press Pull( ))

'Extrude( )'와 'Press Pull( )'은 평면 도형을 입체 도형으로 변환할 수 있는 아이콘입니다. 평면 도형을 선택한 상태에서 마우스 오른쪽 버튼으로 돌출시키고자 하는 방향으로 드래그하면 도형이 돌출되며 이동한 거리에 대한 수치가 나타납니다. 이때 정확한 수치를 입력하면 입력한 수치만큼 평면 도형을 돌출시켜 입체 도형으로 변환할 수 있습니다.

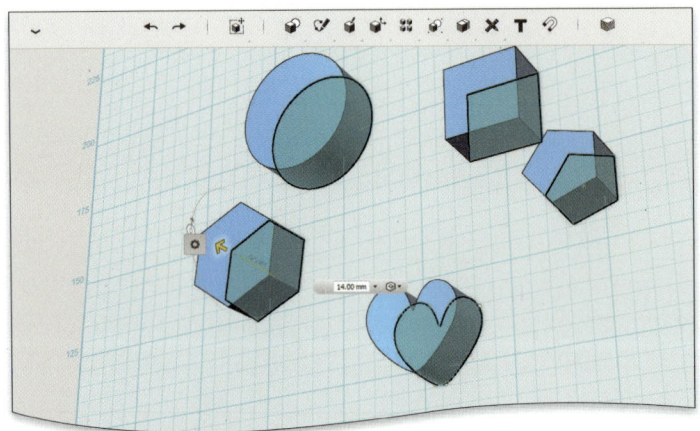

03 | Sweep(Construct( ) 〉 Sweep( ))

면을 생성하고 면과 교차하는 자유 곡선을 생성한 후 'Sweep( )' 아이콘을 클릭하면 면이 자유 곡선을 따라 입체 도형을 만듭니다.

① 면이 따라갈 가이드라인을 만듭니다. 자유 곡선은 '회전( )' 아이콘을 이용해 Z축 면과 수직 또는 기울어지도록 하여 Sweep시킬 도형과 평행이 되지 않도록 회전시킨 후 아이콘을 클릭해야 합니다. 아이콘을 클릭한 후 Profile 로는 도형을, Path 로는 생성한 선을 클릭합니다.

▲ 면과 자유 곡선(Sweep 전)

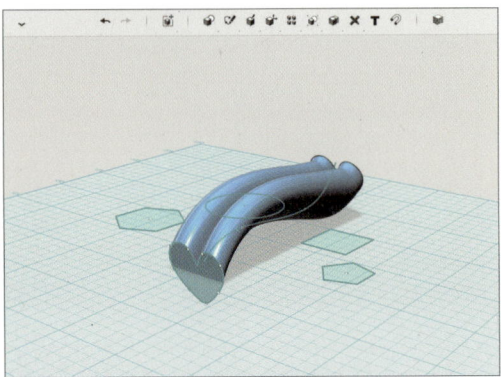
▲ 입체 도형(Sweep 후)

> **실전 TIP**
>
> 선을 따라 평면 도형이 입체화될 때 선의 굴곡을 지나치게 굽이지게 생성하면 도형이 겹쳐져 출력이 불가능하기 때문에 굴곡은 겹치지 않는 선 안에서 지정해야 합니다. 또한 평면 도형과 가이드라인이 같은 평면상에 위치하면 원하는 도형이 생성되지 않을 수 있기 때문에 '회전( )' 아이콘으로 두 개체 사이의 기울기를 다르게 설정하도록 합니다.

04 | Revolve(Construct( ) 〉 Revolve( ))

'Revolve( )'는 기준선을 중심으로 원하는 각도만큼 평면 도형을 회전시키는 아이콘입니다. 회전한 평면 도형은 입체 도형이 됩니다.

❶ Revolve시킬 평면 도형을 만들고 옆에 기준선을 그립니다. 도형과 기준선 사이의 거리는 360° 회전 시 도형 안에 생기는 구멍의 반지름이 됩니다.

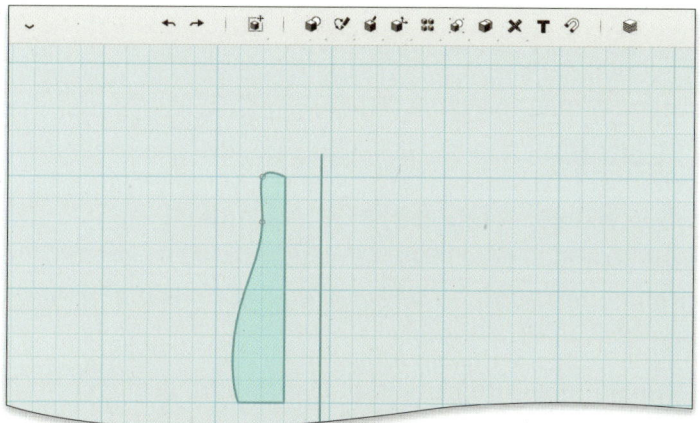

❷ 'Revolve' 아이콘을 클릭하고 Axis 로는 기준선을, Profile 로는 도형을 선택하면 다음과 같은 입체 도형과 회전축이 나타납니다. 회전축을 따라 마우스 오른쪽 버튼을 클릭해 원하는 각도만큼 이동하여 도형을 만들거나 수치를 입력하는 창에 값을 입력합니다.

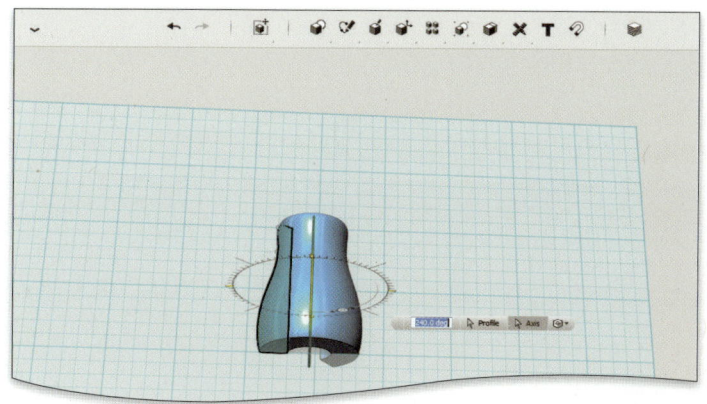

❸ 기준선을 그려서 Revolve하는 방식 외에 도형의 축이 되는 임의의 선을 선택하여 Revolve할 수도 있습니다. 평면 도형을 구성하는 한 선을 기준으로 360°로 Revolve하면 안이 채워진 입체 도형이 만들어집니다.

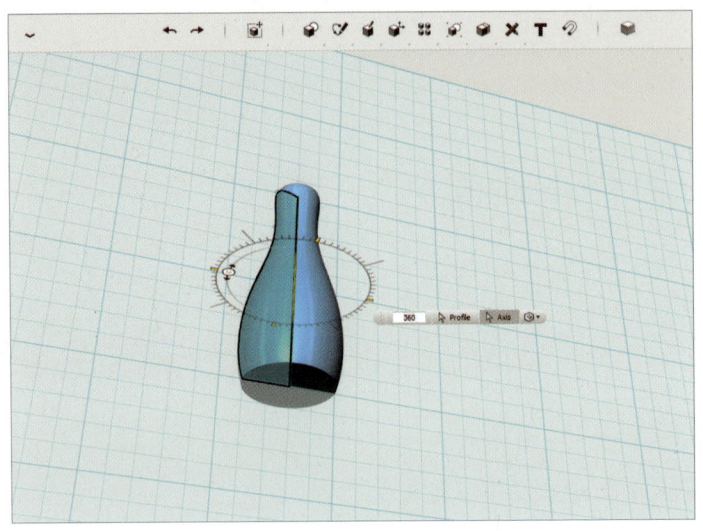

05 | Loft(Construct( ) 〉 Loft( ))

'Loft( )'는 2개 이상의 평면 도형을 연결하여 입체 도형을 만드는 아이콘입니다.

❶ Top View 기준으로 Loft시킬 평면 도형을 만듭니다. 생성된 도형을 면을 선택하여 회전( )시킵니다. 평면 도형의 면을 한꺼번에 모두 드래그하여 회전시키면 그림의 왼쪽 상단과 같은 오류가 발생하기 때문에 하나씩 선택하여 회전시켜야 합니다.

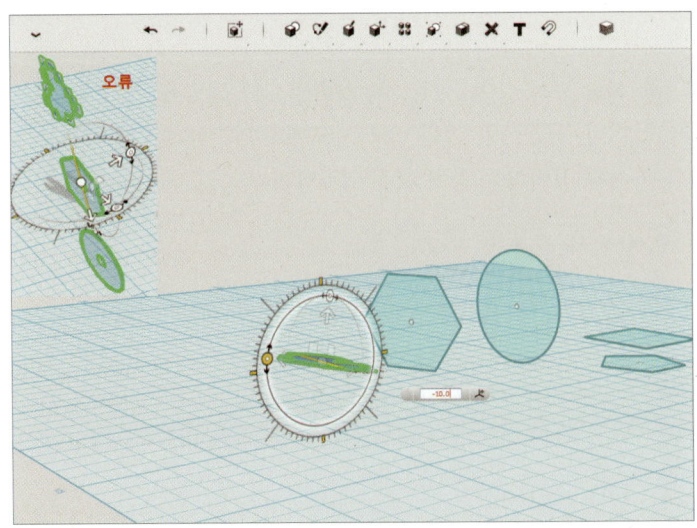

❷ Ctrl 을 누른 상태에서 생성할 각각의 면을 차례대로 선택한 후 'Loft( )' 아이콘을 클릭합니다.

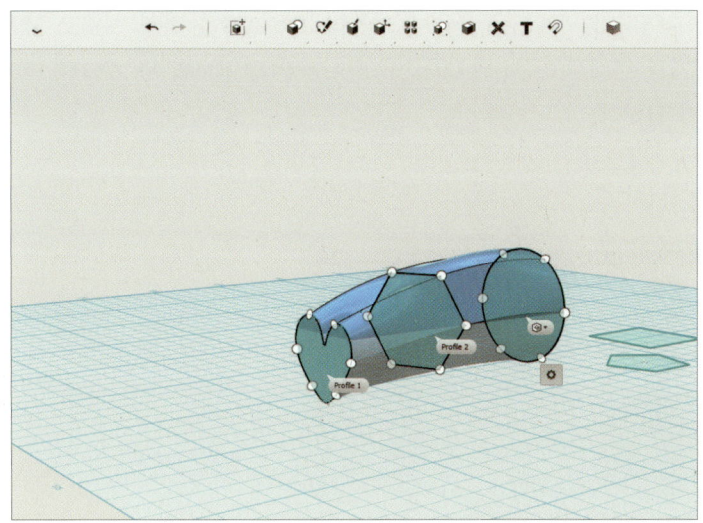

❸ 각 면과 면 사이를 잇는 입체 도형이 생성되었습니다.

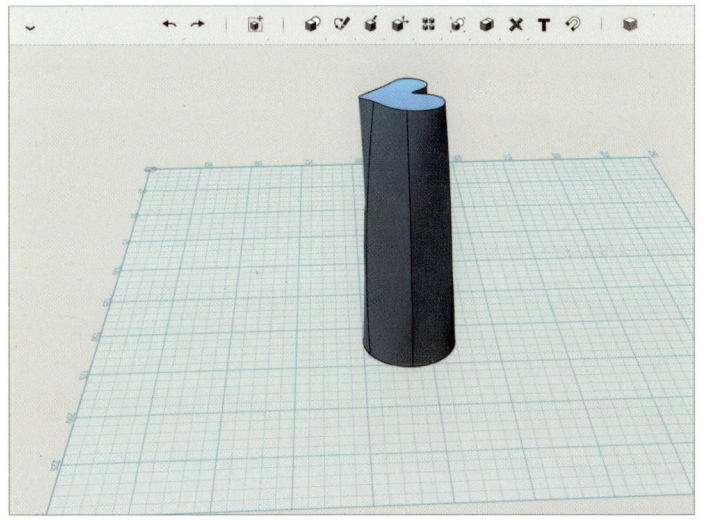

06 | Merge(Combine(🔲) > Merge(🔲))

Autodesk 123D로 모델링한 후 출력하기 위해서는 출력이 가능하도록 모델을 단일 개체로 만들어야 합니다. 만들어 놓은 상자 두 개를 선택하고 'Merge(🔲)' 아이콘을 클릭하면 두 개였던 개체가 하나가 되어 출력이 가능한 개체가 됩니다.

❶ 사각 도형을 겹치게 모델링합니다.

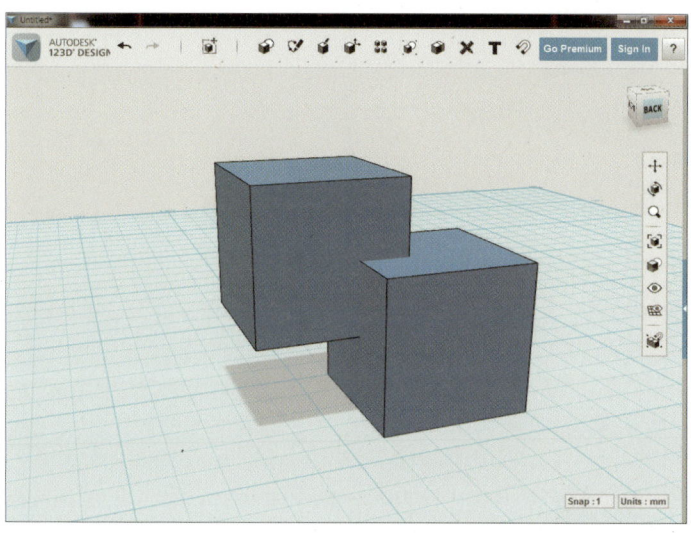

❷ STL 파일로 Export합니다.

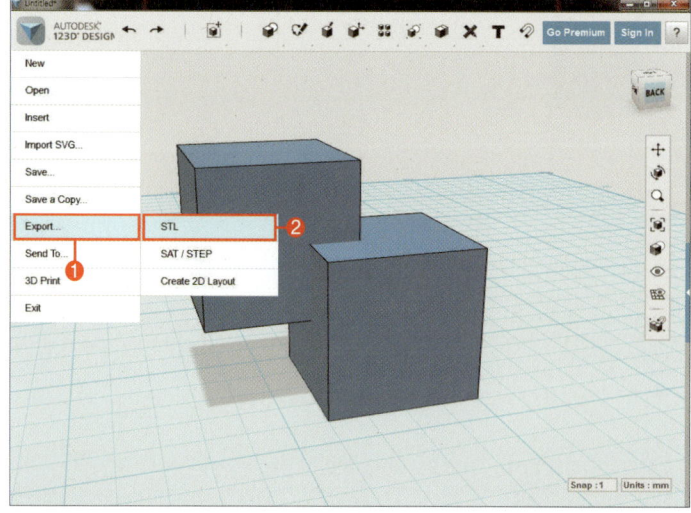

❸ 이전 버전의 슬라이싱 프로그램으로 불러와 슬라이싱을 하면 교집합 부분이 표시되지 않는 것을 볼 수 있습니다.

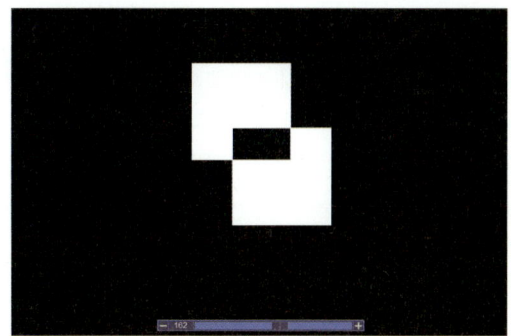

❹ 'Merge( )' 아이콘을 클릭한 후 두 개체를 차례대로 선택하여 단일 개체로 만듭니다.

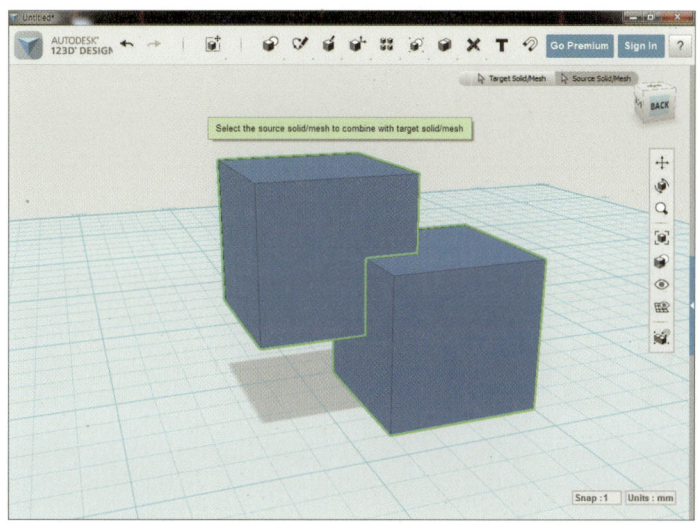

❺ 다시 STL 파일로 Export합니다. 이전 버전의 슬라이싱 프로그램으로 불러와 슬라이싱을 하면 교집합 부분이 모두 표시되는 것을 확인할 수 있습니다.

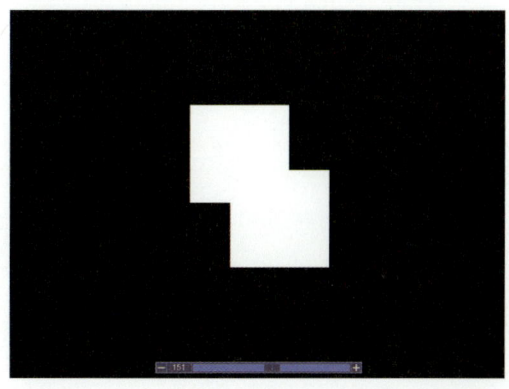

CHAPTER
2.

복잡한 모델링 단순화하여 출력하기
⋊ 남대문 모델링 ⋉

3D 출력물을 모델링할 때에는 출력할 3D 프린터의 출력 방식과 특성을 정확하게 숙지하고 있어야 합니다. 대부분의 3D 프린터는 최대 출력 사이즈와 출력 가능 해상도가 정해져 있습니다. 3D 프린터의 출력 가능 여부와 관계없이 모델링을 한다면 조형 방식에 따라 세부 묘사 요소들이 일부 또는 전부 표현되지 않을 수 있습니다. 뿐만 아니라 한 층 한 층 쌓는 방식의 특성상 어느 한 층이 제대로 출력되지 않으면 다음 층에 영향을 주어 전체 출력물을 망가뜨리는 결과를 초래할 수도 있습니다. 따라서 기계적 해상도와 실제 출력이 가능한 해상도에는 차이가 있음을 인지하고 출력이 가능한 크기 안에서 실제로 출력이 가능한 해상도로 3D 모델을 수정·보완해야 출력 성공률을 높일 수 있습니다. 이번 장에서는 한국의 대표적인 상징물인 남대문을 라이노를 이용해 정밀한 모델링에서 실제 출력이 가능한 모델링으로 간소화시키는 방법을 알아보겠습니다.

모델링 파일 : 복잡한 남대문.3dm　　완성 파일 : 남대문 모델링 후 출력하기.3dm

3D Printing Resource

- **출력물**　　　　　남대문
- **출력 프린터**　　　DLP 방식의 광경화성 3D 프린터
- **해상도**　　　　　X, Y, Z(0.1mm)
- **출력 가능 해상도**　X, Y(약 0.4mm) / Z(0.1~0.025mm)
- **최대 출력 크기**　 102.4×76.8×200(mm)
- **소프트웨어**　　　 라이노 5, 오픈소스 호스트 소프트웨어

Before

다음 그림은 출력할 3D 프린터의 특성을 고려하지 않고 정밀하게 모델링된 남대문입니다. 가로×세로는 300×597(mm)이며, 가장 작은 부분의 치수는 1mm입니다. 빌드 플랫폼의 크기에 맞추기 위해 Scale down을 16%로 지정하면 가장 작은 부분은 약 0.17mm가 되므로 출력이 불가능합니다. 예제에서는 남대문의 출력 가능 여부를 확인하고 100 마이크로미터급 해상도를 가지는 DLP 방식의 3D 프린터에서 출력이 가능하도록 수정하는 과정을 알아보겠습니다.

After

출력에 사용될 3D 프린터로 출력할 수 없는 부분은 단순화시키고 따로 Solid화 되어 있는 여러 개체를 단일 개체로 만들어 한 번에 출력이 가능하도록 수정하였습니다.

실전 테크닉

● 모델링 X, Y축의 최소 크기가 0.4mm 이상이어야 하는 이유

DLP 방식의 3D 프린터는 이미지를 표현할 때 아주 작은 거울이 격자 모양의 배치로 이루어진 DMD를 이용합니다. DLP 3D 프린터 해상도가 0.1mm라고 하는 것은 〈그림 1〉과 같이 격자로 배열된 DMD 칩의 거울 하나에서 빛이 반사되어 출력판까지 비출 때 출력판 위치를 기준으로 거울 하나의 가로, 세로 사이즈입니다. 3D 모델링을 할 때에 Pixel by Pixel로 정확하게 디자인된다면 우리는 0.1mm의 실제 해상도를 가질 수 있습니다.

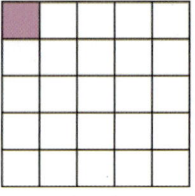

〈그림 1〉

하지만 일반적으로 〈그림 2〉처럼 픽셀에 정확히 일치시키는 디자인은 불가능에 가깝고, 불러온 디자인이 곡선이거나 픽셀에 일치하지 않는 크기의 직선이라면 완전히 모델링을 다시 해야 합니다. 직선의 경우 어느 정도 위의 그림과 같이 픽셀과 모델의 위치가 맞을 수도 있지만 대각선이나 곡선 면에서는 Pixel by Pixel로 디자인하는 것 자체가 불가능하기 때문에 실제 해상도와 출력이 가능한 해상도에 차이가 있을 수밖에 없습니다.

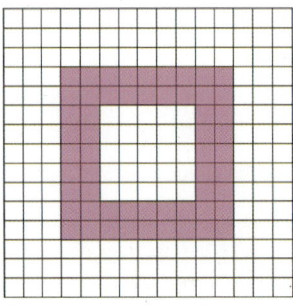

〈그림 2〉 Pixel 위에 정확히 위치한 모델

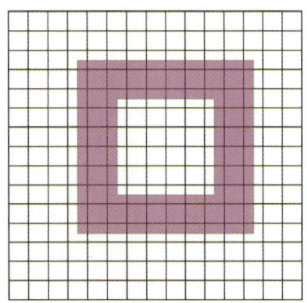

〈그림 3〉 호스트 소프트웨어에서 모델을 불러 왔을 때 일반적으로 놓이는 모델의 위치

예를 들어, 〈그림 4〉처럼 격자 모양의 픽셀들을 대각선으로 지나는 모델이 있다면 A는 한 픽셀에서 나오는 빛을 온전히 가질 수 있지만 B는 한 픽셀의 절반만 이용할 수 있습니다. DLP 3D 프린터는 빛 에너지로 광경화성 수지를 경화시키기 때문에 파란색 부분은 절반의 빛 에너지만 방출되어 경화시키는 것이 어렵습니다.

실제 0.14mm 두께의 대각선으로 배치된 모델을 출력한다면 〈그림 5〉와 같은 구조가 됩니다. 이러한 구조는 모서리와 모서리가 점이나 선으로만 이루어져 있어 서로 지탱할 수 없기 때문에 출력 시 뭉개지는 현상이 발생합니다.

따라서 최소 두께가 0.28 이상이 되어야만 대각선 출력이 가능하며 자유 곡선이 포함되어 있거나 Pixel by Pixel로 디자인되지 않은 모델을 출력하는 것이 빈번하기 때문에 최소 출력이 가능한 실제 X, Y 해상도는 0.4mm입니다.

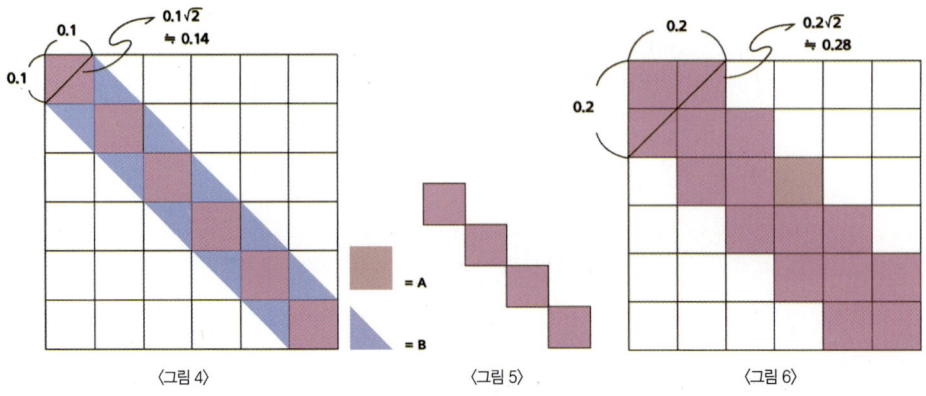

〈그림 4〉   〈그림 5〉   〈그림 6〉

SECTION 1 라이노를 이용한 모델링 디자인

01 가이드라인 설정하기

3D 프린터는 기기마다 최대 출력 사이즈가 정해져 있습니다. 최대 출력 사이즈보다 큰 디자인은 분할 출력과 같은 별도의 과정을 거쳐 인쇄할 수 있습니다. 이번 챕터에서는 별도의 분할 없이 한 번의 출력으로 완성될 수 있는 모델링 작업을 해 보도록 하겠습니다. 사용될 3D 프린터의 최대 출력 사이즈를 정확히 체크한 뒤 최대 사이즈 가이드라인을 잡아주면 됩니다. 본 챕터에서는 라이노$_{Rhino}$ 프로그램을 사용하여 작업합니다. 별도로 프로그램의 기능 설명은 따로 하지 않으므로 라이노 프로그램에 대해 한번도 다루어 보지 않은 사용자라면 먼저 기초 툴에 대한 내용을 숙지한 후 접근하는 것이 내용 이해가 쉬울 것입니다.

'Rectangle' 아이콘을 이용하여 최대 출력 치수 가이드를 설정한 후 모델이 가이드라인 안쪽으로 들어가도록 크기를 줄여줍니다. 가이드라인을 최대 출력 가능 크기(102.4×76.8×200(mm))보다 1~2mm 정도 작게 설정하면 보다 안정적으로 출력할 수 있습니다. 모델에서 반드시 표현되어야 하는 부분의 치수가 너무 작아 출력이 불가능하다면 적절하게 분할하여 출력한 후 조립해야 합니다.

❶ Top 뷰를 활성화한 후 'Rectangle' 도구상자 첫 번째에 위치한 'Corner to Corner(□)' 아이콘을 이용하여 최대 사이즈보다 1~2mm 정도 작은 100×75(mm) 크기의 사각형을 만들어 배치합니다. 안정적인 출력을 위해 최대 출력 사이즈에서 여백을 남겨주기 위함입니다.

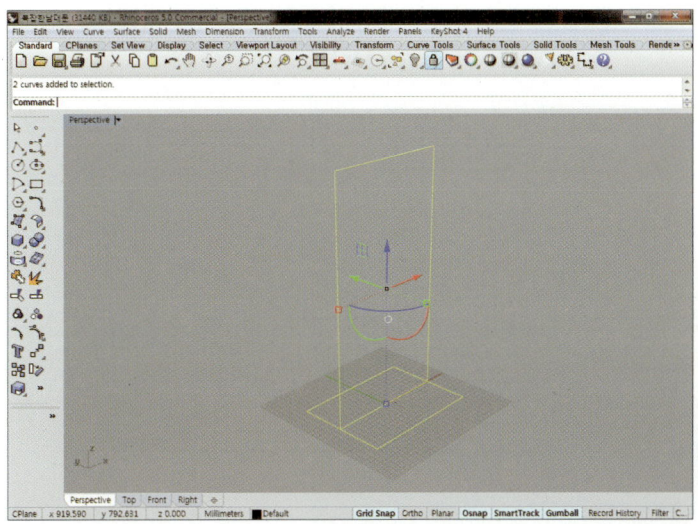

❷ Front 뷰를 활성화한 후 위와 동일한 방법으로 100×198(mm) 크기의 가이드를 만들어 배치합니다. 화면 하단의 Status Bar에서 'Grid Snap'을 비활성화하고, 'Osnap'은 활성화시킨 후 Osnap의 하위 메뉴Mid를 선택합니다. 그 다음 'Move( )' 아이콘을 사용하여 높이 가이드를 넓이 가이드의 중앙에 위치시킵니다.

❸ 배치된 가이드는 상단의 'Lock( )' 아이콘을 사용하여 선택되지 않도록 설정합니다. 'Lock( )' 아이콘의 하위 메뉴에 'Unlock( )' 아이콘을 사용하면 다시 가이드를 선택할 수 있습니다.

❹ 상단 메뉴에서 File 〉 Import를 선택하여 남대문 파일을 불러옵니다.

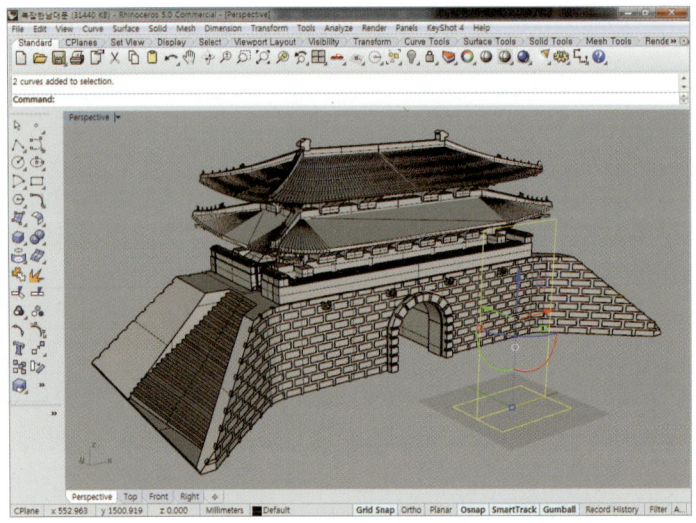

❺ 300×59(mm) 크기의 남대문 모델을 'Scale3D( )' 아이콘을 이용하여 100×75(mm)인 Rectangle 안에 들어오도록 Scale을 16% 정도로 작게 조정합니다.

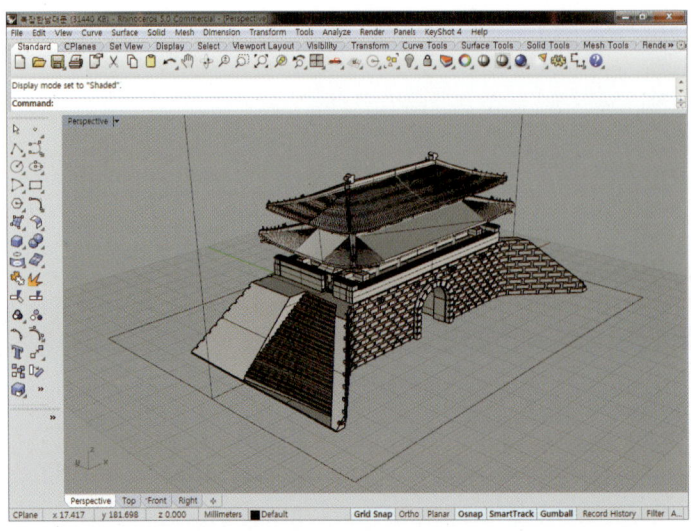

❻ 상단의 명령어 입력창Command에 'Dim' 명령어를 입력하고 가이드라인의 시작과 끝 지점을 클릭하면 정확한 치수대로 가이드라인이 잡혔는지 확인할 수 있습니다.

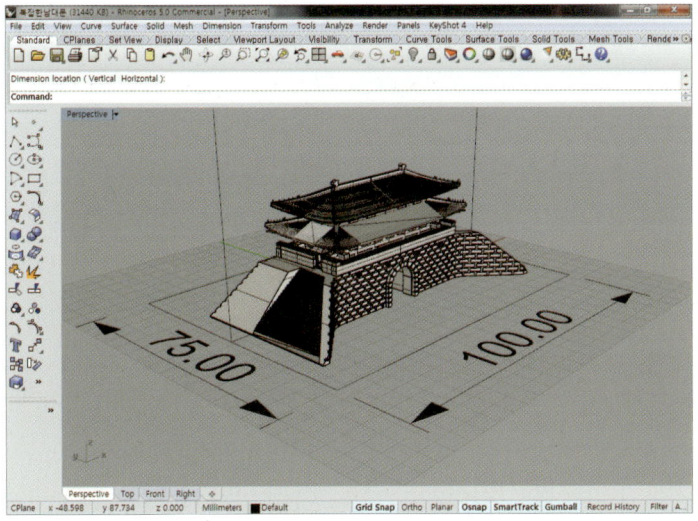

02 | 치수 측정하기

어떤 사이즈로, 어떤 기기를 이용하여 출력할지 정해놓지 않고 디자인된 3D 모델링은 프린트하기 위해 이 모델링이 실제로 출력이 가능한지를 먼저 확인해야 합니다. 3D 프린팅은 적층 공법을 사용하므로 한 층의 세부 디테일이 뭉개질 경우 다음 층의 기둥 역할을 할 수 있는 축이 무너지면서 전체 출력물의 안정성을 보장할 수 없게 됩니다. 따라서 출력을 하기 전에 세부 표현에 대한 정확한 치수를 측정하여 출력 가능 여부를 체크해 보는 것이 무엇보다 중요합니다.

Front, Side, Top에서 'Dim' 아이콘을 이용하여 100 마이크론급 DLP 프린팅 장비의 한계점이 될 작고 세밀한 부분을 체크합니다. 실제 출력 시 Z 해상도0.1mm보다 X, Y 해상도0.4mm가 낮으므로 주된 측정은 X, Y 해상도를 볼 수 있는 Top 뷰를 기준으로 합니다.

❶ Top 뷰를 클릭하여 지붕을 보면 실선 부분만 보이고 아래쪽 처마의 얇은 부분은 보이지 않습니다. 각 뷰의 왼쪽 상단에 있는 명칭 옆 화살표를 누르고 보이는 상태를 'Ghosted'로 바꾸어 안쪽에 위치해 보이지 않는 부분까지 치수를 체크합니다. 외관뿐 아니라 내부 구조의 상까지 3D 프린팅에서는 중요한 변수로 작용합니다.

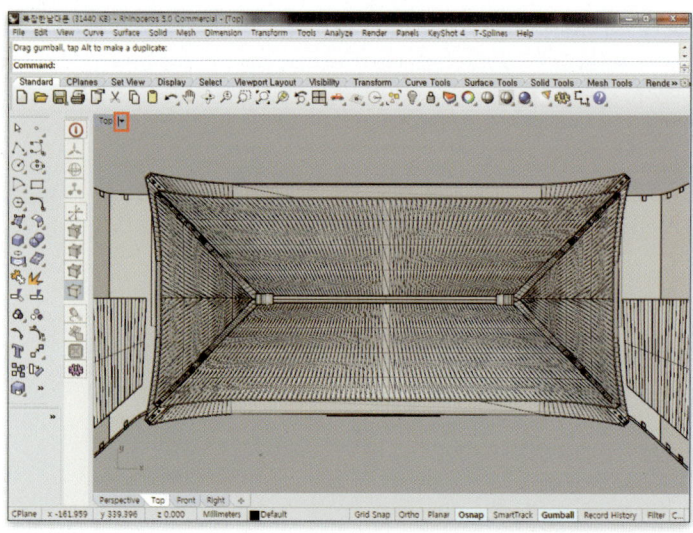

❷ 치수 측정에 방해가 되는 개체는 'Hide(💡)' 아이콘을 이용하여 보이지 않게 한 후 원하는 부분_{출력 불가능 의심 요소}의 치수를 잽니다. Visibility 하위 메뉴에 'Show Objects(💡)' 아이콘을 클릭하여하면 숨겨져 있던 개체가 다시 나타납니다.

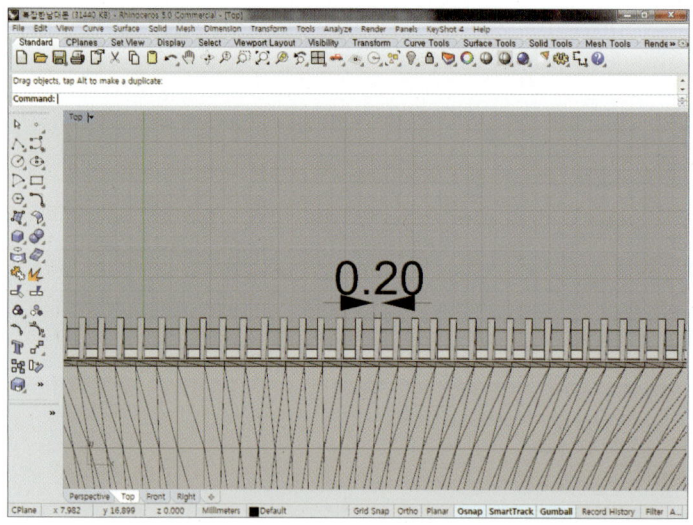

❸ 상단의 명령어 입력창_{Command}에 'Dim' 명령어를 입력합니다. 치수를 측정할 직선거리의 첫 점과 두 번째 점을 선택합니다. 이때, 화면 하단의 Status Bar에서 'Grid Snap'을 클릭하여 비활성화시키고, 'Osnap'은 활성화하여 Osnap의 하위 메뉴_{End, Near, Point, Int}를 선택한 후 명령어를 실행하면 보다 정확하게 치수를 잴 수 있습니다.

❹ 각 뷰마다 Grid 명령어를 입력하거나, Tool 〉 Option 〉 Grid를 선택하여 그리드의 간격을 조절합니다. 예제에서 치수를 확인해 보면 0.2mm로 3D 프린터 출력 해상도인 X, Y=0.4mm 보다 작기 때문에 최소 치수가 0.4mm 이상이 되도록 수정해야 합니다. SnapSpacing=0.4, MinorLineSpacing=0.4, Extents=100으로 설정합니다. Extents는 원활한 그리드 작업을 위해 최대 출력베드 크기보다 4배 정도 크게 잡습니다.

예) 배드 크기가 105×77×200(mm)이므로 'Extents' 값을 105로 설정했다면 그리드가 그려지는 면적은 210×210mm입니다.

실전 TIP

그리드(Grid) 설정값을 조절하면 치수를 재어보지 않아도 빠르게 치수 확인이 가능합니다.

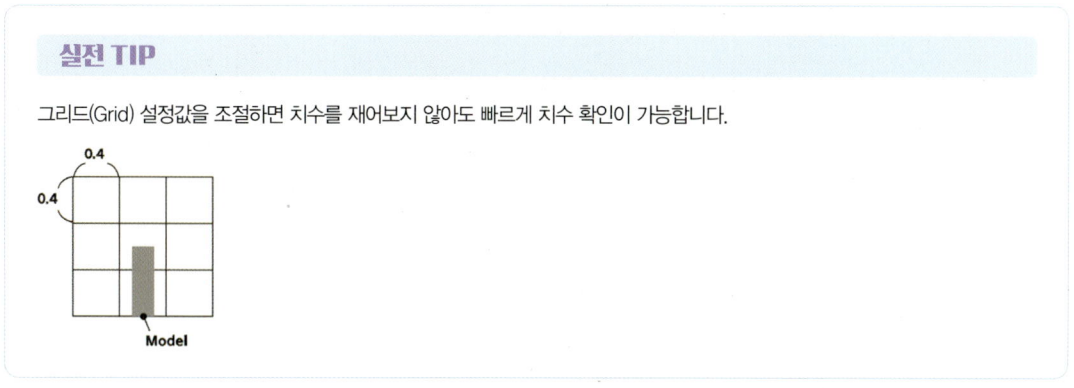

03 | 모델 단순화하기

3D 프린터가 표현할 수 있는 해상도보다 표현하고자 하는 부분의 크기가 작아 출력이 불가능한 부분은 출력이 가능하도록 단순화 작업이 필요합니다.

❶ Dim 명령어로 측정한 처마의 가장 작은 부분의 크기는 Y축으로 0.15mm입니다. 현재 출력하고자 하는 3D 프린터의 출력 해상도가 X, Y=0.4mm이므로 최소 크기가 0.4mm 이상이 되도록 수정해야 합니다.

❷ 만약 X축은 무관하고 Y축 크기만 작다면 '1D Scale( )' 아이콘을 이용하여 작은 부분을 Y축으로 늘인 후 재배치하면 됩니다. 예제는 X축이 출력 가능 해상도인 0.4mm보다 작기 때문에 작은 부분을 '3D Scale( )' 아이콘을 이용하여 X, Y, Z축을 동시에 크게 하거나 모델링의 뼈대 자체를 수정해야 합니다.

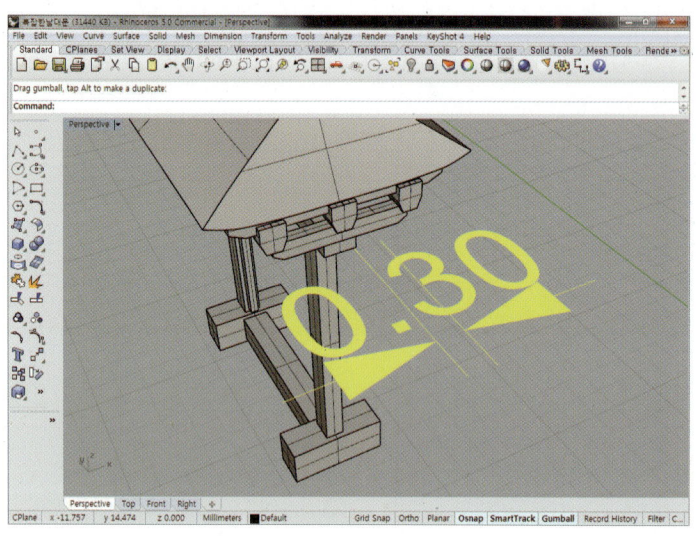

❸ 처마를 구성하는 작은 부분들이 하나로 합쳐져 있지 않고 각각의 솔리드로 구성되어 있을 때는 스케일로 작은 부분만 키워주면 됩니다. 예제는 이미 솔리드화된 개체이기 때문에 'Explode( )' 아이콘을 사용하여 면을 분리해 줍니다.

❹ 아래쪽 기둥이 처마를 받칠 수 있도록 기존의 모델을 다시 모델링 하기 위해 분리된 면 중 처마 부분을 제외한 나머지 부분을 모두 선택한 후 Delete 를 눌러 삭제합니다.

실전 TIP

- **Explode로 면을 분리하는 이유**
  ❶ Explode 전 단일 개체일 때는 개체의 어느 부분을 클릭해도 모두 선택됩니다.

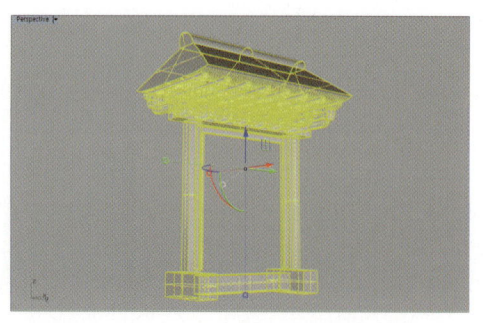

❷ Explode 후에는 클릭한 Surface만 선택되기 때문에 한 부분만 지우거나 수정하기가 용이합니다.

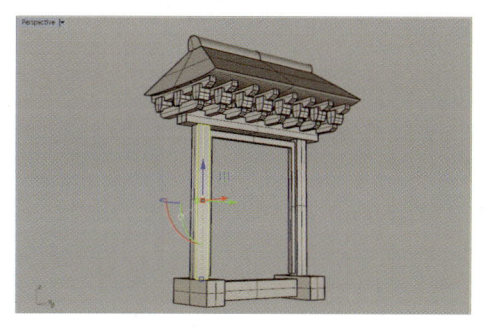

❺ 처마 아래에 구멍이 난 부분은 명령어 입력창_Command_에 'Untrim' 명령어를 입력하고 Surface가 소실된 부분을 하나씩 클릭하면 Trim되기 전의 상태로 되돌아갑니다.

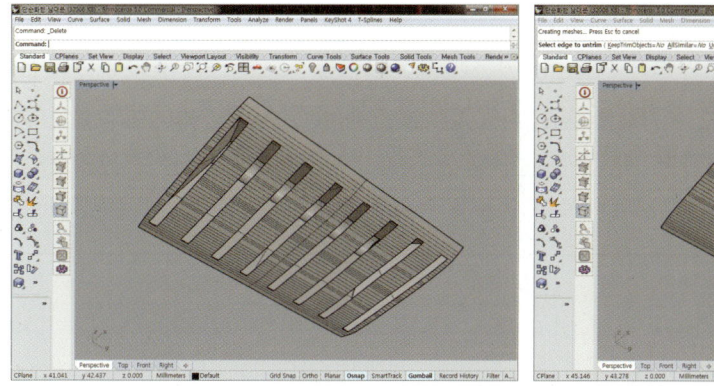

❻ 출력 가능 해상도에 맞춰 세부 디테일을 잡아주어 안정적인 출력 범위에 들어오게 하기 위한 모델링을 다시 해줍니다. 여기서는 'PolyLine( )' 아이콘을 이용하여 X축으로 3열 배치되어 있던 기둥을 1열당 최소 두께가 0.4mm가 넘도록 수정한 후 2열로 배치하고 출력 가능한 크기에 맞도록 라인을 그려줍니다.

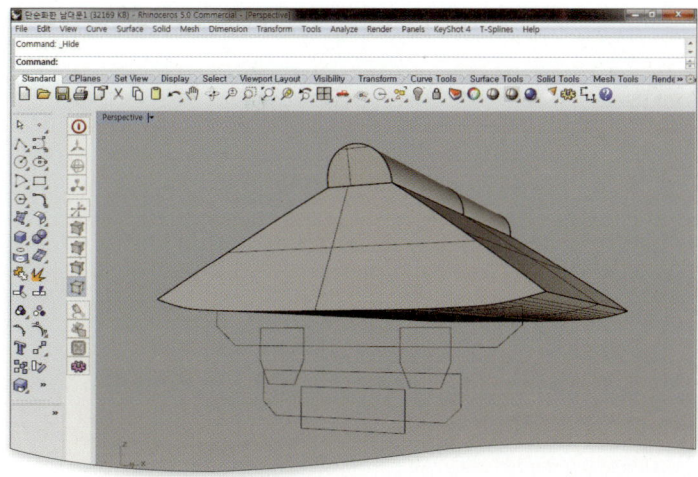

❼ 명령어 입력창에 'Extrude' 명령어를 입력한 뒤 괄호 안의 옵션 수정란에 'BothSides=No Solid=Yes'가 표시되는지 확인합니다. 면을 만들고자 하는 방향대로 Extrude되지 않을 경우 옵션 수정란에 있는 'Direction'을 클릭하고 모델을 선택한 뒤 원하는 방향으로 커서를 움직여 직접 방향을 지정해 줄 수 있습니다. 옵션값을 변경하고 나면 Extrude할 거리를 입력해야 합니다. 예제는 적정 해상도인 0.4mm 이상이고 전체적인 균형을 깨뜨리지 않는 범위 내에서 0.57mm로 지정하였습니다.

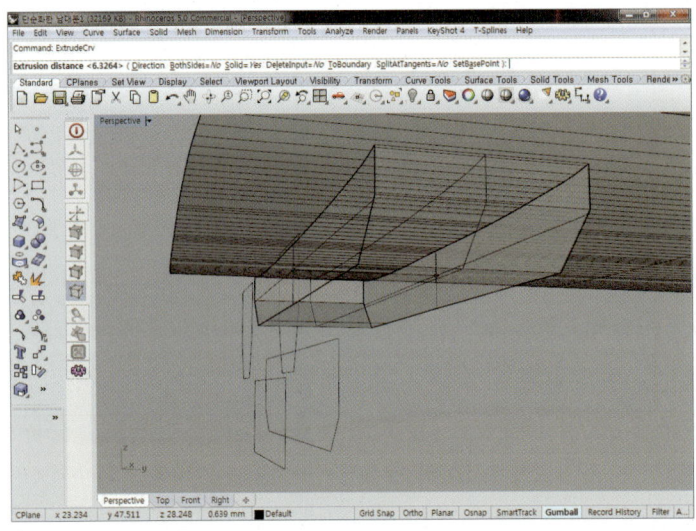

❽ 개체마다 Extrude해야 하는 거리가 다르기 때문에 거리가 동일한 개체끼리 Extrude한 후 복사하여 배치합니다.

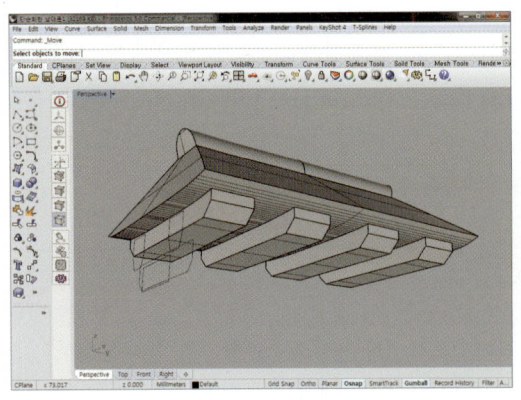
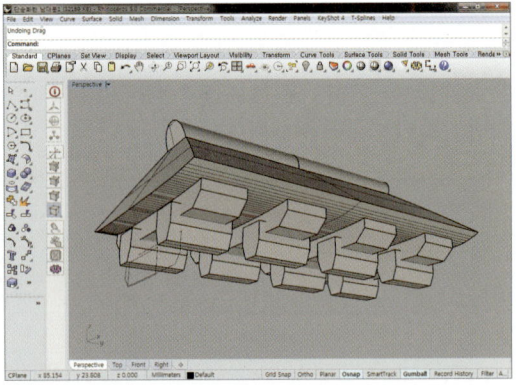

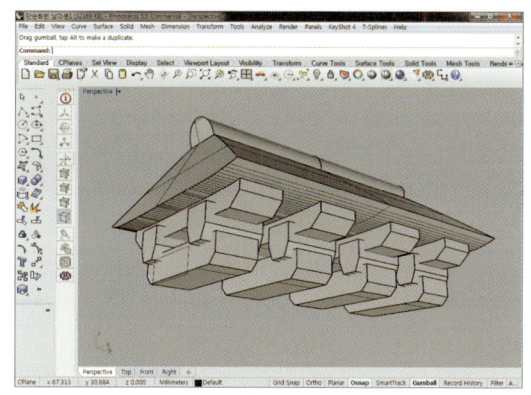 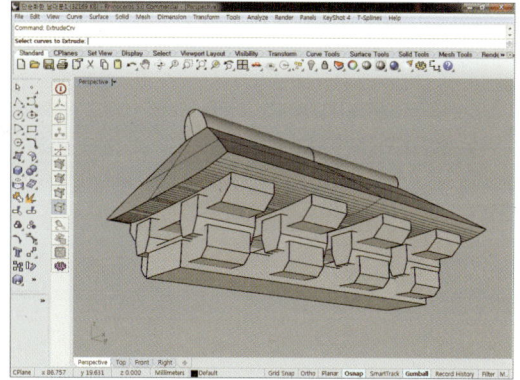

> **실전 TIP**
>
> 개체를 선택하고 Alt 를 누르면서 Gumball의 화살표를 당기면 직접 명령어를 입력하는 것보다 쉽게 복사할 수 있습니다.

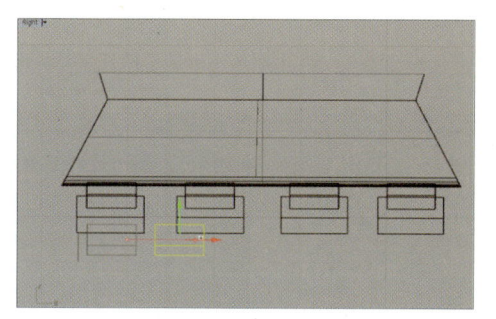

❾ X축, Y축의 최소 치수가 모두 0.4mm 이상이 되었으므로 이제 출력이 가능합니다. 철저한 수치 계산으로 모델링을 하지 않으면 출력 시 새롭게 모델링을 해야 합니다. 따라서 미리 수치를 계산하고 모델링하는 것이 가장 좋지만 모델링을 하면서 수정해야 할 경우를 대비해 미리 병합해두지 않고 작은 부분들까지 각각 다른 개체로 만든 후 마지막에 병합하면 시간을 효율적으로 사용할 수 있을 뿐만 아니라 각각의 특성이 다른 출력 프린터에 유연한 대응이 가능합니다. 미리 병합한 모델은 'Explode( )' 아이콘을 사용하여 면을 분리해 준 뒤 불필요한 것은 지우고 Untrim 명령어로 면을 복구한 후 수정하도록 합니다.

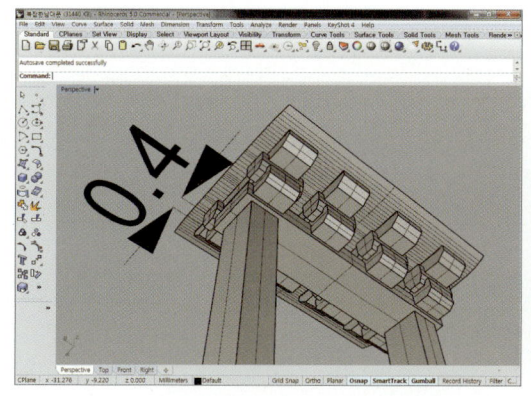 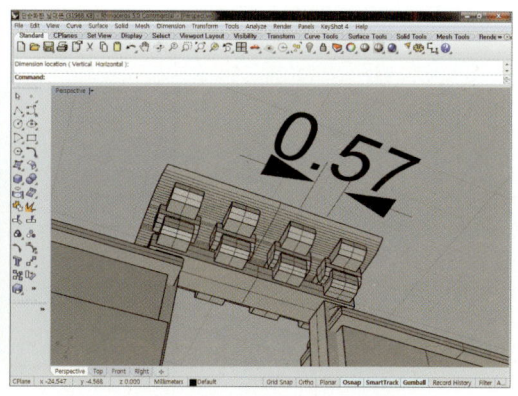

CHAPTER 2 복잡한 모델링 단순화하여 출력하기 | **131**

04 | 단일 개체로 이어주기

분할 출력을 하지 않는다면 모델링을 마친 후 전체를 'Boolean union( )' 아이콘이나 'Join( )' 아이콘을 사용하여 Surface들을 하나의 닫힌 Solid로 만들어야 합니다. 내부에 Solid가 겹쳐져 있는 모델을 그대로 3D 프린팅할 경우 내부까지 완벽한 Solid화가 되어야 오류 없이 출력할 수 있습니다. 지금부터 여러 개의 개체를 하나의 개체로 이어주는 방법을 알아보도록 하겠습니다.

❶ 개체를 병합하기 전에 각각의 개체가 3D 프린팅이 가능한지 확인합니다. 다음 그림을 보면 ∅ 3mm인 기둥 2개가 33.76mm 길이의 처마를 받치고 있고, ∅ 1.06mm인 기둥 3개가 41.77mm 의 처마를 받치고 있는데 기둥이 조밀하게 처마를 받치지 못하기 때문에 휘는 현상을 육안으로 볼 수 있습니다. 또한 뒤쪽에 15.77mm의 처마를 받치는 기둥은 전혀 없기 때문에 처마가 출력이 되지 않을 수도 있습니다. 따라서 처마와 바닥을 이어주는 기둥을 일정한 간격으로 배치하여 한 번에 출력할 수 있도록 해야 합니다.

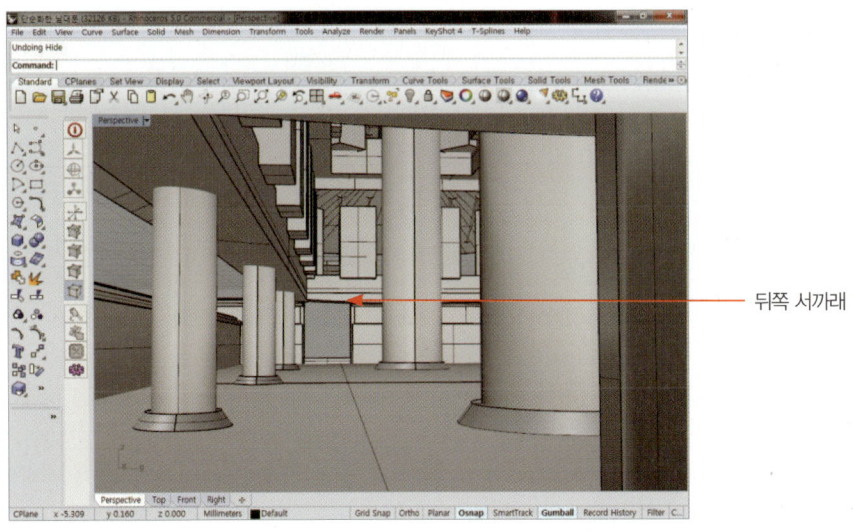

뒤쪽 서까래

❷ 가운데에 위치하여 지붕을 받치는 처마의 총길이는 33.76mm로, 서포트가 필요한 길이입니다. ∅3mm인 기둥을 6개 세워 받치고, 가장자리에 위치한 가로×세로 41.77×15.77mm인 처마를 받치기 위해 ∅1.06mm 기둥 24개를 둘러 세웁니다.

이처럼 기둥의 개수와 위치를 조절하여 바닥과 지붕 사이의 공간을 이어주는 서포트 역할을 하도록 하면 일부러 서포트를 달지 않아도 기둥이 자체적으로 서포트 역할을 하기 때문에 서포트를 제거하는 시간을 단축시키고 표면도 최대한 상하지 않게 출력할 수 있습니다.

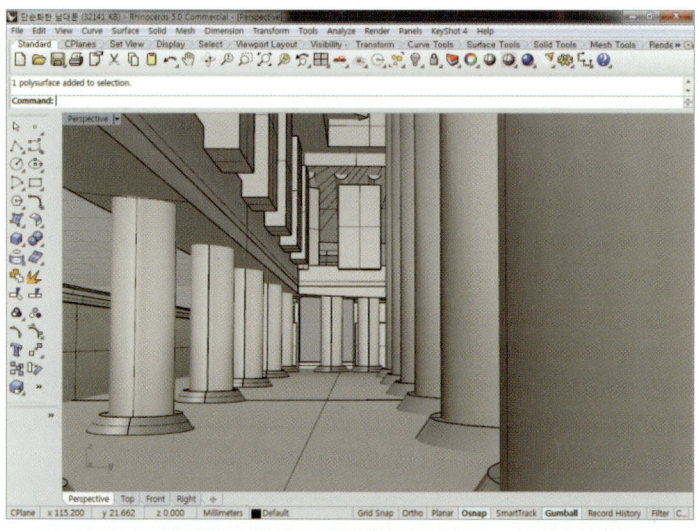

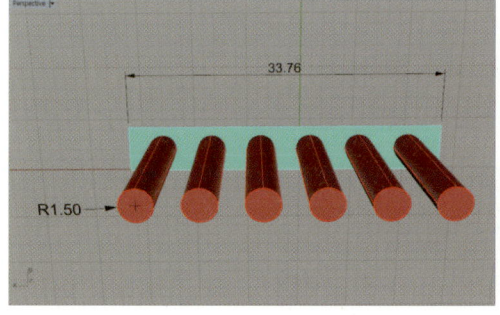

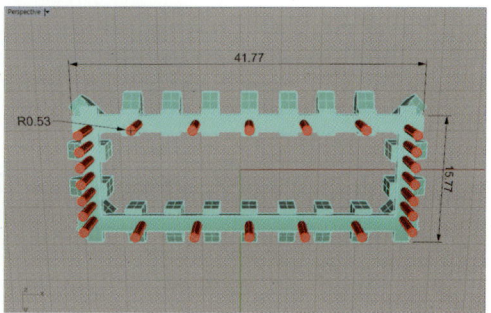

실전 TIP

서포트를 조밀하게 달아도 완전한 평판으로는 출력할 수 없습니다. 또한 거리가 넓으면 넓을수록 휘는 각도가 커져 육안으로도 쉽게 관찰할 수 있으며, 전체 구조 강성이 무너져 최종 출력물을 얻지 못할 수도 있습니다.

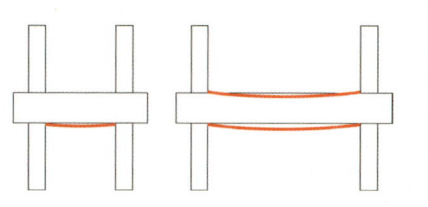

❸ 개체 간에 서로 붙어있는 것처럼 보이지만 'Move( )' 아이콘을 이용하여 개체를 움직여보면 모델링한 개체들이 따로 떨어져 있음을 알 수 있습니다.

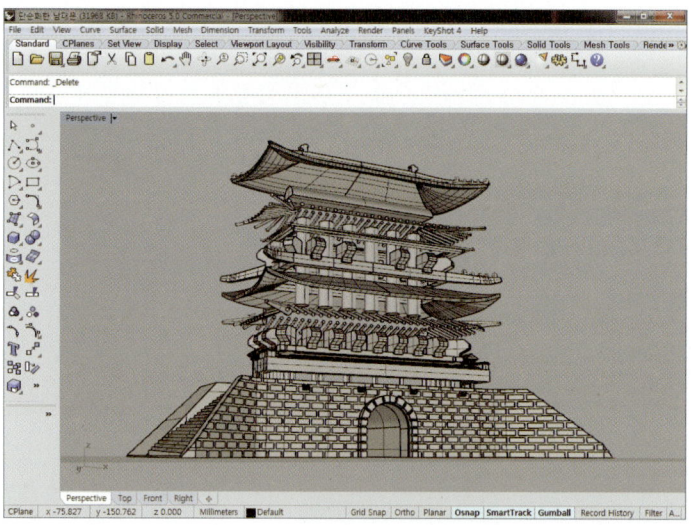

❹ 'Split( )' 아이콘과 'Join( )' 아이콘을 이용하여 하나의 닫힌 개체로 만듭니다. 디테일이 적은 경우라면 'Boolean Union( )'을 활용하는 것이 좋고, 디테일이 많은 경우 효율적인 작업을 위해 'Split( )' 아이콘으로 두 개체의 교집합 부분을 잘라내 삭제한 후 'Join( )' 아이콘으로 합치는 것이 효율적입니다.

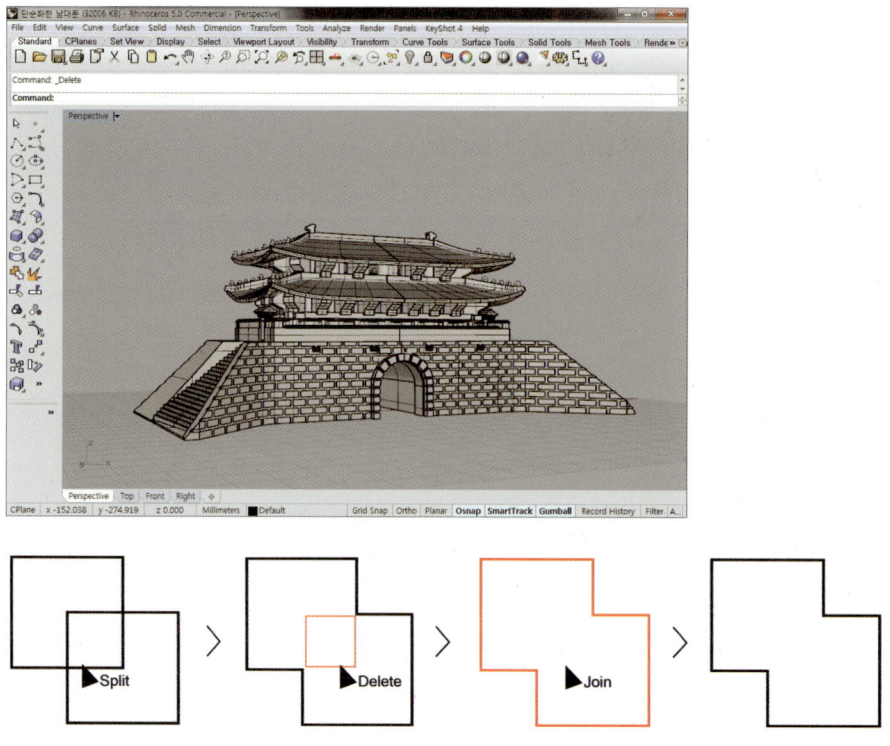

❺ 닫힌 개체가 만들어지면 출력 프로그램으로 모델을 불러와 슬라이스한 뒤 슬라이스 뷰를 꼼꼼히 확인하여 떨어져 있는 부분이 있는지 살펴봐야 합니다. 차후 수정을 해야할 경우가 발생할 수 있으므로 파일은 중간 중간 [Save] 버튼을 클릭하여 라이노 파일 ·.3dm로 작업 과정을 저장해 주는 것이 좋습니다. 예를 들어, 'namdeamoon_1.3dm' 다음은 'namdeamoon_2.3dm'과 같이 파일명을 다르게 하여 저장하면 실수가 있거나 추후 출력 후 수정이 필요할 경우 작업이 용이합니다. 출력 프로그램으로 모델을 Export시킬 때에는 STL 파일로 변환하여 저장해야 합니다. STL 파일로 변환한 후에는 호스트 소프트웨어에서 슬라이스 뷰를 꼼꼼히 다시 한 번 체크하고 출력합니다.

▲ 2개의 닫힌 개체

▲ 1개의 닫힌 개체

실전 TIP

● **STL 파일로 Export할 경우**

Maximum distance, Edge to Surface 옵션값을 0.001로 지정하면 용량은 크지만 해상도가 좋은 모델로 저장할 수 있고, 0.01로 지정하면 해상도는 낮아지지만 파일의 용량을 줄일 수 있습니다. 모든 프로그램에서 원활하게 출력할 수 있도록 최대 100MB 이하로 조절하는 것이 좋습니다.

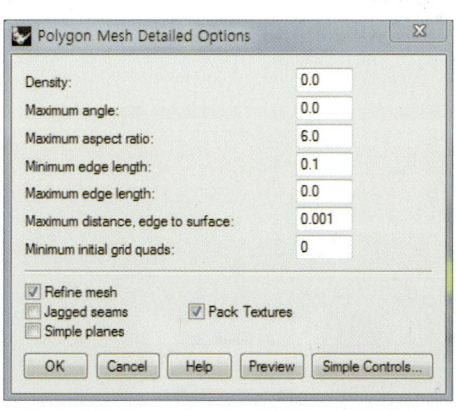

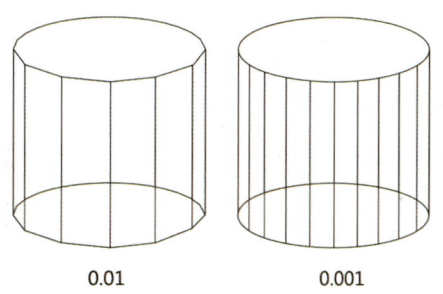

0.01　　　0.001

- Density : 폴리곤의 밀도(0~1 사이의 값을 가지며, 0에 가까울수록 조밀해집니다.)
- Maximum angle : 폴리곤 간 최대 허용 각도(각도가 작을수록 조밀해집니다.)
- Minimum Edge length : 폴리곤의 최소 가장자리 길이(기본 값은 0.0001이고 값이 작을수록 조밀해집니다.)
- Maximum Edge length : 폴리곤의 최대 가장자리 길이(기본 값은 0이며 값을 0으로 지정하면 옵션이 꺼집니다. 값이 작을수록 조밀해집니다.)
- Maximum distance, Edge to Surface : 폴리곤 중간점부터 넙스면까지의 최대 거리(거리가 짧을수록 폴리곤이 조밀해집니다.)
- Minimum initial grid quads : 메쉬 끝단의 정밀도(값이 클수록 속도가 느리고 메쉬의 정확도가 높으며 폴리곤 수가 많아집니다.)

05 | 슬라이스 뷰 확인하기

출력 성공률을 높이기 위해서는 슬라이스 뷰를 꼼꼼히 확인해야 합니다. 특히 첫 번째 Layer는 출력 베드판에 출력물을 잘 지탱하고 있어야 합니다. 첫 번째 Layer가 잘못되면 다음 Layer부터는 모두 출력베드판에 붙지 않고 공중에서 경화되어 출력이 불가능해 집니다. 같은 원리로 이전 Layer에서 이어지지 않고 끊기거나 갑자기 생성되는 부분이 있다면 Bottom-Up 방식의 DLP 3D 프린터의 특성상 VAT에서 잡아당기는 힘 Separation-force 을 이기지 못하고 광경화성 수지 안에서 경화된 부분이 부양하는 일이 발생할 수 있습니다. 따라서 원하는 Z축 해상도로 슬라이싱한 후 슬라이싱 뷰어로 한 층 한 층을 꼼꼼히 확인해야 합니다.

예를 들어, 다음 슬라이스 뷰를 보면 Layer 293까지 존재하던 가운데 기둥들이 Layer 294에서는 사라졌다가 Layer 297부터 갑자기 면이 생성됩니다. 이처럼 Layer 297을 지탱하는 부분이 없다가 갑자기 면이 생기면 Layer 296에서 Layer 297을 제대로 당겨주지 못해 출력이 어려울 수 있습니다.

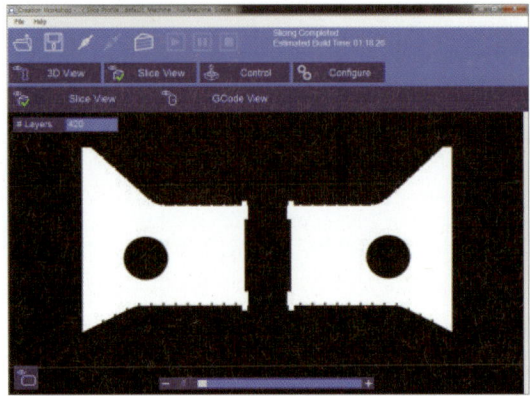
▲ Layer 1

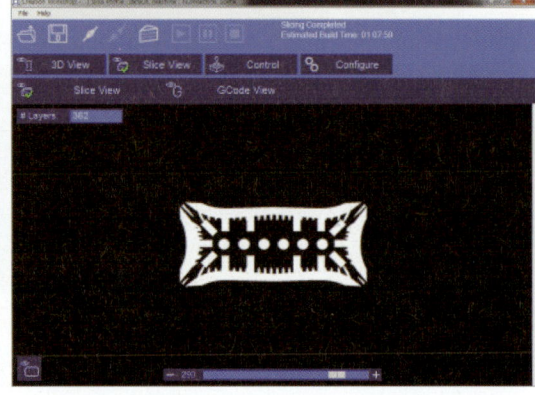
▲ Layer 293

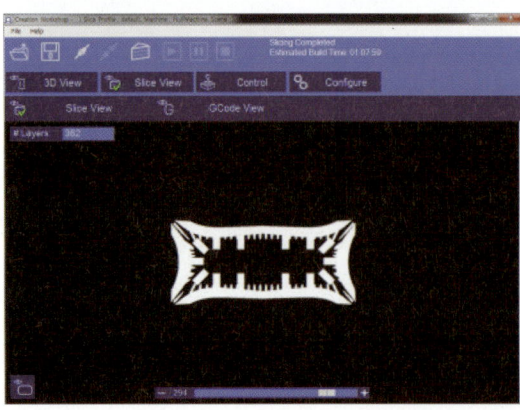
▲ Layer 294

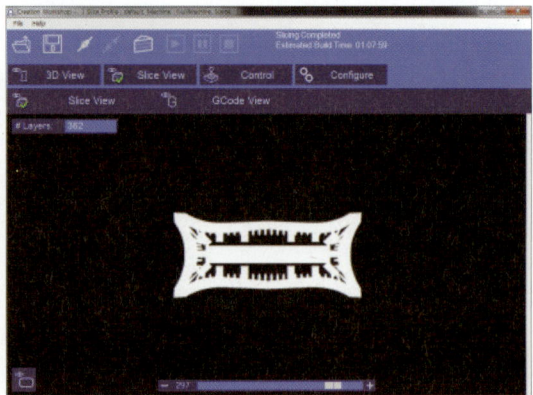
▲ Layer 297

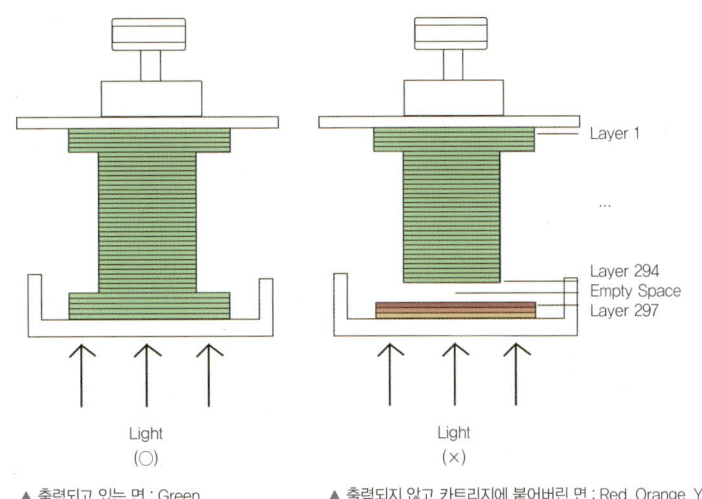

▲ 출력되고 있는 면 : Green

▲ 출력되지 않고 카트리지에 붙어버린 면 : Red, Orange, Yellow

06 | 모델링 다시 확인하기

3D 프린팅에서 준비 과정 중에 3D 모델의 3D 프린팅의 적합성 여부 확인과 수정은 무엇보다도 중요합니다. 처음부터 불안정한 모델링은 여러 번 재출력을 해 봐도 실패로 이어지게 되고 짧게는 한 시간에서 길게는 12시간 정도 소요되는 프린팅을 망칠 수 있습니다. 따라서 출력 전 출력 가능 여부를 여러 각도에서 꼼꼼히 재확인하는 것이 3D 프린팅에서 실패하지 않을 수 있는 가장 좋은 방법입니다. 특히, 적층형 공법이라는 새로운 방식으로 모델링을 제작하기 때문에 높이가 되는 Z축의 매끄러운 이음새가 3D 구조물을 형성하는 데 중요한 역할을 한다는 점을 기억하고 작업해야 합니다.

❶ 기둥이 사라져 표시되지 않는 부분을 라이노에서 확인하면 세로 기둥Red과 이 기둥을 지탱하는 가로 기둥Blue이 붙어있는 것처럼 보입니다.

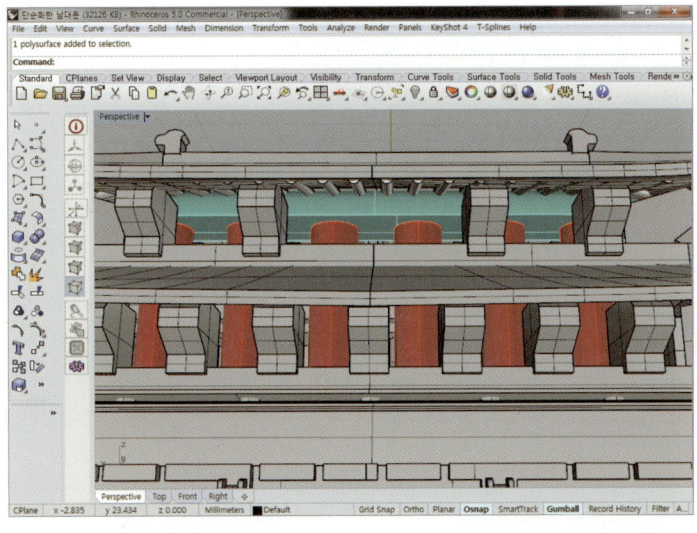

❷ 하지만 이 부분을 확대하면 0.3mm 정도의 간격이 있는 것을 확인할 수 있습니다. 0.3mm의 간격이 별것 아니라고 생각할 수도 있습니다. 하지만 적층 해상도를 0.1mm로 출력한다면 이것은 3개 층에 대한 간격입니다. 즉, 3개 층이 출력될 동안 아무것도 출력되지 않고 4번째 층이 출력된다면 4번째 층은 공중에서 출력되는 것입니다. 결국 이러한 작은 틈이 지지체가 되는 기둥을 부실하게 하고 상부층은 출력이 되지 않는 결과를 초래하는 것입니다.

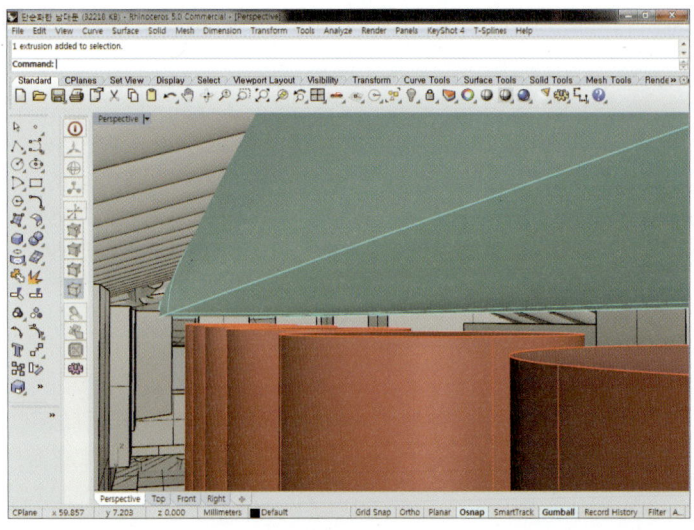

❸ 간격을 0mm로 만들기 위해 기둥과 처마 부분을 선택하고 'Hide' 메뉴의 하위에서 'Invert selection and hide object( )' 아이콘을 클릭하여 수정할 부분만 보이도록 합니다.

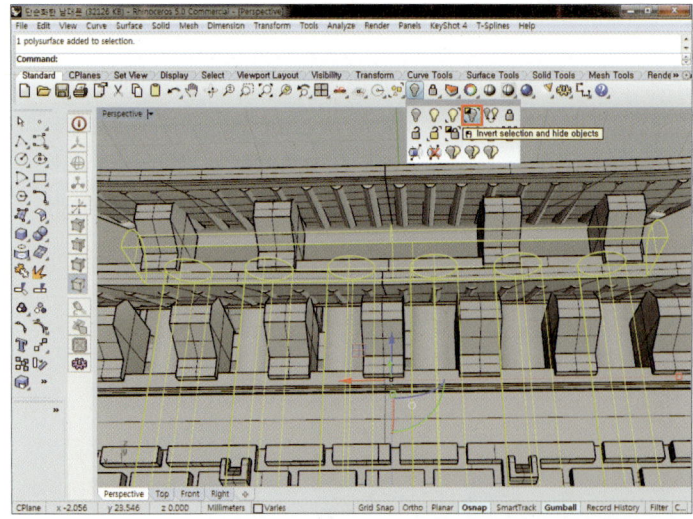

❹ Front 창에서 '1D Scale( )' 아이콘으로 크기를 조절하여 두 개체를 겹쳐줍니다. 겹쳐진 부분은 나중에 없앨 부분이므로 정확한 수치로 늘이지 않아도 됩니다.

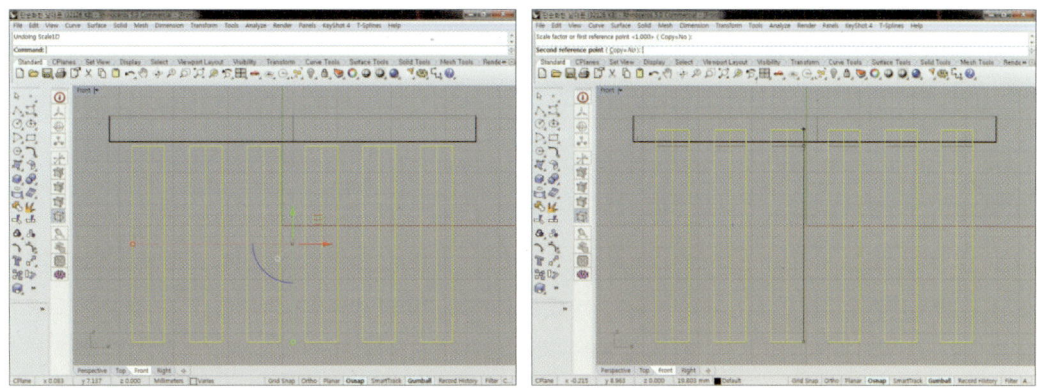

❺ 이어진 두 개체를 다시 하나의 Solid로 만들고 STL 파일로 Export한 후 출력 프로그램으로 불러와 슬라이스 뷰를 확인합니다. 이 과정을 꼼꼼히 체크할수록 출력 성공률이 높아집니다.

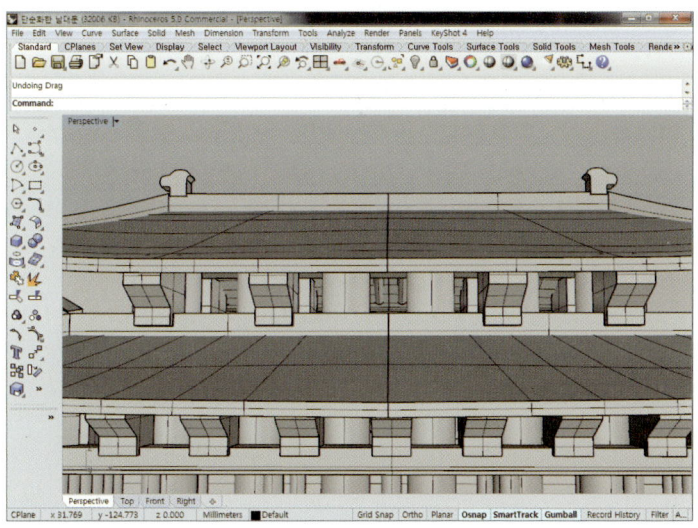

3D 프린팅을 처음 접한 대부분의 사람들은 어떤 방식을 사용하든 3D 모델링만 되면 어떤 형상이든 출력할 수 있다고 생각합니다. 하지만 3D 프린팅이라고 하여 어떤 형상의 모델링이라도 출력할 수 있는 것은 아닙니다. 따라서 3D 프린팅은 적층 공법을 정확히 이해하고 모델링을 선행한 후 출력할 3D 프린터의 스펙 및 가능 범위를 사전에 정확히 체크하여 그에 맞는 모델링을 준비하는 것이 중요합니다.

CHAPTER 3.

안정성과 각도에 따른 모델링하기
사장교 모델링

적층 공법으로 만들어지는 3D 프린터 출력물의 특성상 각 Layer의 전후 Layer 관계를 따져 적층이 가능한 모델링인지, 적층이 가능하다면 최상의 적층 조건이 어떻게 되는지 알아야 합니다.

Layer by Layer 방식의 3D 프린터는 어떤 모양이든 출력할 수 있다고 생각하기 쉽습니다. 하지만 모델 자체가 가지고 있는 구조적 안정성이나 방식별 3D 프린터의 특성에 따라 안정적으로 출력이 되지 않을 수도 있습니다. 또한 A 방식의 3D 프린터에서는 출력이 가능한 모델이 B 방식의 3D 프린터에서는 출력이 불가능할 수도 있습니다.

이번 장에서는 앞에서 다루었던 방식별 특성과 출력 한계 범위를 고려하며 3D 모델링 구조체 자체가 가져다 줄 수 있는 구조적 안정성에 대해 알아보고, 적층되는 Layer들 간의 전후 관계를 따져 어떤 구조체가 적층 공법에서 안정적인 결과물을 가져다 줄 수 있는지에 대해 알아보도록 하겠습니다. 또한 무료 CAD 프로그램인 3D Blender를 이용하여 구조적으로 완전하지 않은 사장교 모델을 서포트 없이도 안정적으로 출력할 수 있도록 디자인을 수정하는 방법을 알아보겠습니다.

| 모델링 파일 : 사장교.3ds | 완성 파일 : 사장교 수정.blend |

3D Printing Resource

- **출력물**: 사장교
- **출력 프린터**: SLA 방식의 광경화성 3D 프린터
- **해상도**: X, Y(0.3mm), Z(0.025~0.2mm)
- **출력 가능 해상도**: X, Y(약 0.8mm) / Z(0.025~0.2mm)
- **최대 출력 크기**: 125×125×165(mm)
- **소프트웨어**: 3D Blender, Preform

용어정리

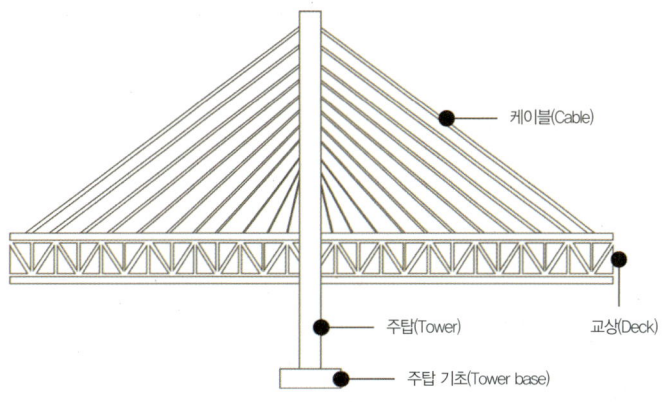

Before

상판의 판형은 다음과 같이 슬라이싱되었을 때 주탑의 단면적에 비해 굉장히 큰 구조체입니다. 완성된 모델링만 본다면 안정적인 구조체이지만 아래에서부터 적층형으로 중간 상판까지 만들어져 있는 상황을 가정할 때 받쳐주는 구조체는 상대적으로 작고 위에 큰 판이 올라간 불안정한 구조체입니다.

3D 프린팅은 출력되었을 때 전체 구조체의 안정성도 중요하지만 적층되는 시간 사이사이의 구조적 상관관계도 중요합니다. 그림과 같은 모델을 수정 없이 출력하기 위해서는 서포트라고 하는 임시 구조체가 불안정한 중간 단계의 구조체를 받쳐주기 위해 필요합니다. 하지만 이번 장에서는 무료 3D CAD 소프트웨어인 3D Blender를 사용하여 서포트 없이 모델링 단계에서부터 구조적 안정성을 가질 수 있도록 수정해 보겠습니다.

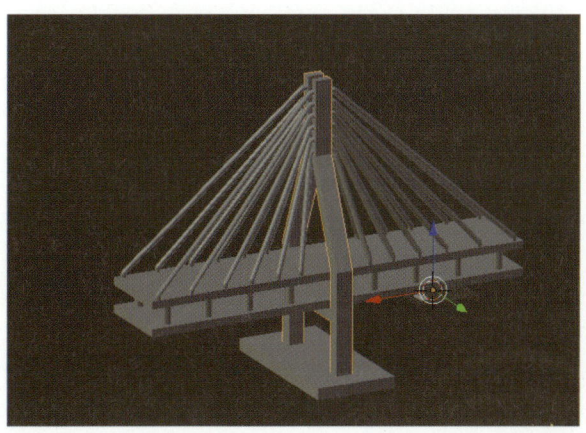

After

서포트가 필요했던 부분을 수정하여 한 번에 출력이 가능한 디자인으로 변경하였습니다. 바닥면에서 직각으로 올라가던 주탑 부분은 곡면으로 수정하고 서포트가 있어야 했던 부분은 아치형 구조로 만들어 서포트 없이 출력이 가능하도록 하였습니다. 또한 주 케이블을 지탱하던 보조 케이블의 각도가 45° 이하였으므로 주탑을 높여 케이블과 지면의 각도를 45°보다 높게 설정하였고 케이블과 다른 각도의 대각선 보조 케이블과 그 두 케이블을 받치는 직선 케이블을 디자인하여 안정감 있게 출력할 수 있도록 하였습니다. 뿐만 아니라 듬성듬성 직선 형태로 있던 교상의 구조물 역시 그물 모양의 삼각 트러스 구조로 수정하여 서포트 없이 모델 자체만으로 교상의 휨 현상을 최소화하였습니다.

SECTION 1 곡선형, 아치형 구조를 이용하여 구조적 안정성 높이기

01 | 주탑 표면 곡선형으로 수정하기

예제의 주탑을 보면 바닥면으로부터 직각으로 길게 세워져 있습니다. 주탑을 호스트 소프트웨어 Preform으로 불러와 오른쪽 빨간 동그라미 표시 안의 검은색 커서를 드래그하면 슬라이스되어 쌓이는 과정을 볼 수 있습니다.

그림과 같이 첫 번째 Layer부터 동일한 크기의 Layer 이미지들이 Layer 270까지 한 위치에서 출력됩니다. 이렇게 카트리지와 출력물의 표면이 동일한 위치에서 계속해서 만나게 되면 같은 레진탱크의 코팅면에 '피로'가 쌓이게 됩니다. 여기서 말하는 '피로'란 재료에 반복적인 하중이나 변형이 가해지는 경우 궁극적으로는 파괴가 일어날 수 있고 재료의 내구성에 영향을 미치는 현상을 말합니다.

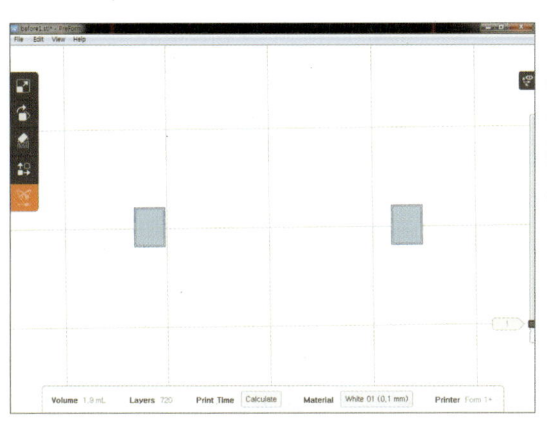

▲ Layer 1　　　　　　　　　　▲ Layer 1~270

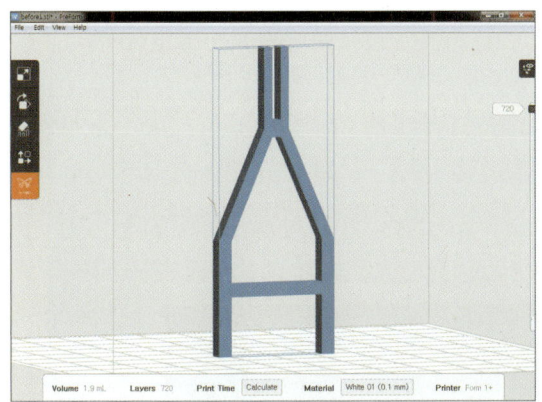

▲ Layer 1~720

실전 TIP

피로 누적은 두 가지 부정적인 결과를 가져올 수 있습니다. 첫 번째는 레진탱크의 손상입니다. 피로가 누적된 레진탱크의 표면은 점점 코팅이 벗겨지게 되고 코팅이 벗겨지면 정확한 모델을 출력할 수 없게 됩니다. 이 문제를 해결하기 위해서 모델의 직각 면을 곡면으로 만들거나 모델 배치 오리엔테이션을 45°~90°로 하여 같은 곳에 연속적으로 경화현상이 발생하지 않도록 피로가 발생하는 위치를 분산시켜 피로 누적으로 인한 레진탱크의 손상을 최소화해야 합니다.

❶ 화면 상단의 메뉴에서 File 〉 Import 〉 Wavefront.obj를 선택하고 'bridge_before.obj'를 더블클릭하여 파일을 불러옵니다.

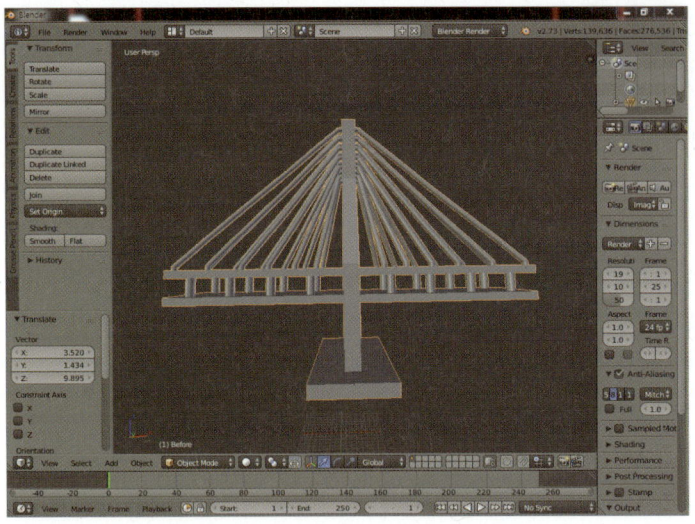

> **실전 TIP**
>
> • 다른 소프트웨어로 모델링한 파일을 obj 확장자로 저장한 후 3D Blender에서 불러오면 수치에 대한 정보를 정확하게 불러올 수 있습니다.
> • 폴더명과 파일명은 영문이어야 합니다. 한글일 때는 사각상자로 표시되어 인식이 잘 되지 않습니다.

❷ 직선 형태로 이루어진 주탑의 형상을 곡선형으로 바꾸어 슬라이스했을 때 단면적의 크기가 Layer 마다 조금씩 다르게 나타나도록 수정합니다. 이렇게 하면 동일한 Layer가 계속해서 출력될 때 특정 부분의 레진탱크에 쌓이는 피로를 줄일 수 있습니다. 주탑을 수정하기 위해서는 먼저 주탑을 선택한 후 키보드의 / View Global/Local 기능 사용를 눌러 주탑 외에 나머지 부분을 모두 숨깁니다.

❸ 화면 하단의 헤더창에서 [Object Mode]를 클릭하면 나타나는 메뉴에서 'Edit Mode'를 선택하여 면을 움직이는 점을 활성화시킵니다. Mode별로 헤더창을 구성하는 옵션이 조금씩 달라지는데 'Edit Mode'에는 'Vertex꼭짓점', 'Edge모서리선', 'Face면'를 선택할 수 있는 옵션이 있어 수정할 때에 점과 선과 면을 자유롭게 선택할 수 있습니다.

▲ 헤더창

❹  앞에서 설명한 것처럼 호스트 소프트웨어에서 슬라이싱한 주탑의 단면을 살펴보면 동일한 크기의 Layer 이미지가 계속해서 같은 곳에 출력되는 것을 알 수 있습니다. 이 경우 카트리지의 특정 부분에 계속해서 피로가 누적될 수 있고 그 결과 카트리지를 손상시켜 출력물에 나쁜 영향을 미칠 수 있습니다. 따라서 직선 구조인 주탑의 표면은 곡선 구조로 수정하는 것이 좋습니다. 또한 사각형, 삼각형처럼 끝이 뾰족한 단면보다는 원형처럼 꼭짓점이 없는 단면이 피로의 집중도를 분산시키는 데 효과적입니다. 'Context button' 메뉴를 이용하여 직각으로 구성된 주탑을 곡면화 시켜보겠습니다. 먼저 Properties Panel에서 'Modifiers(　)' 아이콘을 클릭합니다.

▲ Context button 메뉴

❺ Modifiers에서 Add Modifier 〉 Generate 〉 Subdivision Surface를 선택합니다.

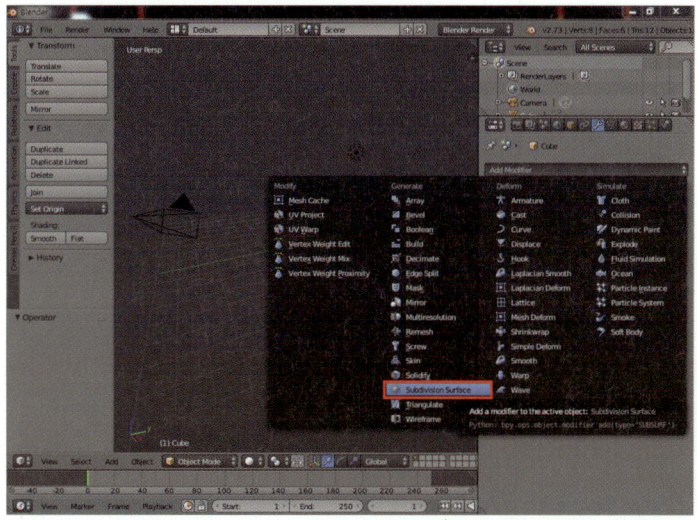

❻ 세부적인 항목 설정을 위해 다시 Properties Panel 〉 Add Modifier 〉 Subdivision Surface를 선택합니다. View는 Subdivisions 단계를 설정하는 창이며 View의 수치가 높을수록 표면을 구성하는 폴리곤 수가 많아지면서 표면이 부드러워집니다. View 값을 1.00으로 올려서 표면을 세분화하여 직선 면을 곡면으로 수정합니다.

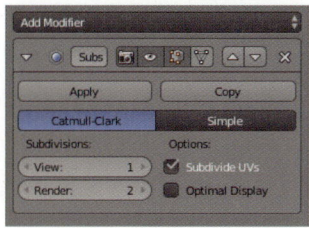

❼ 오른쪽 상단의 '플러스( )' 아이콘을 클릭하여 숨어있는 Properties Panel을 확장합니다. 화면 하단의 헤더창에서 'Edge( )' 아이콘을 클릭합니다. 'Edge'를 이용하면 모델링에 모서리선를 선택할 수 있습니다.

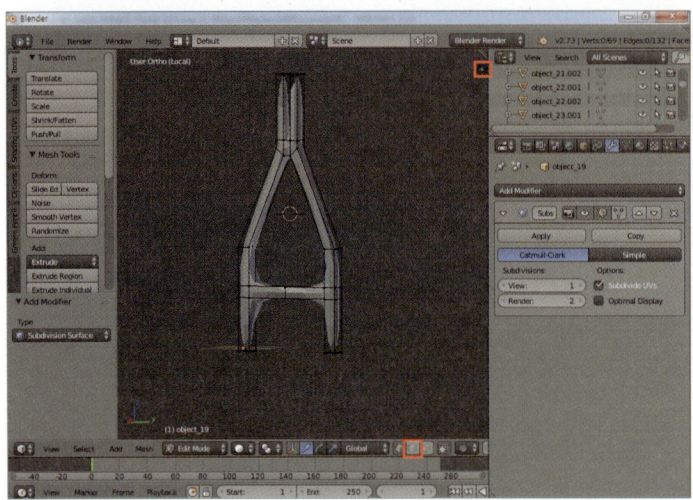

❽ 첫 번째 Layer가 프린터 출력판에 붙어있어야 출력 도중에 출력물이 레진탱크로 떨어지지 않고 다음 Layer들도 잘 나올 수 있습니다. 바닥부가 곡선형으로 평평하지 못한 주탑의 바닥부를 평평하게 하여 모델의 첫 번째 Layer가 프린터의 출력판에 잘 부착되도록 설정해야 합니다.

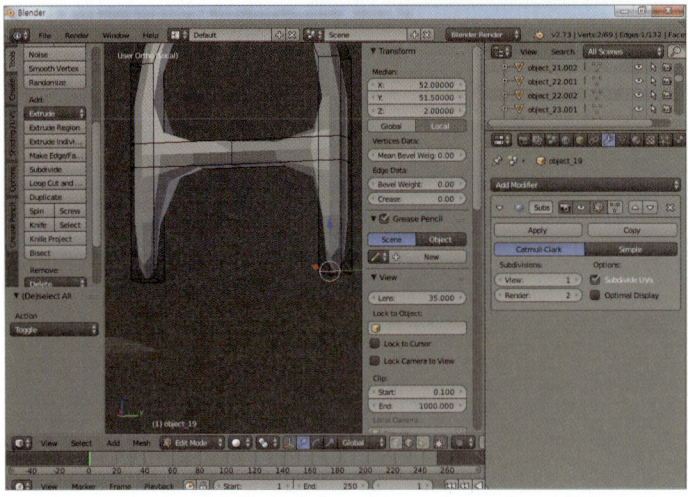

❾ 주탑의 바닥 부분에 위치한 모서리선 4개를 드래그하여 선택합니다.

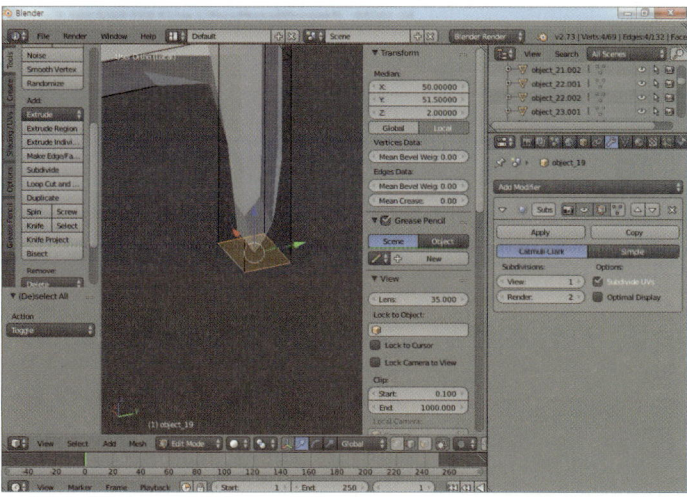

❿ Properties Panel을 열어 Edges Data 〉 Mean Crease의 값을 '1'로 입력합니다. Mean Crease 는 모서리에 모서리를 더 생성해 하나였던 모서리를 나누어 주는 기능을 합니다. Mean Crease의 값을 '1'로 입력하면 평평한 바닥면이 만들어집니다.

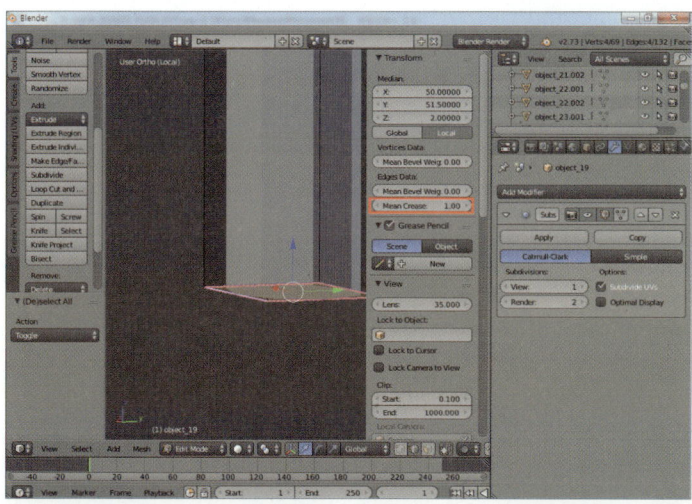

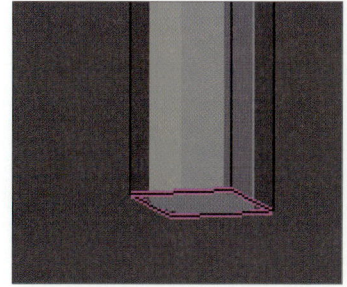 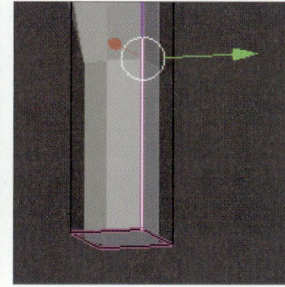 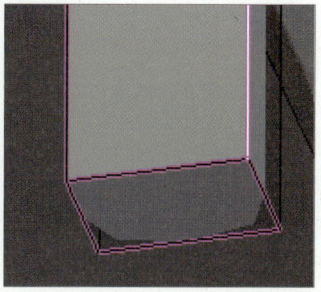

02 | 주탑 아치형 구조로 수정하기

예제의 주탑은 얇은 Layer 이미지가 계속해서 출력되다 갑자기 넓은 면적의 Layer 이미지가 나옵니다. 넓은 면적을 받칠 수 있는 서포트를 설치하지 않으면 출력 중에 넓은 면이 공중에 뜨게 되어 휨 현상이 발생할 수 있습니다.

예제의 경우 서포트를 설치하는 것보다 주탑 부분을 아치형 구조로 만들면 모델 자체의 구조적 안정성이 높아져 서포트 없이 출력이 가능합니다. 지금부터 Layer 이미지가 계단식으로 여러 Layer에 걸쳐 조금씩 넓어지는 아치 형태의 구조물을 설치해 보도록 하겠습니다. 구조물이 추가된 아치형 주탑은 기존 주탑보다 출력이 쉽고 주탑 아랫부분에 서포트를 설치하지 않아도 안정적으로 출력이 가능합니다.

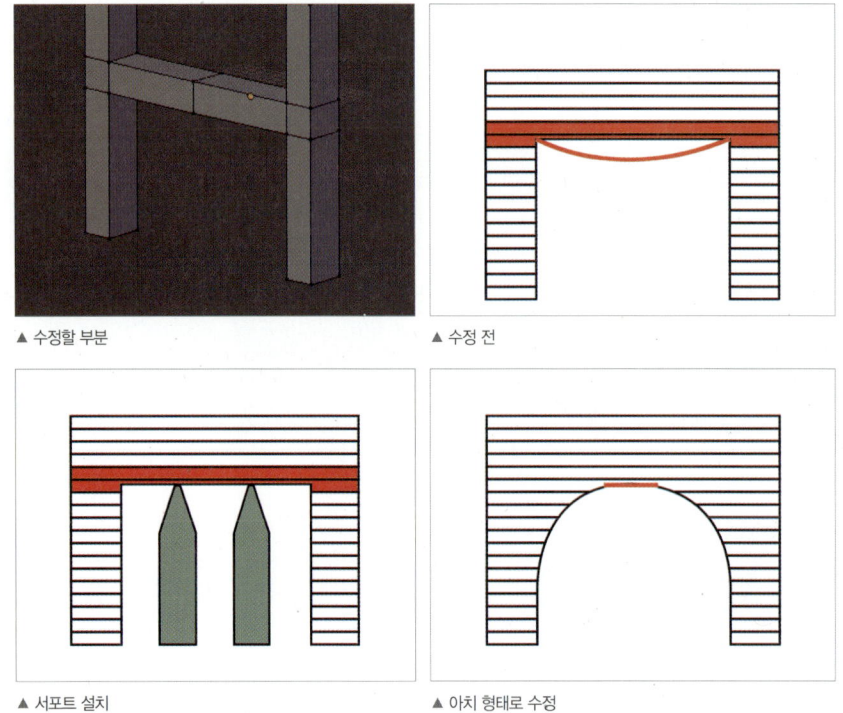

▲ 수정할 부분   ▲ 수정 전

▲ 서포트 설치   ▲ 아치 형태로 수정

❶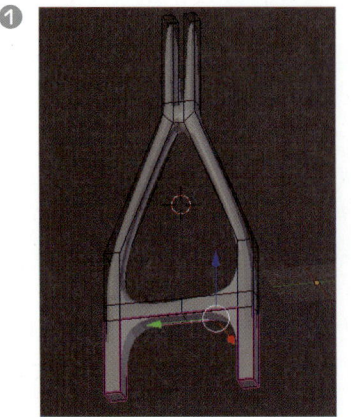

보라색으로 표시된 부분을 선택하고 'Subdivision Surface View'의 값을 '2'로 설정하여 직선으로 이루어져 있던 주탑의 아랫부분을 곡선형의 아치 형태로 만듭니다. 'Subdivision'의 값을 높이면 선택한 부분의 면을 구성하는 모서리의 수가 늘어나면서 표면이 곡면 형태로 변환됩니다.

❷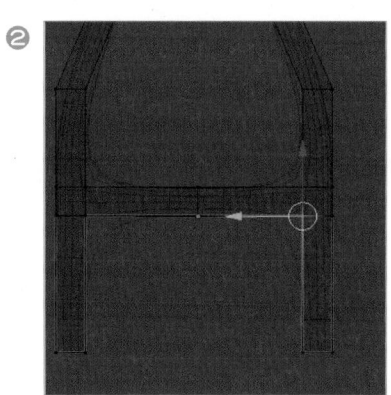
하단 헤더창의 'Viewport Shading( )'을 '와이어프레임(Wireframe)'으로 설정합니다. Viewport를 와이어프레임으로 변환하면 꼭짓점을 구별하여 선택하기가 용이해집니다.

❸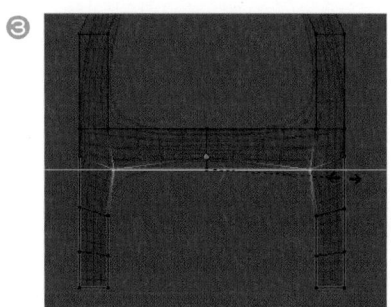
헤더창에서 Select > Border Select를 선택하고 양쪽의 꼭짓점을 클릭합니다.

❹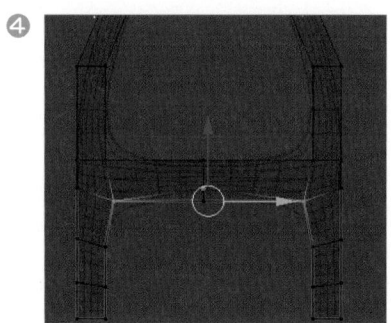
'Tool Shelf'에 있는 'Translate'의 단축키 G 를 눌러 크기를 조정합니다. G 를 누른 상태에서 Y 를 누르면 Y축만 움직일 수 있습니다. 단축키 G 와 Y 를 이용하여 선택한 꼭짓점의 Y축 거리를 좁혀 주탑 아랫부분을 보다 가파른 아치형으로 만듭니다.

❺ 주탑 하부에 바닥면 근처에서 생성되는 아치형을 하나 더 만들어 보다 튼튼한 구조를 만들고 레진의 낭비를 줄이기 위해 두 아치형 사이에 공간을 두도록 하겠습니다.
헤더창의 '면( )' 아이콘을 클릭하고 주탑의 양쪽 다리 안쪽 면을 선택합니다.

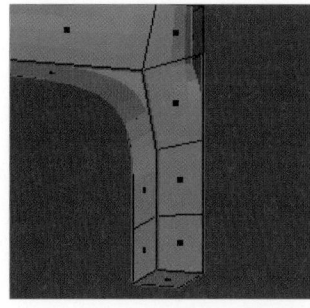 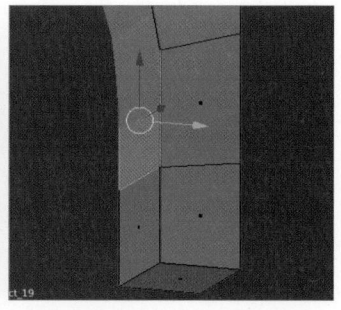

❻ 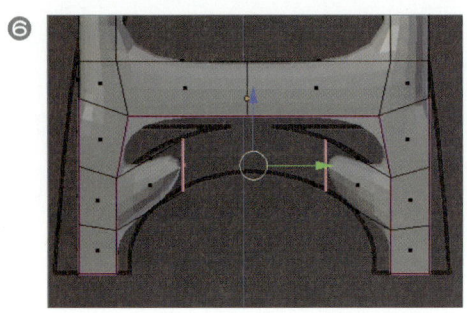 면을 돌출시키는 명령어 'Extrude Region'의 단축키 E를 누릅니다. 'Translate'의 단축키 G를 누르고 Z를 눌러 Z축 위로 이동시킵니다. 그 후 'Add' 메뉴에서 'Scale'의 단축키 S를 누르고, Y축 단축키 Y를 눌러 Y축으로 크기를 축소시키면 돌출면이 가운데로 이동합니다.

❼ 선택한 면을 이어주기 위해 마주 닿을 두 면을 Delete 를 눌러 제거합니다.

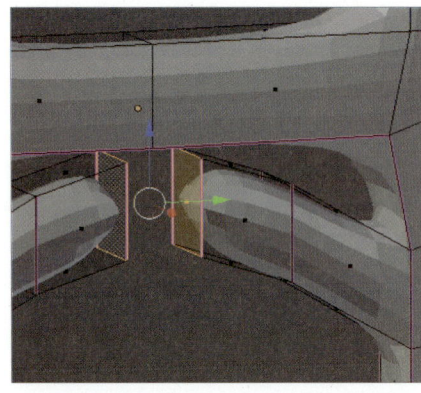 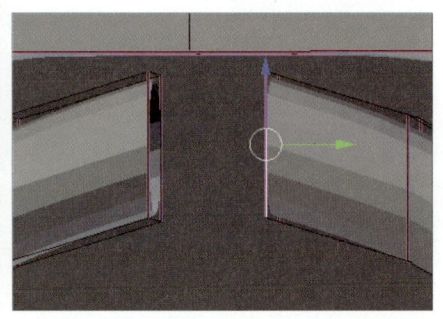

❽ 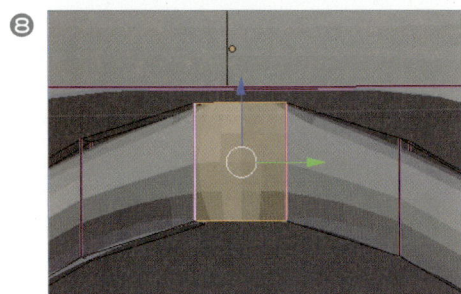 양쪽의 두 모서리를 선택하고 'Make Edge/Face'의 단축키인 F를 누르면 두 모서리를 이어주는 면이 생성됩니다.

❾ 아래 위 구조를 합쳐야 아래 아치형 구조가 교상을 받치는 평판을 지지할 수 있습니다. 'Add' 메뉴의 'Loop Cut and Slide'를 선택하여 면 위에 선을 그리고 그림과 같이 이동시킵니다. 선의 위치로 마주 닿을 면의 넓이가 결정됩니다.

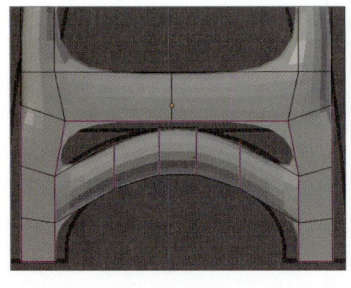 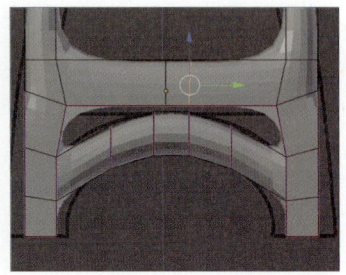

❿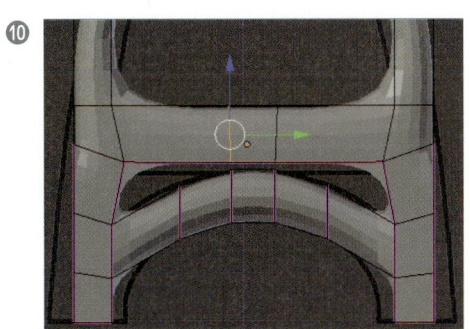

중앙에 있던 모서리선도 선을 생성한 지점 반대쪽으로 이동시켜 양쪽으로 대칭이 되도록 배치합니다.

⓫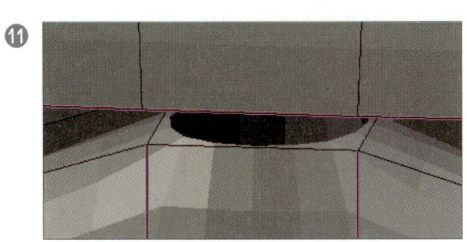

'면( )' 아이콘을 클릭한 후 면을 삭제합니다. 그림은 면을 삭제한 후의 모습입니다. 이어붙일 부분의 면도 삭제합니다.

⓬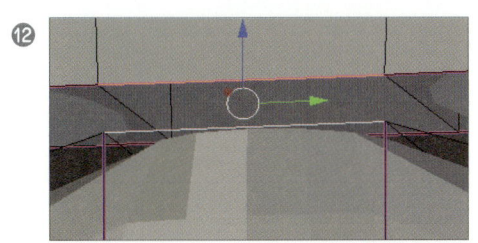

'모서리( )' 아이콘을 클릭합니다. 그림에 표시된 두 모서리를 선택하고 'Make Edge/Face'의 단축키 F 를 눌러 Surface를 만듭니다.

⓭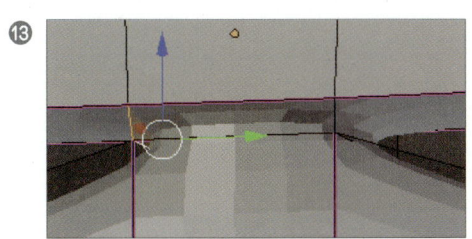

다시 '모서리( )' 아이콘을 클릭한 후 이어붙일 두 모서리를 선택하고 'Make Edge/Face'의 단축키 F 를 눌러 Surface를 만듭니다.

⓮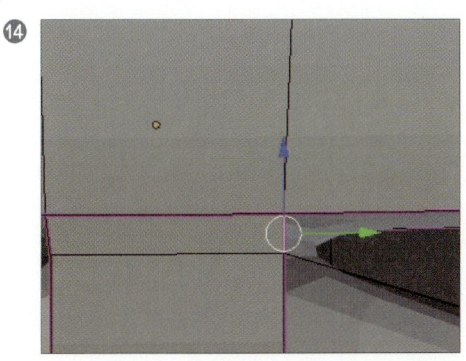

이어진 면의 세로 모서리를 선택하고 'Mean Crease'의 수치를 '1.00'으로 높여 세로 모서리를 더 생성해 줍니다.

⑮ 주탑의 뒷면도 선택하여 'Mean Crease' 수치를 '1.00'으로 높입니다. 수치가 높을수록 선택한 부분 주변으로 생성되는 모서리의 개수가 많아지며, 선택한 부분이 날카롭게 보여집니다. 주탑의 표면은 곡면으로 처리하고 주탑의 아랫부분은 아치형으로 바꾸어 서포트 없이 출력이 가능한 안정적인 구조의 주탑이 완성되었습니다.

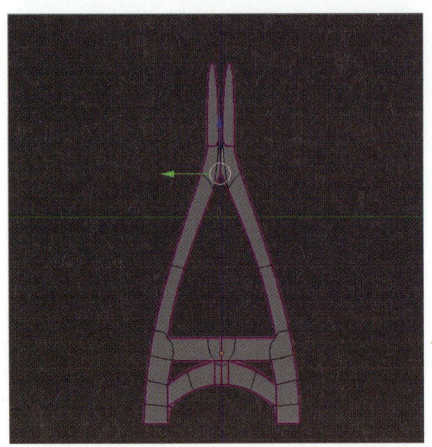

실전 TIP

반원, 첨두, 말굽형 아치 모두 서포트가 필요 없는 구조입니다. 하지만 타원 아치는 가로 폭의 길이에 따라 서포트가 필요한 경우도 있습니다.

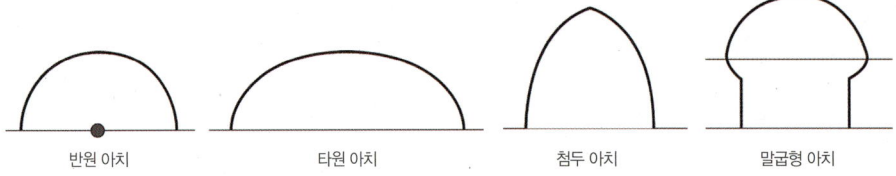

▲ 구조에 따른 아치의 종류

타원 아치의 경우 가로 길이가 길어질수록 중심부의 각도가 완만해지면서 중심부가 무너질 위험이 높아 중심부에 서포트가 필요합니다.

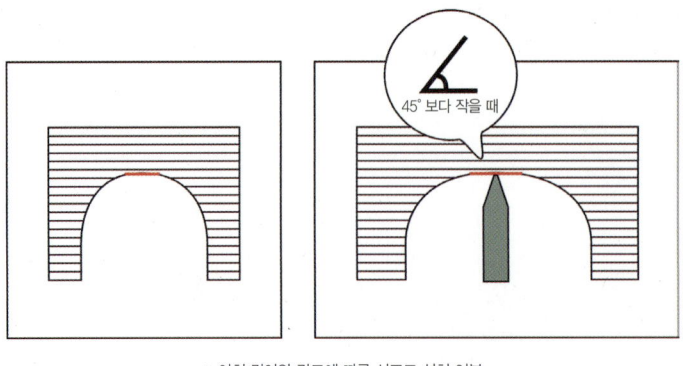

▲ 아치 길이와 각도에 따른 서포트 설치 여부

03 | 다리 하부 구조 설치하기

예제를 보면 바닥에서부터 이어지는 Layer의 넓이보다 교상 Layer의 넓이가 훨씬 크기 때문에 교상을 지탱할 수 있는 서포트를 필요 면적만큼 설치해야 합니다. 하지만 서포트를 설치하면 레진의 소모량이 필요 이상으로 늘어날 뿐만 아니라 출력 후 설치한 서포트를 제거하는 데도 노력과 시간이 듭니다. 지금부터 서포트를 설치하지 않기 위해 서포트가 필요한 면적을 줄이면서 구조적으로 튼튼하게 지탱할 수 있도록 아치 형태의 다리 구조체를 삽입해 보도록 하겠습니다.

❶ 오브젝트를 선택하여 추가할 수 있는 'Add' 메뉴의 단축키인 Shift + A 를 누른 후 Add 〉 Mesh 〉 Circle을 선택하여 원을 만듭니다.

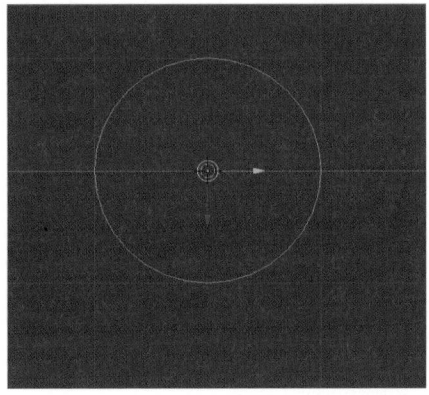

❷ A 를 눌러 Circle을 전체 선택합니다. 'Scale' 명령어의 단축키 S 를 누르고 X축 단축키인 X 를 순차적으로 누르면 X축 방향으로 크기를 조절할 수 있습니다.

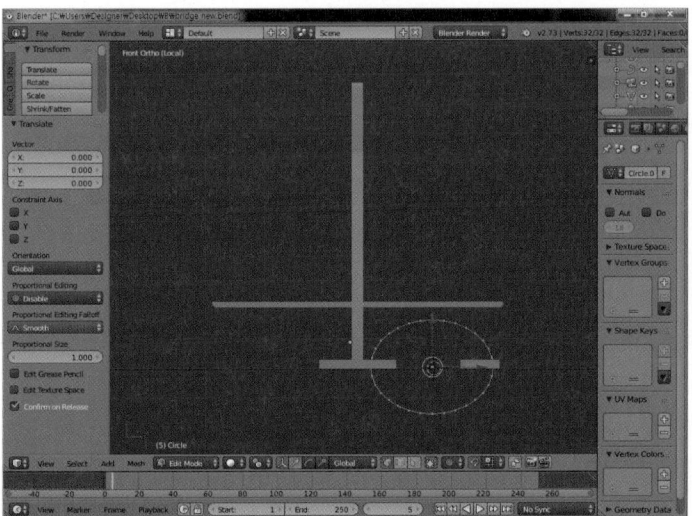

❸ 크기를 조절하여 타원형으로 만듭니다. 필요 없는 부분의 꼭짓점들은 선택하고 키보드의 Delete 를 눌러 삭제합니다. 원을 구성하는 꼭짓점 선택은 'Circle Select' 명령어의 단축키인 C 를 누르고 선택하고자 하는 영역을 드래그하면 됩니다.

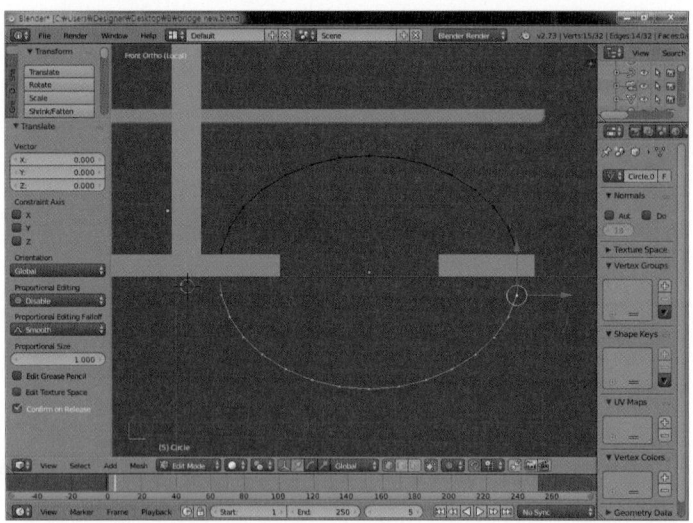

❹ 남아있는 아치 모양의 반원을 구성하는 꼭짓점을 'Circle Select' 명령어의 단축키인 C 를 눌러 모두 선택합니다.

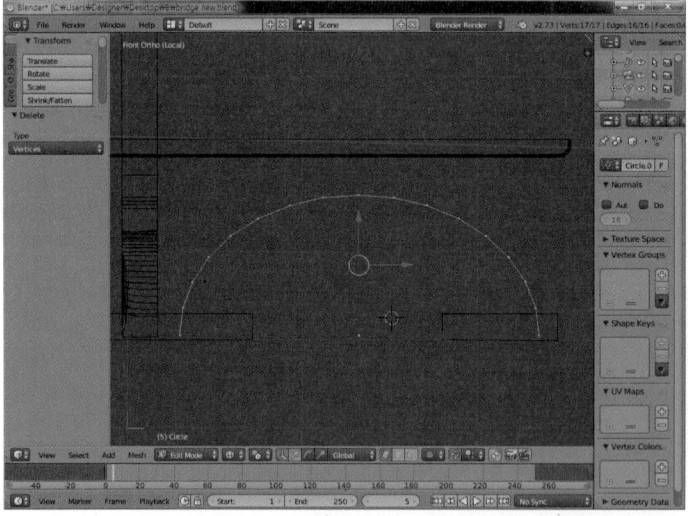

❺ 'Extrude Resion'의 단축키인 E 를 누릅니다. 'Scale' 명령어의 단축키인 S 를 누른 후 축소하면 축소시킨 거리만큼 서페이스가 돌출됩니다. 예제에서는 안정성을 위해 출력 가능 해상도인 0.8mm의 3배 정도의 두께를 가지는 솔리드를 만들기 위해 2mm 길이로 돌출시켰습니다. 버텍스를 자유롭게 움직일 수 있게 하는 단축키 G 를 이용해 돌출된 서페이스의 형태를 수정할 수 있습니다.

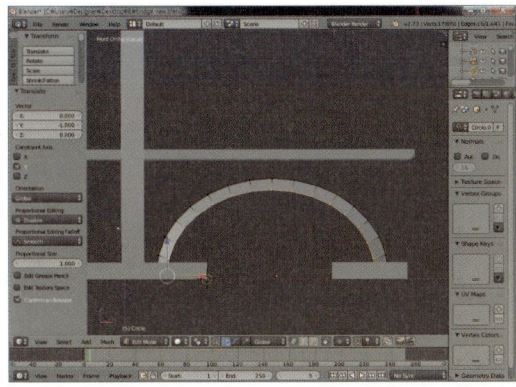
▲ Front

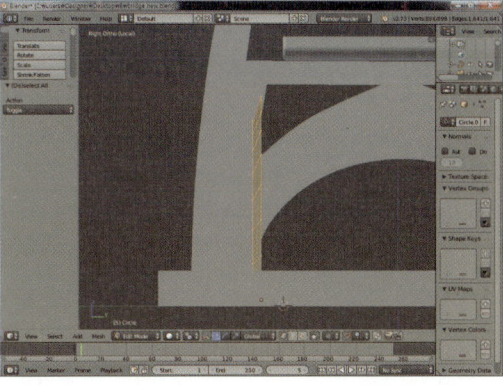
▲ Side

❻ 'Extrude Region' 단축키인 E 를 눌러 선택한 다리 형태의 면을 Y축으로 돌출시킵니다. 앞서 만든 면에 기울기가 있기 때문에 아치면의 바깥 원과 안쪽 원을 따로 선택하여 동일한 거리만큼 돌출시킵니다.

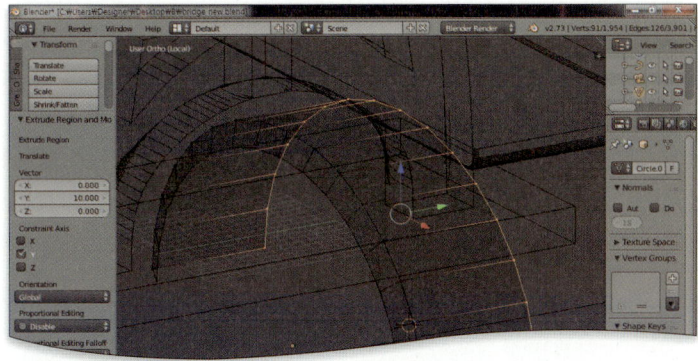

❼ 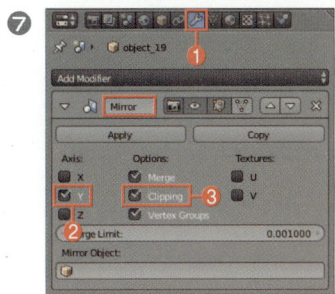 Properties Panel에서 'Modifier( )' 아이콘을 클릭합니다. Modifier 탭의 'Mirror' 메뉴에서 'Axis' 항목에 'Y'축을 체크하고, 'Options' 항목에 'Clipping'을 체크합니다.

❽ 'Clipping'에 체크하면 Y축으로 동일한 면적의 서페이스가 생성되며, Mirror의 주체가 되는 부분을 수정하면 객체 부분도 자동으로 변환됩니다. 앞서 직선형으로 되어 있던 주탑을 곡선형으로 수정했던 것처럼 레진탱크에 가해지는 피로를 분산시키기 위해 아치형 구조물을 곡면으로 만듭니다.

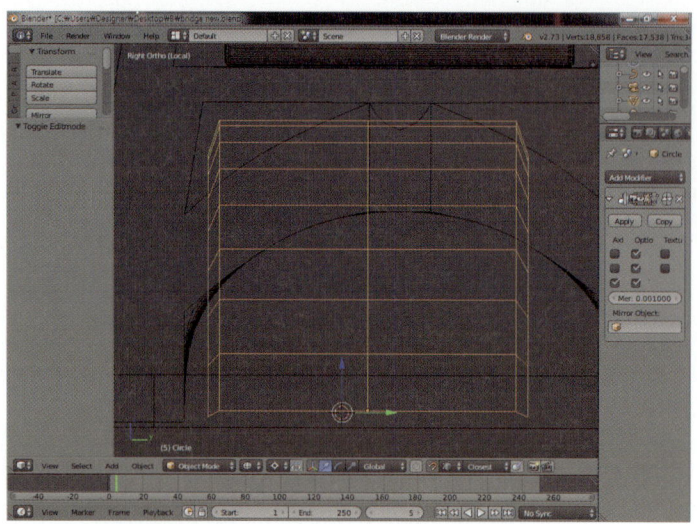

❾ Properties Panel에서 'Modifier( )' 아이콘을 클릭하여 하위 메뉴 중 'Bevel'을 선택합니다. 'Segments' 항목을 '8'로 설정하여 모서리를 부드럽게 합니다. 다른 모서리도 동일한 방법으로 부드럽게 합니다. Segment에서 곡면을 만들 때 얼마나 작게 등분하여 곡면을 만들 것인지를 결정할 수 있습니다. 숫자를 높게 설정할수록 더욱 부드러운 면이 만들어집니다.

❿ 이번엔 출력 시 구조적인 안정성을 가질 수 있도록 다음 그림처럼 아치 위쪽에 대각선으로 조밀하게 이루어진 구조체를 설치해 보도록 하겠습니다. 먼저 'Add'의 단축키 Shift + A 를 누르고 하위 항목인 Curve > Bezier를 선택하여 선을 만듭니다. 헤더창을 'Edit Mode'로 변환합니다. 꼭짓점을 이동하여 구조체를 설치하려는 위치에 선을 그려줍니다.

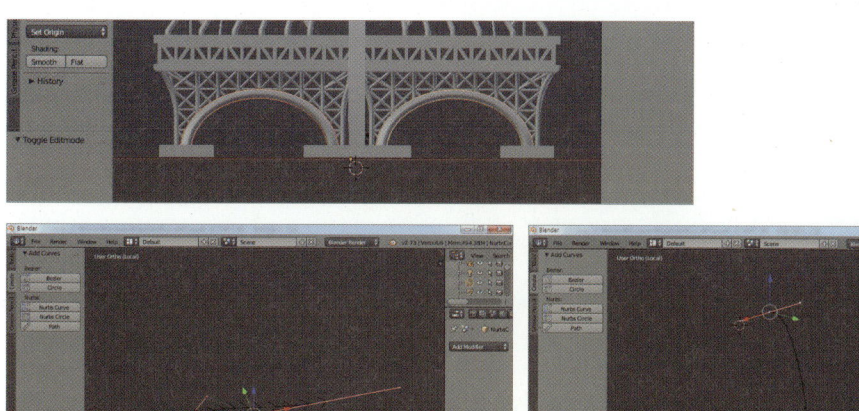

⓫ 선의 두께가 될 Circle 커브를 생성하도록 하겠습니다. 'Add'의 단축키인 Shift + A 를 누르고 하위 항목인 Curve > Circle을 선택합니다. 실제 출력 가능 해상도가 0.8mm인 것을 고려하여 반지름을 설정합니다. 예제에서는 가장자리에 위치한 선 두께의 반지름은 0.6mm, 수직으로 세운 선 두께의 반지름은 0.5mm, 나머지는 0.3mm로 설정하였습니다. Circle을 불러온 화면입니다.

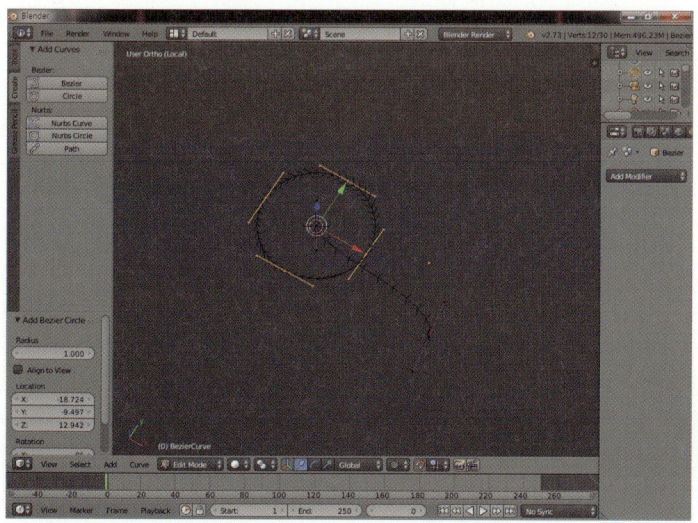

CHAPTER 3 안정성과 각도에 따른 모델링하기 | 157

⑫ 커브를 솔리드로 만들기 위해 하단 모드창을 'Object Mode'로 바꿔줍니다. 커브에 두께를 설정해 솔리드로 만들기 위하여 선을 선택하고 'Object' 메뉴에서 Convert to > Curve from Mesh/Text를 선택합니다.

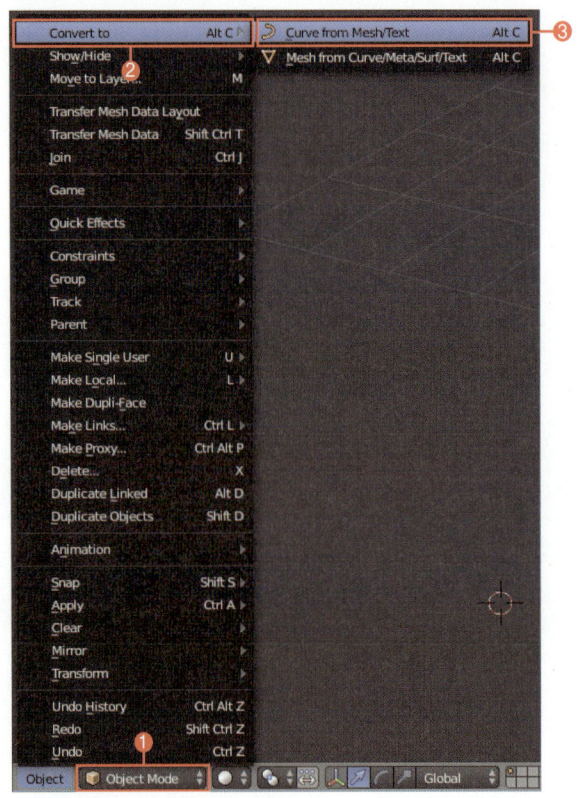

⑬ 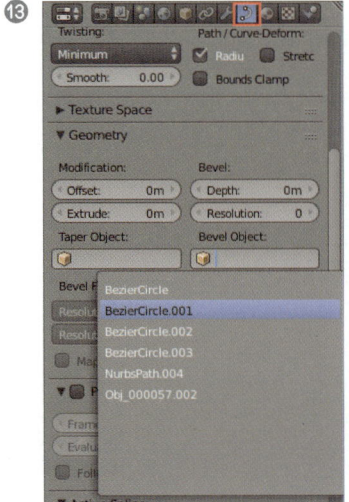 Properties Panel에서 'Curve( )' 아이콘을 클릭하면 'Bevel Object' 항목을 지정할 수 있습니다. Bevel Object > BezierCircle을 선택합니다. BezierCircle은 앞서 구조물의 두께로 사용하기 위해 그려둔 원입니다. 어느 것을 선택해도 상관없습니다.

⑭ BezierCircle을 선택하면 선택한 Circle 커브가 앞에서 그린 선의 두께가 되어 파이프를 만듭니다. 같은 방법으로 나머지 선에도 두께를 만듭니다.

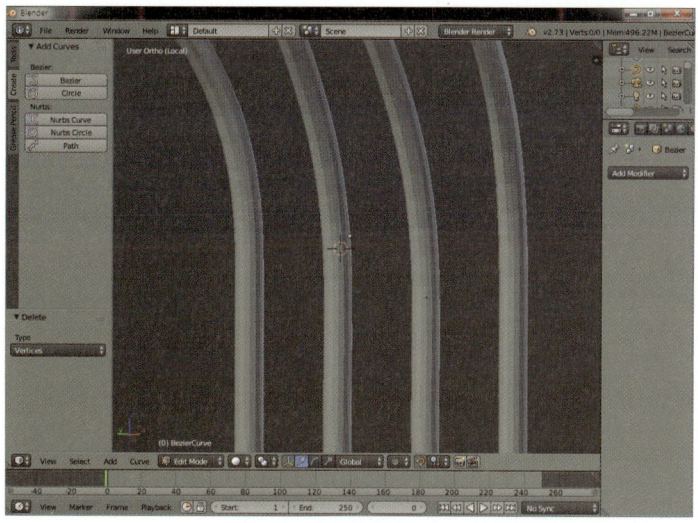

⑮ 열린 개체인 구조물을 닫힌 개체로 변경하기 위해서는 개체를 Mesh로 변환해야 합니다. 'Object' 메뉴에서 Convert to 〉 Mesh from Curve/Meta/Surf/Text를 선택합니다.

⑯ 부분 선택 단축키 B를 누른 후 구조체의 열린 부분을 선택하고, 'Make Face'의 명령어 단축키 F를 누르면 뚫려 있는 구멍이 면으로 채워집니다. 동일한 방법으로 나머지 부분에도 면을 만듭니다.

⑰ 동일한 방식으로 구조물을 만듭니다.

⑱ 헤더창의 모드를 'Object Mode'로 바꾼 후 만들었던 아치형 구조를 복제해서 반대쪽으로 이동시킵니다.

SECTION 2

구조체의 각도를 재설정하여 출력 품질 향상시키기

01 | 트러스 구조 설치하기

예제에서는 2층으로 된 교상이 출력될 수 있도록 1층과 2층의 교상 사이에 기둥 모양의 구조체가 설치되어 있습니다. 이처럼 직선형 기둥으로 큰 면적의 교상을 받치면 기둥과 기둥 사이에 휨 현상이 생길 수 있고 그에 따른 후가공이 필요할 수도 있습니다. 재료의 효율적인 사용과 모델 자체의 구조적 튼튼함을 위하여 기둥의 구조를 트러스 구조로 변경하도록 하겠습니다.

▲ 수정 전

3D 프린팅을 위한 모델링 과정 중 내·외부에 서포트를 세울 때 서포팅에 트러스 구조를 자주 이용합니다. 트러스는 삼각형 그물 모양으로 하중을 지탱하는 구조를 말하는데 교량이나 지붕의 구조물로 많이 쓰입니다. 트러스가 삼각형 단위 공간으로 구성되는 이유는 삼각형 구성이 사각형 공간일 때보다 3D 프린팅 시 힘이 분산되어 변형이 쉽게 일어나지 않고 안정된 형태를 유지할 수 있기 때문입니다.

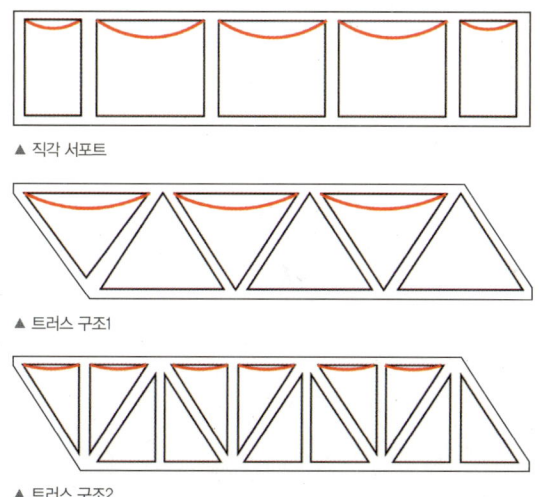

▲ 직각 서포트

▲ 트러스 구조1

▲ 트러스 구조2

― : 휨 현상이 발생하는 부분

직선 형태로 출력되는 모델 서포트 은 적은 면적에 같은 형태의 피로가 계속 중첩되어 쌓이면서 피로 파괴를 일으키기 때문에 레진탱크 바닥에 있는 코팅면을 손상시킬 수 있습니다. 코팅면이 손상되면 손상된 코팅면에 정확한 상이 투과되지 않아 출력 정밀도가 떨어지게 됩니다. 예제에서는 트러스 구조2를 참고하여 휨 현상과 카트리지의 손상을 최소화하면서 구조적 안정성도 함께 가질 수 있도록 교상을 수정해 보도록 하겠습니다.

❶ 'Add' 메뉴의 단축키인 Shift + A 를 눌러 Mesh > Plane을 만듭니다. 헤더창의 모드를 'Edit Mode'로 변환합니다.

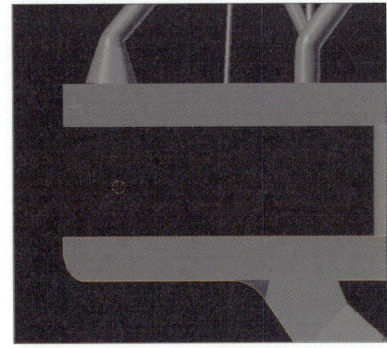 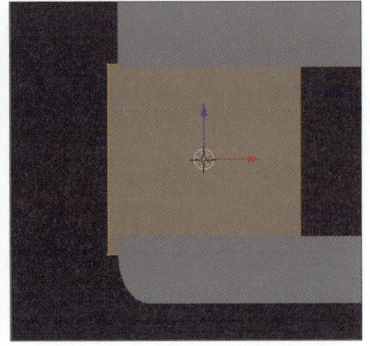

❷ 'Knife'의 단축키 K 를 누른 후 면에 대각선으로 라인을 생성하여 Plane을 나누어 줍니다.

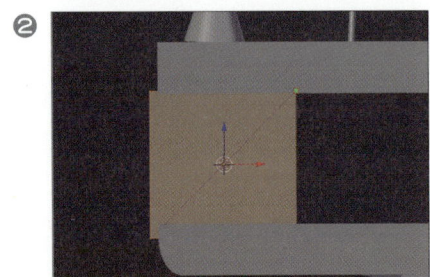

❸ 만들어준 Plane이 교상 1층과 2층이 맞닿을 수 있도록 크기 Scale의 단축키 S 와 위치를 조절합니다.

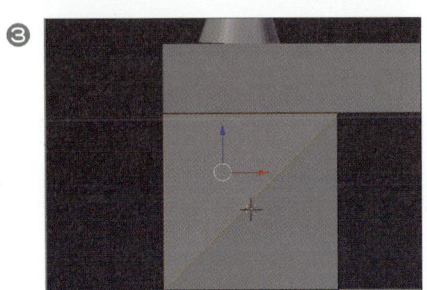

❹ 헤더창의 '면( )' 아이콘을 클릭하고 분할했던 Plane의 삼각 면을 선택합니다.

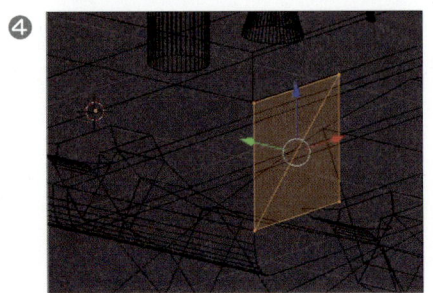

❺ 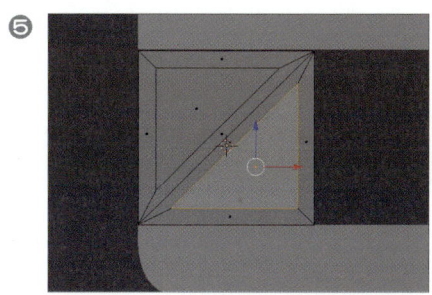 Add 〉Extrude Resion을 선택하고 'Scale' 명령어의 단축키 S를 누르면 그림처럼 선택한 모서리를 기준으로 축소시킨 면을 생성할 수 있습니다. 다른 삼각형에도 동일하게 면을 만듭니다.

❻ 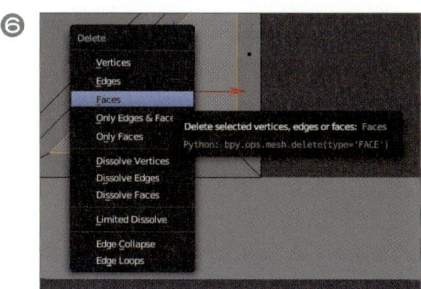 축소된 두 삼각 면을 선택하고 Delete 를 눌러 삭제합니다.

❼ 전체 선택/해제 명령어의 단축키 A 를 눌러 Plane 전체를 선택합니다. 'Extrude Region'의 단축키 E 를 눌러 두께를 줍니다.

❽ Plane을 선택하고 복제 단축키 Shift + D 를 눌러 Plane을 복제한 후 옆으로 나란히 위치시킵니다.

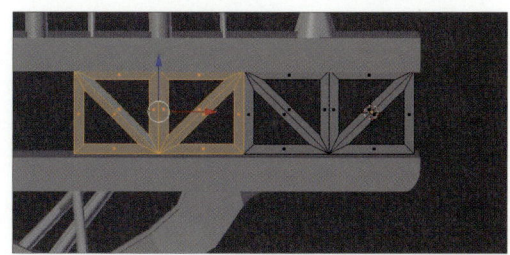

❾ Plane을 복제하여 완성된 트러스 구조입니다. 트러스 구조가 두 교상 사이에서 서포트 역할을 할 수 있도록 양옆과 중간 지점에 복사하여 위치시킵니다. 보다 잘 받칠 수 있도록 중간지점보다 가장자리의 두께를 더 두껍게 수정합니다.

02 │ 주 케이블 각도 수정하기

3D 프린팅 시 간과하기 쉬운 것이 바닥과 모델 구조 간의 각도 설정입니다. FFF FDM 장비나 DLP/SLA 장비에서 출력할 모델을 디자인할 때에는 '45° 법칙'을 기억해야 합니다. 45° 이하로 기울기가 완만한 모델은 서포트 없이 출력이 어렵습니다. 예제의 케이블은 지면에서 38.5° 기울어져 있기 때문에 45° 이상 90° 이하로 각도를 수정하거나 서포트를 설치해야 합니다. 기울기가 출력면에 직각에 가까울수록 일정한 곳에서 균일한 빛으로 경화시키기 때문에 출력 품질은 좋지만 앞서 설명한 것처럼 레진탱크 바닥의 피로 충격을 고려하여 직각 구조는 지양하는 것이 좋습니다.

예제에서 가장 완만한 케이블의 각도는 라이노에서 측정한 결과 38.5°로 45°보다 완만하기 때문에 서포트 없이는 출력이 어렵습니다. 케이블의 각도를 수정하여 서포트를 줄여 안정적으로 출력할 수 있는 구조를 만들어 보겠습니다.

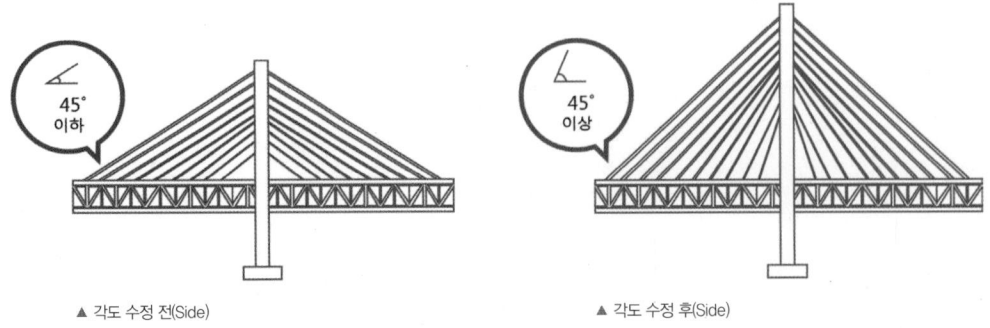

▲ 각도 수정 전(Side)　　　　　　▲ 각도 수정 후(Side)

① 가장자리의 케이블 각도가 45° 이하로 완만하여 출력이 어려운 기존의 케이블을 모두 삭제하고 서포트 없이 출력이 가능한 45° 이상의 케이블을 재생성할 예정입니다. 먼저 케이블을 재생성할 때 가이드라인이 될 수 있는 주탑의 높이를 수정하겠습니다. 각도를 재설정하기 위해 케이블의 위치를 옮길 때 주탑의 윗부분을 구성하는 꼭짓점들을 선택한 후 Z축으로 옮겨 주탑의 높이를 약 10mm 높여 줍니다.

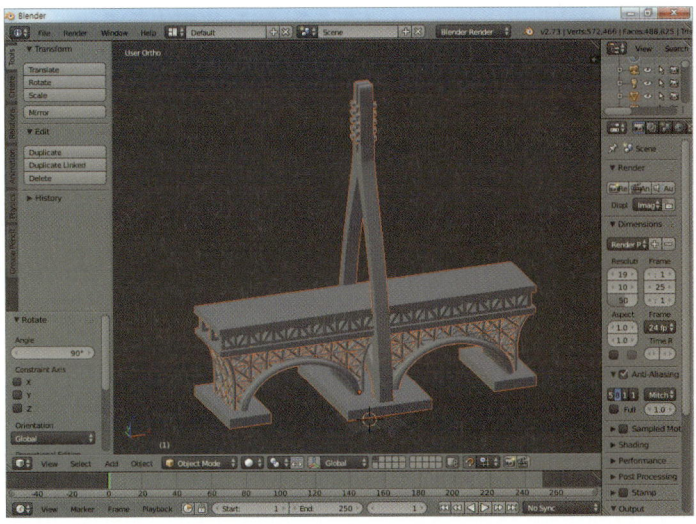

② 주 케이블의 두께 모양이 될 Circle 커브를 만듭니다. 'Add'의 단축키인 Shift + A 를 누르고 하위 항목인 Curve 〉 Circle을 선택합니다.

❸ 실제 출력 가능 해상도가 0.8mm인 것을 고려하여 반지름을 설정합니다. 예제에서는 Circle의 반지름을 '0.6mm'로 입력하여 원기둥의 두께가 1.2mm가 되도록 설정하였습니다. Circle을 불러온 화면입니다.

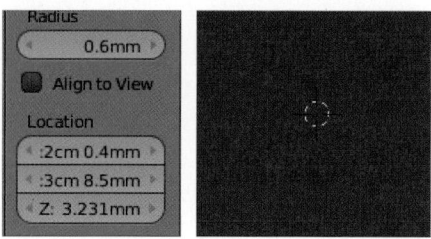

❹ 3D 커서는 메쉬를 소환할 수 있는 게이트 역할을 합니다. 교상 위에 3D 커서를 지정하여 커브를 불러올 공간을 선택합니다. 3D 커서는 마우스를 클릭하는 것으로 지정할 수 있습니다.

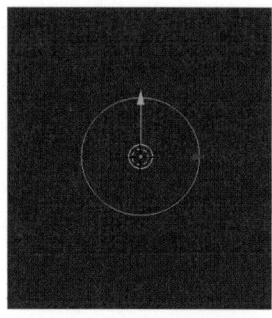

❺ 주 케이블을 생성하기 위해 주 케이블이 생성될 위치를 라인으로 지정합니다. View 화면을 Front 단축키: 1 로 변경하여 작업하면 라인을 평면상에서 정확히 그릴 수 있습니다.

❻ 모드창을 'Edit Mode'로 변경합니다. 주 케이블이 설치되어야 하는 곳의 시작점과 Y축으로 동일 선상에 있는 꼭짓점을 선택한 후 붉은 화살표를 드래그하여 X축으로 이동시킵니다. 꼭짓점을 클릭하고 'Extrude Region'의 단축키 E 를 누른 후 그림처럼 순서대로 선을 만듭니다.

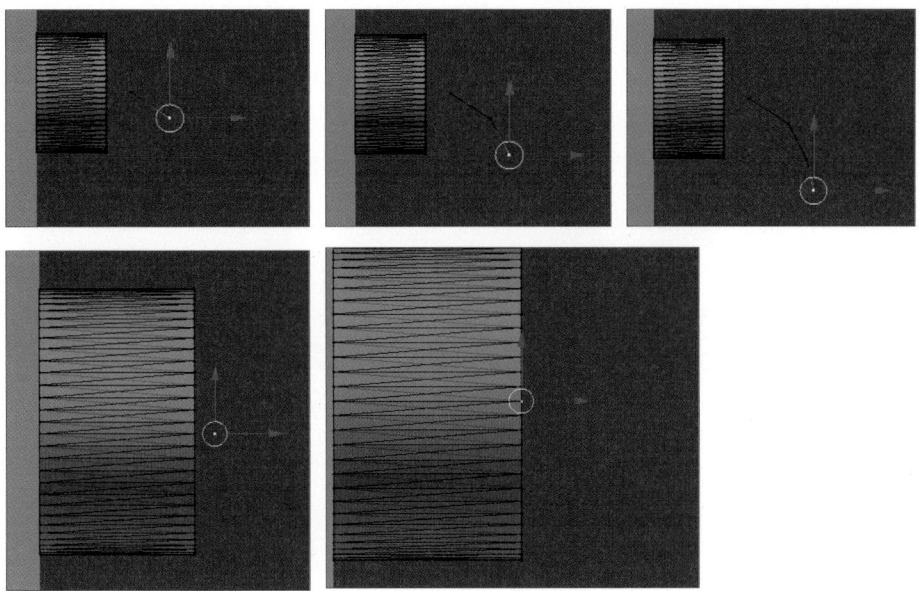

❼ 전체 선택 단축키 A 를 눌러 그려준 선 전체를 선택한 후 헤더창에서 Mesh 〉 Vertices 〉 Sparate 〉 Selection을 선택하여 선을 단일 개체로 분리합니다.

❽ 커브를 솔리드로 만들기 위해 모드창을 'Object Mode'로 변경합니다. 커브에 두께를 주어 솔리드화하기 위하여 선을 선택하고 'Object' 메뉴에서 Convert to 〉 Curve from Mesh/Text를 선택합니다.

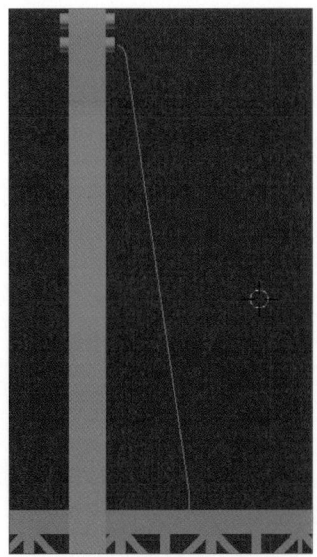

❾ Properties Panel에서 'Curve( )' 아이콘을 클릭하면 'Bevel Object'를 지정할 수 있습니다. Bevel Object 〉 BezierCircle을 선택합니다. BezierCircle은 앞서 주 케이블의 두께로 사용하기 위해 그려둔 원입니다.

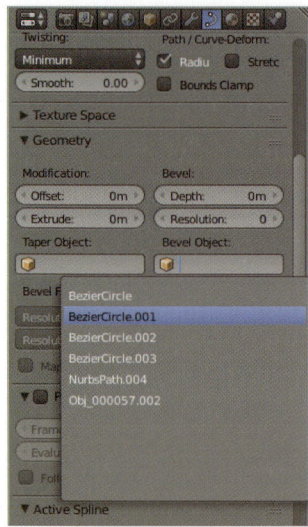

❿ BezierCircle을 선택하면 선택한 Circle 커브가 가이드라인을 따라 면으로 형성됩니다. 동일한 방법으로 주 케이블을 만듭니다.

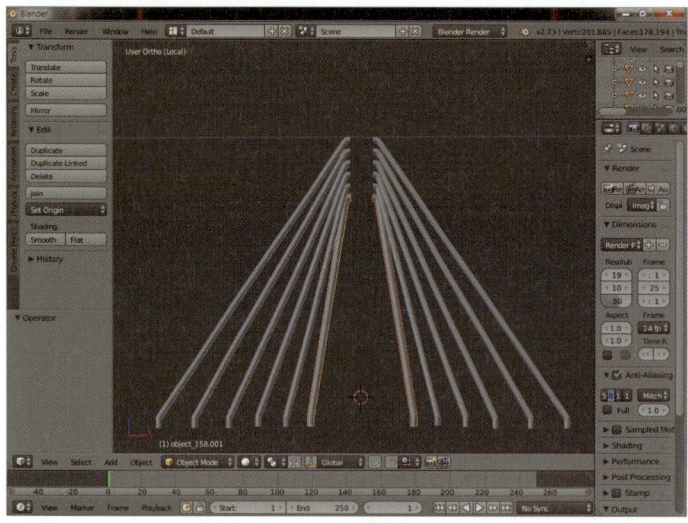

⑪ 평면상에 주 케이블을 모두 생성한 후 모드창에서 'Edit Mode'를 선택합니다. 케이블 아랫부분의 꼭짓점 2개를 선택하여 Y축 방향으로 이동시킵니다. 나머지 부분도 동일한 방법으로 이동시킵니다.

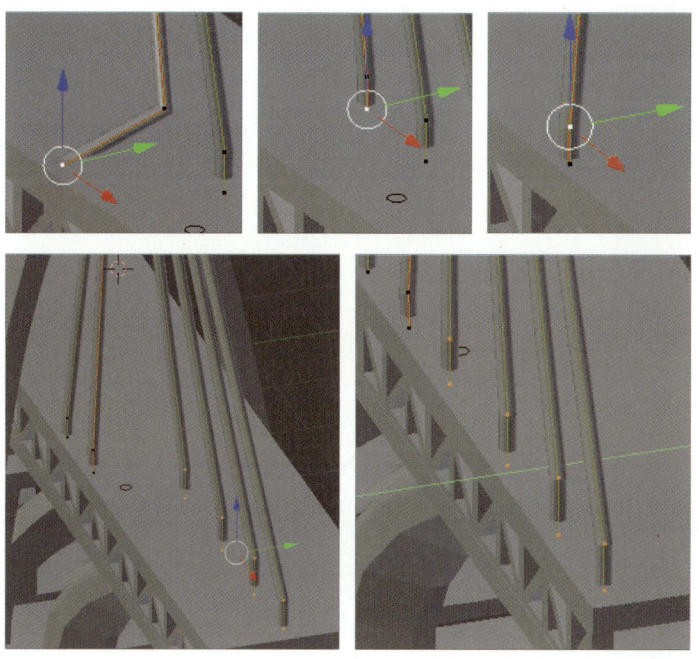

실전 TIP

모드창 혹은 헤더창은 그림에 표시된 부분으로, 대부분의 옵션을 담고 있는 윈도우의 작업 표시줄과 같은 개념입니다.

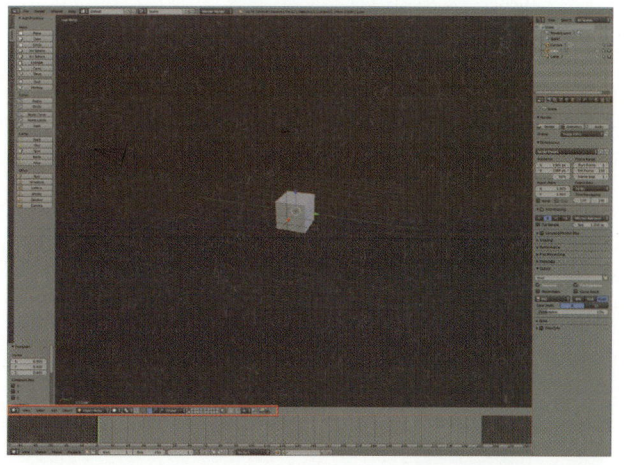

배치가 끝나면 주 케이블을 반대편으로 복사하여 이동시켜야 합니다. Context Button 〉Modifier〉 Generate 항목에서 'Mirror'를 선택합니다.

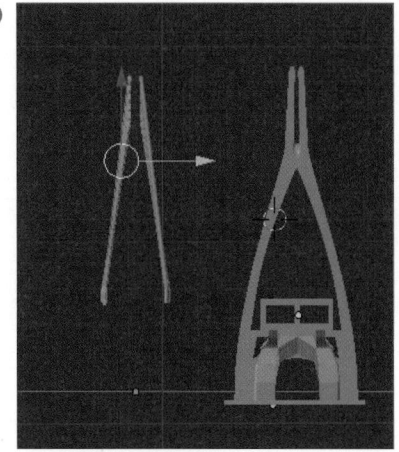

모드창에서 'Edit Mode'를 선택합니다. 선택한 주 케이블을 미러시킨 후 간격을 맞추어 반대편에 위치시킵니다.

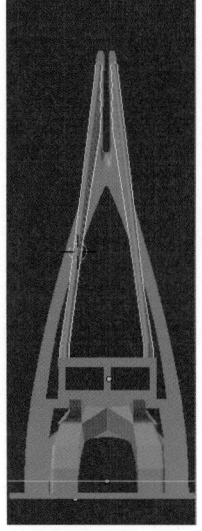

모드창에서 'Object Mode'를 선택합니다. 만들어진 주 케이블을 주탑 위치를 기준으로 원하는 곳에 위치시킵니다.

⓯ Properties 〉Axis 메뉴에서 X축을 선택하고 X축 방향으로도 미러를 실행합니다. 모드창을 'Edit Mode'로 변경하여 미러된 주 케이블의 위치를 설정합니다.

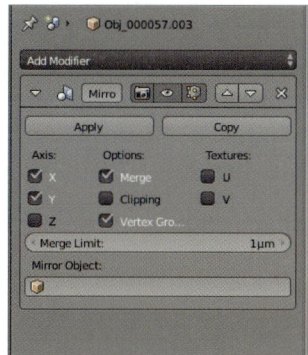 

⓰ 모드창을 'Object Mode'로 변경합니다. 열린 개체로 되어 있는 케이블을 닫힌 개체로 변경하기 위해서는 개체를 'Mesh'로 변환해야 합니다. 'Object' 메뉴에서 Convert to 〉Mesh from Curve/Meta/Surf/Text를 선택하여 매쉬로 변환합니다.

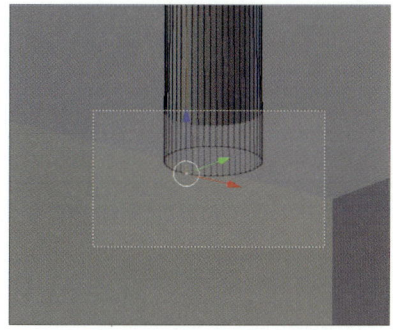

⓱ 부분 선택의 단축키 B 를 누른 후 그림에 표시된 케이블의 바닥부를 부분 선택합니다. 'Make Face'의 단축키 F 를 누르면 뚫린 구멍이 면으로 채워지며 닫힌 개체가 됩니다.

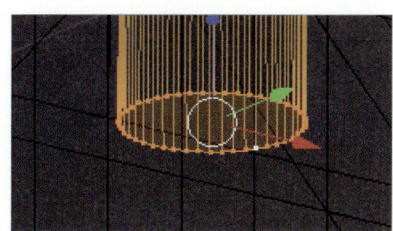

⑱ 헤더창에 있는 Mesh 〉 Face 〉 Make Edge/Face의 단축키 F 를 누르면 열려 있던 부분에 면이 생성됩니다. 동일한 방법으로 나머지 부분에도 면을 만듭니다.

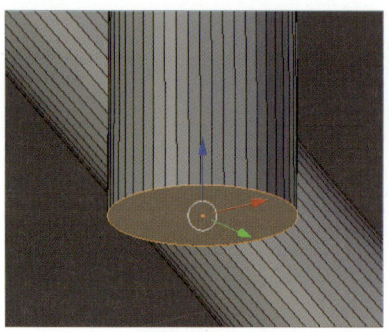

03 | 보조 케이블 설치하기

SLA 방식의 프린터 중 Form1 시리즈는 출력판과 카트리지가 닿았다 떨어지는 순간에 카트리지에서 틸팅Tilting이 자동으로 일어나도록 설계되었습니다. 틸팅은 출력 시 출력판에서 모델이 잘 떨어지도록 하기 위한 것으로, 경화 후 모델이 레진탱크에서 떨어질 때 레진탱크를 한쪽으로 기울여 주는 방식입니다. 케이블의 각도가 45° 이상으로 수정된 예제 모델링을 Form1로 출력하면 이론상으로는 서포트 없이 출력이 가능해야 하지만 틸팅 기능이 출력물에 영향을 주는 것이 변수로 작용해 케이블이 잘 뽑히지 않을 수도 있습니다. 틸팅 구조상 한쪽에 피봇이 존재해 좌우측 레진탱크에서 떨어지는 힘이 조금 다른 것이 모델에 영향을 주기 때문입니다.

따라서 이러한 돌발 상황에 대처하기 위해서는 출력의 정확성을 높일 수 있는 여러 가지 방법을 동시에 적용하여 디자인해야 합니다. 예제에서는 주 케이블을 보조하기 위하여 트러스 구조의 보조 케이블을 대각선과 직각으로 세울 예정입니다.

주 케이블을 대각선으로 지탱해줄 보조 케이블을 설치하도록 하겠습니다. 45°보다 가파르게 설치해야 서포트 없이 출력이 가능합니다. 두 케이블의 꼭짓점을 선택하기 전에 커브를 생성하여 서페이스가 만들어질 길을 설정합니다.

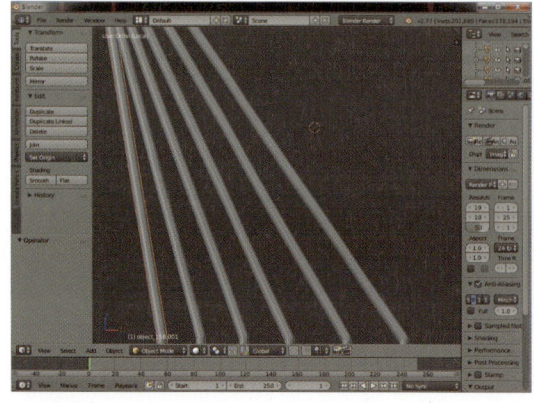

▲ 수정 전   ▲ 수정 후

① 헤더창을 'Edit Mode'로 변경한 후 '버텍스( )' 아이콘을 클릭합니다. 보조 케이블을 주 케이블 사이에 생성하기 위해 생성할 양쪽 주 케이블 표면의 점을 선택합니다. Shift+마우스 클릭해야 점을 양쪽으로 선택할 수 있습니다. 두 점을 선택한 후 'Make Edge/Face' 단축키 F 를 누르면 두 점 사이에 선이 생성됩니다.

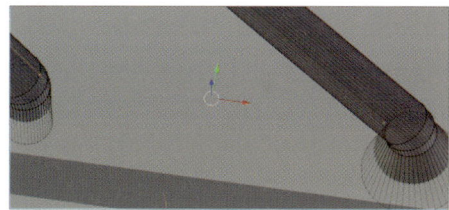 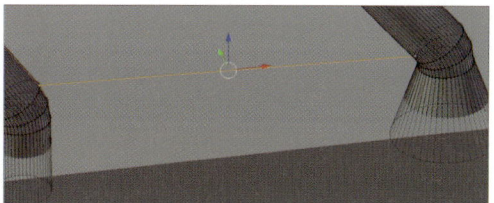

② '모서리( ) 선' 아이콘을 클릭합니다. 분리시킬 선을 선택하고 'Split' 명령어의 단축키 Y 를 누르면 두 점에 붙어있던 선이 분리됩니다. 'Split'는 점이나 두 점 사이에 있는 모서리들을 분리하는 명령어입니다. 이 명령어는 'Edit Mode'에서만 작용합니다.
선을 완전히 다른 오브젝트로 분리시키기 위해서는 'Separate' 명령어의 단축키 P 를 누릅니다. Separate 하위 메뉴 중 'Selection'을 선택합니다.

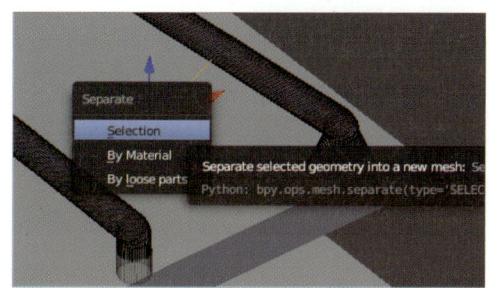

③ 선이 다른 오브젝트로 분리되었지만 면을 구성하는 모서리로 인식하기 때문에 'Convert to' 메뉴를 사용하여 모서리를 Curve로 만들도록 하겠습니다. 모서리 선을 선택하고, 헤더창의 Object > Convert To > Curve from Mesh/Text를 선택하면 모서리가 Curve로 변환됩니다. 헤더창의 모드를 'Edit Mode'로 두면 모서리가 Curve로 변환된 것을 알 수 있습니다.

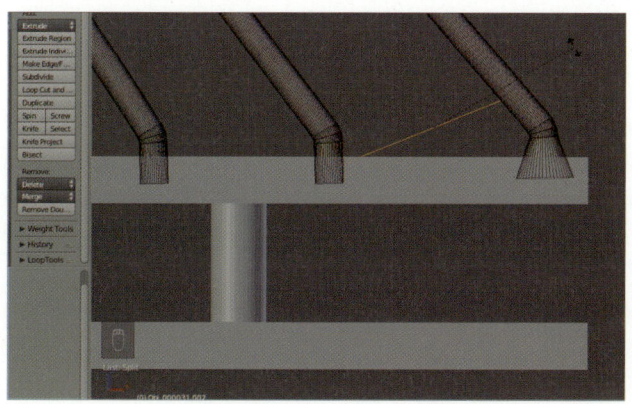

❹ 보조 케이블의 가이드 역할을 하도록 그려준 Curve를 따라 원형의 두께를 지정하겠습니다. 'Add' 메뉴의 단축키 Shift + A 를 누르고 Curve 〉 Circle을 선택하여 원을 만듭니다.

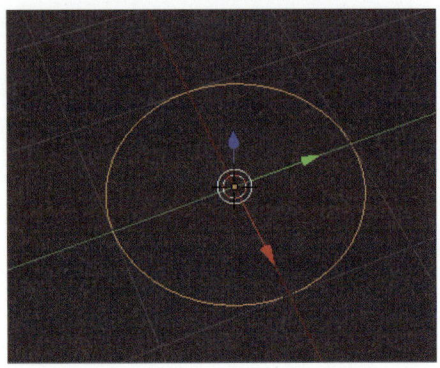

❺ 화면 왼쪽 Tool Shelf에 있는 'Add Bezier Circle'은 Circle Curve의 두께 조절, 위치 조정 및 회전 항목을 설정할 수 있습니다. 'Add Bezier Circle' 메뉴에서 Radius 값을 '1'로 입력한 후 모서리를 선택합니다.

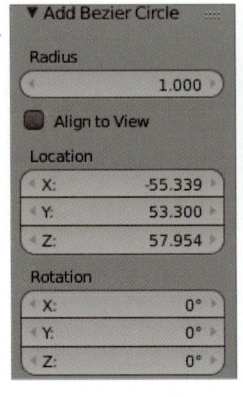 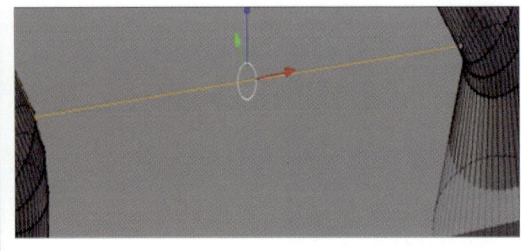

❻ Properties Panel에서 'Curve( )' 아이콘을 클릭하면 하위 세부 옵션창에 'Bevel Object' 메뉴가 있습니다. Bevel Object 명령어는 커브에 두께를 줄 때 두께가 되는 개체의 모양을 불러올 수 있는 명령어입니다. 불러온 형태에 따라 두께가 결정됩니다. Bevel Object의 선택창을 열어 Bezier Circle을 선택한 후 선의 두께가 될 개체를 지정합니다.

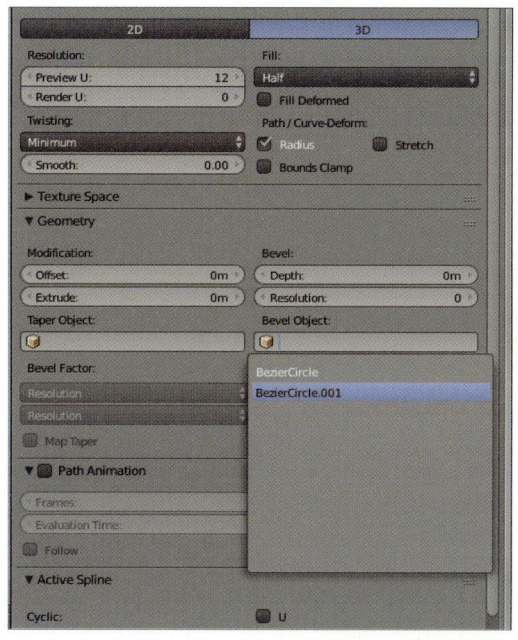

❼ 커브 상태인 보조 케이블을 메쉬로 변환하겠습니다. 헤더창의 Object > Convert to > Mesh from Curve/Meta/Text를 선택하면 선택한 커브가 메쉬로 변환됩니다.

❽ 열린 개체를 닫힌 개체로 만들어야 출력이 가능하므로 만든 보조 케이블 양쪽의 열린 부분에 면을 생성하여 구멍을 채워줍니다. 양쪽 모서리들을 부분 선택 단축키 B 으로 선택한 다음 'Make Face' 단축키 F 를 누르면 면이 생성되어 보조 케이블이 닫힌 개체가 됩니다.

 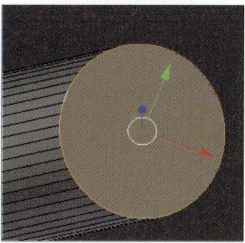

❾ 동일한 방법으로 주 케이블의 사이를 잇는 보조 케이블을 설치합니다.

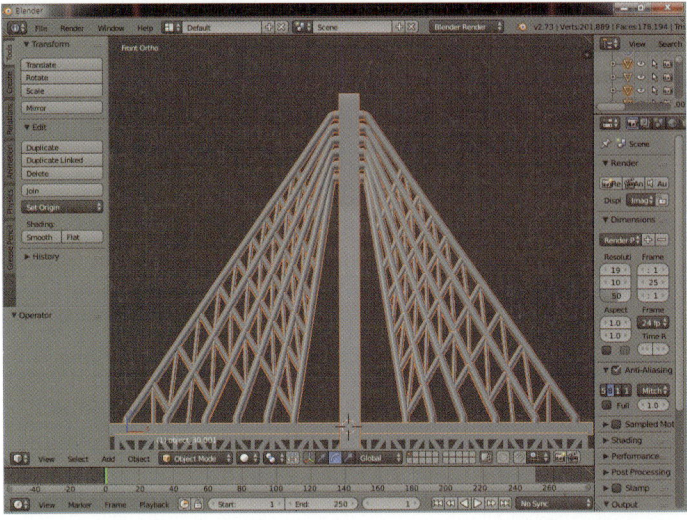

❿ 출력한 보조 케이블의 모습입니다.

Special Page

무료 캐드 프로그램

자신이 직접 제작한 모델링으로 3D 프린팅을 하려면 여러 CAD 프로그램 중 만들고자 하는 모델을 잘 구현할 수 있는 기능을 가진 CAD 프로그램을 선택하여야 합니다. CAD 프로그램의 선택 기준은 성능, 난이도, 가격, 특징 등이 있습니다. 이 외에도 3D 프린터를 사용하는 개인 유저 및 스타트업 회사의 창업자에게는 성능과 난이도 못지않게 가격이 중요한 요소로 작용합니다. 유료 CAD 프로그램을 구매하는 데 적게는 십여 만 원에서 많게는 수억 원의 비용이 들기 때문에 프로그램 구입이 부담스러울 수밖에 없습니다. 이런 이유로 3D 프린터의 개인 사용자/소자본창업자들 중에는 무료 프로그램 사용자가 많습니다. 무료 CAD 프로그램이라도 기본적인 CAD를 실행하는 데 문제가 없고 업데이트가 꾸준히 되고 있는 프로그램들을 잘 선택해서 사용하면 유료 못지않은 성능과 편의성을 기대할 수 있습니다.

▶ **대표적인 9가지 무료 캐드 프로그램**

프로그램명	사용 난이도	가격	한계
3Dtin.com	매우 쉬움	무료	많음
tinkerCAD.com	매우 쉬움	무료	많음
Google SketchUp	쉬움	무료	몇 가지 있으나 성능이 뛰어남
Fusion	전문가용	무료	초보자는 다루기 힘듦
CloudSCAD	쉬움(숫자 지정으로 디자인 변경)	무료	코드 변환 시 조금 있음
Blender	어려움	무료	몇 가지 있음
Alibre	보통/어려움	$ 99	전문가용 수준의 CAD
Autodesk 123D	보통/쉬움	무료	몇 가지는 PC로는 사용이 불가능하고 안드로이드로만 사용 가능
VariCad	보통	$ 499	전문가용 수준의 CAD

CHAPTER 4

서포트를 설치하여 모델링하기
구두 모델링

3D 출력물을 모델링할 때 반드시 고려되어야 하는 것 중 하나는 서포트의 유무입니다. 서포트는 3D 프린팅의 특징인 Layer by Layer의 적층 공정에서 모델의 구조에 따라 출력의 성공 유무를 판가름하는 구조물로, 프린팅이 완료되었을 때 제거할 수 있습니다. 서포트에 따라 모델의 출력 가능 여부나 출력 품질이 결정되기 때문에 모델링 과정에서부터 출력할 3D 프린팅 공정을 정확하게 이해하고 있어야 합니다. 서포트의 재질과 모양은 3D 프린터 방식이나 출력 소프트웨어에 따라 달라질 수 있습니다.

이번 장에서는 프린트 방식의 차이(DLP, Polyjet, SLA, SLS, FDM)에 따른 서포트 설치 방식과 노하우를 알아보겠습니다.

완성 파일 : ankle_strap_shoe.3dm

3D Printing Resource

❶ DLP 방식의 광경화성 3D 프린터
- 출력물　　　　　구두
- 해상도　　　　　X, Y, Z(0.1mm)
- 출력가능 해상도　X, Y(약 0.4mm) / Z(0.05~0.1mm)
- 최대 출력 크기　 102.4×76.8×200(mm)
- 소프트웨어　　　라이노 5, 오픈소스 호스트 소프트웨어(Creation workshop)

❷ FFF 방식의 듀얼노즐 3D 프린터
- 출력물　　　　　구두
- 해상도　　　　　Z(0.2mm) / 노즐 사이즈(Φ0.4mm)
- 출력가능 해상도　X, Y(약 1mm) / Z(0.2mm)
- 최대 출력 크기　 235×200×200(mm)
- 소프트웨어　　　라이노 5, 오픈소스 호스트 소프트웨어(Cura)

After

구두 예제의 발목 부분은 바닥과 거의 평행선상에서 공중에 떠 있는 구조물이 있기 때문에 서포트를 설치하기가 까다로운 디자인입니다. 구조물을 출력하기 위해서는 바닥에서부터 구조물을 지탱할 수 있는 서포트를 만들어야 하는데 바닥과 구조물 사이에 모델이 있기 때문에 모델과 구조물을 수직으로 이어주는 서포트를 설치해야 합니다. 모델링을 시작하는 단계부터 서포트를 설치하는 마지막 단계까지의 과정을 따라하면서 DLP 방식과 FFF(FDM) 방식의 서포트 설치 방법의 차이에 대해 알아보겠습니다.

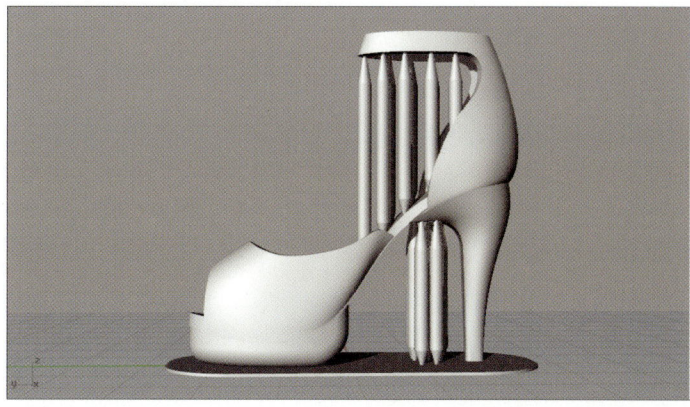

실전 테크닉

● 서포트 설치의 중요성

3D 프린터를 직접 사용해 보지 않은 사람들은 모델을 만들고 출력 버튼을 누르기만 하면 프린팅이 '뚝딱' 될 것이라고 생각하지만 3D 프린팅은 현재 완벽한 자동화가 이루어져 있지 않을 뿐만 아니라 자동적인 기능이 들어있다 하더라도 부족한 부분이 많습니다. 이러한 프린터의 한계를 알면 서포트의 필요성과 중요성에 대해 이해할 수 있게 됩니다.

3D 프린터는 종류에 따라 공정이 다르나 기본적으로는 적층 공법으로 3D 모델을 만듭니다. 적층이 되려면 바닥면에서부터 Layer 이미지가 차례대로 쌓여야 다음 Layer 이미지들이 나올 수 있습니다. 현재 출력하고 있는 Layer 이미지가 앞선 Layer 이미지부터 이어지지 않고 갑자기 생겨났을 때에는 출력된 Layer층이 허공에 뜨게 되어 출력이 제대로 이루어지지 않습니다. 이러한 문제점을 보안하고자 할 때 사용하는 것이 바로 서포트입니다. 3D 프린팅에서 서포트는 바닥면과 모델에서 지지대가 필요한 부분을 이어주는 교량 역할을 하며 출력 가능성의 유무를 결정하기 때문에 중요하게 고려해야 하는 요소입니다.

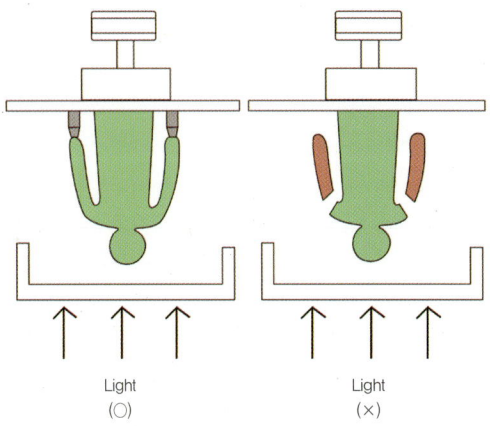

Light (○)   Light (×)

● 3D 프린트 방식별 서포트 기본 설치 방법

❶ FDM(FFF) 방식

FDM 방식을 지원하는 출력 소프트웨어 Cura, Makerbot, Meshmixer 등에서 자동 서포트를 실행합니다. 자동 서포트와 Infill 구조체는 슬라이스 엔진 Slic3r, KISSlicer, Repetier, Cura 등에 따라 조금씩 차이가 있습니다.

❷ DLP 방식

DLP 방식을 지원하는 출력 소프트웨어 Meshmixer, B9Creator, Stick+ 등이 있으며, 그중 Stick+는 Grid에 맞춰 일률적인 자동 서포트만을 지원합니다.로 자동 서포트를 실행하거나 직접 서포트를 설치할 수 있습니다. 서포트를 모델에 직접 설치하는 법을 배우면 자동으로 설치하는 것에 비해 소재 비용 절감과 더불어 더 높은 품질의 출력물을 얻을 수 있습니다.

❸ SLA 방식

자동 서포트를 실행하거나 직접 서포트를 설치할 수 있습니다. 광원이 다르다는 점 외에는 만들어지는 방식이 DLP 방식과 비슷하기 때문에 DLP 방식과 같은 출력 보조 소프트웨어 B9Creator, Stick+ 등에서 서포트를 설치할 수 있습니다.

❹ SLS 방식

선택적 소결 방식의 분말 프린터SLS는 분말 형태의 재료를 레이저나 접착제를 사용하여 특정 부분의 분말을 소결하는 방식입니다. 분말 프린터는 종류에 따라 서포트를 세워야 하는 것과 세우지 않아도 되는 것이 있습니다. 분말이 가득 채워진 상태에서는 출력 부분에 한해 분말을 바인더로 접착시키기 때문에 서포트를 별도로 생성할 필요가 없습니다. 서포트 설치보다는 모델의 구조적 안정성이 더 중요하므로 출력 후 분말을 털어낼 수 있는 구조로 설계되어야 비용을 줄일 수 있습니다. 예를 들어, 다음 그림처럼 구를 출력할 때 안을 채우지 않고 구의 속을 비우고 두께를 준 다음 안쪽에 잔류해 있을 분말이 빠질 수 있는 구멍을 뚫어주어야 재료의 낭비를 줄일 수 있습니다.

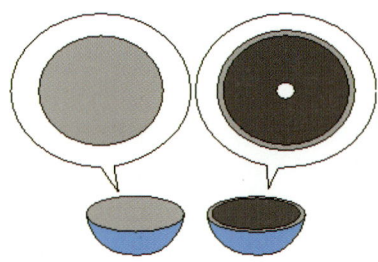

또한 0°~10° 정도의 기울기를 가지고 있다면 공정 특성상 경사면에 층이 생길 가능성이 있기 때문에 모델의 오리엔테이션 최적화 설정에 신경을 더 써야 합니다. 다음 그림처럼 모델의 기울기가 0°~10° 정도로 완만하면 출력이 어렵기 때문에 모델을 기울이지 않고 바닥에 수직으로 붙여 출력해야 합니다.

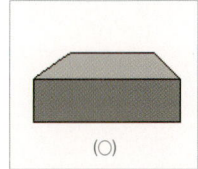 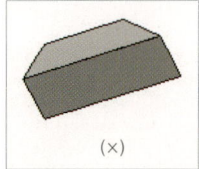

같은 분말 형식이라도 금속 분말의 경우에는 레이저에 의해 소결될 때 고체가 액체로 녹아 서로 결합되며 부피가 달라지기 때문에 서포트가 꼭 필요한 디자인에 한하여 설치합니다.

SECTION 1

3D 구두 모델링하기

01 | 가이드라인 만들기

❶ CHAPTER 2에서 다루었던 가이드 관련 내용을 참고하여 출력 사이즈에 맞게 가이드라인을 그려 중앙에 위치시킵니다. 예제에서는 DLP 방식과 FFF 방식으로 출력이 모두 가능한 모델링을 하기 위해 100×75×200mm의 가이드라인을 배치하였습니다.

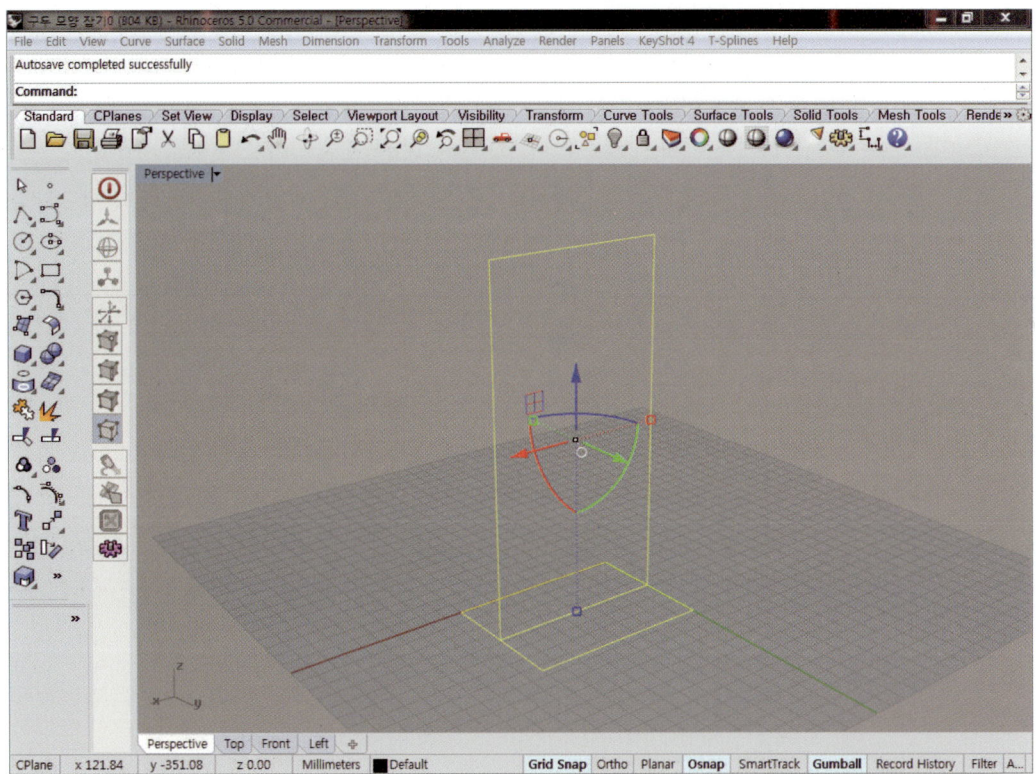

> **실전 TIP**
>
> ● **가이드라인의 크기 설정**
>
> 3D 프린터의 기종이나 종류에 따라 최대 출력 사이즈가 다릅니다. 3D 프린터의 매뉴얼이나 사양 등을 참조하여 최대 출력 가능 사이즈를 확인한 후 둘레에 최소 약 3%의 여백을 주어야 안정적인 출력이 가능합니다. 일반 프린터에서 종이에 프린트할 때 일정 여백을 주어 잉크나 토너가 종이 밖으로 나가지 않게 하는 원리와 유사합니다. 본 예제에서 사용된 3D프린터의 최대 출력 사이즈는 102.4×76.8mm이므로, 외곽 여유값 3%를 주어 100×75mm의 가이드라인을 만들어 이 범위 안에서 작업을 완료하도록 합니다.

02 | 구두 기본 형태 만들기

① Top 뷰에서 구두 밑창과 발목 부분의 단면을 'Control Point Curve( )' 아이콘을 클릭하여 그립니다. 라인을 이루는 점이 필요 이상으로 많으면 용량이 커져서 프로그램의 구동 속도가 느려질 수 있기 때문에 'Control Point'의 숫자는 10개가 넘지 않도록 최소한으로 조절합니다. 예제에서는 구두 밑창의 가장 긴 방향의 치수가 약 '53mm', 발목 부분이 '21mm'입니다. 3D 프린터 DLP 방식의 출력판 크기를 고려하면 4개 정도를 한 번에 출력할 수 있습니다.

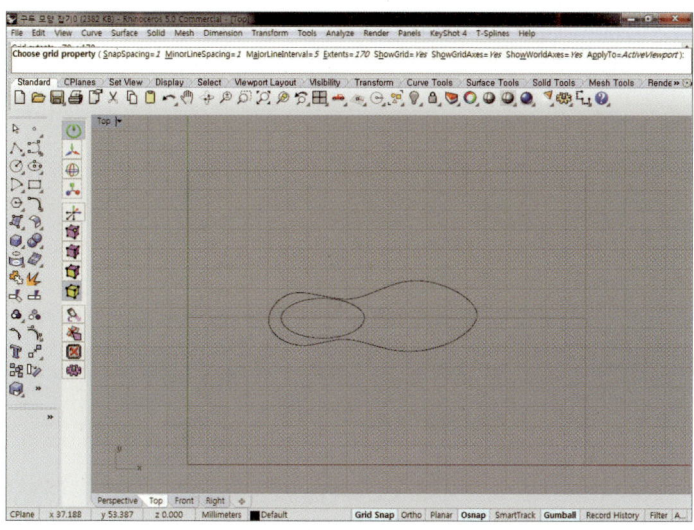

실전 TIP

'Control Point'를 하나씩 지우면서 모양을 다시 맞추는 방법도 있지만 'Curve Tool' 메뉴에서 'Rebuild Curve' 아이콘을 클릭하면 커브를 컨트롤하는 점의 개수를 쉽게 조절할 수 있습니다.

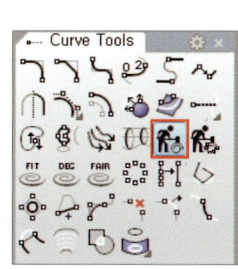
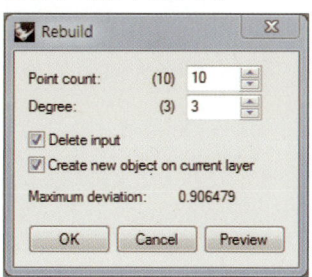

❷ 구두의 발목 부분은 'Hide( )' 아이콘으로 숨기고 'UnHide( )' 아이콘을 클릭하면 다시 보여집니다. 밑창을 선택합니다. 툴바에 있는 'Point On/Off( )' 아이콘을 클릭하여 라인을 잡고 있는 점들을 활성화시킵니다. 활성화시킨 점을 'Perspective' 뷰에서 잡고, 'Side' 뷰에서 움직여줍니다. 밑창의 높이를 움직이고 나면 동일하게 구두의 발목 부분만 남기고 'Hide( )'한 후 발목 부분을 움직입니다.

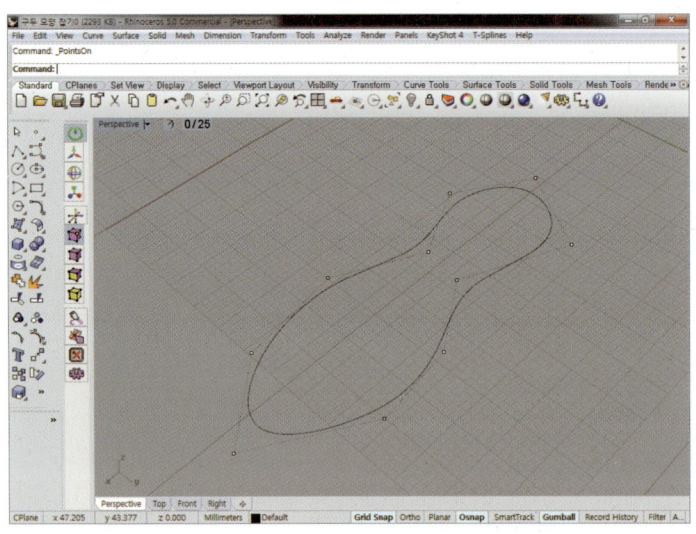

❸ 예제에서는 지면과 선의 거리를 발목 부분은 '50mm', 구두 밑창은 '25mm'로 설정하였습니다. DLP 방식은 해상도와 모델의 총 높이에 따라 출력 시간이 결정되기 때문에 지면과 구두의 가장 높은 부분의 거리와 출력 해상도를 알면 출력 시간을 예측할 수 있습니다. 원하는 치수를 그리드 위에 먼저 그리고 선을 이루는 점을 그 라인 위에 위치시키면 원하는 치수만큼 점을 이동시킬 수 있습니다.

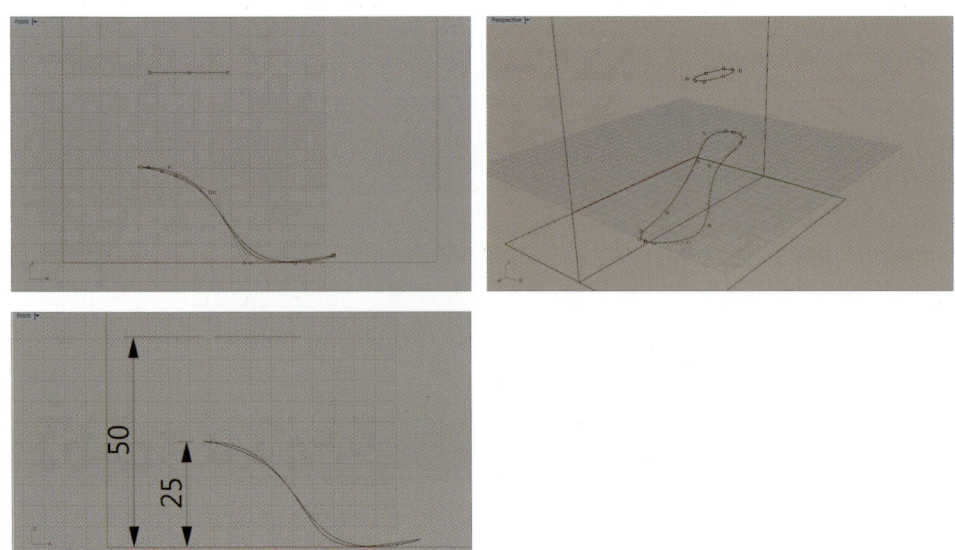

❹ 구두를 반으로 나누어 한 방향씩 면을 생성하기 위하여 구두 밑창과 발목 부분의 양 끝점을 나눌 선을 그립니다. 양 끝점을 이어주기만 하면 직선이나 곡선이나 기능의 차이는 없지만 작업 시간을 줄이기 위해 구두 옆 라인을 와이어 프레임으로 그립니다.

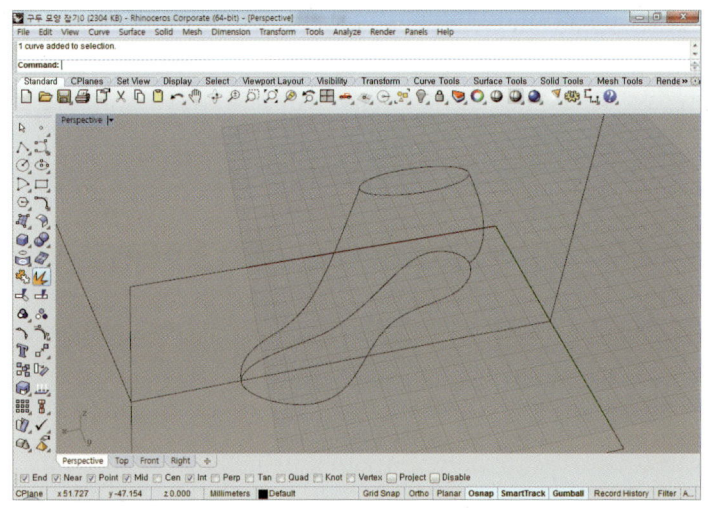

❺ 'Split( )' 아이콘을 이용하여 앞서 그려준 옆면 곡선으로 구두 밑창과 발목 부분을 반으로 나눕니다. 나누는 기준이 되는 라인과 나누어지는 라인이 접촉되어 있어야 분할이 가능한 툴입니다. 만약 Split가 안 된다면 그려진 옆 라인을 움직이는 점들을 'Point On/Off( )' 아이콘으로 활성화시킨 후 끝점을 'Move( )' 아이콘으로 이동시켜 다시 정확하게 붙이도록 합니다. 선 가까이로 끝점을 옮겼는데 저절로 두 선이 붙지 않는다면 'Osnap End, Point, Mid, Int'이 켜져 있는지 다시 확인합니다.

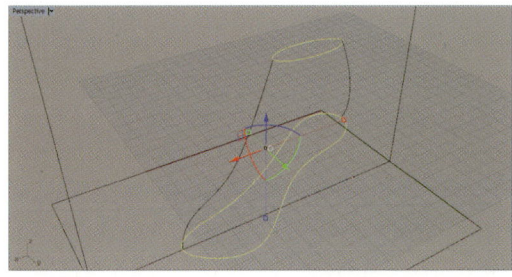 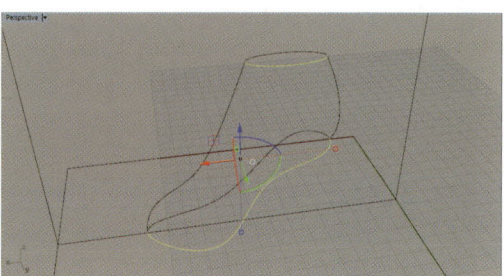

▲ 분할 전 　　　　　　　　　　　　　　　　　▲ 분할 후

❻ 옆면에도 'Control Point Curve( )' 아이콘을 이용하여 구두의 전체적인 틀이 잡힐 수 있도록 와이어 프레임을 만듭니다. 반을 나누었을 때 밑창과 발목 부분의 중앙을 지나는 라인을 앞, 뒤로 그리고, 그린 라인을 중심으로 구두를 반으로 나누었을 때 와이어 프레임을 구두의 바깥에는 3개, 안쪽에는 2개를 그려줍니다.

바깥 부분은 세로 라인이 가로 라인에 비해 더 많고 곡선이 큽니다. 따라서 구두의 곡면을 더 잘 표현하기 위해 가로 라인을 하나 더 그려줍니다. 오른쪽 그림과 같이 위에서 약 11mm 아래에 위치하며 'Osnap'의 'End/Mid/Near'를 선택하고 스냅을 따라 그려준 가로 라인의 끝점이 중앙의 경계를 구분하는 선과 이어지도록 합니다.

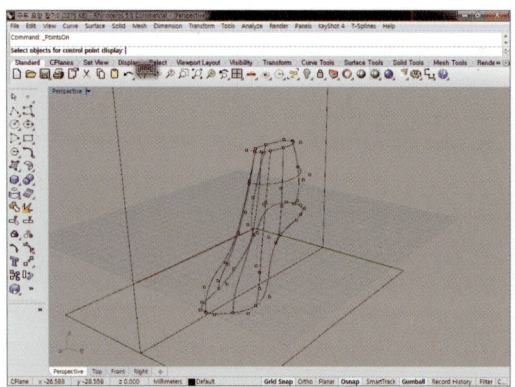 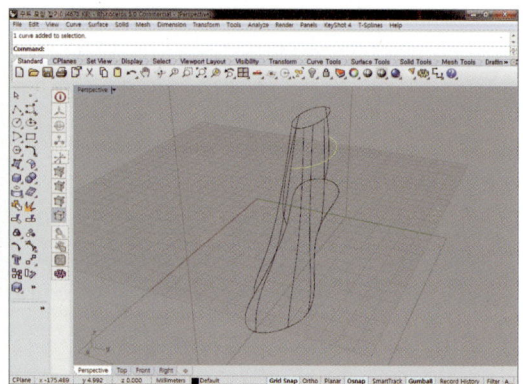

❼ 'Point On/Off( )' 아이콘을 마우스 오른쪽 버튼으로 클릭하여 점들을 비활성화시킵니다.

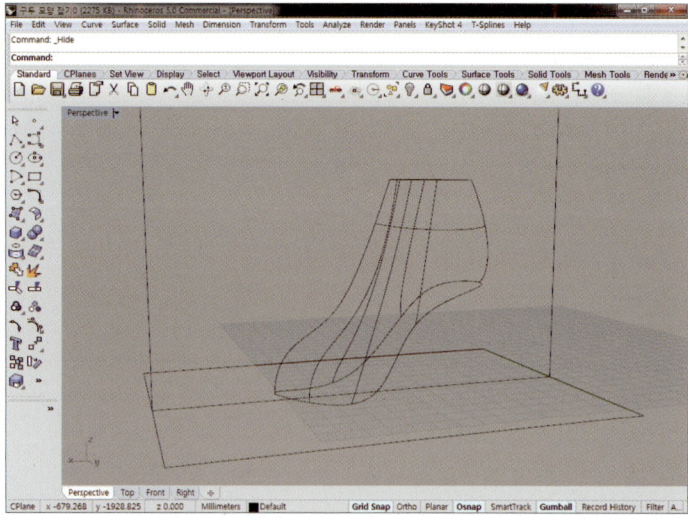

❽ 부족한 부분은 계속해서 선을 수정하여 매끄러운 면을 만들 수 있는 곡선을 찾아갑니다.

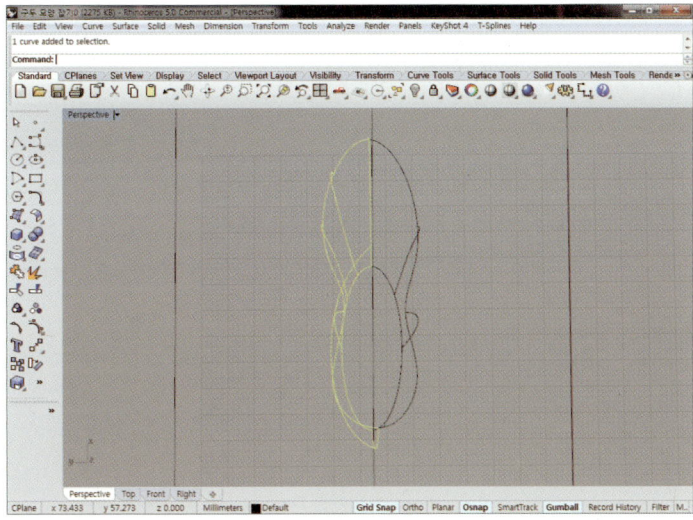

03 | Network Surface로 면 만들기

❶ 'Surface from Network of Curves( )' 아이콘을 클릭하고 옆면 커브를 순서(❶~❺)대로 선택한 후 위아래 커브(❻~❽)를 선택하여 구두의 반쪽 곡면을 만듭니다. 반대쪽도 동일한 방법으로 만듭니다.

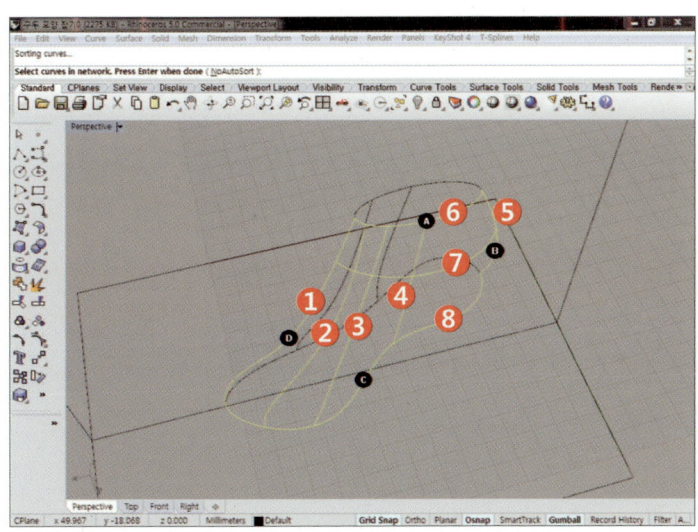
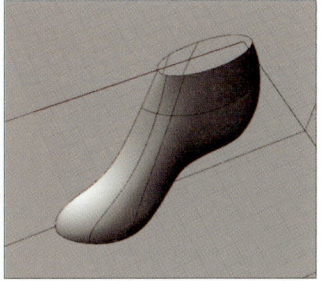

▲ 선택 순서(가로 → 세로)

❷ 만들어진 두 면을 'Join(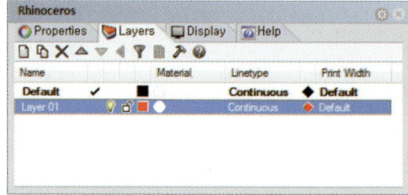)' 아이콘을 이용하여 하나의 개체로 만들고 'Select' 메뉴에서 'Select Curves( )' 아이콘을 클릭하면 커브만 선택됩니다.

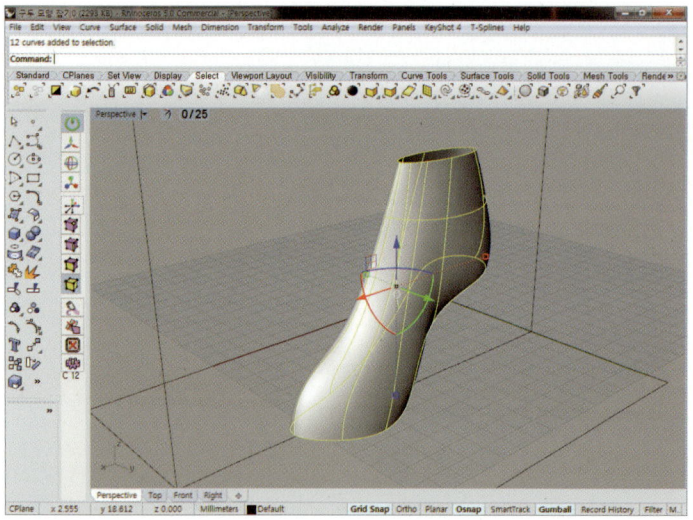

❸ 커브가 선택된 상태에서 마우스 오른쪽 버튼을 눌러 'Change Object Layer'를 선택한 후 그림과 같이 'Layer 01'로 저장합니다.

④ 선택된 커브는 'Hide( )' 아이콘을 클릭하여 숨기고 면만 나타난 상태에서 원하는 모양이 나왔는지 확인합니다.

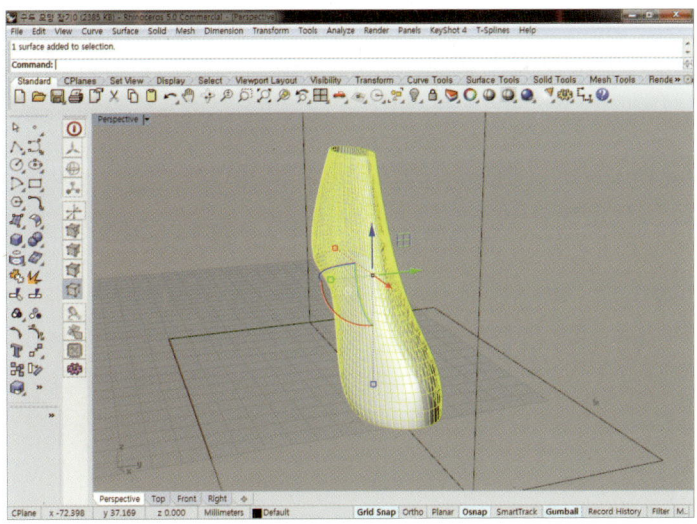

04 | 면 잘라내기

① 'Perspective' 뷰 상단의 명칭을 마우스 오른쪽 버튼으로 클릭하면 View 옵션을 설정하는 창이 나타납니다. 'Shade View'로 확인이 어려운 것은 'Rendered View'를 선택하면 표면을 쉽게 확인할 수 있습니다. 예제를 보면 앞, 뒷면의 가운데 부분이 뾰족하여 곡면이 잘 표현되지 않은 것을 확인할 수 있습니다.

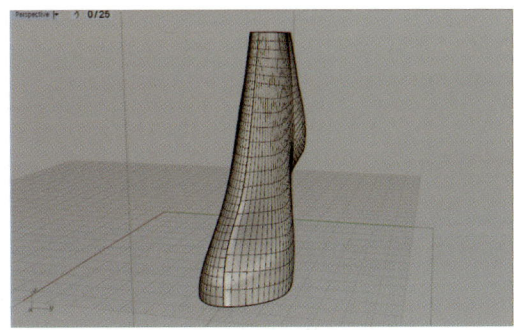

▲ Shaded View

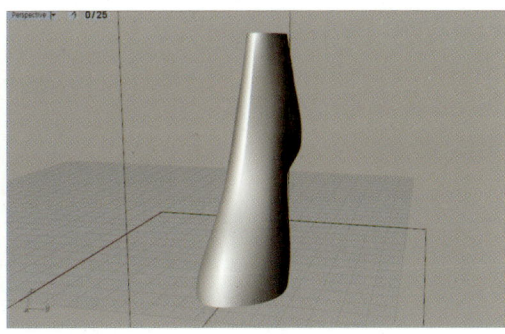

▲ Rendered View

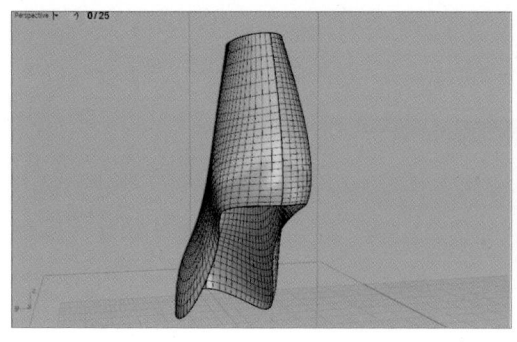
▲ Shaded View

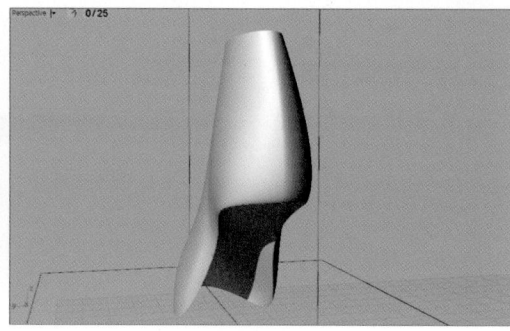
▲ Rendered View

❷ 'Surface Creation' 메뉴의 'Rectangular Plane : Corner to corner( )' 아이콘으로 평행한 2개의 면을 그린 후 나란히 위치시킵니다. 'Trim( )' 아이콘을 클릭하고 전체 면을 드래그한 후 마우스 오른쪽 버튼을 이용하여 필요 없는 부분평행되는 2개의 면 사이에 있는 면을 클릭하면 뾰족했던 모서리 부분이 잘리고 곡면만 남습니다.

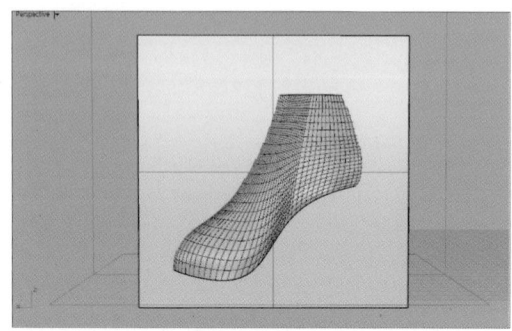

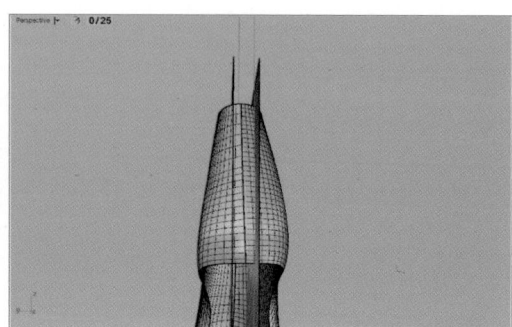

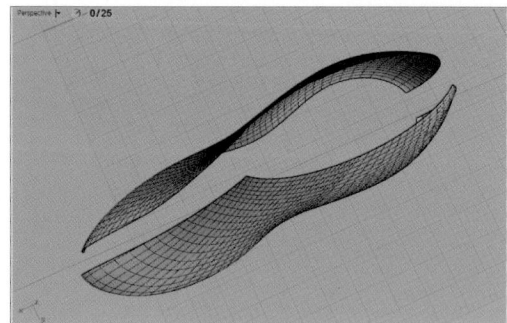

❸ 명령어 입력창에 'Blendsrf' 명령어를 입력하고 연결할 두 단면을 선택합니다. 마우스 오른쪽 버튼을 클릭하면 뾰족했던 부분이 원만하게 이어집니다.

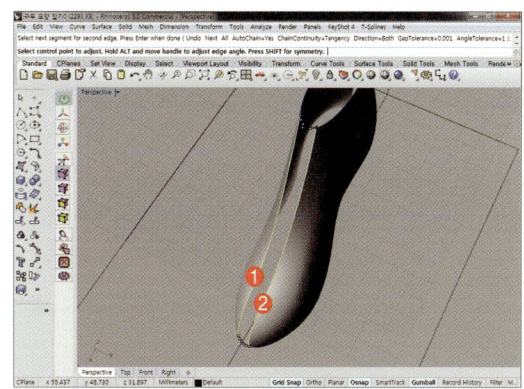 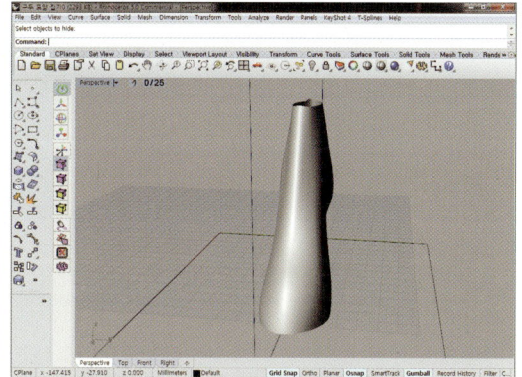

❹ 'Blendsrf' 명령어로 두 단면을 이어주면 이어준 면의 가장자리가 조금 돌출되어 있습니다. 튀어나온 면을 자르고 가장자리를 기존의 면과 이어지도록 수정해야 다음 작업이 가능합니다. 가장자리의 볼록한 면을 잘라 주기 위해 발목 부분의 단면과 구두 밑창 부분의 단면이 필요합니다. 필요한 두 단면을 얻기 위해서는 발목과 바닥면에 있는 선초기 와이어 프레임을 이용해야 합니다.
Surface Creation 〉 Surface from planar Curve( )를 선택하고 발목 부분의 선을 클릭하여 면을 만듭니다. 생성된 면은 '2D Scale( )' 아이콘으로 크기를 키워서 단면을 이어줄 때 돌출된 부분을 'Split( )' 아이콘으로 자르고 삭제합니다.

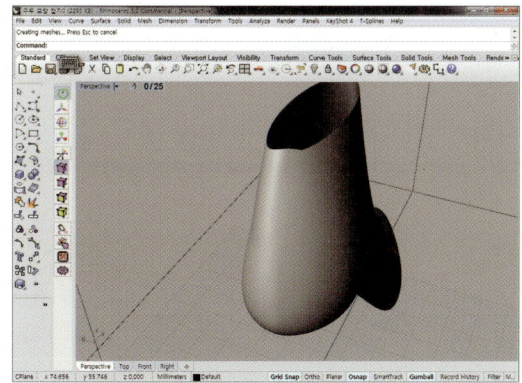 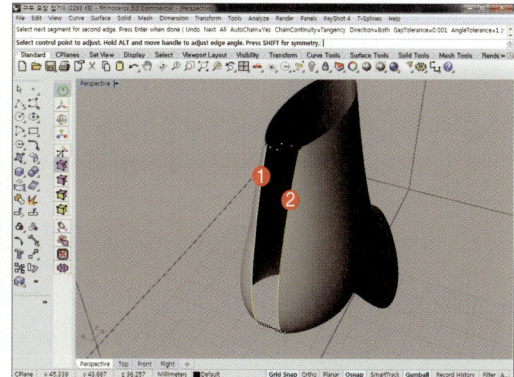

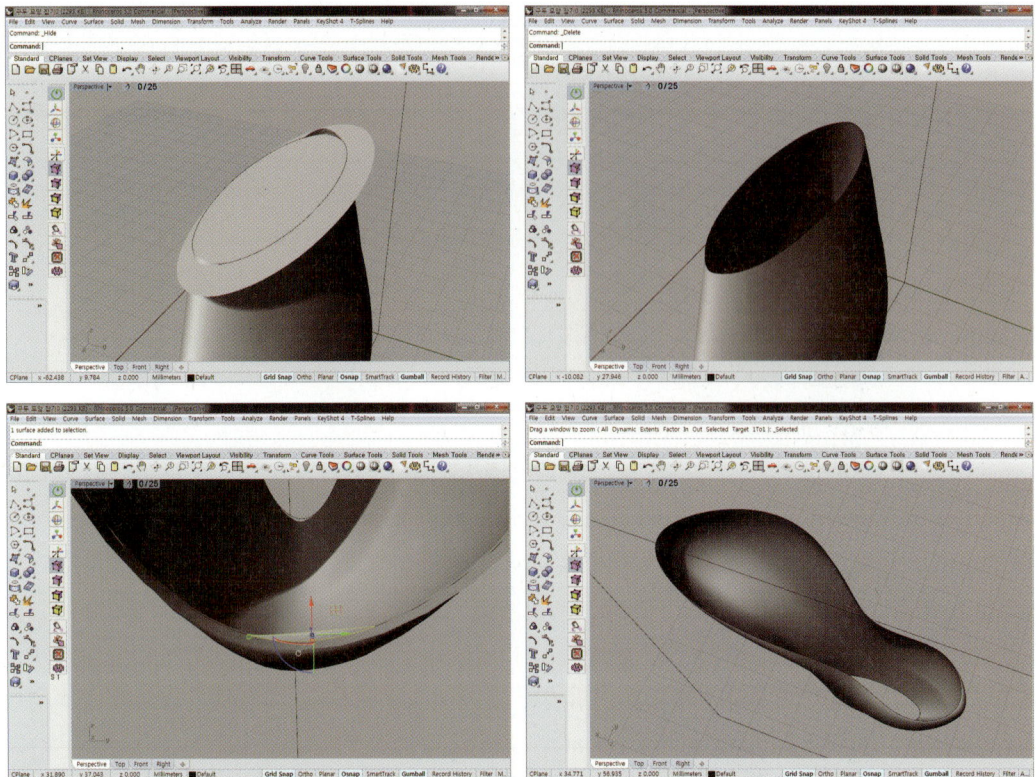

05 | 바닥면 만들기

① Surface Creation > Rectangular Plane : Corner to corner(▦)를 선택하여 사각 단면을 그린 다음 구두의 중앙에 배치합니다.

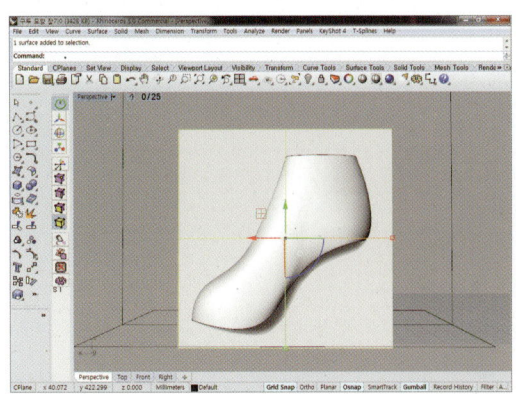
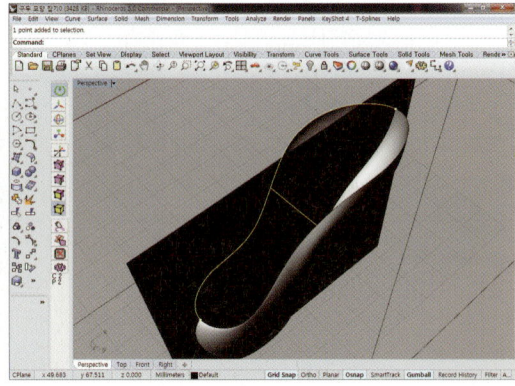

❷ 바닥면은 'Sweep2'로 만듭니다. 명령을 실행하면 가이드Rail 역할을 할 선 2개와 Rail을 따라 면을 만들어 줄 점 또는 선을 선택합니다. 'Split( )' 아이콘을 이용하여 단면으로 구두 밑창 라인을 반으로 나누어서 하나였던 선을 2개의 Rail로 만듭니다. 나누어진 양 끝점에는 'Single Point ( )' 아이콘을 사용하여 Rail을 따라 면을 만들어줄 점을 위치시킵니다. 구두 밑창의 중앙에는 옆면을 가로지르는 선을 'Poly Line( )' 아이콘을 이용하여 그려줍니다.

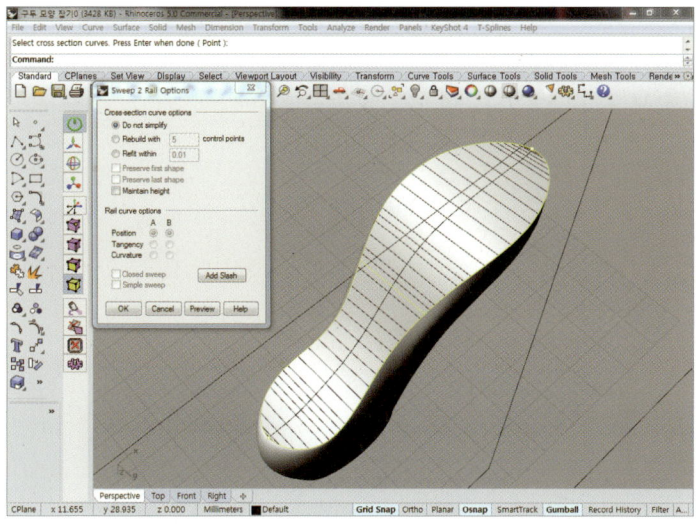

❸ 명령어 입력창에 'Sweep2' 명령어를 입력하고 양쪽 라인을 선택한 후 '점-가로지르는 선-점' 순으로 선택하면 바닥면이 생성됩니다.

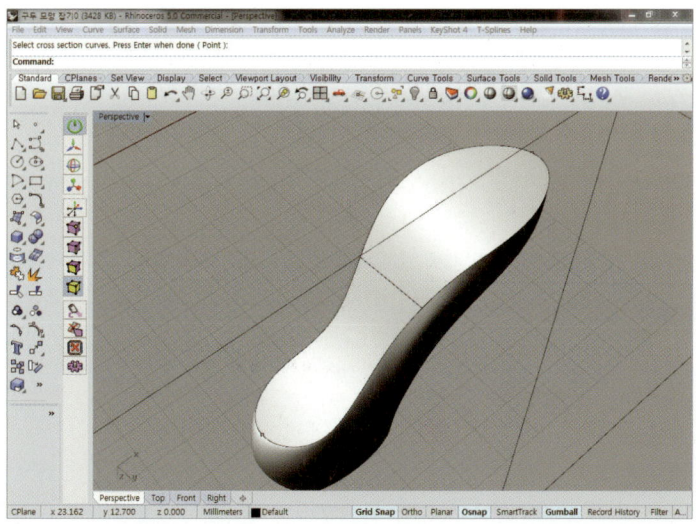

06 | 닫힌 개체로 만들기

모델링 후 전체 Surface를 닫힌 하나의 Solid로 만들어야 합니다. 모델이 하나가 되지 않고 두 개로 내부가 겹쳐져 있으면 프린팅 시 오류가 일어날 수 있기 때문에 'Split( )' 아이콘과 'Join( )' 아이콘을 이용하여 닫힌 개체로 만들도록 합니다.

❶ 구두의 바닥면은 'Hide( )' 아이콘을 클릭하여 숨겨두고 옆면만 디자인에 맞게 곡면을 만들어 'Split( )' 아이콘으로 분할합니다. 분할한 후 필요 없는 부분은 삭제합니다.

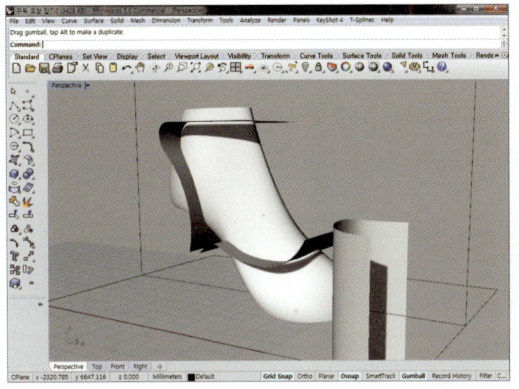
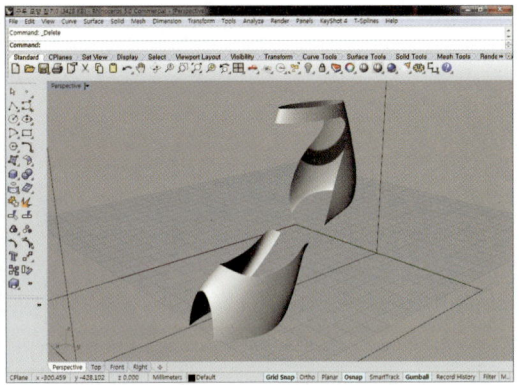

❷ 예제에서는 출력할 3D 프린터 FDM과 DLP 방식의 출력 가능 해상도가 FDM 방식이 1mm, DLP 방식이 0.4mm인 점을 고려하여 두께는 그 보다 두꺼운 1.2mm로 설정하였습니다. 남은 옆면은 명령어 입력창에서 'Offsetsrf' 명령어를 입력하고 1.2mm만큼 안쪽으로 닫힌 개체가 되도록 합니다. 화살표들이 바깥쪽을 향하고 있다면 모델을 한 번 클릭하여 방향을 전환합니다. 다시 한 번 'Offsetsrf' 명령어를 입력하고 명령어 입력창에 '1.2mm'라고 입력한 후 마우스 오른쪽 버튼을 클릭하면 안쪽으로 1.2mm 만큼의 두께를 가진 솔리드가 생성됩니다.

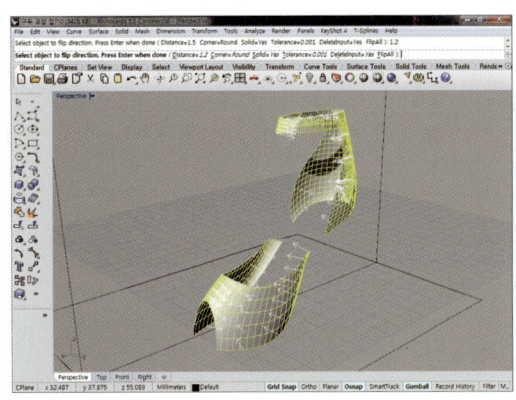
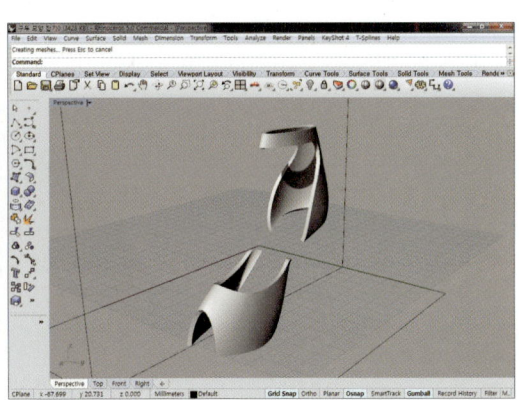

❸ 'UnHide(💡)' 아이콘으로 구두 밑창이 보이도록 한 후 하나는 복사하여 'Hide(💡)'시키고, 'Extrude' 명령어를 입력하여 3mm 두께의 바닥면을 만듭니다.

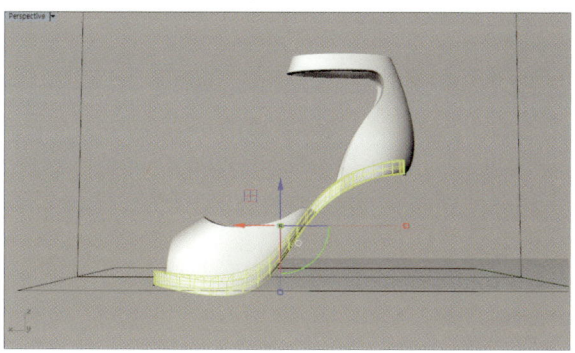

07 | 구두 굽 각도 조절 및 바닥면 확인

❶ 구두의 앞부분에 굽을 만들기 위해 'UnHide(💡)' 아이콘을 클릭하여 숨겨둔 구두 밑창이 나타나게 한 후 'Extrude' 명령어를 입력하여 아래 방향으로 약 17mm 돌출시킵니다.

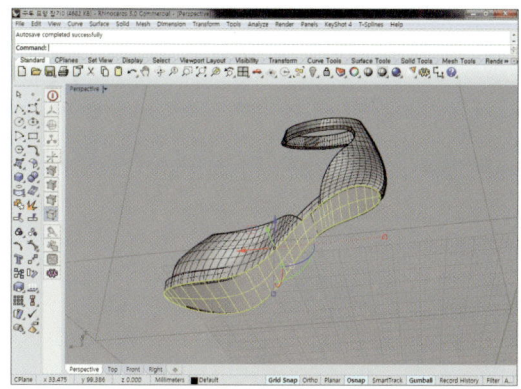 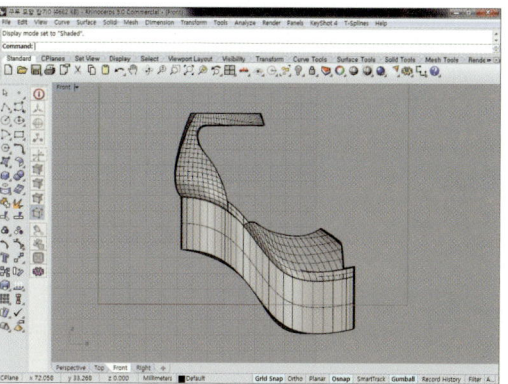

❷ 'Poly Line(⋀)' 아이콘으로 구두 앞굽을 자를 선을 그린 다음 'Fillet' 명령어를 입력하여 두 선이 만나는 지점에 반지름이 7mm인 곡면을 만듭니다.

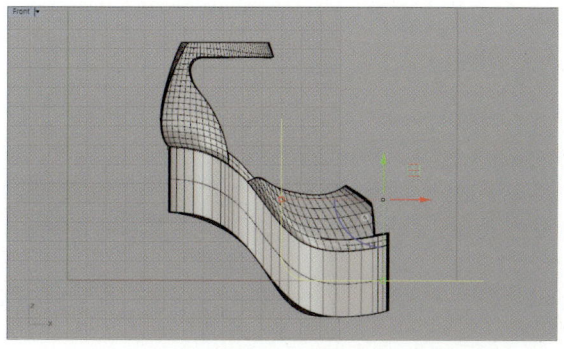

❸ 'ExtrudeCrv' 명령어로 선에 연장되는 면을 만든 후 'Trim( )' 아이콘으로 필요 없는 부분을 삭제합니다.

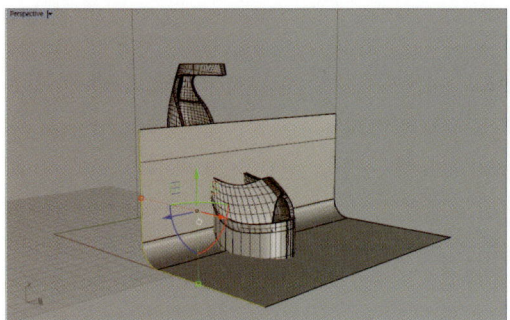 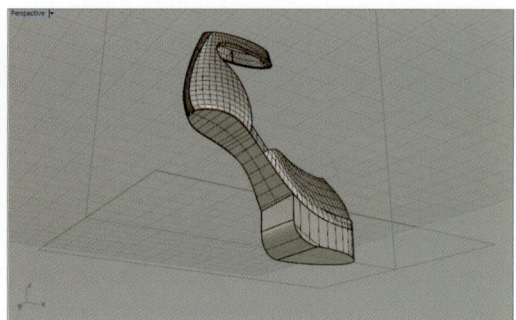

실전 TIP

구두 굽은 구두를 받치는 하나의 서포트라고 생각하면 됩니다. 구두 굽이 서포트 역할을 잘 할 수 있도록 디자인상에 고려되어야 할 요소는 '크기, 비율, 각도'입니다. 몸체가 너무 얇거나(지름 0.4mm 이하) 아랫면과 윗면의 크기 차이가 많지 않도록 해야 하며, 바닥과 모델 간의 기울기가 40° 이하로 설정되지 않도록 해야 합니다.

파우더 원료를 사용한 조형 방식의 경우에는 굳지 않은 분말이 서포트 역할을 하기 때문에 크게 상관이 없지만 금속 파우더나 FDM(FFF), DLP, SLA 등과 같이 출력베드에 한 층씩 쌓아 만드는 조형 방식의 경우에는 바닥과 모델 사이의 각도에 따라 서포트 계획이 달라져야 합니다. 그림과 같이 40° 이하의 완만한 경사에서는 Layer 간의 크기 차이가 커지기 때문에 이전 Layer가 다음 Layer를 지탱하지 못할 가능성이 높습니다. 따라서 서포트 없이 출력하려면 모델과 바닥 사이 기울기를 최소 40° 이상으로 가파르게 디자인해야 합니다.

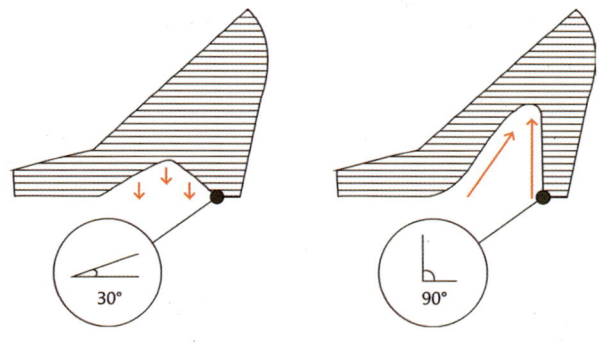

❹ 'Control Point Curve( )' 아이콘으로 뒷굽의 뼈대가 될 라인을 그립니다. 모든 선의 끝이 서로 닿아야 합니다. 뒤쪽 세로 라인과 가로 라인이 만나는 지점에는 'Point( )' 아이콘으로 점을 하나 그립니다.

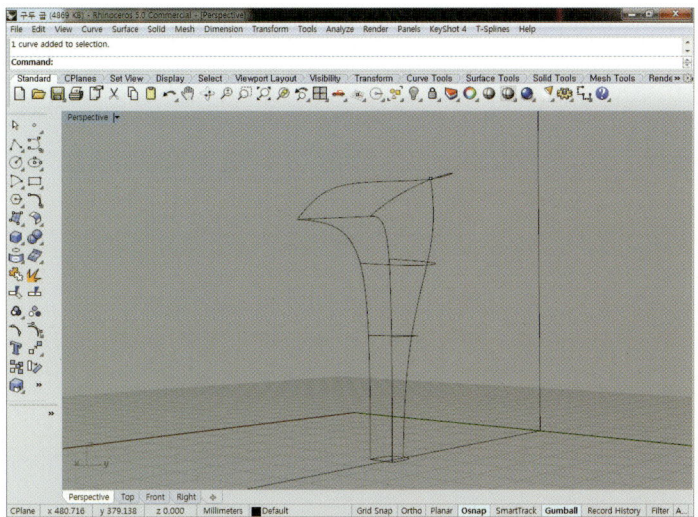

❺ 점으로 선택된 곡선노란색을 'Split( )' 아이콘을 사용해서 반으로 나누어 줍니다.

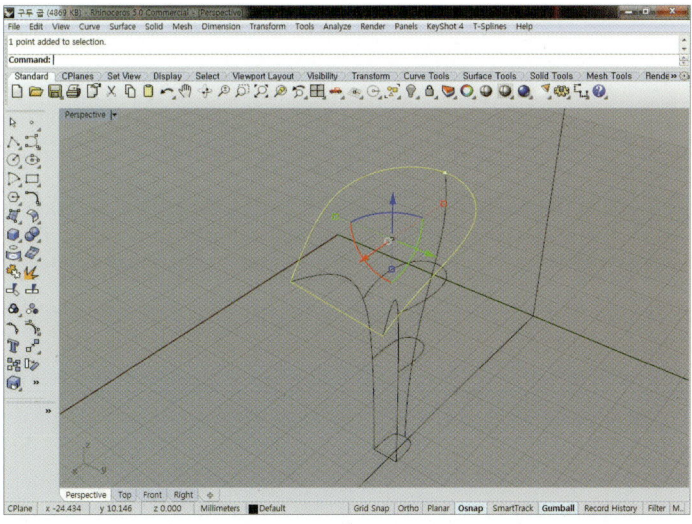

CHAPTER 4 서포트를 설치하여 모델링하기 | 197

⑥ 'Sweep2' 명령어로 나누어진 두 개의 곡선을 Rail로 하여 두 곡선을 잇는 선과 점으로 뒷굽의 윗면을 만듭니다(순서 : ❶~❹).

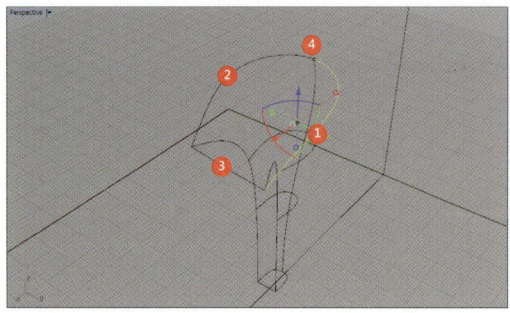 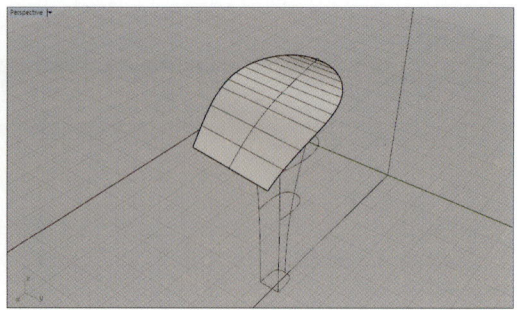

⑦ 'Sweep2' 명령어로 나누어진 두 개의 곡선을 Rail로 하여 두 곡선을 잇는 선 2개로 뒷굽의 앞면을 만듭니다(순서 : ❶~❹).

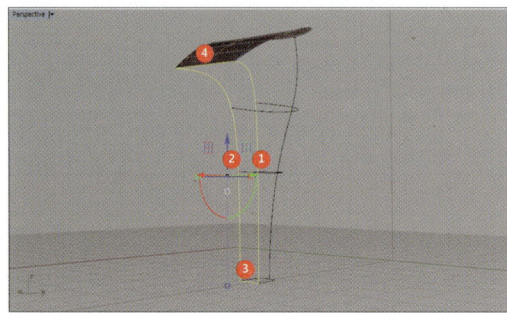 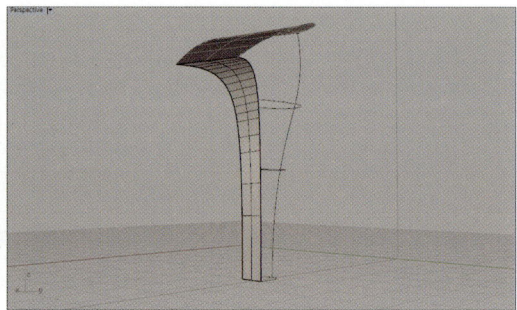

⑧ Surface Creation 〉 Surface from network of Curves( )를 선택하여 뒷굽의 옆면을 만듭니다(순서 : ❶~❼).

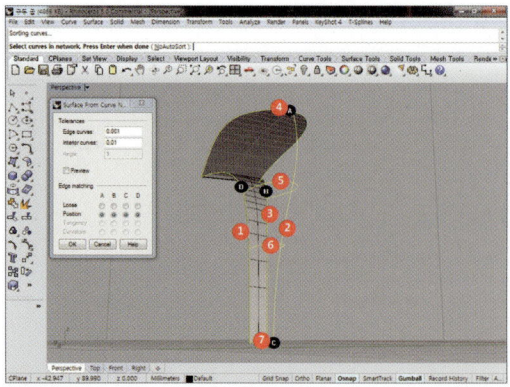 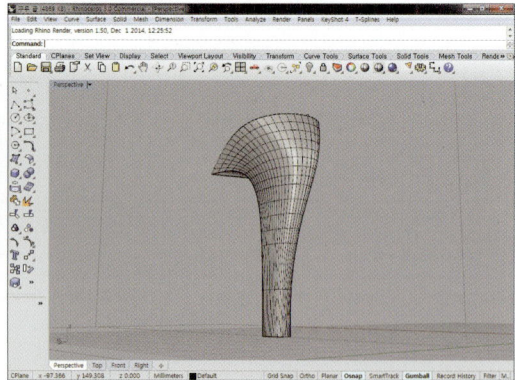

❾ 앞면과 옆면을 'Join( )' 아이콘으로 합친 후 'Cap' 명령어를 이용하여 닫힌 개체로 만듭니다.

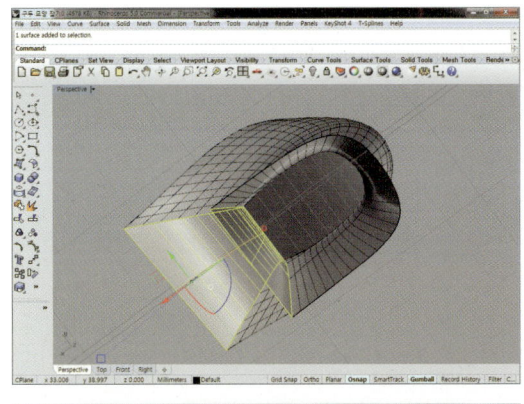
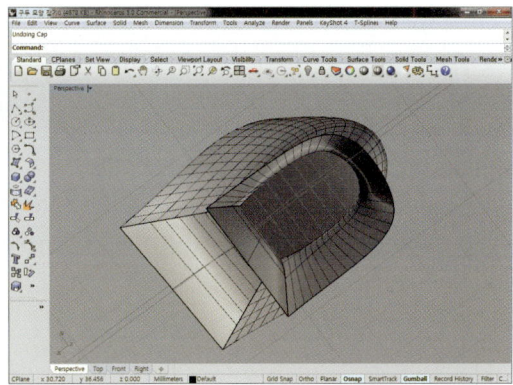
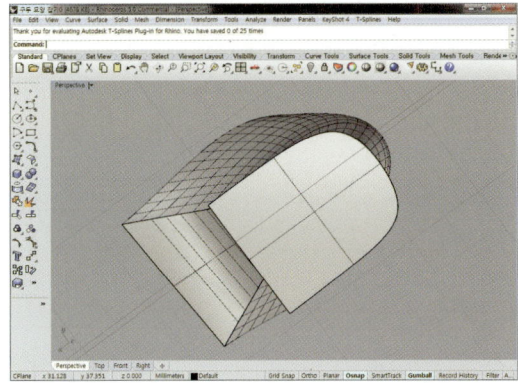

❿ 'Fillet Edges' 명령어를 사용하여 fillet을 줍니다.

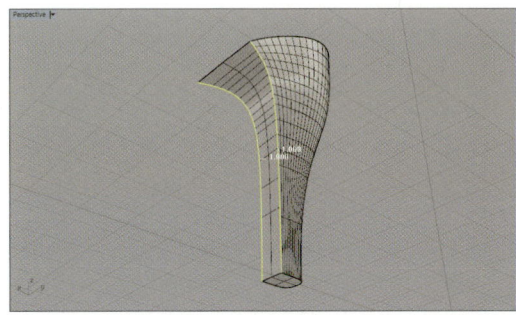
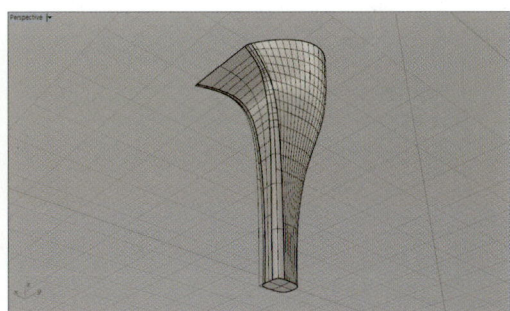

⓫ 'DimAngle' 명령어를 이용하여 40° 이하로 생성된 면이 없는지 확인합니다.

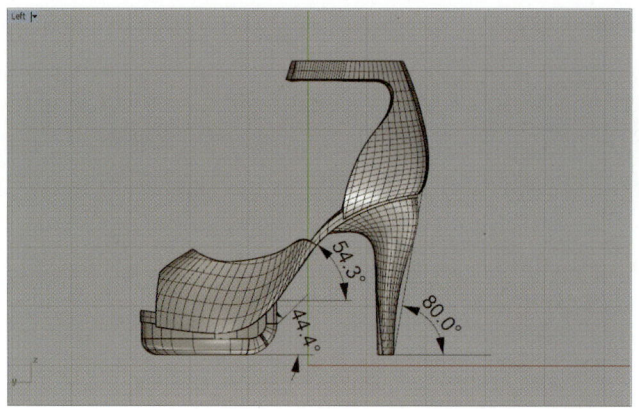

⓬ 원하는 모양의 바닥면Stand을 그립니다. 슬라이싱된 단면들 중에 바닥면Layer 1보다 넓이가 더 넓은 슬라이싱 단면이 있다면 Bottom-Up 방식의 DLP와 SLA 공정에서 레진 용기가 바닥에서 분리될 때 모델도 함께 분리될 수 있습니다. 예제는 구두 굽 끝이 작고 위로 올라갈수록 점점 넓어집니다. 때문에 바닥 서포팅 구조를 구두보다 크게 만들어 출력판에 고정될 수 있도록 합니다. 예제의 바닥 서포팅 구조의 두께는 0.4mm입니다.

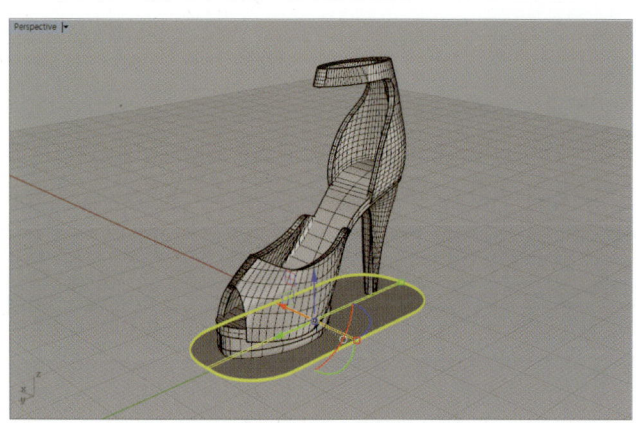

08 | 하나의 파일로 합쳐주기

① 개체가 겹쳐져 발생하는 교집합 부분은 분할하기 전 크기 조절이 필요합니다. 어느 한 부분이 확실히 크거나 작지 않고 비슷하게 겹치는 부분은 Split이 되지 않습니다. 겹치는 곳이 없도록 Gumball의 크기 조절 박스를 이용해 개체 간의 크기를 조절한 후 'Split( )' 아이콘으로 각 부분의 교집합을 나누어 주고 'Join( )' 아이콘으로 모든 개체를 닫힌 한 개체로 만듭니다.CHAPTER 1 의 '단일 개체로 이어주기' 부분 참고.

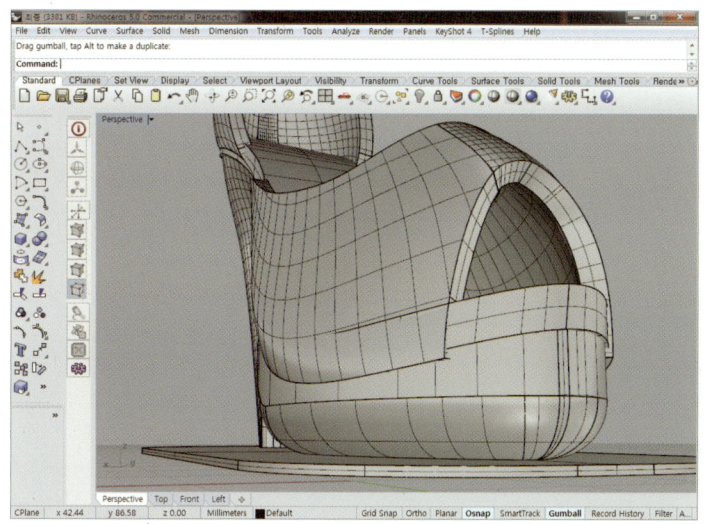

▲ 비슷한 크기로 겹쳐진 Layer

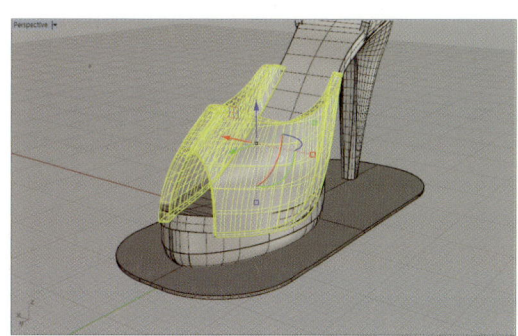

▲ 크기 조절 전

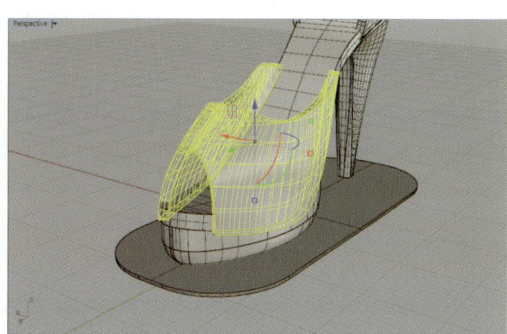

▲ 크기 조절 후

▲ 완성

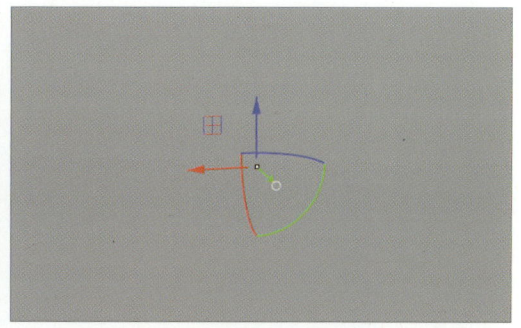

▲ Gumball

SECTION 2 서포트 설치하기

예제에서는 모델을 STL 파일로 Export시킬 때 모델의 바닥 서포트가 있는 것과 없는 것을 구분하여 두 가지 파일로 만들었습니다. FDM 장비에는 DLP 장비와는 다른 'Brim'과 'Raft'라는 바닥 서포트가 있습니다. 두 장비의 바닥 서포트의 차이를 알아보기 위해 바닥 서포트가 있는 파일은 DLP 장비에서, 바닥 서포트가 없는 구두는 FFF FDM 장비에서 서포트를 설치해 보겠습니다.

01 | FDM 방식 Cura 에서 자동 서포트 설치하기

❶ FFF FDM 방식의 모델을 출력할 수 있는 출력 호스트 소프트웨어 'Cura'를 실행합니다.

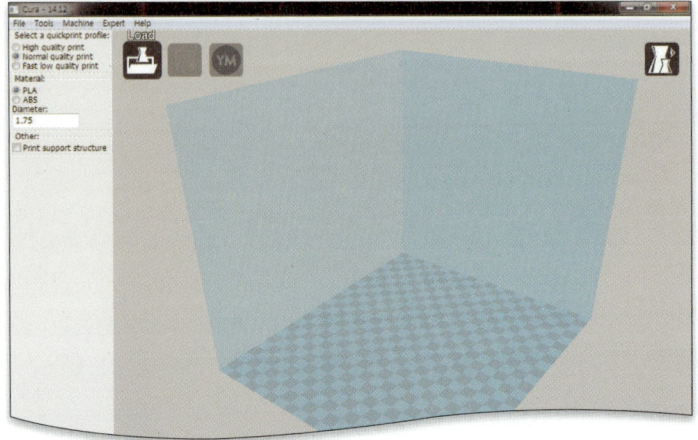

> **실전 TIP**
>
> 출력 호스트 소프트웨어 'Cura' 는 'https://ultimaker.com/en/ products/cura-software'에서 다운로드 받을 수 있습니다.

❷ 왼쪽 상단의 'Load( )' 아이콘을 클릭하여 바닥면이 없는 구두의 STL 파일을 가져옵니다.

❸ Quick print 설정 상태인 세팅 박스에서 Export 〉 Switch to full settings 메뉴를 선택하여 고급 설정을 할 수 있도록 변경합니다.

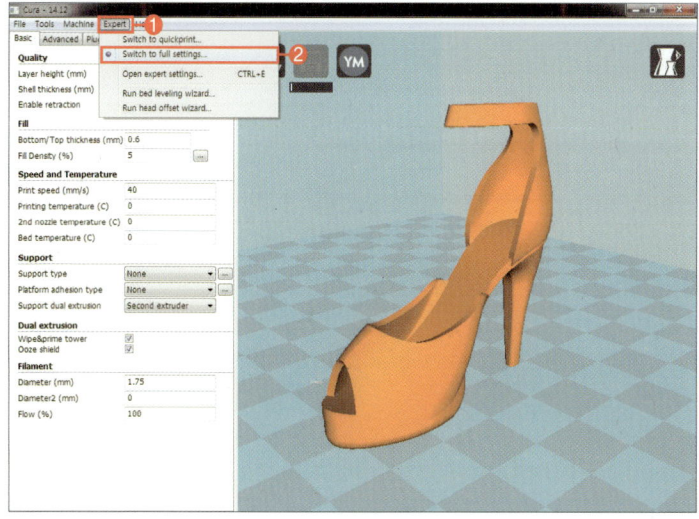

❹ Machine 〉 Machine settings을 선택하여 기기의 세부 설정을 입력합니다. 종류가 다른 3D 프린터가 2대 이상 있을 경우에는 각각의 장치에 이름을 지정할 수 있습니다.

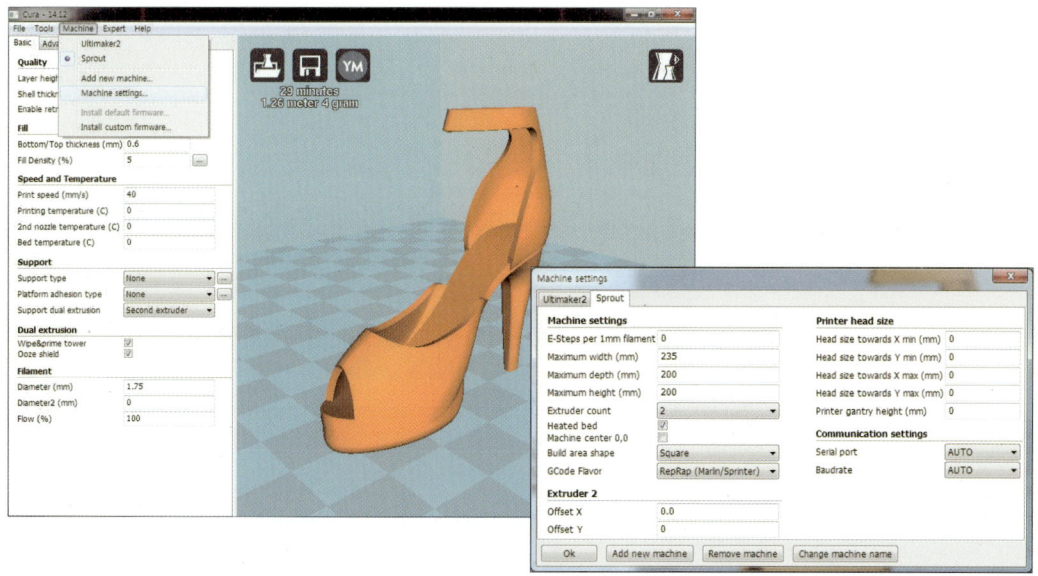

❺ [Basic] 탭은 출력의 기본 값을 설정해 주는 곳입니다.

서포트는 내부 서포트와 외부 서포트로 나뉩니다. 내부 서포트는 모델 안쪽을 모두 채워서 출력해야 하는 구조로, 내부에 구조물을 채워 그 채움 정도에 따라 강도를 다양하게 설정하고 재료를 절약하는 역할을 합니다. 외부 서포트는 아래 Layer가 다음 Layer를 지탱할 수 있도록 도와주고 출력물이 출력판 위에 견고하게 붙어 있을 수 있도록 하는 역할을 합니다.

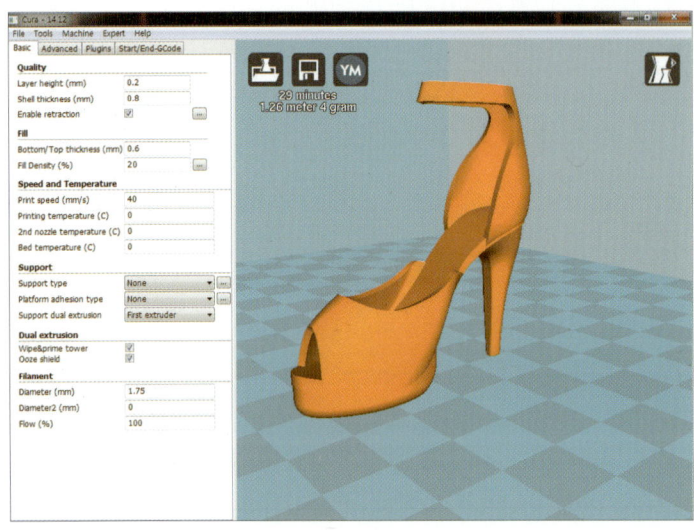

실전 TIP

- **[Basic] 탭**

[Basic] 탭의 'Fill' 메뉴의 'Fill Density' 값을 조절하여 내부 서포트를 채울 수 있습니다. 'Fill Density'는 내부를 몇 %로 채울 것인지를 지정합니다. '0%'는 내부를 완전히 비우고 외벽만 출력하는 것이고, '100%'는 가득 채워서 출력하는 것입니다. Density의 숫자에 따라 모델의 강도와 무게가 결정됩니다.

[Basic] 탭의 'Support' 메뉴에서는 외부 서포트를 설정할 수 있습니다. 'Support' 메뉴는 'Support type'과 'Platform adhesion type'으로 구성되어 있습니다. 'Support type'은 출력 시 보조용 지지대의 생성 여부와 지지대의 종류를 설정하는 메뉴이고, 'Platform adhesion type'은 모델이 출력판에서 떨어지지 않도록 밀착시키기 위한 고정용 보조 출력물입니다.

❶ Support type
- None : 서포트를 생성하지 않습니다.
- Touching buildplate : 프린터의 바닥면과 모델의 외부 아래 표면 사이에서 필요한 영역에 서포트가 생성됩니다.
- Everywhere : 바닥에서 모델까지, 모델에서 모델까지를 구분하지 않고 필요한 모든 영역에 서포트가 생성됩니다.

❷ Platform adhesion type
- None : 고정용 서포트를 생성하지 않습니다.
- Brim : 출력물의 테두리를 얇은 면으로 둘러 출력물을 잡아줍니다.
- Raft : 출력물의 바닥면에 여러 겹의 층을 만들어 수축률을 줄이고 출력물을 잡아줍니다.

- **Brim, Raft, Skirt의 차이**

Brim

작은 물체를 출력할 때 모델과 바닥면이 닿는 면적이 작아 모델링 중간에 쉽게 바닥에서 떨어져 버리는 경우가 많습니다. 이를 방지하기 위해 출력물의 아랫부분에 테두리를 둘러 바닥면을 정확히 고정하여 물체를 잡아주는 역할을 합니다.

Raft

출력물의 초기 Layer들은 재료가 가지고 있는 고유의 수축률 때문에 프린터의 출력판에서 종종 들뜨는 현상을 볼 수 있습니다. 특히 3D 프린터에 히팅 배드가 없을 경우 상하 부위의 온도에 따른 수축 정도가 심해져 빠른 속도로 프린팅 시 들뜨는 현상을 볼 수 있습니다. 히팅 배드가 있을 경우엔 노즐에서 압출된 필라멘트가 프린터 배드에 닿았을 때 살짝 녹아 있는 재료 고유의 점성을 어느 정도 유지시켜서 배드에 안착하는 것을 도와주는 데 배드의 온도가 낮다면 빠르게 재료의 온도가 하강하여 바닥에서 쉽게 떨어지거나 수축이 발생합니다. 이런 경우 Raft는 모델의 바닥면에 몇 개의 층을 추가로 만들어 바닥면에 잘 붙게 도와주고, 실제 모델이 프린팅되는 Layer에서는 온도 차이로 인한 휨 현상을 극복할 수 있게 도와줍니다.

Skirt

3D 프린팅을 시작할 때 출력물의 테두리에 닿지 않게 필라멘트를 압출해줍니다. 노즐이 장기간 예열되면 안에 있는 플라스틱의 성질이 변하는데 그런 경우 가장 중요한 초기 Layer 생성에 영향을 미쳐 출력이 정상적으로 이루어지지 않을 수 있습니다. 필라멘트가 나올 여유를 주며 모델의 근처를 도는 것이 Skirt의 역할입니다.

❻ 설정값을 지정해도 오른쪽 모델에서 서포트를 볼 수 없습니다. 서포트 설치 현황을 보려면 'View Mode( )'의 하위 메뉴에 있는 'Layer( )' 항목을 클릭합니다. 어떤 출력물이든지 시간이 많이 걸리는 3D 프린팅에서는 슬라이싱과 서포트가 완료된 후 최종적으로 프린트될 Layer들을 꼼꼼히 확인하는 과정이 반드시 필요합니다. Cura의 경우 만들어지는 경로를 한 층 한 층 확인할 수 있으므로 세밀하게 동선을 따라가며 출력될 모습을 상상해 보면 이것이 가능한 출력물인지 아닌지 판단할 수 있습니다.

 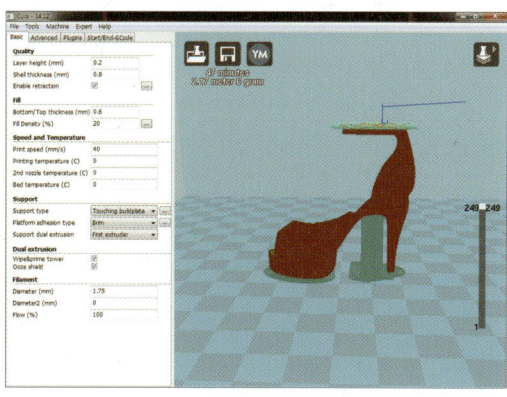

▲ Normal( )　　　　　　　　　　　▲ Layer( )

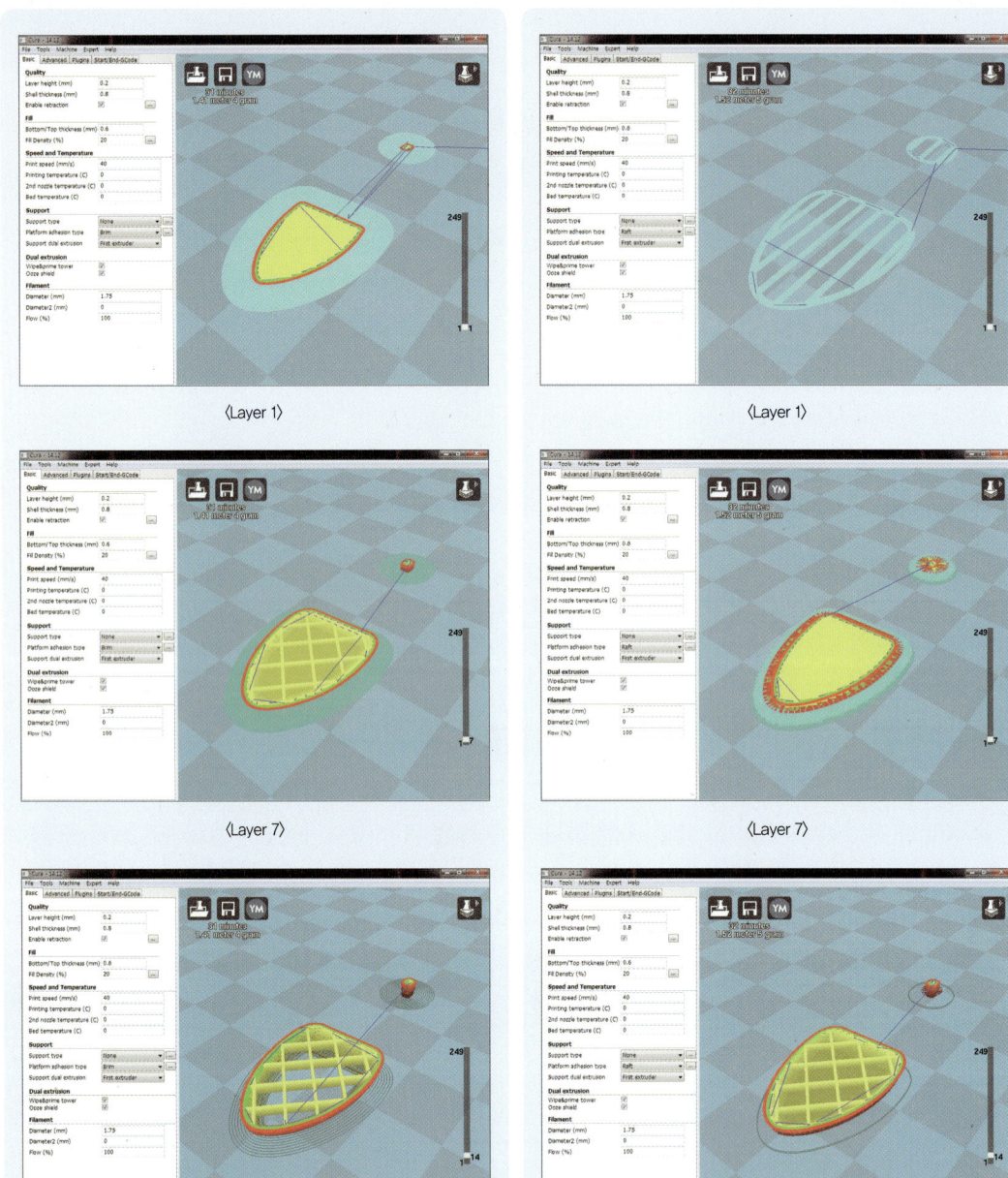

❼ 다음 그림에서 실제 출력물에 'Touching Buildplate'로 서포팅을 준 경우 위쪽 구두의 발목 끈 부분이 제대로 출력되지 않은 것을 볼 수 있습니다. Touching buildplate는 프린터의 출력판과 모델의 아랫부분만을 서포팅해주기 때문입니다. 하지만 이 경우도 구두의 오리엔테이션이 달라진다면 출력 가능성은 충분히 있습니다.

'Everywhere'의 경우 출력은 제대로 되었지만 모델 전체에 서포트가 붙어 있어 제거에 어려움이 있고 표면이 서포트 제거에 따라 손상될 수 있습니다. Touching buildplate나 Everywhere 중 중요하게 표현되어야 하는 면이 어떤 면인지 결정한 후 오리엔테이션을 결정하고 각각 서포트의 특성을 파악한다면 선택에 도움이 될 것입니다.

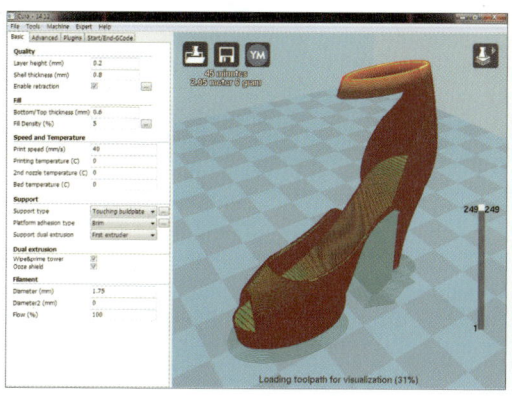 

▲ Touching buildplate / Brim

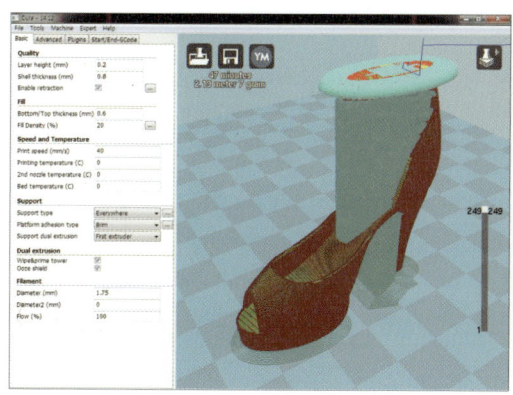 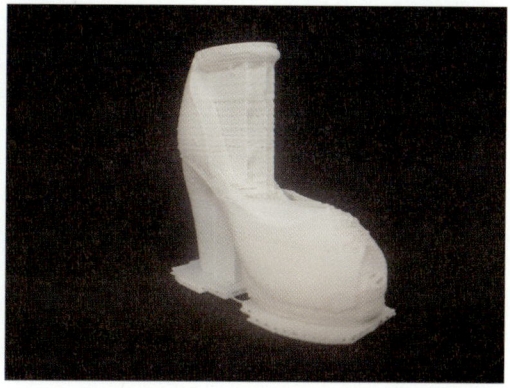

▲ Everywhere / Raft

❽ Raft는 Brim보다 서포트 제거가 어렵고 예제 _{구두 모델링}의 경우에는 모델과 모델 사이에 서포트가 필요한 디자인이기 때문에 'Support Everywhere'를 선택하였을 때 보다 완성도 있는 결과가 나왔습니다.

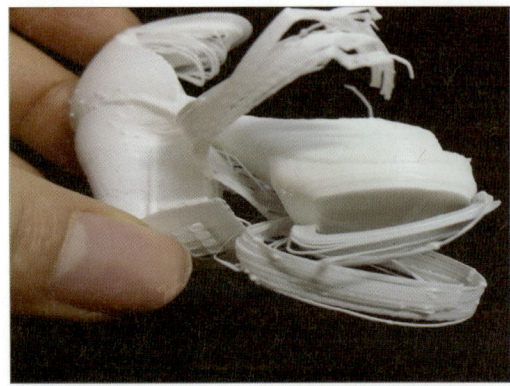
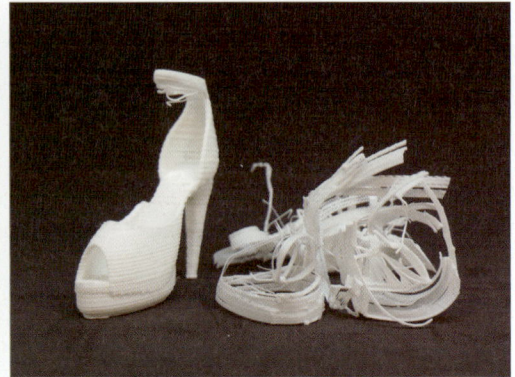

▲ 서포트 제거 과정

02 | DLP 방식 B9Creator 에서 수동 서포트 설치하기

❶ DLP 방식 출력 모델의 서포트를 생성하는 데 활용되는 오픈소스 소프트웨어 'B9Creator'를 실행합니다. 해당 소프트웨어는 'www.b9c.com'에서 무료로 다운로드 받을 수 있습니다.

❷ 'Layout' 항목을 클릭합니다.

❸ 'Configuration' 메뉴를 이용하면 최대 해상도에 따른 출력판의 크기를 선택하여 눈으로 가늠할 수 있습니다. 예제에서 사용될 3D 프린터 장비의 해상도가 100 마이크론이고, 출력판의 크기가 약 100×75이므로 'B9Creator v.1.1.0. XY at 100 microns'를 선택합니다. 'Build Volume$_{mm}$'의 정보가 바로 아래에 표시되므로 참고하여 출력하고자 하는 장비와 비슷한 출력판에서 서포트 설치 작업을 하면 됩니다.

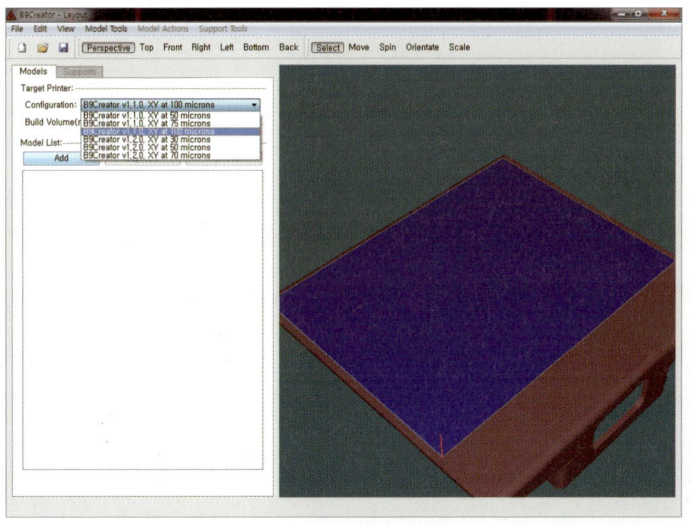

❹ [Add] 버튼을 클릭해 모델을 불러옵니다. 하단에는 불러온 모델리스트와 모델을 복사하거나 삭제할 수 있는 항목, 모델 정보와 모델의 크기, 위치 등을 수정할 수 있는 메뉴가 표시됩니다. 자동 서포트 기능이 있지만 예제에서는 서포트를 직접 설치하도록 하겠습니다. 화면 조정은 마우스 오른쪽 버튼과 휠을 사용합니다.

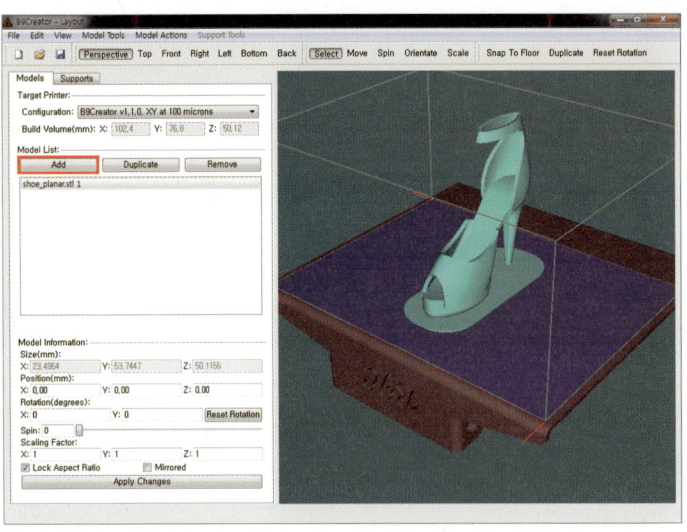

❺ [Support] 탭을 클릭하면 자동으로 모델이 바닥면에서 떨어져 공중으로 이동합니다. 그 후 서포트를 세우면 서포트의 크기와 위치에 따라 바닥면에서 또 다시 이동하게 됩니다. 이런 퍼포먼스를 보면 마치 B9Creator는 바닥면과 모델 사이를 서포트로 메우는 것을 자연스럽게 유도하는 것 같지만 실제로 서포트는 많이 세우는 것보다 최소한으로 필요한 만큼만 설치하는 것이 출력 품질 향상에 도움이 됩니다. 다음 그림은 서포트 생성 간격과 휨 현상 간의 관계를 보여줍니다. 서포트를 조밀하게 달았을 때 휨 현상이 적게 발생합니다. 따라서 서포트 없이 바닥에 붙여 출력한다면 바닥이 서포팅을 빈틈없이 해주기 때문에 휨 현상을 '0'으로 만들 수 있습니다.

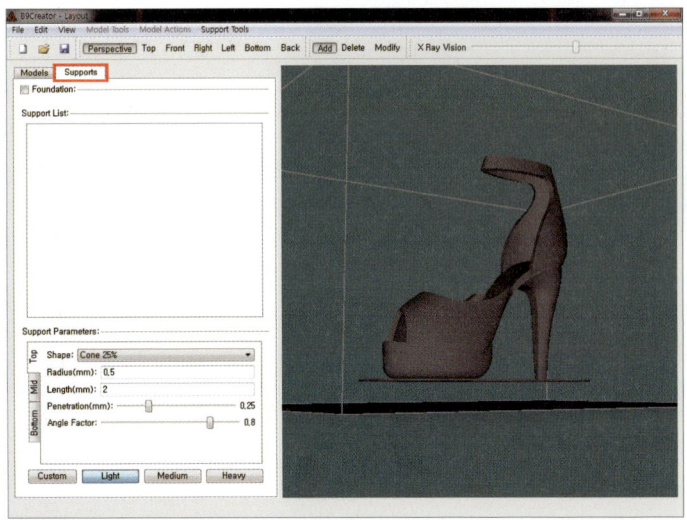

❻ 예제에서는 모델의 휨 현상을 최소화하기 위하여 출력판 바닥에 개체를 붙이도록 하겠습니다. 커서를 모델에 위치시키면 흰색 선으로 단면이 표시됩니다. 단면을 살펴보고 아래 레이어보다 다음에 오는 레이어가 갑자기 커지는 부분을 클릭하여 서포트를 설치합니다.

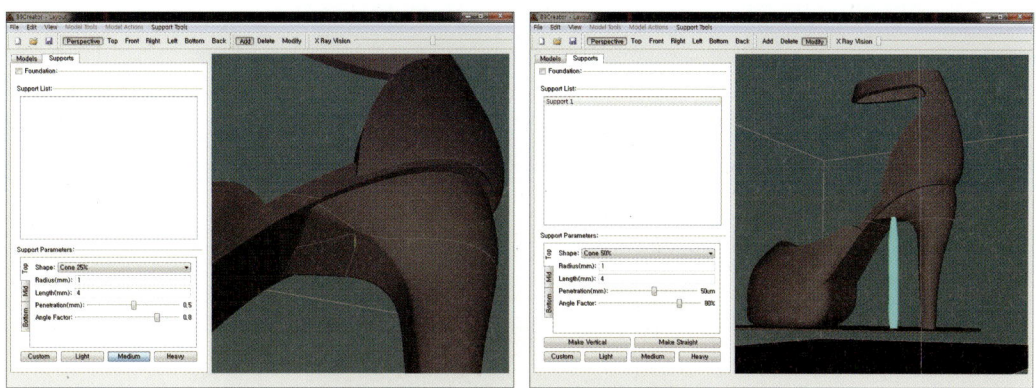

❼ [Models] 탭을 클릭하여 Model Information 〉 Position(mm)에서 Z축을 0으로 지정하고 [Apply Changes] 버튼을 클릭합니다.

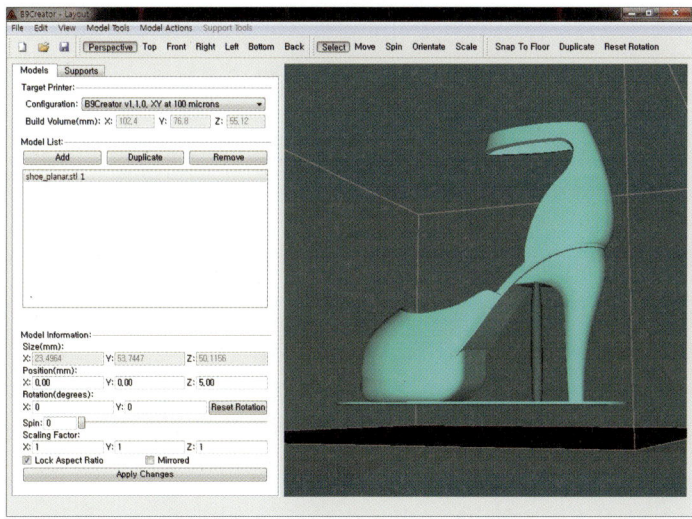

❽ [Supports] 탭에는 바닥면 설치 메뉴Foundation와 서포트를 하나씩 선택할 수 있는 'Support List', 서포트바닥, 몸통, 모델에 닿는 머리 부분 각각의 크기를 조절할 수 있는 'Support Parameters'가 있습니다.

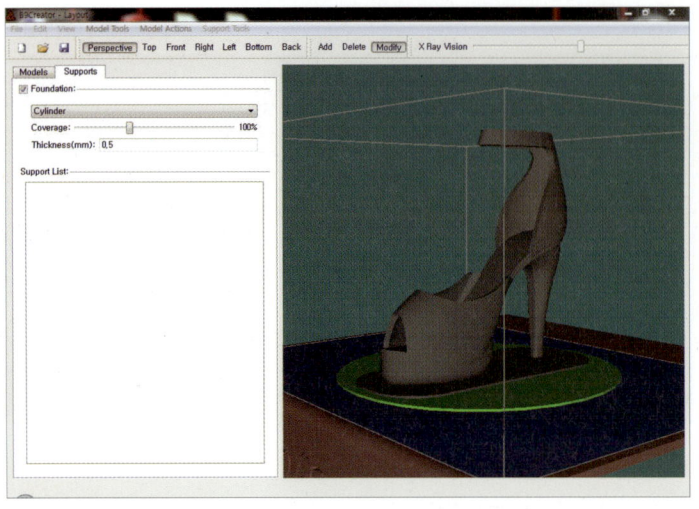

❾ 피규어나 아트토이와 같이 지면에 닿는 면적이 좁은 모델은 진열대에 세우기 위해 별도의 기단부를 만들기도 합니다. 바닥 서포트는 출력물을 세우는 역할과 출력물이 출력판에 단단히 붙어 있을 수 있도록 돕는 역할을 합니다. DLP나 SLA 방식은 대부분 거꾸로 출력되는 방식Bottom-Up을 사용하므로 몸통보다 출력판에 닿는 면적이 좁을 경우 몸통을 지탱하지 못하고 떨어질 가능성이 높습니다. 따라서 바닥 서포트를 몸통 크기와 비슷하거나 넓게 만들어 출력판에 밀착시킬 수 있도록 해야 합니다.

예제에서는 라이노에서 미리 바닥 서포트를 0.4mm로 만들어서 불러왔지만 다른 프로그램에서 바닥 서포트를 만들지 않았다면 Support 〉 Foundation을 선택하여 세부사항을 설정하면 됩니다. 'Foundation'을 체크하면 모델의 크기에 맞게 바닥면이 생성됩니다. 크기는 0부터 100까지 'Coverage%' 바를 움직여서 조절하고, 바닥 서포트의 모양도 8가지 중 선택할 수 있습니다. 'Thicknessmm'의 수치를 직접 입력하여 바닥 서포트의 두께도 변경할 수 있습니다.

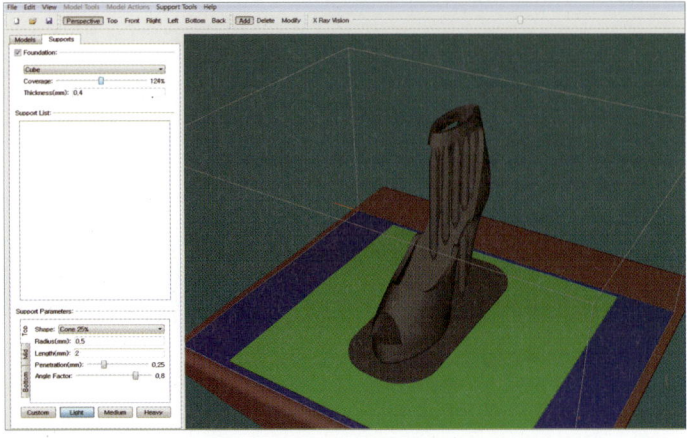

B9Creator의 바닥면 모양에는 타원이나 직사각형이 없기 때문에 원하는 모양의 바닥 서포트가 옵션에 없다면 3D 모델링 프로그램으로 여러 바닥면을 만들어 두고 불러와 사용할 수도 있습니다. 예제에서는 라이노 프로그램에서 미리 만들어 온 바닥 서포트를 사용하였습니다.

⑩ 메뉴 바의 [Add] 버튼을 클릭하고 모델을 클릭하면 서포트가 설치되고, [Delete] 버튼을 클릭하고 서포트를 클릭하면 서포트가 삭제됩니다. 서포트의 위치를 옮기고 싶을 때에는 [Modify] 버튼을 클릭하고 서포트를 원하는 위치로 드래그하면 됩니다. Top, Bottom부를 따로 움직일 수 있습니다.

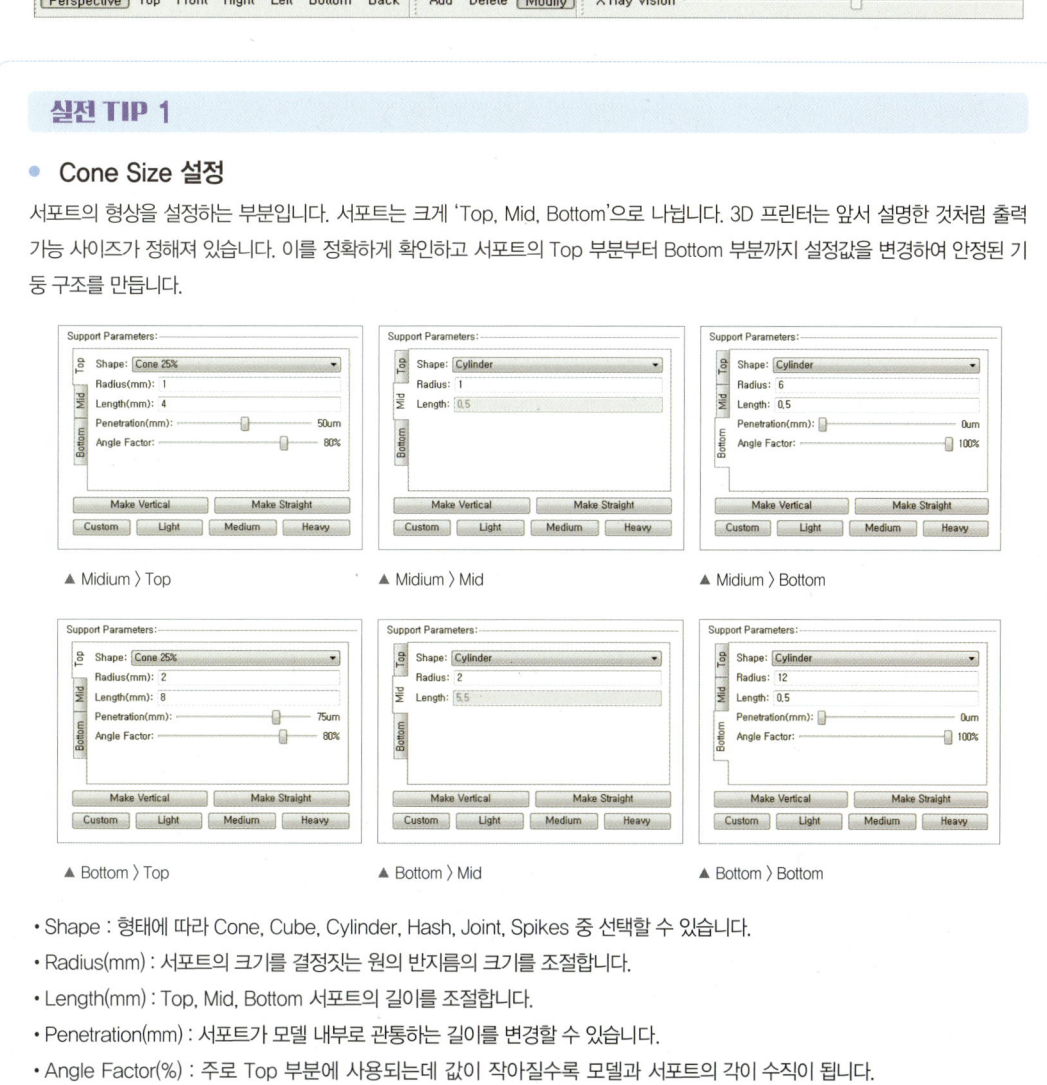

실전 TIP 1

• **Cone Size 설정**

서포트의 형상을 설정하는 부분입니다. 서포트는 크게 'Top, Mid, Bottom'으로 나뉩니다. 3D 프린터는 앞서 설명한 것처럼 출력 가능 사이즈가 정해져 있습니다. 이를 정확하게 확인하고 서포트의 Top 부분부터 Bottom 부분까지 설정값을 변경하여 안정된 기둥 구조를 만듭니다.

▲ Midium > Top   ▲ Midium > Mid   ▲ Midium > Bottom

▲ Bottom > Top   ▲ Bottom > Mid   ▲ Bottom > Bottom

- Shape : 형태에 따라 Cone, Cube, Cylinder, Hash, Joint, Spikes 중 선택할 수 있습니다.
- Radius(mm) : 서포트의 크기를 결정짓는 원의 반지름의 크기를 조절합니다.
- Length(mm) : Top, Mid, Bottom 서포트의 길이를 조절합니다.
- Penetration(mm) : 서포트가 모델 내부로 관통하는 길이를 변경할 수 있습니다.
- Angle Factor(%) : 주로 Top 부분에 사용되는데 값이 작아질수록 모델과 서포트의 각이 수직이 됩니다.

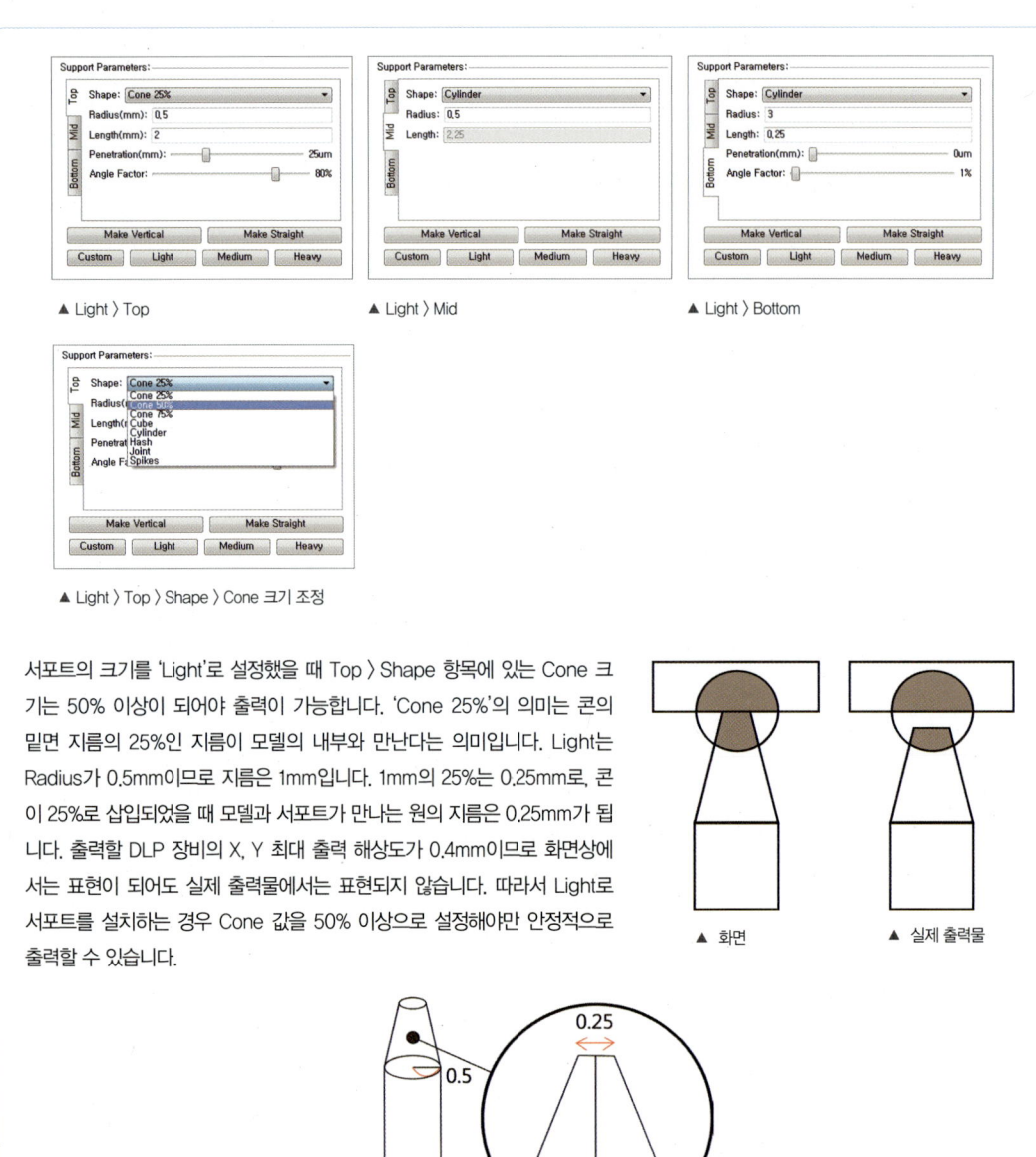

▲ Light 〉 Top　　　　　　　▲ Light 〉 Mid　　　　　　　▲ Light 〉 Bottom

▲ Light 〉 Top 〉 Shape 〉 Cone 크기 조정

서포트의 크기를 'Light'로 설정했을 때 Top 〉 Shape 항목에 있는 Cone 크기는 50% 이상이 되어야 출력이 가능합니다. 'Cone 25%'의 의미는 콘의 밑면 지름의 25%인 지름이 모델의 내부와 만난다는 의미입니다. Light는 Radius가 0.5mm이므로 지름은 1mm입니다. 1mm의 25%는 0.25mm로, 콘이 25%로 삽입되었을 때 모델과 서포트가 만나는 원의 지름은 0.25mm가 됩니다. 출력할 DLP 장비의 X, Y 최대 출력 해상도가 0.4mm이므로 화면상에서는 표현이 되어도 실제 출력물에서는 표현되지 않습니다. 따라서 Light로 서포트를 설치하는 경우 Cone 값을 50% 이상으로 설정해야만 안정적으로 출력할 수 있습니다.

▲ 화면　　　　　▲ 실제 출력물

실전 TIP 2

● **서포트 배열 요령**

마우스 포인터를 모델에 위치시켜 단면이 흰색으로 표시될 때 Shift 를 누릅니다. 그러면 단면을 표시하던 라인이 정지되어 한 단면에 서포트를 안정적으로 배열할 수 있습니다.

⑪ 실전 TIP에서 설명한 내용을 바탕으로 Top의 Shape은 '50%', Bottom의 Shape은 '70%'로 변경합니다. 주얼리와 같은 미세구조를 출력할 때에는 서포트의 양끝을 'Cone'이 아닌 'Cylinder'로 설치해야 합니다. 그 이유는 잘 떼어지는 것보다 형상을 확실히 구현하는 것에 초점을 맞추기 때문입니다.

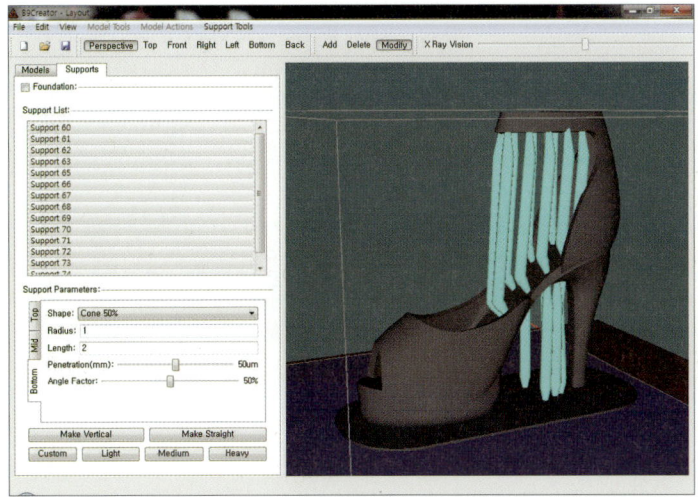

⑫ 서포트를 모두 선택하고 [Make Vertical]과 [Make Straight] 버튼을 번갈아 클릭하여 서포트가 모델에 수직으로 생성될 수 있도록 합니다. 대각선보다 수직으로 세워진 서포트가 모델을 더 견고하게 지탱할 수 있기 때문입니다.

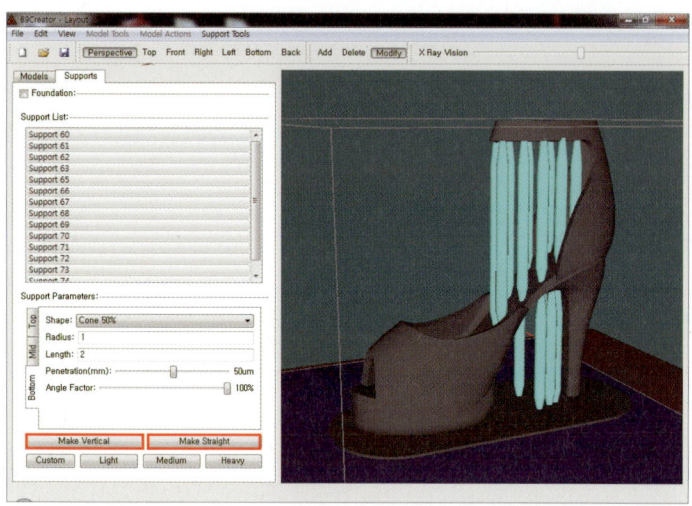

⑬ 완성된 파일을 STL 파일로 Export합니다. B9Creator 파일로도 별도로 저장해두면 출력에 문제가 있을 시 서포트를 다시 수정하는 시간을 절약할 수 있습니다.

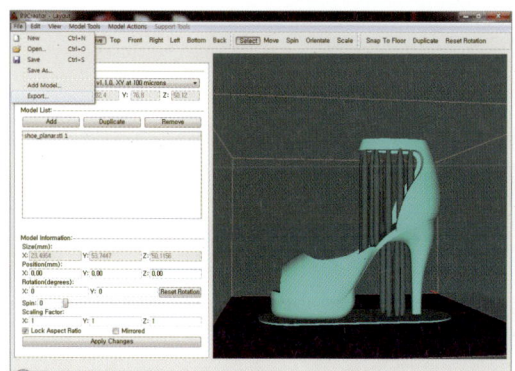 

▲ 최종 출력물

실전 TIP

● **자동 서포트 설치 방법**

자동 서포트는 모델을 출력할 때 취약할 것 같은 부분을 프로그램이 자동으로 계산하여 서포트를 달아주는 기능입니다. 아직은 기술력이 정교하지 않아 완벽하게 계산이 되지 않기 때문에 사람이 직접 서포트를 설치하는 것이 재료의 낭비를 막고 보다 나은 출력 결과를 가져올 수 있습니다.

❶ 자동 서포트는 Support Tools 〉 Automatic Supports를 선택하면 서포트의 밀도를 조절하여 서포트를 설치할 수 있습니다.

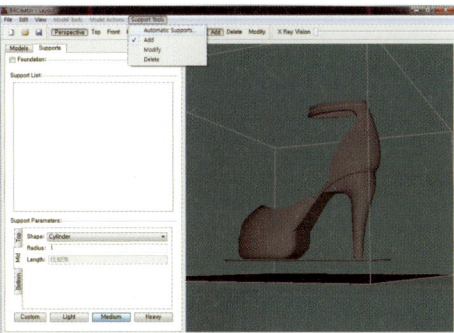

❷ 자동 서포트의 밀도는 1~100의 범위에서 조절 가능하며 100으로 갈수록 더욱 촘촘히 생성됩니다. 서포트의 밀도는 재료비를 절감하고 쉽게 제거하기 위해, 그리고 바닥면의 스트레스 중첩을 막기 위해 최소한으로 설정하는 것이 좋습니다.

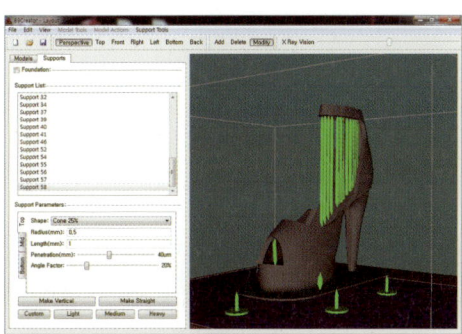
▲ Support Density(%) : 1 / Layer : 58

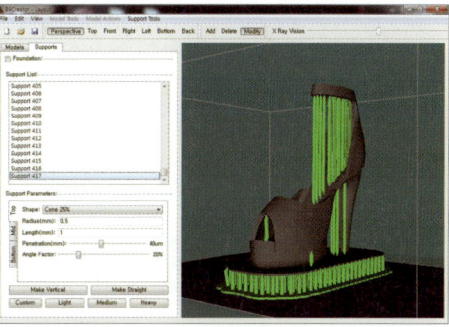
▲ Support Density(%) : 50 / Layer : 417

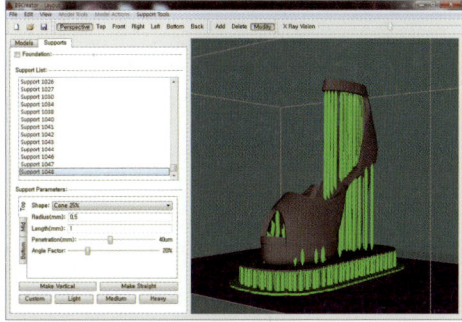
▲ Support Density(%) : 100 / Layer : 1048

CHAPTER 5.

Mesh 구조를 이용하여 모델링하기
디자인 포크 모델링

3D 프린팅을 위한 모델링을 할 때에는 프린팅의 성공률을 높이기 위해 구조적인 안정성을 갖추어야 합니다. 이러한 구조적 제한이 형태의 자유를 구속하는 것은 아닙니다. 3D 프린터는 전통적인 조형 공법과는 차별화되어 제작 공정이 간단하고, 대량생산이 가능하게 되어 형태에 제한을 두지 않고 보다 복잡하고 과거에는 아예 만들 수 조차 없었던 비정형적인 형태를 빠르고 정확하게 구현해낼 수 있습니다.

이러한 3D 프린팅만의 특성을 최대한 살려내는 디자인에는 어떤 것이 있을까요? 이번 장에서는 모델링의 구조적 안정성과 형태의 아름다움을 동시에 해결할 수 있는 방법에 대해서 알아보겠습니다.

완성 파일 : Fork_grasshopper.3dm

3D Printing Resource

- 방식   DLP 광경화성 3D 프린터
- 제품명(회사)   Litho(Illuminaid)
- 출력 사이즈   102.7×76.8×200mm
- XY해상도   100㎛
- Z해상도   25㎛~100㎛
- XY 실제 출력 가능 해상도   약 0.4mm
- Z 실제 출력 가능 해상도   약 0.025~0.1mm

After

사전적 의미로 메쉬 mesh 는 그물망을 뜻합니다. 이러한 격자 구조를 3D 프린팅에 적용하는 이유는 3D 오브젝트를 디자인하면 무게 대비 강성이 뛰어난 구조체를 만들 수 있기 때문입니다. 이러한 이유로 메쉬 구조는 건축, 제품 심지어 패션 분야에서도 쉽게 찾아볼 수 있습니다. 또한 규칙적인 패턴의 심미성 때문에 제조 업계에서 디자인 요소로도 자주 쓰이고 있습니다.

과거에는 복잡한 패턴을 3D로 표현하고자 할 때 일반적인 제조 방법인 재료를 깎아서 형태를 만드는 첨삭 공법을 사용하였는데, 이 공법으로는 제작에 한계가 있었습니다. 하지만 최근 3D 프린터는 적층 가공을 함으로써 과거에 없던 메쉬 구조를 이용한 디자인을 실현할 수 있게 되었습니다. 뿐만 아니라 메쉬 구조는 3D 프린팅을 할 때 적은 재료로 강도 있는 형태를 만들 수 있어 효율성 측면에서도 뛰어납니다.

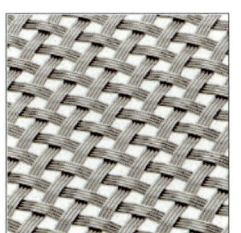

사용 프로그램

라이노 Rhino

라이노는 넙스 방식 기반의 3D 모델링 프로그램으로, 정확한 수치를 기반으로 3D 모델링을 할 수 있어서 산업 디자인 분야 중 제품 디자인, 주얼리 디자인 등에 많이 활용되고 있습니다. 라이노는 넙스 방식 간단한 선, 원, 호, 박스와 3차원 커브를 수식을 이용하여 복잡한 형태를 정확하게 정의할 수 있는 수학적 개념 과 다양한 플러그인 Plug-in 이 특징입니다. 플러그인을 통해서 라이노 프로그램에는 없는 고급/특화 기능을 사용할 수 있으며, 이는 유료나 무료로 다운을 받아 사용이 가능합니다. 라이노는 타 CAD 모델링 프로그램 대비 컴퓨터의 높은 사양을 요구하지 않으며 라이선스도 저렴한 편입니다.

그래스호퍼 Grasshopper

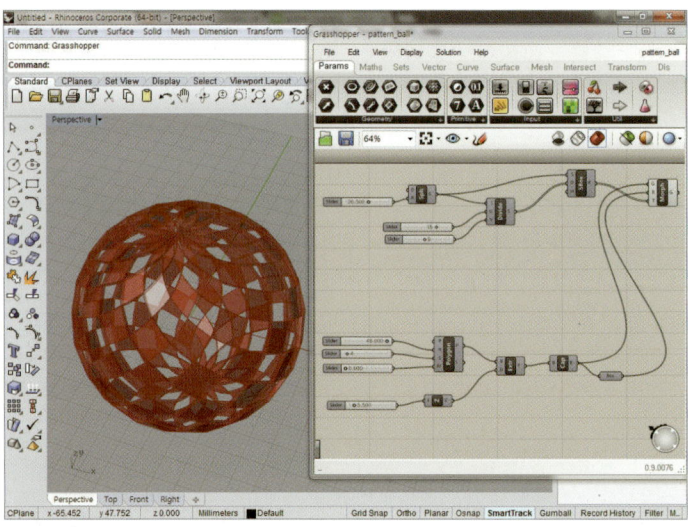

그래스호퍼는 라이노의 Plug-in으로 수학적 논리 알고리즘을 사용하여 3D 모델을 만드는 그래픽 형태의 알고리즘 편집기입니다. 라이노와의 가장 큰 차이점은 형태를 바로 캔버스에 옮겨 그리는 것이 아니라 지정한 순서와 알고리즘의 함수에 의해서 만들어지기 때문에 단순한 디자인부터 복잡한 디자인까지 스케치가 어려웠던 3D 모델링에 도움을 줍니다. 또한 개체를 생성하고 편집할 때 매개변수를 이용한 수학적 연산이 사용되기 때문에 작업 도중 식이나 연결 구조를 변경하면 그에 해당하는 값도 자동으로 바뀌어 변형과 수정이 용이합니다.

그래스호퍼는 홈페이지 www.grasshopper3D.com 에 접속해 자신의 라이노 버전에 맞는 그래스호퍼를 선택 MAC용 그래스호퍼는 아직 없습니다 해 설치할 수 있습니다. 라이노가 실행되고 있는 상태에서 설치를 했다면 반드시 라이노를 종료 후 재시작해야 그래스호퍼가 정상적으로 실행됩니다. 라이노 명령어 입력창에 'grasshopper'를 입력하면 그래스호퍼가 실행되며 그래스호퍼 창이 새롭게 생성됩니다.

SECTION 1 라이노와 그래스호퍼 활용하기

01 | 포크 기본 서피스(Surface) 작업

지금까지 라이노의 기본 기능을 익혔다면 이번에는 포크를 모델링하면서 라이노의 심화된 기능을 익히고, 라이노의 플러그인 그래스호퍼를 이용해 보도록 하겠습니다. 그래스호퍼로 할 수 있는 디자인은 무궁무진 하나 이번에는 부분적으로만 보로노이 메쉬 구조를 입혀 그래스호퍼의 기본 기능을 알아본 후 어떤 구조를 갖고 형태를 만드는지 살펴보겠습니다. 그리고 DLP 방식의 3D 프린터를 사용했을 때 보로노이 메쉬 구조와 같은 다소 복잡한 패턴이 어떻게 출력되고, 그 패턴이 출력 결과물에 주는 이점은 무엇인지 알아보도록 하겠습니다.

① 먼저 포크를 옆에서 봤을 때 곡면을 그리는 작업을 시작합니다. Right 뷰에서 포크의 측면을 'Control Point Curve( )' 아이콘을 이용하여 곡선을 그립니다. 예제에서 포크의 길이는 사람 손의 크기와 3D 프린터의 최대 출력 사이즈를 고려하여 170mm로 설정하였습니다.

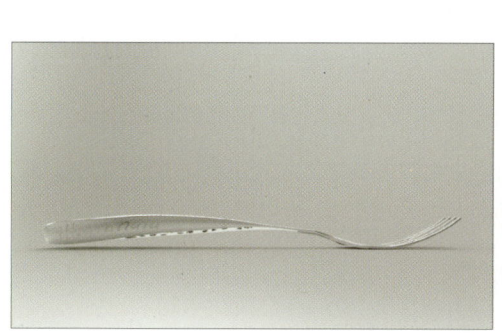
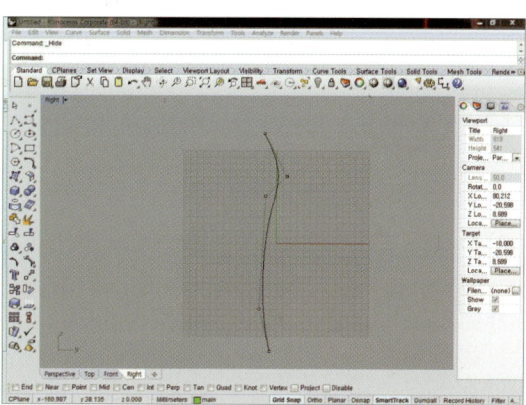

실전 TIP

● 곡선 쉽게 그리기

곡선이 한 번에 원하는 대로 그려지지 않았을 때에는 툴바에 있는 'Point On/Off( )' 아이콘을 클릭하여 라인을 잡고 있는 컨트롤 포인트들을 활성화시킵니다. 점을 잡고 이동하면 곡선을 쉽게 그릴 수 있습니다. Point Edit 툴바에는 컨트롤 포인트를 추가하거나 생략할 수 있는 툴도 제공합니다.

❷ 포크의 폭을 표현하기 위해 곡선을 Front 뷰에서 가로로 복사하고, 적절한 손잡이의 파지감을 위해 22mm 정도 이동시킵니다. 마우스로 선을 오른쪽으로 드래그한 상태에서 텍스트로 '22'를 입력하고 Enter 를 누른 후 Shift 를 누르고 마우스에서 손을 떼면 정확히 원래 선에서 오른쪽 수직 방향으로 22mm 이동합니다. 툴바에서 'Loft( )' 아이콘을 클릭해 두 선을 연결하여 포크의 앞면을 만들기 위한 서피스Surface를 만듭니다.

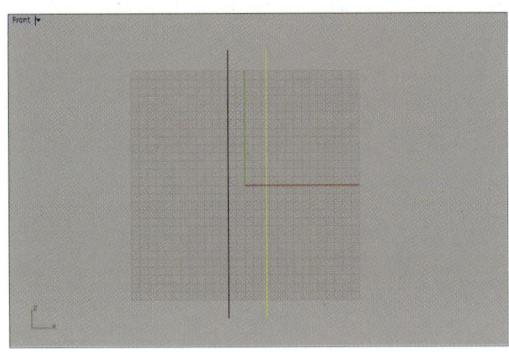
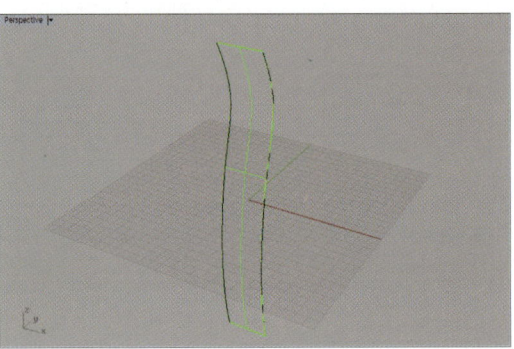

❸ 왼쪽 그림에서 하늘색으로 표시된 포크의 날 부분을 먼저 디자인합니다. 툴바의 Point에서 'Divide Curve by number of segments( )' 아이콘을 마우스 오른쪽 버튼으로 클릭 왼쪽 클릭은 Divide Curve by length : 길이 입력 하여 4개의 포크 날을 그리기 위해 선 ❶을 선택해 7개로 나누어 줍니다.

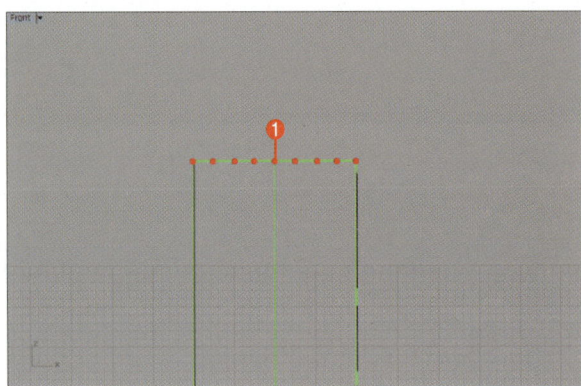

❹ 'PolyLine( )' 아이콘을 이용하여 포크의 역할을 할 수 있도록 위의 점에서부터 수직으로 약 30mm 정도 포크의 날을 만듭니다. 본 예제에서는 28mm 아래로 내려주었습니다.

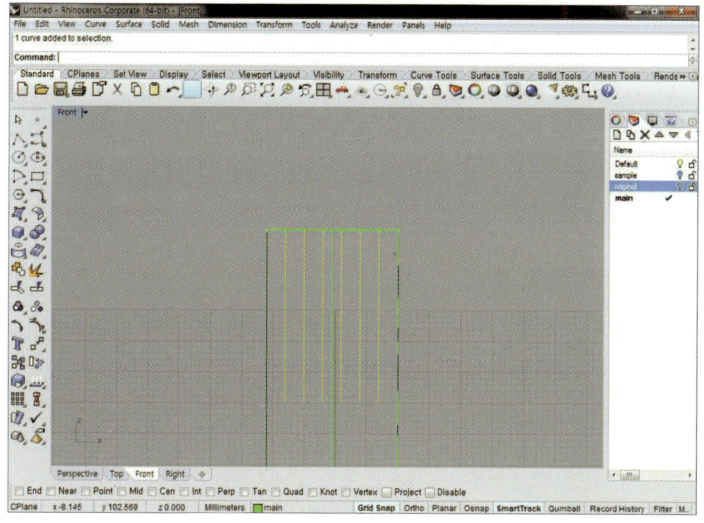

> **실전 TIP**
>
> 이와 같이 반복되는 작업을 할 때에는 Space Bar 를 누르면 앞의 명령을 반복 실행하므로 작업을 보다 빠르게 진행할 수 있습니다. 다른 명령어에서도 똑같이 적용되니 손에 익혀두는 것이 유용합니다.

❺ ❹번에서 만든 직선을 모두 선택하여 다음 그림처럼 포크 날이 끝 부분으로 갈수록 좁아지게 만들어 보겠습니다.

먼저 'Point on( )' 아이콘을 클릭하여 점이 보이도록 활성화시킨 후 위쪽 점을 모두 선택해 아래쪽으로 2mm 정도 이동시킵니다. 다음 페이지 〈그림 1〉과 같이 점을 선택하여 오른쪽으로 0.3mm 정도 이동시키고, 〈그림 2〉와 같이 점을 선택하여 왼쪽으로 0.3mm 정도 이동시킵니다. 마지막으로 〈그림 3〉처럼 위쪽 점도 같은 작업을 반복하여 포크날에 적당한 기울기가 생기도록 다듬어 줍니다.

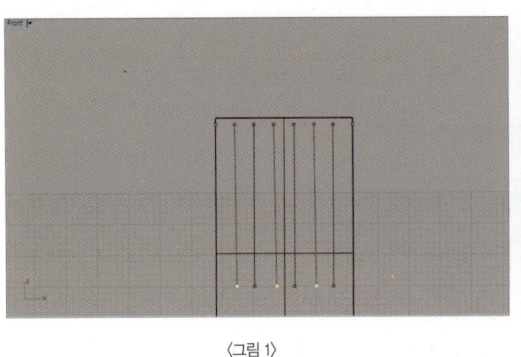
〈그림 1〉

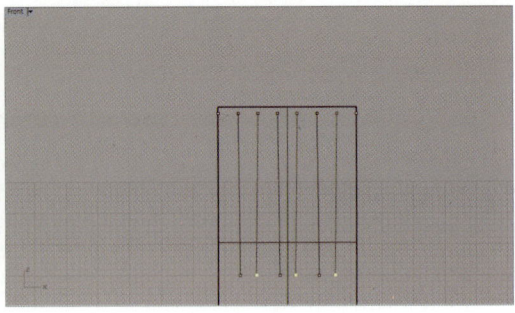
〈그림 2〉

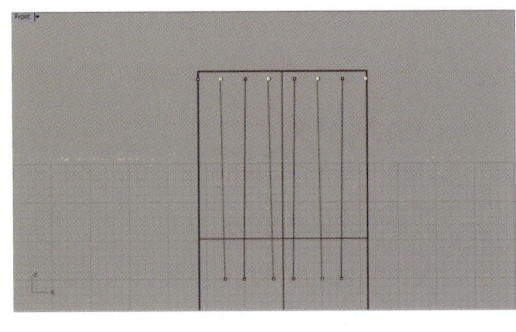
〈그림 3〉

⑥ 왼쪽 그림과 같이 포크의 라인을 'Control Point Curve( )' 아이콘을 이용해 그려줍니다. 'Point on( )' 아이콘을 클릭한 후 점을 이동하여 라인을 수정합니다. 출력 시 수직으로 배치할 때 최소의 임시 구조체 support 만으로 완벽한 출력을 목적으로 하기 때문에 옆 곡선을 최소 45° 이상으로 설정하여 모델링해야 합니다.

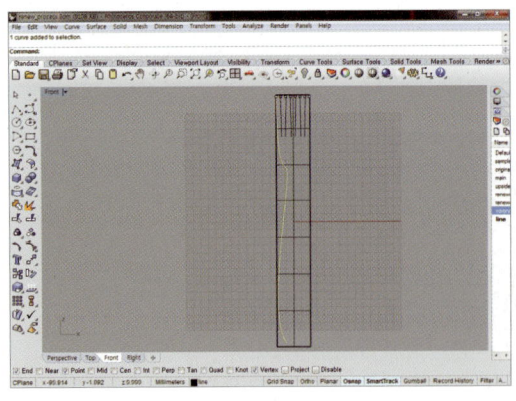
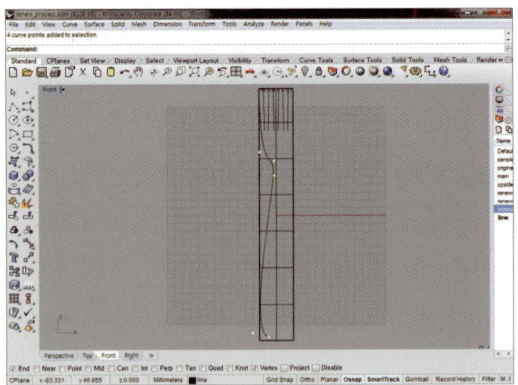

❼ ❻번에서 그린 라인을 기존 모델링된 서피스의 중심을 기준으로 'Mirror( )' 아이콘을 사용해 반전시킵니다. 오른쪽 그림과 같이 오른손으로 파지 시 좀 더 편안한 그립감을 위해 비대칭 형태의 포크 손잡이를 만들어보겠습니다. 'Point on( )'을 클릭한 후 점을 이동하여 커브를 수정합니다.

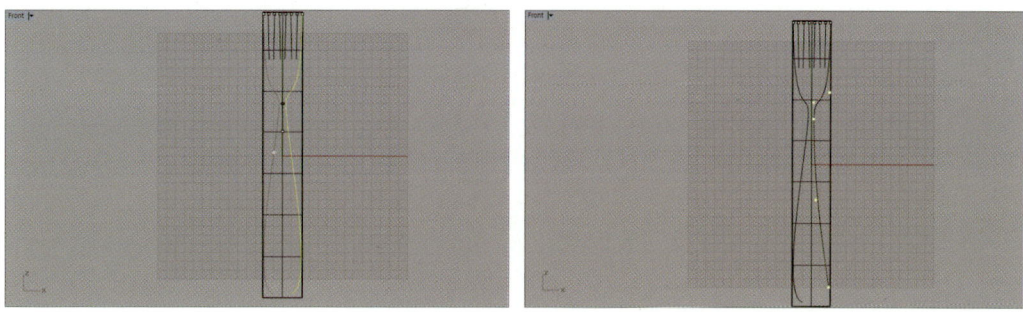

> **실전 TIP**
>
> 'Mirror( )'와 같이 간단하면서 자주 사용되는 명령어는 툴바에서 찾는 것보다 직접 텍스트로 입력하는 것이 편리합니다. 몇 가지 자주 쓰는 기능은 절차를 알아두는 것이 작업 속도를 높이는 데 많은 도움이 됩니다. 마우스로 화면을 클릭하지 않아도 명령어를 입력하면 상단의 명령어 입력창에 자동으로 입력됩니다. ◎ Rotate, Move, Stretch, Explode, Scale, Bend 등

❽ 커브 아랫부분에 떨어져 있는 두 커브를 연결하기 위해 커브 툴에서 'Adjustable Curve Blend( )' 아이콘을 클릭하고 연결시킬 두 커브의 끝점을 클릭합니다. 이때 그림과 같이 옵션창이 나타나면 'Trim'과 'Join' 항목에 체크하고 자연스러운 커브로 만들기 위해 ❶, ❷ 모두 Continuity를 'Tangency'로 선택합니다. 연결이 매끄럽지 않을 때는 'Control Point'와 곡선이 만나는 점을 조절해서 자연스럽게 연결을 만듭니다.

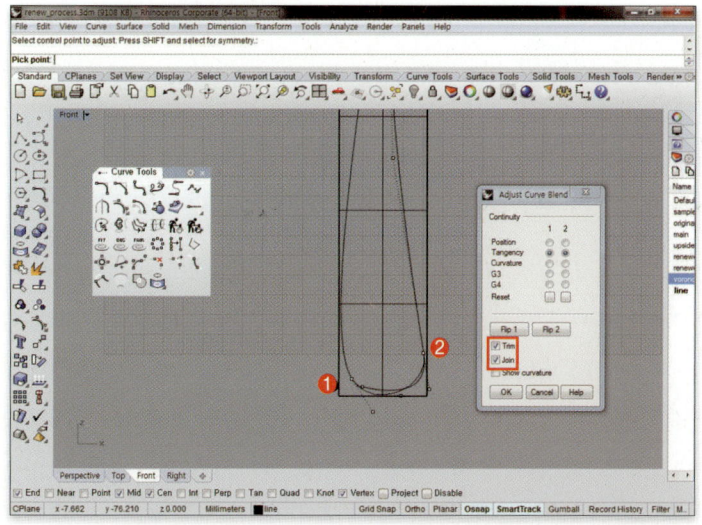

❾ 포크의 날 윗부분을 둥글게 만들기 위해 커브 툴에서 'Arc Blend( )' 아이콘을 이용하여 맨 위에 뚫려 있는 부분의 선을 선택하고 곡선으로 연결합니다.

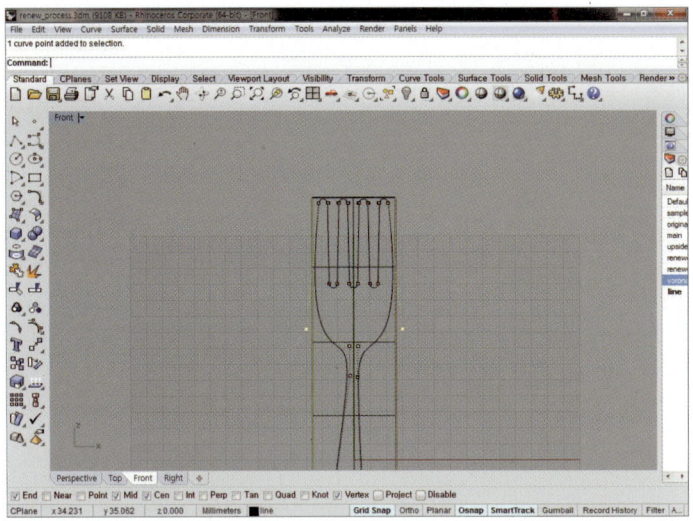

❿ ❾번에서 선으로 만든 포크의 형태를 ❷번에서 만든 서피스에 프로젝션하도록 하겠습니다. ❾번에서 만든 포크 모양의 선을 모두 선택하여 'Join( )'합니다. 그 다음 'Project Curves( )' 아이콘을 클릭하여 서피스에 투사시킵니다. 'Trim( )' 아이콘을 이용해 필요 없는 면을 삭제합니다.

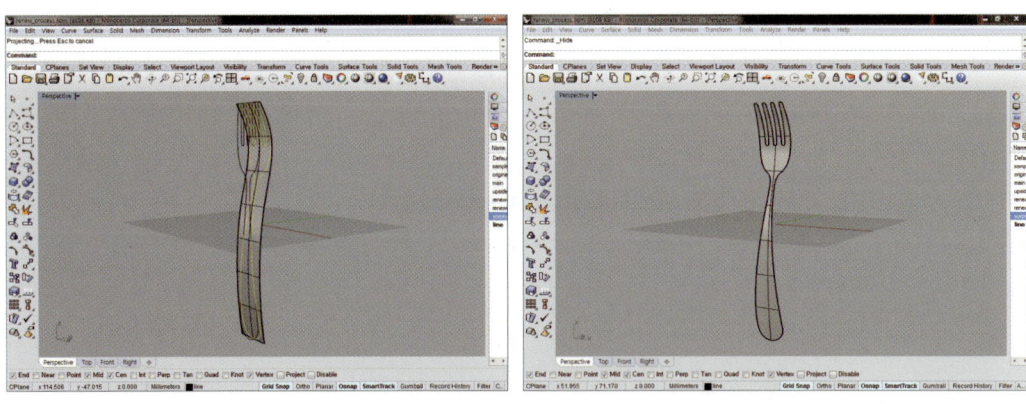

02 | 포크 솔리드(Solid)화 작업

3D 프린팅을 위한 디자인에서는 3D 모델링 디자인의 솔리드화가 중요합니다. 3D 모델링이라고 하면 보통 겉에서 보이는 면만 중요시하여 속이 텅 빈 서피스 모델링을 하는 경우가 많으나 3D 프린팅 시 면은 두께가 없기 때문에 모니터 상에서는 완벽한 솔리드인 것처럼 보여도 실제로는 출력이 되지 않는 모델링인 경우가 많습니다.

특히 서피스 모델링 프로그램은 매핑 시 컴퓨터 화면상에 보이는 면이 디자인 되는 CAD 소프트웨어는 더 세심한 주의가 필요합니다. 또한 서피스와 서피스 사이가 떨어져 있어 열린 개체가 되지 않도록 주의하며 모델링을 진행해야 합니다. 때문에 3D 프린팅 시 슬라이싱 과정에서 주의 깊게 확인해야 합니다.

① Right 뷰에서 앞서 작업한 포크의 서피스를 집아 그림과 같이 복사한 후 드래그하여 이동합니다. 예제에서는 DLP 방식 프린터 소재의 강도와 프린터의 해상도를 고려하여 포크의 두께를 2mm로 지정했습니다. 두께가 두꺼워질수록 출력할 때 슬라이스된 표면 면적이 넓어져 레진탱크 바닥면에 스트레스가 가해지기 때문에 적절한 두께로 설정하는 것이 좋습니다.

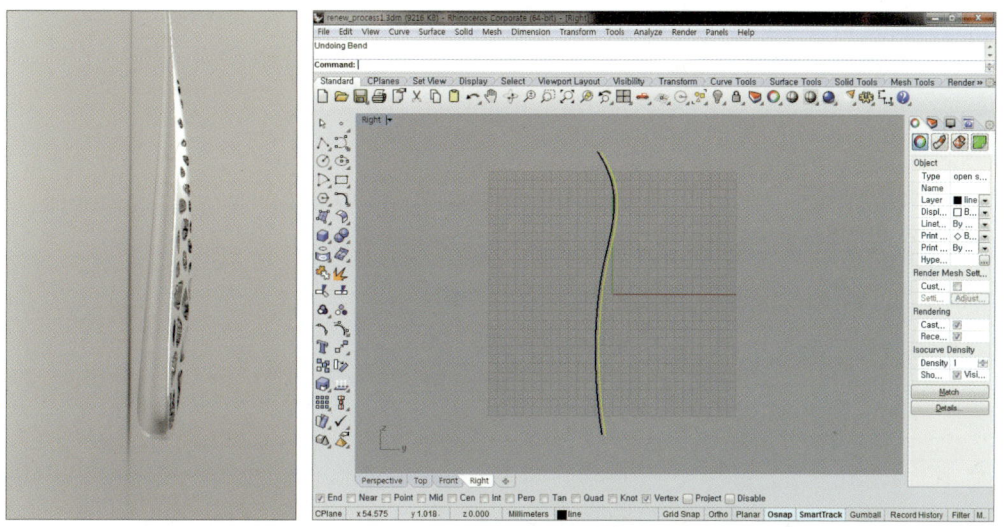

② 손잡이 부분에 파지감을 향상시키기 위해 같은 뷰에서 툴바의 'Bend( )' 아이콘을 이용해 서피스 ①을 포크의 목 부분에서부터 살짝 휘어지게 하여 볼록한 곡면으로 만들고 끝 부분을 다시 조금 오므려 자연스러운 곡선을 만듭니다.

❸ 앞에서 만든 포크의 두 면을 솔리드로 만들기 위해 다음 그림과 같이 떨어진 두 면을 자연스럽게 이어주는 작업을 하겠습니다. Surface Tool에서 'Blend Surface( )' 아이콘을 이용하여 두 면을 자연스럽게 곡면으로 연결합니다.

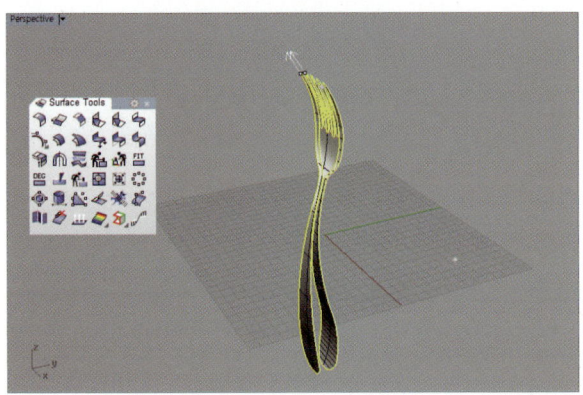

❹ 연결시킬 Edge들을 선택한 후 Enter 를 누르면 다음 그림과 같이 옵션창이 생성됩니다. ❶, ❷ 모두 'Tangency'를 체크하고 옵션값을 0.1 단위로 조절하여 어울리는 곡선을 만듭니다.

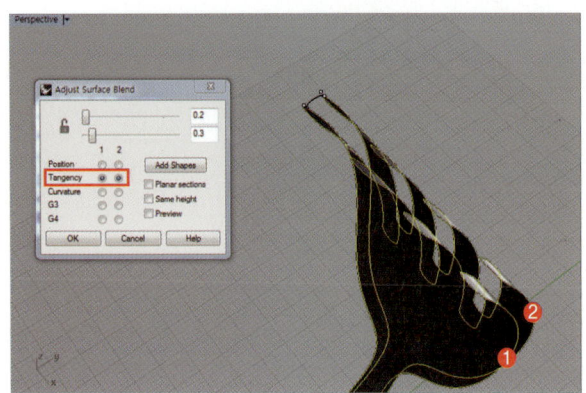

실전 TIP

옵션창의 오른쪽 아래에 Preview를 체크하면 곡면이 생성된 형태를 미리 확인할 수 있습니다. 여러 가지 값을 미리 보기를 통해 확인한 후 [OK] 버튼을 클릭하면 설정한 값으로 곡면이 적용됩니다.

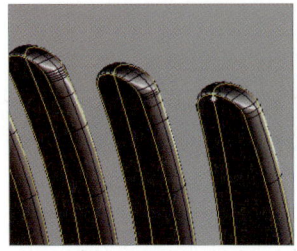 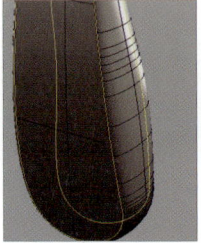 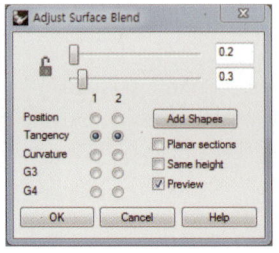

03 | Offset을 이용하여 손잡이 내부 비우기

디자인에 영향을 미치지는 않지만 개체의 내부를 비우는 작업을 하는 이유는 3D 프린팅의 과정을 고려했기 때문입니다. 앞에서 설명한 것처럼 출력할 때 하나의 슬라이스된 단면의 면적이 넓을수록 그 면에 가해지는 스트레스는 상승하게 됩니다. 슬라이싱 후 단면적이 클수록 수백, 수천 번 레진탱크에 스트레스가 가해져 피로 충격에 의해 레진탱크의 특수 코팅면이 손상을 입게 되어 3D 모델이 완벽하지 않게 출력될 가능성도 커집니다. 따라서 개체를 슬라이스했을 때 단면적을 가능한 작게 만들면 힘을 덜 받게 되어 완벽에 가깝게 출력할 수 있습니다. 또한 비용 측면에서도 사용하는 재료의 양이 적어 효율적으로 비용을 절감할 수 있습니다. 여기에 미적인 감각과 제품의 용도에 맞는 강성까지 유지시켜 줄 수 있다면 광경화성 3D 프린팅을 위한 좋은 디자인이라고 할 수 있습니다.

❶ Front 뷰에서 'PolyLine( )' 아이콘을 이용하여 절반 정도의 지점에 선을 긋습니다.

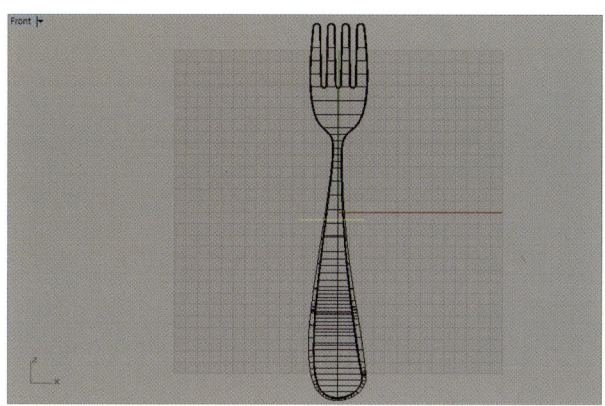

❷ 포크의 Surface를 모두 선택해 'Join( )'한 후 'Split( )' 아이콘을 이용하여 포크의 상단과 하단을 두 파트로 나눕니다. Split을 할 때에는 나누어질 부분인 포크를 먼저 선택하고 Enter 나 Space Bar 를 누른 상태에서 ❶번에서 그었던 선을 선택한 후 다시 Enter 를 누르면 됩니다.

❸ 보기 쉽게 위쪽 부분은 'Hide Objects( )' 아이콘을 사용해 숨겨둡니다. 두께 shell 를 만들어주기 위해 'Offset'을 사용하도록 하겠습니다.

상단 명령어 입력창에 'Offsetsrf'를 입력합니다. 그런 다음 그림과 같이 포크의 아래 부분에서 앞뒤 두 면을 선택하고 Enter 를 누릅니다.

`Command: OffsetSrf`

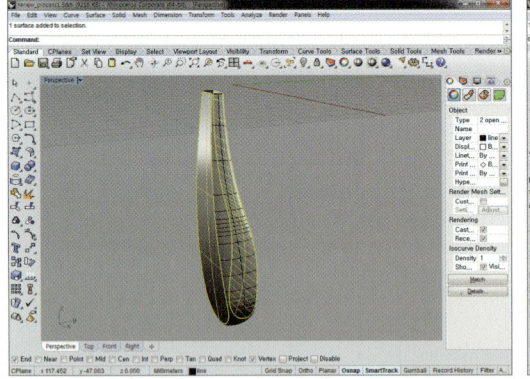
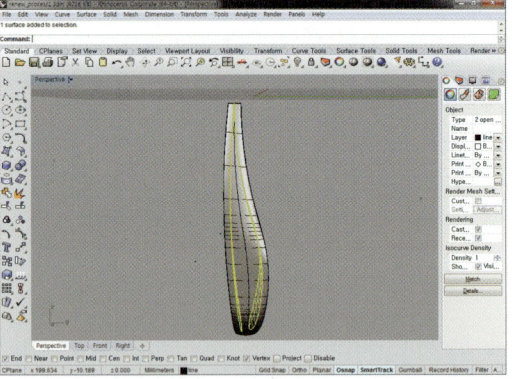

▲ OffsetSrf 옵션

실전 TIP

모든 설정을 마친 후 Enter 를 누르면 왼쪽 그림과 같은 화살표가 나타납니다. 이것은 Offset이 생성되는 방향을 가리키는 것이므로 반드시 안쪽을 향하도록 바꿔주어 기존 서피스에서 내부로 오프셋 면이 생성되도록 해야 합니다. 화살표의 방향은 선택되어 있는 면을 다시 한 번 클릭해 주면 변경할 수 있습니다.

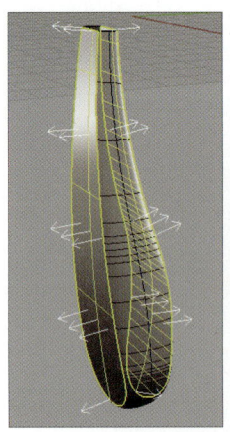
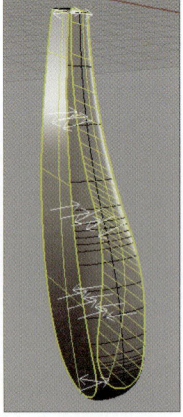

④ 'Loft( )' 아이콘을 사용하여 그림과 같이 두 곡선을 선택하여 연결합니다.

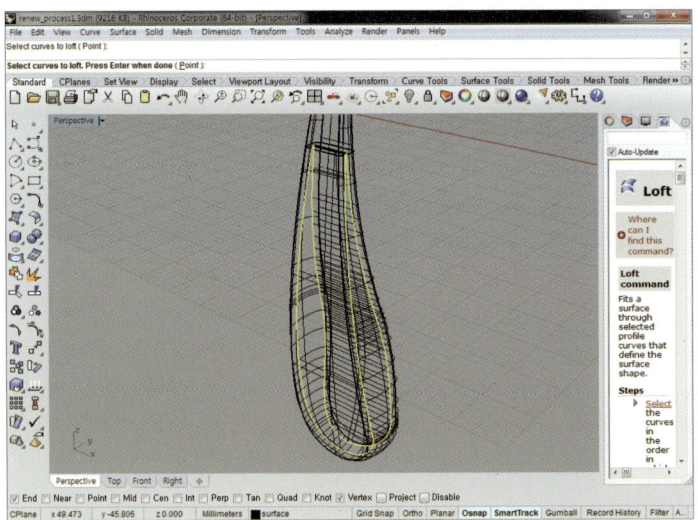

⑤ 다음과 같이 선택하여 윗면도 Surface Creation 〉 Surface from 2,3 and 4 Edges( ) 아이콘을 이용해 완벽하게 막아 닫힌 개체로 만듭니다.

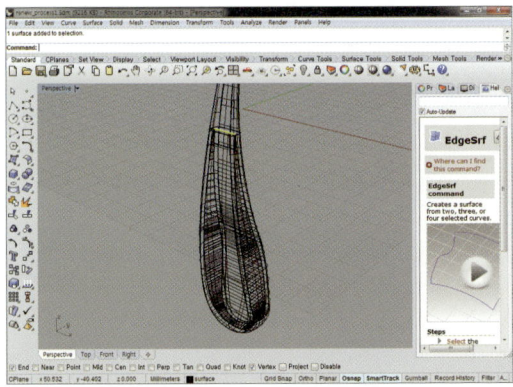
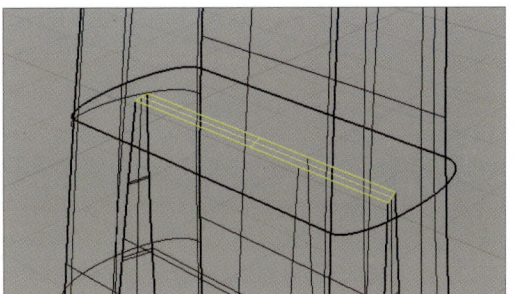

04 | 플러그인 그래스호퍼 활용하기_ 보로노이 기본 형태 만들기

보로노이란 수학적 원리로 그린 형태를 말합니다. 평면에 무작위로 점을 찍었을 때 가장 인접한 두 점의 수직이등분선을 긋고 진행을 하다보면 평면은 수직이등분선이 만나 다각형이 만들어집니다. 이 그림을 보로노이 다이어그램이라하고 분할된 다각형을 보로노이 다각형이라고 합니다.

이 보로노이 다이어그램은 각종 분야에서 널리 활용되고 있습니다. 예술성과 효율성을 고루 겸비하고 있어 디자인 요소로 손색이 없는 형태입니다. 이번엔 그래픽 형태의 알고리즘 편집기인 그래스호퍼를 이용하여 보로노이 형태를 포크 손잡이 부분에 입혀보도록 하겠습니다.

❶ 컴포넌트 패널에서 Params 카테고리의 'Point( )' 아이콘을 클릭하고 캔버스를 클릭하여 컴포넌트를 만듭니다.

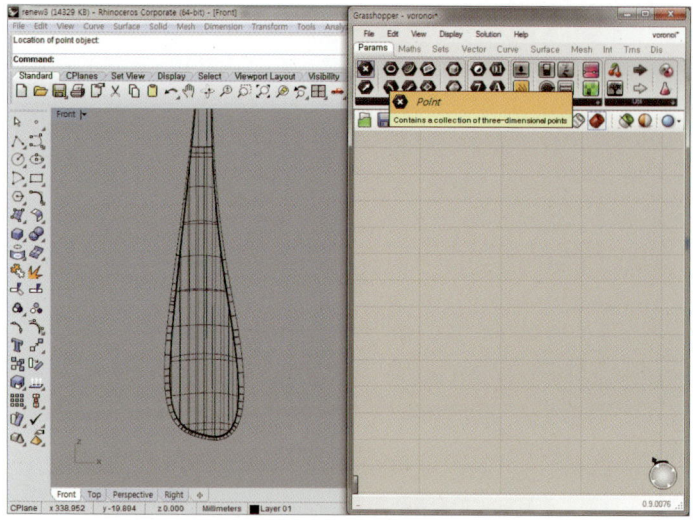

❷ Pt 컴포넌트를 마우스 오른쪽 버튼으로 클릭하면 옵션 메뉴가 나타납니다. 'Set Multiple Points'를 선택해 클릭하면 라이노 화면에서 메쉬 구멍을 디자인하기 위한 여러 개의 점을 만들 수 있습니다.

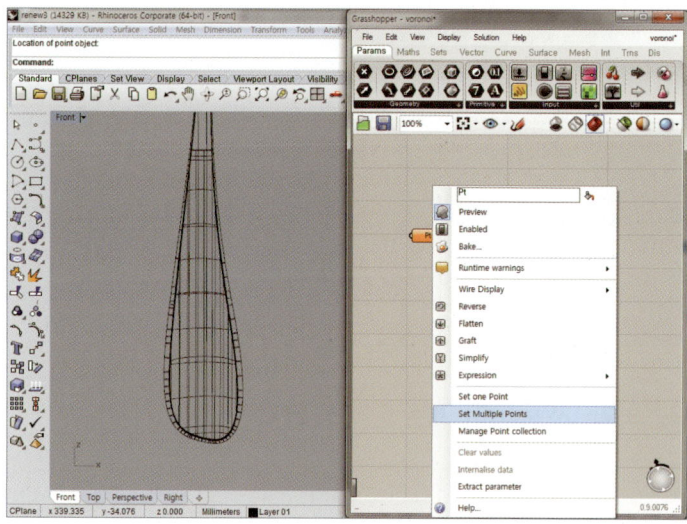

❸ 그림과 같이 그래스호퍼 창이 사라지고 라이노 화면만 남으면 여기서 점을 찍어줍니다. 포크의 손잡이 부분에 보로노이 셀을 만들 것이므로 손잡이 범위 안에서 보로노이 셀의 중심이 될 점을 자유롭게 여러 개 찍어줍니다.

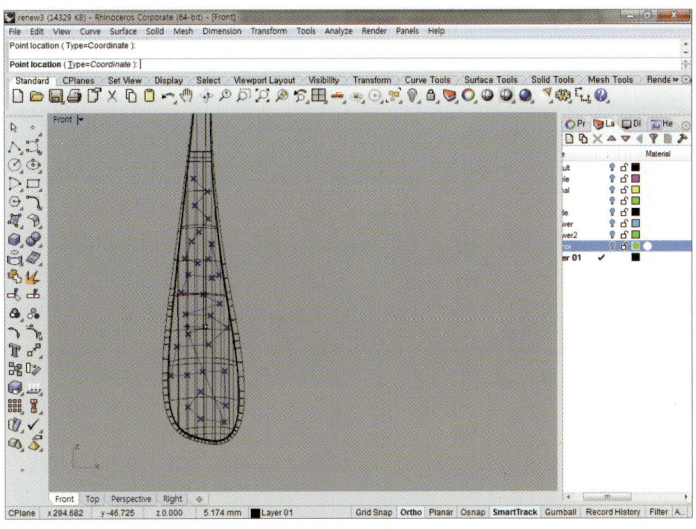

❹ 컴포넌트 패널에서 Mesh 카테고리의 'Voronoi( )' 아이콘을 클릭해 캔버스에 생성시킨 다음 앞에서 만든 Point 컴포넌트를 마우스로 드래그하여 Voronoi 컴포넌트의 P$_{Point}$와 연결시킵니다. 두 컴포넌트가 연결되면 찍어둔 점들에 보로노이의 함수가 적용되어 형태가 그려집니다.

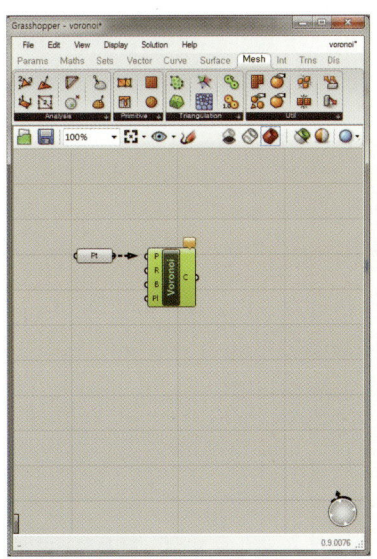 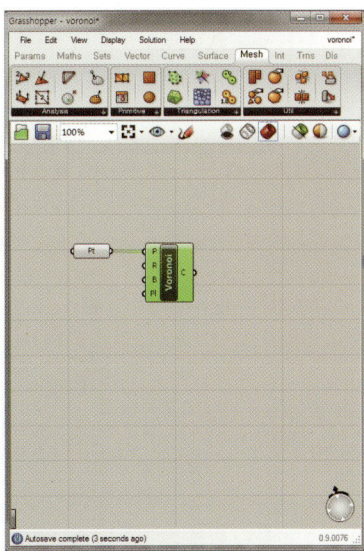

❺ 만들어진 보로노이의 범위를 설정하는 단계입니다. 보로노이는 함수이기 때문에 수식을 쓰고 범위를 정해주면 주어진 범위 안에서 자동으로 수식에 맞게 계산하여 라이노 창에서 시각화가 이루어집니다. 컴포넌트 패널에서 Vector 카테고리의 'Construct Point( )'를 만듭니다. 이때 점은 XYZ 좌표 수치를 입력하면 생성됩니다. 현재 Top 뷰에서 작업하고 있으므로 XY좌푯값만 입력합니다. 수치를 입력하기 위해 컴포넌트 패널에서 Params 카테고리의 'Number Slider( )'를 만듭니다. 만들어진 슬라이더를 마우스 오른쪽 버튼으로 클릭하여 수치의 범위를 조절합니다. 예제에서는 포크를 충분히 포함할 수 있도록 최솟값을 '-100', 최댓값을 '100'으로 설정하였습니다. 슬라이더를 복사해 포인트 컴포넌트의 XY에 각각 연결시킵니다.

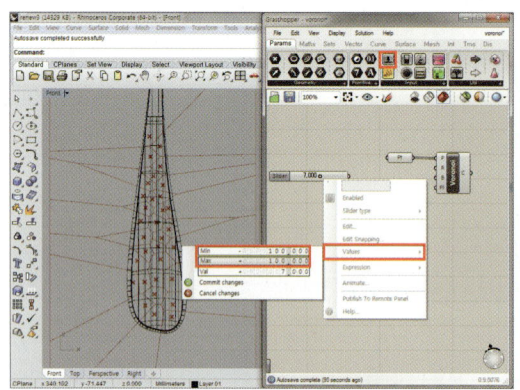 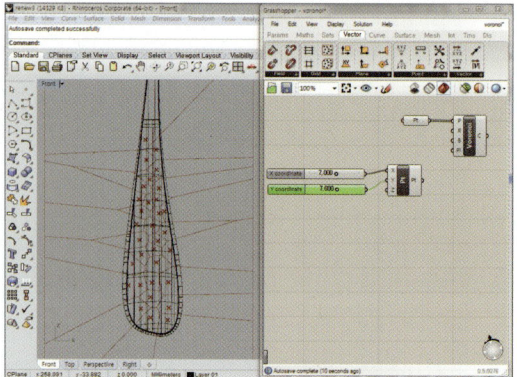

❻ 다음 단계에서 두 점을 이용하여 범위를 한정시켜줄 직사각형을 그릴 것이므로 ❺번에서 만든 슬라이더와 포인트 컴포넌트를 Ctrl + C, Ctrl + V 를 눌러 복사합니다.

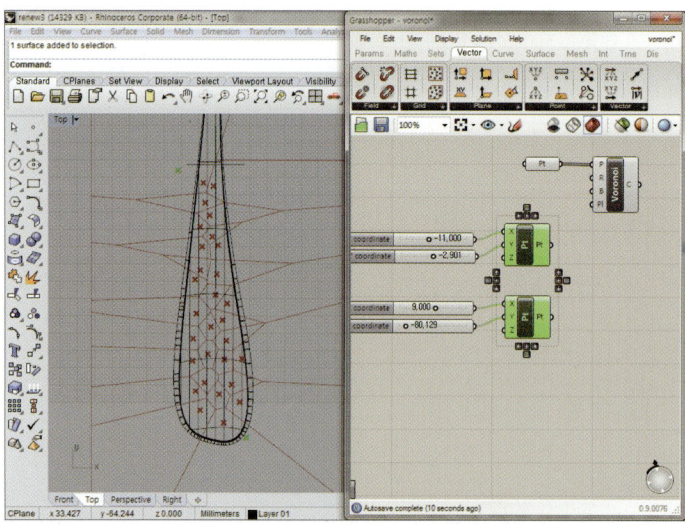

실전 TIP

각 컴포넌트는 그림과 같이 여러 개를 선택하여 이동할 수 있습니다. 그래스호퍼는 다른 3D 프로그램과 달리 컴퓨터의 계산에 의해 정의되는 파라메트릭 디자인이기 때문에 눈으로 흐름을 이해할 수 있게 정리해 두어야 나중에 수정을 할 때 좀 더 편리하게 할 수 있습니다. 항상 흐름을 이해하고 형태의 생성 순서에 따라 정리하는 습관을 갖는 것이 좋습니다.

컴포넌트들을 연결하고 있는 선을 수정해야 할 경우 Ctrl 을 누른 상태에서 선을 반대 방향에서 드래그하면 연결이 취소됩니다.

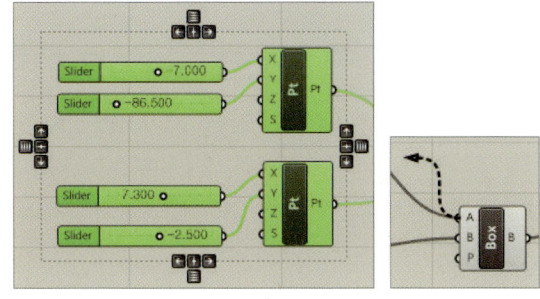

❼ 캔버스를 더블클릭하여 Box 2Pt를 만듭니다. 이 컴포넌트는 두 점을 대각선 꼭짓점으로 하여 직사각형을 그리는 명령을 실행합니다.

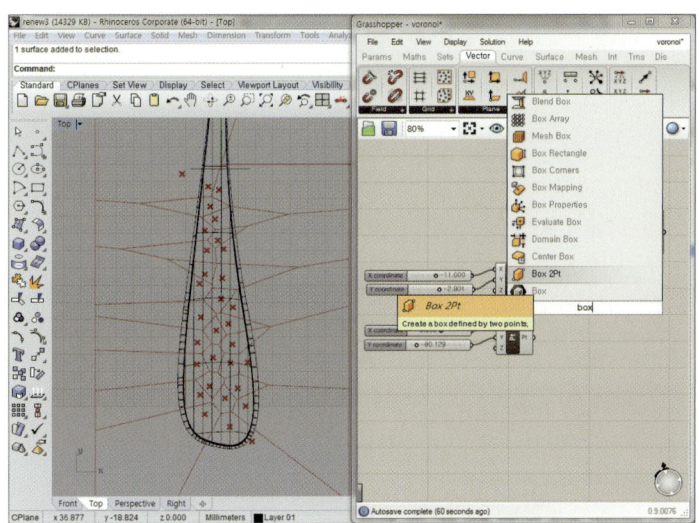

❽ 슬라이더들을 마우스 드래그로 조절하여 그림과 같이 포크의 손잡이 부분의 사이즈와 비슷하게 만듭니다. 컴포넌트를 클릭하면 초록색으로 바뀌면서 라이노에서 실행되고 있는 형태를 확인할 수 있습니다.

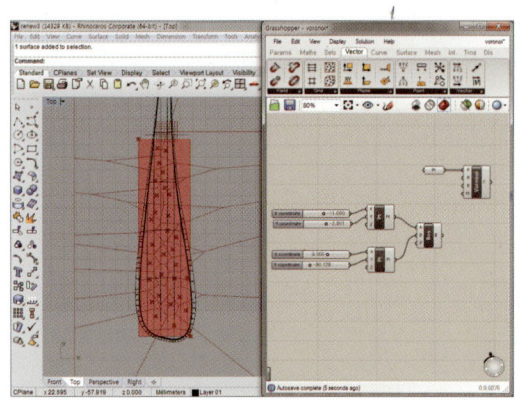
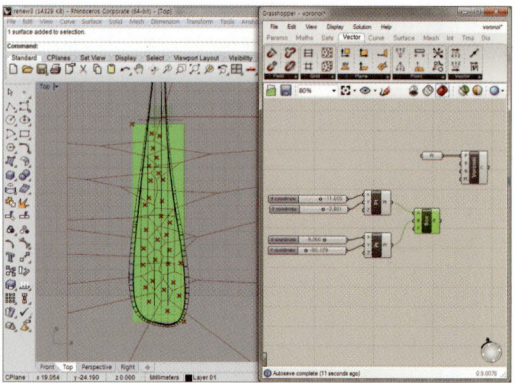

실전 TIP

Slider는 설정이 끝난 후에도 언제나 자유롭게 마우스로 드래그하여 값을 조절할 수 있습니다. 그래서 수정하는 시간이 짧고 수정된 값에 대한 결과물을 라이노 화면에서 바로 확인할 수 있습니다.

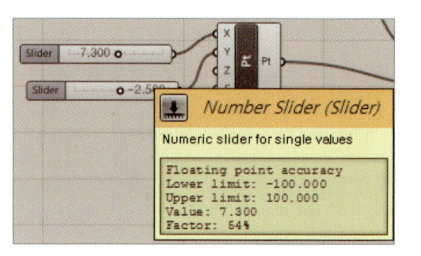

❾ 캔버스를 더블클릭하고 'Extrude'를 입력하여 박스 컴포넌트의 B Boundary, 경계 와 연결시킵니다. Extrude는 박스를 돌출시켜 입체 도형으로 만듭니다.

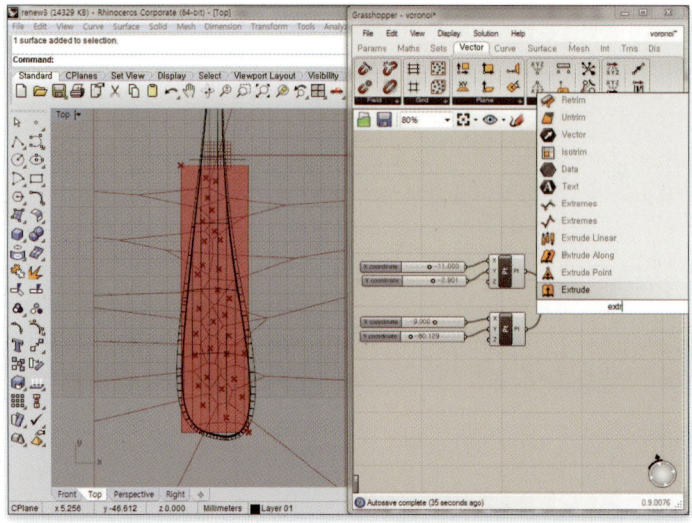

❿ 캔버스를 더블클릭하고 'Unit Z'를 입력하여 Extrude의 방향을 Z축으로 설정합니다.

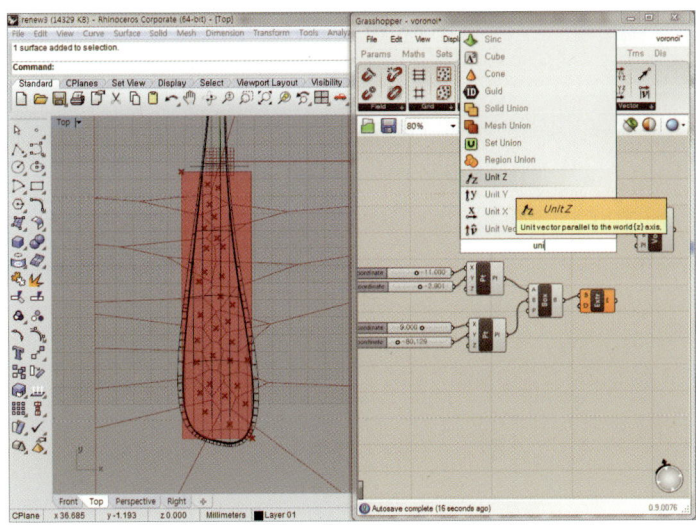

⓫ Unit Z 컴포넌트와 Extrude의 D Direction, 방향를 연결시킵니다. 그리고 Unit Z 컴포넌트 왼쪽에 슬라이더를 생성시켜 Extrude를 얼마나 지정할지 입력합니다. 예제에서는 값을 '2'로 지정했습니다. 필요한 결과물은 평면 상태의 보로노이 셀이기 때문에 Z축의 값은 0보다 큰 숫자면 상관없습니다. Extrude를 Voronoi 컴포넌트의 B와 연결시킵니다.
라이노 화면에 보로노이 셀들이 지정해준 경계 안에서 생성됩니다.

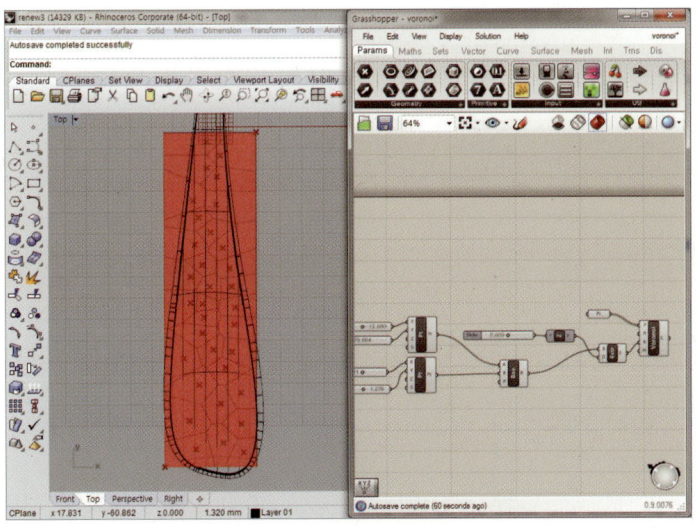

05 | 플러그인 그래스호퍼 활용하기 _ 모서리가 둥근 보로노이 만들기

앞에서 만든 보로노이 형태를 포크 손잡이에 어우러지게 곡선형으로 만들어보겠습니다.

❶ 생성된 보로노이 셀들 사이에 간격을 주기 위해 캔버스를 더블클릭하여 Offset을 생성한 후 Voronoi 컴포넌트와 오프셋의 C_{Curve, 선}를 연결합니다. 다음 Offset 컴포넌트의 D_{Distance, 거리}를 마우스 오른쪽 버튼으로 클릭하고 Expression 값을 '-x'로 지정하여 오프셋이 마이너스 방향, 즉 각 셀의 안쪽으로 실행되게 합니다.

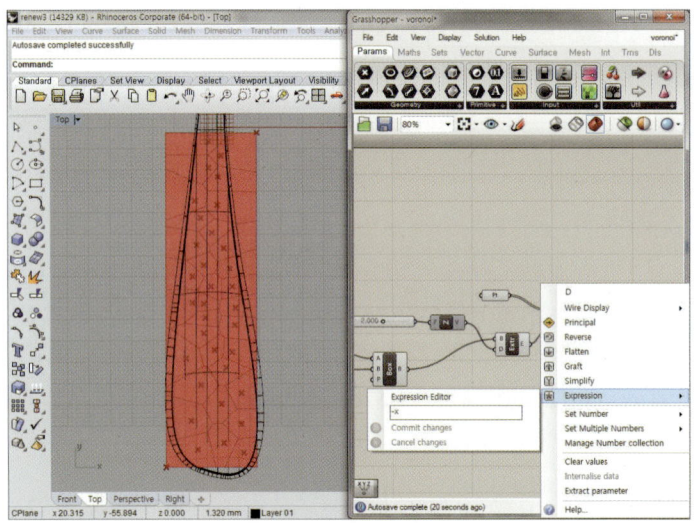

❷ 슬라이더를 생성하여 Offset 컴포넌트의 D와 연결합니다. 슬라이더의 값은 프린터의 출력 해상도와 재료의 강도를 고려하여 두께가 적어도 0.5mm 이상이 되도록 설정해야 합니다. 너무 두꺼우면 보로노이 셀이 막혀버릴 수 있으니 고려하여 두께를 정합니다.

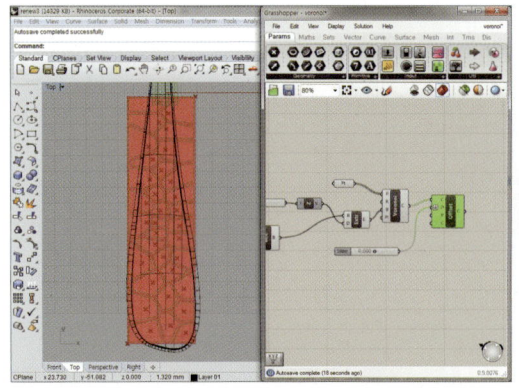 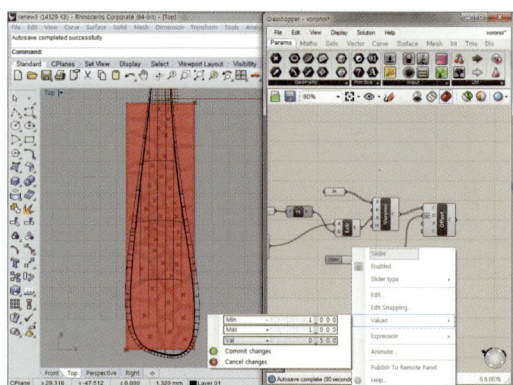

❸ Explode를 생성하여 오프셋을 적용함으로써 겹치게 된 선들을 서로 만나는 점을 기준으로 분리합니다.

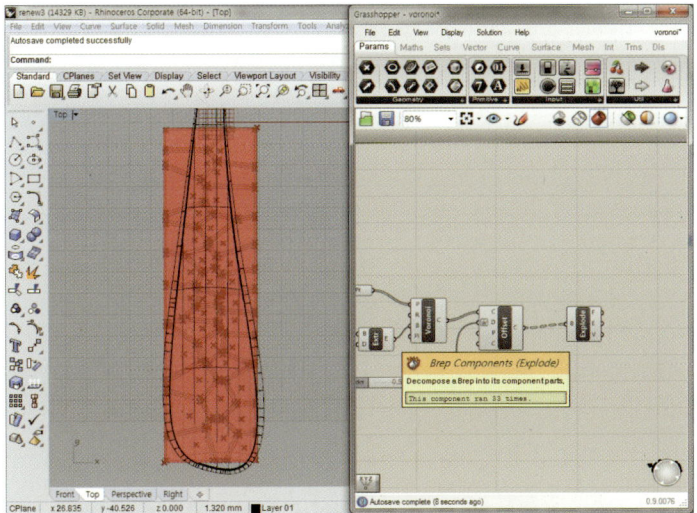

❹ 보로노이 셀들의 각진 모서리들을 둥글게 만들기 위해 컴포넌트의 Curve 〉Nurbs Curve를 선택합니다.

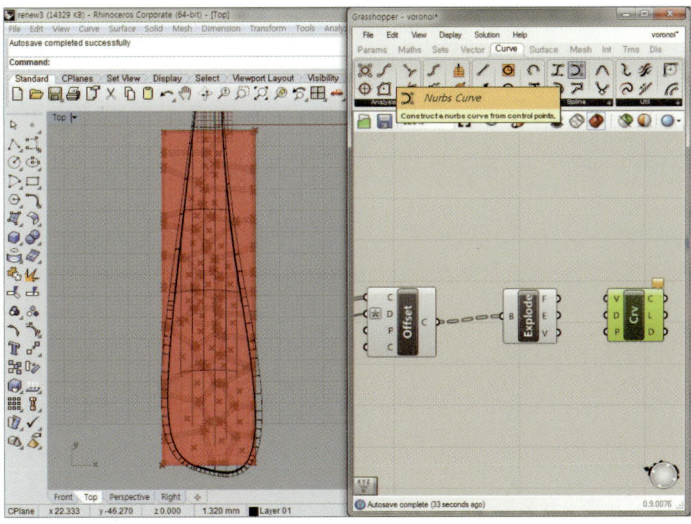

❺ Explode 컴포넌트의 V_{Vertice, 꼭지점}와 커브의 V_{Vertice, 꼭지점}를 연결합니다. 모든 꼭지점을 넙스 커브로 바꿔줍니다.

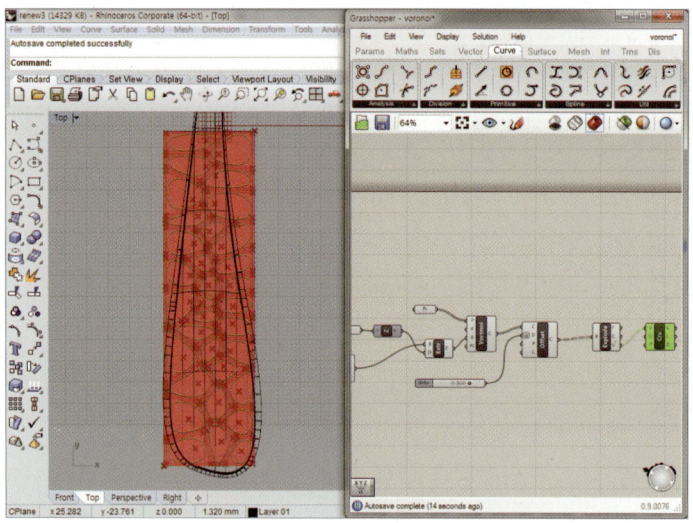

❻ 커브 컴포넌트와 슬라이더를 제외한 컴포넌트들을 마우스 오른쪽 버튼으로 클릭하여 'Preview'를 비활성화시키면 라이노 화면에서 보로노이 셀만 확인할 수 있습니다.

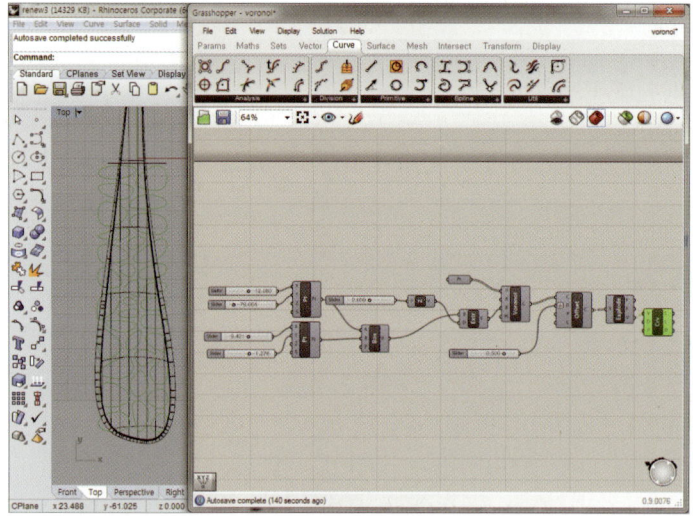
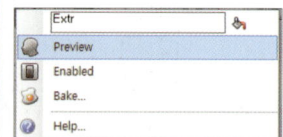

❼ 라이노 화면에 그래스호퍼에서 만든 커브를 불러오기 위해 커브 컴포넌트를 마우스 오른쪽 버튼으로 클릭하여 'Bake'를 선택합니다.

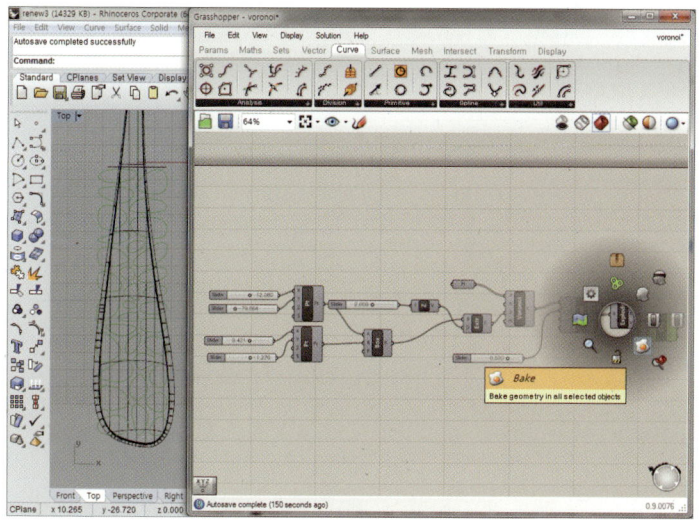

❽ 그래스호퍼를 저장하기 위해서는 라이노와 별개로 그래스호퍼 창에서 저장해야 합니다. 메인 메뉴에서 File 〉 Save Document As를 선택합니다.

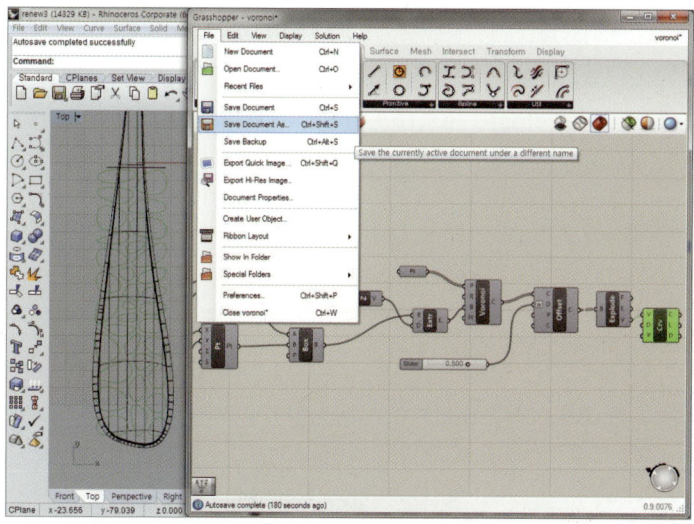

CHAPTER 5 Mesh 구조를 이용하여 모델링하기 | **241**

⑨ 이름과 저장 경로를 지정하고 [저장] 버튼을 클릭합니다.

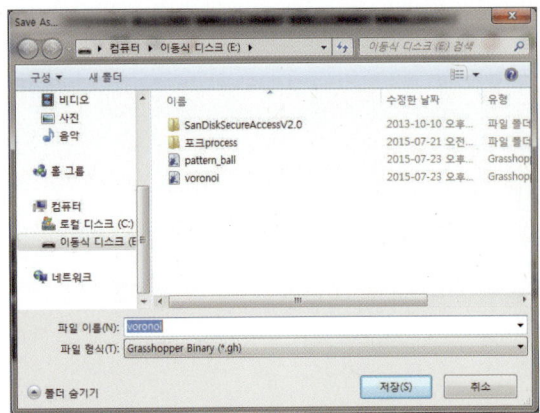

⑩ 그래스호퍼 플러그인을 종료한 후 라이노 화면을 확인해 보면 그래스호퍼에서 만든 커브가 생성되어 있습니다.

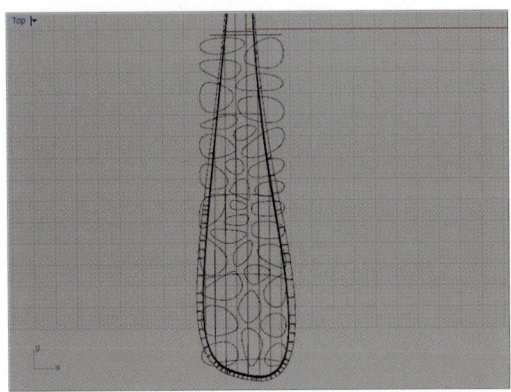

⑪ 보로노이 셀 커브들을 'Scale 2D'와 'Rotate', 'Move' 아이콘을 이용하여 ❶ 안에 위치하도록 편집합니다.

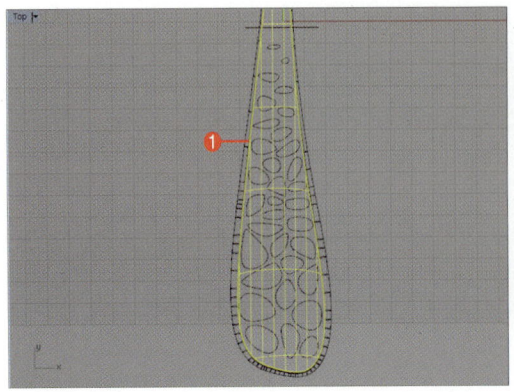
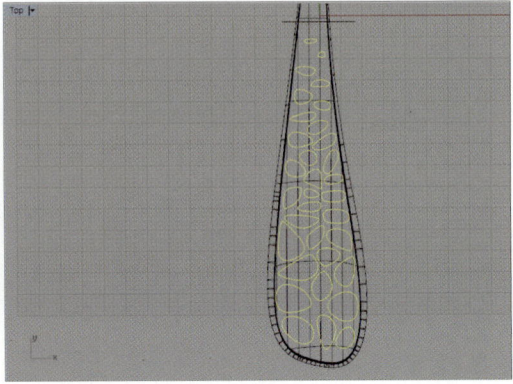

06 | 메쉬 구조로 보로노이 모양의 손잡이 만들기

이번엔 보로노이 형태를 포크에 투사하여 포크의 앞뒷면에 구멍을 만들어 메쉬 구조를 만들어 보겠습니다.

❶ 손잡이 부분을 툴바의 'Explode( )' 아이콘을 클릭하여 각각의 서피스로 분리시킵니다.

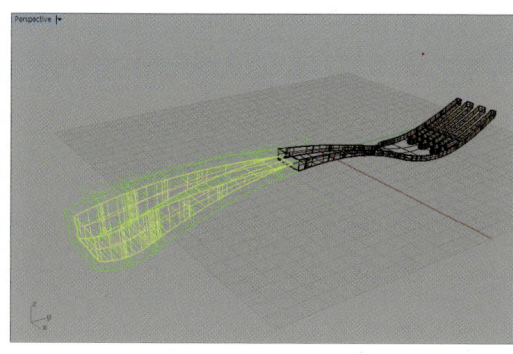 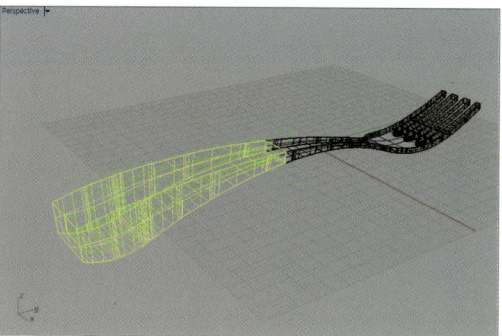

❷ Right 뷰에서 보로노이 셀들을 선택한 후 Perspective 뷰로 이동합니다.

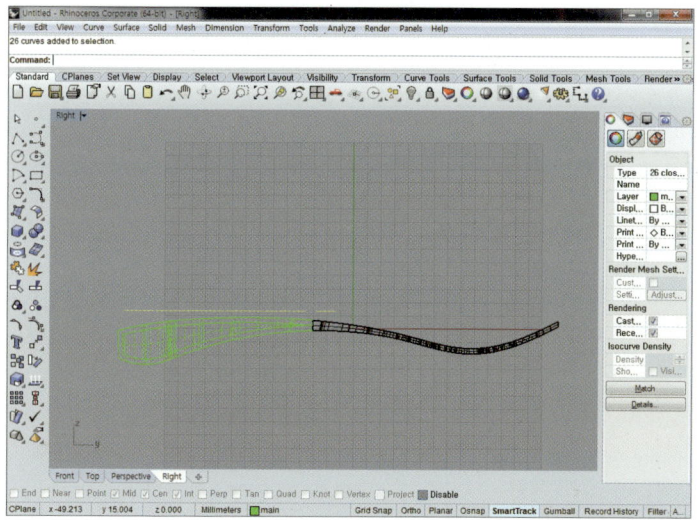

❸ 'Project Curve( )' 아이콘으로 다음 그림과 같이 윗면 두 개에 투시합니다.

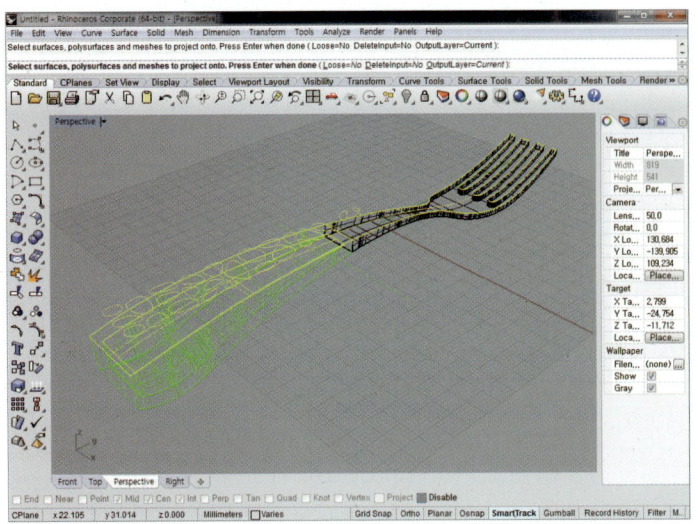

❹ 'Trim( )' 아이콘을 이용하여 보로노이 모양 안쪽에 필요 없는 면을 없애 구멍을 만듭니다. 그리고 위아래 구멍을 'Loft' 아이콘으로 연결시킵니다. Trim할 때 보로노이 커브를 모두 선택한 상태에서 명령어를 눌러 면을 차례대로 클릭하면 효율적으로 작업할 수 있습니다.

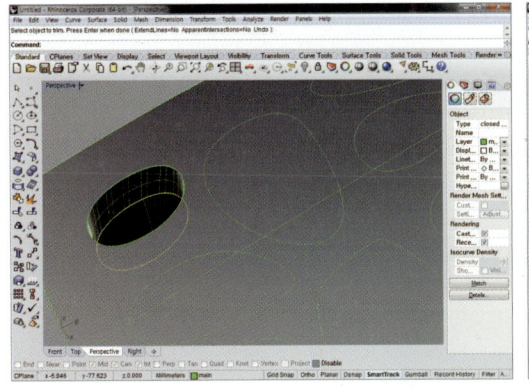 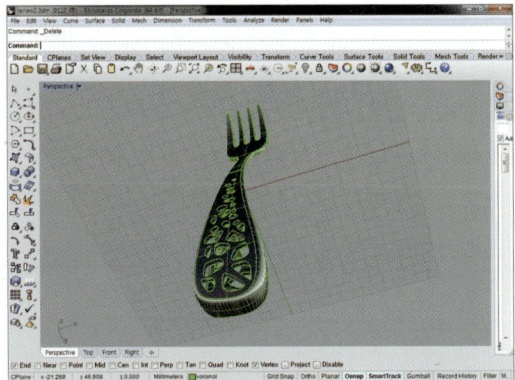

실전 TIP

● Loft 활용 1

Loft를 하는 과정에서 두 커브를 선택하면 다음 그림과 같이 작은 화살표가 나타납니다. 화살표가 출발하는 지점이 첫 번째 그림처럼 수직이 아닐 경우에는 마우스로 드래그하여 수직을 맞춰야 합니다. 또한 두 번째 그림처럼 화살표가 서로 반대 방향으로 향하고 있을 때에는 상단 바에 나타나는 옵션(Drag seam point to adjust. Press Enter when done (Flip Automatic Natural)) 중에서 'Flip'을 눌러 방향을 반대로 바꿔줘야 합니다.

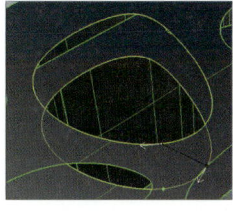  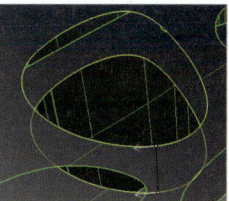

● Loft 활용 2

위의 조건을 모두 만족했음에도 불구하고 오른쪽 그림과 같이 면이 꼬이는 상황이 발생하기도 합니다. 이때에는 Loft Option 창에서 해결할 수 있습니다. 'Cross-section curve options' 항목은 디폴트 값으로 'Do not simplify'가 설정되어 있으므로 'Rebuild'로 바꿔주고 Preview를 통해 확인하면서 'Control points'의 개수를 설정합니다.

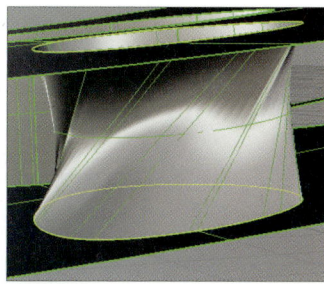

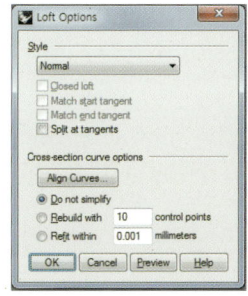 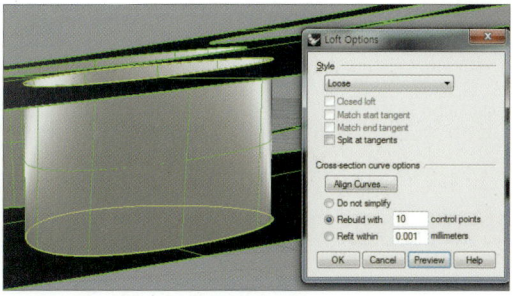

Loft 활용 작업 중 보로노이의 모양이 많아 복잡하니 필요 없는 부분은 'Hide Objects(💡)' 아이콘을 사용하여 숨겨놓고 작업합니다.

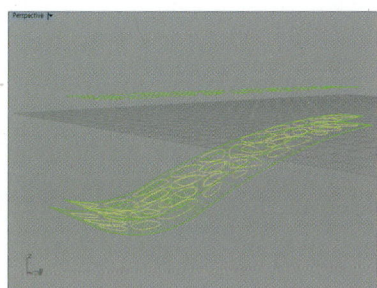 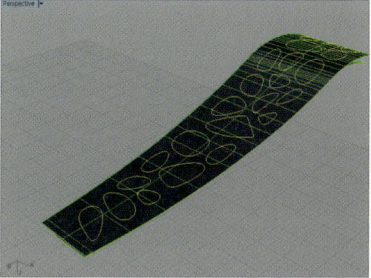

❺ 모든 과정이 끝났다면 서피스를 전체 선택하여 'Join( )'합니다.

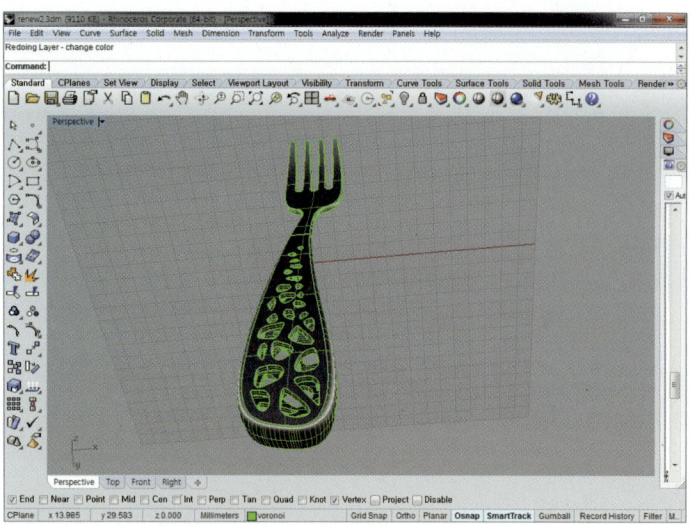

07 | STL 파일 저장하기

3D 프린팅을 하기 전 여러 요소가 적용된 3D 모델링이 완성되었다면 이제 3D 프린터를 작동하기 위한 소프트웨어인 호스트 소프트웨어에서 완성된 모델을 불러올 수 있도록 3D 프린팅 표준 포맷 중 하나인 STL 확장자로 저장합니다.

라이노에서는 Export Selected 명령어를 사용하여 STL stereolithography(*.STL) 파일로 저장합니다. 이때 나타나는 옵션창에서는 Binary 형식의 STL이 기본으로 설정되어 있는지 확인합니다. [저장] 버튼을 클릭하면 폴리곤의 사이즈를 조절할 수 있는 옵션이 나타납니다.

출력될 프린터의 해상도에 따라 수치를 조절합니다. 이번 예제에서 사용될 3D 프린터는 0.1mm의 표준 해상도를 가지고 수동 조절에 의해 0.05mm의 X, Y 해상도까지 가능합니다. 미려한 곡선의 표현을 위해 해상도의 1/100인 0.001mm로 설정합니다.

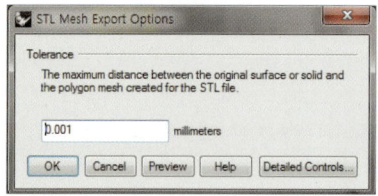

FDM 방식의 프린터라면 0.01mm의 기본 폴리곤 사이즈도 충분합니다. 현재 모델링에서는 이 설정으로 저장 시 저장 공간을 40MB 정도 차지하게 되는데 모델링의 복잡 정도에 따라 저장 용량은 달라집니다. 너무 복잡하여 용량이 커지게 되면 호스트 소프트웨어에서 불러들여 슬라이싱할 때 컴퓨터에 과부하를 주게 되므로 저장 용량은 100MB를 넘지 않는 선에서 최대한 폴리곤을 작게 표현하여 곡면을 원래의 모델에 가깝게 만들어 주는 것이 좋습니다.

STL 파일로 변환한 후 호스트 소프트웨어에서 불러와 슬라이싱을 해 자신이 원하는 곡면이 최대한 표현이 됐는지 확인하고 세밀한 부분의 표현이 매끄럽지 않을 경우 라이노 옵션 수치를 좀 더 작게 지정해 줍니다.

08 | 서포트(임시 구조체) 설치하기

앞에서 설명한 것처럼 서포트의 적절한 설치가 출력물의 완성도를 올려주는 핵심이라고 볼 수 있습니다. 본 예제에서는 긴 부분의 길이가 170mm이며, 포크의 곡선에 급격히 각도의 변화가 생긴 부분이나 45° 이하의 낮은 슬로프는 없습니다. 하지만 직선 부분 없이 전체적으로 곡선으로 이루어지며, 한 면도 평평한 면이 존재하지 않기 때문에 서포트의 설치는 필수적입니다. 따라서 3D 모델링 초기 단계부터 최소의 서포트로 적절한 출력물 품질을 유지하기 위한 디자인을 해야 합니다. 만약 예제처럼 디자인상 불가능하다면 적절한 서포트의 설치가 매우 중요합니다.

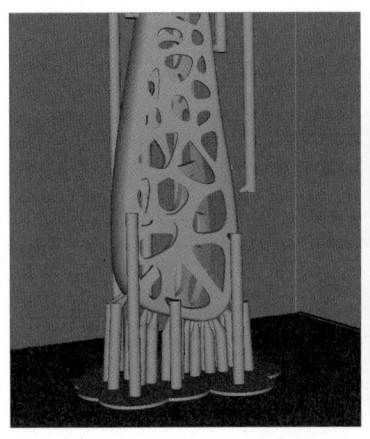
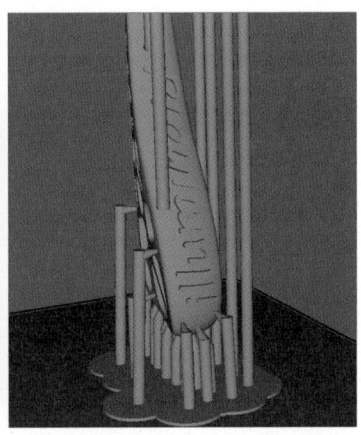

B9creator라는 오픈소스 프로그램을 이용하여 서포트를 설치해 보겠습니다. 먼저 3D 프린팅 시 빌드 플레이트라고 불리는 바닥면에는 반드시 Layer 1이 제대로 부착되어야 합니다. 바닥면에 제대로 부착되기 위해서는 위쪽 Layer들의 단면적보다 초기 Layer의 면적을 넓게 만들어야 적층형 3D 프린팅 공법에서 안정성을 유지시켜 줄 수 있습니다. 예제는 바닥면에 평평한 면이 없으므로 서포트를 설치하여 바닥면을 만들어 주어야 합니다. 위 그림에서 보는 것처럼 서포트는 출력된 후 제거해야 하는 임시 구조체이므로 끝부분이 뾰족한 원뿔 형태를 취하고 있습니다. 원뿔의 끝은 지름이 약 0.5mm 미만이기 때문에 서포트 한 개가 지지해 줄 수 있는 힘에는 한계가 있습니다.

보다 확실한 초기 Layer를 위해 다음 그림과 같이 모델을 공중에 띄워서 서포트만으로 바닥을 만들고, 지지하는 모델링의 높이가 높거나 단면적이 넓을수록 과하다 싶을 정도로 바닥에 서포트를 설치하는 것이 좋습니다. 또한 최대한 수직으로 서포트를 디자인하여 수직으로 적층 시 힘을 많이 받쳐줄 수 있도록 만듭니다.

포크의 모양은 위쪽으로 길고 전체적으로 S자 형태를 가지고 있습니다. 다음 그림을 보면 처음 적층되는 높이의 1/3까지는 앞쪽으로 휘어져 있는 형태를 가지고 있습니다. 아래에서부터 차근차근 쌓여 적층된다고 보면 1/3까지는 앞쪽으로 기울어지려고 할 것입니다. 때문에 앞쪽에 3개의 서포트는 최대한 아랫부분에 설치하였습니다.

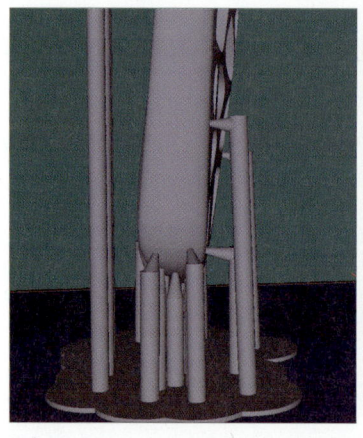 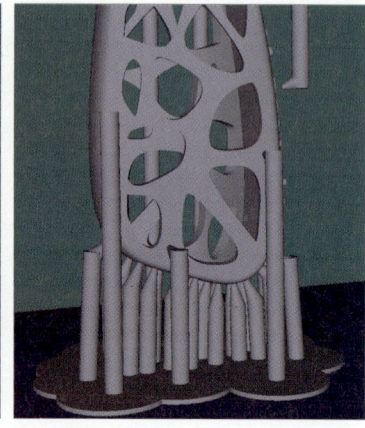

다음 그림을 보면 좀 더 출력이 진행되다 포크의 날 뒷면 부위가 출력될 때쯤에는 반대 방향으로 곡면을 그리고 있습니다. 이에 대응하여 포크의 뒷부분에도 3~4개의 서포트를 설치해야 합니다. 마지막으로 포크 날의 끝부분으로 갈수록 다시 한 번 반대로 곡면을 그리고 있어 그림의 왼쪽 방향으로 치우치게 되어 이 부분에도 서포트를 설치하였습니다. 서포트가 완성된 모습입니다.

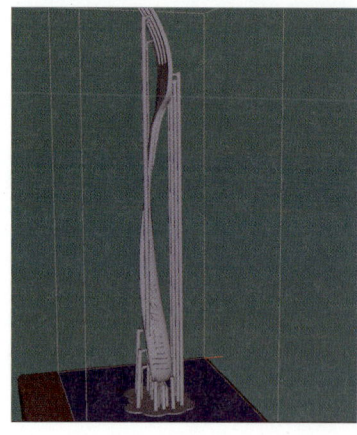 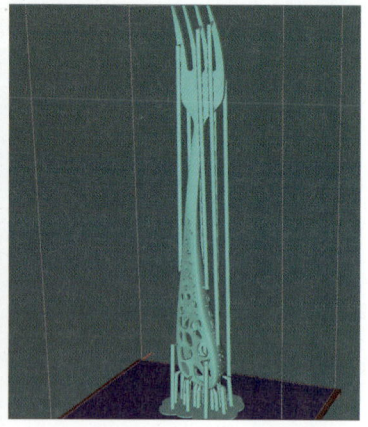

이제 출력을 시작하고 확인합니다. 아무리 광경화성 방식의 3D 프린터라 할지라도 서포트 제거 부위에 흠집이 점과 같이 남을 수밖에 없습니다. 따라서 서포트를 최대한 줄이면서 안정적으로 출력이 가능하도록 수정이 필요합니다.

❶ 첫 번째 수정입니다. 앞쪽 부분에 서포트를 한 개 줄이고 뒤쪽 부분은 지름 2mm 밖에 되지 않는 서포트가 너무 길게 올라가다보니 충분히 지지를 해 줄 수 없습니다. 활처럼 휘는 뒤쪽 부분의 위, 아래 몸통을 연결하여 서포트 길이를 짧게 만들면 좀 더 튼튼한 서포트가 됩니다.

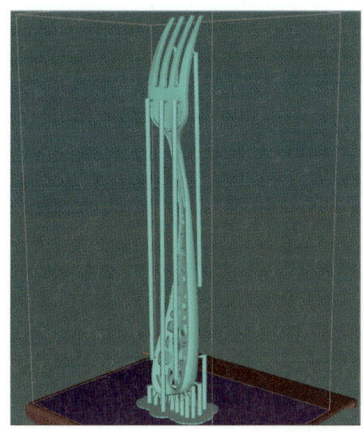 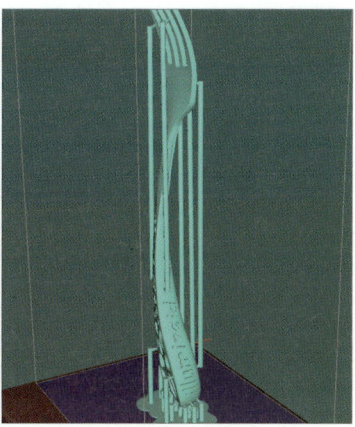

❷ 가장 중요한 아랫부분 역시 서포트의 개수와 길이를 조정하였습니다. 서포트의 개수를 처음의 2/3 정도로 줄여주었습니다. 대신 바닥 쪽에서 포크 아랫부분까지의 길이를 줄여 전체적인 안정성을 유지시킵니다. 다시 한 번 출력을 해봅니다. 출력 후 포크 뒤쪽 부분의 서포트가 길이가 길고 서포트 아랫부분이 바닥에서부터 만들어지는 것이 아니라 몸통에서부터 시작되어 떼어내기 쉽도록 원뿔 형태로 제작되다 보니 튼튼하지 않습니다.

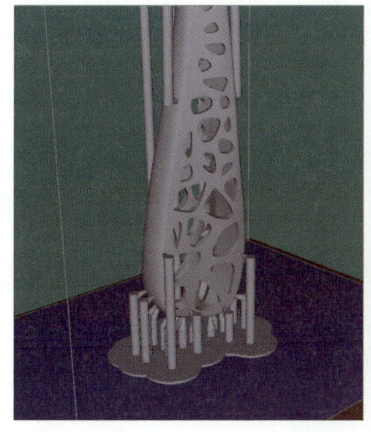 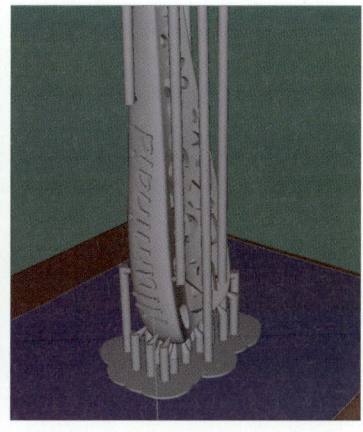

❸ 이러한 단점을 해결하기 위해 모델링을 수정합니다. 자세히 보면 활처럼 휘어진 포크의 뒤쪽 부분에 립을 보강하여 모델링 자체적으로 지지할 수 있는 구조를 만들었습니다. 이렇게 디자인이 되면 포크 자체의 강성도 좋아지고 서포트도 더욱 최소화할 수 있는 디자인이 됩니다. 때문에 뒤쪽 서포트는 아예 부착하지 않고 앞쪽 밑 부분에서 서포트 하나를 보강하였습니다.

 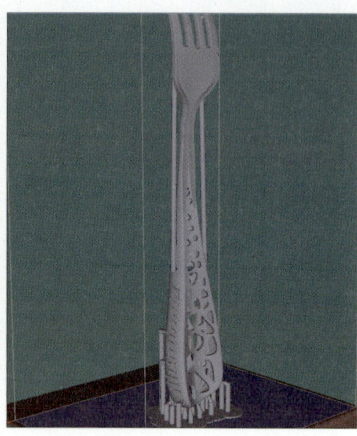

❹ 최종적으로 완성된 서포트입니다. 제대로 설치된 서포트는 재료의 낭비를 줄일 수 있을 뿐만 아니라 출력물의 최종 품질까지 결정합니다. 때로는 서포트 설치 작업이 모델링 작업보다 더욱 까다롭고 시간이 걸리는 경우도 있습니다.

따라서 프린터의 특성과 소재의 특성 그리고 디자인의 특징까지 모두 고려하여 서포트를 설치하기 위해서는 자신이 쓰고 있는 3D 프린터와 소재를 이해하고 있어야 하며, 충분하고 반복적인 경험이 필요합니다.

현재 3D 프린팅 소프트웨어는 대부분 자동 서포트 기능이 탑재되어 있지만 완벽한 자동 서포트는 존재하지 않습니다. 제대로 된 출력 결과를 얻기 위해서는 시간이 걸리더라도 많은 시행착오를 거치며 충분한 연습이 필요합니다.

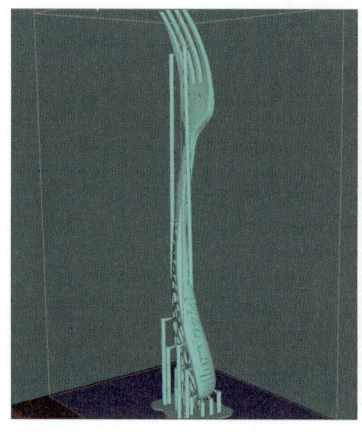 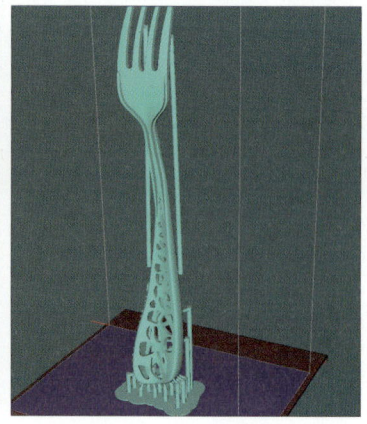

09 | 모델링 출력하기

DLP 방식의 광경화성 3D 프린터로 출력 시 면 단위 경화가 이루어지면서 적층이 이루어집니다. 때문에 출력물의 복잡함이나 단면적의 사이즈에 관계없이 높이에 따라 전체 출력 속도가 결정됩니다. 따라서 키가 큰 모델링을 프린팅할 때 한 개씩 프린팅을 하면 다수의 샘플을 출력해야 하는 상황에서는 비효율적입니다.

본 예제에서 사용된 3D 프린터의 최대 출력 사이즈는 가로 105mm, 세로 80mm, 높이 200mm입니다. 포크 한 개의 가로 세로 크기를 측정하니 동시에 3개의 포크를 출력할 수 있으므로 복사하여 일렬로 배치합니다. 이때 포크는 최대한 중심부에 촘촘히 배치하여 기구적 오차율을 제거하도록 합니다. 광경화성 3D 프린터의 경우 빛으로 경화가 이루어지는데 빛이 광학구조물을 거치면 아주 약간의 휘어짐과 빛의 비균일성이 발생합니다. 따라서 출력 가능 범위의 가장자리 보다는 최대한 중앙으로 모아서 출력하는 것이 균일성이 좋습니다.

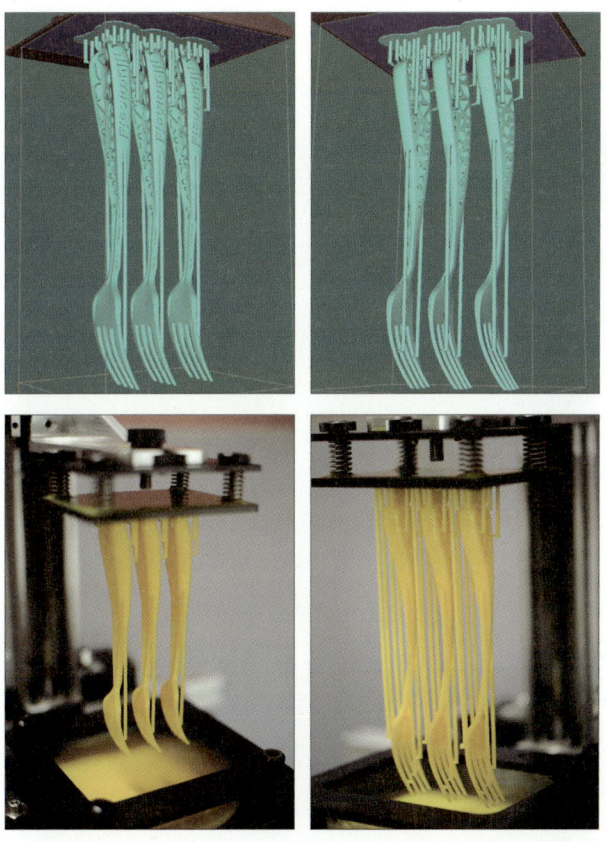

안정적으로 출력된 것을 최종적으로 확인한 후 서포트를 제거합니다. 서포트 제거 시 포크 날과 같은 얇은 부분이 부러지지 않도록 주의하여 손으로 제거하도록 합니다. 기구를 사용하면 과도한 힘이 들어가 다른 부분에 영향을 줄 수 있습니다.

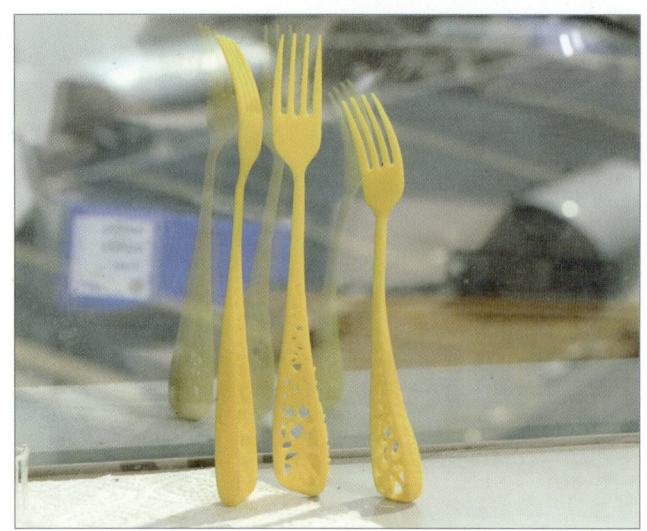

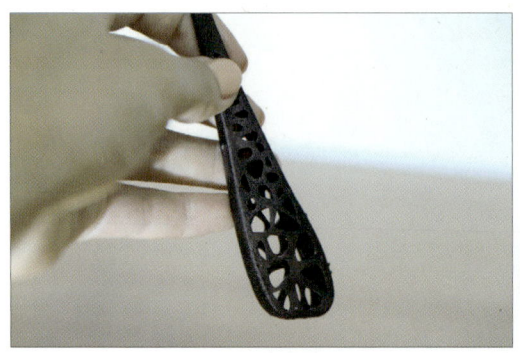
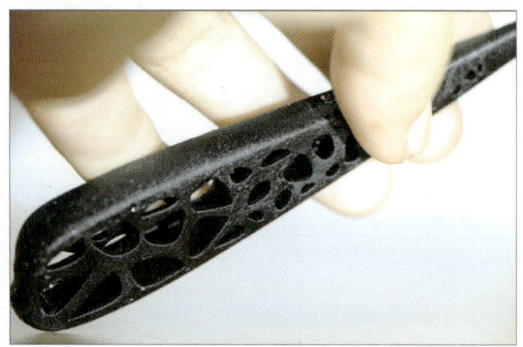

DLP 광경화성 프린터의 특성상 모델링 출력 시 표면의 단차가 아주 미세하여 육안으로는 거의 보이지 않으므로 사용자가 의도한 디자인과 거의 동일한 표현이 가능합니다. 또한 서포트 제거 시 서포트의 최소화와 서포트 끝부분의 조정으로 흠집이 생기지 않도록 제거를 할 수 있습니다. 출력물의 표면을 고운 사포로 고르게 문지르면 좋은 품질의 결과물을 얻을 수 있습니다.

마지막으로 도색을 하면 다음과 같은 느낌의 표현도 가능합니다.

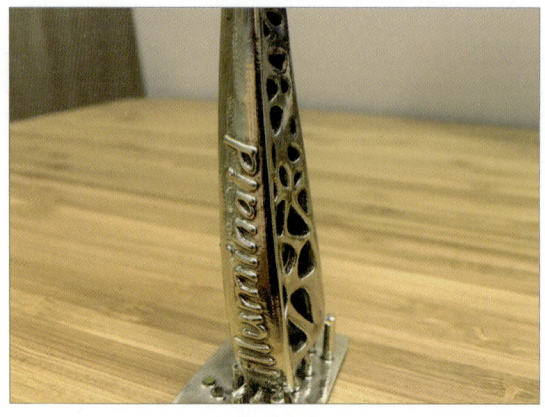

이번 챕터에서는 메쉬 구조와 3D 프린팅에서의 장점을 다루어 보았습니다. 메쉬 구조를 사용하여 디자인하면 무게 대비 강성이 뛰어난 구조체를 만들 수 있습니다. 또한 재료를 효과적으로 절약할 수 있을 뿐만 아니라 수축이나 휨에도 꽉 찬 구조체보다 강합니다. 하지만 기존의 공법으로는 비정형의 안쪽이 비어있는 복잡한 메쉬를 제작하는 데 어려움이 있어 디자인적 제약을 많이 가지고 있습니다. 또한 일반적으로 많은 보급화가 이루어진 FDM 방식의 압출식 3D 프린터는 이러한 메쉬 구조를 프린팅하면 많은 후처리 과정을 필요로 합니다. 광경화성 방식이나 파우더 방식의 장비에서 어느 정도의 출력 해상도만 보장된다면 재료 경제성 등 모든 면에서 매쉬 구조의 구조체는 굉장히 매력적인 모델링입니다.

CHAPTER
6

큰 사이즈의 작업물 분할 출력하기

전동 드라이버 모델링

3D 프린터의 물리적인 한계 중 하나는 최대 출력 사이즈가 정해져 있다는 점입니다. 작게는 우표 정도의 출력 크기부터 사람 키가 넘을 만큼의 출력 크기를 자랑하는 3D 프린터도 있습니다. 하지만 출력 크기가 커지면 3D 프린터 장비 자체의 비용이 너무 많이 들기 때문에 출력 사이즈를 벗어나는 모델은 대부분 분할 출력 후 병합이 이루어지는 방식으로 진행됩니다. 분할 출력을 할 때에는 재료의 특성부터 3D 프린터의 특성까지 사전에 충분히 고려한 후 이루어져야 안정적인 완성품을 만들 수 있습니다.

완성 파일 : MotorizedDriver_F.prt

3D Printing Resource

- 출력물   전동 드라이버
- 출력물 사이즈   52×140×107(mm)
- 출력 프린터   DLP 방식의 광경화성 3D 프린터
- 해상도   X, Y, Z(0.1mm)
- 실제 출력 가능 해상도 X, Y(약 0.4mm) / Z(0.1~0.025mm)
- 최대 출력 크기   102.4×76.8×200(mm)
- 사용 소프트웨어 NX 9, Magics, B9creator

After

분할 출력이란 하나의 개체를 나누어 출력하는 것을 말합니다. 출력물이 3D 프린터의 최대 출력 사이즈를 넘을 경우 분할 출력을 하게 되며, 이 경우에는 분할 출력 후 다시 하나의 형태로 만들어지는 것을 고려하여 출력물을 분할하는 것이 필요합니다. 또한 최대 출력 사이즈를 넘지 않지만 많은 서포트가 붙어야만 하는 구조를 가진 출력물을 출력할 때도 서포트로 인한 손상을 최소화하기 위해 분할하여 출력하는 경우도 있습니다.

분할 출력을 할 때에는 하나로 된 모델링 파일에서 어떤 부분의 디테일을 살려야 할지, 어떤 부분이 덜 중요한지를 생각해야 합니다. 전체가 잘 출력되면 좋겠지만 지금까지 설명한 것처럼 바닥면이나 서포팅 제거 시 발생되는 출력물 저하는 어쩔 수 없는 현상입니다. 이런 현상을 보완하기 위해 분할된 개체가 다시 하나로 합쳐지는 경계 부분을 바닥면으로 위치시키거나 서포트가 최소한으로 만들어질 수 있도록 출력 시 3D 프린터에서 배치를 조절해야 합니다.

SECTION 1

연결 핀을 활용한 큰 사이즈 작업물 분할 출력

01 | NX를 이용해 연결 핀 모델링하기

3D 프린팅은 각 제조사마다 프린팅의 한계가 달라 3D 프린터에 맞게 잦은 모델링 수정이 필요합니다. 이번 예제에서는 NX를 이용하여 분할 출력을 하기 위한 모델링 수정을 해 보도록 하겠습니다.

NX는 제품 설계, 제조 및 시뮬레이션에서 모든 범위의 개발 프로세스를 포괄적으로 지원하는 프로그램입니다. 직관적인 인터페이스로 사용자가 쉽게 사용할 수 있을 뿐만 아니라 작업 과정 전체가 History에 저장되므로 모델링의 수정이 빠르고 간편하다는 장점을 가지고 있습니다.

❶ 분할 출력 수정 과정에 앞서 이번 예제의 파츠들을 조립하는 과정에서 필요한 핀을 모델링해 보며 NX UG의 기본 툴 사용법을 알아보겠습니다.

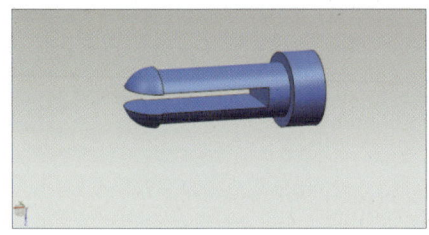
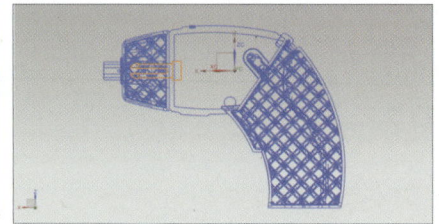

❷ NX UG를 실행하고 왼쪽 상단의 'New' 아이콘을 클릭한 후 첫 번째 줄의 'Model'을 선택하고 [OK] 버튼을 클릭합니다.

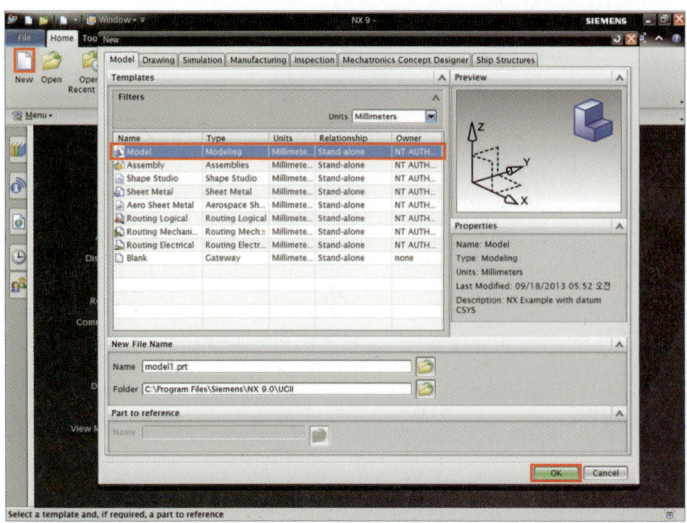

❸ 'Sketch( )' 아이콘을 클릭하고 XY, YZ, XZ 평면 중 스케치할 평면을 선택한 후 [OK] 버튼을 클릭합니다. 예제에서는 'XZ 평면'을 선택하고 [OK] 버튼을 클릭합니다.

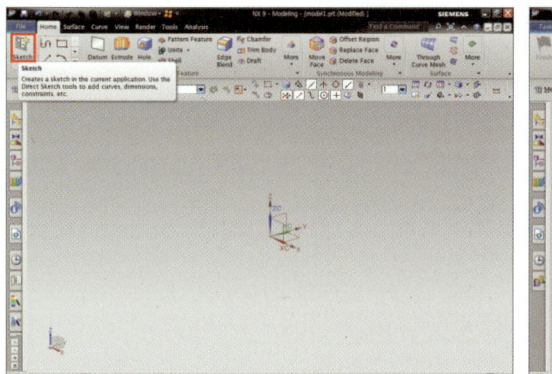 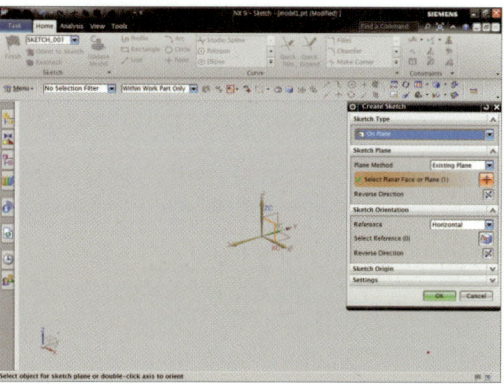

> **실전 TIP**
>
> 오른쪽 상단의 Command Finder 기능을 이용하여 원하는 커맨드를 직접 입력하여 빠르게 찾아 사용할 수 있습니다.

❹ 스케치 화면으로 이동하면 메뉴에서 '원(Circle)'을 선택하여 XZ 평면 위에 XYZ축의 중심을 중점으로 지름 11mm의 원을 하나 그려줍니다. 광경화성 3D 프린터로 3D 프린팅된 개체는 생각보다 강성이 떨어지므로 걸리는 부분을 충분히 고려하여 디자인해야 합니다.

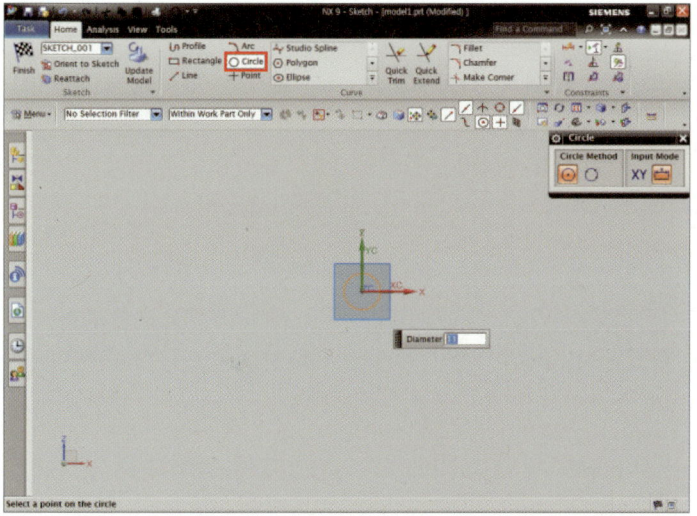

❺ XZ 평면에서 2D 스케치가 끝났으면 왼쪽 상단에 있는 [Finish] 버튼을 클릭하여 스케치 화면을 종료합니다.

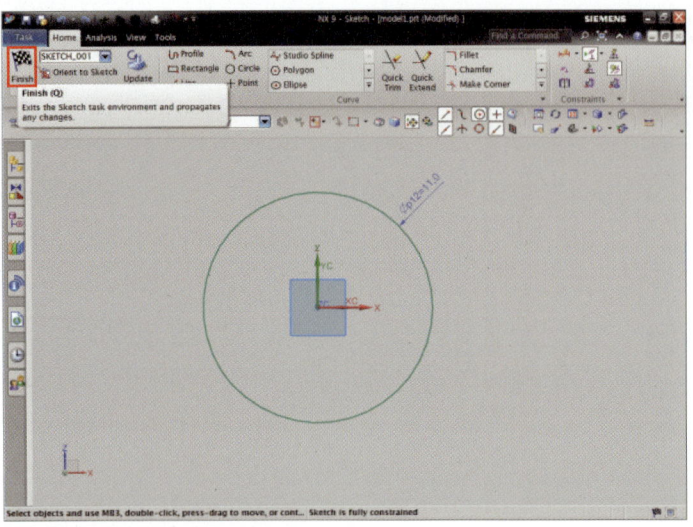

❻ Command Finder를 이용해 Extrude를 검색하고 스케치해 놓은 원을 선택하여 높이 5mm의 원기둥을 만듭니다. 이때 Extrude 되는 방향에 주의해야 하는데 Specify Vector를 클릭하여 원하는 벡터 방향을 선택할 수 있습니다. NX UG는 솔리드 모델링 프로그램으로, Extrude 실행 시 안쪽까지 꽉 찬 솔리드 개체가 만들어집니다.

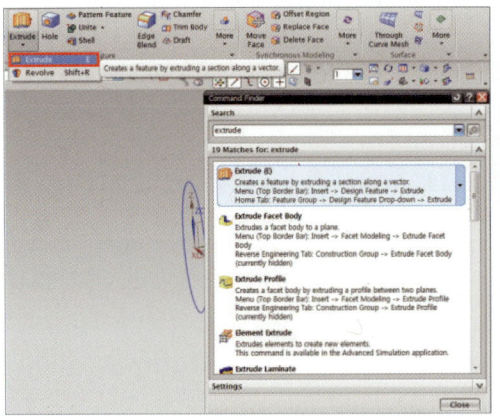 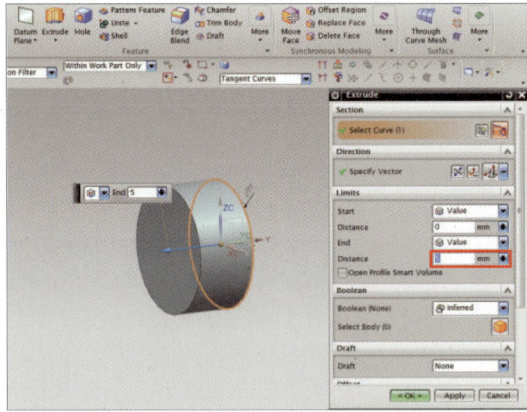

❼ 핀의 단차를 주기 위해 만들어진 원기둥 위에 핀 역할을 해주는 좀 더 얇은 원기둥을 모델링합니다. 다시 스케치를 한 후 Extrude를 해도 되지만 이번 예제에서는 Extrude 옵션을 이용하여 만들어 보겠습니다. Command Finder에 'Extrude'를 입력하여 만들어진 원기둥의 모서리를 다시 한 번 Extrude해줍니다. Offset 설정란에서 'Single-Sided'를 선택하고 -1.5mm만큼 Offset된 8mm 지름의 원에 높이 20mm 만큼 Extrude합니다. 여기서 Offset을 해준 이유는 핀이 두 출력물 사이에서 고정시켜주는 역할을 하기 때문에 걸리는 구조를 만들어주기 위해서입니다.

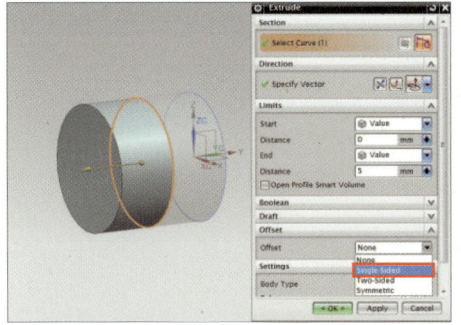 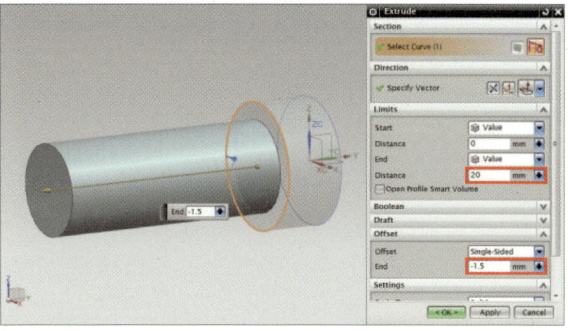

❽ Command Finder를 이용해 'Sphere'를 선택하여 돌출된 기둥의 원 중심을 클릭합니다. 만들어진 구를 반으로 잘라 원 기둥에 붙어 있는 반구가 조립 시 쉽게 들어가 끼워지는 구조가 되도록 반대쪽 파츠를 잡아주고 한 번 조립 후 잘 빠지지 않도록 하기 위해 8mm 지름보다 1mm 큰 지름의 구를 만듭니다.

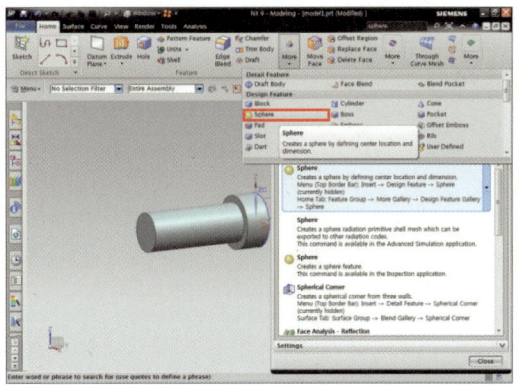 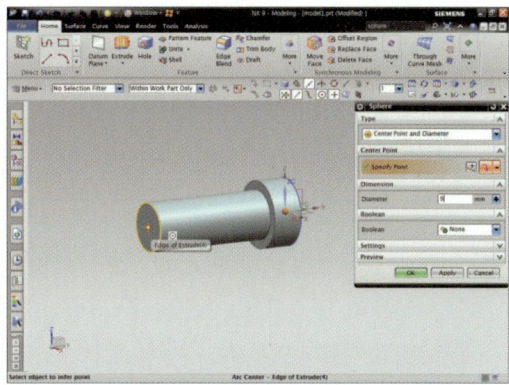

❾ 구를 반으로 자르기 위해 XY 평면 스케치 화면으로 이동합니다. View Mode가 'Shade with Edge' 상태이기 때문에 내부가 보이지 않아 스케치하기가 힘듭니다. 마우스 오른쪽 버튼을 누르고 있으면 오른쪽 그림처럼 여러 가지 뷰 모드가 나타납니다. 왼쪽에 있는 'Static Wireframe'을 선택하여 보기 쉽게 만듭니다.

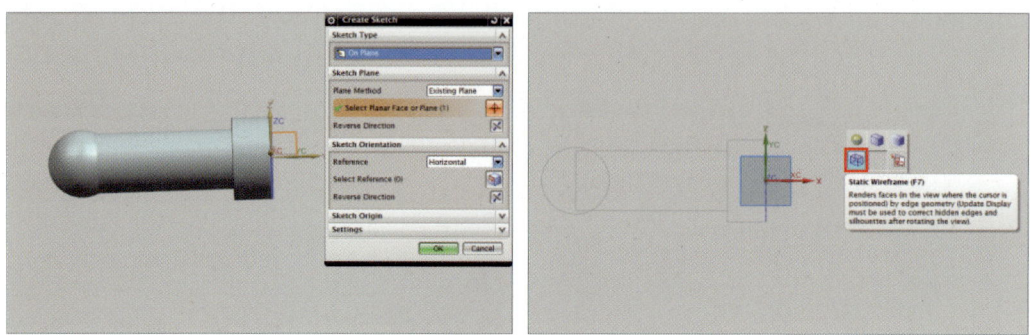

❿ '라인(/Line)'을 선택하여 X축에 수직 방향으로 구를 가로지르는 선을 그려줍니다. 스케치가 끝나면 [Finish] 버튼을 클릭합니다.

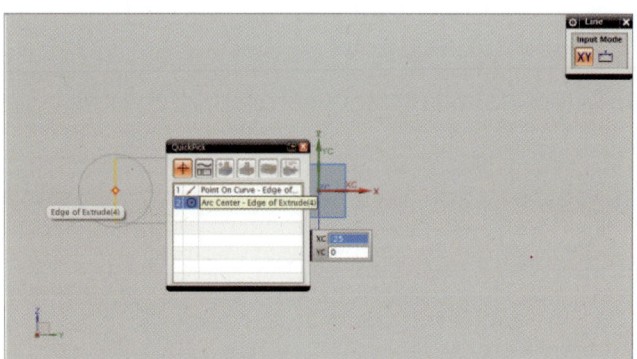

⓫ 입체 구조를 확인하기 위해서는 'Wireframe'보다 'Shade'일 때 보기 좋으므로 View Mode를 다시 [Shaded with Edge]로 돌려놓습니다.

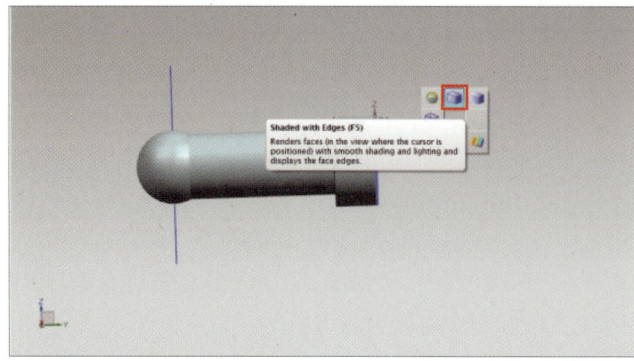

⑫ Command Finder로 'Split Body'를 검색합니다. Split Body는 선이나 면으로 자르는 기능을 가진 커맨드입니다. 앞서 그렸던 구를 가로지르는 직선을 이용하여 반으로 자릅니다. 'Target'으로는 '구 잘려질 개체'를, 'Tool'로는 '직선 자를 도구 역할'을 선택합니다. 여기서 만들어진 반구는 파츠들의 결합 시 끼워져서 빠지지 않게 하는 갈고리 역할을 하게 됩니다.

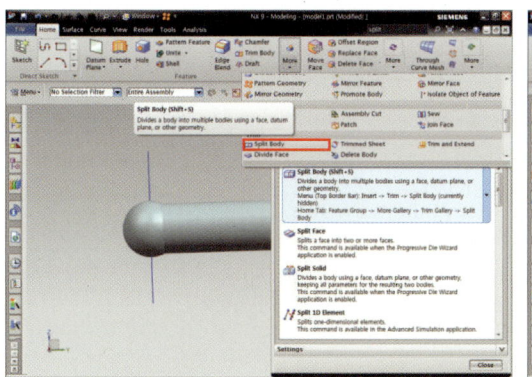 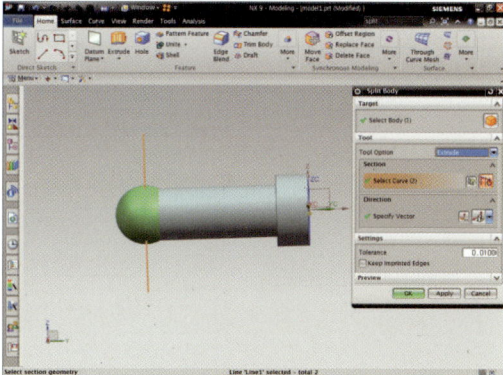

⑬ Command Finder로 'Hide'를 검색하여 잘린 구의 오른쪽을 숨겨줍니다.

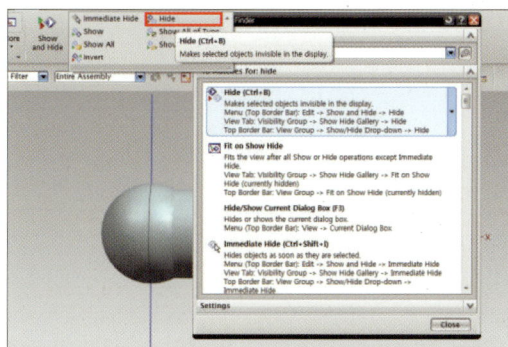 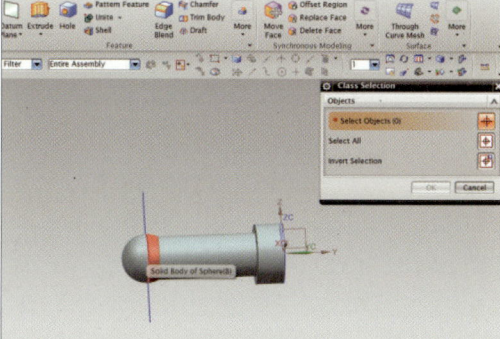

실전 TIP

● 단축키 설정하기

상단에 View 항목에 있는 Hide, Invert, Show 등은 가장 많이 쓰는 툴이기 때문에 단축키를 외워두고 사용하는 것이 좋습니다. Default 값으로 설정되어 있는 단축키가 있지만 Menu 〉 Tools 〉 Customize 메뉴에서 자신이 원하는 단축키를 지정할 수 있습니다. 기본적으로 설정되어 있는 단축키는 Hide(Ctrl + B), Invert(Ctrl + Alt + B)입니다.

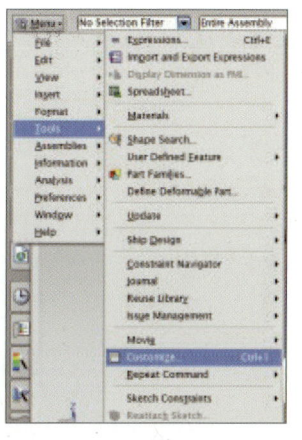

CHAPTER 6 큰 사이즈의 작업물 분할 출력하기 | **261**

⓮ 최종 3D 출력 전 모델링 파일은 STL 파일로, 변환 전에 하나의 파트로 이루어져 있어야 합니다. 만약 여러 개의 덩어리로 되어 있다면 눈에 보이지는 않지만 어느 정도의 갭이 있을 수 있고, 슬라이싱 소프트웨어에 따라 3D 모델의 인식이 잘못되어 원하지 않는 결과를 초래할 수 있습니다. 따라서 Command Finder에서 'Unite'를 검색해 선택하고 세 개의 파트를 선택하여 하나의 파트로 만듭니다.

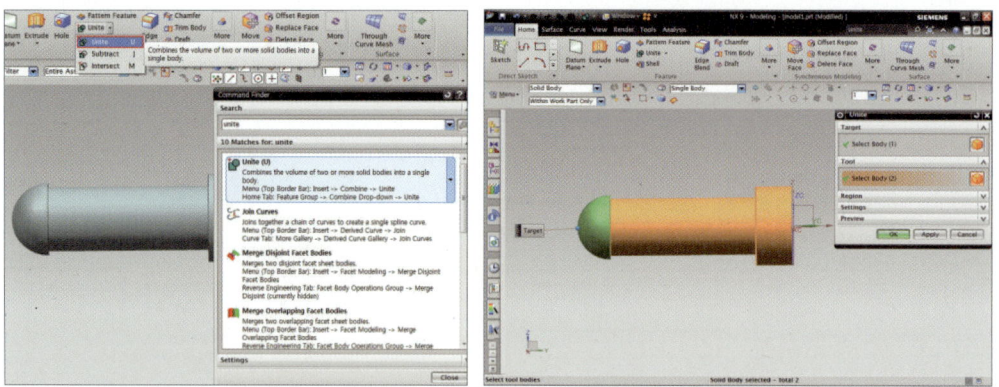

⓯ 하나의 파트로 합쳐지면 핀의 기본 형태는 완성된 것입니다.

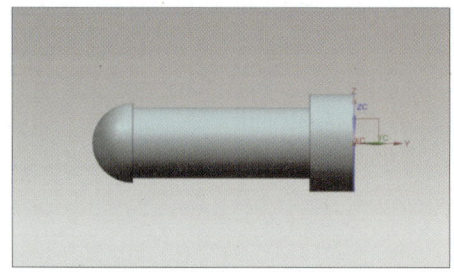

⓰ 저장은 CAD 확장자 중에서 높은 호환성을 가지는 'STEP File'로 File 〉 Export 〉 STEP203을 선택해 저장합니다. STEP File 형식은 대부분의 캐드 프로그램에서 인식할 수 있으므로 출력까지 여러 단계를 거쳐야 하는 3D 프린팅 모델링 파일은 이 형식으로 저장하는 것이 좋습니다.

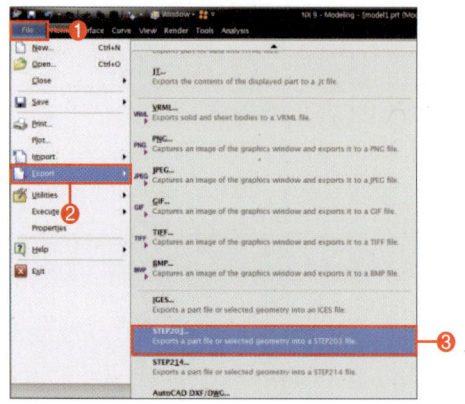

⓱ Export to STEP203 Options 창이 나타나면 [Files] 탭에서 저장할 위치를 지정해주고 [Data to Export] 탭에서 Export시킬 파트를 선택한 후 [OK] 버튼을 클릭합니다.

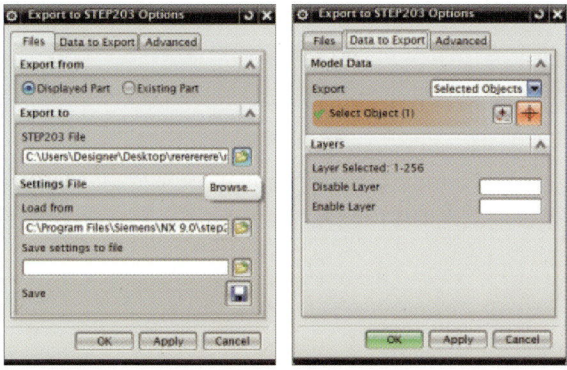

02 | 출력물 분할하기

전동 드릴 모델링 파일을 불러와 살펴보면 속이 꽉 차 있는 하나로 모델링된 것을 확인할 수 있습니다. 출력을 시작하기 전에 사이즈를 확인하고 프린트의 최대 출력 사이즈보다 큰지 아닌지를 확인해야 합니다. 최대 사이즈를 넘거나 한 번에 출력하기 힘든 복잡한 형태의 출력물인 경우 파트를 나눠서 출력합니다. 예제의 전동 드릴은 출력 사이즈가 52×140×107mm로 사용하려는 3D 프린터의 최대 출력 사이즈보다 큽니다. 만약 사이즈가 최대 출력 사이즈 안에 들어온다 하더라도 'ㄱ'자 모양의 형태이기 때문에 한 번에 출력해야 할 경우 서포트가 필요하고, 서포트 제거 시 출력물이 손상될 수도 있습니다. 따라서 출력물을 분할하기 전에 출력물의 형태를 보며 어떤 부분의 디테일을 살려야 할지 어떤 부분이 덜 중요한지를 디자이너, 설계자와 함께 의논하여 결정해야 합니다.

> **실전 TIP**
>
> ● **분할 출력 시 연결은 어떤 구조로 해야 가장 좋을까요?**
>
> 분할된 개체를 다시 하나로 연결시켜줄 때 주로 접착제를 사용합니다. 하지만 모델링의 수정을 통해 접착제 없이 결합이 될 수 있는 구조로 수정하면 접착 시 생길 수 있는 손상을 막을 수 있으며 다시 분리가 가능하여 개별 파트만의 교체도 가능합니다. 예제에서도 원래 모델링에는 없었지만 조립 구조를 생각하여 맞춤 핀을 하나 더 모델링한 후 출력하여 조립까지 진행해 보겠습니다.

❶ 3D 모델이 'ㄱ'자 형태이기 때문에 손잡이 아랫부분 바닥을 출력베드에 붙였을 경우 헤드 부분의 중요 부위 모두에 서포트가 필요합니다. 서포트를 최소화하기 위해 첫 번째로 'ㄱ'자로 꺾이는 부분빨간색과 파란색 경계선을 분할하도록 하겠습니다. 빨간색 파트와 파란색 파트가 결합되는 부분은 두 파트 모두 최대한 깔끔하게 나와야 결합하기 좋기 때문에 이 부분은 최대한 출력베드에 붙이지 않도록 합니다. 출력베드에 붙일 평평한 부분을 만들기 위해 노란색의 앞부분과 빨간색 몸통 파트를 한 번 더 분할해줍니다. 노란색 파트와 빨간색 파트의 경계선은 외부에서 보이지 않는 부분이기 때문에 평평하게 잘라 두 파트 모두 이 부분을 출력베드에 붙이도록 합니다. 그럼 이제 결정된 파트를 모델링 수정을 통해 나눠보겠습니다.

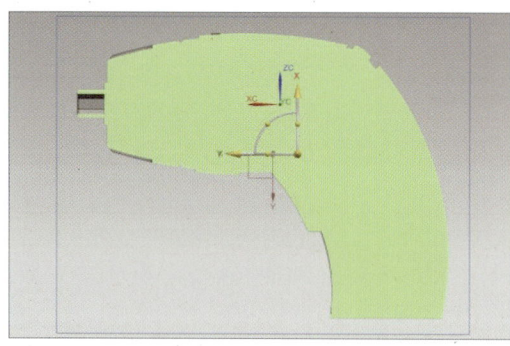 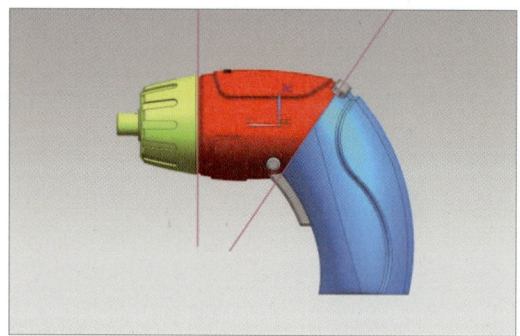

❷ 몸통 파트와 손잡이 파트를 나누기 위해 둘을 가로지르는 선을 그려줍니다. 'Sketch'를 클릭하고 XZ 평면 위에 'Line'으로 둘의 경계선 위를 통과하는 선을 그립니다. 직선을 그릴 때 경계선의 Edge 부분 위를 정확히 클릭해서 그려주어야 합니다.

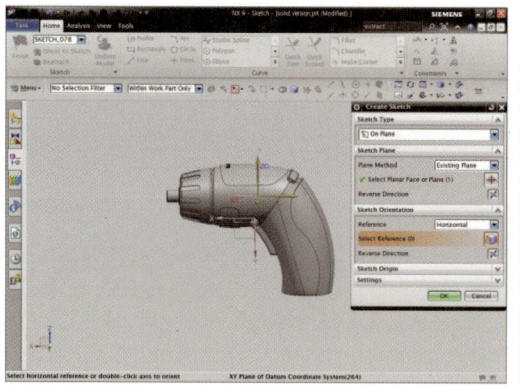 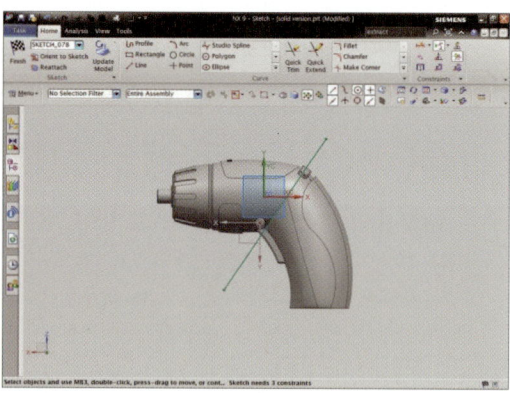

❸ 몸통 파트와 머리 파트를 가로지르는 직선도 동일한 방법으로 그려주고 [Finish] 버튼을 클릭하여 스케치 모드를 빠져 나옵니다. 'Split Body'에서 직선 Tool을 이용하여 기존 모델링을 세 파트로 분할해줍니다.

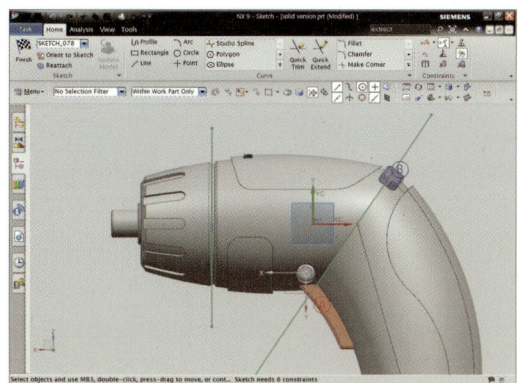 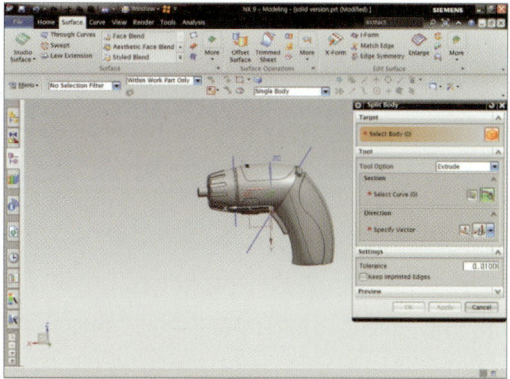

❹ 몸통 파트와 손잡이 파트의 경계선에 걸려있는 아래쪽 A 버튼과 위쪽 B 버튼을 분리시켜 손잡이 파트에 붙여줍니다. A와 B 버튼이 자르는 경계선에 위치하면 3D 프린팅 후 결합 시 외관상 좋지 않을 뿐만 아니라 구조상 버튼들은 일체형으로 출력이 되어야 하므로, A와 B 버튼은 손잡이 부분에 붙여서 출력하겠습니다.

Command Finder에 'Enlarge'를 검색하여 선택합니다. 노란색 부분의 Surface를 클릭하여 확장시킵니다. 확장된 곡면은 Split Body에서 몸통 파트와 버튼들을 나누는 Tool로 사용됩니다.

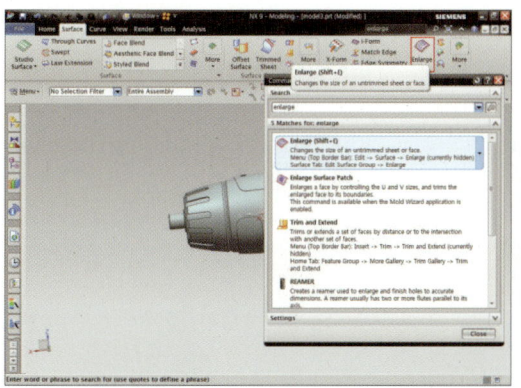 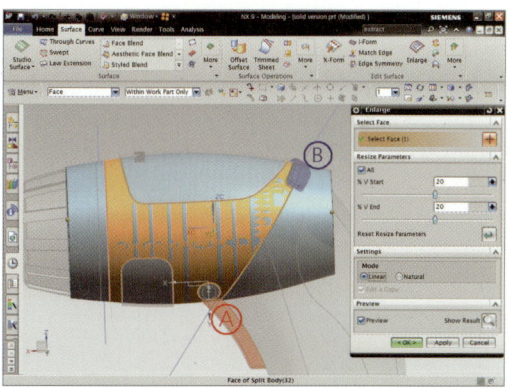

❺ 'Split Body'를 사용하여 'Target'은 '몸통 파트', 'Tool'은 'Face or Plane'으로 바꿔준 후 곡면을 선택하여 버튼들을 분리시킵니다.

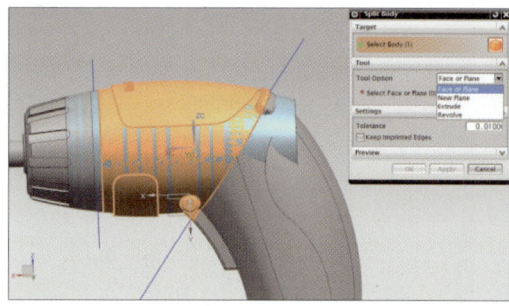
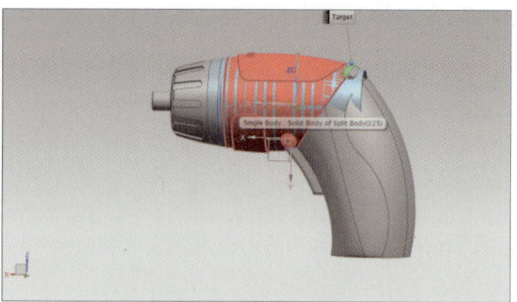

❻ 버튼 위에 잘라나간 부분들은 Unite를 이용하여 원래대로 합쳐줍니다. 손잡이 파트에서는 떨어져 나온 버튼 부분을 Unite로 합쳐줍니다.

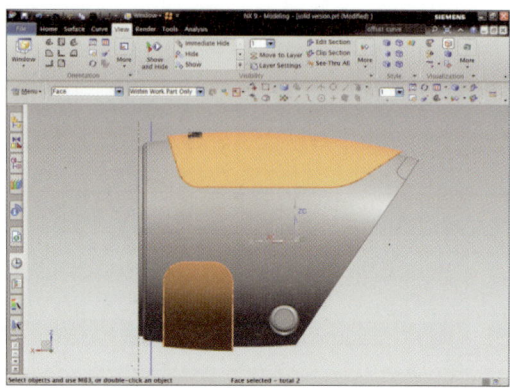
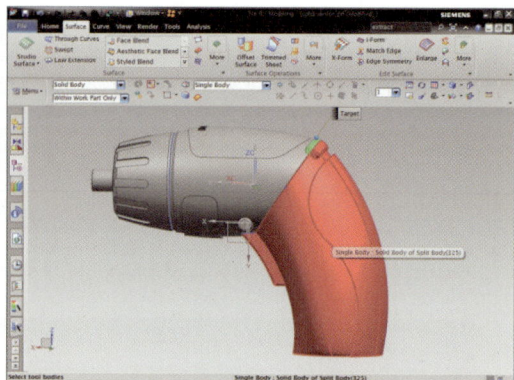

❼ 머리 파트, 몸통 파트, 손잡이 파트로 나누어졌습니다. 이제 각 파트가 3D 프린터로 출력이 가능하고 결합할 수 있는 구조가 될 수 있도록 모델링을 수정해 보겠습니다.

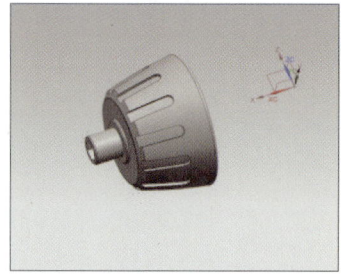
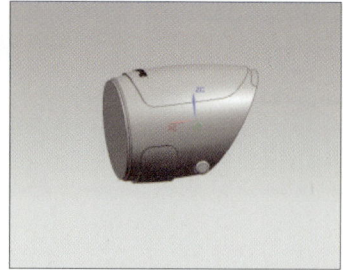
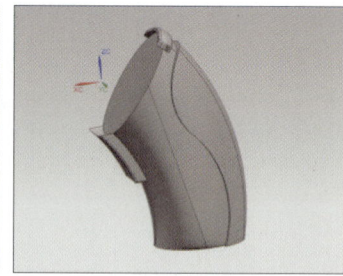

03 | 머리 파트 수정하기

머리 파트 부분은 위로 올라갈수록 좁아지는 형태이기 때문에 넓은 부분을 바닥으로 배치하면 별다른 어려움 없이 출력할 수 있습니다. 사방이 막혀있는 갇힌 구조, 다른 부분과 결합되는 구조, 불필요한 레진 소모를 막기 위한 내부 구조체 넣기 등의 수정을 진행하겠습니다.

❶ 드라이버 날이 끼워지는 부분이 각져 있기 때문에 부드럽게 만들어 보다 쉽게 드라이버 날이 장착될 수 있도록 수정해 보겠습니다. 'Edge Blend'를 이용하여 라운드를 적용할 모서리 부분을 클릭합니다. 여기서는 모서리의 라운드 크기가 크지 않아도 되기 때문에 '0.5mm'의 라운드 값을 지정했습니다.

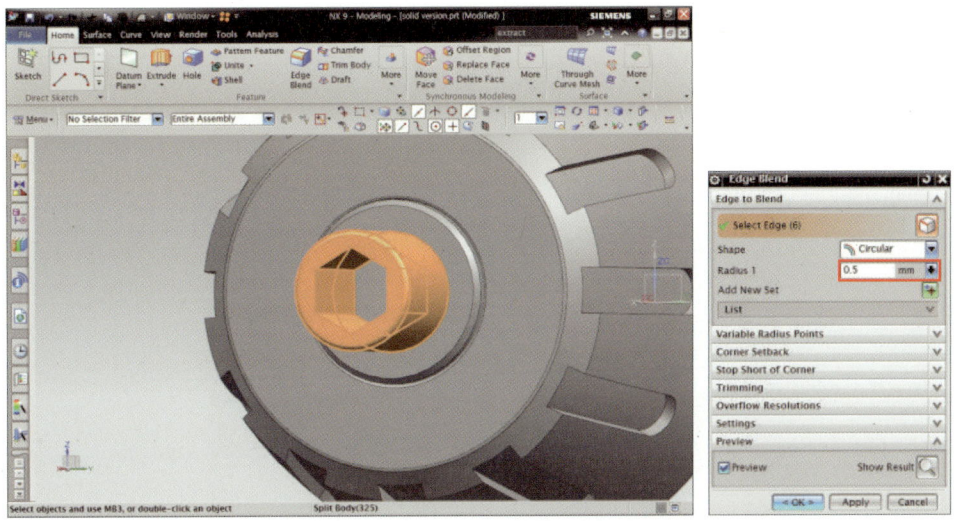

❷ 전동 드릴 사용 시 보다 나은 파지감과 이물질 끼임 방지를 위해 약간의 라운드를 지정하겠습니다. ❶번과 같은 방법으로 'Edge Blend'를 이용하여 0.5mm의 라운드 값을 지정합니다.

 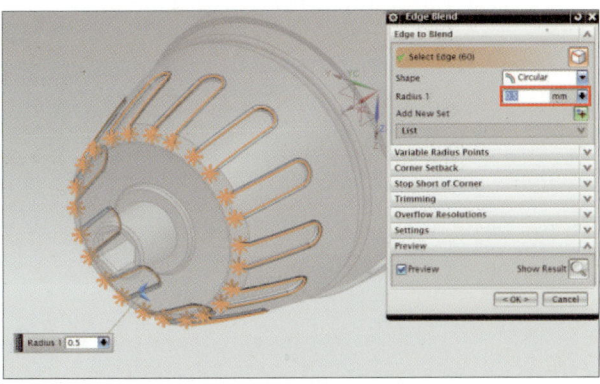

❸ 몸통 파트와 결합되는 구조를 만들기 위해 File › Import › STEP203을 선택하고 처음에 만들어 놓았던 핀 STEP 파일을 선택해 Import합니다. 가져온 핀 모델링을 원하는 위치로 이동시키기 위해 Command Finder에 'Move Object'를 입력하고 나타난 항목에서 선택합니다.

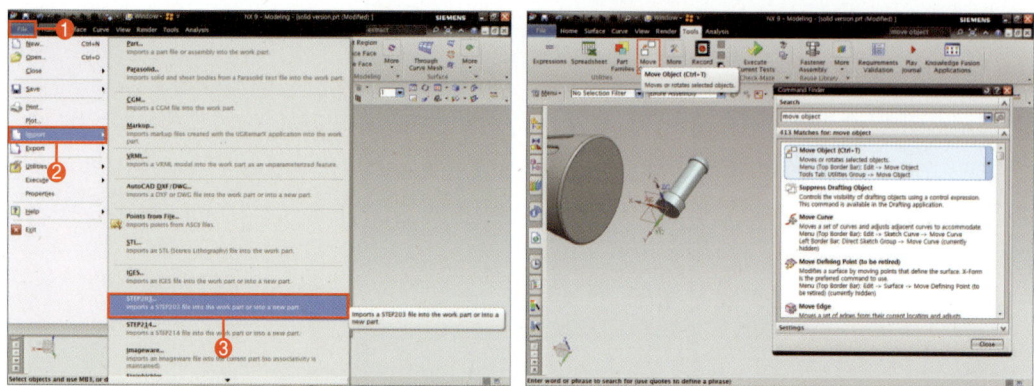

❹ Move Object 창에서 Transform의 'Motion'을 'Dynamic'으로 변경합니다. Dynamic은 수치를 기입하여 움직이는 것이 아니라 수동으로 각도나 위치를 이동하는 모드입니다. 핀이 머리 파트를 바라보도록 90° 회전시켜주고 [Apply] 버튼을 클릭합니다.

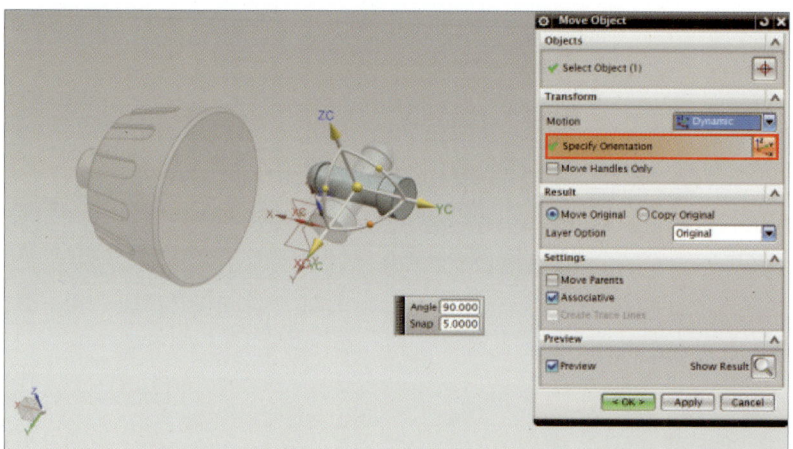

⑤ Transform의 'Motion'에서 'Dynamic' 모드를 'Point to Point' 모드로 변경합니다. 첫 번째 포인트를 그림처럼 핀의 가장 밑바닥 원의 중점을 선택하고 두 번째 포인트를 XYZ축의 중심을 선택한 후 [OK] 버튼을 클릭합니다.

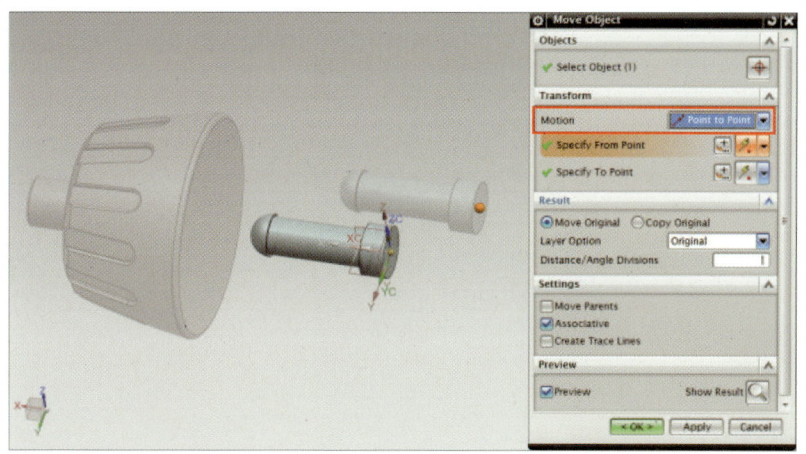

⑥ 머리 파트와 핀 파트의 중심이 동심원 상에 위치하게 되었습니다. 이번엔 핀이 머리 파트에 얼마나 들어갈지 거리를 조정해서 위치시킵니다. Command Finder에 'Measure Distance'를 입력하여 선택한 후 핀과 머리 파트 사이의 거리를 측정합니다. 그림에서 핀의 선택된 부분이 머리 파트의 바닥면과 얼마나 떨어져 있는지 정확하게 알아야 몸통 파트가 결합되었을 때 몸통 파트 내벽에 얼마나 단차를 줄지 계산할 수 있기 때문에 정확한 치수를 측정해야 합니다.

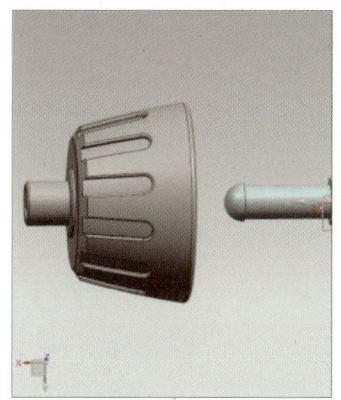 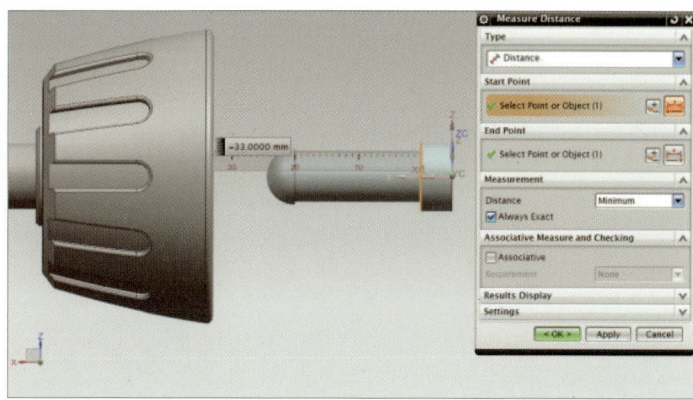

❼ 33mm의 거리가 측정되었습니다. 몸통 파트의 내벽 두께는 '3mm'로 하고 머리 파트와 몸통 파트가 완전히 결합되었다고 가정했을 때 핀이 몸통 파트 내벽에 끼워지는 '1mm'의 단차를 주기 위해서는 머리 파트와의 간격이 2mm는 띄워져야 합니다. 2mm의 간격이 띄워지도록 이동시키기 위해 다시 'Move Object'를 사용합니다.

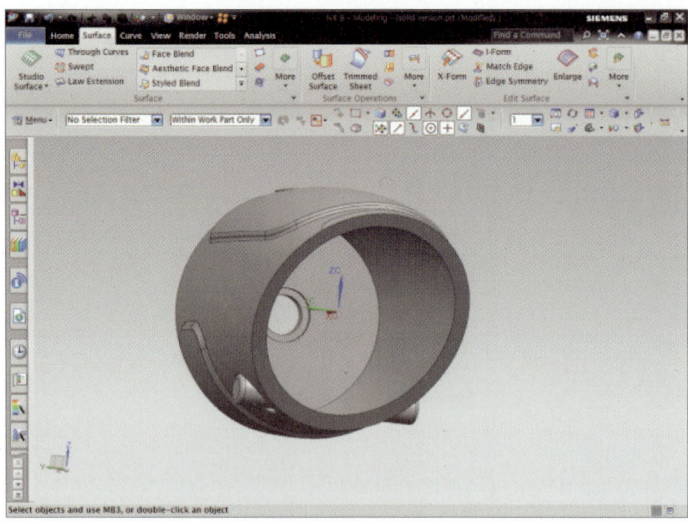

❽ Transform의 'Motion'에서 'Distance' 모드를 선택합니다. 2mm를 띄워야 하기 때문에 33mm의 간격에서 머리 부분으로 '31mm'를 입력해 이동합니다. 벡터 방향으로는 머리 파트를 향하고 있는 X-axis를 선택하고 [OK] 버튼을 클릭합니다.

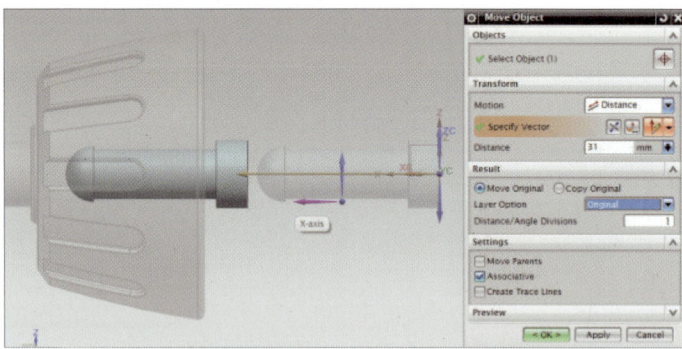

❾ 이동 후 핀이 머리 파트에 들어간 형태가 되었습니다. 머리 파트는 현재 내부가 꽉 차 있는 상태이기 때문에 핀이 들어간 부피만큼 제거해야 합니다. Subtract를 이용해 'Target'으로 '머리 파트'를, 'Tool'은 '핀'을 선택하여 머리 파트에서 교집합 부분을 제거합니다. 여기서 핀을 또 사용해야 하기 때문에 'Keep Tool'에 체크하여 Subtract가 이뤄진 이후에도 Tool 역할의 핀 파트가 계속 남아있도록 해줍니다.

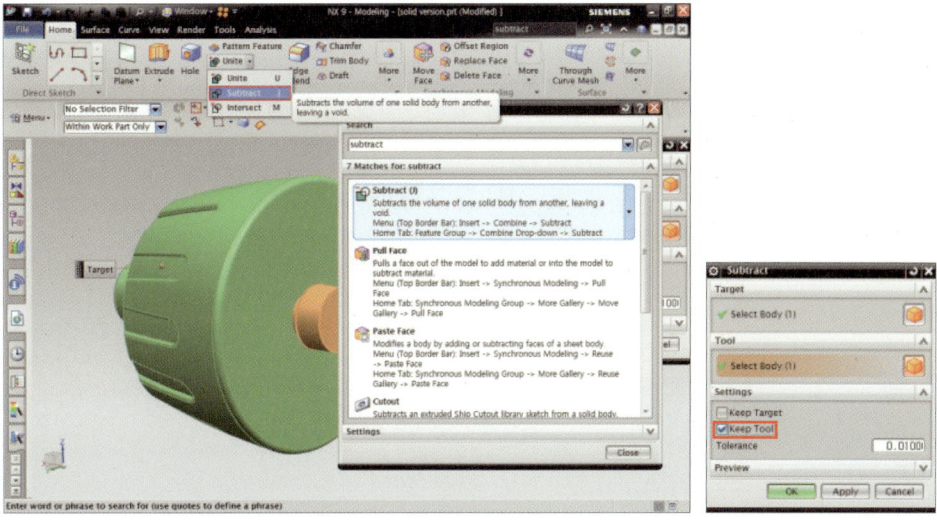

❿ 핀 모양으로 파인 부분은 현재 정확하게 일치하기 때문에 맞춤 공차를 고려해서 Offset Face로 넓혀주어야 합니다. 3D 프린팅에서 공차를 얼마나 줄지는 3D 프린터와 소재의 스펙에 따라 상이하므로 주의가 필요합니다.

먼저, 핀 파트를 Hide시킵니다. Offset Face를 이용하여 핀 파트 모양으로 파인 Surface를 선택하고 -0.3mm만큼 Offset시킵니다. 핀 파트에서 8mm의 원기둥에 달려있는 반구의 반지름이 9mm이기 때문에 고리 모양의 단차는 0.5mm가 됩니다. 두 개 이상의 개체가 결합되는 구조에서는 사이의 틈이 반드시 존재해야 합니다. 따라서 이러한 틈을 만들 공차를 줄 때 -0.5mm보다 많이 줄 경우 핀이 딱 맞지 않고 빠져버릴 수 있으니 주의합니다.

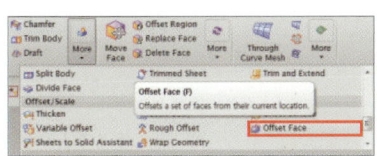 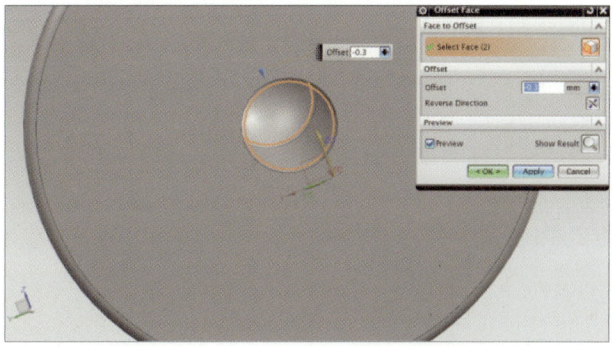

⓫ 머리 파트의 드라이버 날이 끼워지는 부분은 컵모양의 구조입니다. Bottom-Up 방식의 3D 프린터의 경우 앞 챕터에서 설명했던 Bottom-Up 방식 광경화 3D 프린터 구조가 고려된 디자인을 요구합니다.

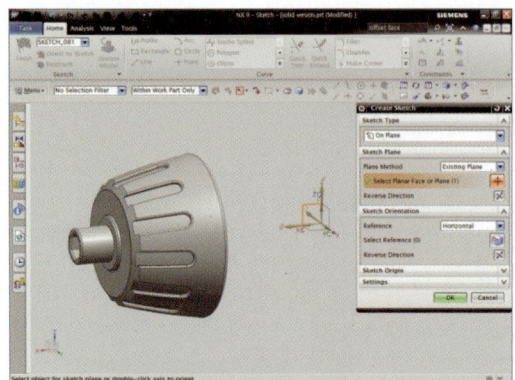
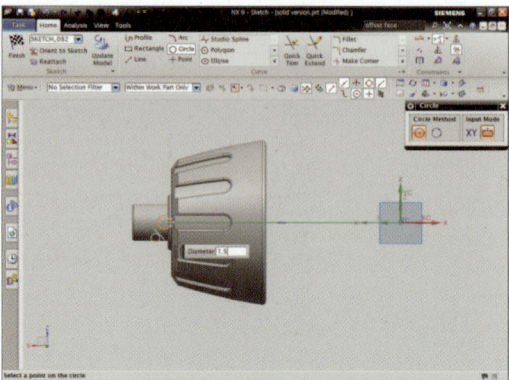

실전 TIP

● **컵 모양의 구조**

드라이버 날이 끼워지는 부분을 확대하여 봅니다.

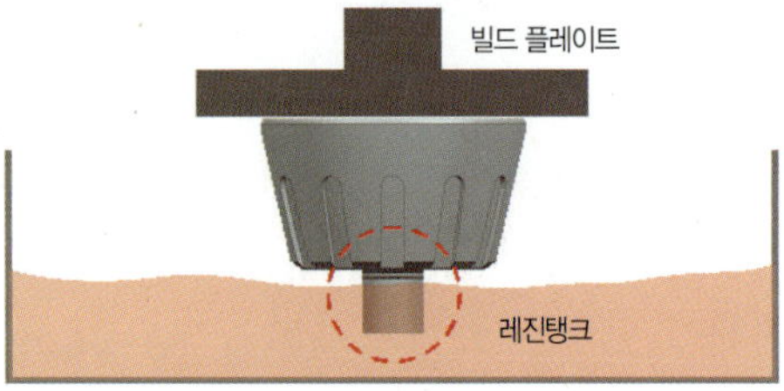

빌드 플레이트
레진탱크

• 통기 구멍이 없을 때 컵 모양의 출력 결과

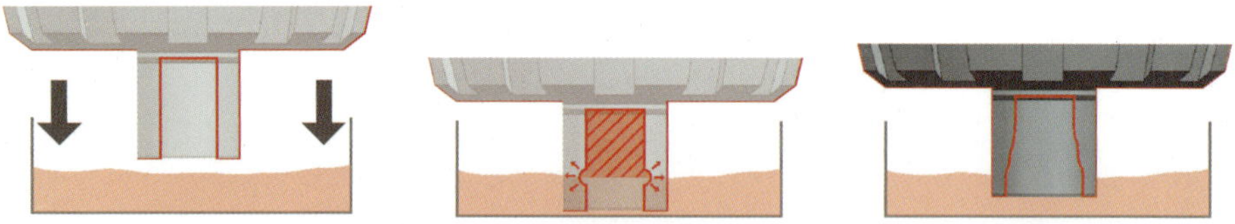

▲ 빗금 친 부분의 압력이 높아짐　　▲ 3D 모델링보다 얇아진 벽

• 통기 구멍이 있을 때 컵 모양의 출력 결과

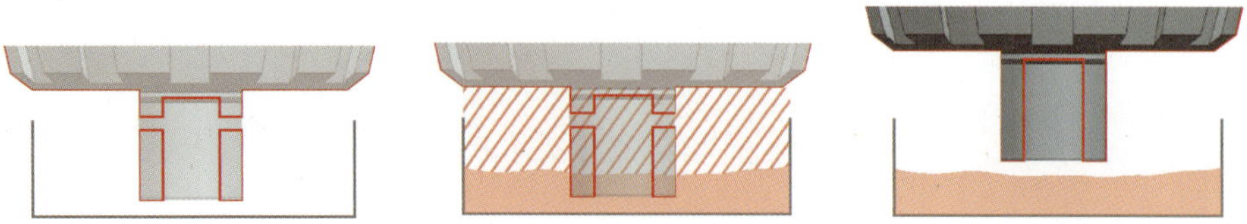

▲ 통기 구멍 디자인　　▲ 빗금 친 부분의 기압이 같아짐　　▲ 일정한 두께 유지

이와 같이 Bottom-Up 방식의 경우 광경화성 레진 속으로 출력된 부분이 들어갔다 나왔다를 반복하는데 들어갈 때 컵 모양의 모델링은 안쪽 공간의 압력이 높아져 레진을 바깥쪽으로 밀어내 벽면이 얇아져 출력이 제대로 안 되는 경우가 발생합니다. 이러한 현상을 방지하기 위해 작은 구멍을 디자인에 첨가하여 위 그림처럼 내외부의 압력을 같게 하여 프린팅 시 일정한 벽 두께를 유지시켜 주도록 합니다.

⑫ 예제에서는 갇힌 구조가 시작되는 경계선 부근에 공기가 통할 수 있는 구멍을 만듭니다. 구멍을 만들기 위해 'Sketch'를 클릭하여 XY 평면상에 1.5mm 지름의 원을 그립니다. 'Line'으로 XYZ축의 중심으로부터 원이 그려질 위치까지 직선 하나를 그려줍니다. 원이 그려졌으면 스케치 모드를 끝내고 일반 모드로 이동합니다. 스케치한 원이 머리 파트 내부에 그려져 있어 잘 보이지 않기 때문에 뷰 모드를 'Static Wireframe'으로 변경합니다.

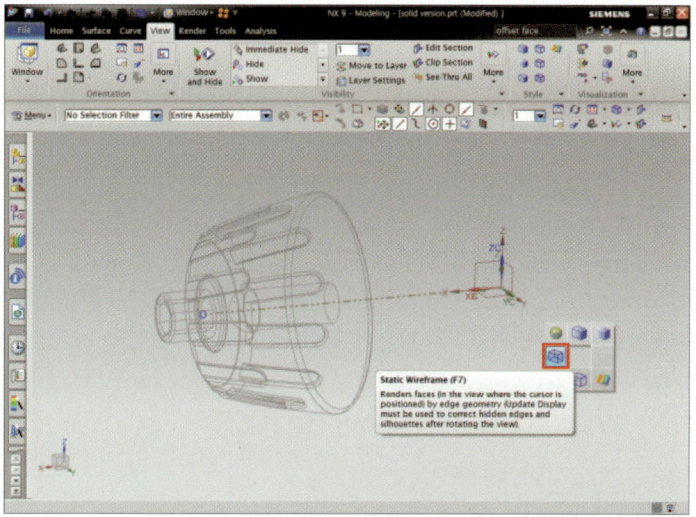

⑬ Extrude로 그려진 원을 클릭하여 드릴이 끼워지는 원기둥 부분을 완전히 관통할 정도로 돌출시킵니다. 'Boolean'에서 'Subtract'로 바꿔주고 머리 파트 겹치는 부분이 빠질 파트를 선택하여 [OK] 버튼을 클릭합니다.

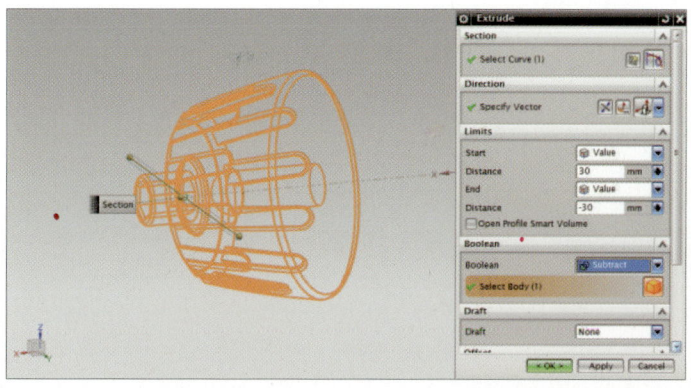

⓮ 뷰 모드를 다시 'Shaded with Edges'로 바꿔 구멍이 잘 뚫렸는지 확인합니다. 마지막으로 머리 파트에 내부 구조체를 넣어주는 작업을 하겠습니다. 내부 구조체를 만들어 주는 이유는 재료비를 절감하고, 정밀한 출력을 위해서입니다. 내부를 꽉 채우면 일부 경화 편차에 의해 수축 현상이 발생할 확률이 높아지며, Bottum-Up 방식의 3D 프린터는 특수 코팅층이 레진탱크 바닥면에 존재하기 때문에 내부 구조체를 만들어 이를 보호하는 역할을 합니다.

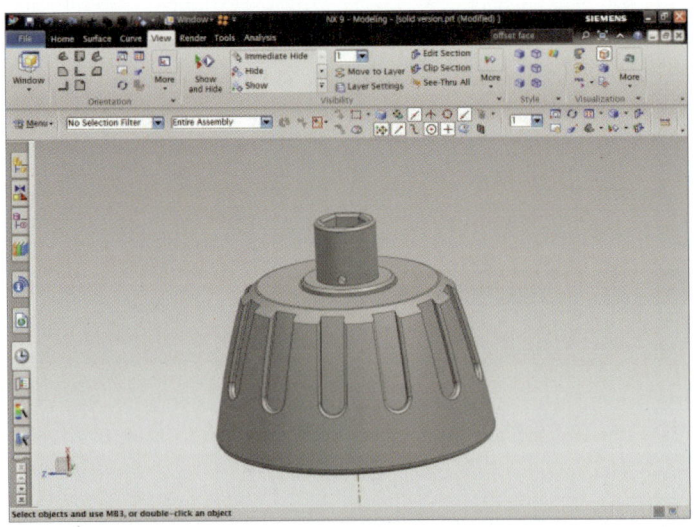

⓯ 이번엔 Materialise사의 Magics라는 프로그램을 이용해 구조체를 추가하도록 하겠습니다. Magics는 유료 프로그램지만 Trial 버전을 다운로드 받을 수 있습니다. Magics는 STL 파일 수정 프로그램이기 때문에 제작된 머리 파트를 STL 파일로 Export시킵니다.

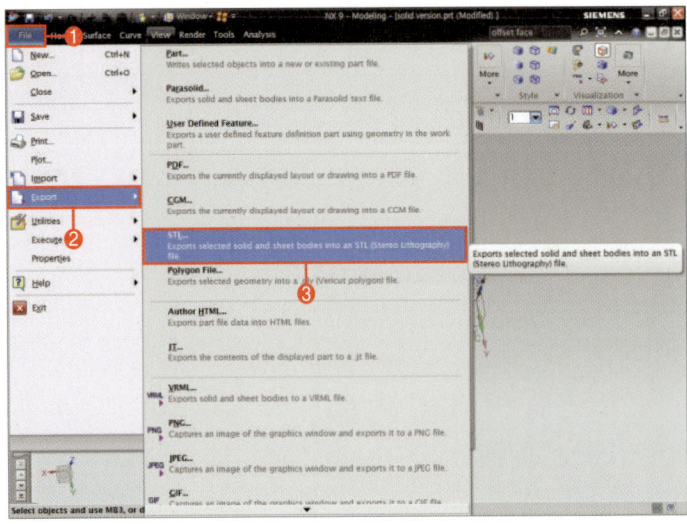

⑯ 'Triangle Tol'과 'Adjacency tol'에 '0.001'을 입력하고 [OK] 버튼을 클릭합니다.Triangle Tol과 Adjacency Tol이 낮을수록 용량이 늘어나지만 표면의 품질이 좋아집니다. Export될 위치와 파일명을 설정합니다. STL 파일은 폴리곤 방식의 곡면이기 때문에 폴리곤의 사이즈가 얼마나 작은지에 따라 곡면의 품질이 결정됩니다.

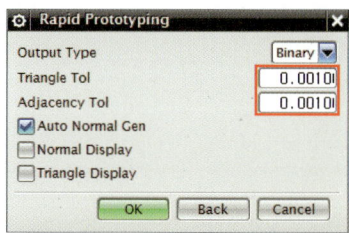

⑰ [OK] 버튼을 클릭하고, Export할 대상을 선택한 후 다시 [OK] 버튼을 클릭합니다. 다음 두 개의 창 모두 [OK] 버튼을 클릭하면 STL 파일로의 변환이 완료됩니다.

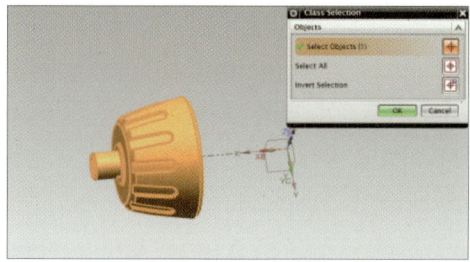

⑱ Magics 프로그램을 실행한 후 File 〉 Import Part를 선택하여 NX UG에서 Export시킨 STL 파일을 불러옵니다.

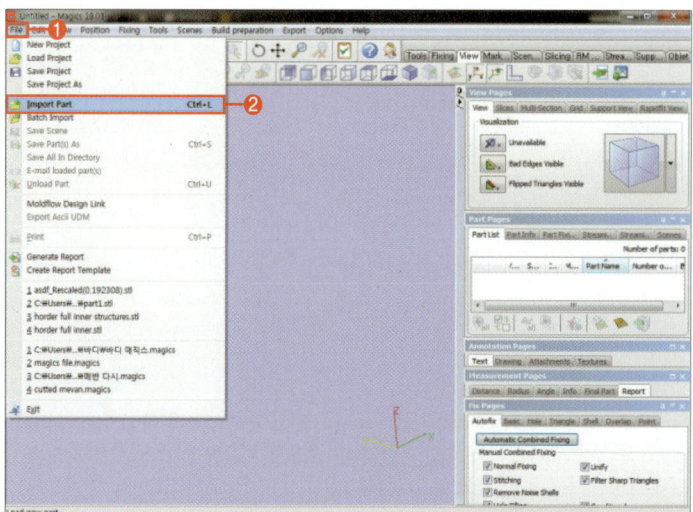

⑲ 파일이 Import되면 Tools › Structures를 클릭합니다.

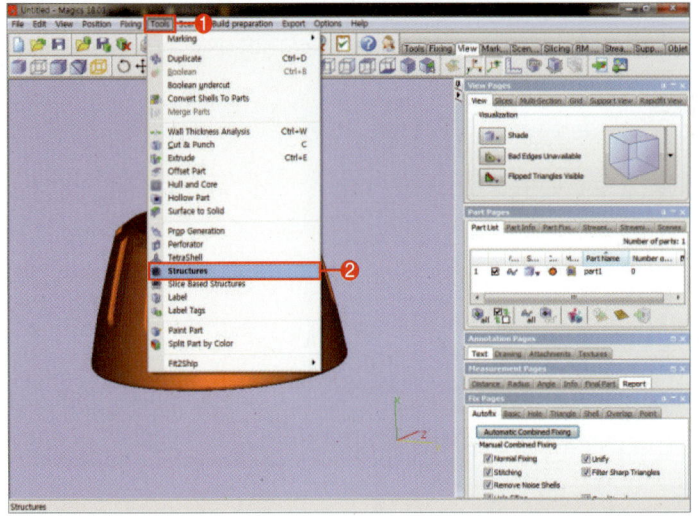

실전 TIP

● Magics 마우스 사용법
· 마우스 왼쪽 클릭 : 선택
· 마우스 오른쪽 클릭 : 로테이션
· 가운데 클릭 : 개체 이동

⑳ Memory State 창이 나타나면 [Yes] 버튼을 클릭하여 다음으로 넘어갑니다. Create Structures 창이 나타나면 'Define Outer Shell' 항목에서 쉘의 두께와 벽이 생기는 방향을 설정할 수 있습니다. 'Thickness'와 'Detail Size'를 '1.5mm', 'Direction'을 'Inside'로 설정하고 [Next] 버튼을 클릭합니다. 3D 프린터와 소재 그리고 원하는 강도에 따라 벽 두께를 결정해야 합니다. 예제에서는 사용될 3D 프린터와 소재 특성을 고려해 두께를 1.5mm로 설정하였습니다.

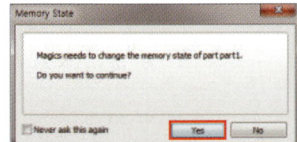
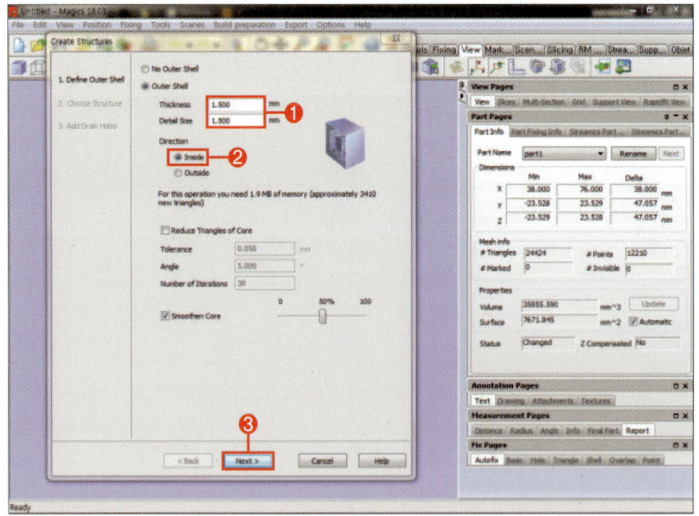

㉑ 'Choose Structure' 항목에서는 내부에 채워질 구조체의 모양과 크기를 지정할 수 있습니다. 여러 종류의 내부 구조를 형성할 수 있으며, 필요에 따라 원하는 구조를 만들어 커스텀화할 수도 있습니다. 예제에서는 'Dode-Medium(MSG)'를 선택하고 'Structure Dimensions'은 'XYZ 20mm'로 설정한 후 [Next] 버튼을 클릭합니다.

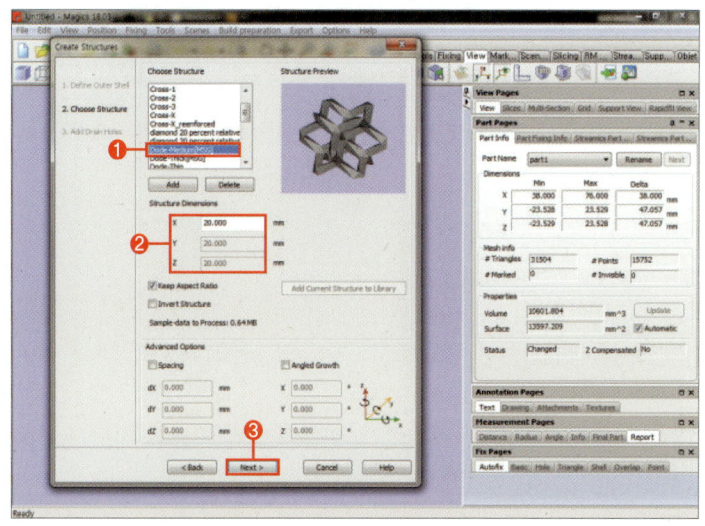

㉒ 마지막으로 'Add Drain Holes' 항목에서 갇힌 구조를 없애기 위해 구멍을 뚫어줘야 합니다. 광경화성 3D 프린터는 액체 레진 속에서 선택적 경화가 이루어지며 적층됩니다. 따라서 경화되는 부분 이외에는 액체 레진이 묻어있게 됩니다. 추후 세척을 통하여 제거해야 하는데 위와 같이 갇힌 구조의 경우 레진이 빠져나갈 곳이 없기 때문에 따로 구조를 만들어 주지 않으면 안쪽에 경화되지 않은 액체 레진이 잔류하고 밖으로 새어나오므로 반드시 잔류 레진이 빠져나올 수 있는 구조로 디자인해야 합니다. 구멍의 크기는 '1.5mm'로 설정하고 [Add] 버튼을 클릭하여 구멍을 만들 위치를 클릭한 후 [Finish] 버튼을 클릭하면 완료됩니다.

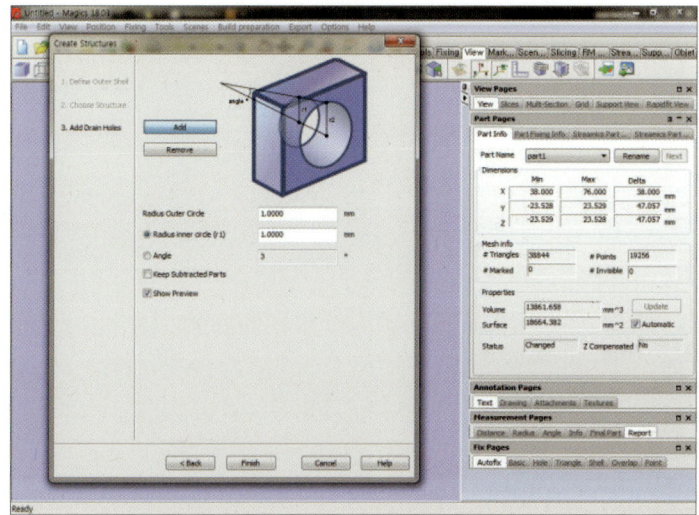

㉓ 구멍은 원의 사분점 위치에 4개 정도 뚫으면 적당합니다. 출력 후 파트 내부에 채워져 있는 레진을 원활히 제거하기 위해 조립한 후 가려지는 부분인 아래쪽 출력베드에 붙일 면에도 4개 정도의 구멍을 뚫어줍니다. Tool > Perforator를 선택해 앞선 작업과 동일한 작업을 실행합니다.

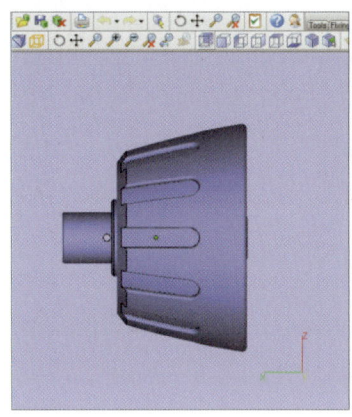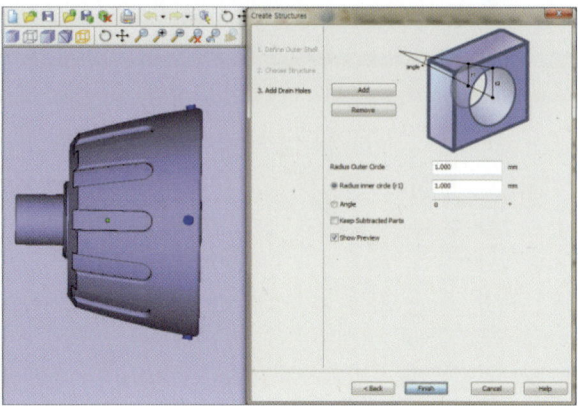

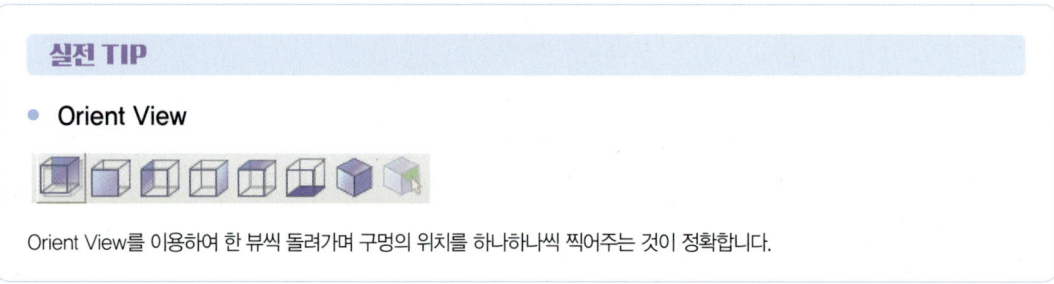

실전 TIP

- **Orient View**

Orient View를 이용하여 한 뷰씩 돌려가며 구멍의 위치를 하나하나씩 찍어주는 것이 정확합니다.

㉔ 구멍이 잘 뚫렸는지 확인한 후 File > Save Part(s) As를 선택하여 머리 파트의 수정을 완료합니다.

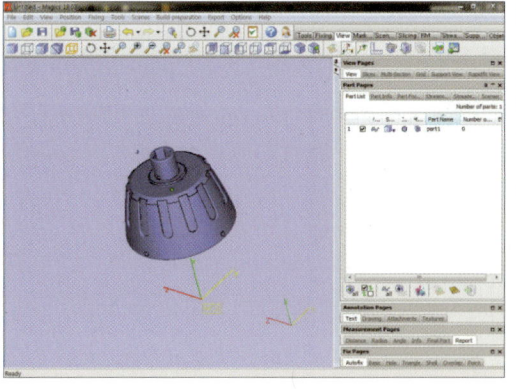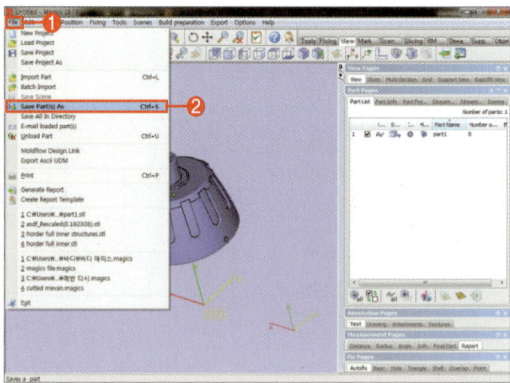

㉕ [View] 탭의 'Shade'를 'Transparent'로 설정하여 개체를 투명하게 변환한 후 내부 구조체가 잘 만들어졌는지 확인합니다.

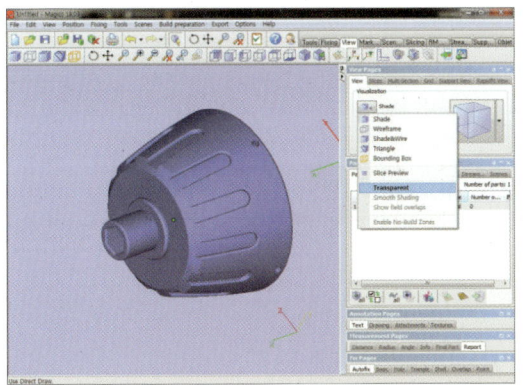
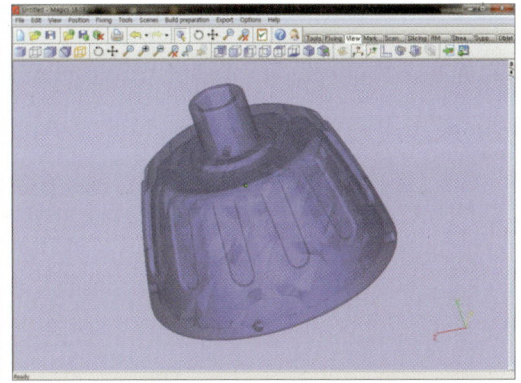

실전 TIP

● **내부 구조체 생성의 장점**

대부분의 모델링은 내부보다 외부가 중요합니다. 하지만 3D 프린팅에서는 내부와 외부의 구조가 얼마나 적절하게 조합되었느냐가 전체 3D 프린팅의 성공률을 향상시키는 데 핵심이 됩니다. 내부 구조체를 주어 적절히 공극을 만들어주면 여러 이점이 있습니다. 먼저 내부 구조체를 만들면 공간이 생겨 재료의 소모를 줄여 단가를 낮출 수 있습니다. 두 번째는 적층면의 단면적이 줄어들어 Bottom-Up 방식의 광경화성 프린터에서 바닥면에서 떨어지는 힘을 줄여 성공률을 높입니다. 마지막으로 출력 후 휨 현상을 줄일 수 있습니다.

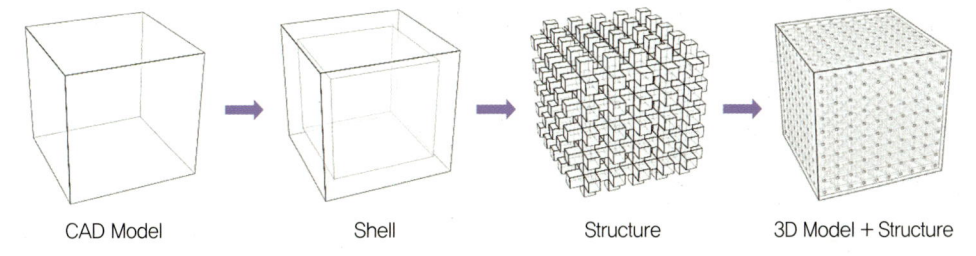

04 | 몸통 파트와 손잡이 파트 수정

이번엔 몸통 파트와 손잡이 파트를 수정해 보겠습니다.

❶ 몸통 파트와 버튼 파트를 나눠주기 위해 만들었던 곡면을 빼고 나머지는 Hide로 숨겨줍니다. 남겨진 곡면 파트를 Offset하여 몸통의 안쪽으로 Shell을 만듭니다.

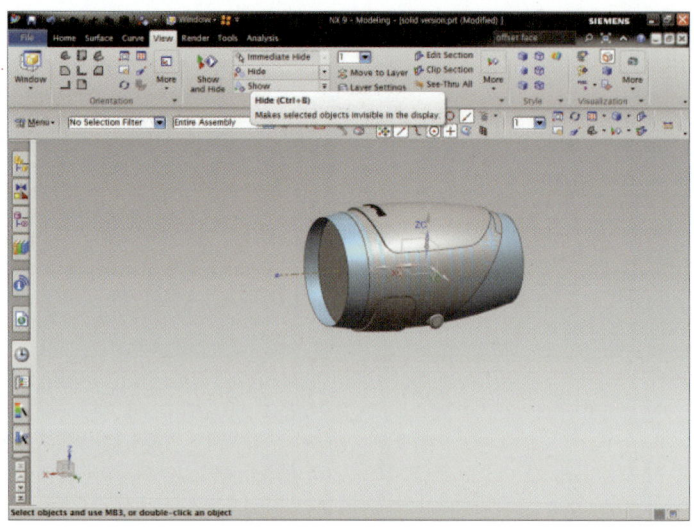

❷ Offset Face로 곡면을 선택하고 벽의 두께를 3mm로 만들기 위해 -3mm만큼 Offset시킵니다.

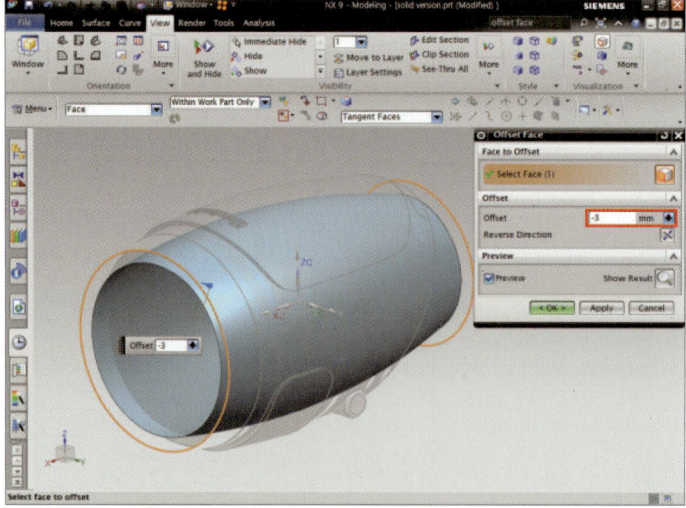

❸ Splilt Body의 'Target'은 '몸통 파트'를, 'Tool'은 'Offset시킨 곡면'을 선택하고 [OK] 버튼을 클릭하여 몸통 파트를 두 파트로 나눠줍니다.

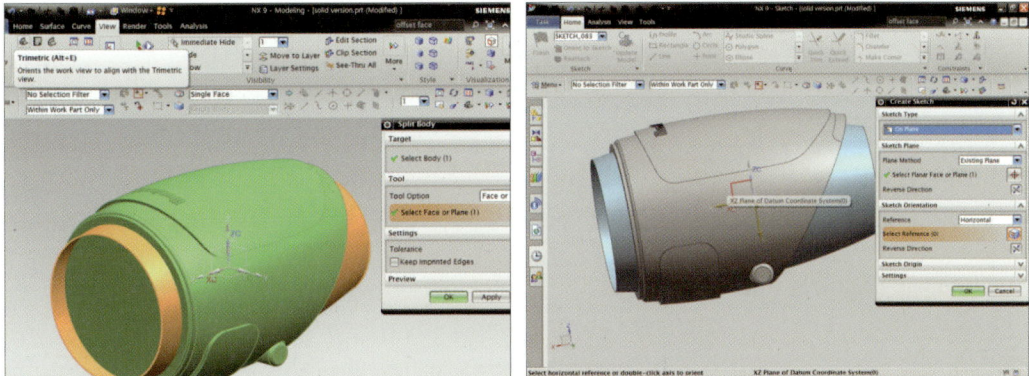

❹ 몸통 파트가 내부와 외부 두 파트로 나뉘면서 내부가 양쪽으로 뚫린 상태가 되었습니다. 머리 파트와 붙는 부분은 결합을 위해 막혀있어야 하므로 벽을 만들어주겠습니다. XZ 평면에 스케치를 시작합니다. 몸통 파트의 가장자리를 기준으로 직선 하나를 그려줍니다. Offset했을 때 직선이 몸통 파트를 완전히 가로지를 수 있도록 충분한 길이의 직선을 그려줍니다. Command Finder에 'Offset Curve'를 입력하여 나타나는 메뉴를 선택합니다.

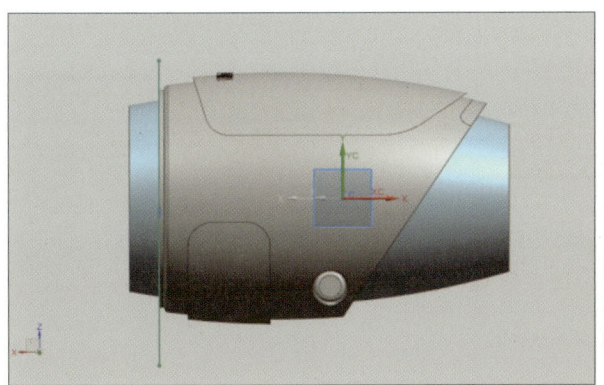
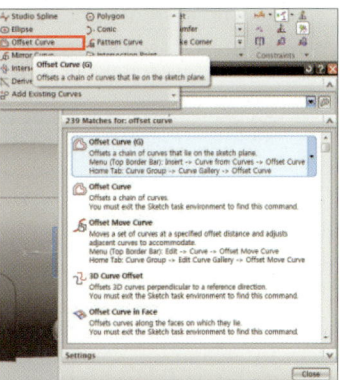

❺ Offset Curve로 그려놓은 직선을 선택하여 몸통 파트 방향으로 '3mm'만큼 Offset시킵니다. Offset이 끝나면 사용하지 않는 직선을 선택하고 팝업창에서 'Convert To Reference( )' 아이콘을 클릭하여 참조선으로 바꾼 후 스케치 모드를 종료합니다.

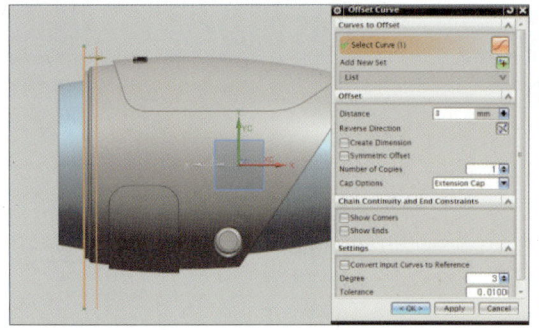 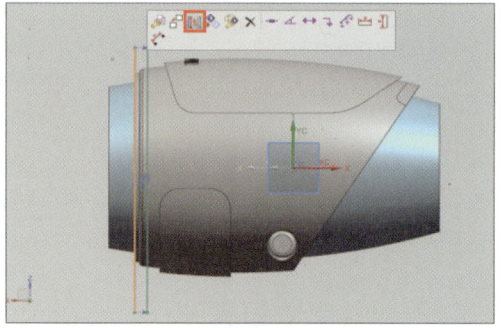

❻ 그려진 직선을 이용하여 나눠져 있는 몸통 파트의 내부를 한 번 더 Split해줍니다. Split Body를 이용하여 'Target'으로는 '몸통 파트의 내부'를, 'Tool'은 'Extrude'로 변경하고 직선을 선택한 후 [OK] 버튼을 클릭합니다.

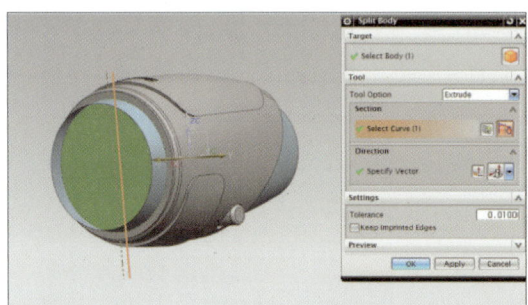 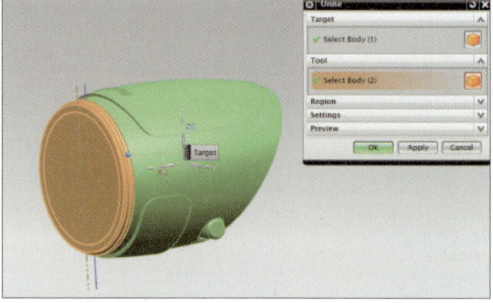

❼ 사용하지 않는 파트인 Offset된 곡면과 내부에 채워져 있는 파트를 Hide로 숨깁니다. 나머지 부분들은 Unite를 이용해 하나의 파트로 만듭니다.

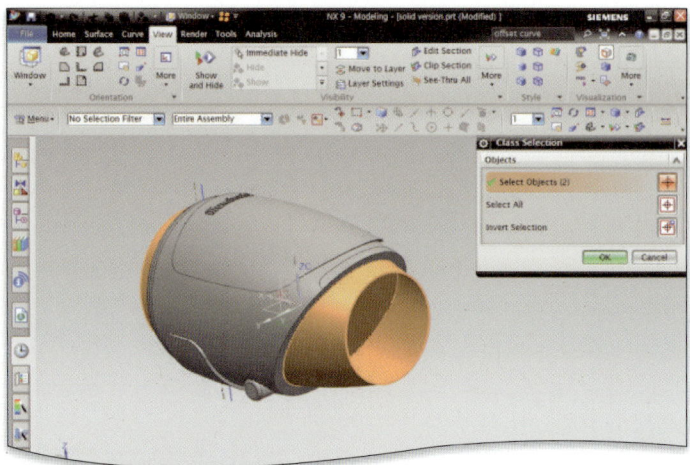

❽ View에 'Show'를 클릭하여 숨겨놓았던 핀 파트를 가져옵니다. 핀과 몸통 파트가 조립되는 구조를 만들기 위해 몸통 파트에 핀 파트가 겹치는 부분을 Subtract를 이용하여 없애줍니다. Subtract가 끝난 후 다시 핀 파트를 Hide시키고 몸통 파트의 수정을 계속합니다.

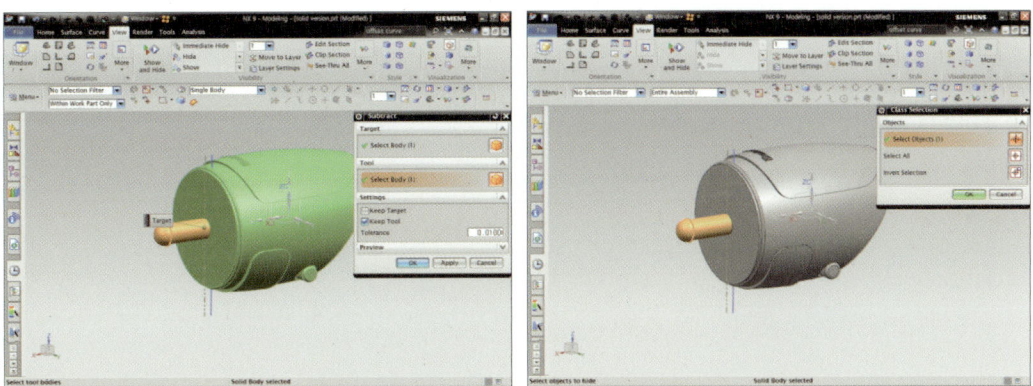

❾ 그림과 같이 몸통 파트의 내부에 핀이 결합되는 구조가 만들어졌습니다. 오차율을 고려하여 약간의 공차를 주겠습니다. 앞서 머리 파트에서 공차를 준 것과 마찬가지로 -0.3mm를 Offset Face 합니다.

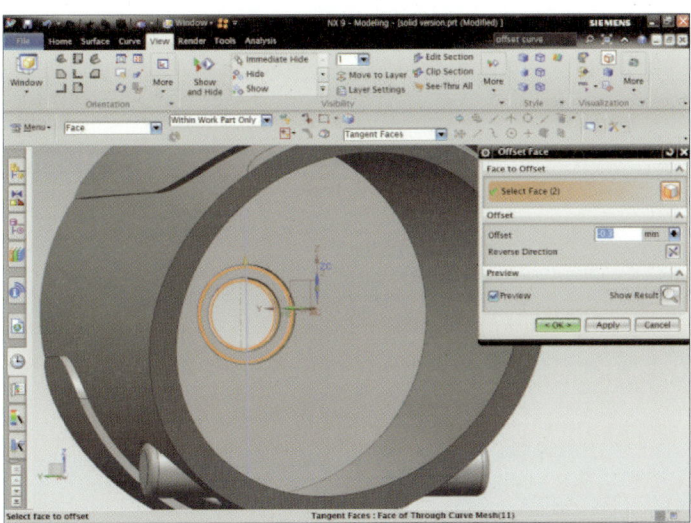

⓾ Offset Face가 끝나면 이제 급격하게 꺾인 부분과 같은 앞쪽 면을 바닥으로 두고 출력 시 출력 품질을 저하시키는 부분들을 수정해 보겠습니다. 다음 그림에서 출력 방향이 왼쪽에서 오른쪽이라고 했을 때 급격한 경사가 있는 부분들은 45° 정도로 잘려서 나올 가능성이 높습니다. 이런 부분을 방지하기 위해서 서포트를 추가하기도 하지만 모델링 자체에 라운드를 주어 문제를 해결해 보겠습니다.

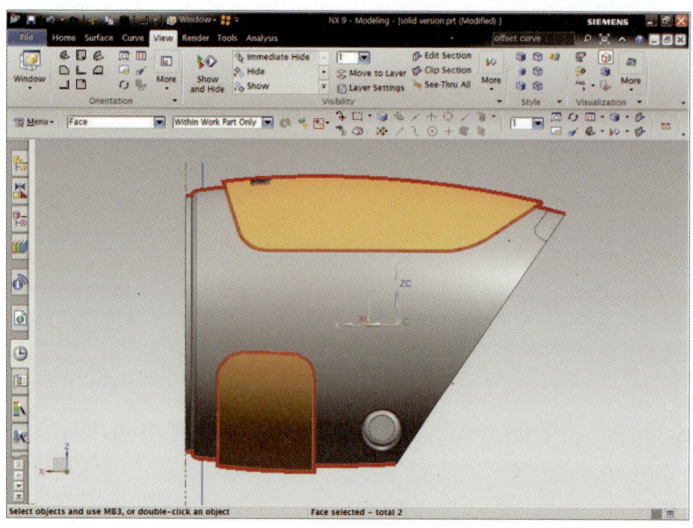

⓫ Command Finder에 'Edge Blend'를 검색하여 부드럽게 만들어줄 모서리 부분을 선택합니다.

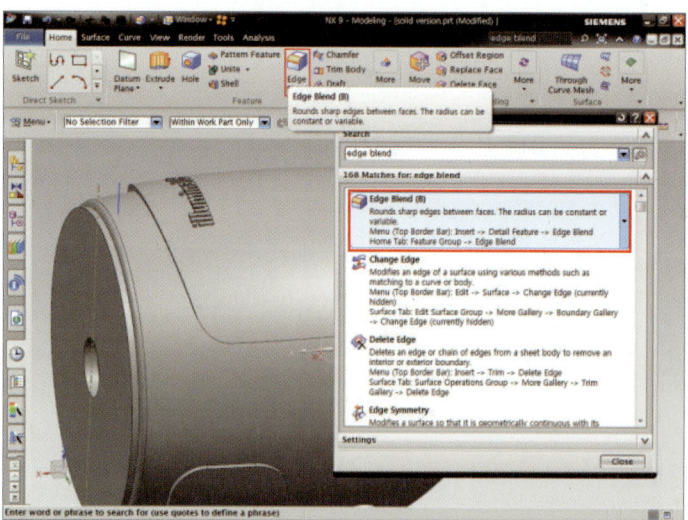

❷ 몸통에 살짝 돌출되어 있는 부분의 단차가 1mm이기 때문에 Radius 값을 '1mm'로 지정해 바깥쪽 모서리와 안쪽 모서리 모두를 부드럽게 만듭니다.

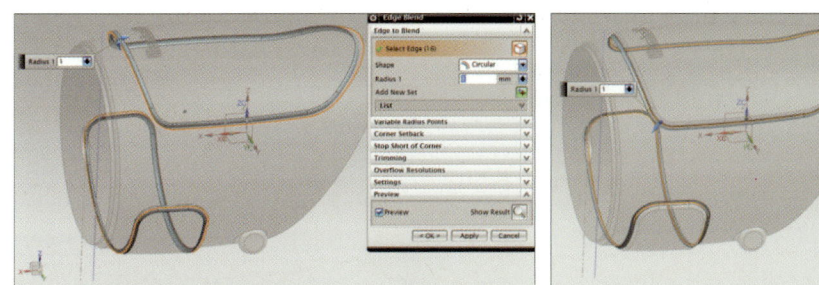

❸ 그림에서 선택된 부분도 급격한 경사를 이루고 있으므로 'Edge Blend'를 이용해 부드럽게 만듭니다.

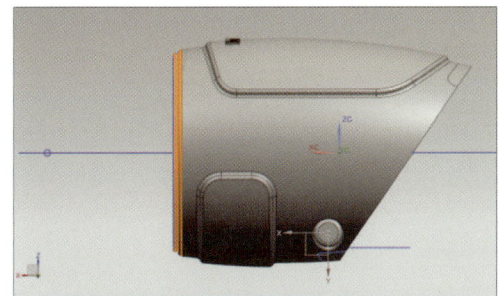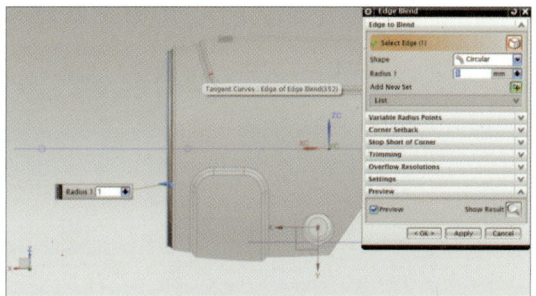

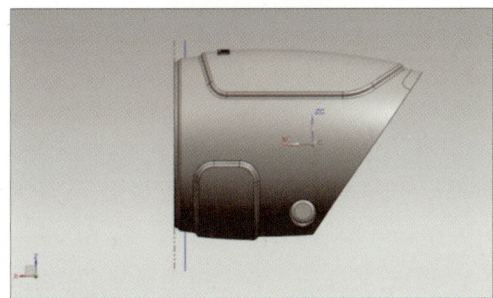

⑭ 이제 손잡이 파트와 조립되는 부분을 만들어보겠습니다. View에서 Show 기능을 사용해 숨겨놓았던 손잡이 파트를 불러오고 나머지 파트는 Hide로 숨겨줍니다. Offset Face를 이용하여 A 표시가 되어 있는 윗면을 선택하여 2mm 만큼 Offset합니다.

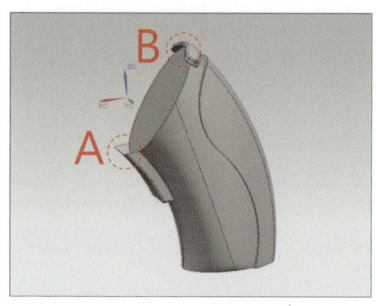 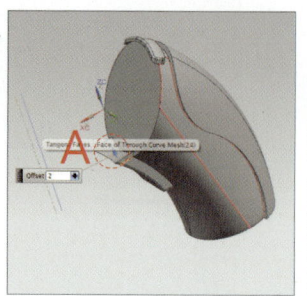 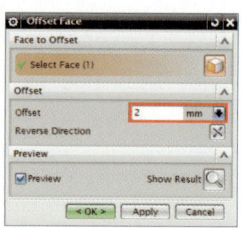

⑮ 같은 방법으로 B 부분은 1mm 만큼 Offset합니다. 조립 시 손잡이를 바닥에 놓는다면 중력에 의해 A에 걸리는 힘이 더 크기 때문에 A 부분을 B부분보다 1mm 더 Offset해 주었습니다.

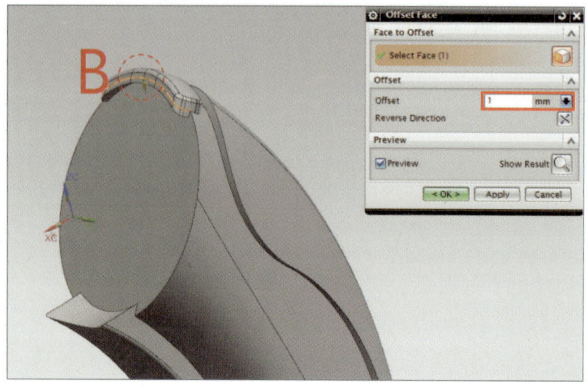

⑯ View에서 Show를 선택하여 몸통 파트를 불러옵니다. Subtract를 사용해 'Target'은 '몸통 파트'를, 'Tool'은 '손잡이 파트'를 선택한 후 [OK] 버튼을 클릭합니다. 몸통 파트에 버튼이 Offset된 만큼 비어있는 것을 볼 수 있습니다. 조립되는 부분이므로 맞춤 공차를 고려해 몸통 파트에 파여진 부분에 -0.3mm만큼 Offset Face를 이용해 공차를 만듭니다.

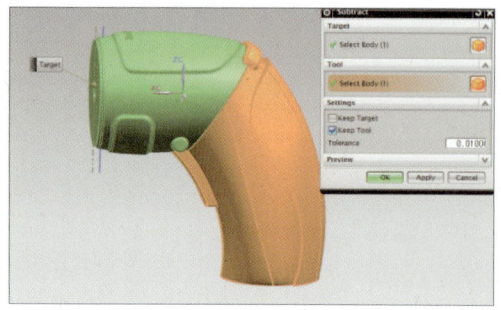 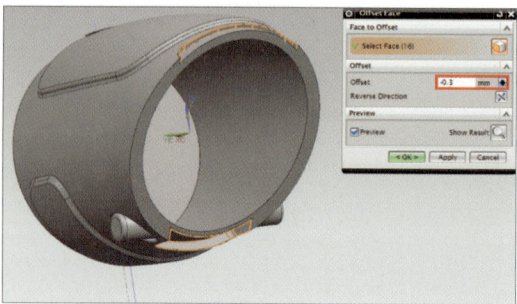

❶❼ 몸통 파트와 손잡이 파트의 위와 아래를 고정시키는 부분이 만들어졌습니다. 이제 손잡이 파트로 돌아와 좌우를 고정시켜줄 부분을 만들어 보겠습니다. XZ 평면에서 스케치를 시작합니다.

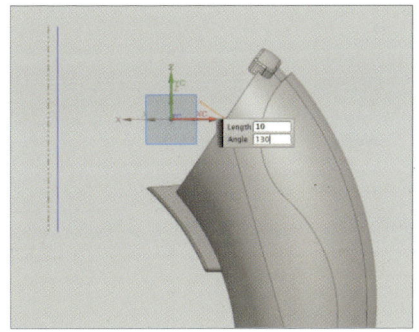 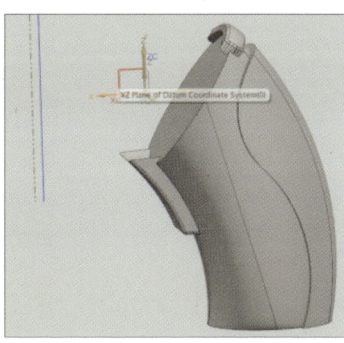 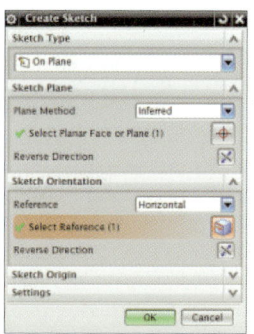

❶❽ 손잡이 파트의 옆면을 가로지르는 모서리의 끝점을 잡고 'Line'을 이용해 X축 기준으로 50° 기울어진 10mm 길이의 직선을 그려줍니다. 그 직선의 끝점을 중심으로 'Circle'을 이용해 지름 10mm의 원을 그려줍니다.

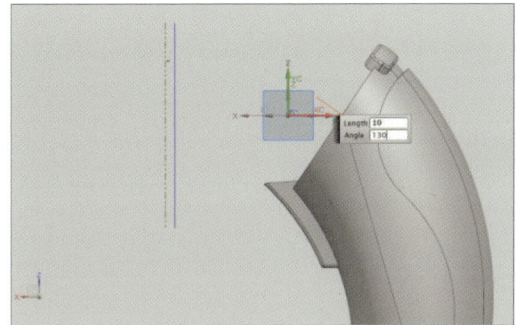 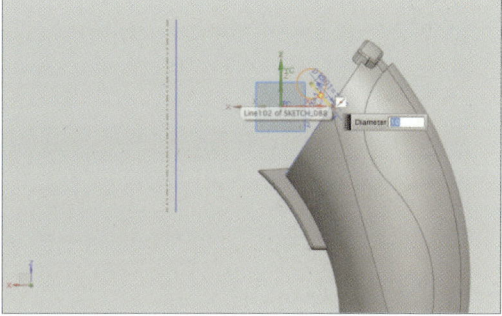

❶❾ 처음에 그렸던 직선을 Offset Curve를 이용해 양쪽으로 10mm만큼 Offset시킵니다.

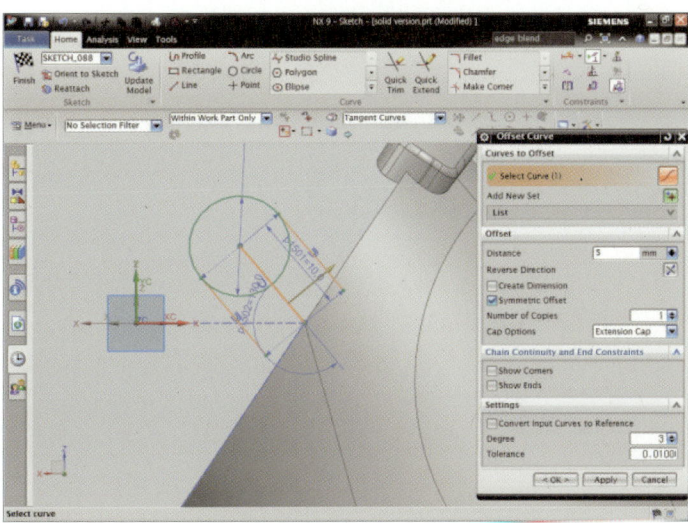

⑳ 그림과 같이 'Line'으로 Offset된 두 직선 끝점을 이어주는 직선을 그려줍니다.

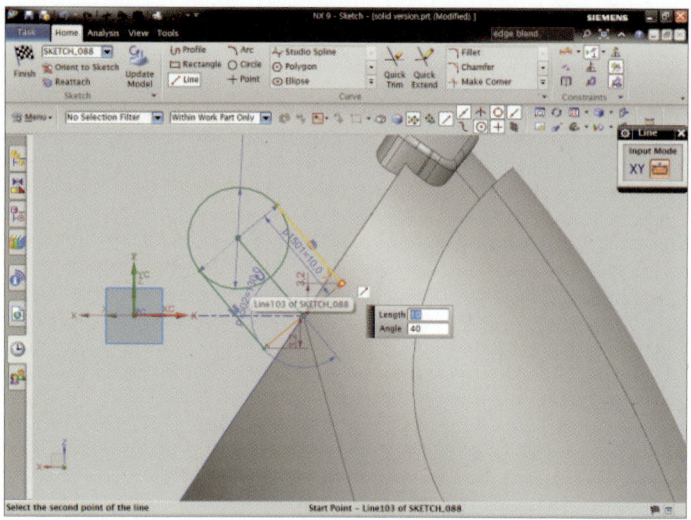

㉑ Offset Curve를 할 때 Constraint구속되어 있기 때문에 U자 모양으로 된 구속 표시를 선택하여 삭제합니다. 하나를 지우면 구속되어 있는 선들도 함께 지워지는 것을 방지하기 위해 구속을 없애주었습니다.

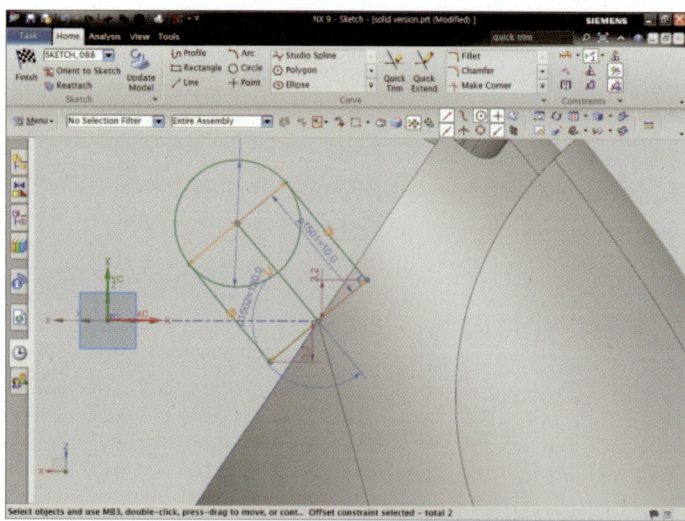

㉒ Quick Trim을 사용하여 필요 없는 선들을 지워줍니다.

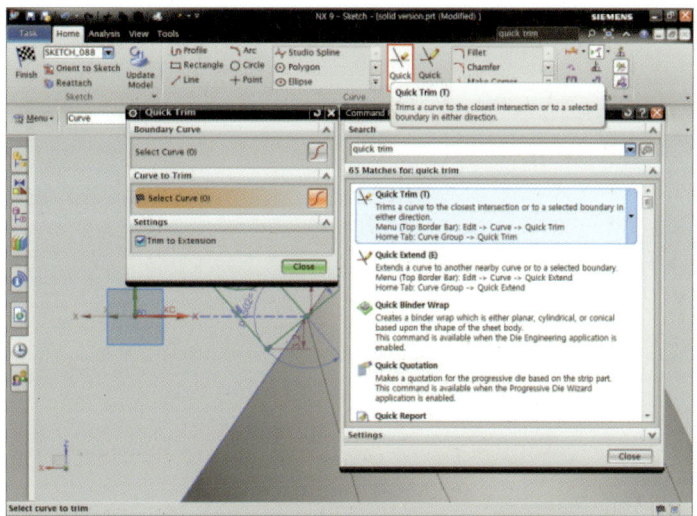

㉓ 아치 모양의 스케치가 그려졌다면 스케치 모드를 종료하고 Extrude로 선택하여 양 옆으로 10mm씩 돌출시킵니다.

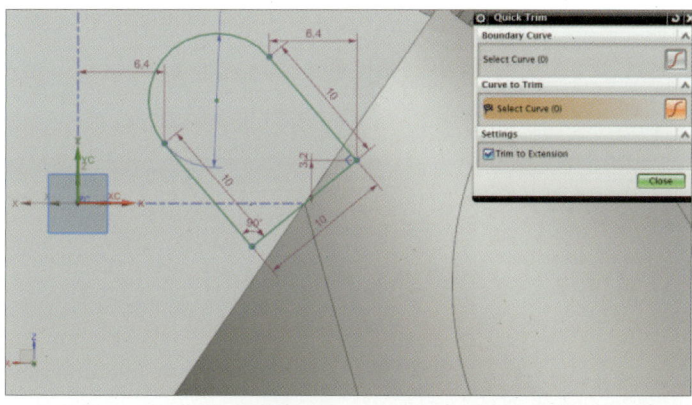

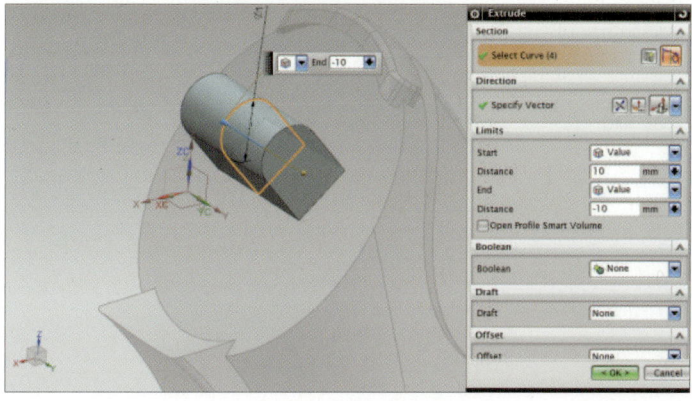

㉔ Command Finder에 'Replace Face'를 입력하여 선택합니다. Replace Face는 물체의 한 면을 다른 면에 붙여주는 기능입니다. 좌우로 고정시켜주는 부분이 완성되면 손잡이 부분과 Unite시켜줘야 하기 때문에 위에서 만든 아치 모양의 바닥면을 Replace Face를 이용해 손잡이 파트의 윗면과 정확히 겹치게 붙여줍니다. Replace Face를 선택한 상태에서 아치 모양의 바닥면을 선택하고 손잡이 파트의 윗면을 선택한 후 [OK] 버튼을 클릭합니다.

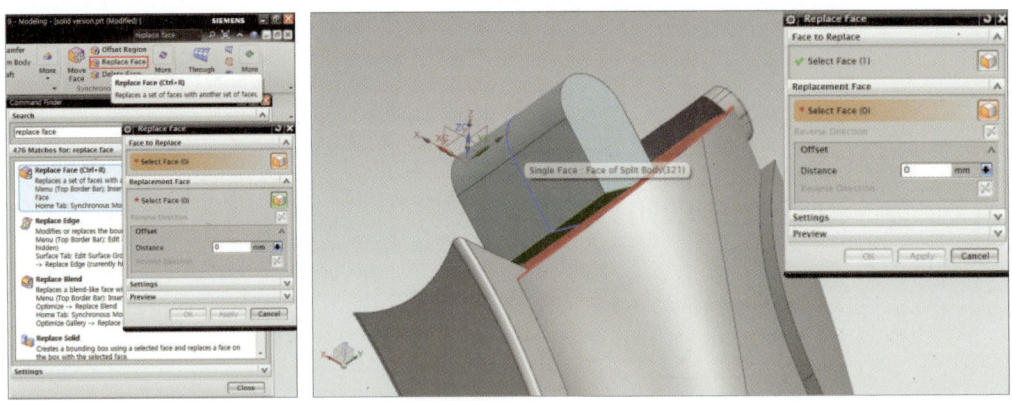

㉕ 이번엔 방금 생성한 아치 모양의 조립 부분을 몸통 파트에 홈을 파 결합하는 구조를 만들어 보겠습니다. Replace Face를 선택하여 첫 번째 움직일 면으로 아치의 옆면과 경계선이 될 몸통의 내부를 Split할 때 쓰였던 곡면을 선택합니다. 이때 곡면이 Hide되어 있기 때문에 View에서 'Invert'를 클릭한 후 곡면을 선택합니다.

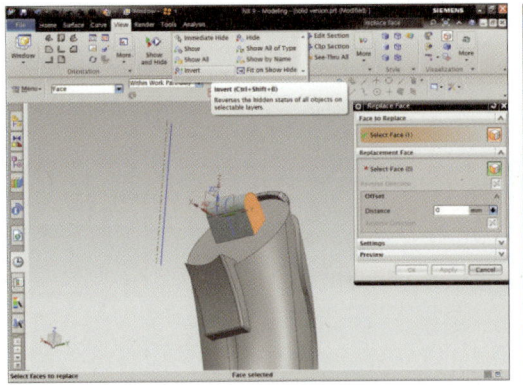 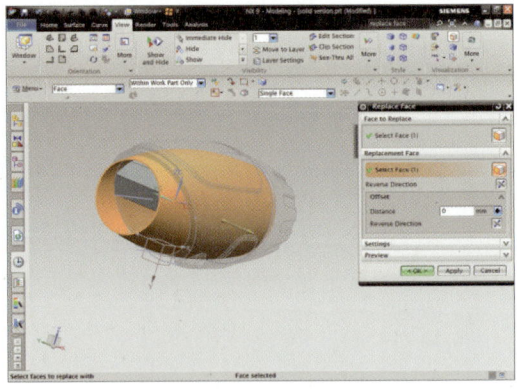

㉖ Extract Geometry를 사용하여 돌출된 양쪽 면 중 하나를 선택하고 [OK] 버튼을 클릭하여 면을 추출합니다. Move Object를 이용하여 추출된 면을 3mm 안쪽으로 이동시킨 후 Mirror Geometry로 XZ 평면을 기준으로 대칭 복사합니다. 이렇게 만들어진 두 면은 돌출시킨 부분을 Split시켜주는 Tool로 사용됩니다. 돌출된 부분 속에 분리시킬 때 쓰일 두 면이 들어 있으므로 선택을 편리하게 하기 위해 두 면을 모두 Hide시킵니다.

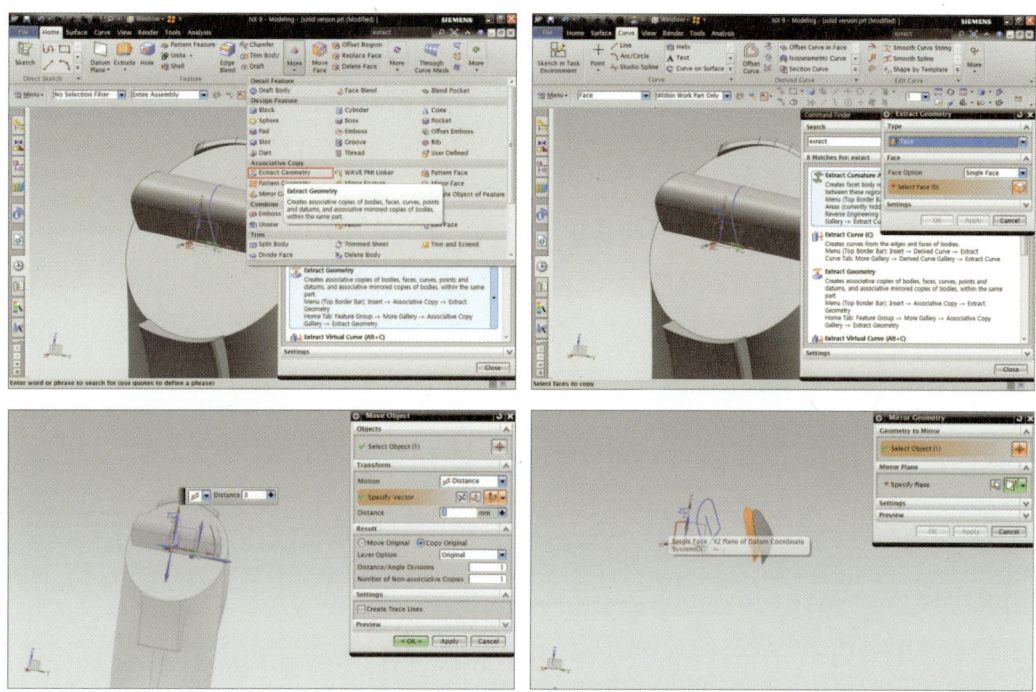

㉗ Split Body를 이용하여 돌출된 부분을 세 파트로 나눠줍니다.

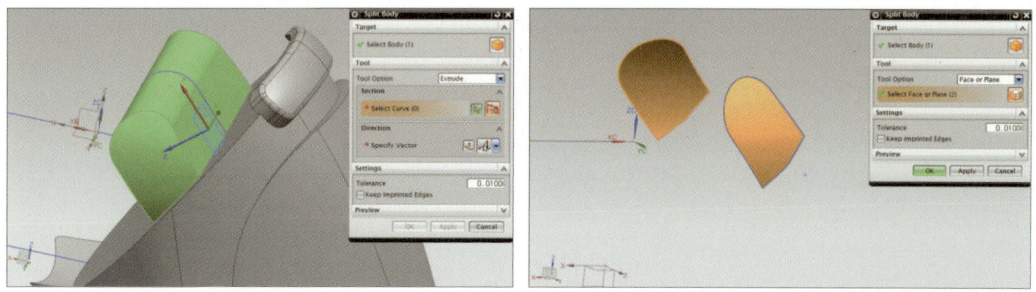

㉘ 나눠진 세 파트 중 중간에 있는 파트를 Hide시킵니다. 이제 걸리는 고리 구조를 만들어 보겠습니다. XZ 평면상에 단차를 줄 경계선이 될 직선 하나를 스케치합니다.

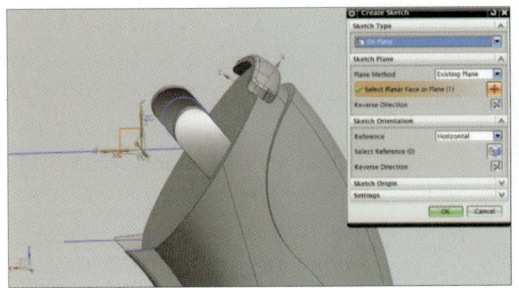 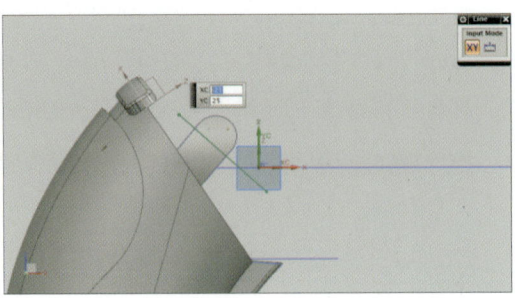

㉙ Split Body로 'Target'은 돌출된 부분을, 'Tool'은 좀 전에 그려준 직선을 선택한 후 [OK] 버튼을 클릭합니다. 파트가 분리되었으면 분리된 위쪽 파트를 바깥쪽으로 1.2mm만큼 Offset시킵니다. 아래쪽 파트는 0.5mm만큼 바깥쪽으로 Offset시킵니다. 반대쪽도 동일하게 Offset시킵니다.

 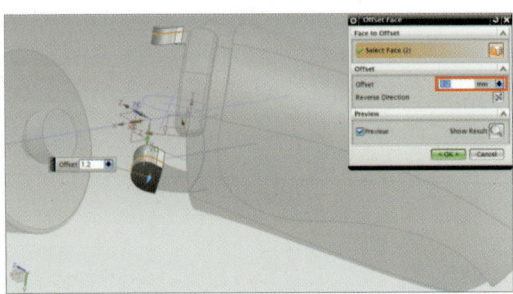

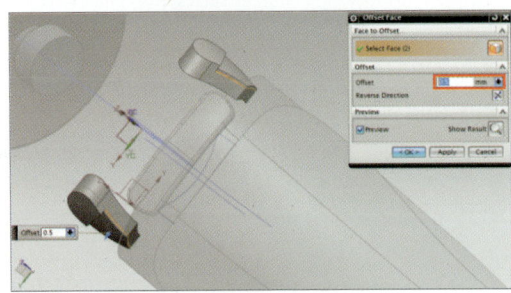

㉚ 이제 손잡이 부분에 디자인된 걸쇠가 몸통 부분에 조립될 수 있도록 몸통 부분에는 홈을 만들어 보도록 하겠습니다. 분리시켰던 파트들을 Unite를 이용하여 다시 하나의 파트로 만들어 준 후 Subtract에서 'Target'은 '몸통 파트'를, 'Tool'은 '고리 모양의 파트'를 선택하여 몸통 파트 내부에 고리가 결합될 수 있는 구조로 만듭니다.

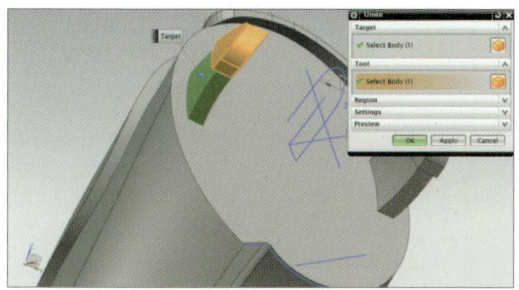 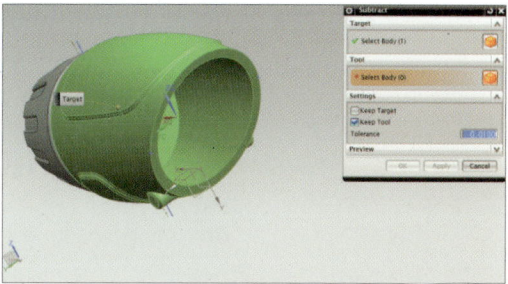

㉛ 몸통 파트에서 좌우로 고정시켜주는 부분은 꽉 잡아주는 역할을 하기 때문에 -0.1mm 만큼만 Offset Face해 조립 공차를 주어 홈을 만듭니다. 손잡이 파트는 핀과 기존 디자인을 Unite로 합쳐 줍니다.

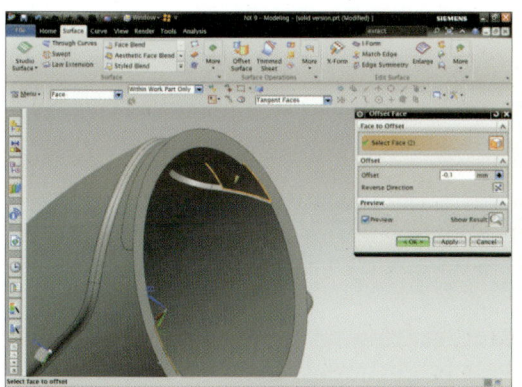 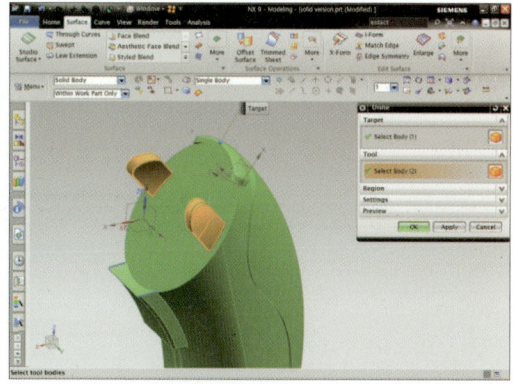

㉜ Front View와 Left View에서 확인해 보면 손잡이에 조립된 파트에 50°의 경사가 있는 것을 알 수 있습니다. 서포트 없이 안전하게 출력하고, 조립 시 안쪽으로 눌리면서도 강성을 유지하기 위해 안쪽으로 경사가 거의 없는 립_{지지대}을 디자인하여 만들겠습니다.

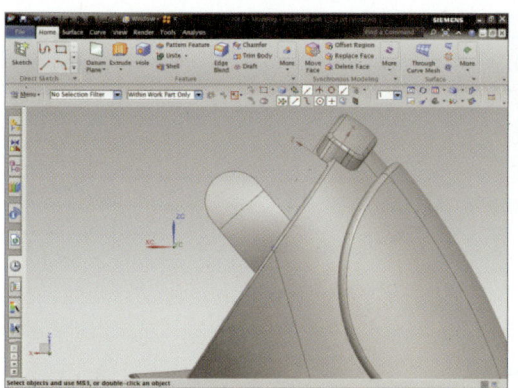 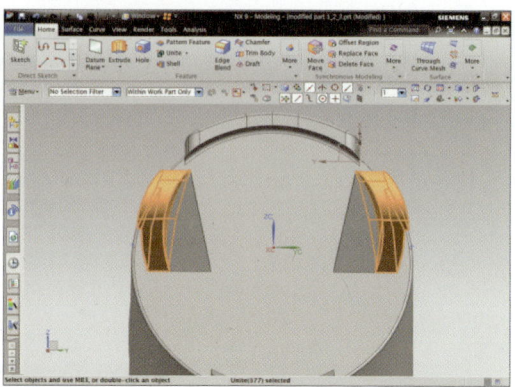

㉝ XZ 평면상에 지지대를 만들기 위해 스케치를 그려줍니다. 핀의 머리 부분인 원의 위쪽 사분점과 핀이 바닥과 닿는 부분을 연결하는 직선을 만듭니다. 스케치 모드를 빠져나와 그려진 직선을 Extrude를 이용해 면으로 만듭니다.

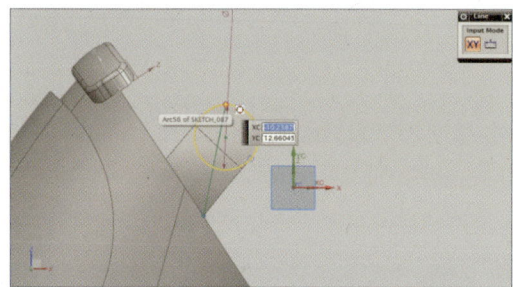 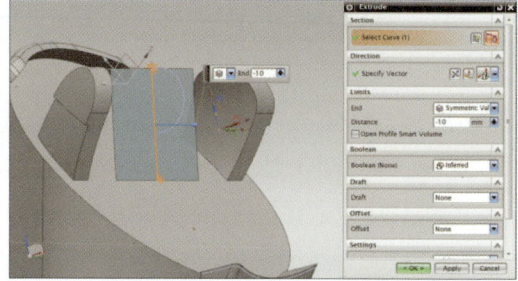

㉞ Command Finder에 'Thinken'을 입력해 선택하고 Extrude된 면에 2mm의 두께를 만듭니다. 두께를 지정할 면을 클릭하고 Offset 1에 '0', Offset 2에 '-2'를 입력하고 [OK] 버튼을 클릭합니다.

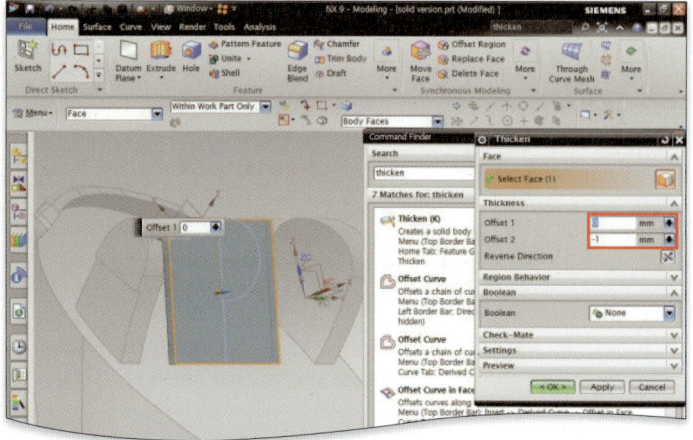

㉟ 2mm 두께를 가진 직육면체가 만들어지면 Replace Face를 사용하여 양쪽 면을 핀의 안쪽 면과 붙여줍니다. 같은 방법으로 윗면을 핀의 윗면과 맞춰주면 기본 지지대의 구조가 완성됩니다.

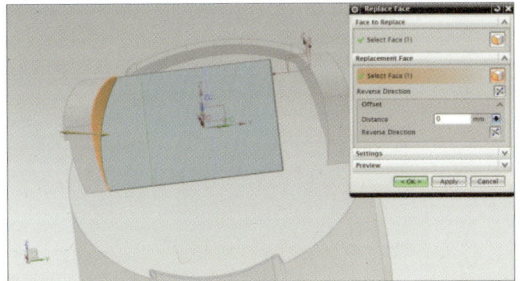 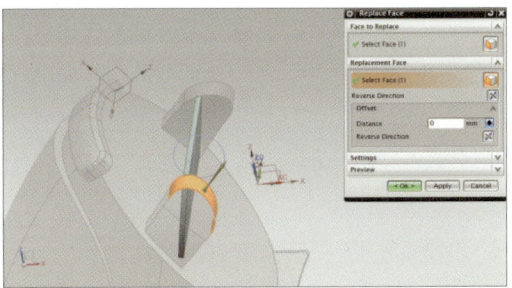

㊱ 이제 만들어진 지지대의 불필요한 중간 부분을 잘라내도록 하겠습니다. Command Finder에 'Datum Plane'을 입력하여 선택한 후 지지대의 넓은 면을 클릭해 스케치를 하는 평면으로 사용될 Datum Plane를 만듭니다. 만들어진 Datum Plane 위에 스케치를 시작합니다.

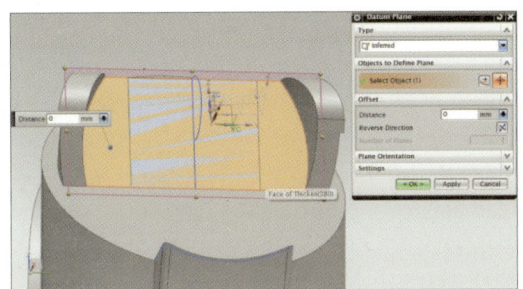 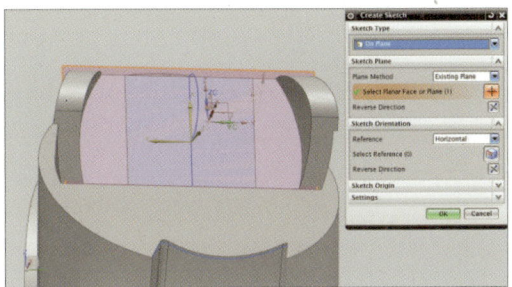

㊲ 지지대와 핀이 만나는 교차점에서 시작하여 X축에서 20° 정도 기울기로 직선을 그려줍니다. Mirror Curve를 이용해 X축을 기준으로 대칭시킵니다.

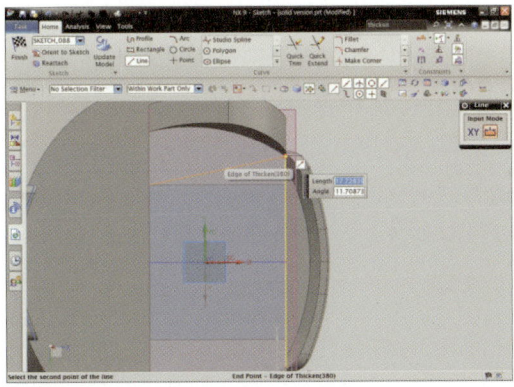 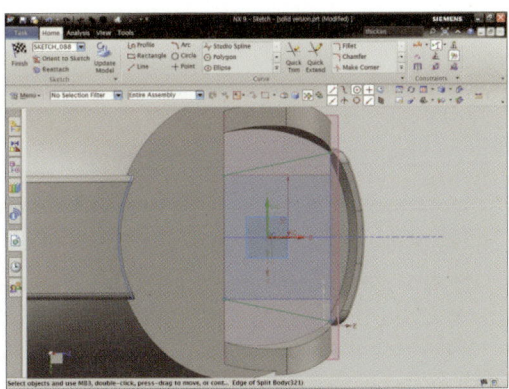

㊳ Split Body에서 'Target'은 지지대를 'Tool'은 앞에서 그린 직선을 선택해 분할합니다. 분할 후 중간 파트는 Hide시킵니다. 이제 만들어진 지지대는 손잡이 파트와 Unite시킵니다.

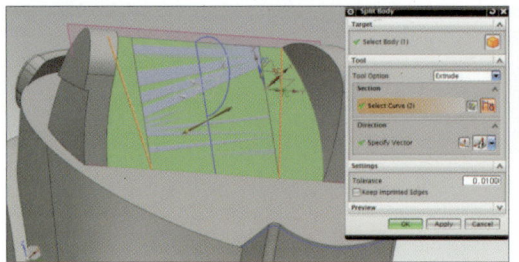 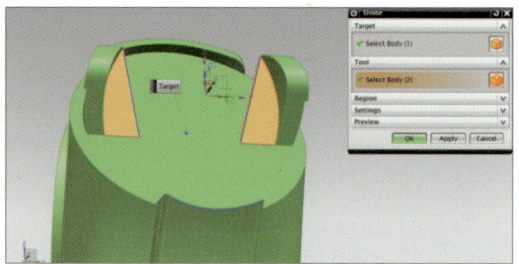

㊴ 사용하지 않는 부분들은 Command Finder에 'Edit Object Display'를 입력해 선택합니다. 현재 default 값으로 사용되는 Layer가 1이기 때문에 1을 제외한 다른 Layer로 바꾸고 [OK] 버튼을 클릭합니다.

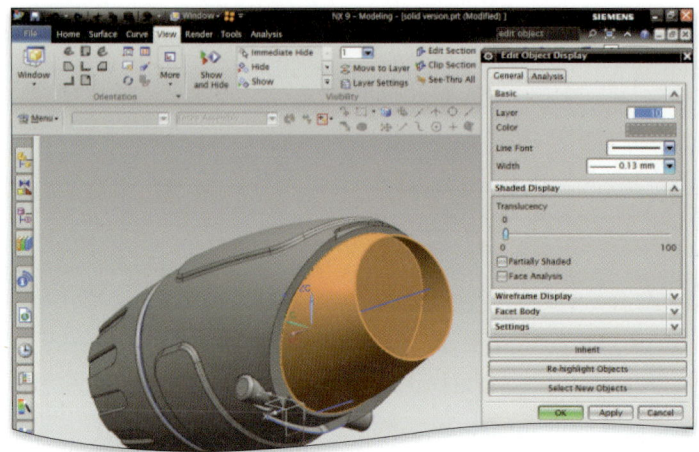

㊵ 다시 Command Finder에 'Layer Settings'를 입력해 선택합니다. Layer Settings는 Layer를 숨기고 보이게 할 수 있는 기능을 가진 툴입니다. Layers에서 10번 체크 박스의 체크를 없애면 앞서 10 Layer로 바꿔주었던 것들은 Hide됩니다.

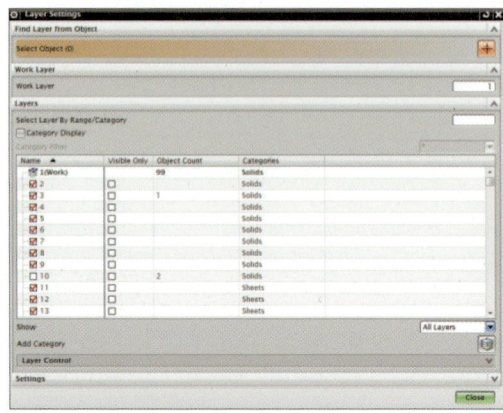

> **실전 TIP**
>
> ● **원활한 작업을 위한 Layer Settings**
>
> NX 프로그램은 기본적으로 두 공간으로 나누어져 있습니다. 따로 Layer를 설정하지 않았을 경우 숨겨진 개체들은 두 번째 공간으로 보내지게 됩니다. Invert를 이용하여 두 공간을 이동하며 불러오고 숨기는 것을 반복하기 때문에 개체가 많아질수록 개체의 선택이 힘들어질 수 있습니다. 이러한 문제를 해결하기 위해 Layer를 사용합니다. 앞으로 사용하지 않을 개체들이나 파트별로 Layer 그룹을 지정하여 Layer Settings에서 체크 표시를 없애주면 해당 번호의 Layer는 숨김 상태가 되어 원활한 작업이 가능합니다.

㊶ 손잡이 파트에서도 앞선 디자인과 통일감을 주면서 서포트가 필요하지 않도록 'Edge Blend'를 이용하여 '1mm' 만큼의 라운드를 적용합니다.

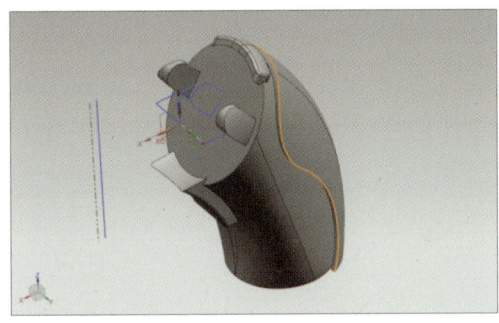
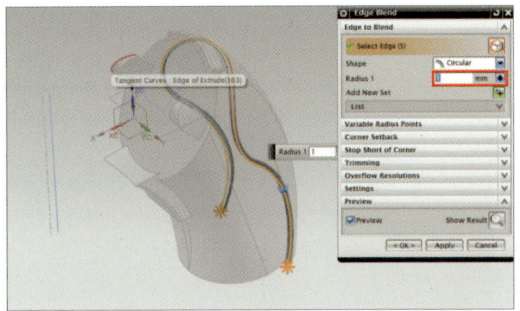

㊷ 원래 붙어 있던 부분이었으므로 분할 출력해서 다시 붙이면 부자연스러울 수 있습니다. 몸통 파트와 손잡이 파트가 붙는 부분의 모서리도 'Edge Blend'를 이용해 '0.5mm' 만큼 라운드를 적용해 자연스러운 파팅 라인을 만듭니다.

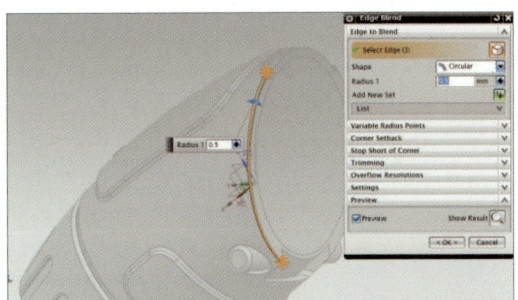

㊸ 손잡이 파트에 붙어있는 위쪽 버튼 역시 'Edge Blend'로 '0.5mm'의 라운드 값을 적용하여 경사 부분을 부드럽게 만듭니다.

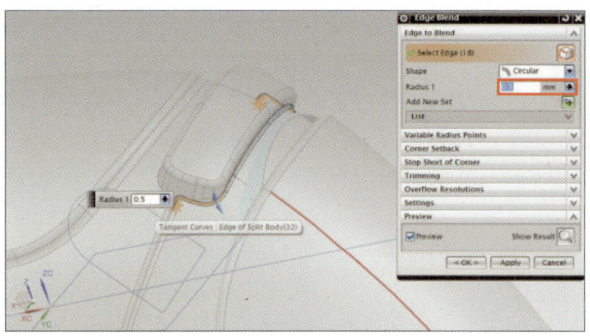

㊹ 원활한 출력을 위해 손잡이 파트 B 부분 내부 모서리와 라운드를 만들고 몸통 파트 버튼이 끼워지는 부분에도 'Edge Blend'로 라운드를 만듭니다.

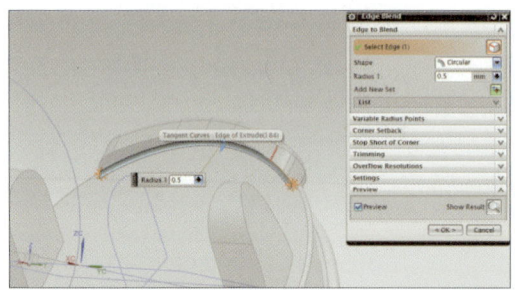 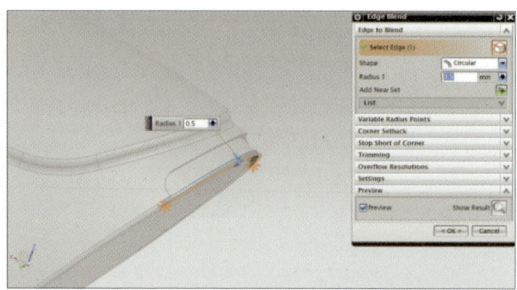

㊺ 이제 핀이 조립될 수 있도록 수정해 보겠습니다. 현재 핀이 들어가야 되는 머리 파트 구멍의 지름보다 핀 앞쪽에 달린 걸쇠 모양의 지름이 더 크기 때문에 조립이 불가능합니다. 핀의 중간 부분을 없애 핀이 들어갈 때 눌릴 수 있도록 수정해 보겠습니다.

핀 전체의 중간을 없애줄 필요는 없습니다. 이미 '0.3mm'의 공차를 주었기 때문에 핀의 머리 부분만 들어간다면 어려움 없이 조립이 가능합니다. XZ 평면으로 스케치를 시작합니다. 중간을 없애줄 만큼의 사각형을 그립니다. 핀의 중간에 위치하도록 한 번에 사각형을 그리기보다 절반을 그리고 Mirror Curve로 복사해주는 것이 좋습니다. [Finish] 버튼을 클릭하여 스케치 모드를 나옵니다.

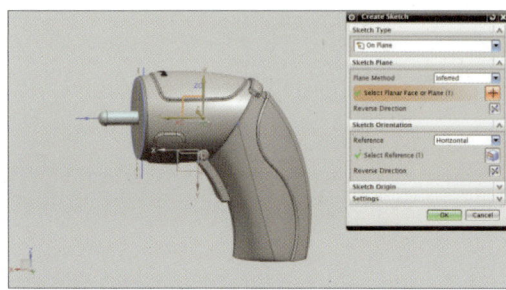 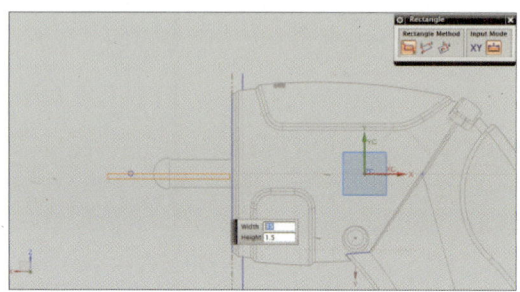

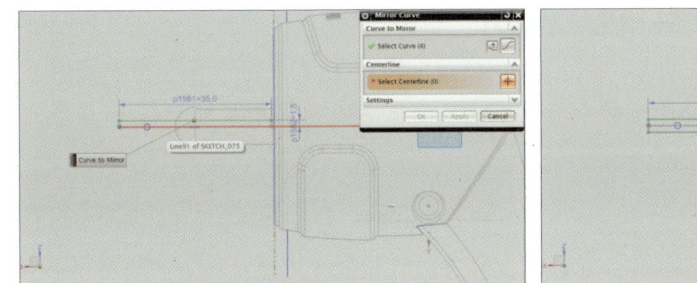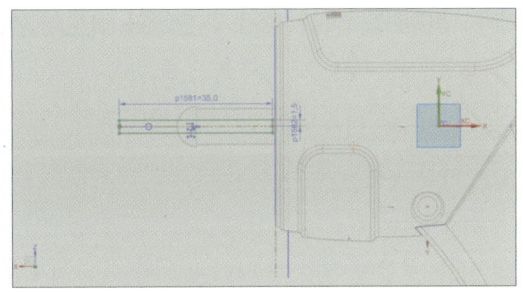

㊻ XZ 평면상에 그려진 사각형을 Extrude의 'Subtract'로 핀의 중간 부분을 없애줍니다. 조립 시 핀이 들어가 갈고리 모양이 걸리는 구조로 만들어졌습니다. 모든 파트를 STL 파일 형식으로 변환하여 핀을 완성합니다.

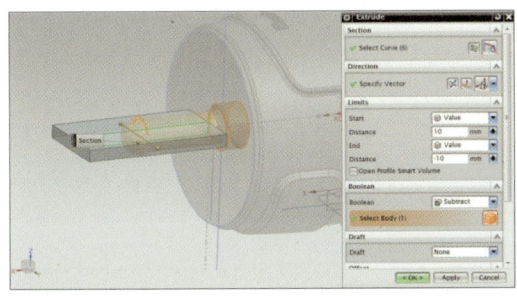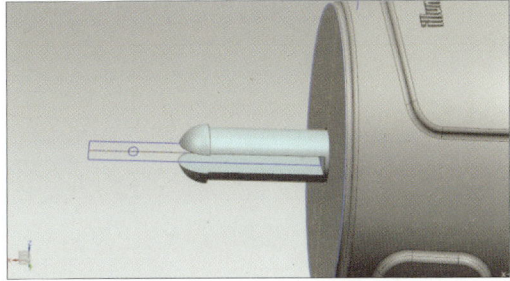

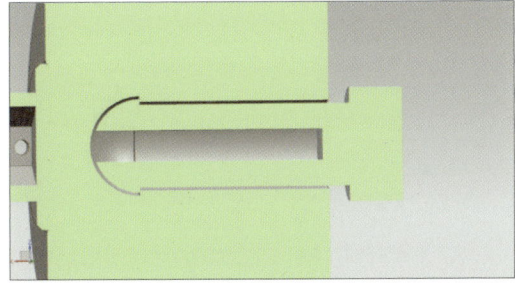

05 | 출력을 위한 조립 구조체와 서포트 만들기

이제 손잡이 파트의 내부에 구조체를 넣어주고 B9creator 프로그램을 사용하여 서포트를 달아주는 작업을 하겠습니다. 서포트 작업 전에 Magics를 이용하여 머리 파트에 구조체를 넣었던 방법과 동일하게 내부 구조체를 만듭니다.

❶ 내부 구조체 작업 후 머리 파트와 비슷하게 컵 모양의 갇힌 구조가 만들어집니다. 먼저, 경계선 부근에 사방으로 안정적인 출력을 위한 네 개의 구멍을 뚫어줍니다. 바닥에도 출력 후 내부에 채워져 있는 레진을 빼주기 위해 네 개 정도 구멍을 뚫어줍니다.

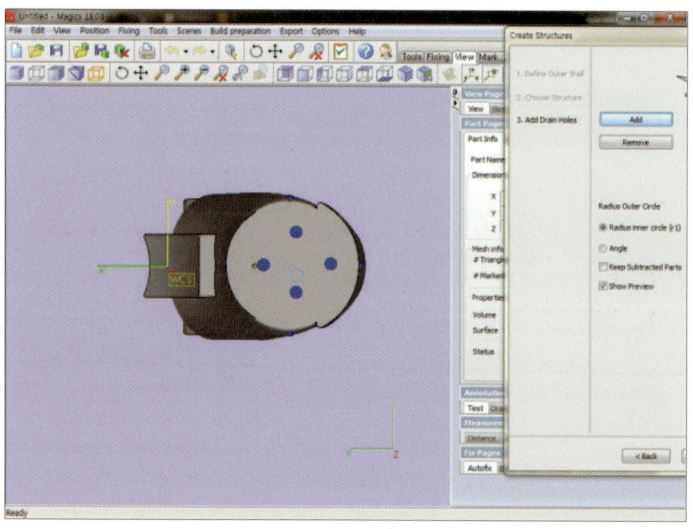

❷ View의 'Shade'를 'Transparent'로 변환하여 내부에 구조체가 잘 생성되었는지 확인합니다. 내부 구조체 작업이 완료되면 File 〉 Save Part(s) As를 선택하여 다시 STL 파일로 저장합니다.

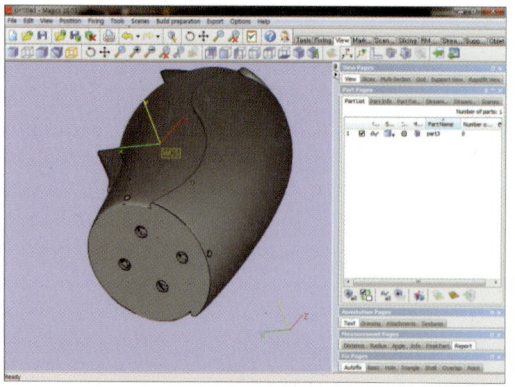 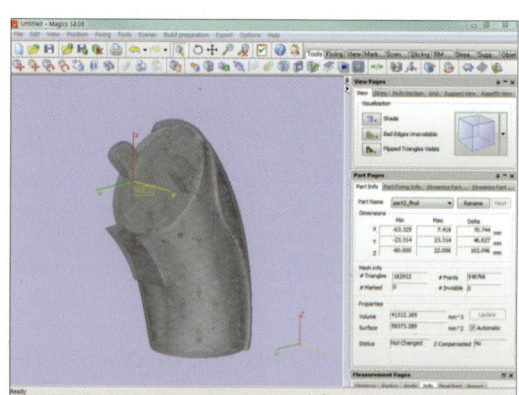

❸ 저장된 파일을 B9creator로 불러와 서포트를 만들어 주는 작업을 하겠습니다. B9creator를 실행하고 [Add] 버튼을 클릭하여 파일을 불러옵니다. 출력베드에 붙는 면을 바닥에 붙여주기 위해 'Model Information'에 'Position'과 'Rotation'을 사용하여 개체의 방향이나 위치를 조정합니다. 위치 조정이 끝나면 [Supports] 탭을 클릭합니다.

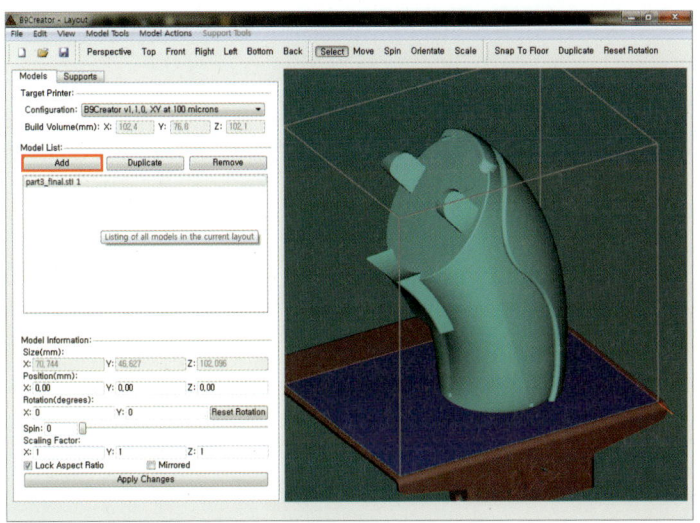

❹ Support Parameters에서 'Top, Mid, Bottom' 각각의 서포트 모양과 굵기를 수정할 수 있습니다. 앞선 챕터에서 언급했듯 Top에서 Shape 〉Cone의 Radius를 1mm로 설정하면 Cone 25%, 서포트의 두께가 0.25mm까지 얇아지기 때문에 실출력 해상도인 0.4mm보다 얇아지게 됩니다. 따라서 Cone 50% 이상으로 지정해야 서포트가 제구실을 할 수 있습니다. Mid와 Bottom은 기본 값인 1mm와 6mm를 그대로 사용합니다.

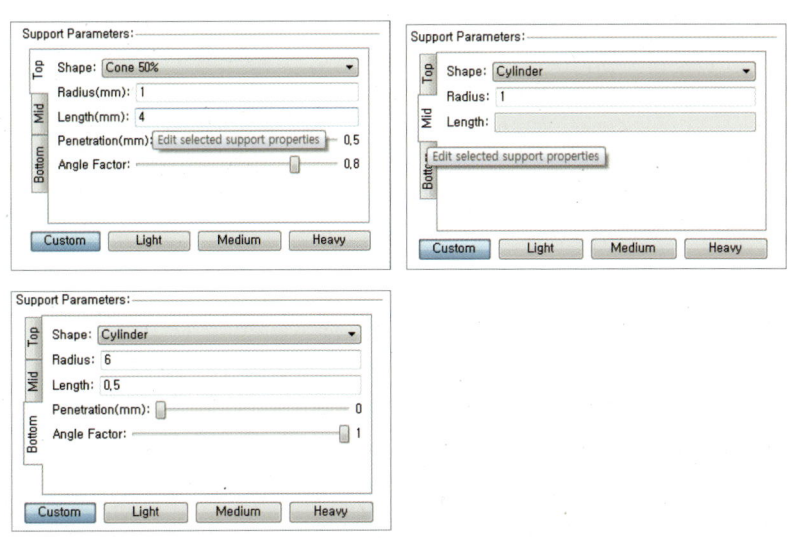

❺ 빨간 선으로 표시되어 있는 돌출된 부분은 거의 바닥면과 수평이 될 정도로 경사져 있으므로 서포트를 설치해주지 않으면 제대로 출력이 되지 않을 확률이 높습니다. 이 부분에 서포트를 만들어 주도록 하겠습니다.

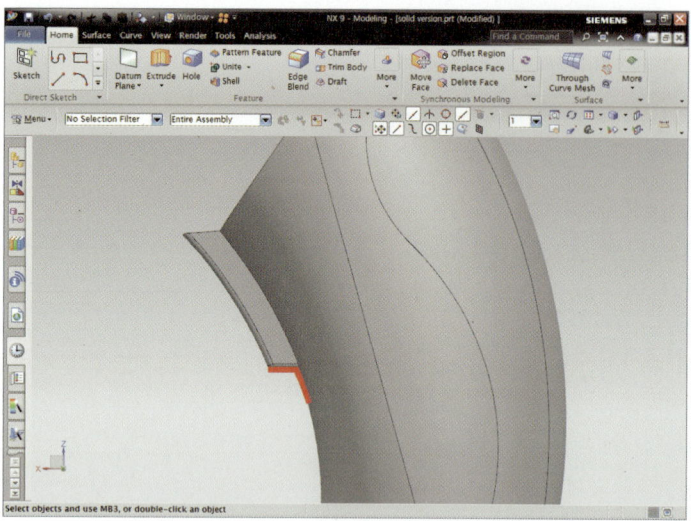

❻ 상단의 툴바에 View Point Top, Front, Right, Left, Bottom, Back 를 'Bottom'으로 선택하여 원하는 위치를 클릭해 서포트를 만듭니다. 서포트를 수정할 때에는 툴바에서 'Modify'를 클릭하여 서포트를 이동하거나 'Delete'를 클릭하여 삭제할 수 있습니다.

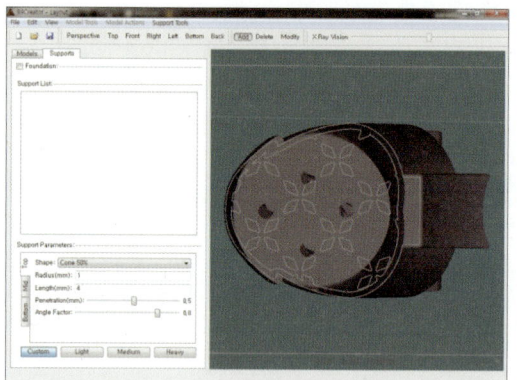 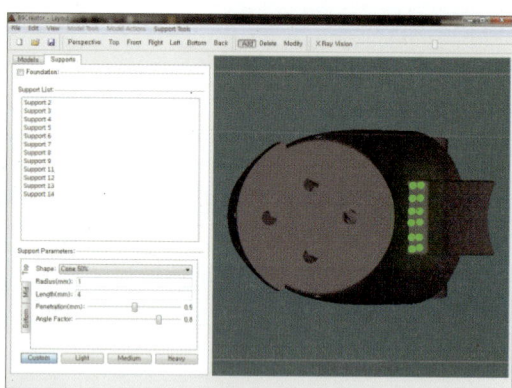

❼ 서포트를 모두 만든 후 'Foundation'을 체크하여 밑판을 만듭니다. 스크롤로 크기를 조절하여 적당한 크기를 맞춥니다. 밑판은 출력물이 출력 중 출력베드에 좀 더 단단하게 붙어있을 수 있도록 해줍니다.

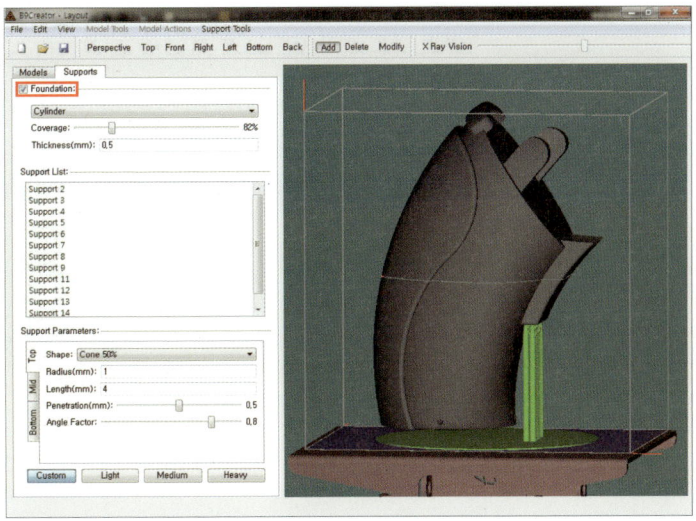

❽ 서포트를 만들어주는 과정에서 객체가 자동으로 '5mm'만큼 Z축으로 이동하는데 최소의 서포트 길이를 만들어주기 위해 다시 [Models] 탭으로 이동하고 Model Information의 Position에서 Z축에 '0'을 입력하여 바닥에 붙여줍니다. 수정이 마무리되었다면 File 〉 Export를 선택해 STL 파일로 저장합니다.

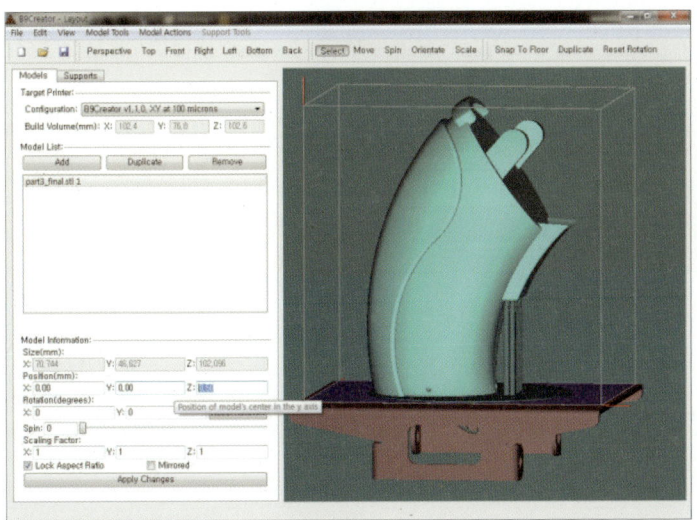

❾ 이번엔 몸통 파트에 서포트를 만들어주는 작업을 하겠습니다. 손잡이 파트에 서포트를 만든 방법과 동일하게 몸통 파트에 돌출되어 있는 부분에 각각 2개씩의 서포트를 만들어 준 후 'Foundation'을 체크하여 밑판을 만듭니다.

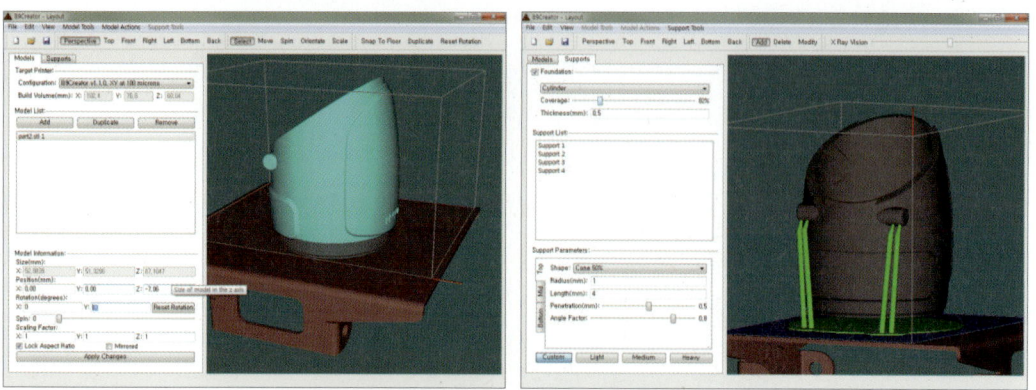

❿ 다시 [Models] 탭을 클릭하고 개체를 바닥에 붙여준 후 File 〉 Export를 선택하여 STL 파일로 저장합니다.

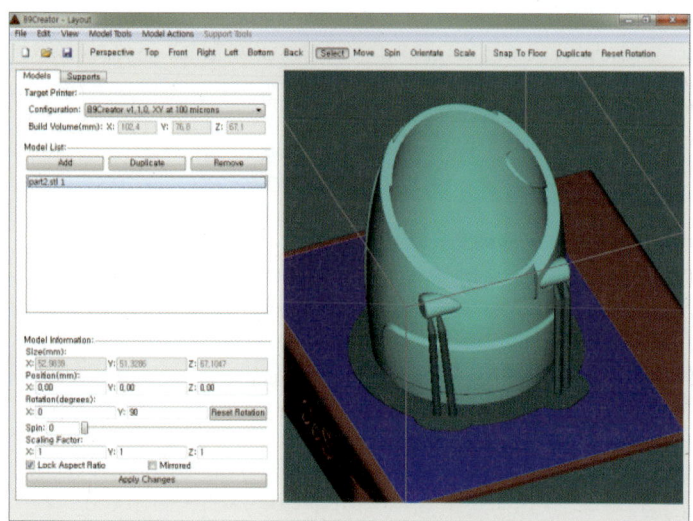

> **실전 TIP**
>
> ● **바닥면 생성과 출력 안정성**
>
> Bottom-Up 방식의 광경화성 3D 프린터는 원활한 출력을 위해 출력물이 출력베드와는 단단히 붙어있고 레진탱크 바닥면과는 잘 떨어져야 합니다. 출력베드와 출력물이 좀 더 단단히 붙어있게 하기 위해 모델링 시 바닥면을 만들어 붙어있는 단면적을 넓혀줍니다. 다음 그림에서 보면 초반 Layer에 비해 후반 Layer로 갈수록 슬라이싱된 단면적의 넓이가 넓어지는 것을 볼 수 있습니다. 이러한 출력물은 바닥면을 만들어주는 것이 출력 안정성을 높일 수 있는 방법입니다.
>
>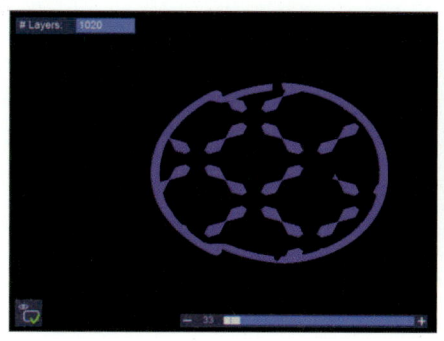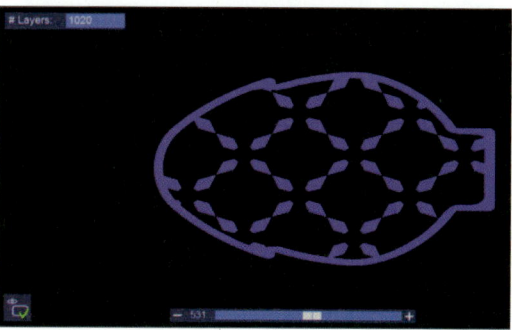

⑪ Creation Workshop 출력 프로그램으로 수정된 모델링을 출력해 보겠습니다. Creation Workshop을 실행합니다. 왼쪽 상단의 폴더 모양 아이콘을 클릭해 수정된 STL 파일을 불러온 후 머리 파트와 핀 파트를 불러옵니다.

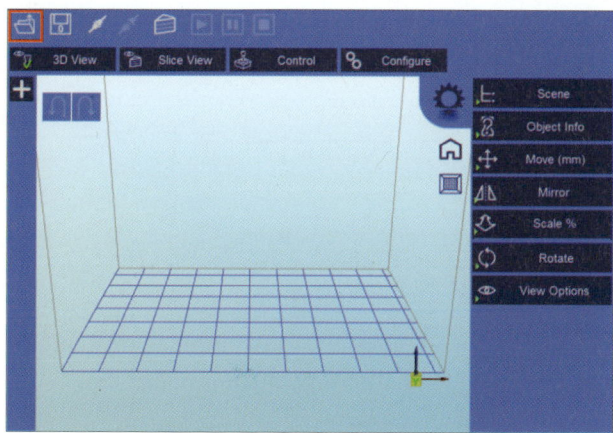

⓬ 몸통 파트와 조립되는 면을 출력베드에 붙여주기 위해 Rotate Y축의 각도를 -90° 만큼 돌려줍니다.

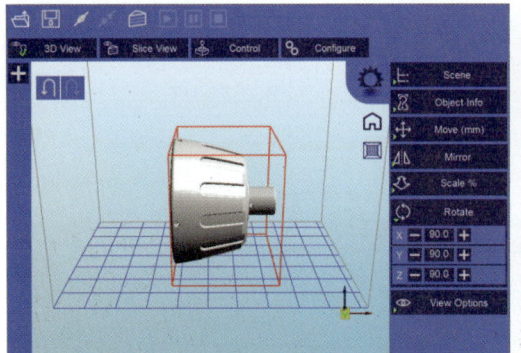 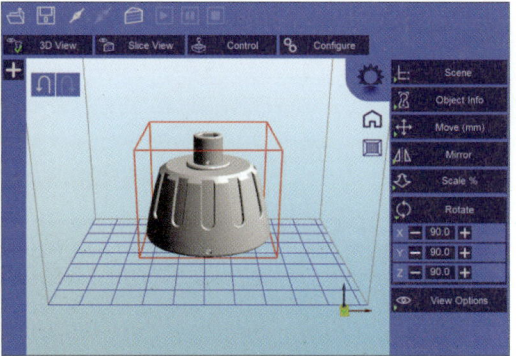

⓭ 다음으로 Move mm 메뉴에서 그림에 표시된 두 개의 아이콘을 클릭하여 개체를 중앙으로 보내고 바닥면에 붙여줍니다. Bottom-Up 방식의 광경화성 3D 프린터는 높이에 따라서 시간이 정해지기 때문에 동시 출력을 한다고 해서 출력 속도가 저하되지 않습니다.

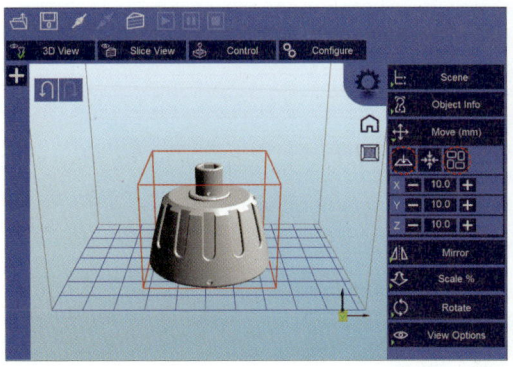 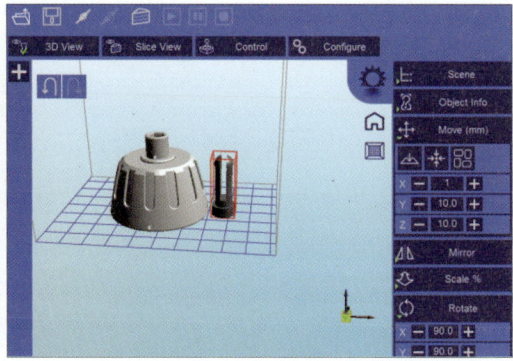

06 | 출력물 결과

여러 가지 요소를 고려하여 출력한 결과입니다. Bottom-Up 방식의 광경화성 프린터에서 안정적인 출력 결과를 위해 작은 구멍이 뚫려 있습니다. 이런 구멍은 완성품 제작 시 퍼티를 이용하여 메꿔준 후 채색 작업을 하면 더욱 완성도 있는 최종 결과물을 얻을 수 있습니다. 모든 파트들은 최종 확인 후 조립합니다.

버튼의 아래쪽은 바닥면과 경사도가 비슷하여 출력 시 지지해줄 이전 Layer가 없어 공중에 떠서 출력됩니다. 버튼의 오른쪽은 손잡이 부분의 벽면이 지지해주어 출력이 되나 메인이 되는 몸통에서 멀어질 수록 출력이 제대로 되지 않습니다. 이 경우 4번 그림과 같이 서포트를 설치해 출력 후 제거합니다.

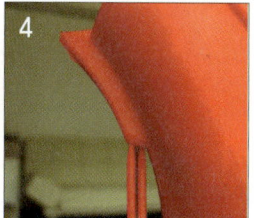

최종적으로 서포트를 제거하고 핀을 끼워 넣은 후 접합 부위를 다듬으면 최종 목업이 완성됩니다.

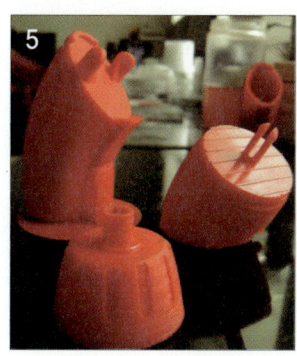
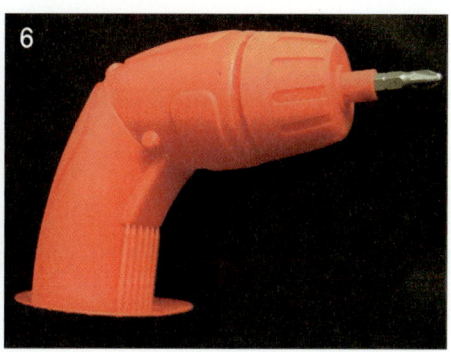
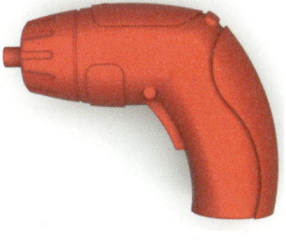

PART
4

3D 프린팅 &
3D 스캐닝

지금까지 3D 프린팅의 개념, 원리, 종류를 비롯하여 3D 프린터로 출력하기 위한 3D 모델링 과정을 자세하게 알아보았습니다. 이번 PART 4에서는 3D 프린팅의 마지막 과정으로, 3D 프린터로 출력하기 전에 반드시 확인해야 하는 항목과 수정 방법을 대해서 알아봅니다. 또한 생소할 수는 있지만 3D 프린터의 밑그림으로 활용하기에 적합한 3D 스캐너의 원리와 종류를 이해하고, 3D 스캐닝을 활용하여 좀 더 쉽고 효율적으로 3D 모델링을 할 수 있는 방법을 알아봅니다.

CHAPTER 1.

다채색 Multi-Color 3D 프린팅하기

앞선 챕터에서는 3D 프린팅 기본 원리와 활용에 대해 살펴보았습니다. 대부분의 3D 프린터는 단색의 출력물로 이루어지고 있으나 산업체나 디자인 분야에서 컬러 수요가 점점 늘어나는 추세입니다. 컬러 출력이 가능한 3D 프린터에는 3DP 방식과 Polyjet 방식이 있습니다. 컬러 프린팅에는 특별한 미세 접착 물질과 컬러 잉크를 분사하여 형상을 잡는 방식이 대표적이며, 기술적인 용어로 3DP, PBP, CJP 등으로 불리며 미국의 MIT 공대에서 개발되어 1995년 Z-Corporation에서 3DP라는 명칭으로 특허 출원되었습니다.

현재는 3D SYSTEMS사에 인수 합병된 후 Projet×60 Series로 제품화되어 CJP(Colorjet Printing)라 불리고 있습니다. 잉크젯 프린터의 원리를 이용한 이 기술은 프린터 헤드의 노즐에서 액체 상태의 컬러잉크와 경화물질(바인더)을 분말 원료에 분사하여 조형하는 방식입니다. 3DP는 빠른 제작 속도와 풀 컬러를 표현하는 것에 한계가 있지만 컬러 파트의 제작이 가능하여 교육, 소비재, 국방, 건축, 의료, 자동차 분야의 디자인 개념 모델과 응용 모델 제작에 맞는 솔루션 중 하나입니다. 이번 챕터에서는 3DP 방식의 3D 프린터에 대해 알아보도록 하겠습니다.

SECTION 1
3DP 프린팅의 원리

3DP 프린터는 장비에 따라 크게 모노 컬러용과 다중 컬러용으로 나누어지며, 두 가지 모두 선택적 접착을 통해 파우더를 3D 모양으로 만듭니다.

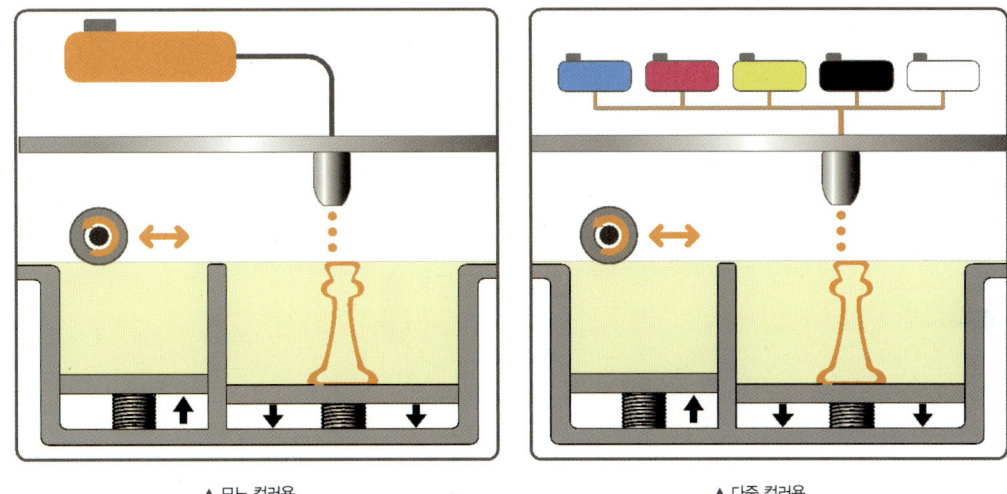

▲ 모노 컬러용　　　　　　　　　　　　　　▲ 다중 컬러용

1 분말 재료에 바인더 분사 후 조형물이 만들어지는 과정

3DP의 공정은 얇은 파우더층 위에 파우더 사이사이를 접착시키는 액상 바인더가 프린팅 헤드를 통해 수평X, Y축으로 이동하면서 분사되며 원하는 부분만 파우더를 결합시켜 형상을 잡아줍니다. 출력이 완료되면 바인더가 분사되어 굳어진 부분만 남기고 굳지 않은 파우더를 에어건으로 털어내어 조형물을 얻게 됩니다. 이와 유사한 방식의 분말식 3D 프린터인 SLS 방식과 비교해 보겠습니다.

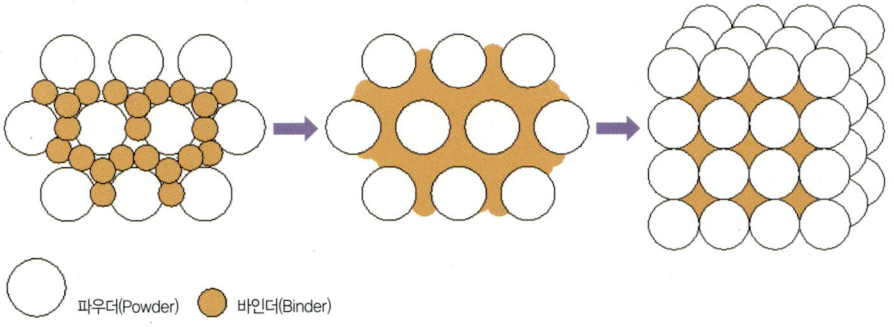

○ 파우더(Powder)　　● 바인더(Binder)

다음 그림은 3DP 방식의 원리입니다. 3D 모델링 데이터가 해당 프린터의 프로그램을 통해서 장비로 전송되면 A공급용 파우더함가 수직 방향으로 제어되어 재료를 공급하고 롤러 시스템에 의해 조형 작업이 이루어질 파우더 표면을 고르게 정지整地 작업합니다. B출력물이 만들어지는 작업대가 적층 두께만큼 수직 방향으로 내려가고 롤러에 의해 정지 작업이 완료되면 평평해진 파우더 위로 프린트 헤드가 XY축으로 움직이며, 단면 이미지에 맞게 바인더를 분사하여 프린팅합니다. 한 층이 경화되면 B가 피스톤에 의해 수직 방향으로 적층 두께 값만큼 다시 내려가고 비워진 그 공간에 새로운 파우더가 우측 파우더 작업대로 공급됩니다. 다시 정지작업이 이루어지고 그 위에 두 번째 Layer를 바인딩하여 또 한 층을 만들게 됩니다. 이 작업은 모델링이 완성될 때까지 계속됩니다. 컬러 출력은 바인더의 움직임에 따라 작은 노즐로 컬러잉크가 분사되며 컬러를 형성합니다.

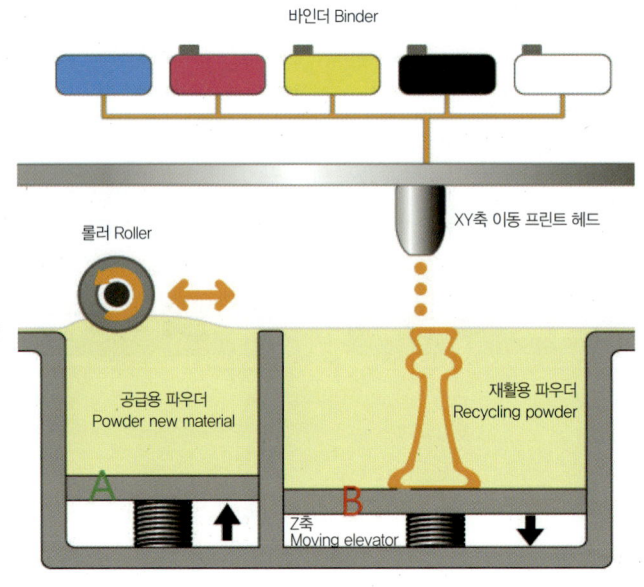

▲ 3DP 방식

프린팅 공정이 완료되면 출력물은 바인딩 되지 않은 파우더에 묻혀있는 상태가 됩니다. 한두 시간 정도 열을 가하여 완전히 굳힙니다. 출력 후 바로 후처리 작업이 이루어지면 아직 완벽히 굳지 않은 부분이 떨어져나가 출력물에 손상이 가거나 떨어져나간 작은 파트들이 재활용 파우더와 섞여 다음 출력에 방해를 줄 수 있습니다. 출력 조형물의 재료가 굳을 때까지 기다렸다가 제작실에서 파트를 꺼낸 다음 프린팅되지 않고 주변에 남은 분말은 재활용 플랫폼으로 떨어뜨려 다음 작업 시 재활용할 수 있도록 합니다. 완료된 출력물을 꺼낸 후 면이나 틈에 아직 남아 있는 파우더는 에어건으로 털어주거나 진공 흡입기로 제거해주면 됩니다.

3DP 방식은 별도의 지지대가 필요 없으며 서포트 역할을 해준 나머지 파우더 재료들은 모두 재활용이 가능하다는 점에서 매우 경제적입니다.

SLS 방식은 3DP 방식과 분말을 사용한다는 점에서는 같지만 레이저를 사용하여 용융점이 낮은 재료를 녹여서 결합시킨다는 점에서 차이가 있습니다. 레이저가 한 Layer 위에 원하는 상을 투사하면 두 가지 재료 중 용융점이 더 낮은 재료가 녹으며 상의 모양대로 파우더가 결합하게 됩니다. 레이저를 사용하고 용융하여 결합하기 때문에 3DP 방식과 비교했을 때 강도가 높고 사용되는 재료도 다양하지만 아직까지는 단색으로만 출력이 가능하다는 한계가 존재합니다.

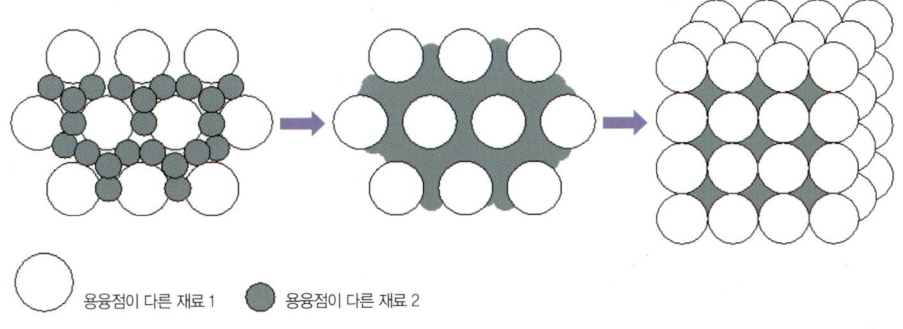

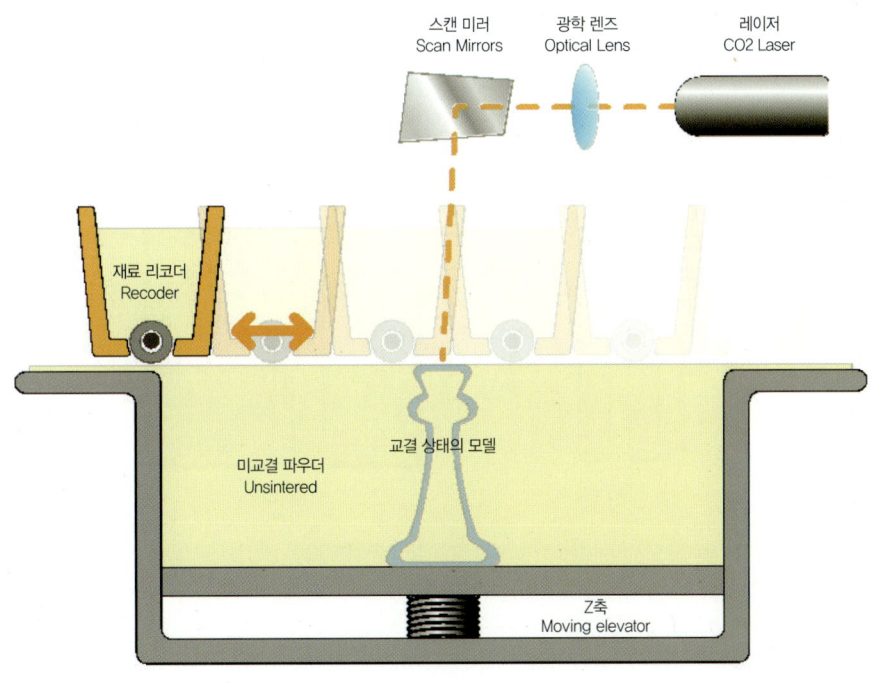

▲ SLS 방식

실전 TIP

● 3DP 방식의 3D 프린터에서 서포트가 필요 없는 이유

FDM 방식이나 DLP 방식의 3D 프린터는 출력할 모델의 형태나 공정 방식에 따라 서포트를 만들어주는 것이 필요합니다. 3D 모델이 수평 방향으로 급격하게 각도가 있거나 출력베드로부터 공중에 떠 있는 구조를 가진 출력물은 서포트가 필수입니다.

▲ FDM, DLP 방식에서 서포트와 함께 출력된 출력물

하지만 3DP 방식의 3D 프린터는 출력 모델의 전체를 파우더가 감싸고 있기 때문에 급격한 경사나 공중에 떠 있어도 서포트 없이 출력이 가능합니다. 출력물을 감싸고 있는 파우더가 서포트 역할을 해주며 출력이 완료된 후에는 파우더를 털어내 분리시켜주기만 하면 되기 때문에 FDM이나 DLP 방식에 비해 후처리 작업이 편하고 서포트 제거로 인한 출력물의 손상도 막을 수 있습니다. 또한 출력 전 모델을 수정하는 작업이 최소화되어 누구나 손쉽게 사용할 수 있습니다.

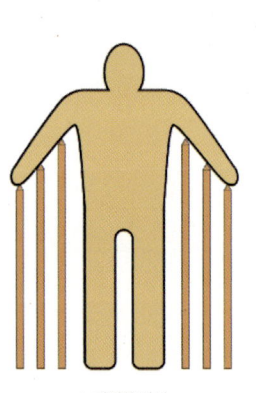
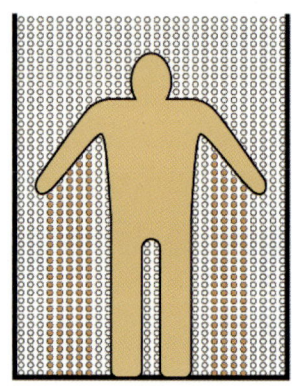

▲ 광경화 방식   ▲ 3DP 방식

다음 그림은 동시에 두 가지 재료를 분사하여 별도의 서포트 작업 없이 출력한 3D 프린팅입니다. 회색 부분(출력 모델)과 흰색 부분(서포트)으로 나뉘어 출력된 것을 볼 수 있습니다. 흰색 부분은 수용성 서포트로, 출력이 완료된 후 물에 담그면 출력 모델의 부분만 남고 나머지 부분은 녹아 편리하게 서포트를 제거할 수 있습니다. 하지만 수용성 서포트의 소재 가격이 매우 비싸고 소수의 특정 3D 프린터에서만 가능한 단점을 지니고 있습니다.

2 3DP 프린팅을 이용한 적용 사례

다음 〈그림 1〉은 3DP 방식의 3D 프린터를 유채 흐름, 각종 부품의 스트레스 분석, 응력 해석 등 다양한 시각적 검증에 사용한 예입니다. 〈그림 2〉는 3D 프린터가 아니면 만들어내기 힘든 컬러 조형물 사례입니다. 마지막으로 〈그림 3〉은 복잡한 부품의 결합 형태 개념모델로, 출력 후 바로 실제 제품과 가까운 컬러 외형도 확인할 수 있어 후가공하는 데 드는 시간과 노력을 줄일 수 있습니다. 하지만 정밀한 표면 표현이 타 방식에 비해 다소 떨어지고 강성이 부족하여 조립된 파트의 기능성 테스트나 세밀한 부분이 포함되어 있는 조형물 같은 경우에는 3DP 공정의 3D 프린터를 적용하기 쉽지 않습니다.

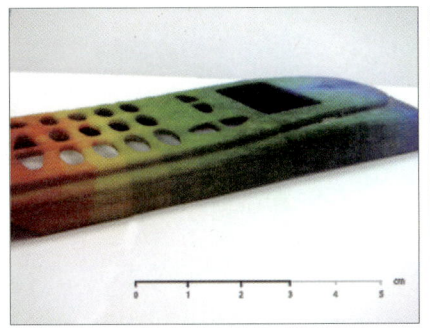 

〈그림 1〉 컬러를 이용한 구조 해석 표현

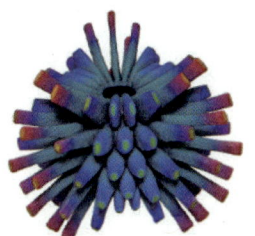 

〈그림 2〉 컬러 조형물

〈그림 3〉 산업 제품의 컬러 프로토타이핑

SECTION 2 — 3DP 방식의 3D 프린터 종류

3DP 방식의 파우더를 바인더로 접착시켜 3D 조형물을 얻어내는 원리는 아직 특허가 풀리지 않아 제조사에서 제품화가 이루어지지 않고 있습니다. 특허권을 가지고 있는 3D Systems사나 Voxeljet사 등 몇몇 제조사에서만 제품 출시가 이루어지고 있습니다.

1 3D Systems

3D Systems는 가장 대중적인 분말 기반 3D 프린터 개발 및 공급 업체였던 Z-Corps사를 인수하며 3DP Printer 시장에 진출하였습니다. 현재 3D Systems는 Z-Corps사의 기존 제품들을 업그레이드한 3DP 방식의 3D 프린터인 Project x60 Series를 판매하고 있습니다. Project x60 Series 3D 프린터에서 출력 지원 가능한 파일 형식에는 'STL, VRML, PLY, 3DS, FBX, ZPR'이 있습니다. 대부분의 3D 프린터에서 사용하는 것처럼 STL 파일로 Export시키면 여러 가지 색을 표현할 수 없기 때문에 3DP Printer를 이용한 다양한 컬러 출력을 위해 VRML, PLY, 3DS, FBX, ZPR과 같은 포맷의 파일 형식을 이용해야 합니다. Color STL 파일도 존재하나 일반적으로 많이 쓰이지 않습니다.

	ProJet 260C	ProJet 460Plus	ProJet 260C	ProJet 260C
해상도	300×450DPI	300×450DPI	300×450DPI	300×450DPI
컬러	기본 CMY	전체 CMY	전체 CMYK	전체 CMYK
최소 선폭	0.4mm	0.15mm	0.1mm	0.1mm
Layer 두께	0.1mm	0.1mm	0.1mm	0.1mm
수직 제작 속도	20mm/h	23mm/h	28mm/h	5~15mm/h
제작당 시제품	10	18	36	96
순 제작 용적(XYZ)	236×185×127mm	203×254×203mm	254×381×203mm	508×381×229mm
제작 재료	VisiJet PXL			
분사구 수	604	604	1520	1520
프린트 헤드 수	2	2	5	5
Print3D 앱	태블릿, 컴퓨터 및 스마트폰으로 원격 모니터링 및 제어			
파일 형식	STL, VRML, PLY, 3DS, FBX, ZPR			
운영체제	Windows7 및 Vista			
작동 온도 범위	13~24℃			

작동 상대 습도		20~55% 비응축식			
규격 (W×D×H)	3D 프린터 포함	94×119×158cm	140×114×158cm	218×122×160cm	163×147×185cm
	3D 프린터 불포함	74×79×140cm	122×79×140cm	193×76×145cm	119×116×162cm
전기		208~240V, 4.0A	208~240V, 4.0A	100~240V, 15~7.5A	100~240V, 15~7.5A
소음	제작	57dB	57dB	57dB	57dB
	코어복구	66dB	66dB	66dB	66dB
	진공(열림)	86dB	86dB	86dB	86dB
	미세 데코	–	80dB	80dB	–
인증		CE, CSA			

▲ 3D Systems의 3DP 방식 프린터

위에 제시된 프린터 중 컬러 구현이 가능한 Projet 460이나 Projet 660 Pro 모델이 산업계와 3D 프린터 출력소에서 많이 쓰이고 있으며, 재료의 종류는 다양하지 않습니다. 특히 인장강도가 타 방식의 3D 프린터에 비해 약하기 때문에 출력 후 강도 보강용 용액을 스프레이 해주어야 하며 워킹 목업 등에는 적절하지 않습니다.

용침재	Color Bond	Strength 3ds Max	Salt Water Cure
구성	Visijet PXL	Visijet PXL	Visijet PXL
인장 강도, Mpa	14.2	26.4	2.38
연산율, %	0.23	0.21	0.04
탄성 계수, Mpa	9,450	12,560	12,855
굽힘 강도, Mpa	31.1	44.1	13.1
굴곡 탄성률, Mpa	7,163	10,680	6,355
설명	컬러 모형의 강도, 컬러 선명도 및 현상 유지도 향상을 위한 인스턴트 큐어 용침재	기능성 모형의 강도를 비약적으로 향상시키는 2단 용침재	단색 모형 및 드래프트 컬러에 알맞은 친환경 비독성 용침재, 디핑 또는 스프레이 시 표면의 강도를 더욱 향상시켜 줌

▲ 3D SYSTEMS 3DP 방식 VisiJet® PXL™ 소재

2 Voxeljet

독일 Voxeljet사는 Generis라는 이름으로 Dr.ingo Ederer와 Dr. Heinzl and Rainer Gochsmann에 의해 설립되었습니다. 2004년 회사명을 Voxeljet Technology GmbH로 변경하였습니다. Voxeljet사 제품은 대형 부품과 주조를 가능하게 하는 몰드 자체를 프린팅합니다. 최대 2일이면 정밀한 주조를 통해 제품을 생산할 수 있습니다. 현재 PMMA와 석영모래 두 가지 재료를 사용하고 있지만 향후 세라믹 및 금속으로 대체될 예정입니다. Voxeljet사의 프린터기에서는 STL 파일 형식을 지원하며 단색으로만 출력이 가능합니다.

모델		소재 글래스	시작	Bauraummaß	특수 / 특징
VXC800		모래	2012	850mm× 500mm× ∞	• 지속적으로 3D 프린터를 작동 • 두께 300 마이크론 해상도 600DPI의 500DPI 의 해상도로 고화질 버전의 프린트 헤드
VX500		모래 / PMMA	2007	500mm× 400mm× 300mm	• 산업용 3D 프린팅으로 컴팩트 항목 • 인쇄되지 않은 재료 입자의 재사용 • 두께 80 마이크론, 해상도 600DPI의 Layer • 제트의 프린트 헤드 통합 자재 운반 및 스왑 기관 • 프로토타입 및 작은 시리즈의 생산에 적합 • 모든 Voxeljet의 입자상 물질에 적합
VX4000		모래	2011	4000mm× 2000mm× 1000mm	• 전 세계적으로 가장 큰 3D 인쇄 시스템 중 하나 • 여러 건물 플랫폼으로 연속 빌드 • 각각의 모양에 대한 변수 건설 현장 사용 • 두 개의 횡단에서 건물 필드의 추가 인쇄폭 프린트 헤드
VX2000		모래	2013	2000mm× 1000mm× 1000mm	• 한 번의 작업으로 크고 복잡한 부품의 생산 • 재료의 다양한 오픈소스 시스템 • 통합 자재 운반 시스템 • 연속 운전 산업용 3D 프린터 • 유연성을 위한 큰 공간과 결합된 고성능
VX200		모래 / PMMA	2012	300mm× 200mm× 150mm	• 대학 및 연구 기관에 적합 • 디자인 조각과 프로토타입을 위한 전문 응용 프로그램 • 어떤 주변 장치가 필요하지 않음 • 진행 12mm/Hour(=0,7 L/H) • 피에조 프린트 헤드 시스템(해상도 300DPI) • 모든 Voxeljet의 입자상 물질에 적합

▲ Voxeljet 3DP 방식 프린터의 종류와 특징

VX4000은 최대 4×2×1m의 큰 사이즈 출력이 가능합니다.

특히 주조의 틀이 되는 모래를 이용하여 직접 3D 프린팅이 가능하므로 주조로 제작되는 대형 부품들의 자유로운 형상 제작이 가능합니다. 하지만 최소 3억 원부터 시작하는 고가의 장비 때문에 일반 시장보다는 전문적인 산업시장에서 사용되는 제품입니다.

▲ 빠르고 효율적인 사형 주조 몰드 제작 과정

SECTION 3
3DP 프린터 출력물 모델링 시 주의사항

3DP 방식의 프린터로 원하는 모양을 출력하기 위해서는 다음과 같은 3D 프린터의 제한 요소들을 먼저 확인하고 모델링을 시작하는 것이 좋습니다.

첫째, 최소한의 벽 두께를 고려하여 모델링합니다. 가장 보편적으로 이용되는 Z-Corp사의 450 모델과 3D Systems사의 Projet 460 모델은 벽 두께가 최소 0.6mm를 넘어야 안정적인 구조체를 가질 수 있습니다. 제품의 스펙상 XY 해상도는 일반적으로 0.1~0.2mm로 기재되어 있지만 실제 출력 해상도가 그것과 동일하게 만들어지진 않습니다. 스펙상에 나와 있는 0.1~0.2mm는 액상 바인더가 분사되는 노즐의 사이즈를 나타냅니다. 액상 바인더에 의해 분말 결합을 하기 때문에 그 수치보다 낮은 해상도가 나오게 됩니다. 따라서 모델링을 할 때 벽의 두께가 0.6mm인 파트가 있다면 그 이상으로 두껍게 수정해 주는 것이 좋습니다.

여기서 또 하나 주의해야 할 점은 벽의 두께와 높이의 비율입니다. 벽을 최소한의 두께로 얇게 출력하기 위해서는 벽 두께와 높이의 비율이 맞아야 합니다. 예를 들어, 100mm의 정육면체 옆면에 1×1×20mm의 육면체가 붙어있다고 가정해 봅시다. 1×1mm의 밑면의 넓이는 최소 벽 두께의 범위에 충분히 포함됩니다. 하지만 1mm의 벽 두께와 20mm의 높이의 비율은 20배나 되기 때문에 출력 후 출력물에 붙은 분말을 제거해 주는 작업을 할 때 휨 응력 Bending Stress에 의해 출력물이 버티지 못하고 손상될 수 있습니다. 출력물에 손상이 없도록 하기 위해서는 벽 두께와 높이의 비율이 10배 이상이 되지 않도록 해야 합니다. 다음 그림과 같이 1×1mm의 벽 두께라면 최대 높이는 10mm를 넘지 않는 것이 좋습니다.

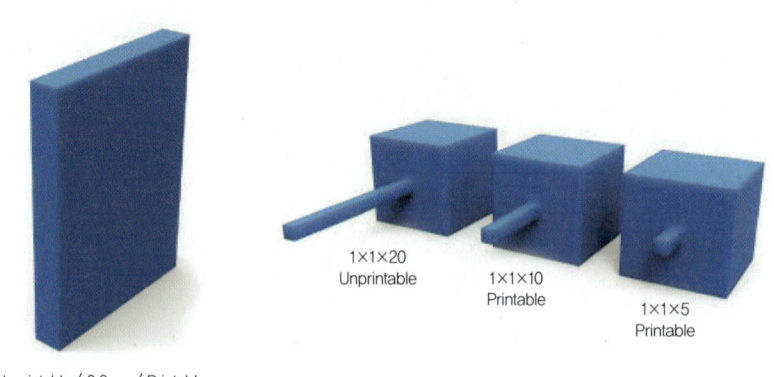

Unprintable < 0.6mm < Printable

1×1×20 Unprintable
1×1×10 Printable
1×1×5 Printable

둘째, 날카로운 부분을 고려하여 모델링을 해야 합니다. 뾰족한 부분의 각도가 매우 작을 경우 출력 후 분말 제거 작업이나 포장, 배송 중에 쉽게 부서질 수 있습니다. 이런 손상을 방지하기 위해서 날카로운 부분의 각도는 10° 이상으로 유지시켜 모델링을 해 주는 것이 좋습니다.

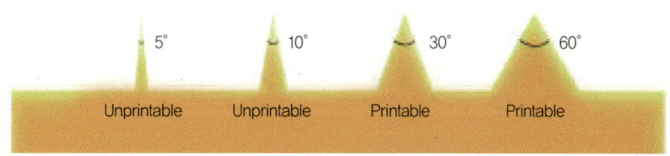

모델링 작업 후 출력을 하기 전에 위에 언급한 두 가지의 제한 요소를 고려하여 모든 벽들을 체크하고 형태의 특징을 파악하며 각각의 곡면을 확인해야 합니다.

셋째, 3DP 방식은 대부분의 3D 프린터들과는 달리 다양한 색상을 가진 출력물을 한 번에 출력할 수 있습니다. 따라서 모델링하는 과정에서 색을 입히는 작업도 같이 해주어야 합니다. 3DP 프린터는 2D 컬러 프린터와 같은 프로세스를 가지고 있기 때문에 모니터 상에 색상과 출력된 출력물의 색상이 다르게 보일 수 있습니다. 모니터 스크린은 RGB(Red, Green, Blue)를 사용하지만 3DP 프린터는 CMYK(Cyan, Magenta, Yellow, Black)를 사용하기 때문입니다. RGB와 CMYK의 차이 때문에 모니터상 색상이 실제 출력될 때에는 좀 더 탁하고 은은하게 나오게 됩니다. 특히 분말 재료에 바인더라는 접착성 성분과 함께 컬러가 분사되므로, 종이에 출력하는 것처럼 선명한 컬러는 나타나지 않습니다.

이러한 점을 고려하여 보다 나은 색상을 출력하기 위한 몇 가지 팁을 알아보겠습니다. 우선 출력물의 색상을 최적화하기 위해 그러데이션이나 그림자 효과의 사용을 제한하여 서로 다른 색상이 만나는 부분의 경계선을 확실히 해주는 것이 좋습니다. 또한 선명하게 출력이 잘 되지 않는 몇몇 색상은 피하는 것이 좋습니다. 갈색 톤이나 살색 톤의 색상은 CMYK 4가지 색상이 모두 섞여서 만들어내는 색이기 때문에 선명하게 보이기 어렵고 색이 일정하지 않게 출력되는 경우도 있습니다.

출력물의 벽 두께가 일정하지 않으면 마찬가지로 색이 일정하지 않게 나올 수 있습니다. 만약 모델이 다양한 벽 두께를 가질 수밖에 없다면 최대한 완만하게 벽 두께를 수정해주는 것이 좋습니다.

앞 페이지의 그림에서 개체를 잘라 단면을 보면 컬러가 표면에만 입혀진 것을 알 수 있습니다. 이런 방식은 앞선 챕터에서 설명한 쉘 구조처럼 표면 두께가 일정하지 않다면 얇은 부분부터 손상이 되기 쉬울 뿐 아니라 똑같은 컬러가 잉크로 표면에 뿌려졌더라도 발색이 다를 수 있습니다.

넷째, 기술적인 해상도와 실제 해상도가 다르다는 것을 인식하며 디자인해야 합니다. 예를 들어 기술적인 해상도의 수치가 300DPI라고 할지라도 실제 출력되는 해상도는 50DPI 정도입니다. 그렇기 때문에 작은 출력물일수록 실제 출력 해상도를 충분히 고려하며 디자인해야 합니다.

다음 그림처럼 제품의 전체적인 완성도는 컬러가 표현되어 무척 높습니다. 하지만 세부 디테일의 표현은 아쉬운 점이 많습니다. 머리카락의 결이나 눈·코·입의 표현은 모델링 자체보다 잉크의 채색으로 표현하고 있습니다.

마지막으로, 출력이 완료된 후 출력물 내부에 채워져 있는 파우더를 빼 주기 위한 구멍이 있어야 합니다. 광경화성 3D 프린터와 마찬가지로 3DP 방식도 재료의 가격이 비쌉니다. 따라서 피규어와 같은 제품에서 불필요한 디자인은 내부를 비워 재료의 낭비를 막는 것이 좋습니다.

> **실전 TIP**
>
> ● **재료 배출을 위한 배출구 디자인**
>
> ❶ 사이즈가 25mm 이상인 지름의 원 크기라면 하나의 구멍을 뚫습니다.
>
>
>
> ❷ 약 15mm인 지름의 원 크기라면 두 개의 구멍을 뚫습니다.
>
>
>
> ❸ 지름이 10mm인 원 크기라면 4개 또는 그 이상의 구멍을 뚫습니다.

만들어준 구멍의 내부 방향으로 내벽과 단차가 있을 경우 채워진 파우더가 완전히 빠지지 않을 수 있으니 주의해야 합니다. 또한 두 개의 파트 사이의 간격이 너무 가까울 경우에도 파우더가 잘 분리되지 않을 수 있으므로 최소 간격이 약 0.9mm 이상 되도록 유지해야 합니다.

 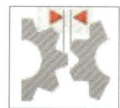

실전 TIP

● **프로그램별 파일 Export시키기**

몇 가지 프로그램에서 컬러 출력을 위해 파일을 Export하는 방법을 알아보겠습니다.

1. NX 9.0(파일 형식 : PRT – VRML)

파트별로 원하는 색상으로 바꿔주는 작업이 완료되었다면 Export시킵니다.

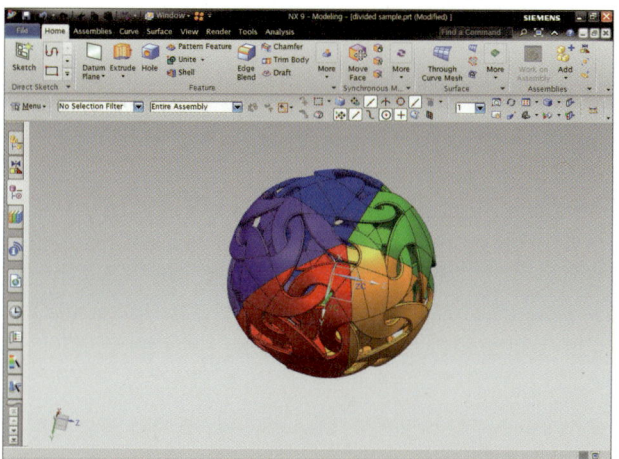

File 〉 Export 〉 VRML을 선택합니다.

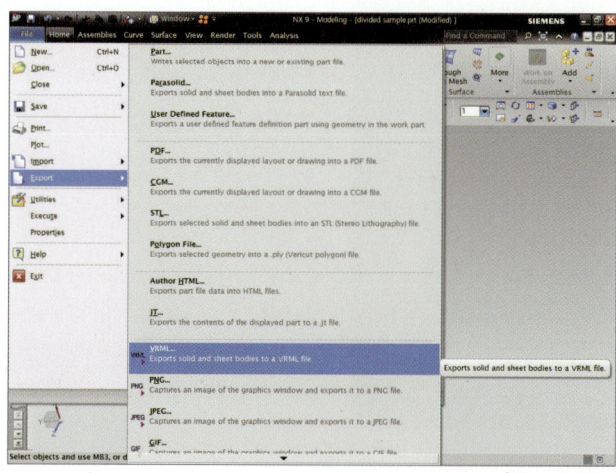

Specify VRML File을 클릭하여 위치와 파일명을 정하고 'Output Type'이 'VRML 2.0 (Animated)'로 변경되어 있는지 확인한 후 [OK] 버튼을 클릭합니다.

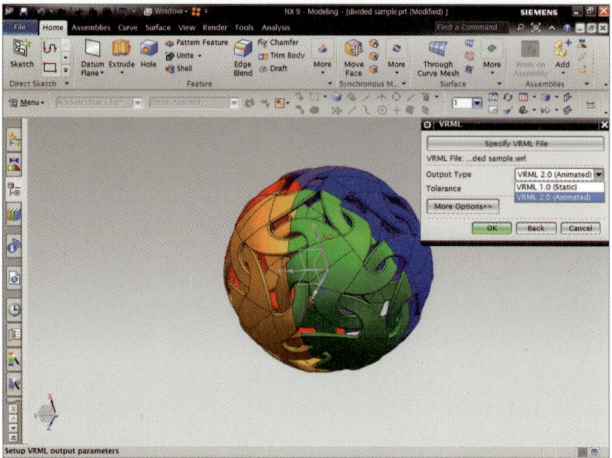

*** VRML 파일이란**

VRML은 텍스트 파일 포맷입니다. 3D 폴리곤의 버텍스와 에지 및 표면 색깔, 텍스쳐 UV 매핑, 반사 및 투명 효과 등을 표현할 수 있어 일반적으로 컬러 3D 프린터에서 많이 사용되는 파일 형식입니다. 일반적인 STL 파일은 컬러 정보가 없어서 컬러로 모델링을 했다고 하더라도 STL 형식으로 저장하면 표면의 데이터 정보만 저장되어 컬러 출력이 불가능합니다.

2. Meshmixer(파일 형식 : Mix-VRML)

Autodesk사의 Meshmixer는 무료 프로그램으로, 한 번 저장되면 고치기 힘든 STL 파일을 폴리곤을 늘리거나 붙여서 Z-Brush라는 프로그램처럼 자유롭게 모델링을 수정할 수 있는 프로그램입니다. 또한 많은 3D 프린터의 정보를 프로그램에서 빌드 사이즈 등이 자동으로 제한되고, 자동 서포트 기능이 있어 처음 3D 프린터를 다루어 보는 사람이라면 한번쯤은 기본적으로 다루어 보아야 할 소프트웨어 중 하나입니다.

Meshmixer에서 불러온 파일입니다. 기본적으로 Meshmixer로 모델링한 3D 파일은 MIX라는 파일 확장자를 가집니다. 다른 파일 형식으로 저장하기 위해서 파일을 Export시킵니다.

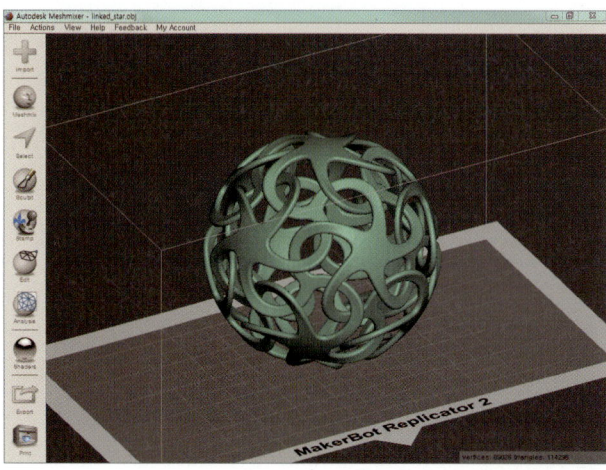

File 〉 Export를 선택합니다.

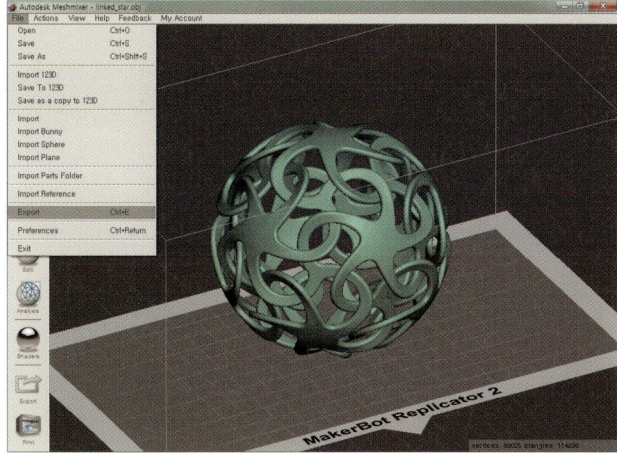

Export Mesh 창이 뜨면 파일명을 기입한 후 파일 형식을 VRML로 바꿔준 후 [OK] 버튼을 클릭하면 Export가 완료됩니다. 이때 기본이 되는 STL 형식의 파일로 저장한다면 컬러 프로 파일은 저장이 되지 않아 분말 형식의 프린터에서 기본색인 흰색으로 출력됩니다.

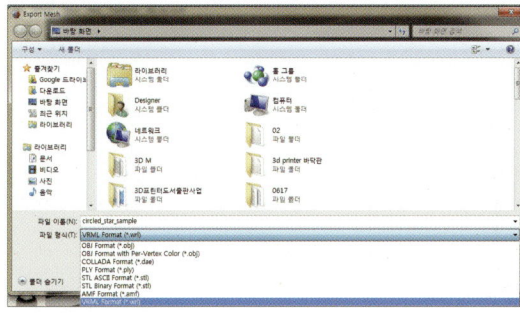

3. 라이노 5(파일 형식 : 3DM – VRML)

라이노에서 모델링된 3D 파일은 3DM으로 저장됩니다. 다른 형식으로 저장하기 위해 Export합니다.

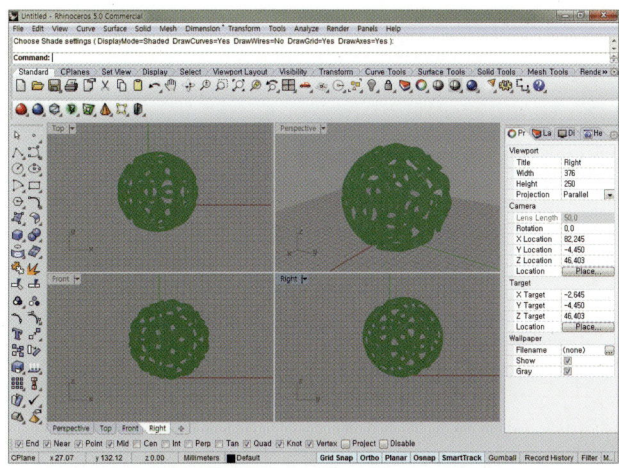

File 〉 Export Selected..를 클릭하고 Export할 파트를 선택한 후 Enter 를 누릅니다.

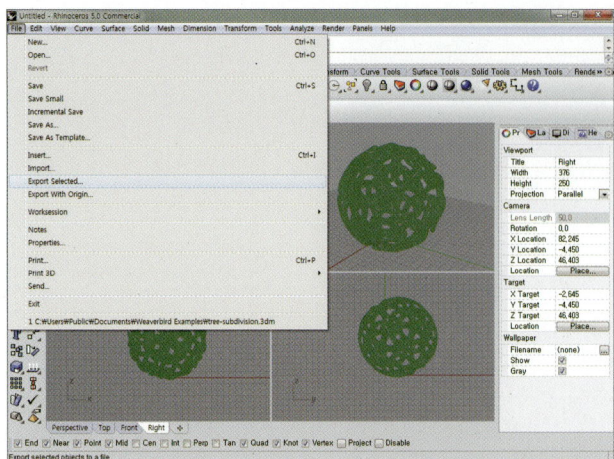

Export 창이 나타나면 파일 이름을 입력하고 파일 형식을 'VRML'로 바꿔줍니다. [Options] 버튼을 클릭하여 With Export Option 창이 표시되면 'Version'을 '2.0'으로, 'Option'을 'Vertex colors'를 선택하고 나머지는 선택을 해제합니다. [OK] 버튼을 클릭한 후 옵션창을 닫고 [저장] 버튼을 클릭해 Export를 완료합니다.

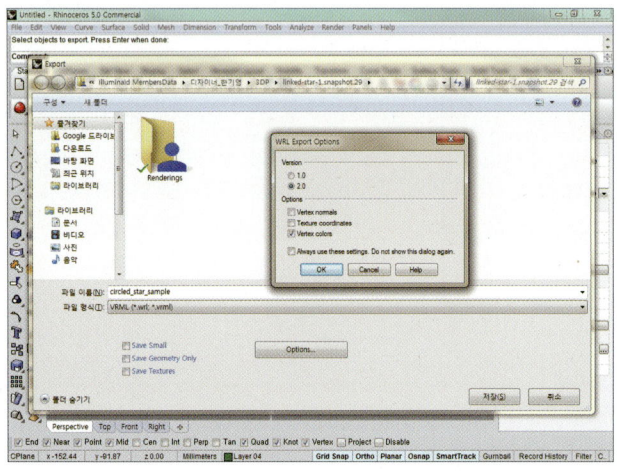

SECTION 4
3DP 방식의 3D 프린터로 출력하기

01 | 컬러 파일의 변환과 컬러 출력 파일 형식

Egg Shaped Linked Star

- **Tool** : NX 9, Magics
- **Size** : 67×67×100mm
- **파일명** : esteregg.STL → esteregg.VRML

❶ 여러 가지 컬러의 모델을 3DP 방식의 3D 프린터를 이용하여 출력해 보겠습니다. 먼저 출력에 방해되는 요소가 있는지 체크합니다. 벽의 두께는 약 1.9mm로 안정적인 범위 안에 들어옵니다. 틈의 간격 역시 약 1mm로 0.9mm 이상이므로 파우더가 틈 사이를 빠져나가는 데 충분합니다. 모든 모서리에 라운드 값이 있어 날카로운 부분을 따로 수정해 주지 않아도 됩니다.

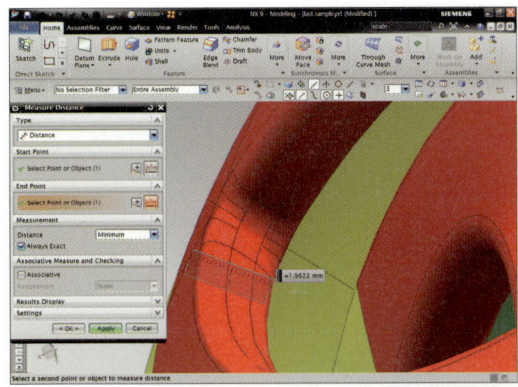 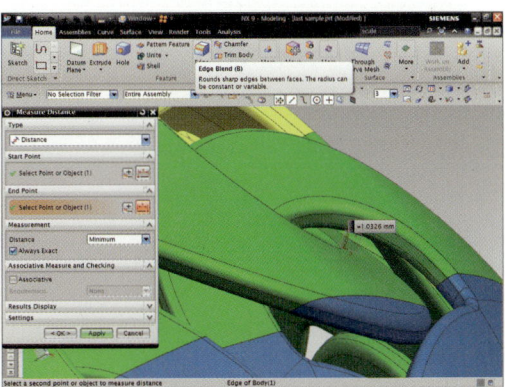

❷ 출력에 방해되는 요소가 있다면 수정한 후 Export합니다. 일반적으로 단색 컬러를 사용하는 3D 프린터에서 출력을 할 때 STL 파일로 Export하는 경우가 많은데 이 경우 모델이 하나의 파트로 합쳐져 있지 않으면 슬라이싱 단계에서 오류가 발생할 수 있습니다. 따라서 STL 파일로 Export할 경우 분할된 파트가 있는지 확인하고 분할된 파트가 있다면 하나의 파트로 합친 후 Export해줍니다. 만약 VRML, PLY, 3DS, ZPR 파일이라면 분할된 파트가 있더라도 Export 과정에서 하나의 파트로 합쳐지기 때문에 별도의 과정이 필요하지 않습니다.

모델에 여러 가지 색을 입히기 위해서는 파트를 나눈 후 지정해 주어야 하기 때문에 NX 프로그램을 사용하여 모델을 분할한 후 파트별로 색을 입혀보았습니다. 3DP 방식의 3D 프린팅을 위해 컬러 출력이 가능한 VRML 파일 형식으로 Export시켜보겠습니다.

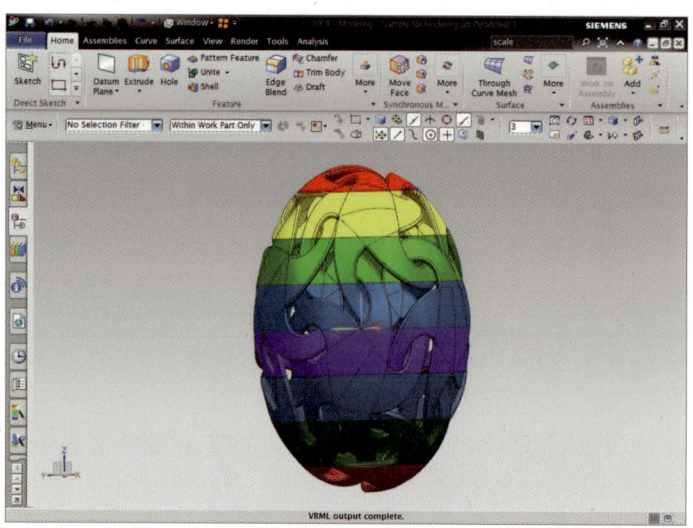

❸ File > Export > VRML을 선택합니다. VRML 설정창이 나타나면 'Output Type'은 'VRML 2.0 (Animated)'로 설정하고 [OK] 버튼을 클릭합니다.

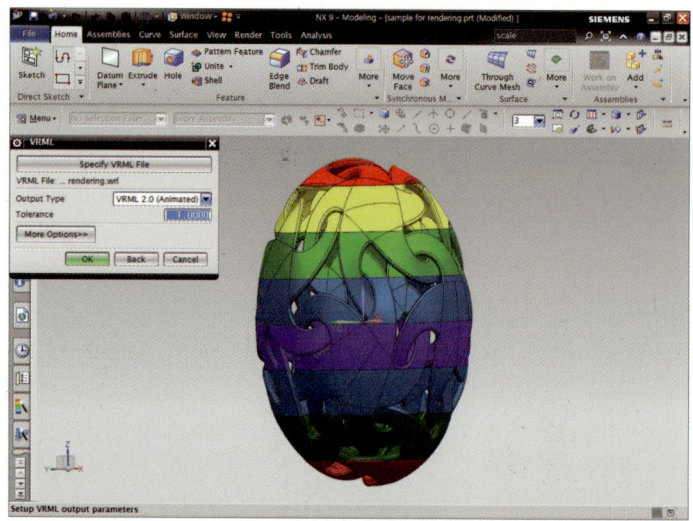

❹ Export가 완료되면 '파일명.wrl'로 저장됩니다. 이번엔 Magics 프로그램을 이용하여 약간의 수정을 하겠습니다.

File 〉Import File을 선택하여 Export시킨 파일을 불러옵니다. 파일이 열리면 Fix pages에서 'Automatic Combined Fixing' 기능을 이용하여 노이즈 쉘이나 날카로운 서페이스를 수정합니다.

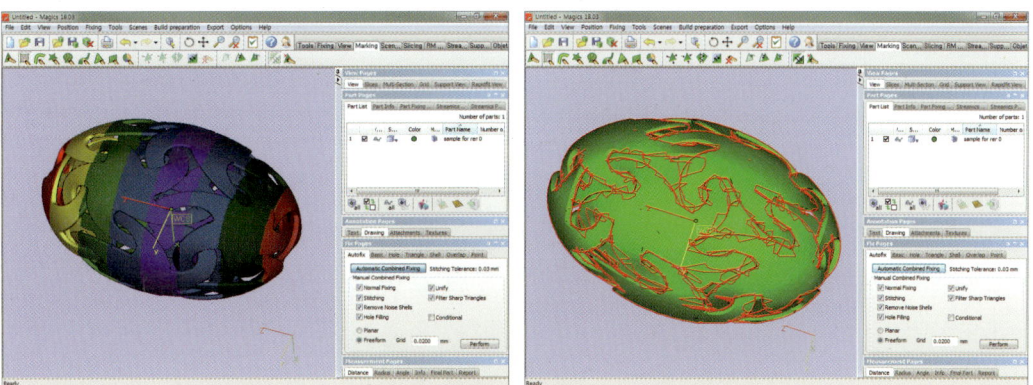

❺ Automatic Combined Fixing 기능이 완료되었으면 Marking 카테고리에서 'Mark Triangles With Window' 기능을 선택하여 모델 전체를 마킹해준 후 Fixing 카테고리에서 'Refine and Smooth Parts' 기능을 선택하여 모델의 표면을 좀 더 부드럽고 깨끗하게 만듭니다.

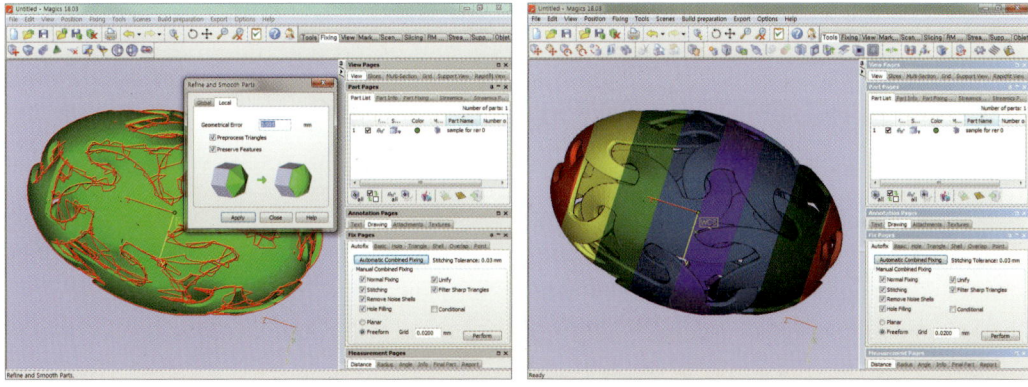

❻ Magics를 이용하여 수정이 마무리 되었으면 File 〉Save Part(s) As를 선택하여 다시 VRML 파일 형식으로 저장합니다. 프린트하기 전 수정 작업이 모두 마무리되었습니다.

02 | 출력 해상도에 따른 간격 설정

조명갓(Lamp Shade)

- Tool : NX 9, Magics
- Size : 100×100×120mm
- 파일명 : Lamp design.STL → Lamp design.VRML

❶ 조명갓 모델링 파일을 가져와 출력에 방해되는 요소들을 수정합니다. 레드 파트, 그린 파트, 블루 파트, 그레이 파트로 총 5개의 파트로 나누어 색을 입혀주었습니다.

❷ 모델링의 형태를 살펴보겠습니다. 우선 벽 두께가 출력 범위 안에 들어오는지 확인합니다. 레드, 그린, 블루 세 파트의 벽 중 가장 얇은 블루 파트의 벽 두께를 측정합니다. 2.94mm로 최소 벽 두께 0.6mm 이상이므로 무리 없이 출력될 것으로 보입니다.

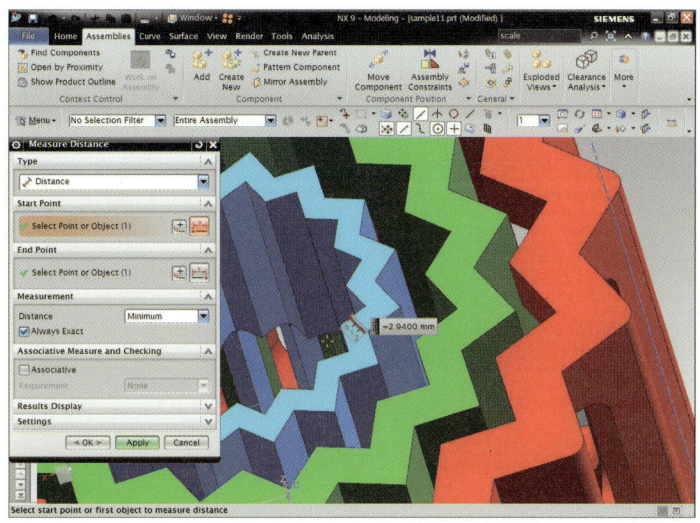

❸ 이번엔 객체 간의 간격을 체크합니다. 블루와 그린 사이의 간격은 4.9mm이고, 그린과 레드 사이의 간격은 4.2mm이므로 최소 사이 간격 0.9mm을 모두 넘습니다.

❹ 출력이 완료된 후 파우더가 빠져나갈 구멍이 잘 만들어졌는지 확인합니다. 그린과 블루 파트의 경우 파우더가 빠져나가는 부분이 바닥으로부터 많이 떨어져있기 때문에 두 개의 파트 사이에 남아 있는 파우더를 제거하기가 쉽지 않아 보입니다.

❺ 그린 블루 파트의 바닥면과 가깝게 구멍을 만들어주어 보다 쉽게 파우더가 빠져나갈 수 있도록 수정합니다. 모델링으로 블록을 만든 후 Subtract를 이용해 구멍을 만듭니다. 그린 파트, 블루 파트 모두 구멍을 만든 후 반대쪽도 마찬가지 방법으로 구멍을 만듭니다.

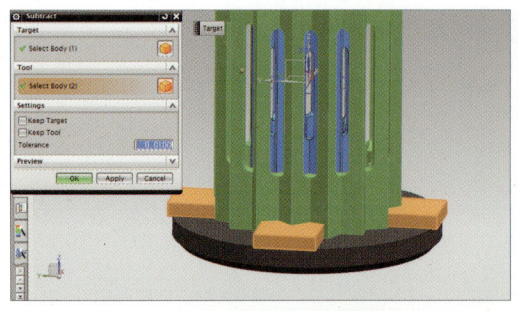
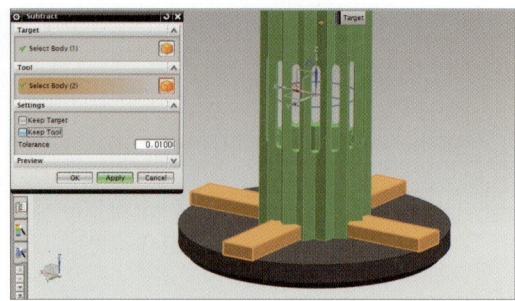
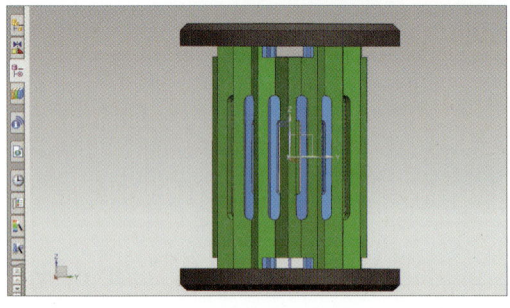

❻ 레드, 그린, 블루 파트의 각진 부분의 각도는 모두 90° 입니다. 최소 각도 10°와 차이가 많이 나기 때문에 별다른 수정 없이 안정적으로 출력이 가능합니다. 가장 바깥쪽에 레드 파트의 모서리 부분은 손이 많이 닿는 부분이기 때문에 출력물의 손상을 방지하고 부드러운 파지 감을 위해 약간의 라운드를 만들어주겠습니다. 'Edge Blend'로 2mm 만큼의 라운드 값을 주어 수정합니다.

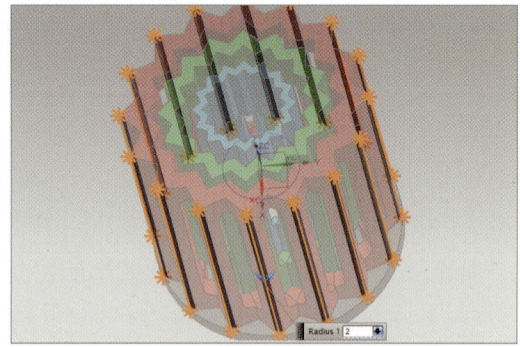

❼ 이제 출력 전 모든 수정이 완료되었습니다. 나머지 과정은 첫 번째 출력 샘플과 동일합니다.

03 | 내부 구조 및 프린팅 배치

Rabbit

- **Tool** : Meshmixer, Magics
- **Size** : 50mm×86mm×92mm
- 파일명 : Rabbit.STL

이번엔 Meshmixer와 Magics 프로그램을 이용하여 출력 전 모델링 수정을 해 보겠습니다. Meshmixer 프로그램에서 샘플로 제공하는 토끼 모양 STL 파일을 이용하여 3DP 방식의 3D 프린팅 출력 준비를 해보겠습니다.

❶ 프로그램을 실행한 후 Import Bunny를 클릭하여 토끼 모양의 STL 파일을 엽니다.

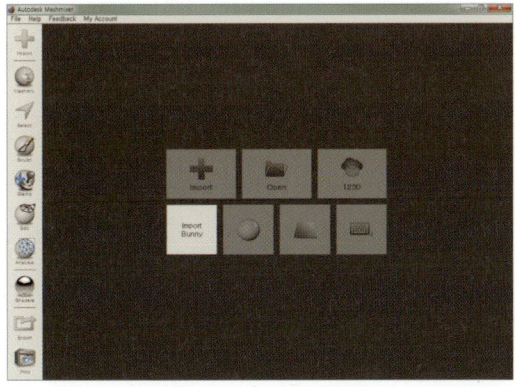 

❷ 프로그램의 'Sculpt'에 모델링을 수정할 수 있는 여러 가지 아이콘과 Edit에 복사, 정렬, 이동 등 편집하는 기능들이 기본으로 제공됩니다.

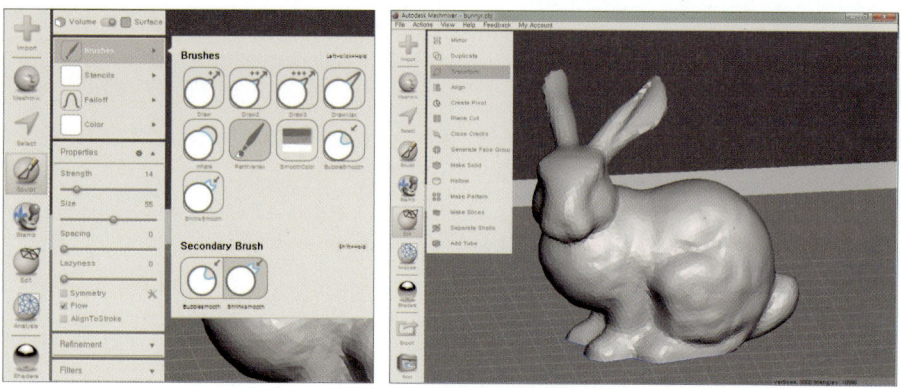

❸ 이제 Magics로 파일을 옮기기 위해 Export합니다. File > Export를 선택하여 파일 이름을 입력하고 파일 형식을 STL로 바꾼 후 저장합니다.

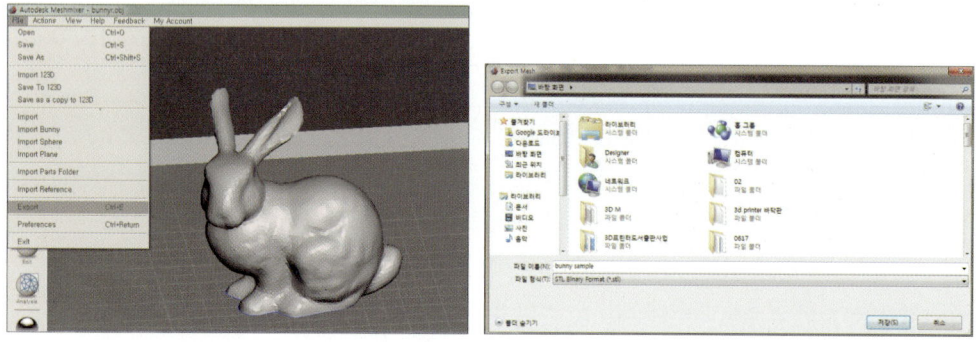

❹ Magics 프로그램을 실행한 후 File > Export를 선택하여 Meshmixer에서 Export한 파일을 불러옵니다. 파일이 열리면 'Automatic Combine Fixing'을 클릭합니다.

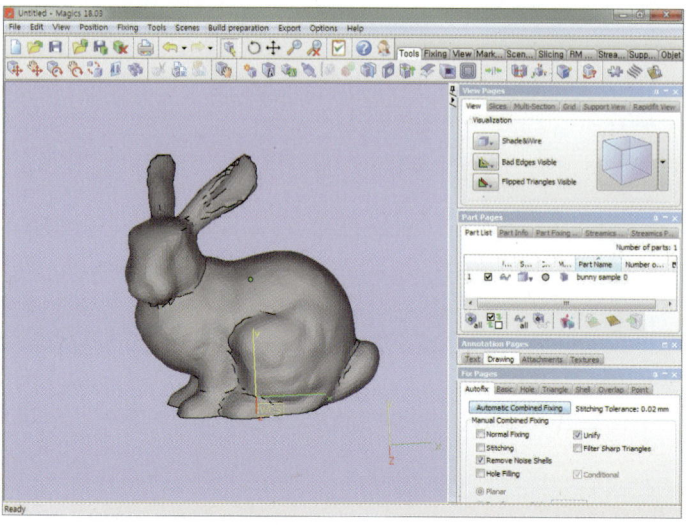

❺ 상단의 Marking 카테고리를 클릭하고 'Mark Triangles With a Window'로 드래그하여 모델링 전체를 선택합니다.

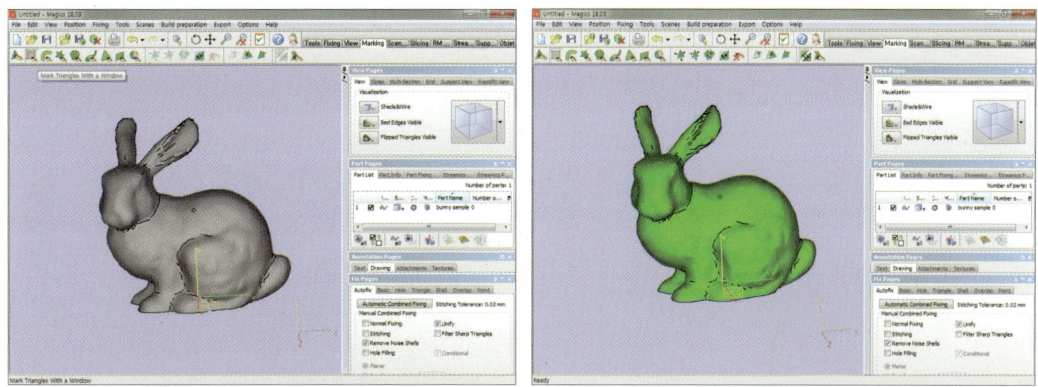

❻ 상단의 Fixing 카테고리를 클릭하고 'Refine and Smooth Paths' 아이콘을 사용하여 표면을 매끄럽게 만듭니다. Local > Geometrical Error 값을 '0.001mm'로 설정합니다.

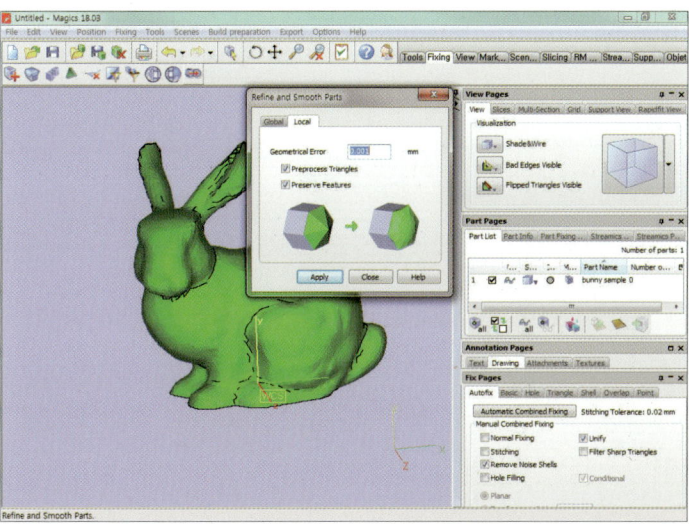

❼ 이제 색을 입히는 작업을 하겠습니다. Tools 카테고리에서 'Paint Part' 아이콘을 사용하여 마킹된 부분의 색을 변경합니다. Refine and Smooth Paths 작업을 위해 전체가 이미 마킹되어 있기 때문에 다시 마킹해줄 필요는 없습니다. 'Paint Part' 설정창이 나타나면 'Current Color'의 색을 원하는 색상으로 변경해준 후 'Color Triangles'에서 'Color Marked'를 클릭하면 마킹된 부분이 설정한 색으로 변경됩니다.

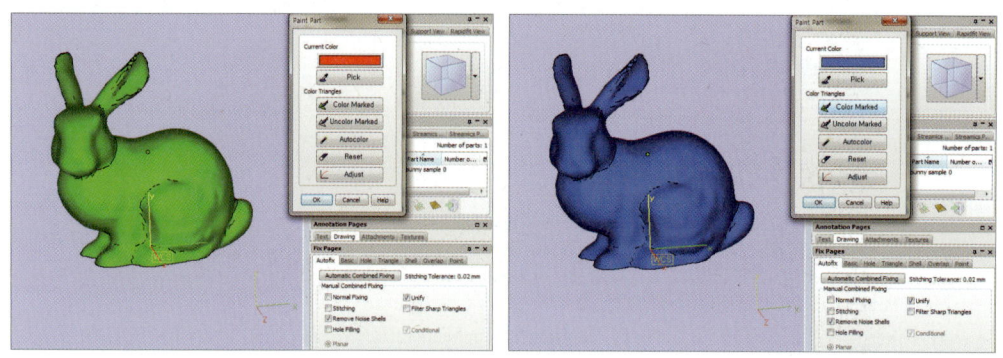

❽ 이번엔 내부를 비우는 작업을 합니다. Tools 카테고리에서 'Hollow Part' 아이콘을 사용하여 내부를 비워줍니다. '벽 두께'는 '2mm', 'Direction'은 'Inside'를 선택하고 [OK] 버튼을 클릭합니다.

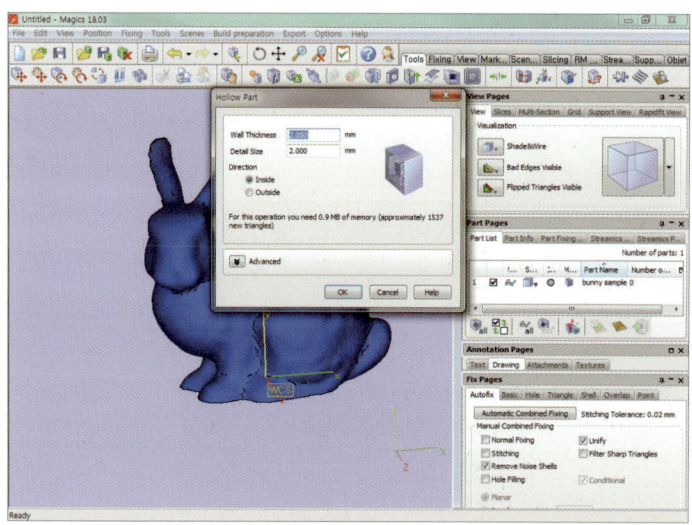

❾ View Pages에 'View' 모드를 클릭한 후 'Transparent'를 선택하여 내부가 일정한 두께로 비워졌는지 확인합니다.

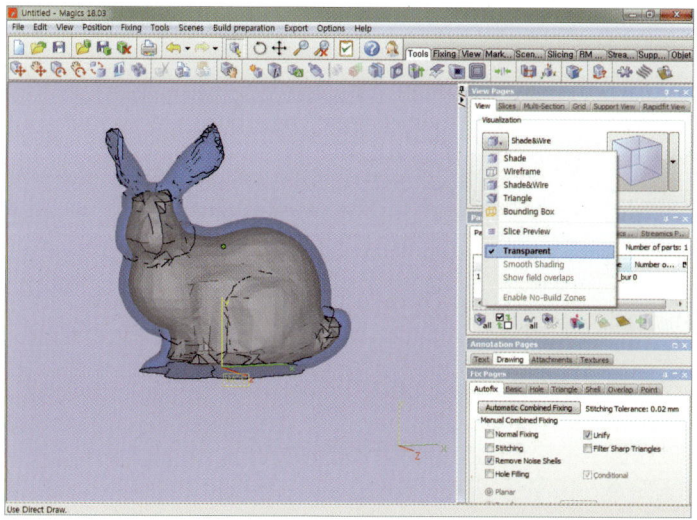

❿ 내부가 비워졌으면 내부에 차 있는 파우더가 빠져나갈 수 있는 구멍을 만듭니다. Tools 카테고리에서 'Perforator' 아이콘을 사용해 모델링의 바닥면에 지름 25mm 크기의 구멍을 만듭니다.

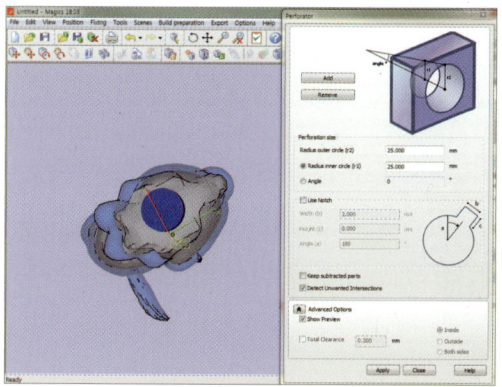

⓫ 마지막으로 3DP 방식의 3D 프린터 파일 지원 포맷으로 저장합니다. File 〉 Save Part(s) As를 선택하여 파일 이름을 입력하고 파일 형식을 'VRML Files'로 변경한 후 저장합니다.

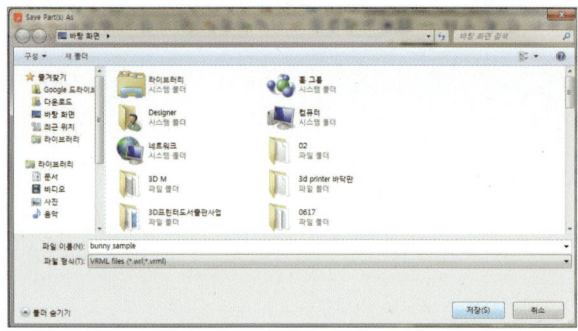

04 | 건축 모형 모델링

Leaning Tower of Pisa

- Tool : NX 6
- Size : 70×70×190mm
- 파일명 : 피사의 사탑.STL

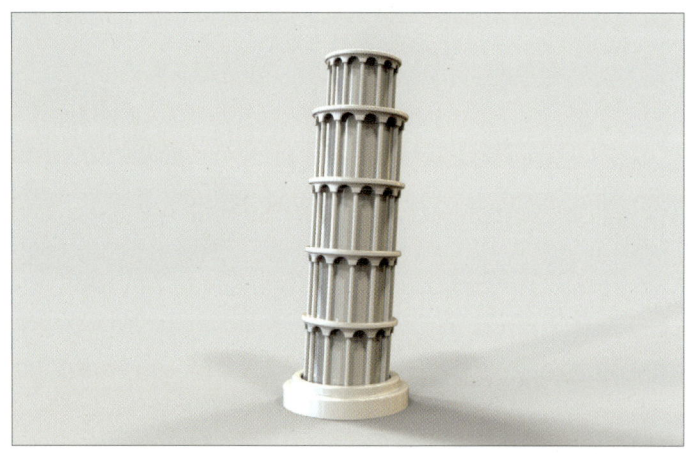

이번엔 NX 6 프로그램을 사용하여 피사의 사탑을 모델링하고, 3DP 방식의 3D 프린터를 사용하여 출력해 보겠습니다. 피사의 사탑과 같은 건축 모형 모델링은 외관이 굉장히 중요합니다. DLP 방식이나 FFF 방식은 다수의 서포트가 필요하고 서포트를 제거하며 외관을 손상시킬 우려가 있으므로 서포트가 필요하지 않은 3DP 방식을 사용하도록 합니다.

❶ XY 평면에서 스케치를 시작합니다. Chapter 6에서 NX 프로그램을 사용해 모델링하는 방법을 알아보았으므로 자세한 사항은 생략하겠습니다.

❷ 'Circle(○)' 아이콘을 클릭하여 원점을 기준으로 지름 70mm의 원을 그려준 후 스케치를 종료합니다.

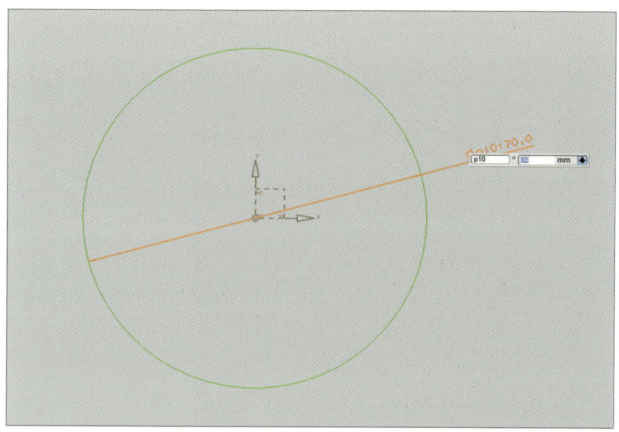

❸ 스케치에서 그린 지름 70mm의 원을 10mm만큼 Z축으로 Extrude시킵니다.

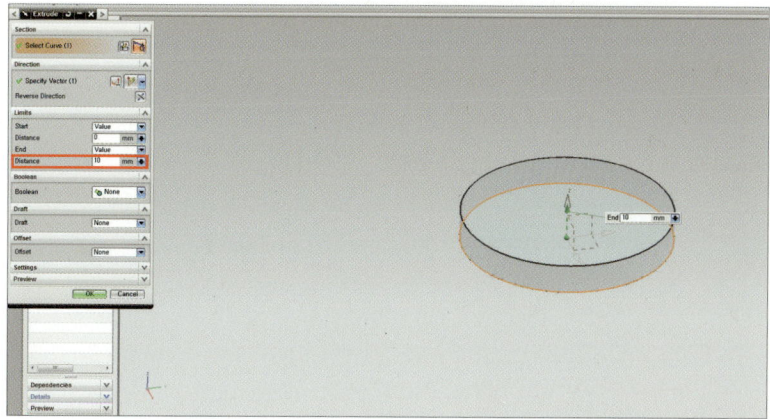

❹ Extrude시킨 원기둥의 모서리를 다시 5mm Extrude시킵니다. Extrude 창 하단의 'Offset'에서 'Two-Sided'를 선택하고 'Start'는 '-10', 'End'는 '-5'를 입력합니다.

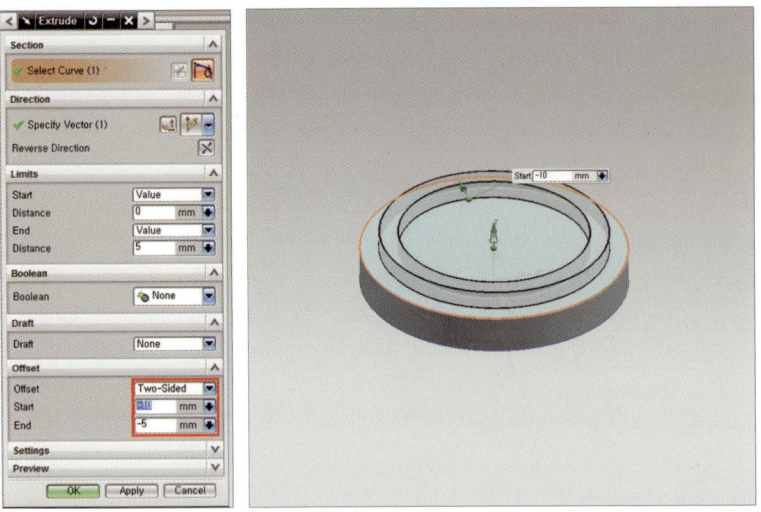

❺ 5mm의 벽 두께를 가진 높이 5mm의 원기둥의 안쪽 모서리를 선택합니다. 'Offset'에서 'Single-Sided'를 선택하고 'End'는 '-5'를 입력한 후 30mm만큼 Extrude시킵니다.

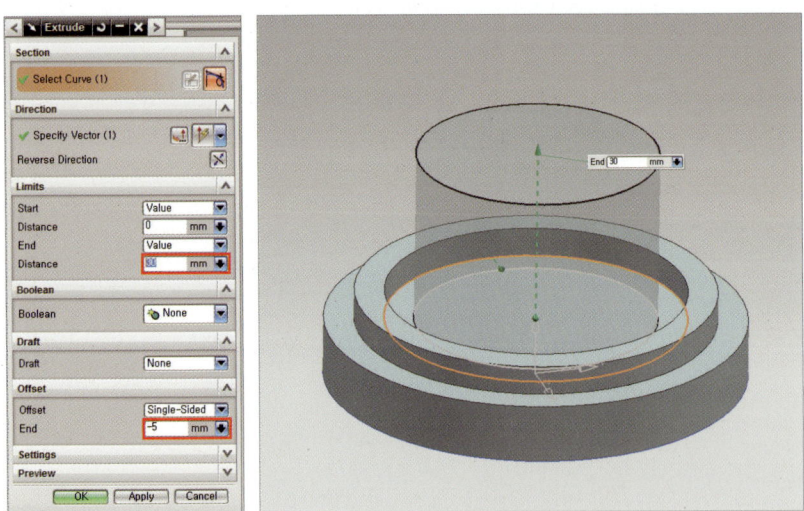

❻ ❸번에서 10mm Extrude시킨 원기둥의 윗면을 선택하고 'Line( 아이콘을 클릭하여 중심에서부터 22.5mm의 길이의 직선을 그려줍니다.

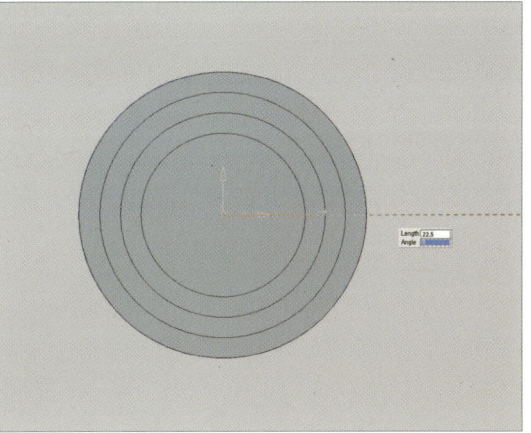

❼ 그려진 22.5mm 직선의 끝점에 지름 3mm의 원을 그려줍니다. 22.5mm의 직선을 마우스 오른쪽 버튼으로 클릭하면 나타나는 메뉴에서 'Convert To/From Reference..'를 선택하여 참조선으로 바꿔준 후 스케치를 종료합니다.

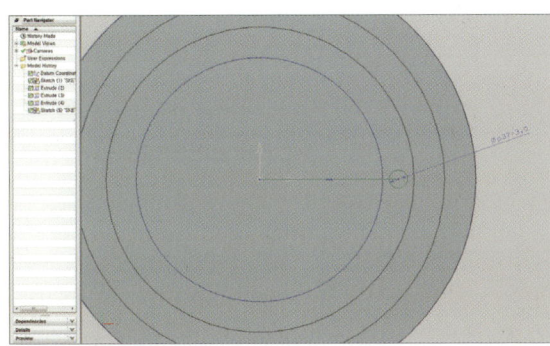
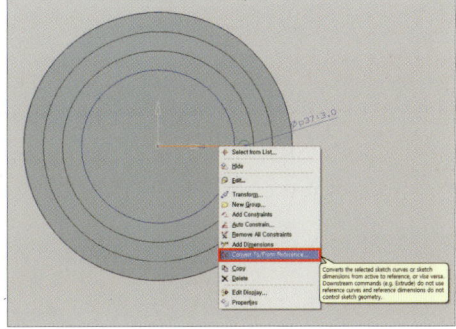

❽ ❼번에서 그린 3mm의 원을 30mm만큼 Extrude시킵니다.

⑨ 왼쪽 상단의 'Instance Geometry'를 이용하여 ⑧번에서 Extrude한 원기둥을 일정한 간격으로 복사하여 Rotate시켜줍니다. Instance Geometry 설정창의 'Select Object'는 30mm Extrude한 원기둥을 선택하고, 'Specify Vector'는 'Z축'을 선택합니다. 'Specify Point'는 ⑤번에서 Extrude한 원기둥의 중심을 선택합니다. 'Angle'은 '30', 'Distance'는 '0', 'Number of Copies'에는 '11'을 입력합니다.

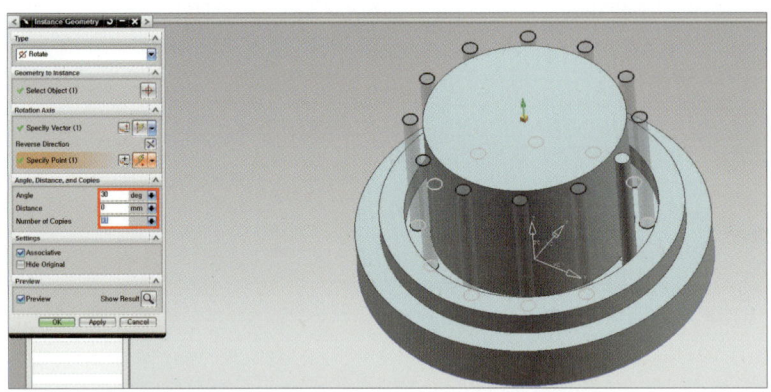

⑩ ⑤번에서 Extrude한 원기둥의 윗면에서 스케치를 시작합니다. 원의 중심에서 45°로 30mm의 Line을 그려준 후 스케치를 종료합니다.

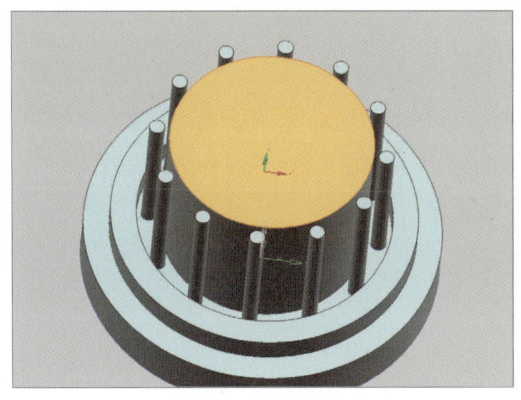
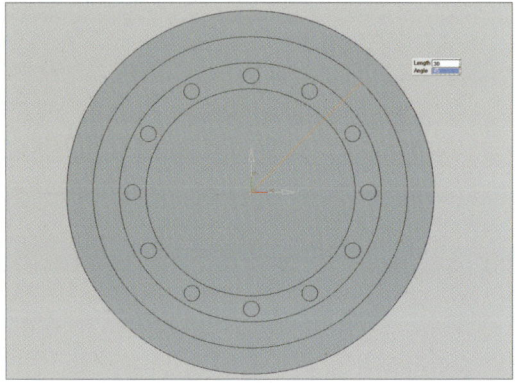

⑪ ⑩번에서 그린 Line의 끝점에 스케치를 그리기 위한 Datum Plane을 만들어줍니다. Datum Plane에서 스케치를 시작합니다.

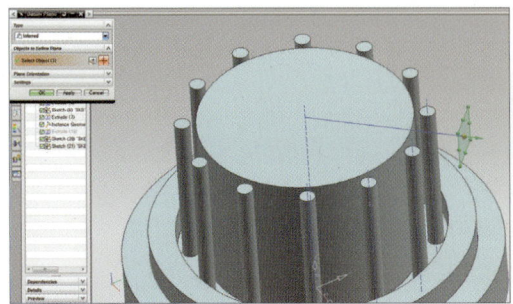
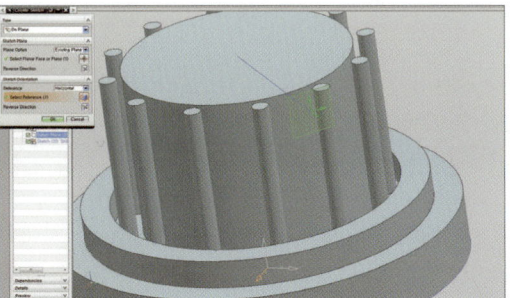

⑫ 원을 중심으로 지름 8mm의 원을 그려준 후 스케치를 종료하고 그려준 원을 안쪽 방향으로 10mm만큼 Extrude시킵니다.

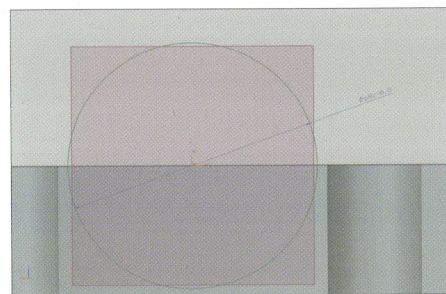 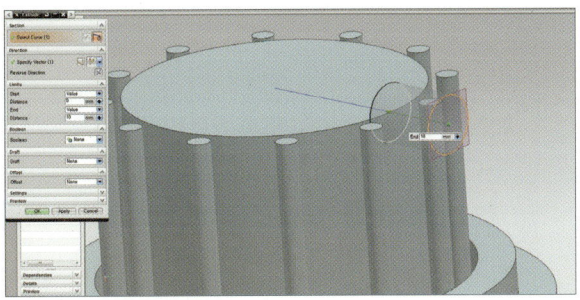

⑬ 'Instance Geomety'를 이용하여 ⑫번에서 Extrude한 원기둥을 선택하고 'Specify Vector'는 'Z축', 'Specify Point'는 '원의 중심'을 선택합니다. 'Angle'은 '30', 'Number of Copies'는 '11'을 입력한 후 11개의 원기둥을 일정한 간격으로 Rotate시킵니다.

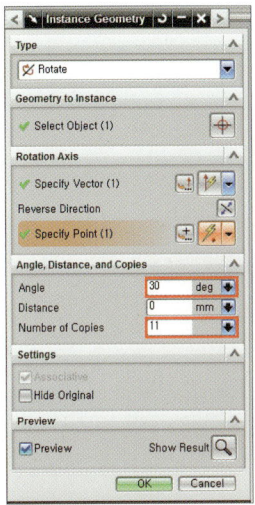 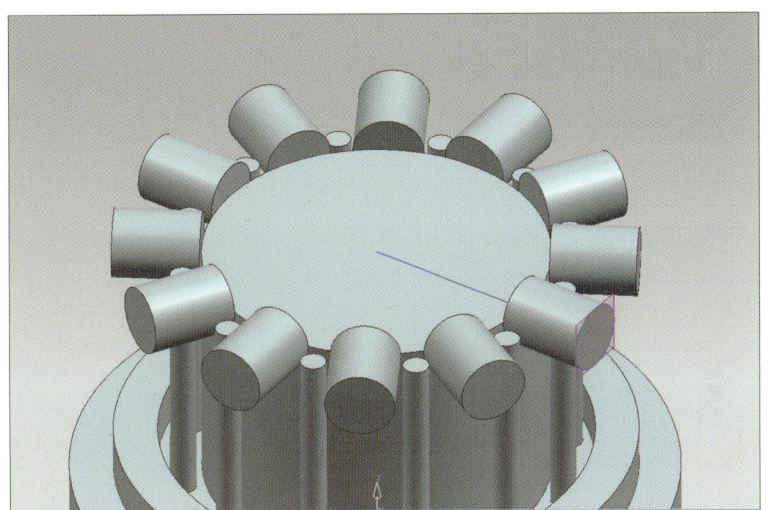

⑭ ❺번에서 Extrude한 원기둥의 위쪽 모서리를 선택하고 'Offset'에서 'Single-Sided'를 '5mm'로 설정한 후 5mm만큼 Extrude시킵니다.

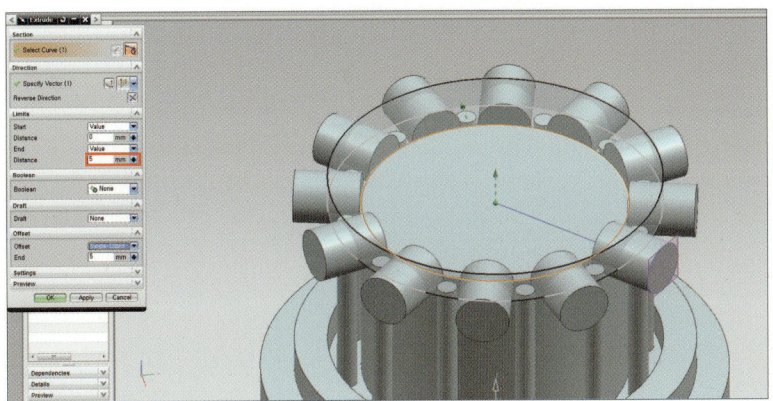

⑮ Subtract에서 'Target'은 ⑭번에서 만든 Extrude한 원기둥을, 'Tool'은 ⑬번에서 Rotate시켰던 12개의 원기둥을 선택합니다.

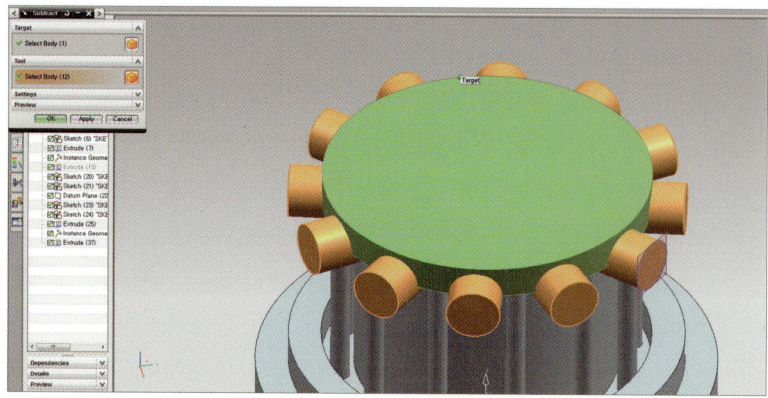

⑯ Subtract로 인해 생긴 단차를 없애기 위해 'Replace Face'를 이용합니다. 'Face to Replace'로 초록색 부분을 모두 선택하고, 'Replacement Face'로 빨간색 부분을 선택하여 초록색 부분과 빨간색 부분의 단차를 없애 평평하게 만듭니다.

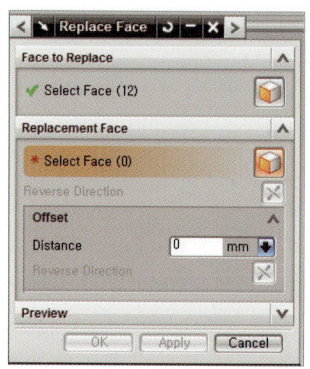 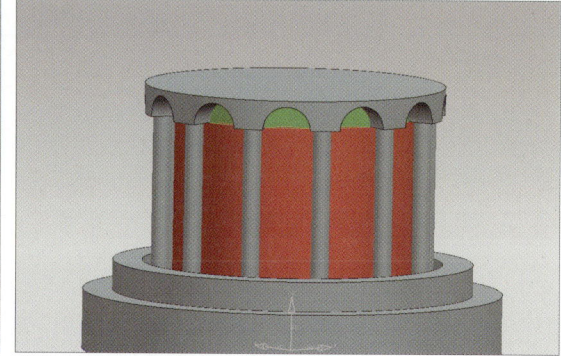

⑰ 다음 그림과 같이 두 개의 파트를 Unite시킵니다.

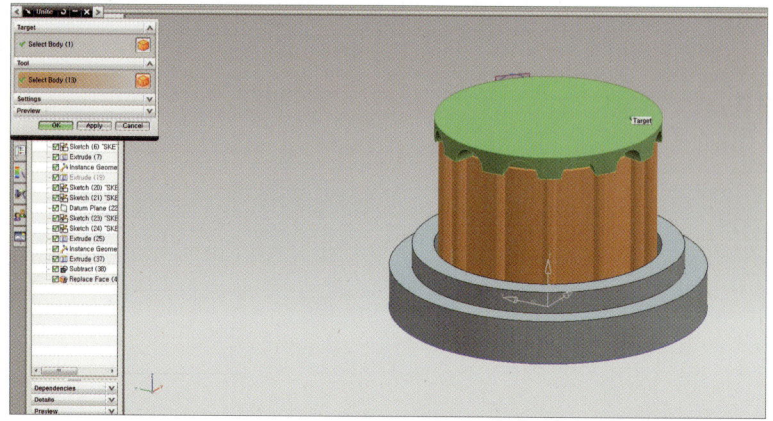

⑱ Unite를 시켜준 후 다음 그림과 같이 모서리 부분을 'Edge Blend'를 이용해 Radius 값을 '1mm'와 '0.5mm'로 설정하여 부드럽게 만들어줍니다.

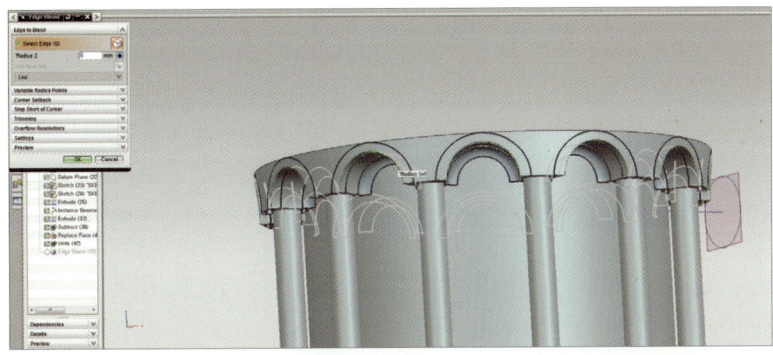

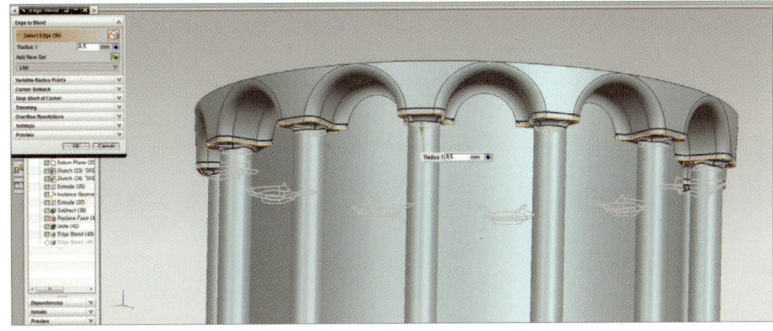

⑲ 상단의 모서리를 선택하여 'Offset'에서 'Single-Sided'를 선택하고, 'End'에 '2'를 입력한 후 3mm만큼 Extrude합니다.

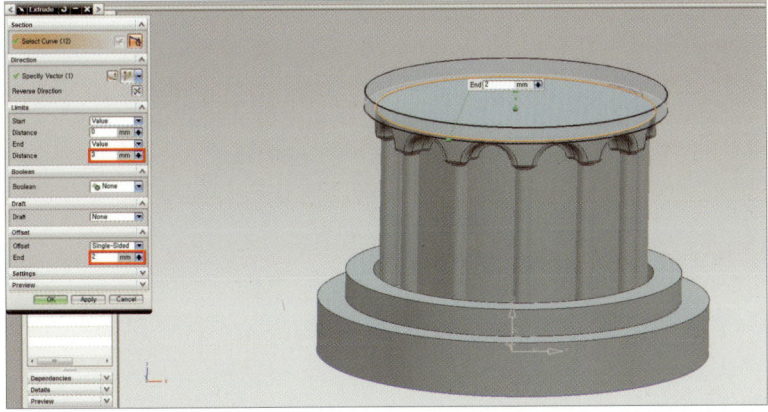

⑳ 다음 그림과 같이 노란색 파트와 초록색 파트를 Unite시켜줍니다. 두 파트가 합쳐진 모서리 부분을 'Edge Blend'를 이용하여 부드럽게 만들어줍니다.

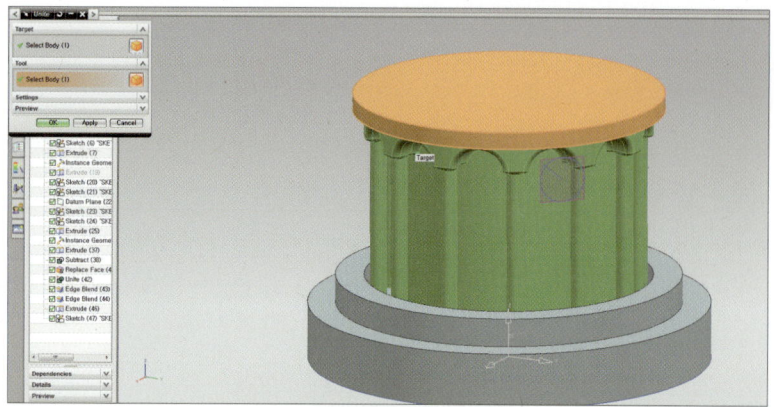

㉑ ⑳번에서 Unite시켰던 파트를 'Instance Geometry'의 'Translate'를 이용하여 수직 방향으로 4개 복사합니다. 'Instance Geometry'에서 'Type'을 'Translate', 'Specify Vector'는 'Z축'을 선택합니다. 'Distance'에 '38', 'Number of Copies'에 '11'을 입력합니다.

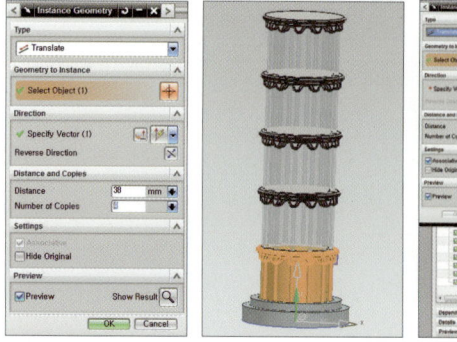
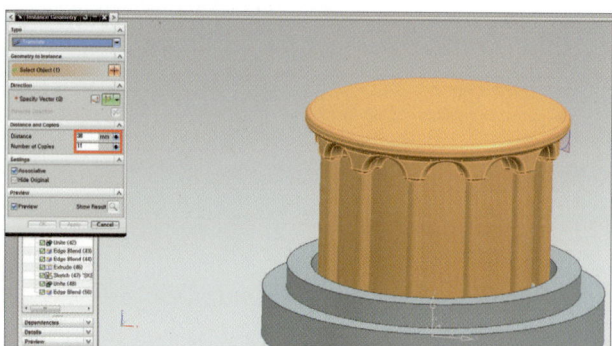

㉒ Insert-Offset/Scale-Scale Body로 가장 상단에 위치한 파트를 선택하고 'Specify Point'로 원의 중심을 선택한 후 'Scale Factor'의 'Uniform'에 '0.8'을 입력하여 크기를 축소합니다.

㉓ 축소된 파트의 윗면에서 스케치를 시작합니다. 원의 중심을 기준으로 지름 30mm의 원을 그린 후 스케치를 종료합니다.

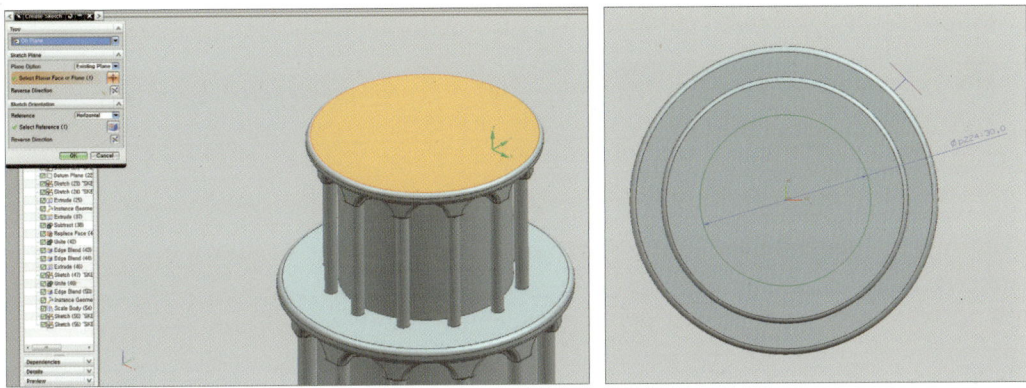

㉔ Extrude에서 'Boolean Subtract'를 설정한 후 ㉓번에서 그린 지름 30mm의 원을 -30mm만큼 Extrude해줍니다. 'Subtract'를 통해서 생긴 모서리를 'Edge Blend'를 이용하여 부드럽게 만들어줍니다.

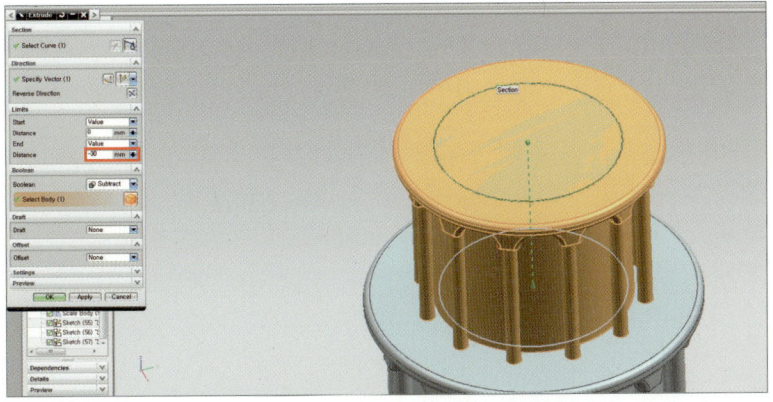

㉕ 다음 그림과 같이 초록색 부분과 노란색 부분을 모두 Unite시킵니다.

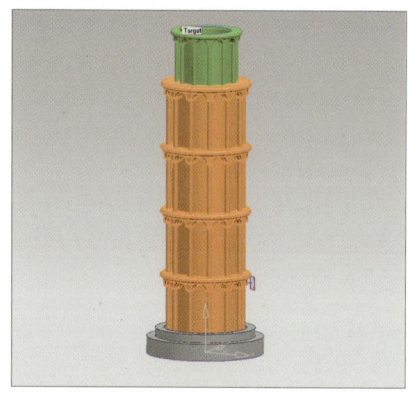

㉖ 'Instance Geometry'를 이용하여 Unite시킨 파트를 살짝 기울여 피사의 사탑과 비슷하게 만들어줍니다. 'Type'은 'Rotate', 'Specify Vector'는 'X축', 'Specify Point'는 하단의 원기둥 중심을 선택합니다. 'Angle'은 '3', 'Number of Copies'는 '1'을 입력하고 'Setting'에서 'Hide Original'에 체크한 뒤 [OK] 버튼을 클릭합니다.

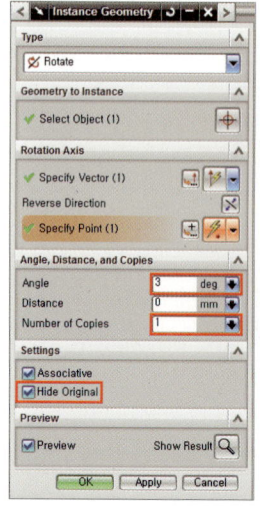 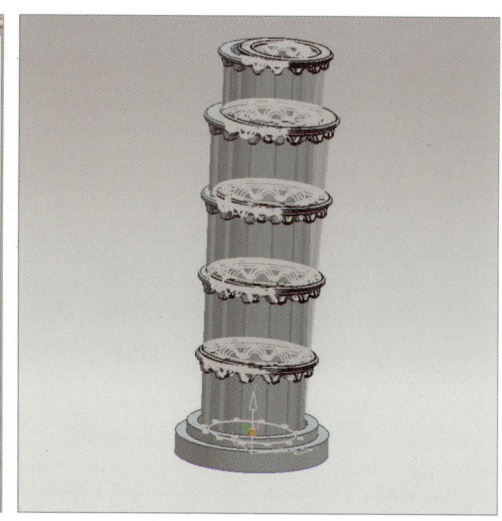

㉗ 상단 파트를 기울이면서 한쪽이 바닥과 벌어지게 됩니다. 그 부분을 보완하기 위해 벌어진 부분의 면을 'Offset Face'를 이용하여 3mm만큼 늘려준 후 하단 파트와 Unite시켜줍니다. 하단 파트 때문에 상단 파트의 바닥면이 보이지 않으므로 'Hide' 기능으로 하단 파트를 숨겨주어 상단 파트를 'Offset Face'한 후 다시 'Show' 기능으로 불러와 두 파트를 Unite합니다.

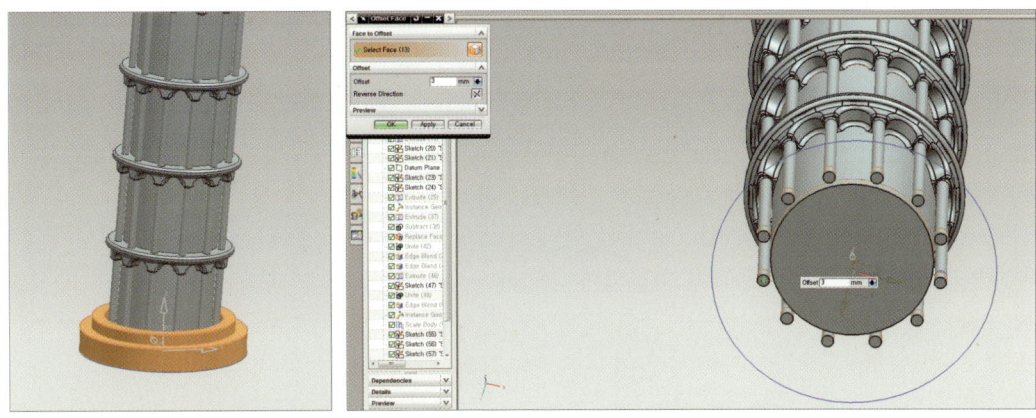

㉘ 하단 파트의 모서리 부분을 'Edge Blend'에서 Radius 값을 '1mm'로 설정해 부드럽게 만들어줍니다.

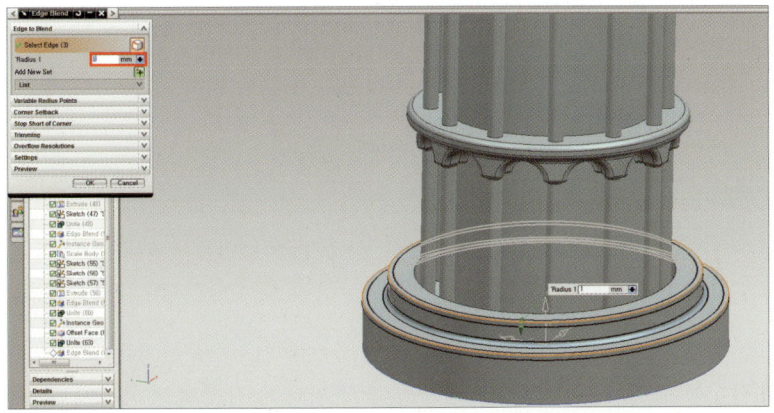

이것으로 NX를 이용한 피사의 사탑 모델링이 마무리되었습니다. Magics 프로그램을 이용하여 내부를 비워주고 분말이 제거될 수 있는 홀을 만들어주면 출력 전 모델링이 모두 마무리됩니다. Magics 프로그램을 이용하여 내부를 비우는 과정은 Chapter 6을 참고하도록 합니다.

05 | 완성된 모델링 배치하기

분말형 3D 프린터는 모델링의 배치가 자유로우며 어떻게 배치하느냐에 따라 시간과 공간을 절약할 수 있습니다. 효율적인 배치에 대해 알아보겠습니다. 기존의 3D 프린터는 적층 공법의 특성상 1 Layer라고 하는 바닥면이 되는 Layer를 빌드 플랫폼에 얼마나 정확히 붙이느냐가 기본이고 정확한 출력을 위한 핵심사항 중 하나였습니다. 하지만 3DP 방식의 3D 프린터는 바닥면이나 임시 구조체인 서포트의 역할을 3D 프린터 내부의 분말이 대신하기 때문에 처음 배치부터 다른 방식의 3D 프린터에 비해 신경 쓸 것이 없습니다.

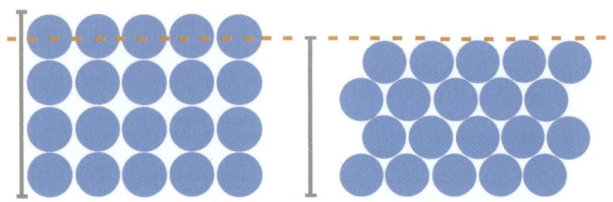

▲ 배열에 따른 높이 변화

3DP 방식의 3D 프린터는 같은 부피의 모델링 파일을 출력하더라도 전체 사이즈의 높이가 낮을수록 출력 시간은 단축됩니다. 물론 모델링의 복잡함 정도나 적층되는 면의 단면적에 따라서도 출력 시간이 결정됩니다. 위 그림처럼 20개의 구들을 출력한다고 가정했을 때 하나는 일렬로, 다른 하나는 엇갈리게 배열하였습니다. 엇갈리게 배치한 것이 높이가 낮다는 것을 확인할 수 있습니다. 최종 출력 속도 또한 약간 더 빠릅니다.

분말형 3D 프린터의 장점은 출력물이 바닥에 붙지 않아도 되기 때문에 배치가 자유롭다는 점입니다. 분말형 3D 프린터는 위로 갈수록 좁아지는 형태의 조형물을 출력할 때 엇갈리게 배치하여 출력물이

바닥에 붙어 있어야 하는 타 방식의 3D 프린터에 비해 보다 효율적으로 출력할 수 있습니다.
물론 이러한 배치 시에도 앞서 설명한 최소의 틈을 항상 고려하여 배치해야 합니다. 또한 출력 후 파우더 분말 제거 시에 틈이 없이 붙어있다면 출력물을 꺼낼 때 손상을 입을 수 있으므로 최소 5mm 정도의 간격은 유지하도록 합니다.

3DP 방식의 3D 프린터는 컬러가 출력됨과 동시에 모델링 시 서포트라는 임시 구조체를 최소한만 생각하면 되기 때문에 사용하는 입장에서는 굉장히 편리한 방식의 3D 프린터라 할 수 있습니다. 하지만 아직까지 국내에서 생산·제조되는 3D 프린터가 없어, 해외 제품에 의지하기 때문에 장비 및 소재의 도입 비용이 부담되는 것은 사실입니다. 하지만 출력물의 품질보다는 꼭 컬러가 표현되어야 아이디어를 전달할 수 있는 개념 모델 출력 등에서는 반드시 체크해 보아야 할 3D 프린팅의 방식입니다.

CHAPTER

2

캐릭터 모델링과 출력

캐릭터 모델링은 대부분 곡면이기 때문에 다각도에서 확인하며 작업하는 것이 중요합니다. 3D 프린팅을 할 때에도 모든 부분의 각도, 두께를 세심하게 확인해야 합니다. 이번 장에서는 캐릭터 모델링에 유용한 아이콘의 종류와 특징을 알아보고 각 아이콘의 유용한 기능을 예시를 통해 알아보도록 하겠습니다.

SECTION 1 폴리곤 방식 모델링(Polygonal Modeling)

폴리곤 방식의 모델링은 폴리곤을 이용해 표면 데이터를 생성하기 때문에 정확한 수치가 아니라 폴리곤의 요소인 '점, 선, 면'을 수정하여 형태를 표현합니다. 여기서 폴리곤은 다각형을 의미합니다. 모델링을 할 때에는 사각형이 많이 쓰이고 렌더링할 때는 시각적 편의와 자연스러움을 위해 삼각형이 주로 쓰입니다. 이 방식은 캐릭터나 자연물과 같이 수치화가 힘든 자유로운 형태를 표현하기에 좋다는 장점이 있습니다. 하지만 경우에 따라 폴리곤의 개수가 과도하게 생성되어 수정을 하거나 뷰를 이동할 때 컴퓨터 계산에 무리가 가기 때문에 구동 속도에 영향을 미칠 수 있어 고사양의 그래픽 카드가 필요하다는 단점이 있습니다.

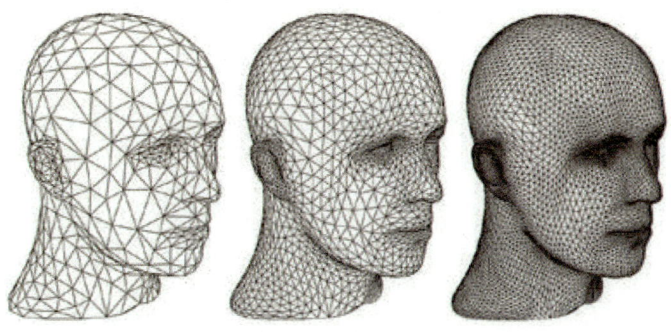

3D 프린팅을 위한 파일 확장자인 STL 역시 모델링의 표면 데이터만을 폴리곤 방식으로 표현한 것입니다. 무료 모델링 공유 사이트에서 다운로드 받을 수 있는 데이터 역시 STL 파일이 대부분입니다.

이 파일을 사용하는 3D 프린터의 종류와 사양에 따라 혹은 개인의 용도에 따라 수정을 해야 하는 경우 STL 파일은 표면 데이터만 출력 상황에 맞춰 표현하기 때문에 수정에는 어려움이 있습니다. 이때 조소와 거의 같은 기능을 하는 상대적으로 직관적인 툴인 Z-Brush와 Meshmixer를 사용해 어느 정도 수정이 가능합니다.

이번 챕터에서는 Z-Brush와 Meshmixer의 기본 명령어들을 익혀 간단한 캐릭터를 디자인하는 과정을 따라해 보고 수정하는 방법을 알아봅니다.

SECTION 2
캐릭터 모델링 제작 Tool 알아보기

1 3ds Max

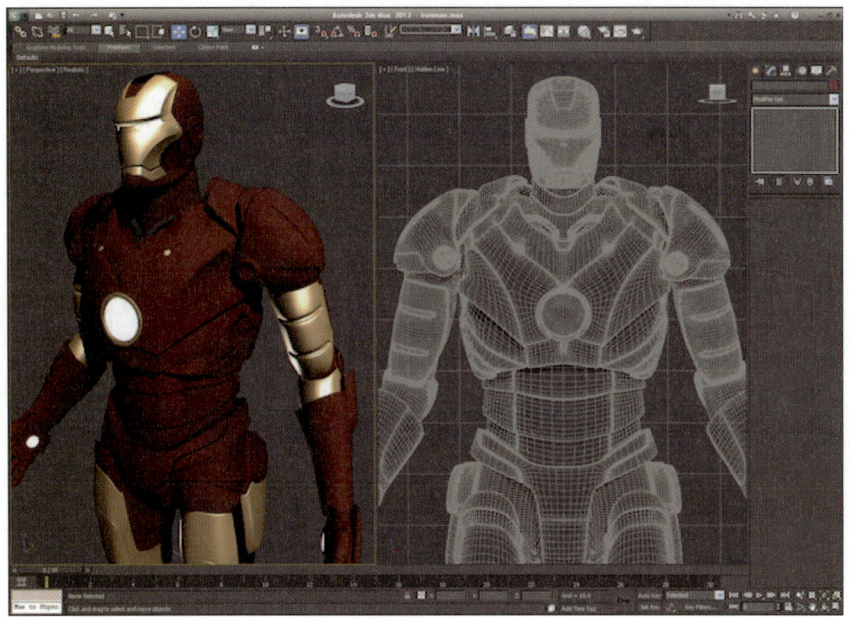

캐릭터 디자인을 할 때는 다양한 툴을 사용합니다. 3ds Max에서 전체적인 덩어리를 잡아두고 Z-Brush에서 불러들여 섬세하게 조각을 하거나, 처음부터 끝까지 모든 과정을 3ds Max에서 작업을 하기도 합니다. 그 정도로 캐릭터 디자인을 하는 전문가들 사이에서는 3ds Max는 부족함이 없는 툴입니다. 하지만 폴리곤 개수가 늘어날수록 높은 사양의 그래픽 카드가 필요하기 때문에 부담이 있는 편입니다.

게임을 할 때 움직이는 사람의 모습에 각이 져서 화질이 떨어져 보이는 것도 폴리곤의 개수를 최소화시켜 작업했을 때 나타나는 현상입니다. 3ds Max는 정확한 수치로 모델링하는 데 최적화되어 있지 않아 3D 프린팅을 할 때 주의해야 합니다.

2 Z-Brush

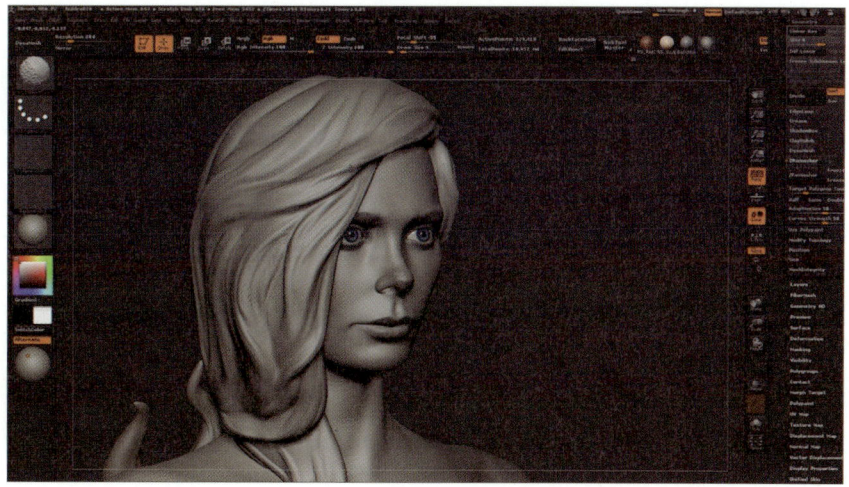

실제 흙을 가져다 손과 도구를 사용하여 조각하는 것과 같은 툴입니다. 정확한 수치와는 상관없이 흙을 붙이고 당기고 다듬는 명령이 아주 직관적입니다. 몇 가지 기본적인 작동법만 알면 초보자도 쉽게 모델링을 할 수 있으나, 개인의 표현 역량에 따라 퀄리티가 크게 좌우됩니다. Z-Brush도 폴리곤 모델링 방식이긴 하나 다른 툴에 비해 폴리곤 개수 증가에 따른 용량 부담은 적은 편입니다. 또한 DynaMesh와 같은 편리한 기능을 이용하여 폴리곤의 개수를 늘였다 줄였다 하며 필요에 따라 수정할 수 있습니다.

STL 파일은 3D 프린팅을 위한 최소한의 표면 데이터만을 폴리곤 형태로 갖고 있기 때문에 라이노 또는 3ds Max 같은 툴에서 수정이 어렵습니다. 예를 들어, 모델링의 일부가 프린팅하기에 적합하지 않게 두께가 좀 얇거나 각도 수정이 필요한 경우, 원본 데이터 없이 STL 파일에서 수정하기 위해 임의로 파트를 자르거나 그 부분을 다시 합쳐야 할 때에도 자연스럽게 나타내기가 어렵습니다. 하지만 Z-Brush에서는 몇 번의 터치로 자연스러운 수정이 가능합니다.

Z-Brush의 또 다른 장점은 3D 프린팅 시 3D 스캔 파일 정리를 빠르게 할 수 있다는 것입니다. 현재 대부분의 3D 스캐너는 아직 완벽한 3D 데이터를 구현해내지 못합니다. 사양이나 사용자의 숙련도에 따라 차이가 있겠지만 표면이 울퉁불퉁한 3D 스캔 파일이 많이 생성됩니다. 심한 경우에는 일부분만 스캔되어 크게 구멍이 생기는 경우도 있습니다. 하지만 Z-Brush는 몇 가지 간단한 명령어로 구멍을 완벽하고 자연스럽게 막아주며, 요철도 블러 등의 명령어로 매끈하게 만들 수 있습니다.

3 Meshmixer

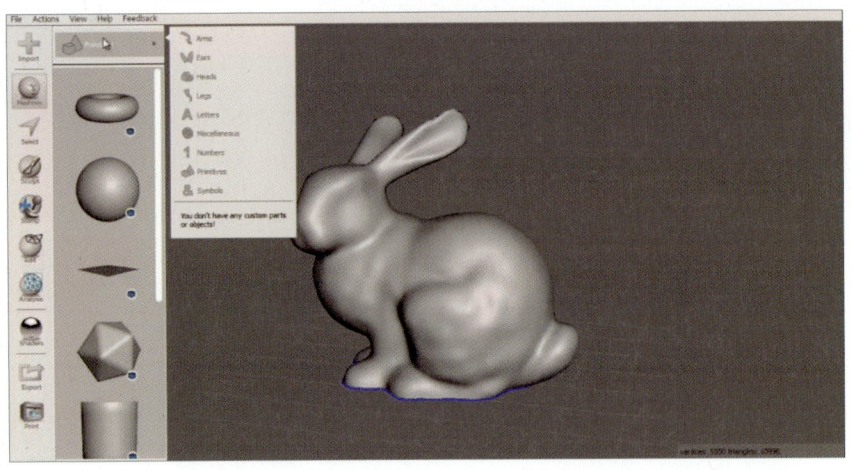

Z-Brush와 비슷하게 스컬핑 Sculping 기능을 가지고 있으며, 인터페이스가 직관적이고 단순하기 때문에 초보자에게 적합한 무료 소프트웨어로 STL 파일 수정이 가능한 프로그램입니다. 또한 프린트 버튼이 있어 스트라타시스나 메이커봇의 제품명을 클릭해 그에 맞는 빌드사이즈가 가이드 라인으로 화면에 나타나고 가이드라인에 맞춰 모델링의 사이즈와 포지션을 조절하고 서포트까지 생성할 수 있습니다. 뿐만 아니라 재료를 절감하고 출력물의 강도를 위해 속을 비우고 그 안에 서포트 구조를 다양한 형태와 간격, 두께로 생성할 수 있는 기능도 가지고 있습니다. 하지만 대부분의 기능이 라이선스 계약이 이루어진 업체의 특정 프린터에서만 지원한다는 단점이 있습니다.

SECTION 3
Z-Brush를 사용한 스캔 파일 수정하기

3D 스캐너로 촬영한 스캔 파일은 3D 프린팅을 하기에는 퀄리티가 떨어지고, 오류가 많기 때문에 복잡한 수정 과정이 필요합니다. 이 스캔 파일을 수정하기 위해 역설계 아이콘을 이용하는 등 전문적인 기술과 비용이 요구됩니다. 앞서 소개한 캐릭터 모델링 툴 중 Z-Brush는 스캔 파일을 수정하기에 가장 효율적인 아이콘으로, 간단한 과정만으로도 스캔 파일을 복구할 수 있습니다.
이번에는 Z-Brush의 기본 조작법을 익히고 스캔 파일을 가져와 수정하고 복구하는 방법을 알아보도록 하겠습니다.

Z-Brush의 화면은 조소를 하기 위한 도구들이 마련된 테이블이라고 생각하면 됩니다. 가운데 넓은 공간은 작업하는 곳이고, 양옆과 상단에는 각종 패널들이 있습니다.

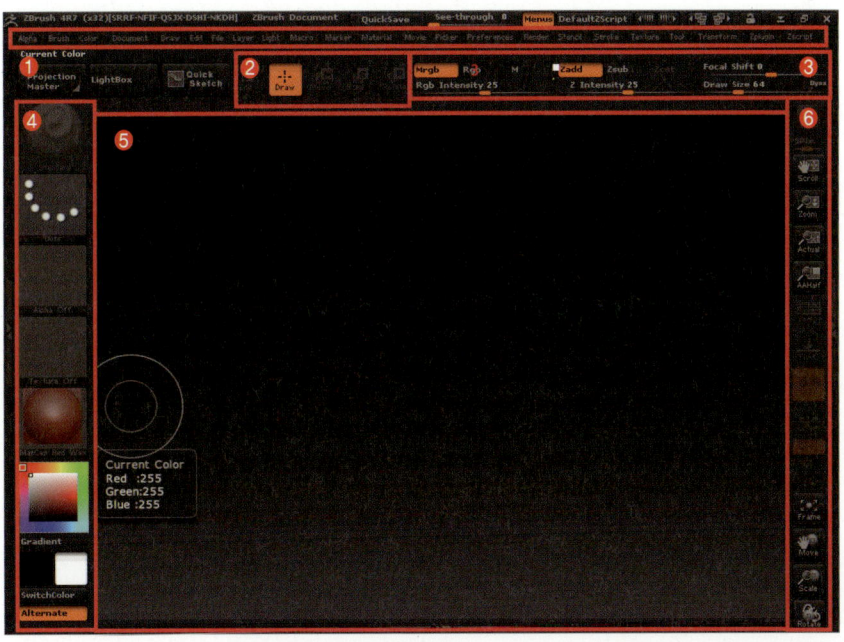

① 환경 설정　　② 변형 툴　　③ 브러시 조절
④ 브러시 선택　⑤ 캔버스　　⑥ 화면 조작

❶ 대부분의 스캔 파일 확장자는 STL입니다. 오른쪽 상단의 메뉴바에서 Zplugin 〉 3D Printer Experter 〉 STL Import를 선택합니다.

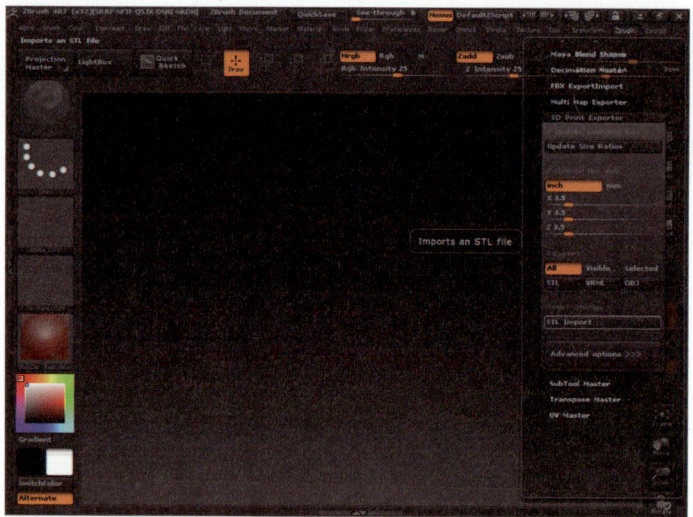

❷ 파일 경로를 찾아 스캔 파일을 불러옵니다.

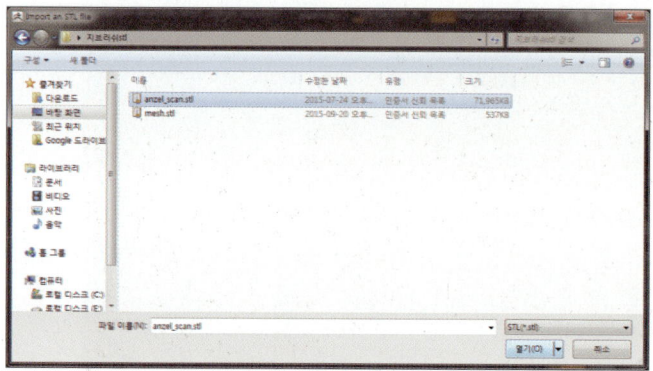

❸ 다음과 같은 문구가 뜨고 화면에는 아직 모델링이 나타나지 않았습니다.

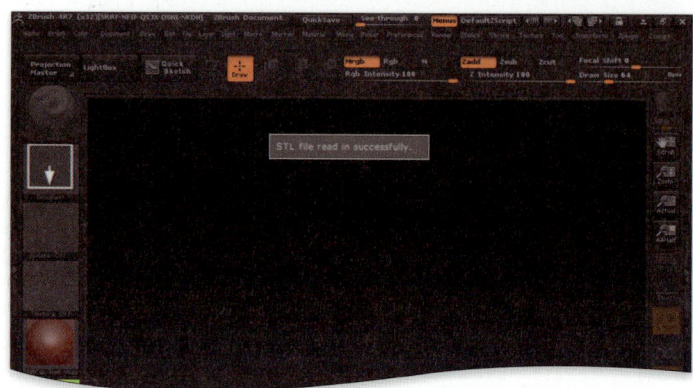

❹ 캔버스의 빈 공간에 마우스나 타블렛으로 클릭&드래그하여 모델링을 만듭니다. 여기서 크기는 중요하지 않습니다.

❺ 캔버스의 빈 곳을 드래그하면 계속하여 모델링이 나타납니다. 모델링 하나가 생성된 후에는 상단의 'Edit' 아이콘을 클릭합니다.

❻ 상단의 Edit 패널이 주황색으로 바뀌고 캔버스 화면에 사각형 선이 생기면 수정 작업을 할 수 있는 상태가 된 것입니다.

TIP

● **마우스 사용법**

오른쪽 하단의 화면 조정바에서 [Scale] 버튼을 클릭하여 위/아래로 드래그하면 화면을 확대·축소할 수 있고, 캔버스의 빈 공간을 클릭&드래그하면 화면을 돌려가며 볼 수 있습니다. 또한 키보드에서 Alt 를 누르고 캔버스의 빈 공간을 클릭&드래그하면 화면을 상하 좌우로 움직일 수 있습니다.

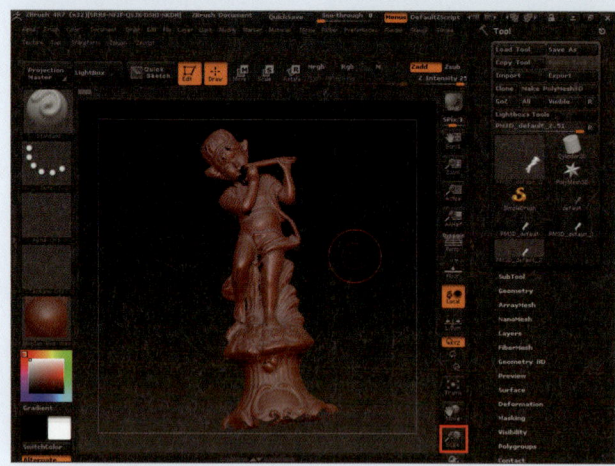

❼ 각종 컨트롤 키를 이용하여 스캔 파일을 확인해 보면 3D 스캐너의 한계 또는 스캔 노하우 부족으로 완벽하게 3D 스캔이 이루어지지지 않아 메쉬가 중간중간 깨져있는 것을 확인할 수 있습니다. 사각지대 없이 거리와 각도를 조절하여 완벽하게 스캔한다는 것은 상당한 노력과 시간이 필요합니다. 초보자들은 중요 포인트의 형상만 스캐너로 잡고 Z-Brush를 이용하여 복구를 진행하도록 합니다.

 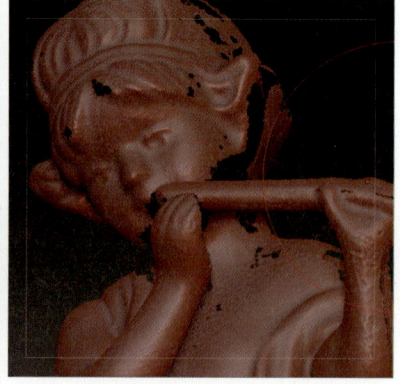

❽ 문제되는 부분들을 간단히 해결해 보겠습니다. 오른쪽 툴바에서 Geometry 〉 DynaMesh를 선택합니다.

> **TIP**
>
> ● **DynaMesh란?**
>
> 모델링의 일부를 'Move' 브러시를 이용하여 잡아 당겼을 때 정해진 폴리곤의 형태가 늘어나 형태를 제대로 표현하지 못하는 것을 알 수 있습니다. 이때 DynaMesh를 눌러주면 모델링 전체에 폴리곤이 재배열되므로 의도했던 표현이 가능하게 됩니다.

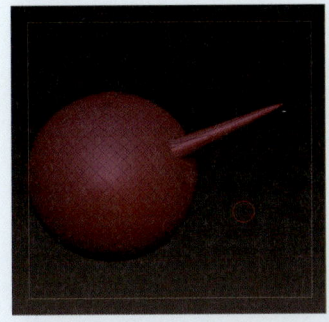 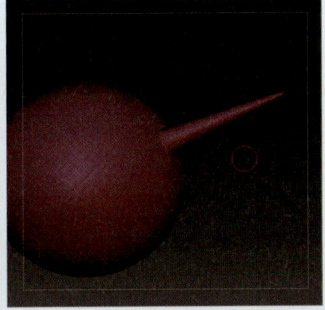

왼쪽 그림은 DynaMesh를 사용하지 않은 경우로 폴리곤이 굉장히 늘어난 상태이므로 형태가 일그러지며 당겨졌으나, DynaMesh를 사용한 경우에는 오른쪽 그림과 같이 무리 없이 형태가 표현됩니다.

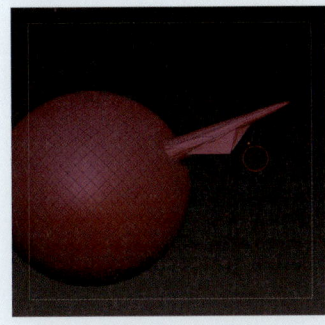 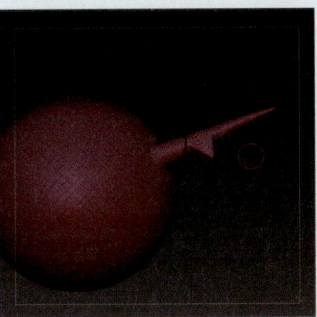

❾ DynaMesh 툴바를 선택 후 [DynaMesh] 버튼을 클릭합니다. 표시되는 여러 옵션 중 'Resolution' 의 값을 조절하여 폴리곤 양을 조절해 세부 표현을 만듭니다.

❿ 기본 Resolution 128 값으로 DynaMesh를 실행하였더니 다음 그림과 같이 깨진 폴리곤이 막힌 것을 확인할 수 있습니다. 폴리곤의 수가 작고 사이즈가 크므로 [DynaMesh] 버튼 아래에 있는 해상도 Resolution 를 높여 섬세한 표현이 나타나도록 해야겠습니다.
Ctrl + Z 를 눌러 이전 단계로 돌아갑니다.

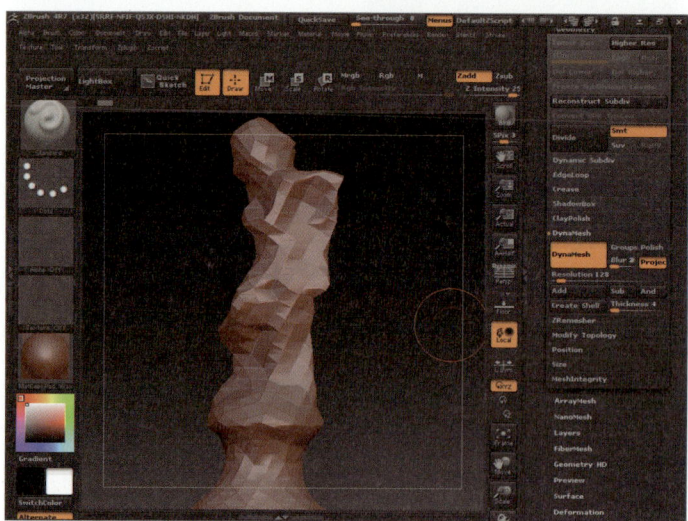

⑪ Resolution은 주황색 버튼을 드래그하여 조절할 수 있습니다. 1000 이상까지 올려준 다음 다시 한 번 [DynaMesh] 버튼을 클릭합니다. 이전보다 해상도가 높아져 전반적인 표현을 알아볼 수 있습니다. 구멍 역시 모두 완벽히 막혔습니다. 하지만 아직 표면이 조금 고르지 못하고 얼굴 부분이 희미합니다.

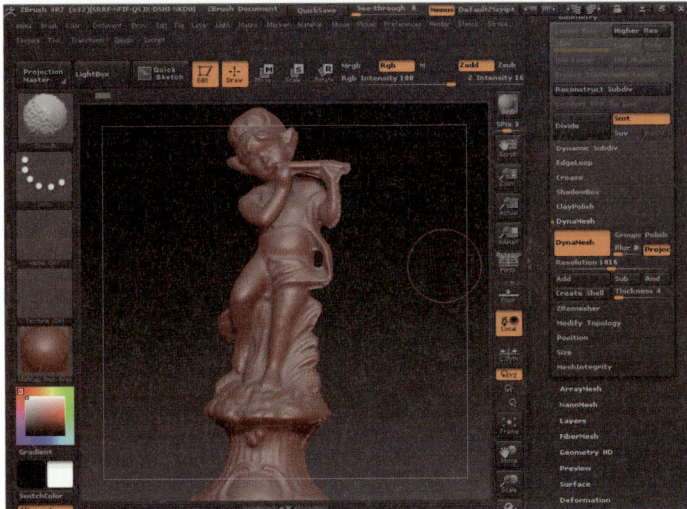

⑫ Ctrl + Z 를 눌러 이전 단계로 돌리고 해상도를 1600 이상으로 높여줍니다.

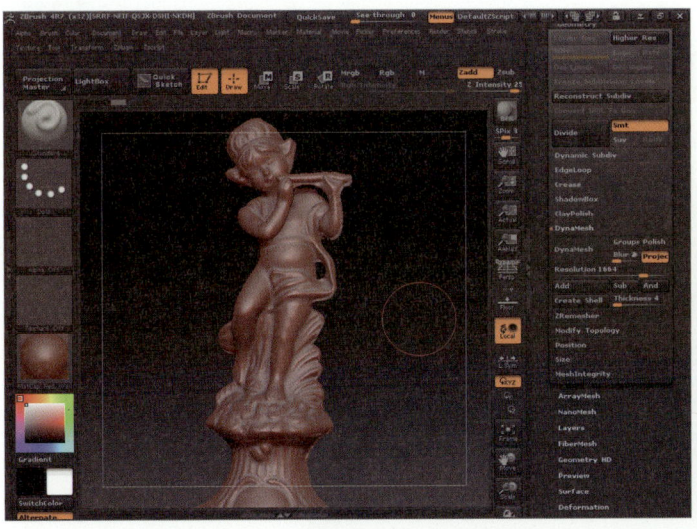

⑬ 스캔이 제대로 되지 않았던 부분을 이어주느라 모델링의 아랫부분에 다음과 같이 불필요한 형상이 생겼습니다. DynaMesh와 브러시를 사용해 면을 정리합니다.

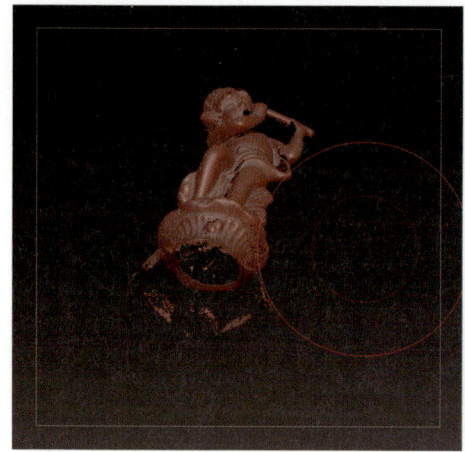
▲ 오리지널 스캔 파일 모습

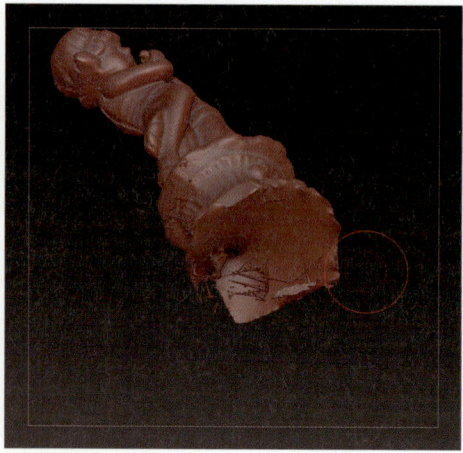
▲ DynaMesh 후 모습

⑭ 화면에서 보이는 면만 수정하였으므로 모델링을 반대로 돌려보면 뒷면까지 영향을 미쳐 의도치 않게 일그러지거나 변형된 모습을 볼 수 있습니다. 이를 방지하기 위해 작업 반대면을 자동으로 마스킹시키는 기능이 있습니다. 상단의 툴바에서 Brush 〉 Auto Masking 〉 BackfaceMask를 선택하여 활성화시킵니다.

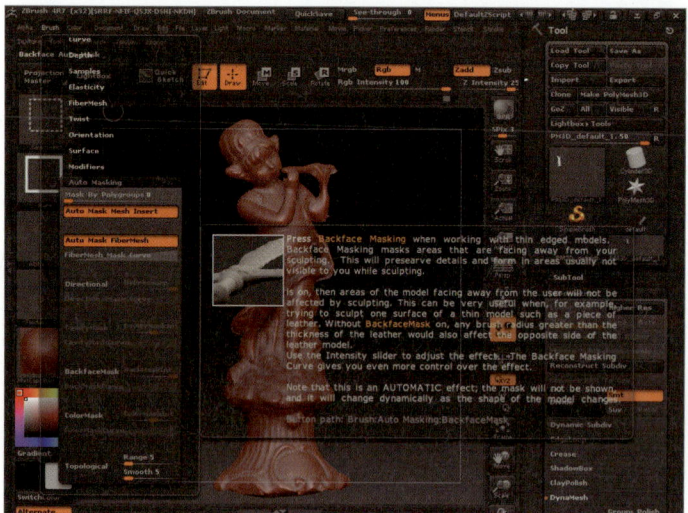

⑮ 키보드에서 S 를 누른 상태에서 드래그하면 브러시의 사이즈를 조절할 수 있습니다. 또한 상단의 Z Intensity를 조절하여 브러시를 사용하였을 때 얼마나 면이 볼록하게 나올지 조절할 수도 있습니다. 이 값들은 정확한 수치가 있는 것이 아니므로 사용자가 여러 값으로 조절하고 테스트해 보면서 작업해야 합니다.

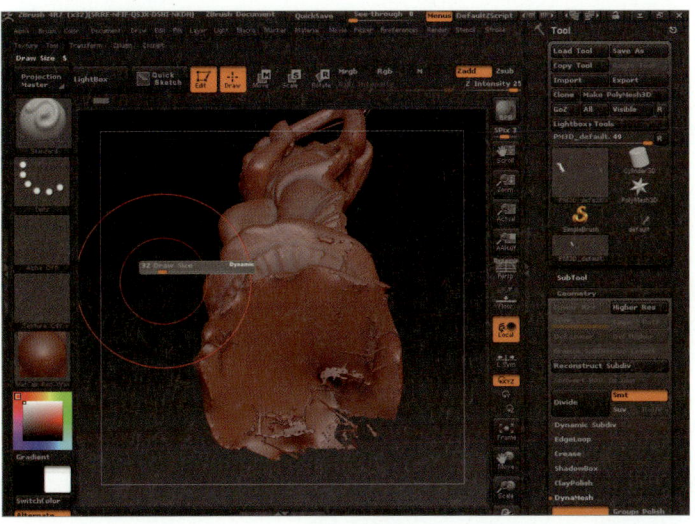

⑯ 모델링의 아랫부분은 키보드에서 Shift 를 누른 상태에서 드래그해주면 불규칙적인 면을 고르게 정리할 수 있습니다. Shift 를 누른 채 브러시를 사용하면 표면의 요철을 부드럽게 정리하는 역할을 합니다. 정리하다 보면 변화가 더 이상 나타나지 않을 때가 있는데, 그때 오른쪽의 DynaMesh를 한 번 더 눌러 폴리곤을 재배열합니다.

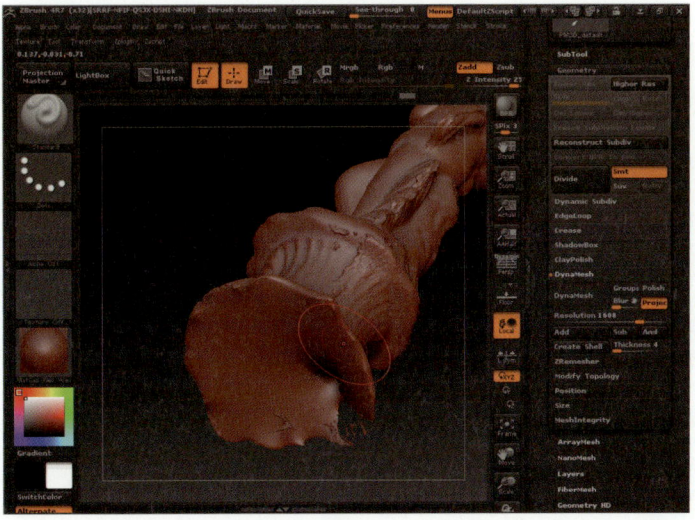

⑰ 면을 고르게 하는 작업을 하다보면 모델링의 표면이 움푹 패이거나 디테일이 뭉개지는 경우가 발생할 수 있습니다. 이 경우는 각종 브러시를 사용하여 형태를 복구합니다. 왼쪽 툴바의 맨 위에 있는 브러시를 클릭하면 각종 기능의 다양한 브러시가 나타납니다. Standard, Clay, Move 등이 주로 사용됩니다. Alt 를 누른 상태에서 브러시를 사용하면 모델링의 표현에서 -Z축 방향으로 브러시가 적용됩니다.

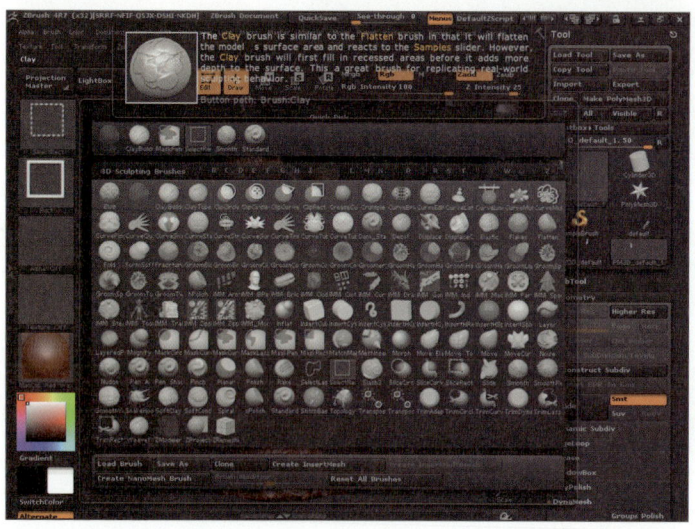

TIP

- **Brush의 종류**

모든 브러시는 타블렛 펜의 필압에 따라 돌출되는 정도가 달라집니다.

▲ Standard : 가장 기본이 되는 브러시이며, 붓이 지나간 것처럼 형태가 나타납니다.   ▲ Clay : 점토를 눌러서 덧붙인 것처럼 넓은 면이 나타납니다.

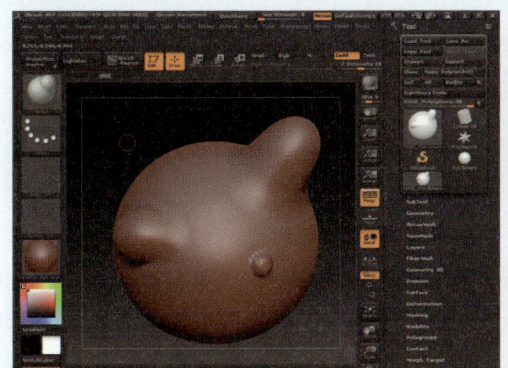
▲ Inflat : 구의 형태로 돌출됩니다.

▲ Clay Buildup : Clay 브러시보다 빠르게 점토를 덧붙입니다.

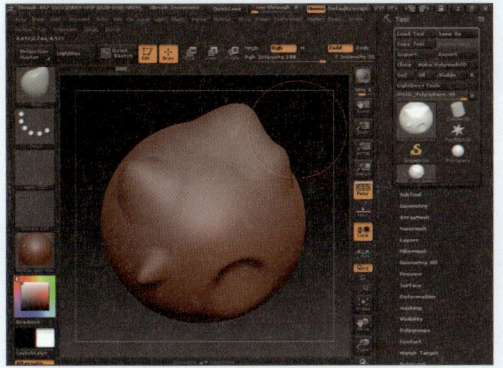
▲ Move : 형태의 일부를 잡아서 원하는 방향으로 당길 수 있습니다.

⑱ 모델링 복구가 끝나면 상단의 Zplugin 〉3D Print Exporter 〉STL을 선택하여 3D 프린팅을 위한 STL 파일로 저장합니다. 저장할 때 사이즈를 inch 또는 mm로 저장할 수 있습니다. XYZ축에 대한 사이즈가 표시되므로 출력을 위해 사용할 3D 프린터의 빌드 사이즈에 따라 설정합니다.

CHAPTER 2 캐릭터 모델링과 출력 | 367

SECTION 4
3D 프린터로 캐릭터 디자인 출력하기

캐릭터 디자인은 귀엽고 단순한 형태부터 실제 사람과 같이 복잡하고 비정형적인 형태까지 매우 다양합니다. 대부분의 모델링이 계속해서 각도가 변하는 형태를 가지고 있으므로 출력을 계획할 때 다양한 방면에서 고려해야 합니다. 이번에는 캐릭터 모델링을 출력할 때 3D 프린터의 종류와 특성에 따라 어떤 점을 고려해야 하는지 알아보고, 디자인 표현에 적합한 프린터의 선택과 다양한 종류의 프린터에 맞춘 캐릭터 디자인을 할 수 있는 팁을 알아봅니다.

1 FDM, 광경화성 프린터로 캐릭터 출력 시 주의할 점

FDM과 광경화성 프린터를 사용하여 캐릭터 디자인을 출력할 때, 해당하는 프린터의 특성에 따라 캐릭터 디자인 과정에서 고려되어야 할 점에 대해 알아보겠습니다.

① FDM 프린터

- 뾰족한 부분 없이 R 값을 줍니다. R=1mm
- 캐릭터 모델링의 파트에서 나타나는 행오버에 신경씁니다. FDM은 100% 자동 서포트가 생성되지만, 바닥면과 근접하지 않은 부분에서 자동 서포트가 제대로 생성될 확률은 매우 낮습니다.
- 거의 대부분의 서포트는 45° 룰에 따릅니다.
- 서포트가 생성될 부분에는 디테일이 중요한 파트를 배치하지 않습니다.
- 벽 두께는 1.5~2mm 정도로 줍니다.

- 메쉬 형태는 피하도록 합니다. 필라멘트가 계속하여 나올 수 있는 단층면이 많을수록 출력물이 깔끔합니다.
- 내부를 꽉 채워서 모델링하고 호스트 프로그램에서 Infill Density를 조절합니다.
- 바닥면 Brim 또는 Raft로 안정성을 높입니다.

② 광경화성 프린터

- FDM과 마찬가지로 모서리를 뾰족한 부분 없이 R 값을 줍니다. R 값은 0.5mm 정도로 FDM 보다 좁은 모서리의 표현이 가능합니다.
- 행오버를 주의하고 수동으로 꼼꼼히 확인하며 내부 구조체 안정성을 높이는 방향으로 합니다.
- 서포트에는 45° 룰이 적용되나, 내부 서포트 혹은 내부 구조체로 안정성 있게 모델링으로 극복 가능합니다.
- 서포트가 배치될 부분에는 디테일 표현을 필요로 하는 파트를 배치하지 않습니다.
- 벽 두께는 1mm 이상이면 출력 가능합니다. 모델링의 전체적인 크기와 형태에 따라 조절할 수 있습니다.
- 메쉬형 구조에 최적화되어 있습니다. 메쉬 구조는 DLP 프린터 방식에서 출력될 때에 구조적 안정성을 기본으로 갖추고 있으며 심미성 또한 우수하고, 재료 효율성 측면에서도 경제적입니다.
- 내부는 가능한 Shell과 Mesh 구조로 미리 모델링해 둡니다.
- 바닥면은 0.5mm 정도로 전체를 깎아줍니다.

2 캐릭터 모델링, 자유곡선 3D 모델링 출력 팁

캐릭터 모델링은 보통 자유곡선 3D 모델링의 형태를 갖고 있기 때문에 서포트를 생성하는 데 어려움이 있습니다. 일반적인 자동 서포팅 프로그램에서는 바닥면에서 가까운 면에만 서포트를 수직으로 생성하기 때문에 서포트가 모델링과 겹치거나 서포트가 생성되어야 할 부분을 놓치는 일이 발생하기 때문입니다. 자동 서포팅 프로그램을 이용하지 않고 직접 서포트를 생성한다 하여도 복잡한 자유곡선의 3D 모델링에 서포트를 완벽하게 생성하기란 쉽지 않습니다. 이러한 문제점을 해결할 수 있는 방법에는 분할 출력과 내부 구조 안정화가 있습니다. 지금부터 분할 출력과 내부 구조 안정화의 원리 및 방법에 대해 알아보겠습니다.

① 분할 출력

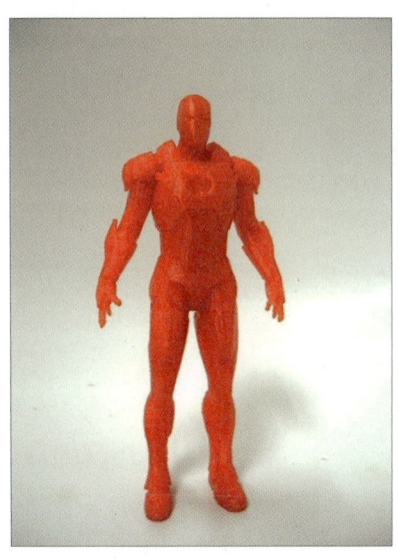

사람이 서 있는 형태의 캐릭터를 출력한다고 가정했을 때 서포트가 반드시 필요한 부분은 어깨로부터 이어지는 팔, 손, 손가락입니다. 이 외에도 부분적으로 서포트가 필요하지만 서포트를 생성하기 보다는 큰 덩어리를 중심으로, 머리, 팔, 몸통, 다리를 분할하여 출력하는 것이 효율적입니다. 이 경우 어깨, 목, 골반과 같은 분할 면에는 원기둥 형태의 축을 만들어 캐릭터 머리, 팔, 다리의 움직임을 만들어 낼 수도 있습니다.

② 내부 구조 안정화

일반적인 3D 캐릭터 모델링에서 내부의 형태는 중요하지 않고 외부의 디자인이 중요합니다. 하지만 3D 프린팅 출력을 위해서는 내부까지 구조적 안정성을 유지해야 하기 때문에 외부뿐 아니라 내부의 디자인도 중요합니다. 내부 구조체는 메쉬 구조를 만들거나, 임시 구조체인 서포트를 만들고 출력 후 제거하는 방법을 사용하면 됩니다. 하지만 가장 좋은 방법은 모델 자체가 구조적 안정성을 가질 수 있도록 디자인하는 것입니다.

구조적 안정성에는 출력 시 출력 매커니즘에 따른 안정성까지 포함됩니다. 서포트는 전용 혹은 무료 소프트웨어를 통해 프린터의 종류와 공정에 맞게 쉽게 생성할 수 있습니다. 그러나 서포트를 제거하는 과정에서 출력물이 손상되어 후가공을 해야 할 수도 있습니다. 또한, 잘못된 서포트로 인해 힘의 균형이 망가져 오히려 전체 출력물에 해가 될 수도 있습니다. 출력물은 보통 외관을 디자인하고 오프셋 혹은 속이 꽉 차있는 모델링이라면 쉘을 이용하여 벽 두께를 만들어 구조를 만든 후 서포트를 생성하여 출력 전 모델링을 완성합니다.

하지만 이와 같은 오프셋, 쉘은 바깥쪽 모양을 따라 내부도 똑같은 모양을 형성합니다. 외부의 모델링 형상이 복잡하다면 내부도 복잡해지고 이에 따라 서포트의 적용 범위도 복잡해질 것입니다. 하지만 내·외부 디자인을 다르게 하여 출력 시 구조적 안정성을 높인다면 다양한 곡면을 가지는 외부에 간단하면서 프린팅하기 쉬운 내부 모양이 합쳐져 최소의 서포팅으로서 전체 출력이 가능한 디자인이 완성될 수 있습니다.

지금부터 인형 얼굴을 출력하는 과정을 통해 내부 구조 안정화에 대해 알아보도록 하겠습니다.

① 먼저 적절하게 포지셔닝합니다. 인형 머리를 일직선으로 자른 후 잘린 부분이 바닥에 위치하도록 합니다. 대부분의 파트가 출력에 무리가 없도록 최적의 각도를 갖습니다.

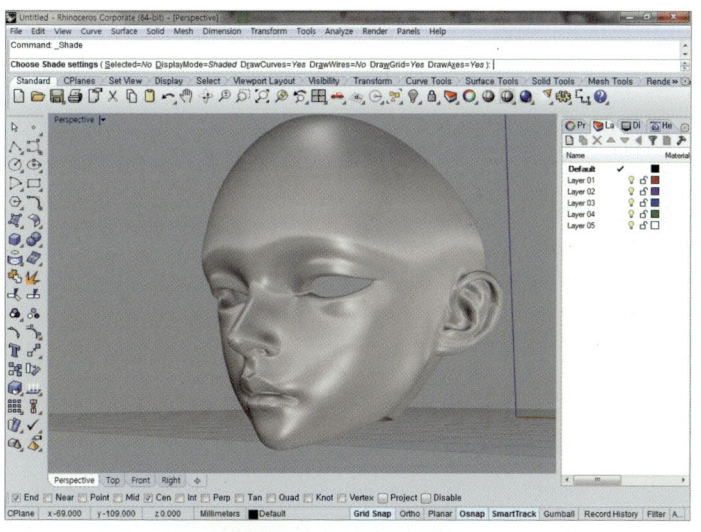

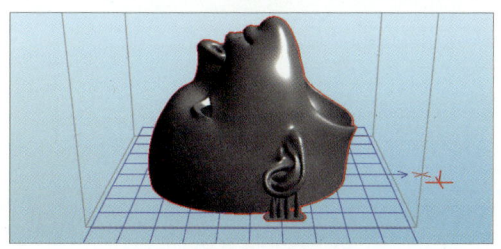

❷ 모델링의 측 단면을 보면서 내부 구조 안정화의 방법에 대해 설명하겠습니다. 그림과 같이 주로 외관을 모델링하고 DLP 방식의 3D 프린터의 경우 약 2mm 정도 두께를 줍니다.

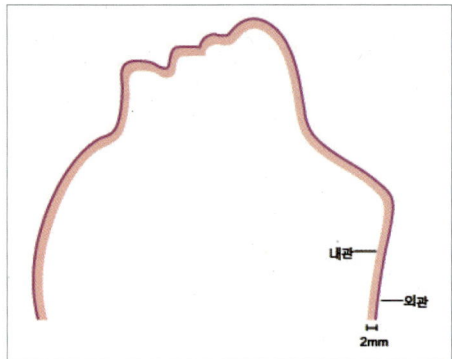

❸ 파란색으로 표시된 부분처럼 지면과의 각도가 45° 이하인 곳은 모델링을 슬라이스했을 때 단면적이 다른 부분에 비해 갑자기 넓어지게 되므로 면이 제대로 생성되지 않을 가능성이 큽니다.

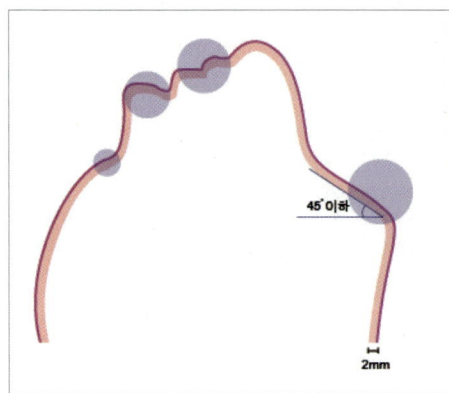

❹ 이 문제를 해결하기 위해 외관은 그대로 둔 채 내부에서 각도를 45° 이상이 되도록 조절하면 출력 성공 가능성을 높일 수 있습니다. 내부에 살을 붙이기 위해서는 Z-Brush에서 내부 면을 고르게 정리하는 방법을 사용하는 것이 좋습니다.

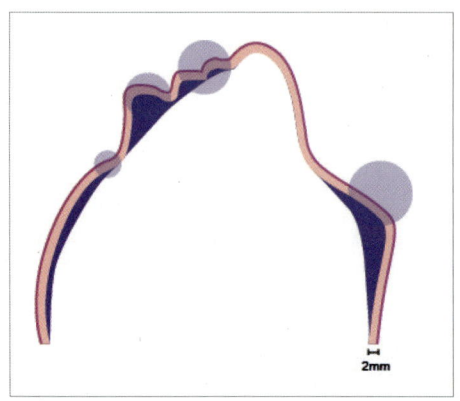

SECTION 5
실전, 고양이 캐릭터 모델링하기

이번에는 앞서 배운 3D 프린팅을 위한 모델링의 요령들을 실전에서 직접 적용하는 과정을 알아봅니다. 캐릭터 디자인은 보통 아이디어를 표현한 평면 스케치나 이미지로부터 3D 모델링을 하게 됩니다. 3ds Max나 Z-Brush에서 이미지 파일을 불러온 후 라이트박스에 대고 선을 따듯이 이미지의 외곽 또는 주요 라인을 따라 형태를 다듬는 과정을 거치게 되므로 스케치를 하거나 이미지를 고를 때 3D 프린팅 과정을 염두에 두고 작업해야 합니다.

고양이의 형태나 자세에는 여러 가지가 있지만 구조적 안정성을 가지고 서포트 없이 출력이 가능한 모델링을 연구해 보았습니다. 고양이의 앉은 자세는 아래에서 위로 갈수록 단면적이 좁아지기 때문에 형태적으로 아랫부분이 윗부분을 잘 잡아줍니다. 디테일 부분에는 45° 이상의 각도를 유지하고 다리와 몸통, 몸통과 머리가 만나는 부분은 모서리가 생기게 하는 대신 R 값을 충분히 주는 방식을 선택하였습니다. 자세한 과정을 3ds Max의 간단한 조작법과 더불어 모델링 순서에 맞춰 살펴보겠습니다.

❶ 3ds Max를 실행합니다. 3ds Max 프로그램의 화면 구성은 다음과 같습니다.

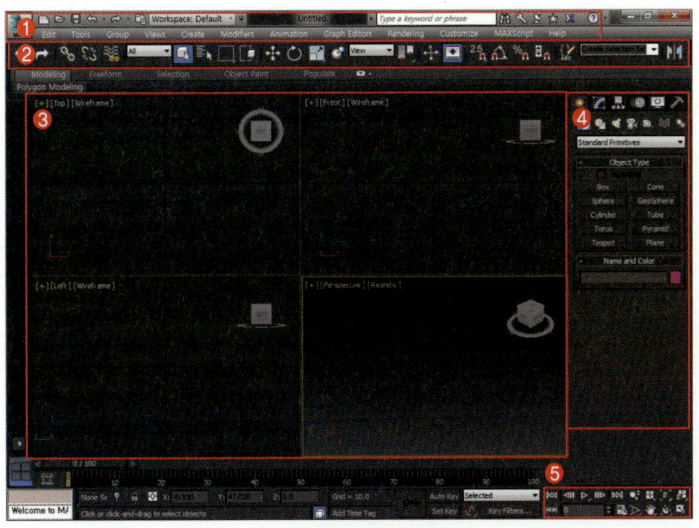

① 환경 설정 : 파일 불러오기, 저장, 작업환경을 설정합니다.
② 메인 툴바 : 오브젝트의 이동, 확대, 회전 등 Transform에 관한 명령이 있습니다.
③ 뷰포트 : 뷰가 방향별로 화면에 표시되고, 오브젝트의 표시를 와이어프레임, 쉐이드 등으로 바꿀 수 있습니다.
④ 명령 패널 : 다양한 명령어로 오브젝트를 생성, 수정할 수 있습니다.
⑤ 뷰포트 조정 : 뷰포트의 회전, 확대 등을 통해 다양한 방향과 거리에서 볼 수 있습니다.

❷ Plane을 Front 뷰에서 클릭&드래그하여 그려줍니다. 플랜 위에 나타난 가로, 세로의 선들을 볼 수 있습니다. 이 선들은 후에 이 플랜을 변형할 때 필요한 선으로, 기본 값은 '4'입니다. 이 플랜은 고양이 이미지를 입힐 가이드 판이기 때문에 변형 선들이 필요하지 않습니다.

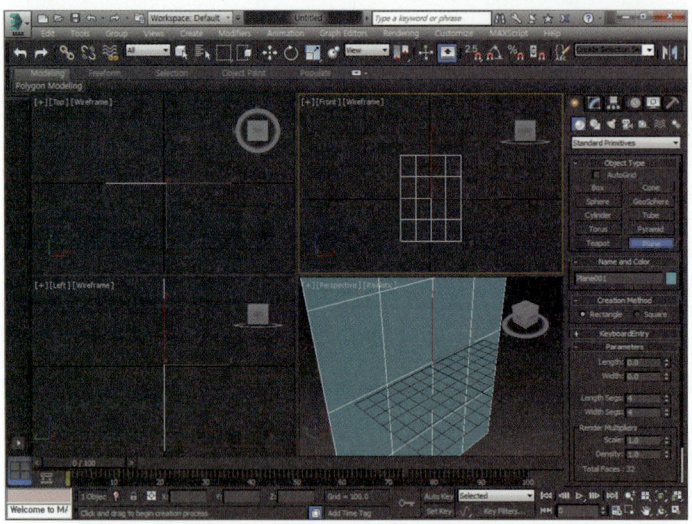

❸ 오른쪽 명령 패널의 Parameters에서 'Length Segs'와 'Width Segs'를 '1'로 설정합니다. 뷰포트에서 가로와 세로 선들이 사라진 것을 볼 수 있습니다.

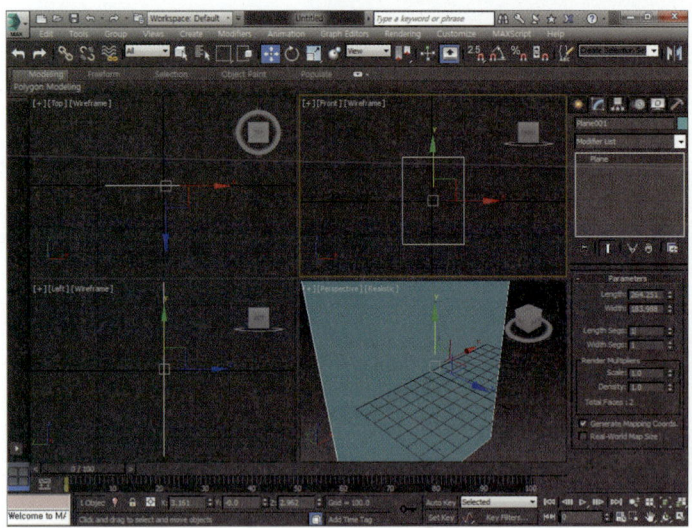

❹ 만들어진 플랜에 고양이 이미지를 맵핑하기 위해 메인 툴바에서 [Material Editor] 버튼을 클릭합니다.

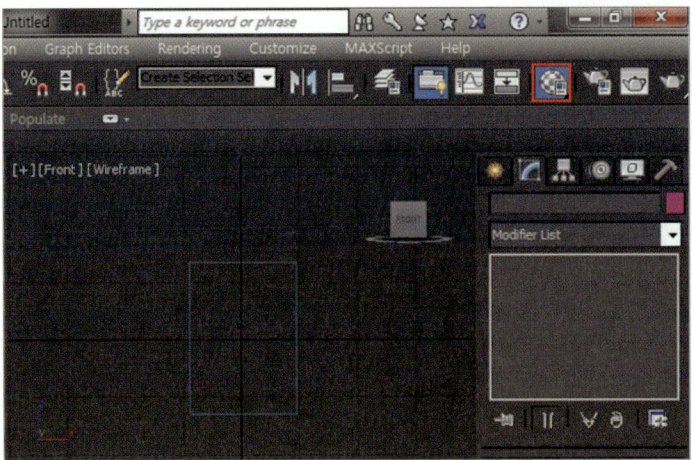

❺ 다음과 같은 창이 생성됩니다. Diffuse 옆에 있는 작은 사각형을 클릭합니다.

❻ Maps 〉 Standard 〉 Bitmap을 선택한 후 [OK] 버튼을 클릭합니다.

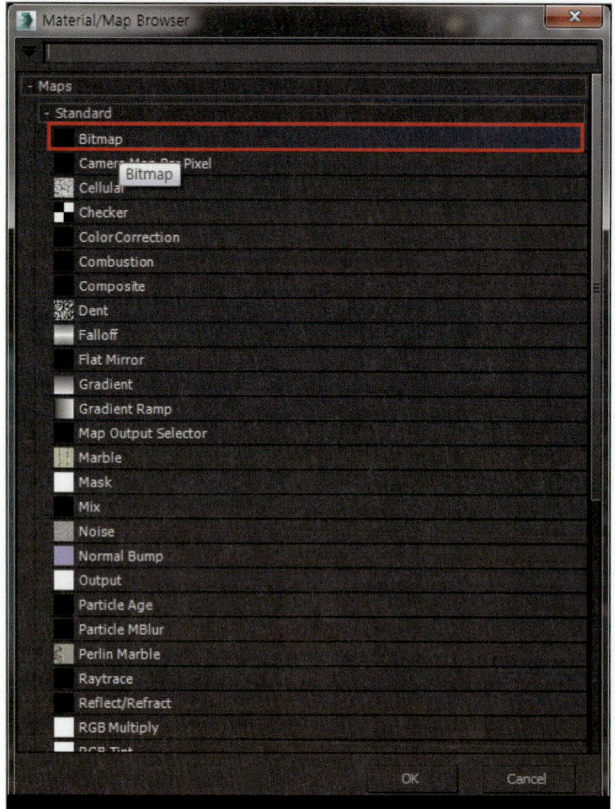

❼ 이미지가 위치한 폴더의 경로를 따라가 이미지를 선택하고 [Open] 버튼을 클릭합니다.

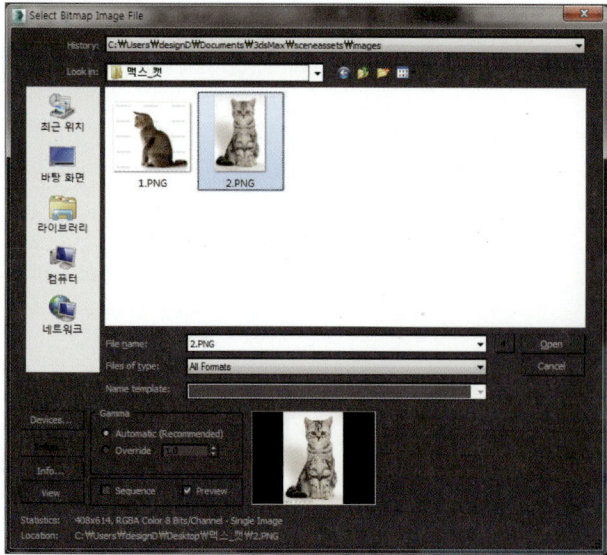

❽ Bitmap Parameters에 파일의 경로가 표시된 것을 볼 수 있습니다. 첫 번째 슬롯에 고양이 이미지가 들어가 있습니다. 'Put Material to Scene( )' 아이콘을 클릭하여 오브젝트에 이미지를 매핑합니다. 오브젝트는 회색으로 변하고 이미지가 보이지 않습니다. 'Show Shaded Material in Viewport( )' 아이콘을 클릭하여 뷰포트 상에 이미지가 보이게 합니다.

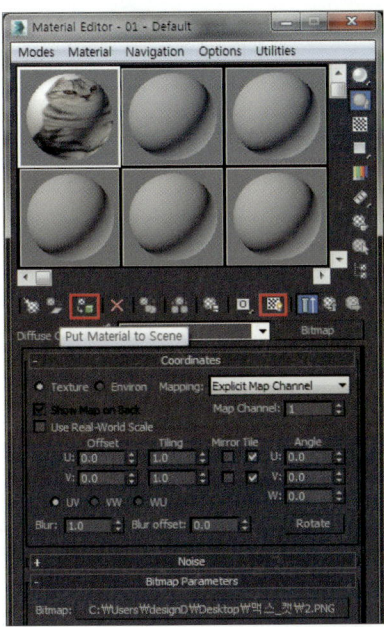

❾ 고양이 이미지가 입혀진 첫 번째 슬롯의 모서리에 하얗게 칠해진 삼각형이 생겼습니다. 이것은 오브젝트에 이미지가 매핑된 상태임을 뜻합니다.

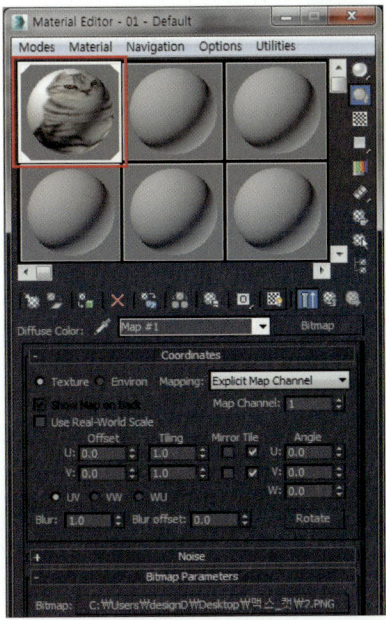

❿ 뷰포트와 함께 확인해 봅니다. 뷰포트 상에 맵핑된 오브젝트가 선택되었을 때 Material Editor 창에서는 맵핑된 이미지 슬롯 모서리가 속이 빈 삼각형으로 보입니다. 여기까지 확인했다면 Material Editor 창을 닫아도 됩니다.

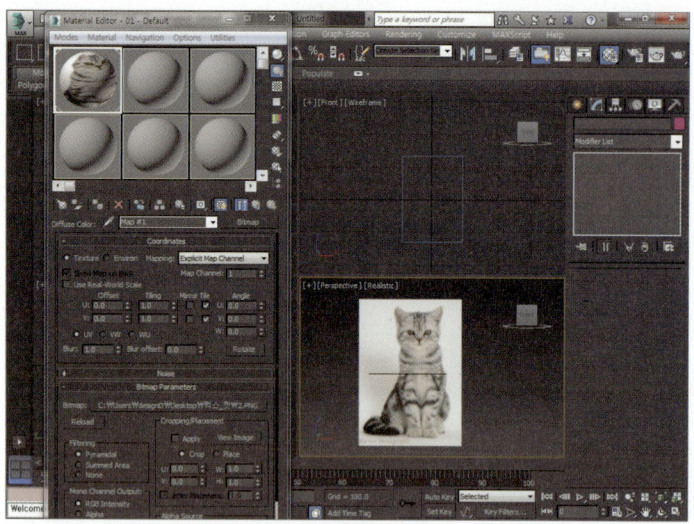

⓫ 'Maximize Viewport Toggle( )' 아이콘을 클릭하면 선택된 뷰포트를 화면에 꽉 차게 키울 수 있습니다. 화면 가운데 나타나는 그리드는 작업 중 이미지를 가려 방해가 되므로 키보드에서 G 를 눌러 그리드를 없앱니다. 뷰포트에서 보이는 큐브를 클릭&드래그하면 화면을 회전하여 각도를 다르게 볼 수 있습니다.

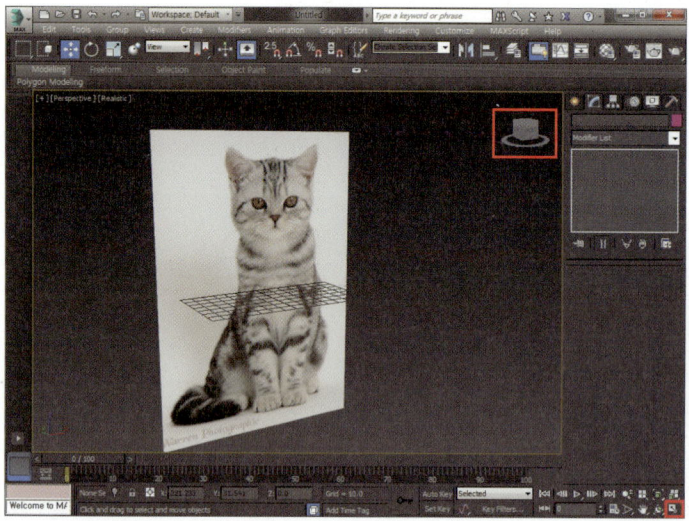

⑫ 메인 툴바에서 'Scale( )' 아이콘을 클릭하고 플랜의 비율을 가로 또는 세로 방향으로 조절하여 고양이의 형태를 원하는 대로 맞춥니다. 사용할 3D 프린터의 빌드 사이즈를 고려하여 비율을 조절할 수 있습니다. 살짝 납작한 형태를 만들면 전체적인 모습은 유지하되 면 단위 적층 방식의 3D 프린터에서 출력 시간을 줄일 수 있습니다.

⑬ 고양이 몸통을 모델링할 때 기본 형태가 될 박스를 만듭니다. Command Panel 〉 Create 〉 Box 를 선택하고 Top 뷰에서 클릭&드래그하여 박스를 만듭니다. Parameters에서 'Segs'선의 개수를 모두 '1'로 바꿔줍니다.

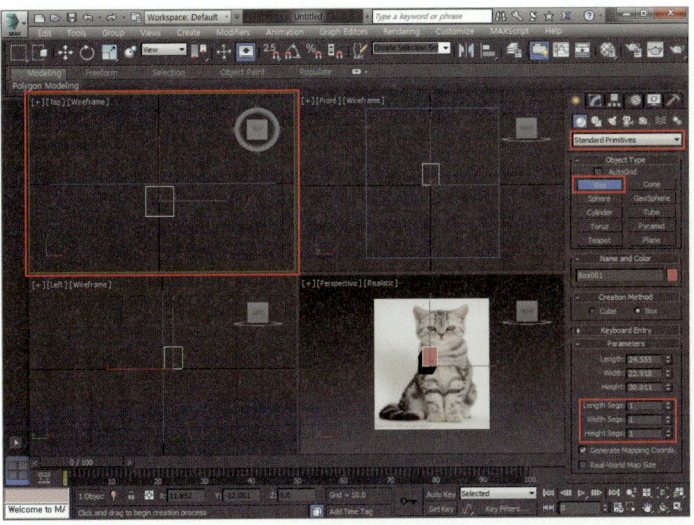

⑭ Perspective 뷰포트에서 'Perpective' 텍스트를 마우스 오른쪽 버튼으로 클릭하면 그림과 같은 메뉴가 나타납니다. 고양이의 형태를 이미지대로 만들 때 화면에 투시가 들어가 있으면 형태를 이해하기 어려우므로 'Orthographic'으로 바꿔줍니다.

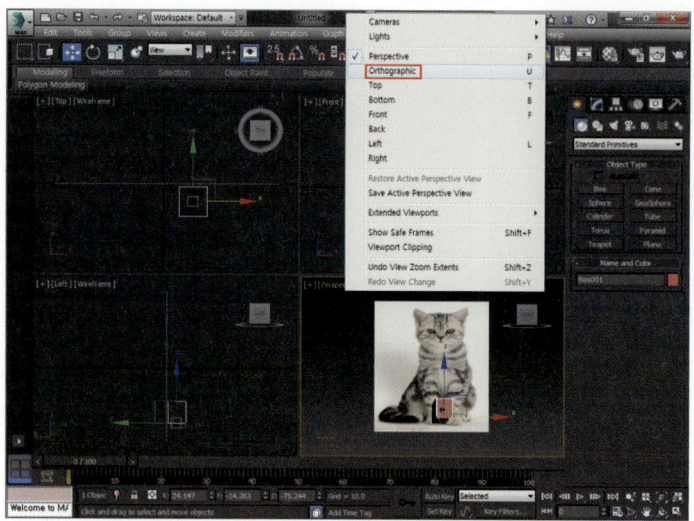

⑮ 'Orthographic' 옆의 'Realistic' 텍스트를 클릭하여 화면에 보이는 오브젝트의 재질을 바꿔줍니다. 'Shaded'와 'Edged Faces'를 선택하여 최소한의 명암과 모서리만 보이도록 변경합니다.

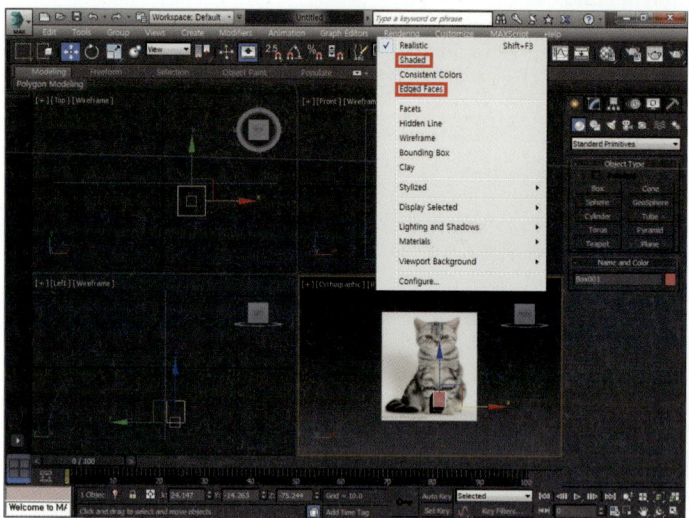

⓰ 메인 툴바에서 'Move( )' 아이콘을 클릭하여 박스의 위치를 고양이의 맨 아래 중심부에 위치시킵니다.

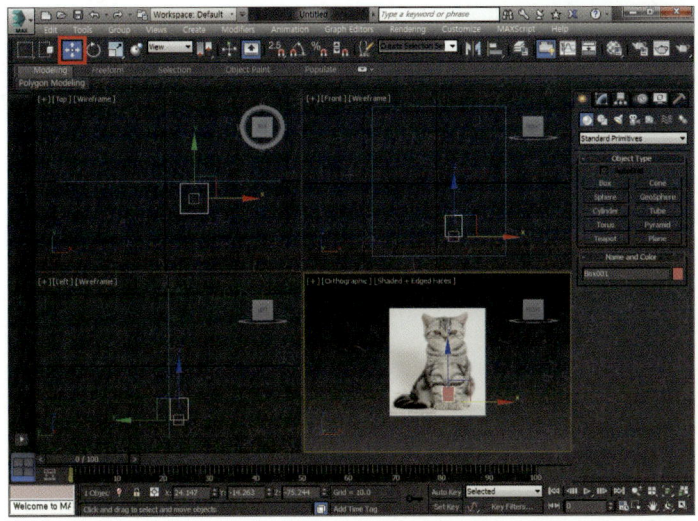

⓱ 이제 박스를 기본으로, 고양이의 전면부 외곽 라인을 따라 만드는 작업을 하겠습니다. Command Panel 〉 Modify 〉 Edit Poly를 선택하여 박스를 변형 가능한 폴리곤 박스로 만듭니다.

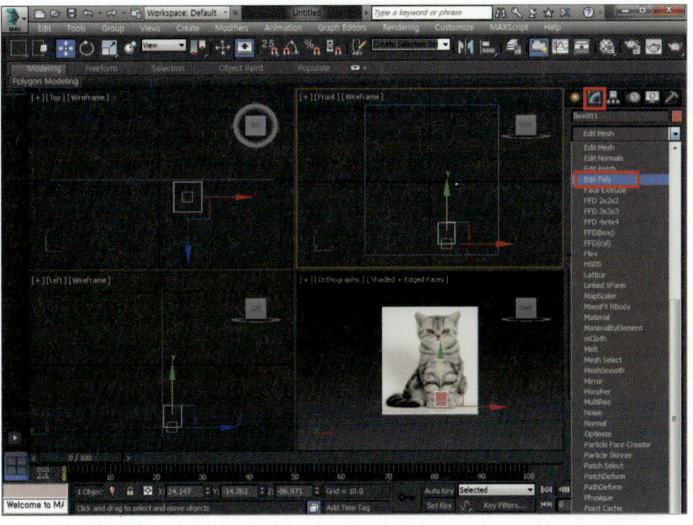

⑱ 고양이는 꼬리를 제외하고 좌우가 거의 대칭이므로 작업의 효율성을 위해 양쪽을 따로 작업하기 보다는 Modify › Symmetry를 선택하여 좌우 대칭이 되도록 설정합니다.

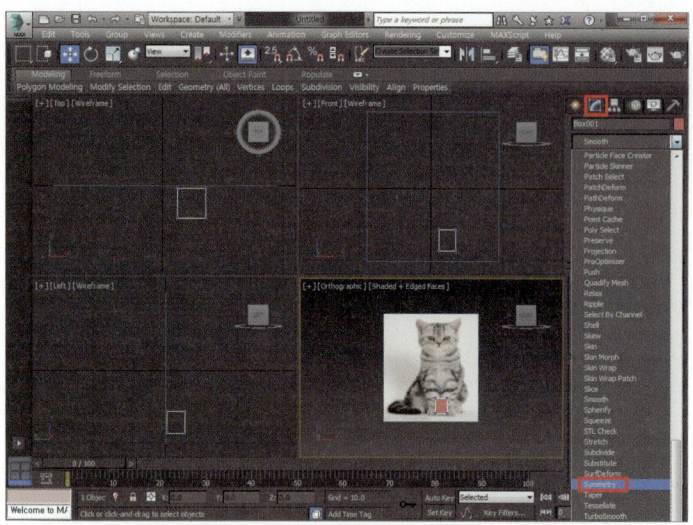

⑲ Modifier List › Edit Poly를, Selection › Polygon을 선택합니다. 뷰포트 상에서 면을 하나 선택하면 대칭한 면도 같이 선택되는 것을 볼 수 있습니다. 이미지에서는 쉽게 확인하기 위해 오브젝트 재질을 Wireframe으로 바꿨습니다.

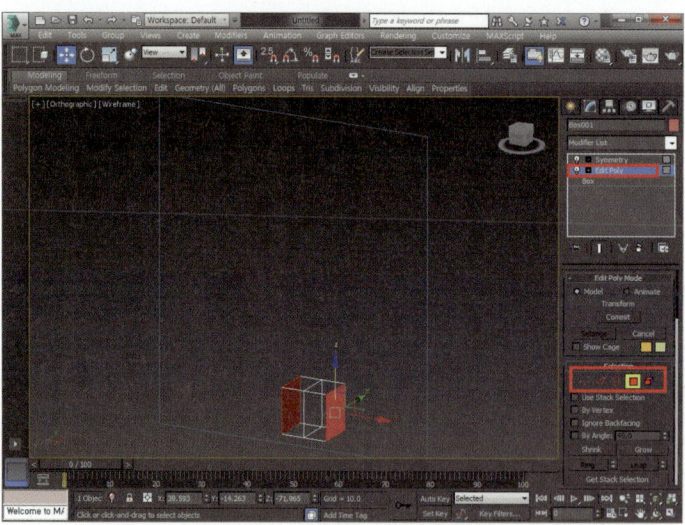

⑳ 폴리곤을 선택하고 Edit Polygons 〉 Extrude를 선택하여 면을 돌출시킵니다. 원하는 만큼 숫자를 드래그하여 조절하고 체크 버튼을 클릭합니다.

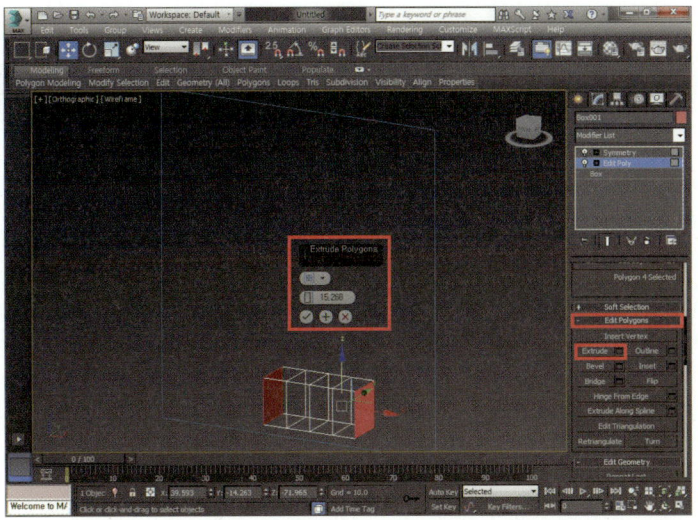

㉑ Selection 〉 Vertex를 선택하고 뷰포트에서 수정할 점을 선택한 후 고양이의 형태에 맞게 이동합니다. 이때 바닥면과의 각도가 45° 이상이 되도록 설정하여 출력할 때 무리가 없도록 형태를 잡아줍니다.

㉒ 폴리곤을 선택하여 Extrude시킨 다음 플러스를 누르면 한 번 더 연속하여 Extrude가 됩니다. 여러 번 돌출한 뒤 마지막으로 체크를 클릭하면 됩니다.

㉓ 형태에 맞게 머리까지 만들어 주었습니다. 머리 부분은 목에서 슬라이스를 했을 때 단면적이 좁아졌다가 다시 넓어지는 부분이기 때문에 목을 너무 좁게 하지 않도록 합니다.

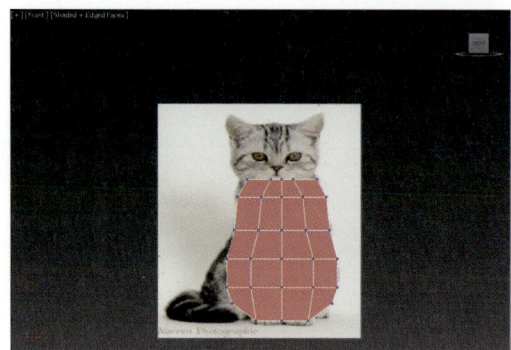 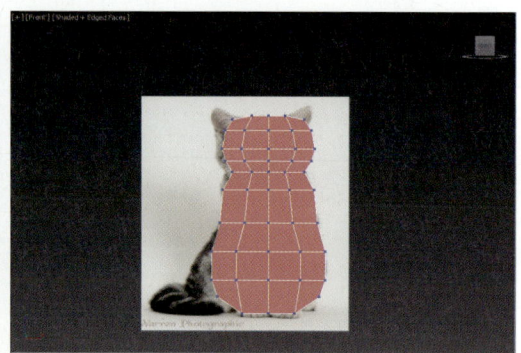

㉔ 다음은 귀를 만들 차례입니다. 그림과 같이 폴리곤을 선택하여 Extrude합니다.

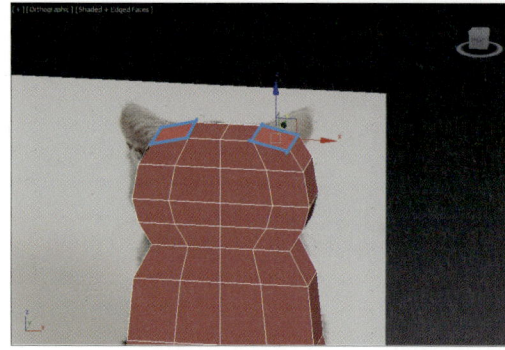 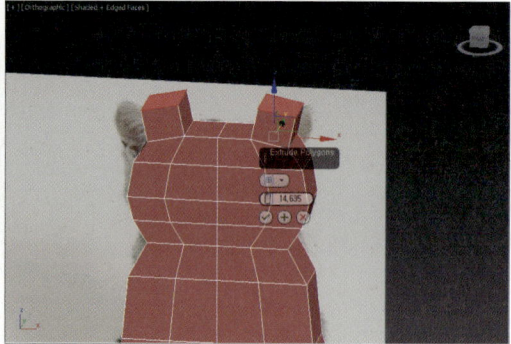

㉕ 메인 툴바에서 'Scale( )' 아이콘을 클릭하고 귀의 꼭짓점 4개를 중심으로 모아줍니다.

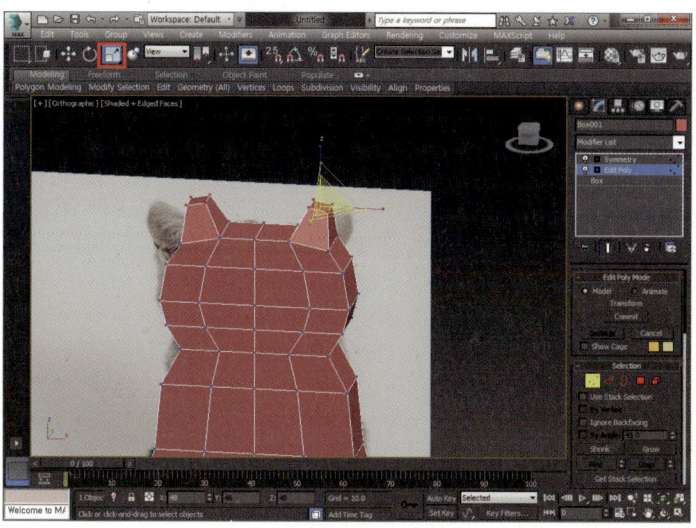

㉖ 'Move( )' 아이콘을 이용하여 귀를 살짝 앞쪽으로 당겨줍니다. 너무 앞으로 당기면 서포트가 필요할 수 있으므로 조금만 이동시킵니다.

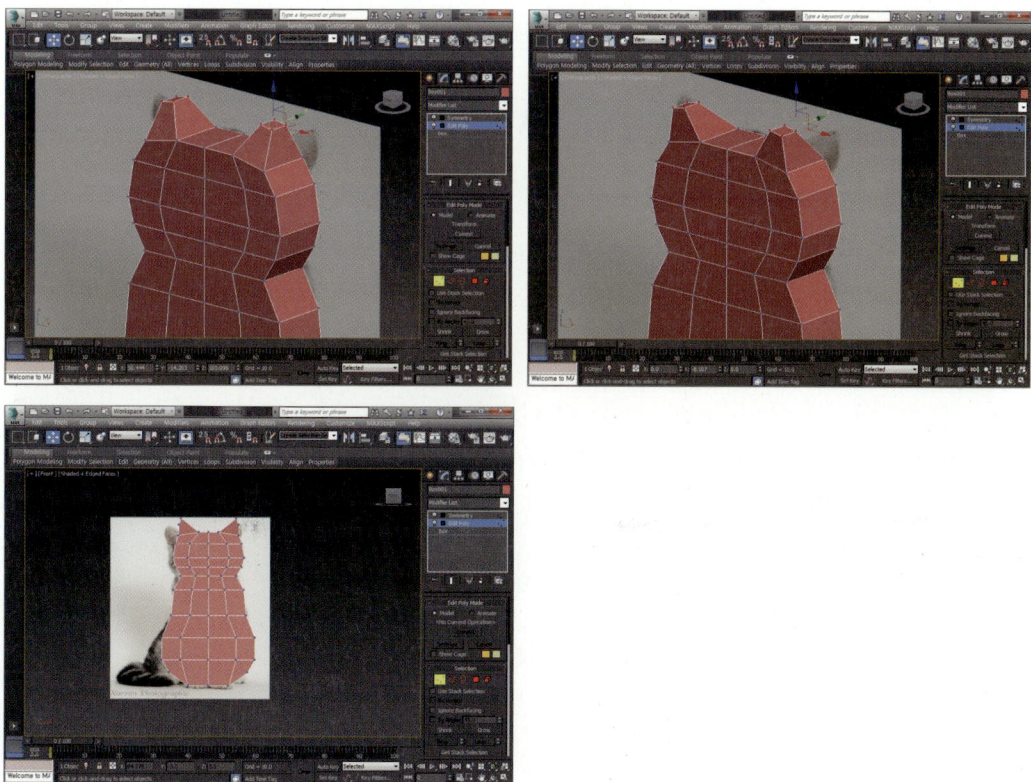

㉗ 같은 방법으로 옆모습의 고양이 이미지도 불러와 플랜을 그리고 고양이의 옆모습을 매핑하여 기존 모델링과 비율을 맞춥니다. 그리고 Extrude를 이용하여 볼륨을 키우고 Vertex를 이동하여 아웃라인을 맞춥니다. 다리를 만들 때에는 3D 프린팅을 고려하여 하나의 튼튼한 서포트를 만든다 생각하고 지면과의 각도가 45° 이상이 되도록 만듭니다.

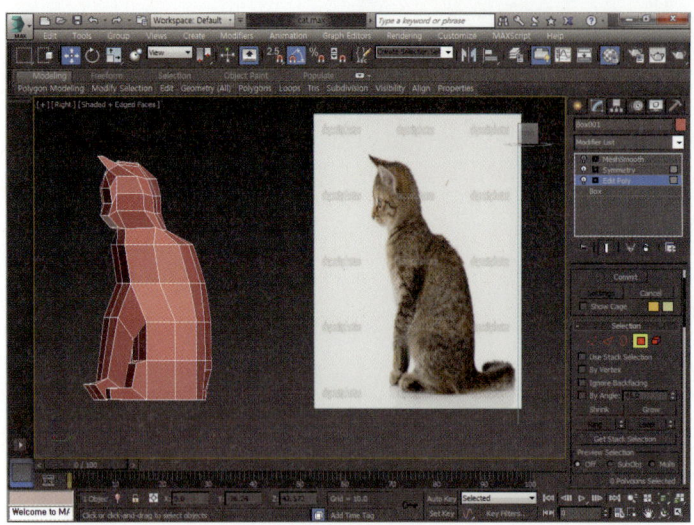

㉘ 앞모습에서도 다시 한 번 고양이의 다리 모양을 대략적으로 Vertex 이동하여 맞춰줍니다.

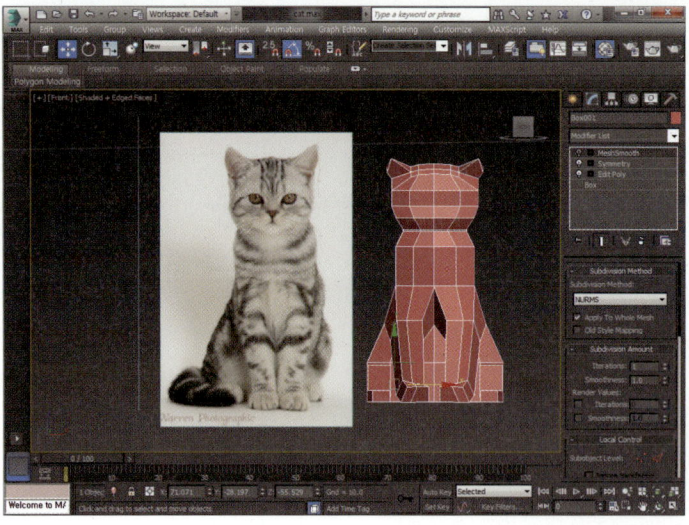

㉙ Modifier List > Mesh Smooth를 선택하여 각진 형태였던 모델링을 곡선형으로 만들고, STL 파일로 저장합니다.

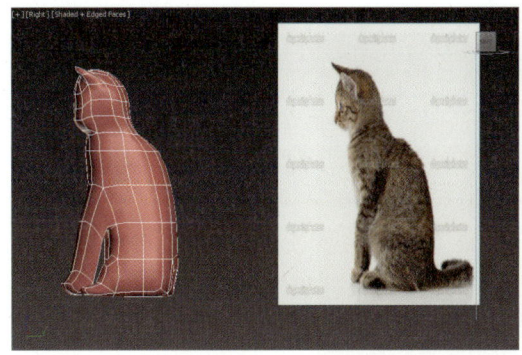

㉚ Z-Brush를 실행하고 3ds Max에서 전체적인 형태를 잡은 고양이 STL 파일을 불러옵니다. 브러시를 사용하여 좀 더 디테일하게 형태를 변화시키고 눈, 코, 입, 발과 같은 부분을 세부 묘사합니다. 세부 묘사가 완료되었으면 저장합니다.

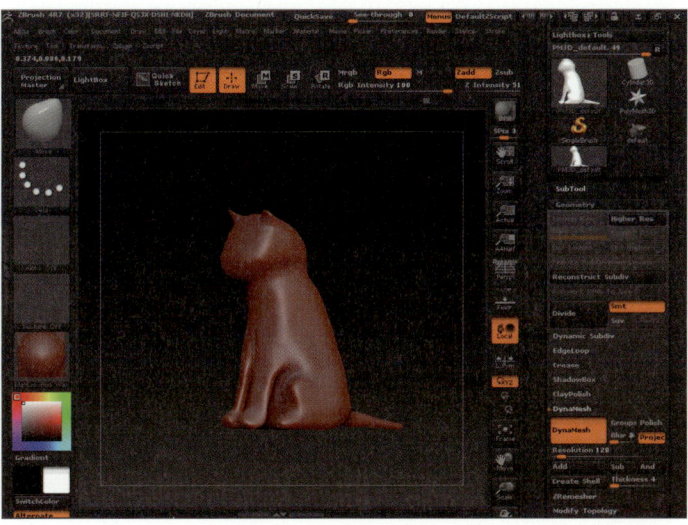

㉛ Meshmixer에서 구조체를 생성하도록 하겠습니다. Z-Brush에서 저장한 STL 파일을 Meshmixer에서 Import합니다.

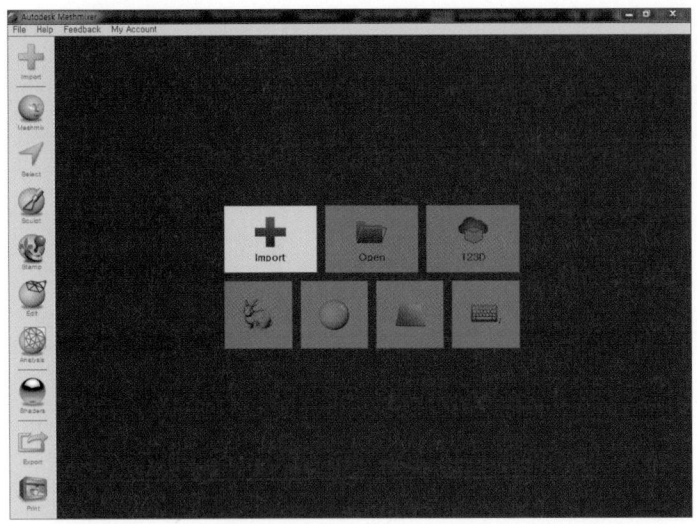

㉜ 화면에 빨간색으로 표시된 부분은 3D 프린팅을 위해 서포트가 필요한 부분입니다. 브러시를 이용하여 간단하게 면의 모양을 살짝 바꿔줍니다.

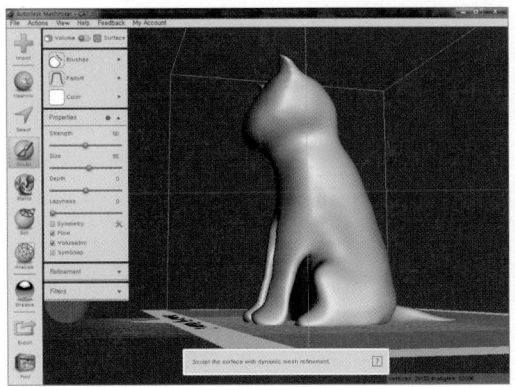 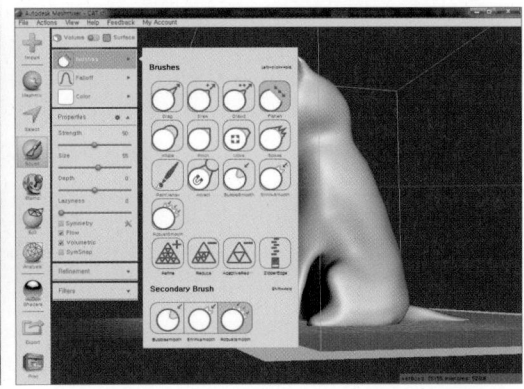

㉝ 왼쪽 툴바에서 Edit > Make Pattern을 선택하여 구조체를 만듭니다. 구조체는 모델링의 내부에서 구조적으로 안정적이게 출력될 수 있도록 모델링을 지지하는 역할을 합니다. 내부를 모두 채울 수도 있지만 구조체를 이용함으로써 재료를 절감할 수 있어 경제성을 높입니다.

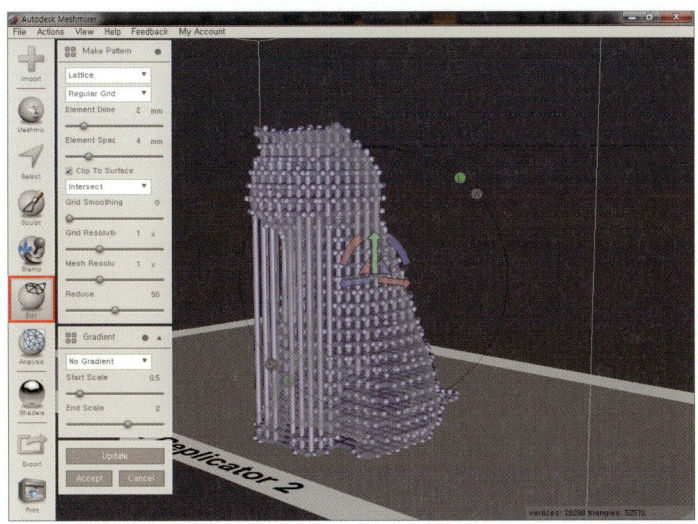

㉞ 패턴은 'Lattice'로 하고, 'Element Spac'은 '10mm' 정도로 변경하여 구조체 모듈 사이의 거리를 기존보다 넓혀줍니다. X, Y축으로 각각 45°씩 회전시켜 모델링을 슬라이스하였을 때 단면적이 고르게 분포되도록 합니다. [Update] 버튼을 클릭하여 구조체가 기존 고양이 모델링을 기준으로 커팅이 되게 합니다.

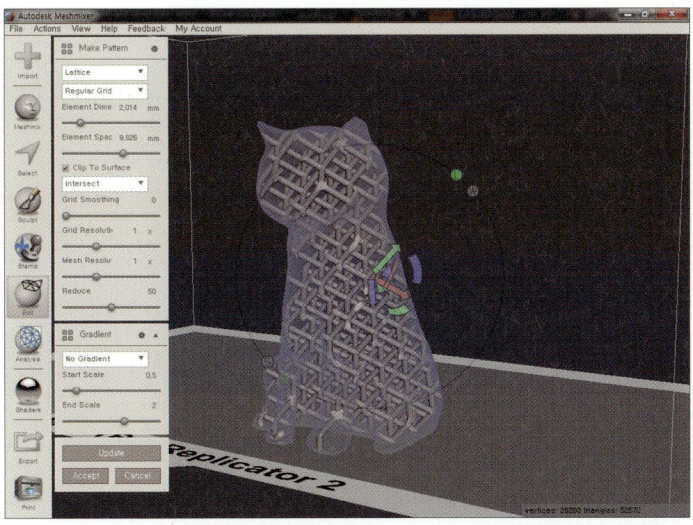

CHAPTER 3.

3D 스캐닝과 활용

지금까지 3D 프린터의 종류와 모델링의 중요성에 대해 알아보았습니다. 3D 모델링은 소프트웨어를 이용해 하얀 도화지에 직접 그림을 그리는 것과 유사합니다. 이때 밑그림이라도 그려져 있다면 훨씬 수월하게 모델링을 완성할 수 있을 것입니다. 이번 장에서는 3D 스캐너의 원리와 종류를 알아보고 실제로 3D 스캔 후 이루어지는 간단한 보정 작업에 대해서 알아보겠습니다. 또한 3D 모델링의 밑그림으로 활용하여 좀 더 수월하고 효율적으로 3D 모델링을 해 보도록 하겠습니다.

SECTION 1
스캐너의 원리와 한계

3D 프린터는 우리 주변에서 어렵지 않게 볼 수 있고, 3D 프린터에 대한 다양한 정보도 찾아볼 수 있습니다. 하지만 3D 스캔이라는 것이 쉽게 다가오지는 않습니다. 현재 3D 프린팅이 가능한 데이터 제작에는 CAD 프로그램이 주로 사용됩니다. 하지만 대부분의 CAD 프로그램은 쉽게 다룰 수 있는 툴이 아니기 때문에 3D 데이터 제작이 쉽지 않습니다.

스캔이라는 프로세스는 존재하는 형상을 가지고 3D 데이터를 만드는 데 유용하게 쓰일 수 있습니다. 일반 스캐너가 평면의 데이터만 처리할 수 있는 반면 3D 스캐너는 입체를 인식하여 데이터화할 수 있습니다. 하지만 한계 역시 존재합니다. 일반 스캐너로 사진을 스캔하면 실제 원본보다 좀 흐릿하거나 색이 다릅니다. 3D 스캔도 마찬가지입니다. 3D 스캔은 정확한 데이터가 형성된다고 생각할 수 있지만 현재의 3D 프린터와 마찬가지로 완벽하게 3D 데이터를 형성하지는 못합니다. 하지만 일반적인 인체나 피규어 등 정확한 수치가 필요하지 않고 형상의 굴곡 및 곡선 정도가 중요하다면 합리적인 가격으로 이용 가능한 3D 스캐너를 찾을 수 있습니다.

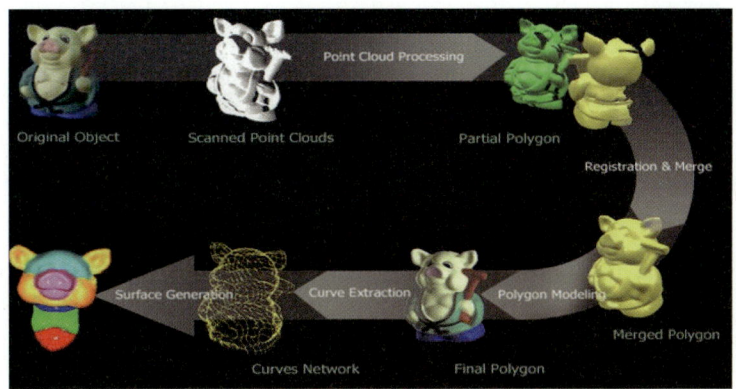

3D 스캐닝이란 3D 스캐너를 이용하여 대상물의 형상 정보를 얻고 프로세싱되는 모든 과정을 말합니다. 이는 역설계 Reverse Engineering 나 품질 관리 Quality Control 등 현재 많은 산업군에서 다양하게 쓰이고 있는 기술입니다. 부품을 설계하거나 품질 검사를 할 때 일일이 손으로 측정하여 검사하는 것이 아니라 3D 스캔을 이용해 자동으로 데이터를 수집하고 분석하여 생산성을 크게 높일 수 있습니다.

3D 스캐너는 접촉식과 비접촉식으로 구분되며 광학기술의 발달과 편리한 사용으로 인해 비접촉식이 최근 3D 스캐너의 주류를 이룹니다. 비접촉식 3D 스캐너는 다시 반사의 특성을 이용하는 광학식 Optical 방식과 레이저 방식으로 나뉘며, 이 중 속도와 정밀도에서 뛰어난 광학식 방식이 주로 사용되고 있습니다.

	접촉식 3D 스캐너 CMM(Coordinate Measuring Machine)	비접촉식 3D 스캐너 3Dscanner, 3D digitizer
장점	• 측정 정확도, 측정 정밀도 우수 • 오랜 역사에 따른 정립된 운영 프로세스 • 제품 안정성	• 고밀도 점군 생성(한 번 촬영에 최대 약 600만 점군 생성) • 빠른 측정 속도(한 번 촬영에 최대 약 0.97초) • 이동성 및 휴대성 • 사용 편의성 • 측정 대상물의 크기 제한이 없음 • 폭넓은 활용 분야
단점	• 매우 느린 측정 속도 • 복잡한 측정 사전 준비 작업 요구 • 대상물의 표면에 접촉(물체의 변형 초래 가능성) • 전문가만 운영 가능 • 항온/항습 시설 등 독립화 측정 공간 요구 • 한 번 설치 이후 이동 불가능 • 측정 대상물의 크기가 제한됨	• CMM에 비하여 상대적으로 낮은 측정 정확도 • 동일 측정 정확도 수준의 CMM 대비 상대적으로 높은 가격

1 3D 스캐너의 원리

3D 스캐너의 원리는 3D 데이터를 구성하는 요소를 보면 쉽게 알 수 있습니다. 3D 데이터는 공간에 점들의 모임이라고 생각하면 됩니다. 수학적으로 우리가 있는 공간은 어떤 기준점만 정해지면 그 기준에 따라 원하는 지점을 좌표화할 수 있습니다. 이를 통해 물체의 표면 데이터를 얻어낼 수 있는데 2개 이상의 카메라를 가지고 어렵지 않게 각각 2차원 정보인 X, Y데이터를 얻고 두 카메라의 거리와 수식을 통해 깊이 정보 Depth, Z를 얻어냅니다. 이렇게 3D 스캐닝을 통해 물체 표면의 수만 개에서 수십만 개의 점 데이터들을 바탕으로 좌표를 X, Y, Z로 표현하고 소프트웨어에서는 면을 만들어 최종 3D 데이터를 만들게 됩니다.

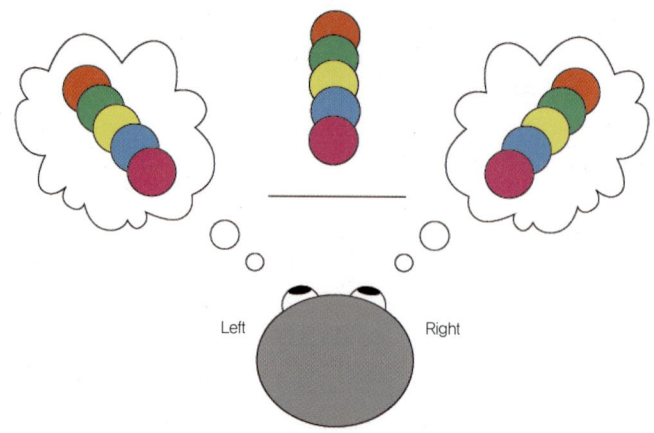

위의 그림은 광학식 3D 스캐닝의 원리를 잘 나타내고 있습니다. 사람은 양안이 있기 때문에 원근감을 느낄 수 있습니다. 이러한 원근감을 파악하기 위해 두 개의 카메라를 통해 깊이 데이터를 수치화하여 3차원에서 좌표를 만들어내는 것이 광학식 3D 스캐너의 원리입니다.

더 자세히 설명하면 양안의 떨어진 거리 때문에 양쪽 눈에서 얻어지는 정보가 정확히 똑같지는 않습니다. 이러한 차이로 대상에 깊이Depth를 만들어내며 입체를 인지하게 됩니다. 시차가 클수록 가깝게 인지하고 작을수록 멀게 인지합니다. 이와 비슷한 원리로 두 개의 카메라를 가지고 거리 및 깊이를 측정할 수 있습니다. 다수의 스테레오 카메라를 이용하여 대상물까지의 거리를 수식에 의해 계산합니다. 카메라 렌즈의 초점거리를 'f', 좌우 카메라의 간격을 'B', 획득된 영상에서 대상의 시차를 'd'라고 하면 대상물까지의 거리 'D'는 다음 그림과 같은 수식으로 계산이 가능합니다.

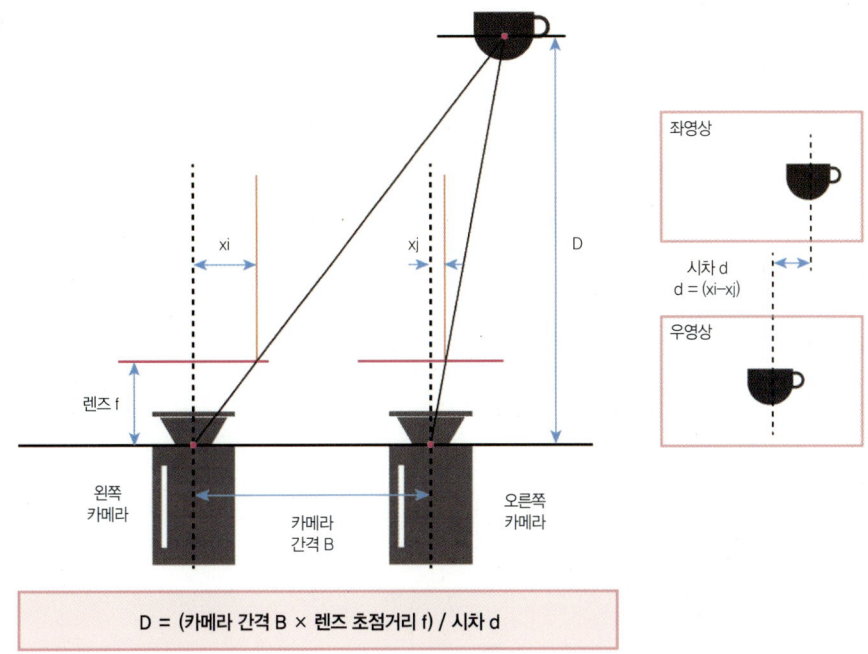

이때 정확한 양안차 예측이 핵심이 되는데 양안차는 대상물까지의 거리가 가까울수록 큰 값을, 멀수록 작은 값을 가집니다.

2 레이저-스캐너 방식

레이저-스캐너 방식에는 레이저 스트라이프Stripe를 순차적으로 대상에 주사하고 CCD 카메라를 통해 삼각 함수의 관계를 이용해 깊이 정보를 알아내는 방식과 Time-Of-Flight 방식에 의해 레이저를 보내고 받는 시간에 의해 깊이 정보를 알아내는 방식이 있습니다.

다음 그림은 스트라이프 기반 레이저 스캐너를 사용한 방식의 원리를 나타낸 것입니다. 그림에 나타낸 바와 같이 3차원 계측 대상에 레이저 스트라이프를 주사하고 계

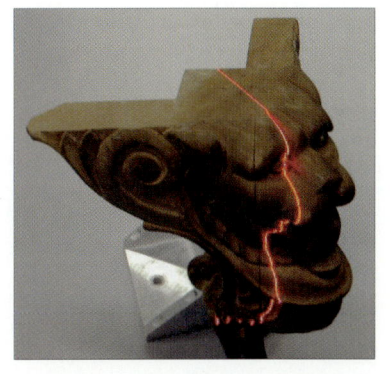

측 대상의 깊이 정보에 의해 생기는 패턴을 CCD 카메라로 촬영한 후 영상을 분석함으로써 계측 대상의 깊이 정보를 추출할 수 있습니다.

3 컴퓨터 비전 방식

컴퓨터 비전 방식은 양안의 시차Binocular Parallax 개념을 기반으로, 스테레오 카메라를 사용하여 두 개의 카메라에 맺히는 상의 위치가 측정 대상의 깊이 정보에 따라 달라지는데 이렇게 다른 정도를 디스페리티Disparity라고 부르며, 이 디스페리티 정보로부터 대상 오브젝트의 3차원 정보를 추출해 냅니다. 스테레오 카메라로부터 가까운 오브젝트는 큰 디스페리티를, 먼 오브젝트는 작은 디스페리티를 가집니다. 이러한 디스페리티 값과 카메라의 2D 정보를 합쳐 3D 개체의 좌표 데이터를 생성할 수 있습니다.

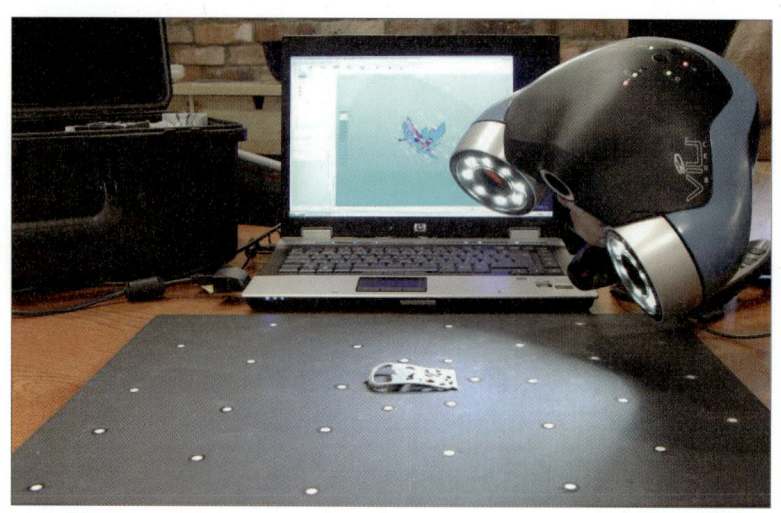

4 3D 스캐너의 한계

3D 스캐너는 스캔 대상 반사도Reflectivity에 따라 빛의 속도를 측정하는데 이는 대상의 색상 또는 밝기에 따라서도 변합니다. 또한 유리에서는 빛의 특성인 굴절 때문에 정확한 데이터를 얻기가 쉽지 않습니다. 광학식Optical 백색광 방식은 속, 고정밀 측정이 가능하나 반짝이는 물체나 반사가 심한 물체 또는 투명한 물체 등에는 취약할 수밖에 없습니다. 레이저 방식은 백색광 방식에 비해 정밀도와 속도는 조금 떨어집니다.

따라서 3D 스캐닝은 다양한 방향에서의 수십 번의 분할 스캔과 다시 나누어진 데이터를 합치는 과정을 거치게 됩니다. 이렇게 다시 병합하는 과정은 같은 점을 선택하여 여러 장을 이어주는 수작업Merging과 자동작업이 동시에 진행되는 데 아직까지 100% 정확한 데이터 병합을 할 수 있는 장비는 없다고 보아도 무방합니다. 비슷한 원리를 가진 핸드폰 카메라에 탑재된 파노라마 사진의 합성을 예로 들어봅니다. 수십장의 사진을 자동으로 합쳐주는 파노라마 사진을 보면 속도나 대상물에 따라 최종 결과물이 조금씩 뒤틀려 있는 것처럼 3D 스캐닝도 마찬가지입니다.

SECTION 2 다양한 3D 스캐너의 방식

1 3D Systems Sense

가장 대중적인 3D 스캐너 중 하나입니다. 저렴한 비용으로 사람 상반신 정도 되는 스캔 영역 크기를 가지고 있으나 고급 장비에 비해 정밀함은 확연히 떨어집니다. 이 3D 스캐너는 백색광을 이용하여 아래쪽에 달린 카메라를 통해 간단한 삼각 측량 계산으로 깊이 정보를 만들어 냅니다. 상위 기종으로 갈수록 조절할 수 있는 여지를 두어 좀 더 다양한 사이즈와 해상도를 조절할 수 있지만 보급형 기종은 고정인 경우가 많습니다.

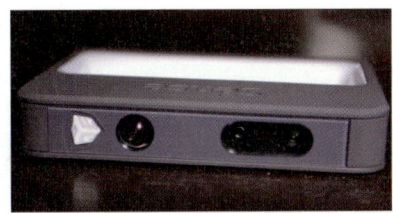

실제 사람의 상반신을 스캔하고 있는 모습입니다. 3D 스캔은 수십 차례의 분할 스캔을 통해 병합되면서 완성됩니다. 이 기기는 대상은 가만히 있고 스캐너를 들고 돌아가며 스캔을 해야 하기 때문에 스캔 숙련도에 따라 결과 데이터는 많은 차이를 보입니다.

한쪽 면의 스캔이 끝나면 끊지 말고 다음 면까지 이어서 스캔합니다. 이때 스캐너를 들고 있는 손의 움직임이 너무 빠르거나 과도하게 각도가 틀어지면 프로그램에서 실시간으로 경고 표시가 나타나게 되는데 이럴 경우 재 스캔을 통해 부족한 데이터를 수집해야 합니다.

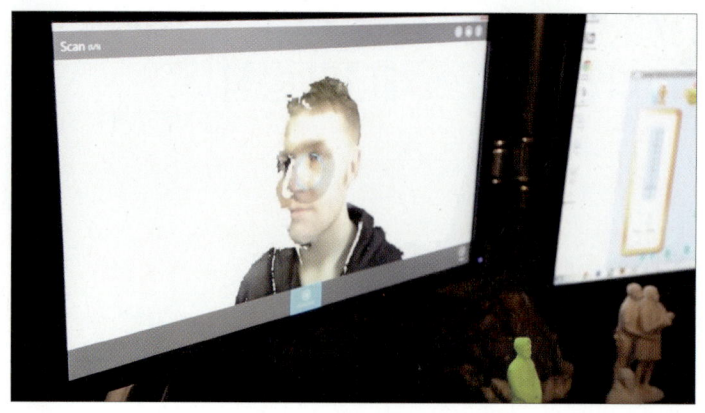

컬러까지 자동으로 스캔이 되지만 다음 그림에서 볼 수 있듯이 턱 아랫부분 등은 스캔이 제대로 이루어지지 않았습니다. 이 부분은 스캐닝 각도를 조절하여 보강해야 합니다.

최대한 장비에서 데이터를 얻었으면 앞에서 설명한 스캔 데이터의 Z-Brush에서 처리 요령대로 작업하여 열린 객체를 부드럽게 닫힌 객체로 만듭니다.

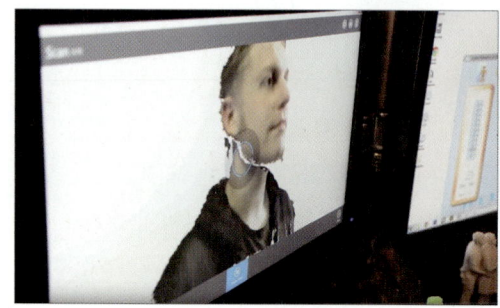

실제 출력한 출력물의 품질입니다. 머리카락, 눈의 디테일이 선명하지는 않습니다. 하지만 Sense는 보급형 프린터군에 속하는 FDM, FFF 타입의 3D 프린터에서 구현할 수 있는 정밀도 수준으로 형상을 만들 수 있으며, 가성비가 뛰어납니다.

2 Makerbot Digitizer

Makerbot Digitizer는 메이커봇사에서 개발한 3D 스캐너입니다. Sense와 마찬가지로 FDM 방식에서 구현할 수 있는 세밀함 정도로 3D 스캔이 가능합니다. 이 기기는 회전판이 자동으로 회전하기 때문에 직접 손으로 들고 스캔하는 방식인 Sense에 비해 좀 더 정밀하게 스캔할 수 있습니다. 하지만 턴테이블 위에 올릴 수 있는 사이즈와 무게가 정해져 있어 작은 피규어 등의 스캔이나 FDM 출력에 특화되어 있습니다.

3 iSense

iSense는 3D Systems의 개인용 3D 스캐너 Sense의 후속작으로, 사용자의 편의성과 스캔 성능이 향상되었습니다. 무엇보다 아이패드에 연결해서 쓸 수 있고, 휴대가 간편하다는 장점이 있습니다. 또한 형상과 사물의 세밀한 컬러를 함께 읽어 들여 실제와 비슷하게 스캔하여 출력할 수 있습니다.

4 Nextengine

Nextengine는 중급기 정도에 분포된 스캐너로, 초기 산업형 스캐너라고 할 수 있습니다. 레이저 라인 스캔 방식을 사용하여 세밀한 묘사는 가능하지만 스캐닝 속도가 느린 편입니다.

Nextengine는 물체를 회전하며 분할 스캔을 하고 스캔 데이터를 병합해 형체를 만듭니다. 하지만 기준 위치를 잘못 판단하여 잘못된 스캔 데이터가 들어오는 경우가 빈번히 발생합니다.

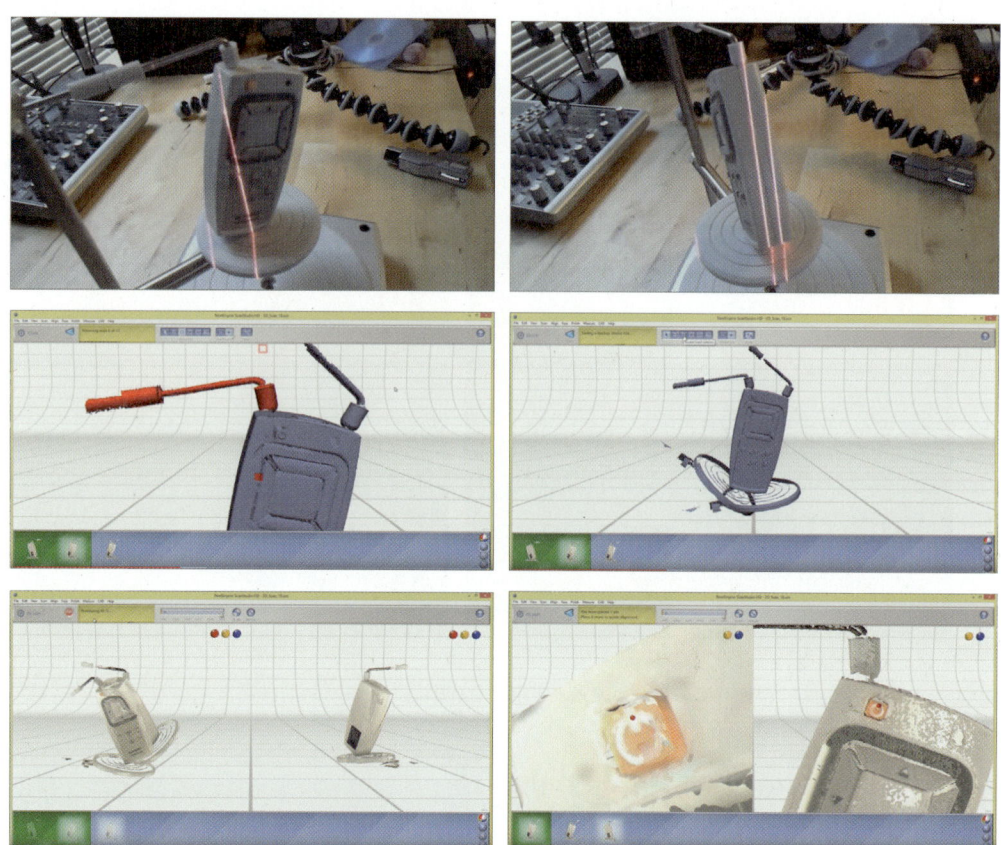

Nextengine는 스캔하려는 물체를 직접 돌려가며 스캔을 진행하며, 분할 스캔 데이터를 하나의 파일로 병합하면 스캔이 완성됩니다. 이때 병합 과정에서 완벽한 스캔 파일을 생성시키는 것이 가장 중요합니다. 중급기부터는 보급형과 다르게 분할 스캔 데이터를 수동으로 미세 조정하며 병합시켜주는 기능이 기본적으로 탑재되었습니다.

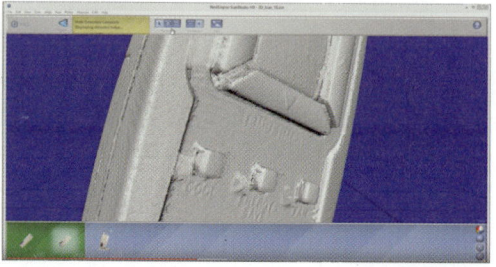

SECTION 3　3D 스캐닝 활용 가이드

1 3D 스캔이 가능한 개체와 불가능한 개체

3D 프린터가 소재나 크기에 제약을 받는 것처럼 3D 스캐너도 여러 가지 제약이 따릅니다. 지금부터 3D 스캐너를 이용해 스캔이 용이한 것과 그렇지 않은 것에는 어떤 것이 있는지 하나씩 살펴보도록 하겠습니다.

① 스캔이 적합한 개체

• 사람

스캔이 이루어지는 동안 최대한 정지 상태로 있다는 가설 아래 선정한 적합한 개체입니다. 평균적으로 3~4분의 스캔 시간 동안 정지 상태로 있어야 하며, Z-Brush 등으로 디지털 조소가 가능한 형상이어야 합니다.

• 컬러가 다양해 명암비가 높은 개체

다음 사진과 같이 자유 곡면으로 이루어진 개체는 수정이 용이한 편이며 뾰족한 각이 없어 작업이 수월합니다. 무엇보다 스캔 시간 동안 완전 고정되어 있기 때문에 현재 3D 스캐닝 기술로 처리하기 가장 좋은 예 중 하나입니다.

② 스캔이 어려운 개체

- **빛 반사가 심한 개체 & 움직이는 개체**

3D 스캐너는 레이저 및 백색광을 사용하여 빛의 변화를 측정하는 방식이므로 자체 반사율이 높은 개체는 스캔이 어렵습니다. 움직이는 개체 또한 3D 스캔이 쉽지 않습니다. 3D 스캔은 일반적인 스캔보다 훨씬 더 많은 시간이 필요합니다. 사진처럼 순간을 기록하는 방식이 아니라 정지되어 있는 개체를 분할 스캔하고 병합하는 과정을 거쳐 3D 스캔 데이터가 완성되기 때문에 움직이는 개체는 스캔이 어려울 수밖에 없습니다.

- **투명한 개체**

유리 같이 투명한 물체에 빛을 비추면 반사, 흡수, 투과가 동시에 일어납니다. 특히 반사가 심하여 빛의 변화를 정확히 측정하기 어렵기 때문에 광학식 3D 스캔에는 적합하지 않습니다.

- **엔지니어링 디자인이 된 제품**

현재까지 개발된 기술로는 엔지니어링 디자인이 된 제품을 3D 프린팅을 통하여 제작하기 어렵습니다. 최근 스캐닝의 정밀도가 높아지고 수치 오차 개선이 이루어지고 있지만 점 데이터를 기반으로 하는 스캐너에서 0.001mm도 고려해야 하는 정밀 엔지니어링 파츠의 수치를 맞추는 것은 쉽지 않습니다. 또한 급격하게 꺾인 모서리를 가지고 있는 개체도 정확한 스캔이 이루어지기 힘듭니다.

2 역설계 시 고려사항(3D 스캔을 통한 기초 역설계)

이번 장에서 사용하게 될 3D 스캐너는 Solutionix Rexcan라는 제품입니다. 3D 프린터와 마찬가지로 3D 스캐너도 사용 전 스캔할 수 있는 사이즈 및 해상도를 먼저 파악해야 합니다. 예를 들어, 커다란 1:1 사이즈 조소물을 스캐닝하는 것과 작고 정밀한 가공품을 3D 스캔하는 것은 분명 다른 일입니다. 1:1 사이즈의 사람 모양을 스캐닝하기 위해서는 최소 한 변이 2m 이상의 스캔 영역을 가질 수 있는 장비로 스캐닝을 해야 합니다. 작은 스캐닝 면적을 분할 스캐닝한 뒤 소프트웨어적으로 합칠 수도 있습니다. 하지만 병합 과정에서 오류가 발생하는 경우가 많아 스캐닝될 오브젝트별로 특화된 3D 스캐닝 장비를 선택하는 것이 무엇보다 먼저입니다.

Rexcan은 45mm의 스캐닝 면적부터 최대 912mm까지 지원되는 스캐닝 장비로 역설계에 초점을 두고 개발되었습니다. 백색 패턴 광원을 사용하고 두 개의 카메라로 패턴 영상을 삼각 측량법으로 분석하여 깊이 정보를 얻어냅니다. 스펙상에는 0.03mm의 포인트 간격까지 측정이 가능합니다.

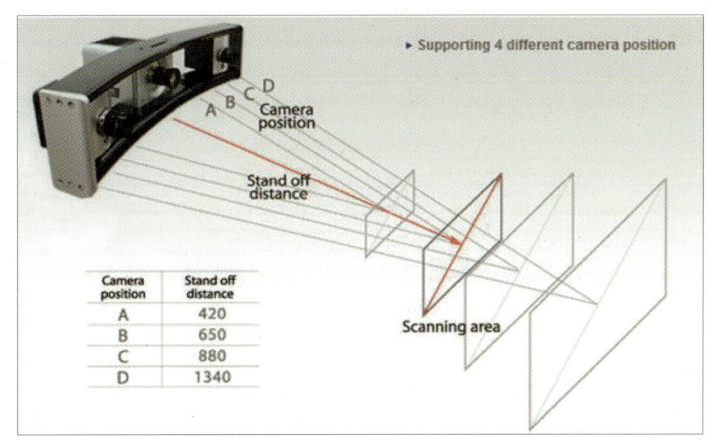

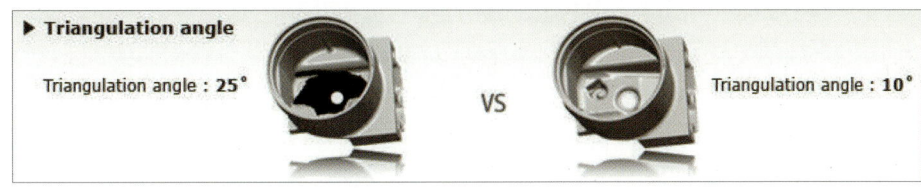

Rexcan은 스테레오 카메라의 각도를 조절하여 스캐닝 가능 범위를 결정합니다. 작은 물체의 경우 스테레오 카메라들 간의 각도를 작게 세팅하여 스캔 가능 범위를 넓혀 줍니다. 위의 그림처럼 원통 모양의 안쪽 구조까지 스테레오 카메라의 각도가 줄어들면 표현이 가능합니다. 하지만 여전히 10°라는 카메라의 각도가 존재하기 때문에 작고 깊은 구멍 안의 표면까지 구현하기는 쉽지 않습니다. 현재 대부분의 3D 스캐너는 광원의 종류를 막론하고 삼각 측량을 기반으로 깊이 정보를 얻기 때문에 삼각형을 이루려면 빛을 쏘는 부분과 받아들이는 부분의 각도가 작게라도 발생할 수밖에 없습니다. 이러한 원리적 한계로 인해 깊고 작은 구멍 안쪽의 형상까지는 표현이 불가능합니다.

3 3D 스캐너를 활용한 스캐닝

여러 3D 스캐너 중 Rexcan을 이용하여 3D 스캐닝을 해 보도록 하겠습니다. 먼저 예제에 사용될 Rexcan 3의 사양은 다음과 같습니다.

	설명	비고
카메라 해상도	0.8 / 1.4 / 2.0 Mega pixel	
3D 스캐닝 영역 (Diagonal length)	45mm~912mm	4 scanning area per lens set
자간	0.04mm~0.48mm	
3D 스캐닝 원리	Phase shifting optical triangulation	
삼각 각도	10° / 25°	Changeable
초점 거리	420mm~1340mm	
크기	520mm×133mm×200mm	
무게	4.5kg	
광원	Halogen lamp	250W(DC 24V)
소비 전력	AC 80~230V / 50~60Hz	
운영체제	Windows XP(32bit), Windows 7(32/64bit)	

스캔을 하기 위해서는 기존의 렌즈 노광 설계 구조를 바탕으로 렌즈 수차들을 향상시키고 튜닝을 위하여 정확한 렌즈를 서포트하고 있는 기존 구조물의 데이터가 필요합니다. 하지만 실제 조사가 아닌 이상 자신들만의 노하우가 담긴 설계 원본파일을 타 업체에 건네는 것은 불가능에 가깝기 때문에 기본적인 수치 측정 도구(자, 각도기 등)를 이용하여 직접 하나씩 측정을 시도하였습니다. 하지만 렌즈를 끼워넣는 틈이라던지 구조물의 완만한 각도 등은 간단한 측정 도구만으로 정확하게 측정한다는 것은 불가능에 가깝습니다.

캐드 아이콘으로 간단하게 드로잉해 보았습니다. 넓은 부분과 완벽히 직선으로 원통형이 배열된 구조 부분은 어렵지 않게 측정이 가능하며 정확한 측정만 이루어진다면 3D 모델링은 가능합니다. 하지만 좀 더 미세하고 복잡해지는 부분의 렌즈마운트를 정확히 측정하기는 불가능에 가까웠습니다. 첫 번째 원래 구조물을 자세히 보면 렌즈 경로의 중심선이 완만한 각도로 꺾여 있습니다. 렌즈 서포팅 또한 원통 구조물에 수직으로 배치되어 있지 않고 세밀하게 각각의 각도가 주어집니다.

이러한 니즈로 인하여 3D 스캐닝을 고려하였고 전체 사이즈가 약 90mm×50mm×50mm 부피의 정밀 기구물을 측정할 수 있는 3D 장비를 선택하였습니다.

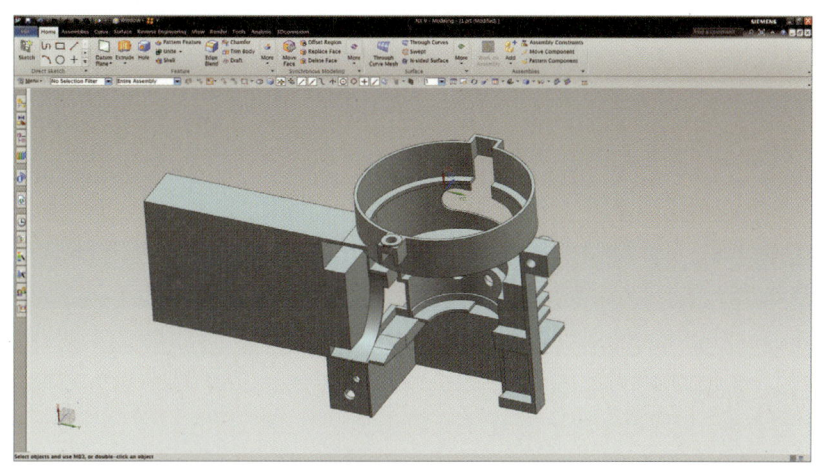

정밀 3D 구조물을 역설계 해야 하는 상황에서 최대한 정밀도를 가지면서 추후 부분 스캔 데이터를 병합할 때 오차를 최소화하기 위해 핸드헬드식의 스캐너보다는 고정식 스캐너를 찾았습니다. Rexcan은 최소 0.03mm까지 포인트 사이를 자동 맵핑할 수 있기 때문에 상당히 고정밀의 3D 스캐너입니다.

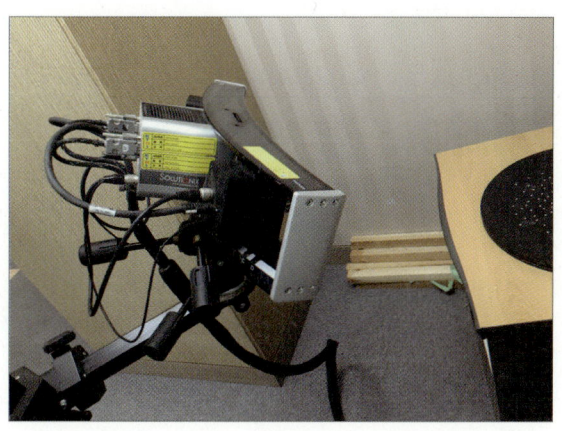

이번 챕터에서는 3D 스캐너의 캘리브레이션 방법에 대해서는 언급하지 않습니다. 하지만 실제 정밀 스캐너의 경우 얼마나 정밀하게 초기 설정값을 스캔하려는 물체에 맞게 해주었느냐에 따라 최종 품질은 많은 차이를 보입니다.

지금부터 '가로, 세로, 높이'가 약 200mm정도 되는 사이즈의 3D 물체를 측정하기 위한 캘리브레이션 및 측정 각도를 유지한 채 작은 정밀 구조물이 얼마나 정밀하게 3D 스캐닝이 되는지 살펴보겠습니다.

❶ 스캐너에서 Ezscanner 프로그램을 실행합니다. 프로그램이 실행되면 왼쪽 상단에 녹색 [Connect] 버튼을 클릭합니다.

❷ 연결이 완료되면 검정색 원판 위에 하얀 좌표점을 스캔하여 좌표 값을 얻습니다. 턴테이블 위에 스캔할 물체를 놓기 전에 로테이팅 테이블을 돌려가며 테이블 위의 하얀색 점, 즉 기준점들을 먼저 스캐닝합니다. 방향을 조금씩 돌려가며 여러 번 스캐닝을 진행해야 합니다. 최소 45°에 한 번씩 기준 좌표가 되는 하얀 점들을 스캐닝합니다. 수동식 턴테이블의 회전 시 턴테이블이 움직이지 않도록 정확히 고정시키고 위치를 돌려가며 스캔해야 합니다. 기준이 되는 하얀색 점들의 경우 최소 3회 이상 턴테이블을 돌려가며 스캔을 진행합니다. 어떤 개체를 턴테이블 위에 올리고 스캔을 하든지 기준이 되는 점을 정확히 스캔하고 턴테이블의 회전축이 움직이지 않는 것이 중요합니다.

실제 스캐닝 과정에서는 45° 정도 회전시킨 후 스캔을 하고 다시 45° 돌리고 스캔하는 과정을 반복하여 총 8회 기준점 스캔을 하였습니다. 최신 스캐너에서는 이러한 과정이 필요하지 않고 바로 물체를 스캔하기도 하지만 분할 스캐닝 후 자동으로 병합되는 과정이 있으므로 이러한 보조 기준점을 미리 스캔하여 두면 정밀성을 향상시킬 수 있습니다.

실제 물체를 3D 스캐닝할 준비가 되었습니다.

 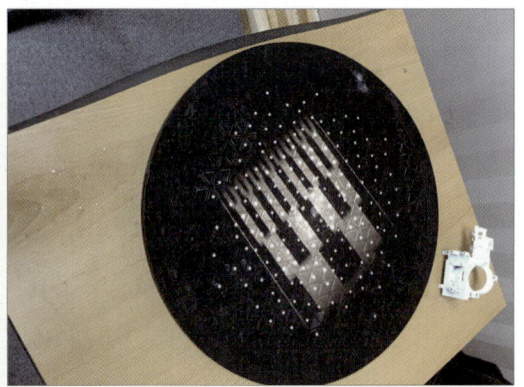

❸ 턴테이블의 중앙에 스캐닝할 물체를 올려놓고 회전 시 움직이지 않도록 최대한 고정시킵니다. 턴테이블이 돌아갈 때 물체가 움직이면 분할 스캔 데이터 병합 시 정밀도에 손실이 생깁니다.

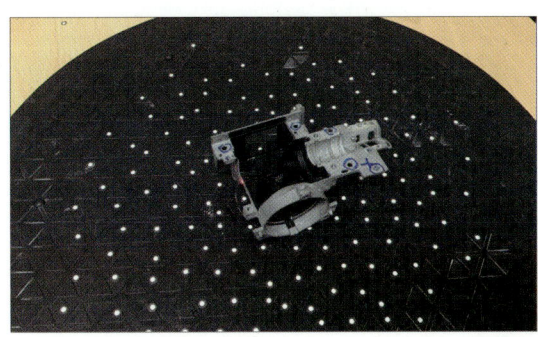

❹ 첫 스캔 이미지입니다. 물체의 표면에 문제가 있어 스캔 데이터가 표시되지 않았습니다. 3D 스캐너는 빛의 특성을 이용하여 특정 패턴의 빛을 물체에 비추면 반사되는 빛을 스테레오 카메라로 읽어 들이는 프로세싱을 해야 3차원 좌표축이 생성되고, 화면에 점 데이터가 표기되는 원리입니다. 때문에 3D 스캐닝을 할 물체의 표면 상태가 매우 중요한 요소가 됩니다.

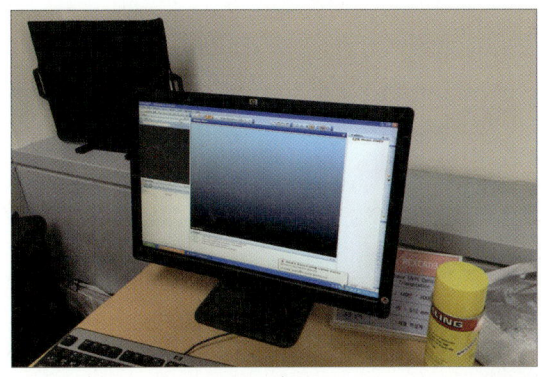

❺ 3D 스캐너사에서 공급한 특수 도포제를 물체 위에 살살 뿌려 표면을 스캐닝하기 좋은 상태로 만듭니다. 한 번에 많은 양을 뿌리게 되면 미세한 액체 방울들이 뭉치게 되므로 얇게 여러 번 표면 도포 작업을 합니다.

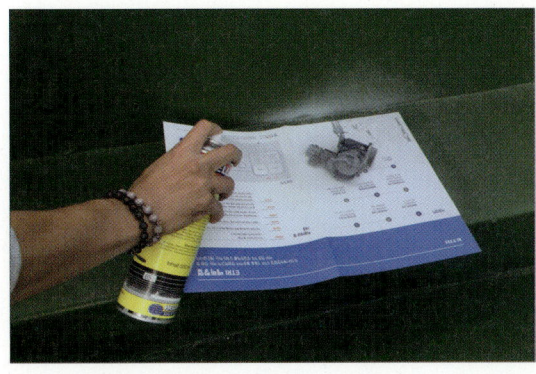

❻ 모서리 부분에 도포액이 닿지 않은 부분이 보입니다. 건조되면 더욱 희고 무광의 표면이 형성되므로 최소한의 도포만 하고 완전히 건조시킵니다.

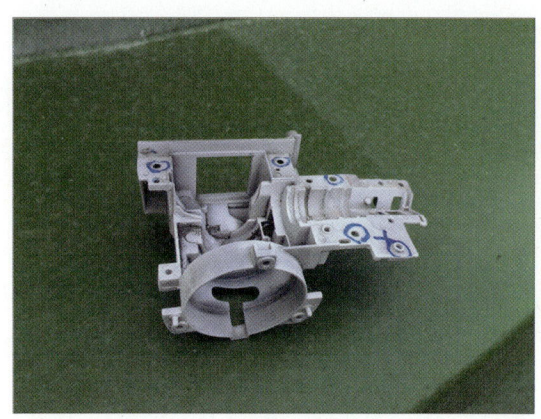

❼ 다시 턴테이블의 기준점을 체크하고 턴테이블 좌표 스캔 후 원하는 물체를 턴테이블 위에 배치합니다. 초기 스캔 시 높은 위치에서 내려가며 360°를 돌리되, 10° 간격으로 약 36번 정도 분할 스캔을 만듭니다. 복잡하고 까다로운 부분은 10°보다 더 작은 각도로 움직이며 수차례 분할 스캔을 진행합니다. 3D 스캔은 일반적으로 알고 있는 2D 스캐너처럼 한 번의 스캔으로 원하는 물체가 나오지 않습니다. 수십에서 수백 번의 분할 스캔을 거쳐 데이터들의 평균을 구하고 병합을 이루어야만 정교한 3D 데이터가 형성됩니다.

> **TIP**
> 한 분할마다 다음 스캔이 이루어질 때 앞의 데이터와 자동으로 병합되는데, 이때 불필요한 부분이 발생할 수 있습니다. 만약 자신이 의도하지 않는 데이터의 자동 병합이 이루어지고 있다면 그 부분만 삭제하고 부족한 부분에 대한 재스캐닝을 실시합니다.

❽ 턴테이블을 360° 회전시키며 분할 스캐닝과 병합을 거쳐 데이터가 수집되었습니다. 이번에는 장비를 방금 전보다 좀 더 수직으로 배치시켜 표현이 제대로 이루어지지 않았던 부분의 데이터를 다각도에서 입력받습니다.

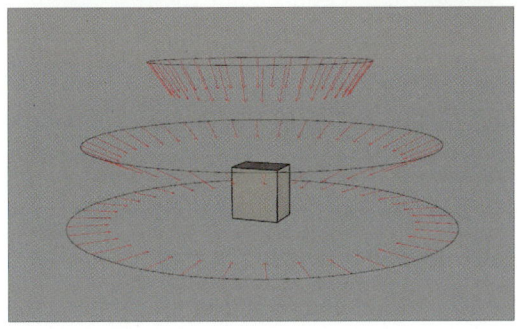

TIP
분할 출력을 많이 하면 할수록 더 많은 정보를 수집할 수 있게 되어 더욱 세밀한 3D 스캐닝이 이루어집니다. 하지만 병합 프로그램의 경우 너무 많은 정보는 각각의 데이터가 병합될 때 생기는 오차로 인하여 오히려 실제 3D 모델의 정밀도를 하락시킬 수 있으니 주의해야 합니다.

❾ 첫 번째 스캐닝된 데이터입니다. 이러한 점 데이터들이 모이고 병합되어 점차적으로 3D 개체가 완성됩니다.

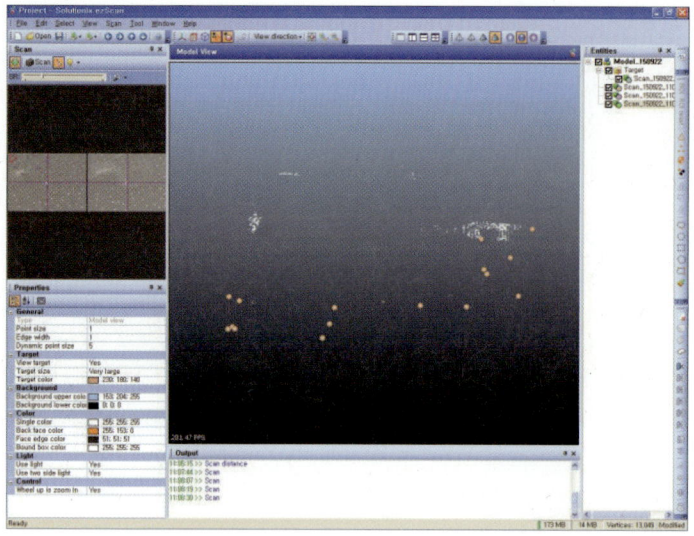

❿ 물체를 스캔할 때 스캐닝 지점은 왼쪽 상단에 실시간으로 전송되는 스테레오 카메라들의 뷰 포인트를 보며 조절합니다. 앞에서 설명한 것처럼 두 카메라에서 보이는 차이로 인하여 2D의 카메라 영상을 가지고 깊이가 존재하는 데이터들을 만들어 나갑니다. 그림에서 보이는 것처럼 처음 턴테이블에 찍혀있던 하얀 점이 데이터 병합 시 기준점이 되기 때문에 턴테이블이 고정되어 움직이지 않고 회전만 하도록 해야 합니다.

⓫ 물체의 바닥은 스캔을 하지 못했으므로 뒤집어서 다시 스캔합니다. 한쪽 면의 스캔이 끝났으면 'Target' 폴더에 들어있는 스캔한 샷들을 Create group으로 새로운 폴더를 만들어 모두 옮겨줍니다. 'Target' 폴더에 모든 파일들이 비워졌으면 다시 원판의 하얀색 점 좌표를 두세 번 찍어 좌표값을 만들어 준 후 같은 방법으로 반대쪽 면의 분할 스캔을 시작합니다.

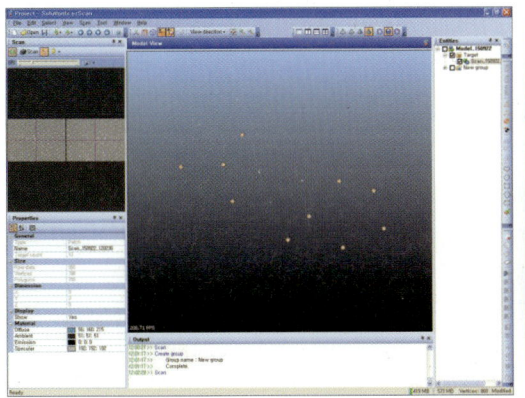 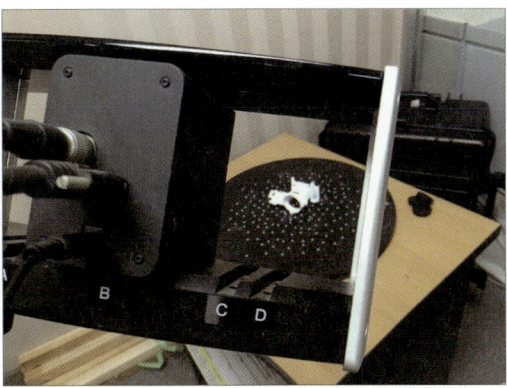

⓬ 두 면의 스캔이 완료되었으면 병합하는 과정을 거쳐야 합니다. 프로그램에서 윗면과 아랫면의 스캔 파일들이 각각의 폴더로 나누어져 있습니다. 위/아래의 면을 붙이기 위해서는 한 면 스캔 시 기준이 되었던 턴테이블의 기준점을 사용할 수 없기 때문에 그동안 기준점이 되었던 부분들을 지워 줍니다.

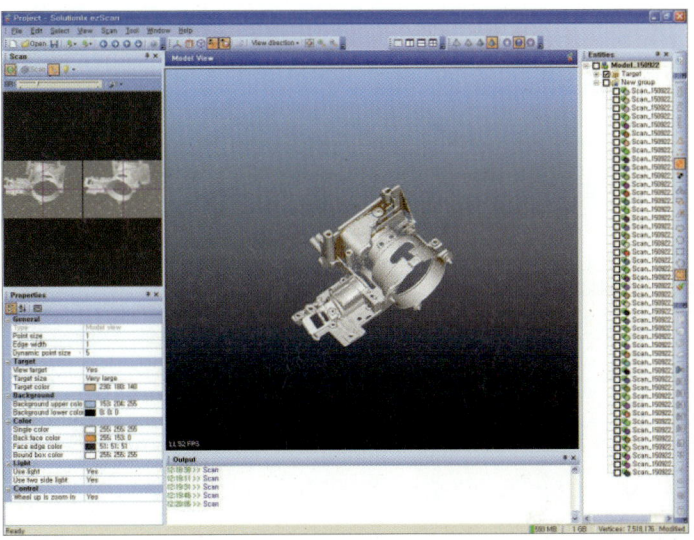

⑬ 기준점 정리가 끝나면 서로 다른 위치에 있는 양면의 스캔 좌표를 마우스로 위치를 이동시켜 최대한 겹쳐지게 배치합니다. Move Object를 세 번 클릭하여 하나를 선택한 후에 3 Point Snap을 이용하여 겹치게 이동시킵니다. 이때 양쪽 모두 선명하게 나온 엣지 부분을 선택하여 위치를 맞춰주는 것이 좋습니다. 화면을 확대하여 두 곳 모두 표현이 제대로 이루어져 있는 엣지가 많을수록 정확하게 병합됩니다.

3 Point Snap으로 어느 정도 위치를 맞춘 후 마우스 오른쪽 버튼을 클릭하고 드래그하여 좀 더 세밀하게 겹치도록 해줍니다. 다음으로 타깃 폴더의 모든 샷들을 정렬합니다. New group의 모든 샷들도 마찬가지로 정렬해줍니다.

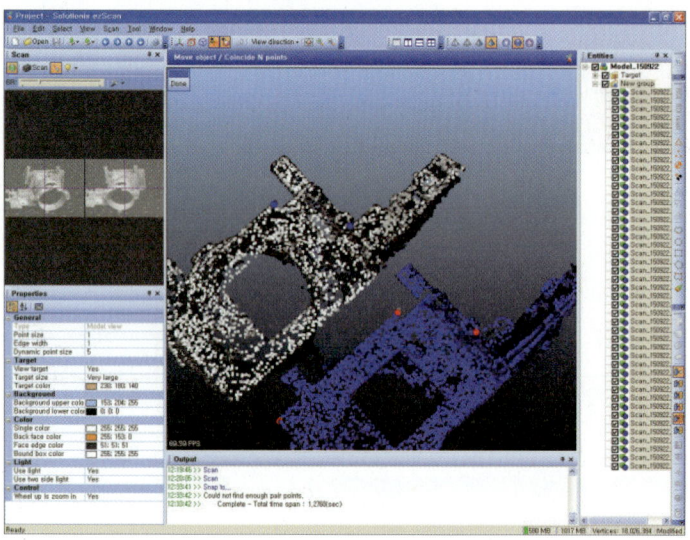

⑭ 두 폴더의 샷들을 모두 정렬한 후 '병합'하면 스캐닝이 완료됩니다. 정밀한 3D 스캐너라 할지라도 병합 과정에서 수동 프로세스로 인해 스캔 데이터는 휴먼에러가 발생할 수밖에 없다는 단점을 지니고 있습니다.

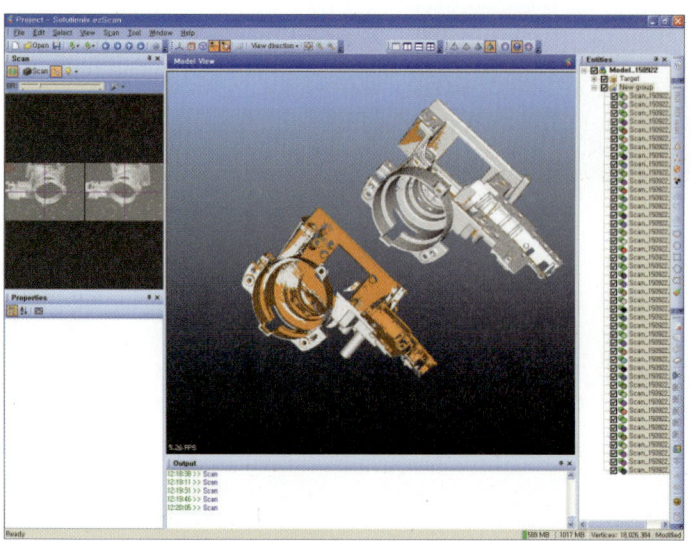

⑮ 스캔이 완료되면 파일을 STL 방식으로 Export합니다.

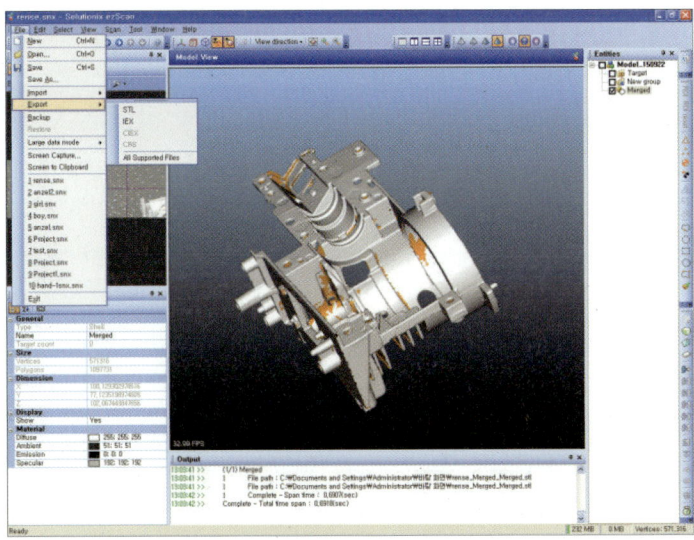

⑯ Export 설정창에서 Default 〉 Decimation(Tolerance 설정값 0.005)을 선택하고 [OK] 버튼을 클릭하여 Export를 완료합니다.

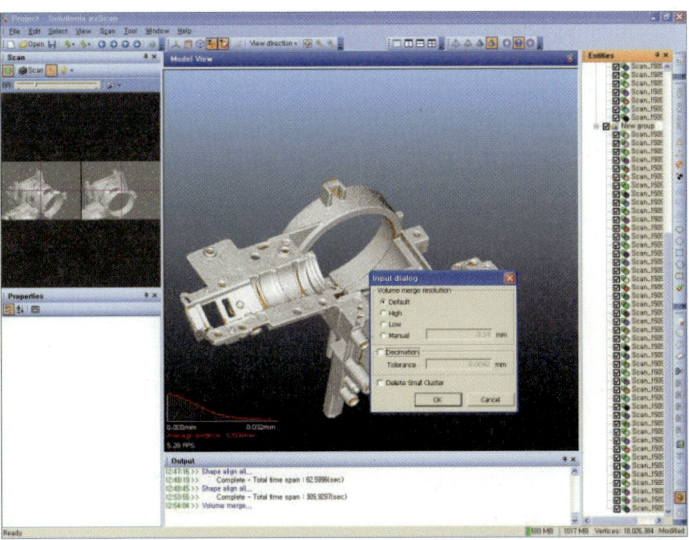

실전 TIP

광학식 스캐너는 빛의 반사를 카메라로 읽어 들여 표면 데이터를 만듭니다. 이때 스캐닝되는 개체와 3D 스캐너의 거리와 각도가 중요합니다. 너무 가까워도, 멀어도 반사되는 빛을 정확하게 읽어 들일 수 없습니다. 또한 개체에 굴곡이 많을 경우에도 그림자가 발생하면 스캐닝이 어렵습니다. 스캐닝되는 개체의 표면에 따라 카메라에서 읽히는 정보를 꼼꼼히 실물과 비교하면서 부족한 부분은 각도와 거리를 변경하여 더 많은 양의 분할 스캔을 요구합니다.

SECTION 4
3D 스캐닝 데이터의 처리

3D 스캐닝 데이터는 출력 및 역설계 등을 위해 반드시 데이터의 수정 작업이 필요합니다. 3D 스캐너가 아무리 정밀하다고 해도 무수히 많은 점 데이터를 기반으로 점과 점을 이어 선을 만들고 그것들이 모여 면을 이루기 때문입니다. 수치 데이터가 많이 필요하지 않은 피규어 및 캐릭터 디자인 등은 스캔 후 폴리곤 수정 작업 등만 거치면 바로 출력할 수 있는 데이터를 만들 수도 있습니다. 하지만 역설계는 정확한 수치 데이터를 요구합니다. 예를 들어, 가공 시 가장 흔히 쓰이는 밀링 머신은 오래된 장비라 할지라도 0.01mm 정도의 정밀도를 가지고 있습니다. 때문에 3D 스캔을 통해 바로 얻어지는 폴리곤화된 STL 파일만 가지고는 역설계를 할 수 없습니다. 역설계에 특화된 소프트웨어에는 Rapidform이 있습니다.

1 Rapidform

Rapidform과 같은 툴은 스캔 데이터를 분석하여 3D CAD에서 2D 스케치를 자동으로 만들어 주는 기능을 가지고 있습니다. 스캔 데이터는 무수히 많은 점 좌표의 데이터로 이루어져 있고, 확대해 보면 울퉁불퉁한 면들의 조합입니다. 이 데이터들의 정밀 가공을 위해서는 스캔 데이터를 토대로 NURBS 커브로 이루어진 CAD 데이터를 만들어야 합니다. 쉽게 그림을 그릴 때 밑그림을 간단하게 스케치하고 그 위에 펜으로 정확하게 그리는 것을 생각하면 됩니다. 여기서 대강의 밑그림이 바로 스캔 데이터입니다. 이 데이터를 밑그림으로 하고, 밑그림을 바탕으로 하여 CAD로 정확하게 표현하는 것입니다.

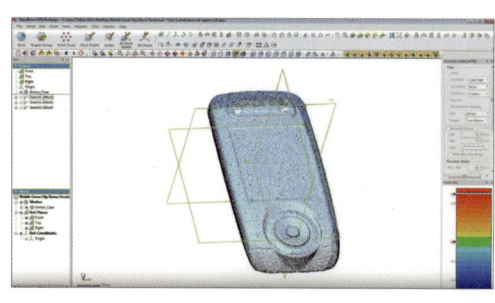
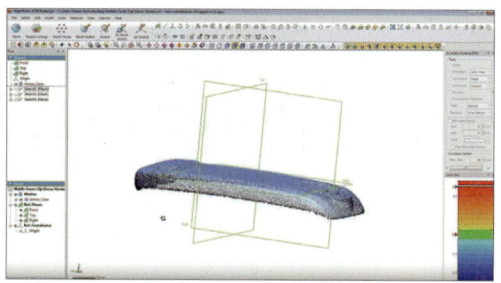
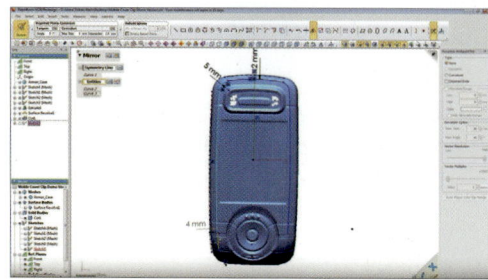

하지만 여전히 곡면 등의 기능은 스캔 데이터를 밑그림으로 두고 그 위에 기존의 CAD 프로그램을 다루듯 설계를 해주어야 합니다.

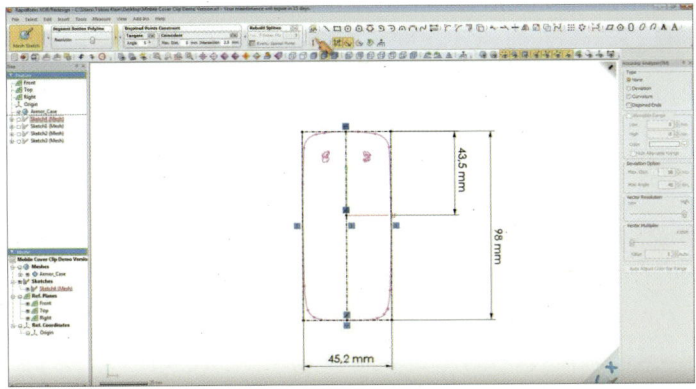

2 NX를 활용한 3D 스캔 데이터의 CAD화

이번엔 기존의 CAD 프로그램인 NX Unigraphics를 이용하여 스캔 받았던 데이터를 처리해 보도록 하겠습니다.

❶ CAD 프로그램에서 STL 파일 형식의 스캔 데이터를 불러옵니다. 그림에서 확인할 수 있는 것처럼 아무리 정밀한 3D 스캐너라 할지라도 평면, 곡면 등이 고르지 못합니다.

보통 CAD 디자인은 벡터 방식의 NURBS 커브로 이루어져 있고, 커브 사이는 수식으로 연결되어 면을 만들어 보여주기 때문에 아무리 확대를 해도 데이터가 깨지지 않고 남아있으며 정확한 수치화가 가능합니다. 하지만 STL 파일은 폴리곤의 단위로 이루어져 있어 확대하면 각이 진 삼각형들로 조합되어 있어 폴리곤이 크고 작음에 따라 수치가 변하게 됩니다. 뿐만 아니라 앞, 뒷면을 따로 스캔하고 정확히 겹치는 포인트를 어느 정도 선에서 사람이 직접 맞추어 주었기에 수치가 정확하지 않습니다.

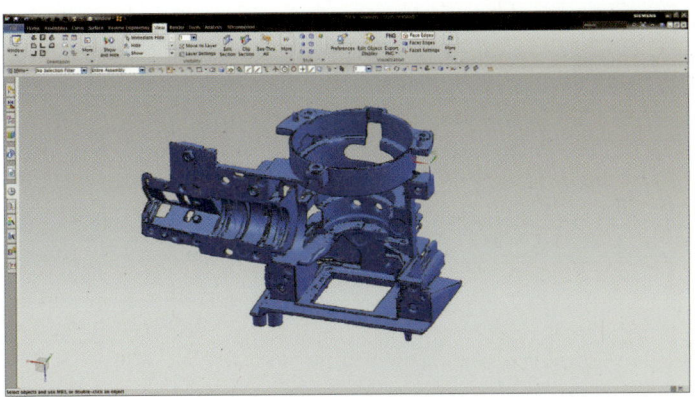

❷ Rapidform과 같은 역설계 전용 툴에서는 이런 점 데이터의 집합인 STL 파일을 분석해 간단한 2D 스케치라도 제공하지만 기존의 CAD 툴에서는 제공하지 않습니다. 그렇기 때문에 스캔 데이터를 밑그림으로 두고 모델링을 해야 합니다.

다음 그림에서는 원통 모양의 가장 앞부분을 다시 만들어 보았습니다. UG NX 9 프로그램으로 기준면을 만들고 그 기준면에 2D 스케치를 한 후 이를 바탕으로 모양을 만들어 3D를 구현합니다. 중요한 것은 스캔 데이터에서 최대한 평균이 되는 면 부분에 UG의 기준면Datum Plane을 만들어주는 것입니다.

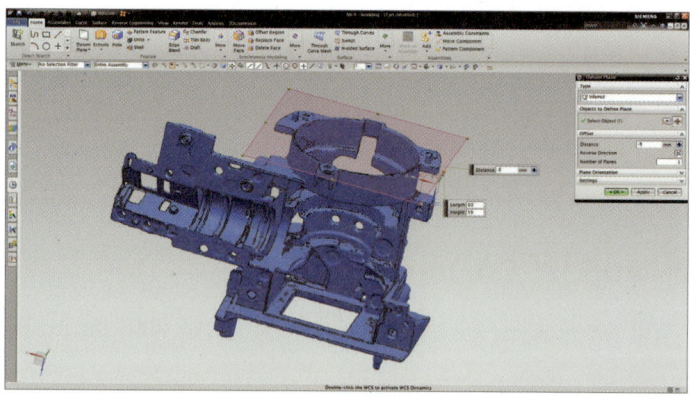

❸ 뷰 포인트의 조정과 동시에 기준면을 0.01mm 단위로 이동하며 울퉁불퉁한 스캔 데이터 면에 평균면이 되도록 Datum Plane을 만듭니다.

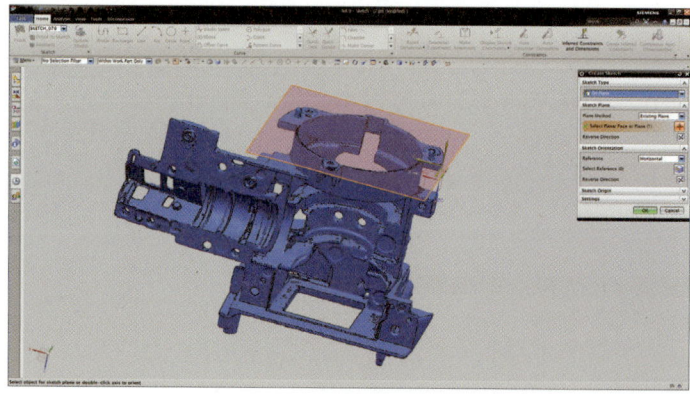

❹ 어느 정도 정확도가 있는 기준면을 만들었다면 뷰 포인트를 이동하여 기준면을 마주하게 만듭니다. 여기에서부터는 Trial Error 방식으로 스캔 데이터를 바탕으로 재모델링을 하게 됩니다. 원통 모양을 만든다고 하면 센터점은 스냅이 불가능하므로 원주원 방식으로 원을 그려줍니다. 이때도 적어도 3번 이상 반복하여 평균값을 구하여 원의 중심과 원의 지름을 결정하도록 합니다.

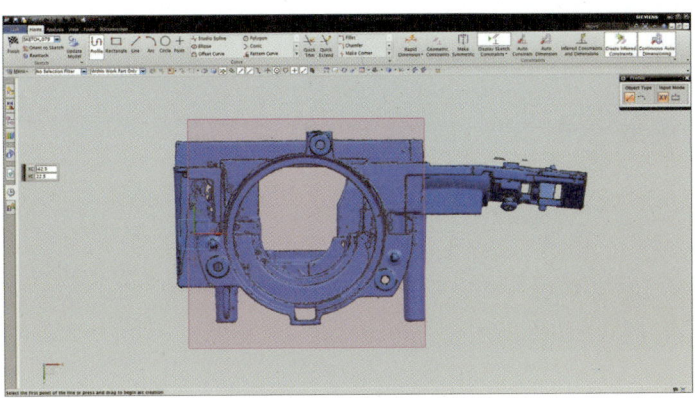

❺ 내측 원도 외측 원과 마찬가지로 3번 이상의 측정과 드로잉을 통하여 2D 스케치를 합니다. 첫 번째 원과 달리 여기서는 일반적인 원의 드로잉 방법을 씁니다. 외부 원을 스케치하였다면 동심점이 스냅에 의해 잡히면 그 중점을 중심으로 지름을 키워가며 스캔 데이터에 최대한 일치하도록 만듭니다. 안쪽 원을 만든 후 스캔 데이터와 비교 시 어긋나 있다면 바깥쪽 원을 드로잉할 때도 에러가 발생하였다는 의미이므로 바깥쪽 원부터 다시 드로잉해 줍니다.

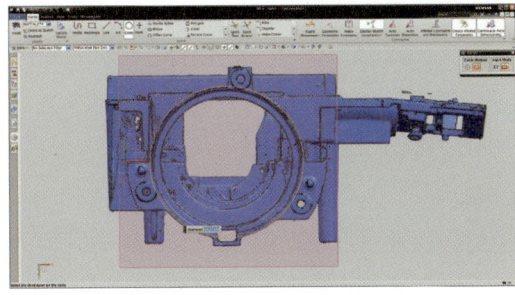 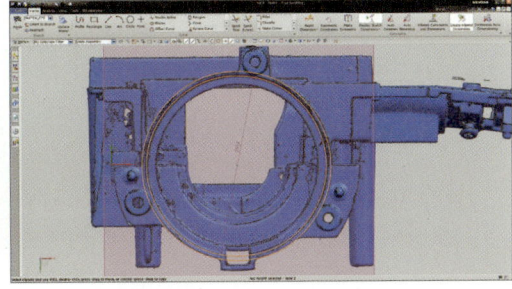

❻ Extrude 평션을 사용하여 높이를 만들어주면 가장 앞쪽의 3D 원통 구조가 완성됩니다.

❼ 처음 기준면을 잘못 잡았다면 스캔 데이터와 비교 시 뒤틀려 있는 것을 확인할 수 있습니다. 스캔 데이터와 모델링 데이터 간에 편각, 편심을 최대한 맞춰 주는 것은 계속적인 반복 작업이므로 시간이 많이 걸립니다.

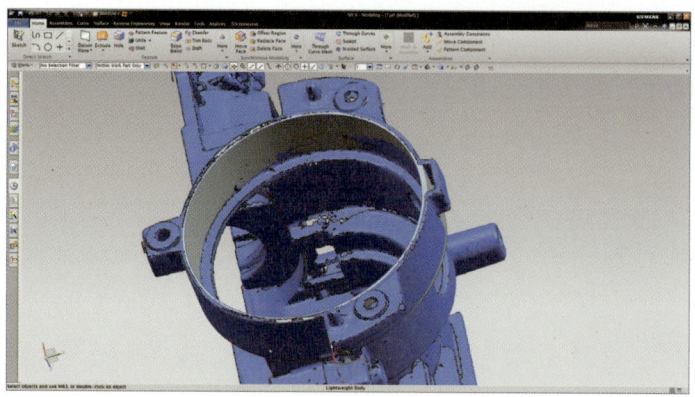

❽ 다음 모델링 부분은 앞쪽에서 바로 이어져 지름이 줄어든 원통형 디자인이 따라 붙는 구조입니다. 여기서도 새로운 기준면을 평균점을 잡아 설정해주고 첫 번째 원통 프로세스와 동일하게 진행합니다.

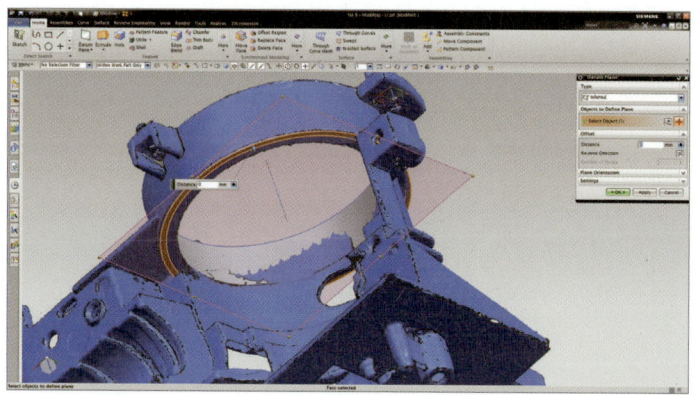

❾ 반복하여 작업을 하다보면 기준면 설정이 얼마나 중요한지 알게 됩니다. 하지만 이러한 파츠들은 기준면이 대부분 평행하는 구조이기 때문에 처음 모델링 시 스캔 데이터를 바탕으로 기준면을 먼저 모두 표기해주는 것이 나중에 기준면을 계속 조정하는 것보다는 효과적입니다.

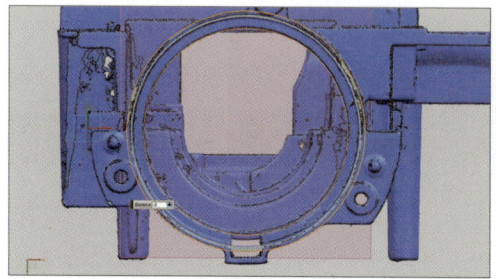 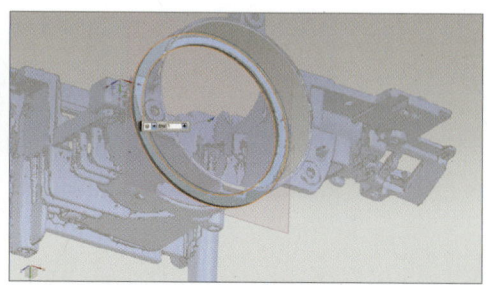

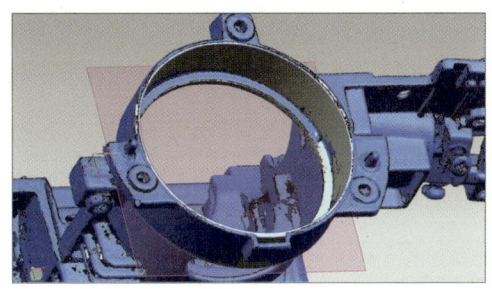

❿ 점차 완성되어 가고 있는 그림입니다. 리버스 엔지니어링이라는 개념은 지금으로서는 시기상조일 수도 있습니다. 하지만 현재 머신 비젼 장비 등과 같이 파츠의 정교한 수치를 잴 수 있는 장비도 있듯 스캔만 한 번 진행하면 완벽한 파트 수치 데이터가 처리되는 날이 멀지 않았습니다. 하지만 완전 곡면 등은 기본적인 측정 도구로는 아예 측정 자체가 불가능하기 때문에 이러한 3D 스캔은 충분히 매력적입니다.

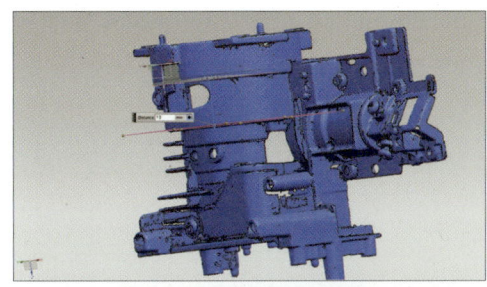
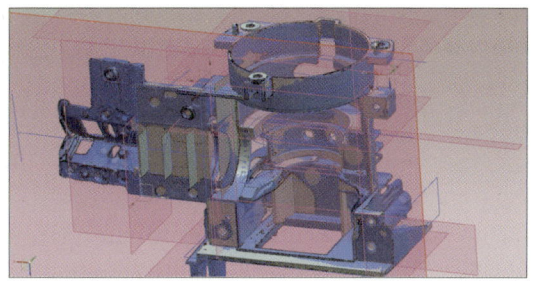
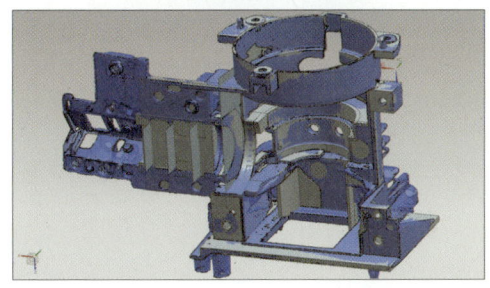

찾아보기

숫자

3D digitizer 392
3Doodler 48
3DP 44
3DPrinterOS사 26
3DP 방식 69, 314
3Dscanner 392
3ds Max 31, 354
3D Systems 57, 316
3D Systems Sense 395
3D 모델링 소프트웨어 21
3D 스캐너 355
3D 스캔 24
3D 프린터 19
3D 프린팅 18
123D Design 33

A

ABS 52
API 37
AutoCAD 37
Autodesk 123D 177
Autodesk사 33

B

B9Creator 209
Binocular Parallax 394
Blender 177
Bottom-Up 61
Brim 205
Brush 366
Build Platform 70

C

Carbonfil 26
child 3D 프린터 45
CJP 310
Clay 366
Clay Buildup 367
CloudSCAD 177
CMM 392
CMYK 321
ColorFabb XT-CF20 26
Colorjet Printing 310
Cone Size 213
Coordinate Measuring Machine 392
Cura 202

D-F

Density 135
Disparity 394
DLP 방식 77, 180
DMD 칩 60
DynaMesh 361
EBM 44
Explode 128
FBX 316
FDM(FFF) 방식 180
FDM 방식 53
FFF 45, 49
Fusion 177

G

Google SketchUp 35, 177
Grid 127
Gumball 131

H-L

High 폴리곤 90
Hobbed pully 54
Inflat 367
Inventor 37
iSense 397
Layer Settings 297
Loft 245
LOM 44
Low 폴리곤 90

M

Makerbot Digitizer 397
Makerbot사 55
Maximum angle 135
Maximum distance 135
Maximum Edge length 135
Mesh 32
Meshmixer 324
Mid 213
Minimum Edge length 135
Minimum initial grid quads 135
MJM 방식 79
Multi-Color 310

N

Network Surface 187
Nextengine 398
NURBS 32
NX 9.0 323
NX UG 258
NX 프로그램 297

O-Q

Object Mode 144
Objet사 63
Orient View 278
parent 3D 프린터 45
PBP 69
PLA 48
Platform adhesion type 204
PLY 316
PMMA 318
Polygon 32

Polygonal Modeling 353
Polyjet 63
Polyjet/MJM 44
Powder Feed Bath 70
Primitive 91
Properties Panel 146
Quality Control 391

R

Raft 202, 205
Rapidform 412
Reflectivity 394
RepRap 프로젝트 45
Reverse Engineering 391
Rexcan 401
RGB 321
Rhino 220
Rhino 3D 36
RP 18

S

Sculpting 방식 34
Sharebot Nylon-Carbon filament 26
Skirt 205
SLA 44, 58
SLA-1 57
SLA 방식 180
SLS/DMLS 44
SLS 방식 181
Solidworks 38
Solid 모델링 92
Solutionix Rexcan 401
Standard 366
STL 파일 91, 246
Stripe 393
Support type 204
Surface 모델링 92

T-Z

Tilting 172
Time-Of-Flight 393
tinkerCAD.com 177
Top 213
Top-Down 61
Ultimaker사 55
UV-LED 60
VariCad 177
Vertex 144
Voxeljet 318
VRM 316
VRML 파일 324
Z-Brush 34, 355
Z-Corporations사 69
ZPR 316

ㄱ

가이드라인 182
경화물질 310
공간 도형 91
광경화성 3D 프린터 57
광학식 391
광학식 스캐너 411
구글 스케치업 35
구두 모델링 178
구조적 안정성 371
그라인더 83
그래스호퍼 221
그리드 127
기초 도형 91

ㄴ

남대문 모델링 120
내부 구조체 279
내열성 75
넙스 방식 220
노즐 48

ㄷ

다중 컬러용 311
단일 개체 94
단축키 설정 261
닫힌 개체 92, 194
듀얼 노즐 51
드로잉 403
디스페리티 394
디자인 포크 모델링 218

ㄹ

라이노 220
레이저 86, 391
레이저-스캐너 방식 393
레진탱크 143
렌즈마운트 403
리버스 엔지니어링 417

ㅁ

맞춤 공차 271
맵핑 377
메쉬 219
메탈램프 60
면단위 적층법 78
모노 컬러용 311
모델링 배치 350
무료 오픈 소스 101
무료 캐드 프로그램 177
미세 노즐 63

ㅂ

바인더 70, 310
반사도 394
반사판 78
반원 아치 152
병합 프로그램 407
보로노이 231
보로노이 다이어그램 231

보조 케이블 172
부의 미래 20
분말 공급처 70
분말 기반형 44
분말 재료 75
분말형 3D 프린터 350
분할 출력 370
비율 196
비접촉식 3D 스캐너 392
빌드 플랫폼 70, 121

ㅅ

사장교 모델링 140
삼각 측량 401
샌드페이퍼 83
서포트 51, 141, 180
석영모래 318
선택적 소결 70
선택적 소결 방식 181
솔리드 모델링 프로그램 258
솔리드웍스 38
수동 서포트 설치 209
수용성 플라스틱 51
수직 해상도 65
수평 해상도 65
스캐너 391
스캐닝 402
스트레스 분석 315
슬라이싱 프로그램 93
슬라이싱 해상도 65

ㅇ

압출조형 방식 3D 프린터 45
액체 광경화성 플라스틱 57
액체 기반형 44
앨빈토플러 19
에어건 311
역설계 391
연결 핀 모델링 256
연마 작업 71
열가소성 플라스틱 47

열경화성 플라스틱 47
열린 개체 92
오토캐드 37
오픈소스 소프트웨어 46
용침재 317
워킹 목업 82
익스트루더 50, 54
인벤터 37
임시 구조체 141
입체 도형 91

ㅈ

자동 서포트 51
자유곡선 3D 모델링 370
재스캐닝 406
적층 공법 43
전동 드라이버 모델링 254
접촉식 3D 스캐너 392
제3의 물결 19
조립 구조체 300
주 케이블 164
지멘스 NX 39
지지대 295
직각 서포트 161

ㅊ

척 헐 57
첨삭 공법 219
출력 시간 350

ㅋ

캐릭터 디자인 354
캐릭터 모델링 352
컬러 조형물 315
컬러 프로토타이핑 315
크기 196

ㅌ

통기 구멍 272
트러스 구조 161
특수 표면 바인더 70
특허 86
틸팅 172

ㅍ

패러다임 19
평면 스케치 373
폴리곤 방식 32
표면 접착 74
품질 관리 391
프로토 작업 80
프리웨어 39
프린터 출력판 146
플라스틱 필라멘트 47
피로 누적 143
피봇 172

ㅎ

핸드헬드 403
헤더창 169
호스트 소프트웨어 145
후가공 315
후처리 공정 74

예제 파일 다운로드 무작정 따라하기

도서출판 길벗 홈페이지(www.gilbut.co.kr) 회원(무료 가입)이 되면 예제파일 및 관련 자료를 다양하게 이용할 수 있습니다.

1단계　로그인 후 　도서명 ▼　　**3D 프린팅 실무**　　검색　에 찾고자 하는 책 이름을 입력하세요.

2단계　검색한 도서로 이동하여 〈부록/학습자료〉를 클릭하세요.

3단계　예제 및 결과파일, 다양한 자료를 다운 받으세요.